THE CENTER FOR PORTUGUESE STUDIES at the University of California, Santa Barbara was founded with an endowment from the Calouste Gulbenkian Foundation for the purpose of promoting and developing Portuguese studies in California and in the United States of America.

The Center provides support for teaching and degree programs and promotes the study of the literatures, language and cultures of the Portuguese-speaking world. Services and activities include awarding student scholarships and stipends; sponsoring the Summer Institute in Portuguese; hosting colloquia; maintaining the Center library; and sponsoring publications.

The Department of Spanish and Portuguese at UCSB offers a Bachelor of Arts degree in Portuguese, a Masters degree in Portuguese, and a Ph.D. with an emphasis in Portuguese and Brazilian Studies.

The Center, its students and its activities have been sponsored by financial support from the Calouste Gulbenkian Foundation, the Instituto Camões, the Fundação Luso-Americana para o Desenvolvimento, the Junta Nacional de Investigação Científica e Tecnológica, the Comissão Nacional para a Comemoração dos Descobrimentos Portugeses, the Fundação Oriente, the União Portuguesa do Estado da Califórnia, and the Luso-American Education Foundation.

If you wish to receive more information about the Summer Course and the Portuguese Programs at UCSB, please call (805) 893-4405 or 893-2615 or 893-3161. Address your correspondence to the Director of the Center for Portuguese Studies, University of California, Santa Barbara, Santa Barbara, CA 93106-4150. Or consult our web page on the Internet: http://www.portcenter.ucsb.edu.

Santa Barbara Portuguese Studies Volume XI: 2012
Copyright © 2012 by the Center for Portuguese Studies,
University of California at Santa Barbara   ISBN 978-0615667447
All rights reserved.   ISSN 1077-5943

EDITOR
 João Camilo dos Santos

EDITORIAL BOARD
 Francis A. Dutra   Eduardo Paiva Raposo
 Harvey L. Sharrer   Elide Valerini Oliver

ADVISORY BOARD
 Vitor Manuel de Aguiar e Silva   George Monteiro
 Onésimo Teotónio Almeida   Marta Peixoto
 Arthur L-F. Askins   Isabel Pires de Lima
 Abel Barros Baptista   Roderich Ptak
 Ivo Castro   Anne-Marie Quint
 Inês Duarte   Luiz Francisco Rebelo
 Joaquim-Francisco Coelho   Carlos Reis
 António Costa Pinto   Silvina Rodrigues Lopes
 Francisco Cota Fagundes   Affonso Romano de Sant'Anna
 Perfecto C. Fernandez   Arnaldo Saraiva
 Hélder Godinho   António Carlos Secchin
 Russel Hamilton   Candace Slater
 Randal Johnson   Douglas Wheeler
 Eugénio Lisboa   Frederick G. Williams
 Helder Macedo

ASSISTANT TO THE EDITOR
 Eduardo Viana da Silva

EDITORIAL CORRESPONDENCE
João Camilo dos Santos, *Santa Barbara Portuguese Studies*
Center for Portuguese Studies, University of California at Santa Barbara,
Santa Barbara CA 93106-4150 / FAX: 805-893-8341
Email: jcamilo@spanport.ucsb.edu

ORDERING: Individuals $30.00   Institutions $40.00   Foreign air mail: add $8.00
Address your orders to *Santa Barbara Portuguese Studies*, Center for Portuguese Studies, University of California at Santa Barbara, Santa Barbara CA 93106-4150. Checks should be made payable to the Center for Portuguese Studies. Further information about the journal and the publications of the Center may be obtained by contacting the Center for Portuguese Studies or connecting to our web page: http://www.portcenter.ucsb.edu

Book design/production by Sasha "Birdie" Newborn
Bandanna Books <www.bandannabooks.com>

Notice to Contributors

The Editors invite articles concerning any aspect of Portuguese Studies. The articles should be sent to the Editor of the journal by email (jcamilo@spanport.ucsb.edu) or by mail. Format: Word or .doc or .rtf text file. The journal does not pay contributors; each author will receive two copies of the issue in which his or her article appears.

The following norms are to be strictly observed: Manuscripts should be presented on 8½ by 11½ inch (or A4) paper. Leave one inch (or approx. 3 cm.) margins at the top, bottom, and left sides, and a two-inch margin on the right side of the text. Number all pages consecutively in the upper right-hand corner, together with author's last name. The text must be double-spaced throughout, including all quotations and notes. The author's name is to be placed on the first page below the title of the article. Italicize the titles of books, plays, periodicals (magazines, journals, newspapers). Use quotations marks for the titles of articles or essays, chapters of books, short stories, poems. Notes are to be numbered consecutively throughout the article, and should appear at the end, beginning on a new page. Bibliographical references should be presented in accordance with the following examples:

1. Celso Cunha and Luís F. Lindley Cintra, *Nova Gramática do Português Contemporâneo*, 2nd ed., Rio de Janeiro: Editora Nova Fronteira, 1985.
2. Joaquim Veríssimo Serrão, *História de Portugal*, vol. 12, Lisboa: Verbo, 1990, pp. 190–91.
3. Fernando Pessoa, *The Book of Disquiet*, trans. Alfred MacAdam, New York: Pantheon Books, 1991.
4. François Castex, "Gentil Amor, un inédit de Mário de Sá-Carneiro," *Revista da Biblioteca Nacional*, 2nd ser., 8 (1993), pp. 31–45.
5. Eduardo Lourenço, "Os dois Cesários," in *Estudos Portugueses: Homenagem a Luciana Stegagno Picchio*, Lisboa: DIFEL, 1991, pp. 969–86.
6. Helder Macedo, Introdução, *Menina e Moça ou Saudades*, by Bernardim Ribeiro, Lisboa: Publicações Dom Quixote, 1990, pp. 7–52.

Abbreviations such as *op.cit*, *loc. cit.* and *ibid.* should be avoided, using instead the following style (including a short title if more than one work by the same author is cited in the article):

Serrão, pp. 190–91; Castex, p. 31; Lourenço, "Os dois, pp. 970–71.

The author is responsible for carefully checking the accuracy of all references and quotations and the sequence of endnotes.

If illustrations are to be included, glossy prints should accompany the manuscript. The author of the article must submit a copy of any authorization or permission required for reproductions.

SANTA BARBARA PORTUGUESE STUDIES
Vol. XI: 2012
Published by the Center for Portuguese Studies
at the University of California, Santa Barbara

Nota prévia, *João Camilo dos Santos*	5
O espanhol proveitoso. Sobre os deverbais regressivos em português, *Fernândo Venancio*	6
A Cronística afonsina modelada em português: um caso de recepção activa, *Isabel de Barros Dias*	42
Magallanes y el noveno círculo, *Isabel Soler*	69
Milícia e ficções dialógicas peninsulares: Uma comparação dos *Soldados* de Diego Núnez Alba e Diogo do Couto, *Ana María García Martín*	96
De la mujer protagonista a la mujer que narra: *Cárcel de amor* de Diego de San Pedro y *Menina e Moça* de Bernardim Ribeiro, *María Rosa Álvarez Sellers*	120
Juan Augur de Trasmiera y la autoría del Palmerín de Olivia y El Primaleón (Salamanca, 1511 y 1512), *Miguel García-Figuerola*	134
Como um palimpsesto: duas versificações de Rodrigues de Azevedo (nas veredas da balada romântica portuguesa), *Teresa Araújo*	156
Os derradeiros romances camilianos, *A Brasileira de Prazins* e *Vulcões de Lama*, como património e ferramentas culturais, *Elias J. Torres Feijó*	170
O episódio do "Falso D. Miguel" na economia narrativa do romance *A Brasileira de Prazins*, de Camilo Castelo Branco, *Andrés José Pociña López*	195
Invasions napoléoniennes, idéologie nationaliste et lutte des classes dans *O Sargento-Mor de Vilar* et *O Segredo do Abade*, d'Arnaldo Gama, *João Carlos Vitorino Pereira*	210
Eça de Queirós e o naturalismo espanhol, *António Apolinário Lourenço*	229
Causas e efeitos do desencantamento do mundo: para uma leitura de Fradique Mendes, *Jordi Cerdà Subirachs*	250
La escuela de la novela moderna. Representación, culturas políticas y conflicto en las novelas *espirituales* de Galdós (1890–1909), *Agustina Monasterio Baldor*	262
Traumas vividos y traumas contados. El impacto emocional de la guerra en la novela histórica del siglo XIX, *Beatriz Peralta García*	278
Ciudadanía incoativa. Ciudad letrada, pedagogía e imaginación política en la crisis de la Restauración, desde la quinta serie (inacabada) de *Episodios nacionales* de Benito Pérez Galdós, *Germán Labrador Méndez*	294
Aquilino Ribeiro: literatura e direito, *Carlos Nogueira*	323
Romance peninsular na idade da inflação. Processo à 'sagrada família' na narrativa ibérica contemporânea, *Pedro Serra*	334
Constructing Prestige and Visibility: The Case of Best-Seller José Saramago, *Margarida Rendeiro*	359

Nota prévia

A ideia de organizar um volume de *Santa Barbara Portuguese Studies* dedicado às "narrativas ibéricas" surgiu-me há muitos anos, mas por razões de diversa natureza não tinha sido possível até agora concretizá-la. O passado e as relações entre os dois países e as duas culturas tornam particularmente fecunda uma perspectiva de investigação comparatista. Os temas e a qualidade dos trabalhos reunidos neste volume confirmam a posteriori o interesse do projecto e convidam, parece-me, a que ele não se fique por aqui.

Na minha ideia inicial o conceito de "narrativa" não se limitava aos textos de ficção ou de História. A poesia medieval galaico-portuguesa, por exemplo, está cheia de narrativas de amor verdadeiro e falso, melancólico ou jocoso, subtil ou brejeiro, e quando a "amiga" se queixa à mãe ou faz planos para ir dançar com as outras raparigas debaixo das avelaneiras floridas enquanto as mães vão rezar é evidente que estamos perante uma narrativa que nos transmite de maneira fragmentada informações semelhantes às que nos fornecem os contos, as novelas, os romances, e não apenas perante a expressão lírica, trágica ou jocosa de sentimentos ou ideias. O mesmo se poderia dizer de muita poesia em geral, mas o facto de os diferentes géneros literários terem características que lhe são próprias nem sempre tem permitido dar a devida importância ao aspecto narrativo da poesia. O teatro de Gil Vicente, por outro lado, também pode ser citado aqui pelas mesmas razões: também ele constitui, deste ponto de vista alargado, uma sucessão de narrativas sobre personagens e a vida na sociedade da época. E as narrativas da *Crónica Geral de Espanha*, mesmo as mais fragmentárias, não merecem um estudo minucioso e atento da linguagem e dos processos narrativos que permitiram aos autores desses textos transformar a experiência enquanto tal numa narrativa? Se a estas razões acrescentar o facto de alguns dos escritores mais importantes da literatura portuguesa terem escrito em castelhano (Jorge de Montemor, por exemplo) ou também em castelhano (Gil Vicente, Camões e D. Francisco Manuel de Melo, além de muitos outros) creio que está mais do que explicada a iniciativa que levou à publicação de um volume dedicado às literatura Ibéricas.

Agradeço ao meu colega e amigo Pedro Serra, Professor há muitos anos na Universidade de Salamanca, por ter colaborado com competência e generosidade na organização deste volume. Desde o início me pareceu ser ele a pessoa indicada para me ajudar a levar a bom termo esta iniciativa. Que ele tenha aceite o meu convite tornou o meu projecto possível e queria exprimir-lhe aqui a minha gratidão.

João Camilo

O ESPANHOL PROVEITOSO. SOBRE OS DEVERBAIS REGRESSIVOS EM PORTUGUÊS

Fernando Venâncio
Universidade de Amsterdam

Entre os mais intrigantes sectores da gramática, conta-se certamente o dos deverbais regressivos. A sua aparição desencadeia, de imediato, um complexo jogo, um 'golpe de teatro', em que entram surpreendentes factores de ordem cronológica e formal. Por definição, um deverbal é criado a partir de um verbo já instalado no sistema. Mas um deverbal *regressivo* tem uma peculiar biografia. É o último dos deverbais a surgir, e logo oferece concorrência às formas precedentes, sufixais. Desse embate, o deverbal adventício sairá quase sempre vencedor, conseguindo eliminar as aquisições anteriores, ou pelo menos secundarizá-las, forçando uma redistribuição. Para essa preferência dos utentes deve contribuir a particular *elegância* dos deverbais regressivos, elegância ao mesmo tempo formal (é uma forma curta) e semântica (tende para a abstracção). Este cenário de florescências e tensões constitui, decerto, uma abordagem 'vitalista' de fenómenos linguísticos. Mas, por uma vez, ela tem chances de dar adequada conta dos factos. Sirvam-nos alguns exemplos do galego-português.

No século XIII, achamos o verbo *ensinar* acompanhado do deverbal *ensinamento* (não curamos aqui de variantes gráficas), encontrável nas *Cantigas de Santa Maria*, obra redigida em Toledo, na corte de Afonso X, e ainda na tradução portuguesa de *Flores de las leyes*, de Jácome Ruiz. No século seguinte, divulga-se a forma *ensinança*, ela também de contiguidades castelhanas, e que em Quatrocentos se vai tornar dominante. Com ela se designa a 'acção de ensinar', enquanto *ensinamento* acumula esse valor com o de 'conhecimento transmitido'. Vemos então surgirem *ensinação*, praticamente um nado-morto, e por fim *ensino*, o deverbal regressivo, que rapidamente se difunde e monopoliza o valor mais abstracto. No século XVI, *ensinança* entrará em célere decadência, ao mesmo tempo que *ensinamento* e *ensino* se distribuem, designando até hoje, respectivamente, o concreto e a abstracção.

Acontecimentos igualmente agitados se deram no terreno da 'acção de escolher'. As traduções trecentistas das *Partidas* do Rei Sábio adoptam *escolhença*, enquanto outra documentação investe em *escolheita*, substantivação sobre base galego-portuguesa. Mas é *escolhimento*, surgido nessa altura, que dá cartas por todo o século XV. A aparição de *escolha*, que se dá já em finais de Trezentos, vai conduzir a um extermínio vocabular. Tanto *escolhença* como o substantivo *escolheita* não chegam ao início do século XVI. Por sua vez, *escolhimento* atinge o dicionário de Jerónimo Cardoso, de 1562, mas por aí se fica. Desde então, o regressivo *escolha* impera, desacompanhado.

Também o processo que levou a *desvario* foi movimentado. Até 1500, vigoraram tão-só formas ditongadas, de nítida feição galego-portuguesa: *desvairar, desvairado, desvairança, desvairamento, desvairo*. Este último, um deverbal regressivo, teve larga vigência a partir do século XIV. Mas, em inícios de Quinhentos, aparece nos usos portugueses a variante castelhana, *desvario*. No seu primeiro ambiente, o *Cancioneiro* de Resende, publicado em 1516, há uma clara convivência de *desvairo* e *desvario*, e ainda Bernardim Ribeiro, em *Menina e moça*, de 1554, faz uso dos dois. Mas já Gil Vicente (m. 1536) adopta uniformemente a variante alienígena, e o mesmo fará Camões. A forma antiga surgirá ainda fugazmente na *Gramática* de Oliveira, de 1536, e em *Origem da língua portuguesa*, de Duarte Nunes Leão, de 1606. Mas, no *Dicionário* de Agostinho Barbosa, de 1611, e no *Tesouro* de Bento Pereira, de 1647, já só aparece *desvario*. Entretanto, haviam-se eclipsado *desvairamento* e uma menos frequente *desvairança*, não chegando ambos a 1500. E, assim, *desvario* vai reinar sozinho durante séculos. Só na segunda metade de Oitocentos vemos, tanto no Brasil como em Portugal, ressurgirem *desvairamento* e *desvairo*, mas sempre menorizados frente à forma regressiva, um dia vinda de Castela.

Este eliminar, ou pelo menos secundarizar, de derivações sufixais ao introduzir-se um deverbal regressivo é o cenário habitual. Foi assim que *exageração* e *exagero* inverteram a ordem de frequência, o mesmo sucedendo com *enfadamento* e *enfado*, com *desconsolação* e *desconsolo* e, já no século XX, com *treinamento* e *treino*.

FREQUENTE, MAS IMPREDIZÍVEL

A criação histórica de um deverbal regressivo revela-se, pois, um fenómeno pleno de consequências. É também um fenómeno frequente, já que um considerável número de verbos desenvolve, mais cedo ou mais tarde, um regressivo. E, no entanto, existe, em todo este domínio, um elevado grau de imprevisibilidade. Para começar, nas formas elas próprias.
Uma nítida maioria dos regressivos de feitura portuguesa (e, em importante medida, galego-portuguesa) apresenta a terminação -*o*. Mas não faltam os terminados em -*a* ou em -*e*. Não parecem intervir, aqui, quaisquer critérios. No máximo, poderá discernir-se uma ou outra tendência (as formas em -*a* mostram uma concentração do concreto e informal). Apresentamos, abaixo, o que supomos ser uma primeira recolha de deverbais regressivos patrimoniais ou criados no português.

Abalo, aceno, aconchego, acrescento, almejo, anseio, apelo, apupo, arranjo (e *desarranjo*), *arrasto, arremesso, arrepio, arrufo, arrumo* (e *desarrumo*), *assobio, aterro, balouço* (ou *baloiço*), *bocejo, brado, cheiro, chio, confisco, confronto, desabafo, desconforto, desfecho, desleixo, destempero, embalo, embrulho, emprego, encosto, enjoo, enleio* (e *desenleio*), *ensejo, ensino, entalo, entulho, enxovalho, esconjuro, estouro, estrebucho, exagero, fabrico, fito* ('objectivo'), *furo, ganho, lampejo, mergulho, molho* (de molhar), *namoro, pejo, preparo, pulo, rebento, rebuço, recomeço, reconforto, repuxo, resmungo, retalho* ('fragmento'), *rodopio, soco, tombo, transvio, travo, treino, vasculho, vinco.*

Achega, afronta, amostra, arrelia, arromba, ceifa, cisma ('ideia fixa'), *coça, deita, delonga, desforra, destrinça, devassa, dobra* (de dobrar), *encrenca, escolha, escusa* ('desculpa'), *esfrega, espreita, fenda, labuta, molha, nega, outorga, pedincha, pendura, penhora, perda, recolha, recusa, rega, ressalva, seca, teima, tosquia, trasfega, troça, vaga* ('lugar vago'), *venda* (de vender), *zanga.*

Abate ('desconto', 'derrube'), *desmame, enfeite, engate, palpite, pertence, posse, reajuste, relance, requinte, trespasse.*

As formas são, pois, elas mesmas impredizíveis. Mas é o próprio aparecimento de deverbais regressivos que, mesmo se frequente, se afigura essencialmente fortuito. Nenhum mecanismo parece vir estimular, ou impedir, esta deriva morfológica. Não são poucos, eles também, os verbos que nunca desenvolveram formas regressivas.

Desta imprevisibilidade são exemplo as duas normas do português, a europeia e a brasileira, com alguns comportamentos divergentes neste terreno. Assim, a norma brasileira possui *(o) agarra, aguardo* ('espera', 'expectativa'), *aporte, entorno* (que o dicionário Houaiss diz regressivo de *entornar* influenciado pelo esp. *entorno*), *norteio* e os informais *agito, amasso, arraso, desbunde* e *flagra* (de *flagrar*, 'apanhar em flagrante'). A norma europeia criou *desnorte, retoma* ('recuperação económica'), deu uma acepção informal a *engate* ('procura de namoro') e, tendo adoptado o brasileirismo *desbundar*, formou para si *desbunda*. Ambas as normas usam *pernoita*, mas a brasileira prefere *(o) pernoite*.

Cabais exemplos de imprevisibilidade são, exactamente, o português e o espanhol, esses dois idiomas lexical e morfologicamente tão próximos, e que oferecem, contudo, soluções marcadamente díspares. Com efeito, dos verbos comuns aludidos até aqui – *abatir, acrecentar, aparar, apelar, confiscar, desconsolar, desvariar, enfadar, enseñar, escoger, exagerar, mojar, negar, palpitar, perder, pertenecer, preparar, recoger, recusar, regar, relanzar, retomar, reventar, secar, vagar, vender* – o espanhol só possui dois regressivos: *desvarío* e *enfado*.

Casos há em que o português atingiu as formas regressivas, enquanto o espanhol continuou a recorrer a derivações sufixais.

apelar > *apelo* apelación (jur.)
confiscar > *confisco* confiscación
ensinar > *ensino* enseñanza
exagerar > *exagero* exageración
escolher > *escolha* escogimiento
recolher > *recolha* recogimiento
recusar > *recusa* recusación

Mais de sublinhar é o facto de certos regressivos *exclusivos* do português se terem formado a partir de verbos importados, um dia, do espanhol.

acalentar	> acalentar	*acalento*
apañar	> apanhar	*apanha*
apertrechar	> apetrechar	*apetrecho*
confrontar	> confrontar	*confronto*
desapoyar	> desapoiar	*desapoio*
recalcar	> recalcar	*recalque*
resbalar	> resvalar	*resvalo*
salpicar	> salpicar	*salpico*
zafar	> safar	*safa*

Alguns destes verbos espanhóis mudaram, entretanto, ligeiramente de forma, como *acalentar*, tornado *calentar*, e *apertrechar*, tornado *pertrechar*. A este grupo de regressivos pode acrescentar-se o pt. *desmazelo*, de *desmazelar*, formado do castelhanismo *desmazalado*.

Casos houve em que a criatividade portuguesa foi ainda mais longe. Partindo de um verbo de origem castelhana, do qual entretanto também absorvera o deverbal regressivo, o português criou, por prefixação, um novo verbo, e dele seguidamente destilou uma forma regressiva.

amañar, amaño	> amanhar, amanho	*desamanhar, desamanho*
asombrar, asombro	> assombrar, assombro	*desassombrar, desassombro*
ayustar, ayuste	> ajustar, ajuste	*desajustar, desajuste*
gozar, gozo	> gozar, gozo	*antegozar, antegozo*

Veremos adiante outros casos de descoincidência, aqueles em que é o português a desconhecer regressivos correntes em espanhol.

Mas o presente estudo vai centrar-se em duas questões de bem maior relevo e que pedem um detalhado esclarecimento: por um lado, a maciça importação de deverbais regressivos espanhóis por parte do português, por outro, a diminuta, quase inexistente, adopção pelo espanhol dos de feitura portuguesa. Ao todo, identificámos cerca de 250 regressivos que, provenientes de Castela, se instalaram no português desde o ano de 1500. Os regressivos portugueses que o espanhol adoptou, em toda a história dos dois idiomas, são estes três: *despejo, resguardo, vigía*. Nenhum deles é, como veremos, um caso de retumbante sucesso.

ANOTAÇÕES METODOLÓGICAS

1. Para afirmar a existência, ou legitimidade, de quaisquer formas, servimo-nos de dois dicionários conceituados: para o espanhol o *Diccionario* da Real Academia Española (DRAE), para o português o *Dicionário Houaiss*. Em matéria de deverbais regressivos, a concordância destas duas fontes é quase total. Anotamos algumas descoincidências. O DRAE considera *deriva* um regressivo de *derivar*, enquanto o Houaiss associa o pt. *deriva* ao fr. *dérive*. Os dados apoiam a suposição de influência francesa no português e no espanhol *deriva*. O DRAE não vê *contorno* como regressivo (e antes formado de con + torno), enquanto há ocorrências de *contornar* nitidamente anteriores. Por outro lado, o pt. *contorno*, que o Houaiss tem como regressivo, precede de muito a aparição do verbo em português. Parece-nos que o esp. *contorno* é um verdadeiro regressivo, integrado no português como simples lexema. Anote-se, à margem, a pouco crível informação do Houaiss sobre *volta*, que seria um regressivo de *voltar*, de um suposto lat. *voltare*. Deve antes provir (tal como o esp. *vuelta*) do lat. *volŭta* por *voluta*. De *volta* se formou *voltar*, sendo as formas do verbo, também, claramente posteriores às do substantivo.

2. Para a observação das formas históricas, foram-nos da máxima utilidade vários *corpora* actualmente disponíveis. Para o português, o *Vocabulário Histórico-Cronológico do Português Medieval*, de Antônio Geraldo da Cunha, em CD-Rom, o *Corpus Informatizado do Português Medieval* (CIPM), da Universidade Nova de Lisboa, em linha, e sobretudo o *Corpus do Português*, de Mark Davies e Michael J. Ferreira, também em linha, que integra dados de outros acervos electrónicos. Para o espanhol, o *Corpus diacrónico del español* (CORDE), da RAE, e o *Corpus del Español*, de Mark Davies, ambos em linha. Servimo-nos, igualmente, de lexicografia histórica do português não abrangida por Davies/Ferreira, como o citado dicionário de Agostinho Barbosa, de 1611, acessível na página da BNP, ou a primeira edição do Morais, de 1789, acessível na Brasiliana Digital da USP. Valemo-nos, por fim, de várias obras ainda não digitalizadas, como o *Tesouro* de Bento Pereira na versão de 1647 (a de 1697 está em Davies/Ferreira) ou a célebre *Fastigínia* de Tomé Pinheiro da Veiga, escrita em 1605.

3. Adoptamos o ponto de vista de *não* serem regressivas as formações em que, relativamente às formas finitas do presente, se observa um avanço do acento tónico para a esquerda. É o caso, entre outros, de *alívio, assédio, denúncia, desânimo, lástima, renúncia*. Atente-se em que, diferentemente

do espanhol, as formas finitas em português são aqui todas paroxítonas: *alivio, assedio, denuncia, desanimo, lastima, renuncia*. Um caso à parte é *desperdício*, que consideraremos autêntico regressivo, já que, face à forma finita *desperdiço*, e na ausência de um pt. *desperdiciar, não há aí verdadeira deslocação do acento tónico.

4. Observe-se que a quase totalidade dos deverbais regressivos portugueses e espanhóis coincide graficamente com formas finitas. Dizemos 'graficamente', para lembrar uma peculiaridade do português. O seu sistema metafónico incide sobre os regressivos masculinos com E e O tónicos não nasais, atribuindo-lhes a tonicidade /ê/ e /ô/, contraposta à tonicidade /é/ e /ó/ das formas finitas.

eu desespero /é/   o desespero /ê/
eu enredo /é/   o enredo /ê/
eu tropeço /é/   o tropeço /ê/

eu consolo /ó/   o consolo /ô/
eu contorno /ó/   o contorno /ô/
eu reforço /ó/   o reforço /ô/

5. Sublinhem-se as cautelas requeridas na identificação de formas nos *corpora*, dadas as muito variáveis grafias históricas, tanto espanholas como portuguesas. Tenha-se em conta, por exemplo, que *refuerzo* também se grafou *refuerço*, *asomo* grafou-se *assomo*, *devaneo* apareceu escrito *debaneo*. Atente-se em que, em textos espanhóis mais antigos, uma grafia como *restauro* pode representar (a) o latim *restauro*, (b) a forma regressiva *(el) restauro*, (c) a forma finita *(yo) restauro*, e mesmo (d) a forma finita *(él) restauró*. No português, exigem cuidado variantes gráficas do tipo de *açerto, anhelo, desvello, passeyo, resalto*, ou as ausências de *i* epentético, como em *galanteo*. Os *corpora* de Davies e Ferreira permitem, é certo, as buscas por lema (p. ex. [palavra]) ou por vocábulo truncado (p. ex. palavr*). Mas o sistema, sendo largamente generoso, não é infalível.

6. De um ponto de vista sincrónico, os deverbais regressivos são indistinguíveis de substantivos não deverbais. Assim, *alvitre, berro, conluio, fecho* e outros vocábulos galego-portugueses poderiam ser tidos por deverbais de, no caso, *alvitrar, berrar, conluiar, fechar*. Mas não são, antes é deles que derivam esses infinitos. O conhecimento do léxico latino pode guiar-nos nalguma suplementar destrinça. A existência de *augmentum, calculus, impactus, incentivum, jocus, lamentum, mixtura, relatus, sussurrus* ou *tutela* informa-nos de que *aumento, cálculo, impacto, incentivo, jogo, lamento, mistura, relato, sussurro* ou *tutela* não são deverbais.

7. Também no sector 'não-regressivo' foram frequentes as importações portuguesas do espanhol: *aposta* e *apostar, disparate* e *disparatar, forja* e *forjar, gozo* e *gozar, logro* (com deriva semântica, de 'lucro' a 'fraude') e

lograr, melindre e *melindrar* (esp. *melindrear*), *molde* e *moldar, pesquisa* e *pesquisar, regozijo* e *regozijar, ronda* e *rondar*. Estas formações não-deverbais ultrapassam o escopo deste trabalho.

8. A integração de verbos criados na Meseta castelhana foi frequente ao longo de toda a história do português, sendo eles bem mais do que os 250 de que se adoptou também o regressivo. Casos há, ainda, em que o verbo chegou ao espanhol, proveniente de outro idioma. Mas não sobra dúvida de que o português os recebeu do idioma centro-peninsular. Mostram-no o contexto castelhanizante em que surgem (traduções do espanhol, escrita de bilingues, obras com notórias marcas de castelhanização), mais a coincidência com as casuais formas do espanhol.

it. *appoggiare*	>	esp. *apoyar*	>	pt. *apoiar*
fr. *dépister*	>	esp. *despistar*	>	pt. *despistar*
fr. ant. *rechacier*	>	esp. *rechazar*	>	pt. *rechaçar*
lat. *vix luminare*	>	esp. *vislumbrar*	>	pt. *vislumbrar*

9. O facto de os verbos, com excepções mínimas, terem sido agregados ao português sempre *antes* dos seus regressivos (facto, em si, nada extraordinário) ilustra suplementarmente a dependência exterior de uns e de outros. Mais tarde, aquando da apropriação directa de materiais franceses, esse desfasamento cronológico será bastante menos nítido, tornando precário discernir em que exacta ordem chegaram ao português *debochar* e *deboche, decalcar* e *decalque, endossar* e *endosso, entravar* e *entrave, garantir* e *garante, massacrar* e *massacre* e outros.

10. No aparecimento de alguns regressivos portugueses tardios, pode ter actuado um mecanismo *analógico*. Isto é, certos processos espanhóis, uma vez transmitidos ao português, teriam gerado soluções que, sem surpresa, coincidiam com espanholas existentes. Pode, assim, supor-se que o português 'internalizou' a criação de deverbais de verbos em *-ear* (*devanear* > *devaneo, galantear* > *galanteo, rastrear* > *rastreo, veranear* > *veraneo*) ao ponto de torná-la produtiva. Veja-se este caso recente. Numa crónica no *Público*, em fins de 2011, o jurista Pedro Lomba utilizava *discreteio* («Vão [os líderes europeus] à espera do quê e dizer o quê, quando Merkel e Sarkozy começarem o seu discreteio?»). Não se conhece uso anterior do vocábulo em português, mas o seu significado é transparente. Que *discreteo* já circule em espanhol não terá sido, aqui, determinante. Esse procedimento analógico acabaria por afectar verbos exclusivos do português, produzindo *cambaleio, chilreio, revoluteio, tenteio, trauteio*.

11. Outro mecanismo responsável por certas aquisições portuguesas tardias terá sido o estímulo francês. Dizemos 'estímulo', na convicção de que foi o crescente convívio com o francês a criar uma nova necessidade. A forma, contudo, seria disponibilizada pelo espanhol, ou nele se teria inspirado. Terá sido o caso de *salvaguarda* (1838), *desespero* (1846), *reembolso*

(1858) ou *envio* (1899). Os espanhóis *salvaguarda* (ou *salvaguardia*), *desespero*, *reembolso* e *envío* tinham, entretanto, já séculos de uso. Supomos que o frequente contacto português oitocentista com *sauvegarde*, *désespoir*, *rembours* e *envoi* terá convidado à sua utilização, mas com recurso às formas conhecidas do espanhol.

12. Observe-se a formação 'normal', no português, dos regressivos *palpite* < *palpitar*, *perda* < *perder*, *seca* < *secar* e *venda* < *vender*, frente aos espanhóis *pálpito*, *pérdida* (do lat. *perdita*), *sequía* e *venta* (do lat. *vendita*), que caem fora da categoria morfológica aqui estudada. Ajunte-se, à margem, que ambos os idiomas possuem *venda*, 'tira de pano, eventualmente para cobrir os olhos', termo de origem germânica, de que se formou *vendar*.

13. Os dados que aqui forneceremos são, por natureza, dependentes dos materiais hoje *disponíveis*. Eles são, por sua vez, uma amostra da totalidade dos materiais *conservados*, os quais, como sabemos, são também uma amostra da totalidade dos materiais *escritos*. Deste modo, todos os dados aqui avançados são essencialmente provisórios, o que, porém, não os torna aleatórios. Novas pesquisas conduzirão, decerto, a novas informações. Mas é altamente improvável que levem a uma subversão significativa dos dados. No seu conjunto, eles mostram suficiente robustez e podem ter-se por representativos do universo em investigação.

PRIMEIRAS OCORRÊNCIAS

A estreia 'peninsular' de um regressivo em texto português não indicia, por si, a origem portuguesa dele. Veja-se *recato*. Surge em 1522 num livro de João de Barros, a *Crónica do Imperador Clarimundo*, e só passados dez anos há notícia do vocábulo em Castela. Influência portuguesa? É um cenário difícil de sustentar. Com efeito, em português, o termo só regressará em 1606, enquanto o esp. *recato* apresenta, por todo o resto de Quinhentos, centenas as ocorrências. Conclusão: o precoce aparecimento do vocábulo em português não passa de uma singularidade estatística. Está, aliás, longe de ser o único castelhanismo do *Clarimundo*. Nessa obra, Barros, crescido na corte, em clima já decididamente castelhanizante, assinou numerosas novidades (novidades *documentais*, obviamente) provenientes da Meseta. Aquele seu *recato* acaba por ser, assim, a primeira documentação factual do vocábulo espanhol.

Caso semelhante ocorrera com *desafio*, que aparece num texto português de 1431 («E o conde lhe recebeu o desafio»), e só mais tarde em textos castelhanos. Simplesmente, o termo português levará quase um século a regressar, no *Cancioneiro* de Resende, de 1516, de novo em ambiente castelhanizante, enquanto o idioma vizinho patenteia, já no século XV, dezenas de ocorrências, frequentemente na exacta locução «recibir el desafío».

O simples adiantamento na ocorrência de formas não indicia, pois, uma influência automática. Mas mesmo um adiantamento claro pode não fazê-lo. É o caso de *embolso*, utilizado por António Vieira em 1670, e só documentado em espanhol em 1711. Também aqui estaremos perante uma extravagância estatística. Com efeito, circulando o esp. *desembolso* desde 1619 (só em 1789 documentado em português), é inconcebível que em Castela se desconhecesse *embolso*. Em dois outros casos, pode, sim, admitir-se algum estímulo do português, embora dificilmente rastreável: o de *desencontro*, usado por Melo em 1637, enquanto *desencuentro* só em 1954 se assinala, e o de *desempate*, presente em língua portuguesa desde 1894, e não encontrável na espanhola antes de 1944.

Mais complexo é o caso de *desmancho*. O verbo *desmanchar* ('desfazer' um grupo de pessoas, 'desmontar' um objecto) passou em Trezentos do castelhano ao português. Mas é em Portugal que o regressivo aparece por primeira vez, em 1522, também no *Clarimundo* de Barros, tornando-se corrente, enquanto o esp. *desmancho* só em 1554 surge, numa comédia de Juan Rodríguez Florián, e não conhecerá grande divulgação. Uma criação portuguesa, portanto, ou pelo menos ocidental? Talvez. As outras duas ocorrências de *desmancho* em espanhol, ambas em obra traduzida, parecem sugeri-lo. Uma delas, algures em Quinhentos, está na tradução de um romanceiro popular leonês ou galego, a outra – muito mais inequívoca – na tradução espanhola, feita em 1563, do volume *Da pintura antiga*, de 1548, do artista português Francisco de Holanda. Em português, *desmancho* conservou-se frequente. A aquisição pelo espanhol não teve continuidade.

Um caso de autêntica indecisão é *desbaste*, de *desbastar*, verbo tomado ao espanhol. O regressivo português é assinalado em 1710, regressando em 1789, dicionarizado por Morais. Em espanhol, o primeiro registo é do DRAE de 1791. Nada permite supor uma subordinação ao português, e também nada permite excluí-la. Optámos por não incluir a forma.

NOTAS MEDIEVAIS

Que a criação de deverbais regressivos era, no galego-português, um mecanismo activo, provam-no formas como *aceno, brado, cheiro, ganho, pulo,* ou *afronta, ceifa, penhora*. Como regressivos, elas supõem uma particular elaboração semântica, com particular investimento no valor abstracto. Seja anotado, de passagem, que *posse*, já corrente em Quatrocentos, e tradicionalmente associado ao infinito latino *posse*, poderia ser, antes, um regressivo de *possuir*, que triunfou sobre *possança* e *possuimento*.

Mas a influência do castelhano, neste terreno, sobre o português medieval era sensível. Demonstram-no dezenas de vocábulos integrados no português antes de 1500, como *agrado, alento, amparo* (e *desamparo*), *aperto* (de *aprieto*), *assento* ('base', 'registo'), *atavio, (o) corte, demora, desbarato, descanso, descuido, desmaio, despacho, despojo, desterro, destroço, desvio, devaneio, encargo, engano, espanto, estorvo, estrago, gasto, grito, mando, meneio, menoscabo, pasmo, pergunta* (anteriormente *pregunta*), *quebranto, refresco, repouso, risco* ('perigo'), *socorro, sossego* (e *desassossego*), *tiro, traço, trago*, ou *busca, compra, contenda, dura* (como em 'pouca dura'), *emenda, entrega, monta, quebra, queima*, ou ainda *alcance*.

Sobre a origem centro-peninsular destas formações não resta dúvida. Por sistema, a forma portuguesa surge em data claramente posterior à castelhana, em nítido ambiente castelhanizante (traduções do castelhano, obras em que abundam castelhanismos) e quase sempre nas exactas terminações (*-a, -e* ou *-o*) estabelecidas em Castela. Só raramente a terminação diverge: umas vezes, por haver formas exclusivas (esp. *rezo* e pt. *reza*), outras vezes, por haver variação num dos idiomas (esp. *pago, paga* e pt. *paga*) ou em ambos (esp. *trueco, trueque* e pt. *troco, troca*). Certas divergências acabaram, aqui e ali, neutralizadas sob o modelo castelhano, como em *deleito* e *repairo*, que, por acção do idioma vizinho, se converteram em *deleite* e *reparo*. Em outros casos, o português conservou a forma castelhana primitiva. Assim, *avanzo*, que passou a *avance*, sobrevive no pt. *avanço*. O mesmo sucedeu com *protesto*, que em espanhol iria tornar-se *protesta*. Atípico é o caso de *soçobro*, feito no século XIX, em clara independência de um esp. *zozobra*, de fabrico medieval.

Aconteceu, também, o português conservar um vocábulo que o original castelhano abandonou ou deixou arcaizar, como *remoque* ('dito picante', actual *remoquete*), *despique* ('desagravo') ou *desforço* ('vingança') do esp. *desfuerço*.

Certas situações obrigam-nos a alguma reserva metodológica na nossa opção por 1500 como termo *a quo* do nosso estudo. Pense-se no castelhano *desuso* (termo jurídico), constatável desde 1196, com emprego constante e frequente desde então. Em português, *desuso* figura num foral de cerca de 1300, mas só regressará em 1541, em texto do humanista António Pinheiro. Outro caso: o castelhano *denuedo* surge em 1275, na *General Historia*, e tem desde então crescente uso. O português *denodo* aparece no século XV, numa tradução daquele livro, e não voltará a ser documentado antes de 1868. Enquanto a procedência castelhana do pt. *desuso* é praticamente segura, já *denodo* é um indubitável castelhanismo (como os seus parentes medievais *denodado* e *denodadamente*, surgidos em português em nítido contexto centro-peninsular). Conclui-se que os pt. *desuso* e *denodo* são documentalmente quase inexistentes até data muito posterior a 1500. Mas a sua fugaz aparição anterior levou-nos, por um prurido de método, a excluí-los do *corpus* deste trabalho.

Não excluímos, no entanto, formas que, exibindo essa efémera notação medieval, foram reintroduzidas sob evidente influxo espanhol. Nada permite supor-lhes uma 'hibernação' portuguesa de três ou mais séculos. Assim, o vocábulo *mescla* (grafado *mezcra*) surge nas *Cantigas de Santa Maria*, com o valor de 'intriga', e reentra em 1589, em Amador Arrais, já no sentido moderno («Nunca gozamos de saúde sem mescla de infirmidade»). Algo semelhante sucede com *olvido*, encontrável na *Crónica Troiana*, uma tradução do século XIV, e que só regressa em 1770. Teve, entretanto, uso em textos espanhóis de Gil Vicente, Camões e Melo.

UMA LÍNGUA DE REFERÊNCIA

A generalidade dos historiadores do português serve-se de uma noção de *castelhanismo* altamente restritiva, que a limita a vocábulos de clara compleição espanhola e, de preferência, atinentes a realidades do país vizinho. Exemplos ideais são *bolero* e *salero*. É um conceito deveras caricatural, mas tranquilizador. Custa admitir que um vocábulo de perfeito aspecto português não é patrimonial, nem sequer de proveniência latina directa. Foi assim que numerosíssimos castelhanismos passaram invisíveis, mesmo a observadores de profissão. Em casos particularmente sofisticados (e Nunes de Leão foi o primeiro deles), vale o seguinte raciocínio: espanhol e português não podem influenciar-se mutuamente porque idiomas muito semelhantes não se influenciam entre si. É uma concepção estática, essencialista e, na realidade, a-histórica dos idiomas.

Na perspectiva do presente estudo, todo o vocábulo importado de Castela é um *castelhanismo*, particularmente quando tiver sido criado ou elaborado nesse território. O aspecto gráfico e fonético, muito português, de vocábulos como *despenhadeiro*, *folgazão* ou *ninharia* camufla uma simples realidade: trata-se de adaptações dos muito espanhóis *despeñadero*, *holgazán* e *niñería*. Como estes, há centenares e centenares de exemplos. O autor destas linhas trabalha no levantamento desses materiais linguísticos, entrados um dia no português graças à convivência, secular e intensa, com o espanhol.

São numerosos, e sólidos, os estudos que, até hoje, identificaram o *contexto social e político* que permitiu este espectacular processo. Foram nele factores determinantes: a imigração de nobres para a Meseta após Aljubarrota e o seu regresso no decurso de Quatrocentos; o estado de paz com Castela; a secular presença de rainhas castelhanas e seus séquitos, fazendo do seu idioma «língua cortesã» de Lisboa; a origem castelhana de todas obras impressas em Portugal até 1500; o persistente manuseamento dos dicionários de Nebrija; o hábito da leitura de obras em espanhol, dos romances de aventuras aos manuais de espiritualidade; a diligente actuação pública de eclesiásticos, docentes e outros profissionais espanhóis; o estabelecimento dos refugiados judeus provindos da Meseta; as companhias de teatro espanhol que percorriam o país; as centenas de escritores portugueses que, durante os séculos XVI e XVII, se embeberam de espanhol e, como bilingues, nele se exprimiram; os milhares de estudantes portugueses formados em Alcalá de Henares e Salamanca (entre estes, Gil Vicente, Pedro Nunes e Garcia de Orta); o duradouro fascínio (já do tempo de Afonso X) pela grande civilização centro-peninsular e pelo seu idioma, de secular prestígio internacional; em suma, a persistente e estrutural dependência da cultura portuguesa face à de Castela. No meio de tudo isto, a União Dinástica de 1580-1640 foi tão-só mais um agente de castelhanização, e nem sequer decisivo. Acrescentemos um factor nunca lembrado: a marginalização política e cultural do Norte, na sequência de Aljubarrota, com o abrupto desprestígio do acervo linguístico galego-português e súbita 'desprotecção' do idioma a Sul, cortado de memória e nutrientes próprios.

As circunstâncias sociais e políticas, repetimo-lo, encontram-se identificadas, faltando, ainda assim, um estudo de conjunto delas. Poderia supor-se que as atenções se centrassem, um dia, nas consequências *linguísticas* dessa longa exposição ao idioma vizinho. Mas os historiadores do idioma, portugueses ou brasileiros, limitaram-se, até ao presente, a abordagens simplistas, não raro requentadas de outras igualmente superficiais.

Ao todo, houve cinco tentativas de prospecção séria, só uma delas portuguesa, todas sem sequência. Assinale-se, primeiro, a lista de 400 castelhanismos constante do *Dicionário etimológico*, de Antenor Nascentes, de 1955. Mencionem-se as pesquisas do linguista galego-brasileiro Alfredo Maceira Rodríguez aos castelhanismos contidos no dicionário *Aurélio*, em 1996, do linguista espanhol José António Sabio Pinilla, também de 1996, sobre critérios para o estudo dos hispanismos do português, e da investigadora suíça Beatrice Schmid, de 2006, acerca de influências linguísticas mútuas na Península Ibérica. O único estudo desenvolvido sobre a matéria foi a dissertação de licenciatura de Maria Helena Mesquita de Almeida, *Castelhanismos na literatura portuguesa do século XVII*, de 1964, na Faculdade de Letras de Coimbra. Porém, e por meritórias que sejam, estas recolhas ficaram-se pela informação avulsa, não sistematizada, e de ténue ancoramento em factores históricos e sociais.

Que uma tão prolongada e intensa exposição ao espanhol teria de ter relevantes consequências linguísticas torna-se óbvio se atentarmos no exacto 'teatro' dessa exposição: o íntimo do *bilingue*. Foi aí que dois idiomas, já de si tão próximos, eficazmente confluíram. A transferência de vocábulos para o português conheceu, decerto, um percurso físico: o das obras espanholas, poéticas, doutrinárias ou de consulta, que, desde o século XV, chegavam ao leitor português. Também o contacto pessoal com falantes de castelhano (cortesãos, clérigos, professores, comerciantes, refugiados, retornados) foi decisivo. Mas a transferência deu-se com redobrada eficácia no cérebro (ou, mais exactamente, na competência linguística) do falante ou escrevente bilingue. A patente contiguidade dos dois sistemas, o imenso prestígio do espanhol, a sua inelutável pressão sociolinguística, mais a real competência dos portugueses nessa língua, tudo constituía fortes condicionamentos. Deste modo, o espanhol foi-se convertendo, factualmente, em *língua de referência*, e os materiais julgados necessários, sobretudo os prestigiosos (e os deverbais regressivos estavam entre eles), foram sendo tomados, com naturalidade, do idioma centro-peninsular. O resultado foi a genérica sensação do bilingue de dispor de *uma língua* apta para todo o necessário, em que não distinguia o que fosse português do que o não fosse.

Consciência e desmentidos

Estavam os portugueses renascentistas *conscientes* dessa dependência dos produtos lexicais da Meseta? É provável que não. Num ambiente social e individualmente bilingue, aqueles materiais estavam simplesmente disponíveis, eram directamente utilizáveis, e a questão da sua procedência singelamente não se punha. Aquela dependência tornou-se, pois, condição implícita, 'natural', do português, e a própria *memória* da apropriação de materiais terá sido sempre extremamente curta. Uma demonstração de que o carácter *alheio* desses materiais era noção vaga, dá-no-la de novo Nunes de Leão ao alistar, em *Origem da língua portuguesa*, de 1606, os «vocábulos que os Portugueses têm por seus nativos». Entre eles, figuram muitas dezenas de patentes castelhanismos. A par dessa curta memória, terá sido determinante a secular habituação às formas um dia importadas, tornando familiar qualquer forma com elas aparentada. Num ambiente em que circulavam como próprias (é um mero exemplo) as formas outrora importadas *enganar, enganoso, enganador* e *engano*, o vocábulo *desenganar* era perfeitamente óbvio, como depois seria também *desengano*. A castelhanização do português foi tão gradual que se tornou invisível.

Seria exercício útil, e decerto esclarecedor, estabelecer, na escrita dos bilingues quinhentistas (isto é, num período de ainda modesta circulação das novidades castelhanizantes), uma cronologia vocabular *individual*, tanto na obra portuguesa como na espanhola. Prospecções em Gil Vicente, Sá de Miranda e Camões permitem prever uma significativa anterioridade de formas espanholas sobre as correspondentes portuguesas. Isto sustentaria documentalmente a tese de uma 'via cerebral' para a transferência, de mãos dadas com a 'via imitativa', e porventura mais decisiva que esta.

Pode perguntar-se se todo este ingente processo era inevitável. Isto é, se não teriam existido alternativas à castelhanização, com a eventual viabilidade, à época, de se explorarem potencialidades autóctones, permitindo uma modernização não-espanhola do léxico português. Somos levados a crer que a hipótese não se pôs e nem poderia pôr-se. O factual desprestígio dos materiais galego-portugueses era, em Quinhentos, suficiente entrave à busca de soluções nacionais. Em 1540, na sua *Gramática*, João de Barros enaltecia os vocábulos rescendentes de latinidade que se acham em «escrituras antigas», muitos dos quais «se usam Entre Douro e Minho, conservador da semente portuguesa», e que «os indoutos desprezam». Era uma afirmação lúcida, a contraciclo, mas vazia de efeito. Ninguém, nem ele próprio, lhe deu sequência.

Uma anotação, aqui a propósito. Os pesquisadores dos séculos XVI e XVII tendem a tomar qualquer afirmação então produzida como representativa de uma opinião pública. Nada o justifica. Trata-se de opiniões individuais, por vezes ousadas para o meio e o momento, outras vezes mera correcção política. Ilustra este último caso a *negação* tanto de Francisco Manuel de Melo como de António Vieira de estar o português a castelhanizar-se. Em 1634, numa carta a um português seu conhecido, cuja obra aparecera traduzida em espanhol, Melo felicita-o pelo facto, acrescentando: «Pero no por esto se piense que hemos ido buscar caudal a las lenguas extrañas». E em 1678, em aprovação canónica a uma obra de Luís de Sousa, Vieira di-la «sem mistura ou corrupção de vocábulos estrangeiros, os quais só mendigam de outras línguas os que são pobres de cabedais da nossa». Melo e Vieira foram, na realidade dos factos, dois eficientes castelhanizadores, com destaque para o terreno aqui estudado, como em breve se verá. Temos de concluir que viviam uma fagueira auto-ilusão, provavelmente colectiva.

Os decalques de léxico e fraseologia alheios, mormente de idiomas prestigiosos, são, é sabido, moeda corrente. Depois desta fase espanhola, os portugueses entrarão, a meados do século XVIII, na órbita francesa. É certo que, desta vez, desenvolverão, sobretudo a partir de Oitocentos, uma notória vigilância, e não menos notória resistência, frente aos decalques do francês. Mas nem esta genérica *política* do galicismo evitou a instalação de numerosíssimos produtos lexicais e sintácticos de origem francesa. Não pode, pois, admirar-nos que, já para além do convidativo das formas, a nula vigilância e a nula resistência renascentistas ao espanhol tenham permitido a maciça absorção e consolidação de materiais da Meseta. Terem colaborado neste processo autores clássicos – como Barros, Sá de Miranda, Camões, Lucena, Vieira, Melo e ainda Bernardes – diz certamente alguma coisa deles, mas diz sobretudo da atitude dócil, acomodatícia, se não resignada, dos portugueses, mesmo dos mais conscientes, face ao inventivo e sedutor idioma de Castela.

Nunca em contexto português se desenvolveram tendências *diferencialistas* frente ao espanhol, como, no século XX, surgiram na Galiza, com a insistência em vocabulário castiço (*enxebre*, em galego), a exploração de regionalismos, e criações de tipo voluntarista (os chamados *hiperenxebrismos*). No Portugal de Quinhentos e Seiscentos, nenhum passo concreto foi dado para *afastar* o português do espanhol, como se não pudesse imaginar-se o idioma vizinho como ameaça ao seu.

Poderá explicar-se esta tão pública e notória desinibição? Algumas suposições parecem legítimas. Por um lado, uma acomodação ao grande modelo centro-peninsular – que se havia provado universalizável – poderia ser vista como garante do prestígio, e até de um crescente estatuto, do próprio português. Essa universalização poderia, mesmo, começar por Castela, ao tornar o português acessível aos leitores vizinhos. Vai claramente nesse sentido o esforço de Rafael Bluteau em mostrar aos espanhóis quanto coincidem os dois idiomas. Podemos ir mais longe, e supor que, para alguns indivíduos mais conscientes, uma confluência linguística entre Portugal e Castela iria fomentar, ou mesmo apressar, a eclosão de uma *Hespanha* que, agora com predomínio português, deveria ter (como Vieira sonhava) a capital em Lisboa. Para estes hispanos ocidentais, militantes ou sonhadores, Castela não era uma ameaça, menos ainda um inimigo, antes a desejada presa.

REQUINTADOS COSMOPOLITAS

Na exposição que vai seguir-se, a noção de *primeira ocorrência* é fundamental. Sendo isto óbvio, importa ainda assim sublinhá-lo: trata-se, sempre, da primeira ocorrência fornecida pela informação hoje disponível. No futuro, o acesso (físico ou digital) a um maior número de obras portuguesas e espanholas permitirá afinamentos na datação das formas, isto é, levará a sucessivos recuos nos dois idiomas. Não parece provável que isso conduza a espectaculares inversões na cronologia.

Como já anotámos, observa-se uma concentração de primeiras ocorrências portuguesas em certos autores, com destaque para os seiscentistas Francisco Manuel de Melo e António Vieira. Dos deverbais regressivos já estabelecidos em espanhol, identificámos 26 estreias portuguesas na obra de Melo e 13 na de Vieira. Esta concentração era, até certo ponto, previsível. As suas obras são as mais vastas do período, e também as mais largamente disponíveis nos *corpora*. Depois, Melo era um bilingue perfeito, e é um clássico da literatura espanhola. Durante a estadia dele em Madrid, o próprio Quevedo se aconselhava com o português. Vieira, por sua vez, teve longo trato com a língua espanhola, em que escrevia, e até poetava, tendo traduzido ele mesmo alguns dos seus sermões e acompanhado a tradução de outros. Tudo isto não impediu os dois de serem excelentes prosadores em português. Particularmente sublinhável é o facto de o castelhanizante Melo comprovar em algumas obras suas (como os *Apólogos dialogais* e *A feira dos anexins*) um conhecimento minucioso do português familiar.

Futuras datações poderão, insistimos, fazer recuar algumas dessas ocorrências, localizando-as em autores precedentes. Por outro lado, novas estreias poderão ser identificadas em mais aturada prospecção nas obras de Vieira e de Melo. Um projecto de publicação integral da correspondência do jesuíta está em curso. A nossa fundamental tese é a da alta improbabilidade de se acharem, noutros seiscentistas, *concentrações* comparáveis a estas duas, ou mesmo aproximadas. De resto, a obra de ambos os autores patenteia, já de si, uma genérica e significativa concentração de outras estreias castelhanizantes, lexicais e fraseológicas. Os dois foram, também, eficazes difusores de numerosos outros castelhanismos já em circulação.

Para os prosadores Vieira e Melo, como para os leitores contemporâneos, todas essas novidades vocabulares e frásicas, longe de serem exotismos, eram marcas de uma linguagem requintada, cosmopolita, muito hispânica, ancorada na 'enciclopédia' espanhola dos portugueses de então. António Vieira foi, decerto, um virtuoso da escrita, e sabia-o. Mas ser 'vernáculo' não fazia parte das suas preocupações. A afirmação de ter Vieira *criado* o português moderno é um arroubo poético. Quem, na realidade, conferiu o estatuto de 'genuíno' ao português de Seiscentos – eficientemente desgaleguizado e amplamente hispanizado – foram os doutrinários e lexicógrafos do século seguinte, que declararam 'exemplar' a linguagem então produzida. Foram também eles a adicionarem essas novidades lexicais e frásicas ao pecúlio pátrio. Historicamente, a castelhanização do português foi, pois, obra desta erudita posteridade. Foi ela quem, ao idealizar o concreto desempenho dos seiscentistas, consagrou, de modo definitivo, as adventícias formas hispanizantes.

O SÉCULO XVI

O nosso período inicia-se com os últimos produtos da Idade Média: o *Cancioneiro* reunido por Garcia de Resende, em 1516, e a obra teatral de Gil Vicente, falecido em 1536. Já então se vive em pleno bilinguismo. Os poetas do *Cancioneiro*, vários dos quais quatrocentistas, servem-se frequentemente de ambos os idiomas. Os autos de Gil Vicente escolhem um deles, quando não os alternam. O público, leitor ou espectador, não esperaria outra coisa, e certamente o apreciava. Apresentamos a primeira ocorrência dos regressivos nos dois idiomas, datando a produção vicentina uniformemente de 1536, ano da morte do dramaturgo.

Cancioneiro de Resende	1330	*desengaño*	*desengano*	1516
	1444	*regalo*	*regalo*	1516
	1476	*disculpa*	*desculpa*	1516

O esp. *disculpa* teve, até inícios do séc. XVI, a forma *desculpa*, conservada pelo português. No atinente à forma *desvario*, remetemos para um comentário acima.

Gil Vicente	1260	*remiendo*	*remendo*	1536
	1409	*desvarío*	*desvario*	1536
	1470	*embate*	*embate*	1536
	1482	*apuesta*	*aposta*	1536
	1491	*aliño*	*alinho*	1536
	1491	*matiz*	*matiz*	1536
	1492	*sega*	*sega*	1536
	1494	*poda*	*poda*	1536

Em quatro outros importantes autores de Quinhentos verificamos a estreia de vários regressivos. O ensaísta e historiador João de Barros, já o lembrámos, cresceu em ambiente cultural castelhanizante. O ano de 1522 é o do *Clarimundo*, os de 1552, 1553 e 1563 são das *Décadas da Ásia*. Na lista abaixo, *porte* significa 'capacidade', 'tonelagem'. Do poeta Luís de Camões se conhece o íntimo contacto com a produção poética castelhana do seu século e do anterior. Ele próprio poetava com desembaraço no idioma da Meseta, que tinha em grande apreço («Escuta um pouco, nota e vê, Umbrano, / quão bem que soa o verso castelhano»). A indicação de 1570 serve de média para a sua produção fora dos *Lusíadas*. O jesuíta Luís Fróis, importante epistológrafo do Oriente, contactou de perto, decénios a fio, com confrades de língua espanhola, redigindo nela várias cartas ele mesmo. O ano de 1578 é uma média para essa longa actividade de escrita. Do autor de espiritualidade Amador Arrais, vê-se-lhe nos *Diálogos*, de 1589, o bom domínio do idioma centro-peninsular, de que reproduz provérbios que deixa sem tradução. Remetemos, aqui, para anteriores comentários a *mescla* e *tino*, e sobretudo a *recato* e a sua ilusória preexistência portuguesa. A forma do esp. *rescaldo* (que depois se converteu em *rescoldo*) foi conservada em português, com uma deriva semântica: de 'calor da brasa' passou a significar 'acto de deitar água nas cinzas de um incêndio'.

João de Barros	1347	treslado	treslado	1528
	1384	contraste	contraste	1563
	1410	rescaldo	rescaldo	1553
	1448	sobresalto	sobressalto	1552
	1489	porte (1º)	porte	1552
	1492	aposento	aposento	1522
	1492	remate	remate	1532
	1492	toque	toque	1522
	1532	recato	recato	1522
Luís de Camões	1502	silbo	silvo	1570
	1532	paseo	passeio	1572
	1550	sustento	sustento	1570
Luís Fróis	1492	enterro	enterro	1578
	1511	desacato	desacato	1578
Amador Arrais	1275	mezcla	mescla	1589
	1445	tino	tino	1589
	1570	desacierto	desacerto	1589

O primeiro dicionário do português foi o de Jerónimo Cardoso. Na realidade, desdobra-se em português-latim, de 1562, e latim-português, de

1570. Essas obras continham, do ponto de vista documental, numerosas novidades lexicais, com sancionamento lexicográfico de não poucos castelhanismos, que certamente já circulavam. Concorreu para isso o apoio que o autor procurou nos dicionários de Nebrija. Na lista abaixo, *porte* tem o sentido de 'preço de transporte'. Quanto ao pt. *pecha*, inicialmente 'multa', 'imposto', significar hoje 'vício', 'mácula'. O verbo *pechar* nunca teve, em português, uso significativo.

Jerónimo Cardoso	1205	*pecha*	*pecha*	1562
	1298	*consuelo*	*consolo*	1570
	1435	*arrimo*	*arrimo*	1562
	1439	*desconsuelo*	*desconsolo*	1570
	1492	*rechazo*	*rechaço*	1562
	1508	*requiebro*	*requebro*	1562
	1516	*soborno*	*suborno*	1562
	1531	*tropiezo*	*tropeço*	1570
	1545	*porte* (2º)	*porte*	1562

Ainda no século XVI, achamos esparsamente, na obra de variados autores, outros regressivos de origem espanhola. Sobre o estatuto de *contorno* como regressivo fizemos acima um comentário. Anote-se que o esp. *protesto* caiu em desuso, substituído por *protesta*, conservando o português aquela forma.

Esparsos do século XVI	1305	*embarazo*	*embaraço*	1516
	1313	*espera*	*espera*	1504
	1445	*desatino*	*desatino*	1504
	1481	*contorno*	*contorno*	1561
	1482	*retorno*	*retorno*	1522
	1490	*pesca*	*pesca*	1550
	1492	*remate*	*remate*	1532
	1492	*renuevo*	*renovo*	1513
	1492	*trazo*	*traço*	1561
	1538	*recompensa*	*recompensa*	1551
	1486	*protesto*	*protesto*	1583

O SÉCULO XVII

O século de Seiscentos está, no nosso terreno, especialmente bem representado, observando-se nele uma acumulação *documental* de deverbais regressivos. Tal não se deve, tanto é certo, a um maior volume de texto disponível, já que ele é comparável ao do século precedente. Estaremos, antes, perante uma crescente aceitação das soluções regressivas, acompanhando o desenvolver de uma prosa 'intelectual', em que se privilegiava a abstracção. Os casos de Vieira e de Melo serão, nisto, paradigmáticos.

Mas, primeiro, dão o seu contributo textos de teor mais ligeiro. Em 1605, escreve Tomé Pinheiro da Veiga a sua *Fastigínia*, longo relato dos festejos em que nesse ano participou, em Valladolid, onde residia a corte de Castela e Portugal, pelo nascimento do herdeiro do trono, futuro Filipe III de Portugal. O livro contém numerosos diálogos em espanhol, língua que o autor mostra dominar na perfeição. Pode, por isso, estranhar-se o reduzido número de novidades. Facto é que, nessa obra, o número total de castelhanismos de primeira ocorrência é, ele também, baixo, o que poderia indiciar alguma vigilância linguística por parte de Pinheiro da Veiga. Em 1625, aparecem os *Infortúnios trágicos da constante Florinda*, romance de Gaspar Pires Rebelo, um eclesiástico com contactos chegados a Castela. O livro estreia um bom número de castelhanismos. Mas é em *Insulana*, de 1635, poema de Manoel Thomas, um epígono camoniano, que as novidades em regressivos abundam mais.

Fastigínia	1496	*rodeo* (fig.)	*rodeio*	1605
	1571	*enredo*	*enredo*	1605
Constante Florinda	1534	*desenfado*	*desenfado*	1625
	1545	*disfraz*	*disfarce*	1625
	1603	*estafa*	*estafa*	1625
Insulana	1305	*relincho*	*relincho*	1635
	1385	*sobra*	*sobra*	1635
	1453	*adorno*	*adorno*	1635
	1563	*rasgo*	*rasgo*	1635
	1574	*resalto*	*ressalto*	1635

Em dois importantes escritores desta época, Luís de Sousa e Francisco Rodrigues Lobo, não achamos exemplos de inovação regressiva por arrastamento do espanhol. Constata-se, mesmo, na escrita de ambos, uma genérica tendência conservadora. No caso de Rodrigues Lobo, estas circunstâncias são especialmente notáveis, sabendo-se quanto ele era, também, um exímio cultor do verso castelhano.

Em 1647 aparece, em primeira versão, o *Tesouro da língua portuguesa* de Bento Pereira. É um dicionário português-latim que reúne todos os materiais já dicionarizados (quer por Jerónimo Cardoso quer pelo *Dicionário* português-latim de Agostinho Barbosa, de 1611), ajuntando-lhes muitos novos, recolhidos em autores recentes ou coevos. A obra arrola três novos regressivos.

Bento Pereira (1647)   1492   *desembarazo*   *desembaraço*   1647
                        1492   *refriega*   *refrega*   1647
                        1594   *zurra*   *surra*   1647

Anote-se, contudo, que as obras lexicográficas primam pela prudência. Não poucos regressivos acima documentados estão ainda ausentes no *Tesouro*, como *adorno*, *desacerto*, *empenho*, *encanto*, *enterro*, *protesto*, *rasgo*, *sobra*, *sustento*, *traço*.

E chegamos ao período áureo da apropriação de regressivos pelo português, a época de Francisco Manuel de Melo e António Vieira, ambos nascidos em 1608. Duas razões nos levam a citá-los por esta ordem: o avanço de Melo em publicações (inicia-se em 1628, com obras espanholas) e a notável longevidade de Vieira (falece em 1697). Já referimos, nos dois, o íntimo contacto com o idioma centro-peninsular, mais o genérico teor 'intelectual', doutrinário, dos seus escritos, inclusive da correspondência, em ambos abundante. Estas duas circunstâncias podem explicar que, em matéria de regressivos, se observe neles um surto significativo, um estatístico 'excesso de eventos'.

Algumas anotações prévias. A forma *antojo* (com a variante *entojo*) teve pouca fortuna em português, onde se preferiu a medieval *antolho*. Mesmo assim, o Bento Pereira de 1647 admite *antojar*. O pt. *mira* aparece em Melo, mas já desde o ano de 1600 se encontra em textos portugueses a locução espanhola *a la mira* («estiveram a la mira»). No autor, *susto* tem o valor inicial de 'preocupação'. Quanto ao pt. *remedo*, estabeleceu-se posteriormente como *arremedo*. Na lista abaixo, *porte* tem o valor de 'estatuto social'.

Francisco Manuel de Melo   1332   *antojo*   *antojo*   1657
                            1338   *aprecio*   *apreço*   1646
                            1348   *desafuero*   *desaforo*   1666
                            1466   *reseña*   *resenha*   1637
                            1480   *mejora*   *melhora*   1637
                            1490   *lance*   *lance*   1650
                            1490   *lidia*   *lida*   1640
                            1490   *tempero*   *tempero*   1640
                            1492   *empeño*   *empenho*   1637
                            1495   *desagrado*   *desagrado*   1650
                            1495   *desagravio*   *desagravo*   1637
                            1501   *desvelo*   *desvelo*   1637
                            1504   *remedo*   *(ar)remedo*   1657
                            1526   *manejo*   *manejo*   1637
                            1532   *mofa*   *mofa*   1540
                            1538   *mira*   *mira*   1650
                            1578   *descamino*   *descaminho*   1637

1580	realce	realce	1657
1581	susto	susto	1646
1585	desempeño	desempenho	1637
1596	retoque	retoque	1637
1597	desliz	deslize	1640
1605	desahogo	desafogo	1666
1620	galanteo	galanteio	1640
1620	porte (3º)	porte	1650
1637	retiro	retiro	1646

Em Vieira, o ano de 1670 vale como média para sermões ou cartas que não conseguimos datar. No autor, *recibo* apresenta já o significado restritivo, e único no português, de 'reconhecimento escrito de recepção de valores'. Trata-se de um regressivo do esp. *recibir*, um verbo com que o vocábulo português não tem relação gramatical, e tão-só formal. (E mesmo esta é camuflada no Houaiss, que traz a indicação «regr. de *receber*»). Quanto a *invento*, o DRAE deriva-o de *inventum*, enquanto o Houaiss o diz regressivo de *inventar*. No caso português, dada a cronologia, e vistos os actores (Vieira, e também Melo), propendemos para esta segunda leitura.

O vocábulo *enfado*, encontrado em Vieira, merece alguma detenção. Provém de *enfadar*, verbo galego-português (de *infatuare*, segundo José Pedro Machado), que significou primeiro 'desanimar', e de onde derivaram *enfadamento*, *desenfadar* e *desenfadamento*. Em finais de Quatrocentos, *enfadar* surge documentado em espanhol, tal como *enfadamiento*, em textos de Cristóvão Colombo. *Desenfadar* aparecerá em 1534, na pena de Juan Boscán. Mas já em 1512 se documenta a criação espanhola de *enfado*, e em 1534, também em Boscán, a de *desenfado*, regressivos dos dois lusismos verbais. Só em Seiscentos os dois termos atingem o português. O primeiro a encontrar-se, *desenfado*, surge em 1625. Em 1664, haverá finalmente notícia de *enfado*, com o sentido de 'tédio', 'fastio', diferente do sentido espanhol de 'zanga', 'ira'.

António Vieira	1424	conjura	conjura	1673
	1445	aseo	asseio	1644
	1512	enfado	enfado	1664
	1528	desgobierno	desgoverno	1670
	1530	recibo	recibo	1648
	1562	invento	invento	1642
	1564	fracaso	fracasso	1667
	1583	disparo	disparo	1670
	1588	desquite	desquite	1670
	1590	refuerzo	reforço	1673
	1591	avanzo	avanço	1652
	1594	arrullo	arrulho	1686
	1602	descarte	descarte	1644

Um mais detalhado exame comparativo dos dois conjuntos revela alguns factos com interesse: 1. mais de metade das novidades de Melo reencontra-se em Vieira, 2. só uma das novidades de Vieira (*asseio*) figura em Melo, e 3. o conjunto vieiriano integra sete novidades posteriores à morte do historiador. Em suma: o vocabulário de Vieira significa um importante avanço, quando comparado com o de Melo. Há pelo menos duas explicações para este facto. Por um lado, Melo adiantou-se a Vieira na publicação de textos, o que lhe permitiu acumular primeiras ocorrências. Por outro, o orador jesuíta teve vida bem mais longa, falecendo aos quase 90 anos, sobrevivendo a Melo mais de 30.

Não se estranhará, também, que quase todos os vocábulos comuns aos dois autores estejam incluídos no Bento Pereira de 1697. Mais surpreendente é o facto de só quatro das 13 novidades vieirianas (*asseio*, *avanço*, *desquite*, *recibo*) figurarem nesse Bento Pereira, um dicionário, note-se, elaborado por membros da Companhia de Jesus. Este facto ilustra, suplementarmente, o carácter inovador da linguagem de Vieira. E há um facto propriamente inesperado: das demais nove, só uma, *enfado*, ocorre também em obra alheia no conjunto literário de Seiscentos. Não resta dúvida: António Vieira foi um excepcional captador dos refinados produtos da forja castelhana.

No decurso do mesmo século XVII, outros regressivos foram sendo adicionados ao português, assinaláveis na obra de diversos autores. A forma *contento* surge nas locuções *a contento*, *a seu contento* e semelhantes. E *reparo* tem aqui o valor de 'advertência', 'censura leve'. E *desaire* tem, na primeira aparição, a forma *desairo*.

Esparsos do século XVII

1305	*aderezo*	*adereço*	1600
1338	*dispensa*	*dispensa*	1695
1439	*encanto*	*encanto*	1623
1476	*desaliento*	*desalento*	1665
1496	*abono*	*abono*	1619
1518	*asombro*	*assombro*	1638
1519	*contento*	*contento*	1607
1527	*encaje*	*encaixe*	1644
1547	*apodo*	*apodo*	1692
1550	*cotejo*	*cotejo*	1652
1559	*asomo*	*assomo*	1623
1562	*ayuste*	*ajuste*	1660
1570	*agasajo*	*agasalho*	1607
1570	*arrojo*	*arrojo*	1692
1582	*motejo*	*motejo*	1619
1584	*desaire*	*desaire*	1606
1603	*embozo*	*embuço*	1652
1630	*reparo* (fig.)	*reparo*	1665

Perto de finais do século, Manuel Bernardes, autor de obras de espiritualidade, ajunta vários regressivos ao conjunto. O autor mantinha-se a par da produção espanhola da sua área (quase todos os autores que cita são espanhóis) e a sua escrita acusa esse íntimo contacto, com numerosos castelhanismos lexicais e fraseológicos.

Manuel Bernardes	1561	*festejo*	*festejo*	1688
	1612	*escape*	*escape*	1688

Finalmente, a edição de 1697 do Bento Pereira, agora apelidado *Prosódia*, inclui vários regressivos não documentados até aí. A edição de 1647 continha a forma *entalho* (além do autóctone *entalo*, de *entalar*), forma agora remodelada, como acontecera com *deleito*, tornado *deleite*.

Bento Pereira (1697)	1250	*entalle*	*entalhe*	1697
	1592	*embeleco*	*embeleco*	1697
	1598	*conversa*	*conversa*	1697
	1610	*gracejo*	*gracejo*	1697
	1627	*amaño*	*amanho*	1697
	1672	*recobro*	*recobro*	1697

O SÉCULO XVIII

Na centúria de Setecentos, serão sobretudo os dicionários a documentarem a adopção de deverbais regressivos de origem castelhana. Não admira: a produção escrita é, nesse século, comparativamente limitada, além de pouco inovadora no léxico. Além disso, com o desaparecimento da última geração bilingue, por 1700, as transferências localizáveis de carácter autoral diminuem abruptamente. Recorde-se, também, que os regressivos estreados no *Vocabulário Português e Latino* de Rafael Bluteau (publicado de 1712 a 1728) remetem, quase certamente, para linguagem já circulante nos decénios anteriores. É uma ressalva, de resto, a ter presente em qualquer datação lexicográfica.

Rafael Bluteau	1518	*apoyo*	*apoio*	1712
	1548	*anhelo*	*anelo*	1712
	1551	*escucha*	*escuta*	1713
	1587	*desperdicio*	*desperdício*	1713
	1609	*soba*	*sova*	1720
	1672	*desembarque*	*desembarque*	1713
	1675	*apego*	*apego*	1712
	1690	*desafecto*	*desafecto*	1713

As inovações documentadas fora do contexto lexicográfico são, insistamos, em número relativamente reduzido, e não individualizam um particular autor ou obra. Como anotado acima, o esp. *despique* caiu entretanto em desuso.

Esparsos do século XVIII	1246	*olvido*	*olvido*	1770
	1495	*desaliño*	*desalinho*	1734
	1507	*esmero*	*esmero*	1728
	1524	*reencuentro*	*reencontro*	1760
	1534	*deslustre*	*deslustre*	1729
	1544	*desdoro*	*desdouro*	1738
	1566	*recreo*	*recreio*	1728
	1590	*desgarre*	*desgarre*	1752
	1597	*empate*	*empate*	1735
	1629	*despique*	*despique*	1730
	1630	*extravío*	*extravio*	1756
	1645	*desapego*	*desapego*	1702
	1703	*embarque*	*embarque*	1727

Em finais de Oitocentos, o lexicógrafo brasileiro Antônio Morais Silva recolhe – em obra apresentada, na primeira edição, como uma 'actualização' de Bluteau – vários espécimes até então não documentados. Anote-se que em *procura* há uma divergência semântica: o espanhol corresponde ao português 'conseguimento', o português corresponde ao espanhol 'busca'. Quanto ao esp. *dislate*, deriva do antigo *deslate* ('disparo'), regressivo do também antigo esp. *deslatar*. A forma portuguesa não corresponde a nenhum verbo preexistente, não sendo, pois, um regressivo em sentido estrito.

Dicionário de Morais	1427	*ahínco*	*afinco*	1789
	1489	*respaldo*	*respaldo*	1789
	1550	*dislate*	*dislate*	1789
	1552	*brillo*	*brilho*	1789
	1597	*entono*	*entono*	1789
	1607	*granjeo*	*granjeio*	1789
	1609	*desmonte*	*desmonte*	1789
	1613	*ceceo*	*ceceio*	1789
	1619	*desembolso*	*desembolso*	1789
	1648	*atraso*	*atraso*	1789
	1658	*enlace*	*enlace*	1789
	1718	*desfalco*	*desfalque*	1789
	1726	*arranque*	*arranque*	1789
	1732	*desplante*	*desplante*	1789

1739 *sorteo*   *sorteio*   1789
1742 *muda*   *muda*   1789
1778 *procura* *procura*   1789

Paralelamente a *ceceio*, o português desenvolveu *cicio*, regressivo de *ciciar*. O Hoauiss relaciona esta forma com *cicioso*, derivado, por sua vez, do esp. *ceceoso*. Os dados confirmam esta trabalhosa genealogia.

Os séculos XIX e XX

Em Oitocentos, os regressivos mostram novas acumulações em autores individuais, o que evidencia neles o carácter inovador da escrita. São o poeta e dramaturgo português Almeida Garrett e o ficcionista brasileiro José de Alencar. Tenha-se em conta, ainda assim, que os *corpora* disponíveis apresentam importantes lacunas para o período final de Setecentos e inícios de Oitocentos, faltando um bom número autores, tanto brasileiros como portugueses. Entre estes últimos, Filinto Elísio, Agostinho de Macedo e Bocage, três poetas intelectualizantes, poderiam modificar, mais ou menos significativamente, o cenário aqui desenhado para Garrett e Alencar. Por outro lado, buscas sistemáticas, e tendencialmente exaustivas, nestes dois autores poderiam confirmar-lhes o protagonismo.

Algumas notas preliminares. O pt. *apuro* tem, aqui, o sentido espanhol de 'dificuldade', 'aperto'. Do idioma vizinho se tomou, igualmente, a locução *em apuros*. Mas já em 1825 o mesmo Garrett usava *apuro* com o valor, português, de 'esmero', 'requinte'. Quanto a *piso*, só neste momento é regressivo de *pisar*.

Almeida Garrett	1497	*apuro*	*apuro*	1845
	1528	*comando*	*comando*	1845
	1608	*desespero*	*desespero*	1846
	1609	*encierro*	*encerro*	1825
	1608	*gorjeo*	*gorjeio*	1846
	1640	*piso*	*piso*	1845
	1749	*tiroteo*	*tiroteio*	1835

Alencar, introdutor de *deslumbre*, é-o também de um *falso* regressivo castelhanizante, *alumbre* («Tinha a beleza de Linda um doce alumbre de melancolia»), derivado de *alumbrar*. O achado foi de escassa fortuna. O esp. *alumbre*, recorde-se, é um termo químico, proveniente do lat. *alumen*, tal como o pt. *alume*. Não se cita aqui *respiro*, já que, por poucos anos, Camilo Castelo Branco se adiantou ao brasileiro. No entanto, o vocábulo foi, neste, nitidamente mais habitual.

José de Alencar

1496	desgarro	desgarro	1862
1509	maltrato	maltrato	1870
1555	deslumbre	deslumbre	1875
1582	arrobo	arroubo	1865
1762	volteo	volteio	1857

No decorrer de Oitocentos, o aparecimento de regressivos continuou. Anote-se que o esp. *trastorno* e o esp. *disfrute* conheceram inicialmente as formas *transtorno* e *desfrute*, que o português adoptou. O esp. *salvaguarda*, é uma variante menos frequente de *salvaguardia*. Tanto *aprumar* como *aprumo* são formas autóctones, mas as suas acepções modernas são nitidamente subsidiárias de *aplomar* e *aplomo*. Por fim, e a propósito de *conchabo / conchavo*: o espanhol americano possui *desconchabar* e o português *desconchavar*. Mas, enquanto o pt. *desconchavo* é assinalável por 1870 em Portugal e no Brasil, a aparição do esp. *desconchabo* mantém-se ilocalizável no tempo e na geografia. Nos regressivos abaixo, recorremos à datação do Houaiss quando anterior à dos *corpora*. O ano de 1899 corresponde, em princípio, à dicionarização do vocábulo por Cândido de Figueiredo.

Esparsos do século XIX	1408	recuento	reconto	1858
	1414	saqueo	saqueio	1858
	1428	toma	toma	1899
	1438	malbarato	malbarato	1891
	1460	salvaguarda	salvaguarda	1838
	1538	importe	importe	1852
	1549	retardo	retardo	1832
	1568	disfrute	desfrute	1872
	1570	escombro	escombro	1872
	1575	descaro	descaro	1851
	1581	avío	avio	1890
	1581	descalabro	descalabro	1872
	1583	envío	envio	1899
	1589	conchabo	conchavo	1884
	1589	rastreo	rastreio	1819
	1607	granjeo	granjeio	1832
	1609	regateo	regateio	1891
	1614	respiro	respiro	1862
	1615	desencanto	desencanto	1836
	1620	malogro	malogro	1872
	1633	trastorno	transtorno	1859
	1641	desenfreno	desenfreio	1890
	1648	pastoreo	pastoreio	1899
	1656	desenlace	desenlace	1836
	1706	reembolso	reembolso	1858

1775	derrumbe	derrube	1899
1791	derrame	derrame	1899
1794	transbordo	transbordo	1899
1817	balanceo	balanceio	1875
1826	desfile	desfile	1888
1828	atropello	atropelo	1836
1834	aplomo	aprumo	1862
1868	desgaste	desgaste	1890
1878	titubeo	titubeio	1884

Alguns notórios desfasamentos, frequentemente de séculos, entre a forma espanhola e a portuguesa explicam-se pela existência em português de boas alternativas (algumas, de resto, provenientes elas também do espanhol). Assim, o termo corrente era, e continua a ser, *saque* ou *pilhagem* e não *saqueio*, *tomada* e não *toma*, *importância* ou *quantia* e não *importe*, *descaramento* e não *descaro*, *respiração* e não *respiro*. A *desfrute* prefere-se *gozo*, em vez de *escombro* usou-se *entulho*. Em bastantes casos, o vocábulo mais recente valeu, ou vale, como alternativa 'culta'.

Em finais do século XIX, um autor português vai distinguir-se no contexto aqui estudado: o cronista e contista Fialho de Almeida. É conhecido o seu carinho pela língua espanhola («Tem para mim um prestígio e uma música que não me canso de ouvir e de gostar»), um carinho que, ao serviço de um vezo esteticista, o leva a espanholismos como *arreglo* (com o valor de 'cópia deficiente') ou *mirada* (por *olhar*), que o português nunca absorveu. Citamos *arreglo*, pela insistência do autor no seu uso, mormente na série *Os Gatos*, completada em 1894. Um século depois, um outro esteta admirador do espanhol, José Saramago, faria uso de outros regressivos, como *engendro* e *roce*, sem maior sucesso.

Fialho de Almeida	1509	arreglo	*arreglo	1894
	1542	acato	acato	1894
	1587	restauro	restauro	1894
	1645	toreo	toureio	1894

O século XX assistiu ainda à introdução de vários regressivos. Dada a profusão de documentação novecentista, é praticamente impossível localizar a primeira ocorrência dos termos portugueses. É, de resto, muito provável que alguns já anteriormente tenham circulado, decerto os mais antigos, faltando tão-só a documentação conhecida.

Esparsos do século XX	1449	ahorro	aforro
	1624	mareo (fig.)	mareio
	1745	manoseo	manuseio
	1750	adelanto	adianto

1772	*pisoteo*	*pisoteio*
1803	*veraneo*	*veraneio*
1821	*sofoco*	*sufoco*
1836	*tuteo*	*tuteio*
1845	*desarme*	*desarme*
1890	*acoso*	*acosso*
1896	*enfoque*	*enfoque*

Este processo prossegue hoje, embora atenuado, com a adopção de formações espanholas mais recentes. É o caso do esp. *despiste*, assinalado nos anos de 1940, que originaria o pt. *despiste*, no sentido físico ou mental, o de *alterne* (como em *bares de alterne*), datável dos anos 60, e chegado ao português na década seguinte, ou ainda o de *implante*.

Um comentário, ainda, a pretexto de *acosso*. As formas *acosar, acosado* e *acosador* circulam já em espanhol no século XV. Em português, a primeira ocorrência de *acossar* dá-se em Gil Vicente. Num texto do humanista António Pinheiro, de 1541, encontramos a locução *tomar a cosso*, isto é, 'perseguindo'. O dicionário de Cardoso, de 1562, contém *acossar, acossado, acossador* e *acossamento*. É só na edição de 1697 de Bento Pereira que reencontramos *a cosso* (grafado *acoso*), traduzido pelo lat. *cursu*, 'em perseguição'. O regressivo espanhol *acoso*, assinalado em 1890, é uma radical novidade, que levou um século a atingir o português, em traduções, sobretudo jornalísticas.

Isto conduz-nos a uma conjectura mais genérica: alguns regressivos provenientes do espanhol, sendo estruturalmente regressivos, poderiam não sê-lo historicamente. Isto é, o português importou-os, a esses, não como derivados léxico-morfológicos, mas como autênticos lexemas. Assim se entende que *desenfado* tenha sido introduzido antes de *enfado*. Assim se explicam, também, os casos de deriva semântica (como em *rescaldo*), de restrição do significado (o pt. *regalo* significa 'vivo prazer'), de especialização 'culta' (como em *olvido*), de adiantamento frente ao verbo (como em *contorno* e *desaire*), de ausência de conexão com o verbo (como em *desplante* e *pecha*), de ausência de um infinito responsável pela forma (como em *recibo*), enfim, de simples falta de um verbo correspondente (como em *dislate*).

Uma anotação, finalmente, a propósito dos regressivos *relevo* e *destaque*, que não entram nas presentes contas. O esp. *relevo* 'rendição', 'substituição', é regressivo de *relevar* no sentido de 'substituir', 'exonerar'. Este verbo significa também 'realçar', mas o 'efeito' disto é expresso por *relieve*. Por seu lado, o português possui *relevo*, regressivo de *relevar* nesse sentido de 'realçar'. Este *relevo* português data de 1561, enquanto o *relevo* espanhol, 'rendição', surge em inícios de Oitocentos. Nada os relaciona.

Na década de 1830, o esp. *destacar* ganha o sentido de 'realçar', e o mesmo sucede com o verbo português a partir de 1857, com José de Alencar. Supõe-se que esse novo valor se liga ao fr. *détacher*, 'séparer d'un tout'. Por essa altura, surge o esp. *destaque*, 'destacamento', 'envio em missão', que remete para o valor antigo do verbo. Pouco depois, o português cria *destaque*, já como 'realce', que achamos em 1888 em Eça de Queirós, e seguidamente em Machado de Assis. Mais tarde, o espanhol desenvolve as locuções *en destaque* e *con destaque para*, em que o vocábulo surge como sinónimo de *relieve*, só recentemente tendo sido dicionarizado. Poderia supor-se nisso influência do português, mas não conseguimos rastreá-la.

Notórias ausências

Para a quase totalidade dos regressivos examinados neste estudo vale que o português já havia integrado, também, os respectivos verbos. Mas atenção: o acatamento de um verbo espanhol não conduziu automaticamente ao do seu regressivo. Há, com efeito, bastantes formas regressivas espanholas que 'faltam' em português. Indicamos algumas delas, seguidas do verbo português que lhes corresponde.

1569	*engendro*	engendrar	1856	*cierre*	cerrar
1570	*arraigo*	arraigar	1866	*estropeo*	estropiar
1629	*desagüe*	desaguar	1876	*cruce*	cruzar
1775	*sondeo*	sondar	1888	*cuido*	cuidar
1785	*empuje*	empurrar	1890	*atasco*	atascar
1795	*roce*	roçar	1926	*despido*	despedir
1826	*despliegue*	despregar	1928	*embrujo*	embruxar
1828	*desangre*	dessangrar	1946	*despegue*	despegar
1829	*saboreo*	saborear			

A criação tardia da maior parte destes regressivos, quando a influência do espanhol diminuíra drasticamente, explica aceitavelmente os factos. Já no atinente aos três primeiros, surgidos ainda no período forte da transmissão de materiais, não se descortina motivo mais ponderoso do que uma 'estranheza' das formas *engendro* ('ente disforme'), *arraigo* ('fixação num hábito') e *desagüe* ('escoamento'). Mas é motivação assaz insatisfatória: outros espécimes porventura mais rebarbativos acabaram adoptados. Aos exemplos acima poderá juntar-se o esp. *estreno*, de 1541, também nunca chegado ao português, onde seria **estreio*. Esse regressivo do *estrenar* veio substituir *estrena* ('primeiro acto de alguma coisa'), que dera origem ao verbo. O português manteve *estreia* (antes *estrea*), tal como *estrena* um latinismo.

Acrescentamos outras formas espanholas, agora derivadas de verbos de proveniência latina directa, e comuns aos dois idiomas, de que o português também não possui regressivo.

anticipar > *anticipo* — antecipação
apuntar > *apunte* — apontamento
citar > *cita* — citação, combinação
condenar > *condena* — condenação
descontentar > *descontento* — descontentamento
desplegar > *despliegue* — desdobramento, demonstração
deteriorar > *deterioro* — deterioração
disimular > *disimulo* — dissimulação
fincar > *finca* — quinta
informar > *informe* — relatório
parar > *paro* — paragem, desemprego
recordar > *recuerdo* — recordação, lembrança
reintegrar > *reintegro* — levantamento (de dinheiro)
repartir > *reparto* — repartição, partilha
saludar > *saludo* — saudação
suministrar > *suministro* — subministração, fornecimento

Assinalamos, por fim, alguns casos em que o português desconhece o próprio verbo de partida. Note-se que o pt. *desarrolhar*, ou *desrolhar*, significa 'tirar a rolha' de garrafa, ou semelhante. O esp. *aportar* tem, aqui, o valor de 'contribuir'

acopiar > *acopio* — provisão
amagar > *amago* — ameaça
agobiar > *agobio* — maçada
ajetrear > *ajetreo* — azáfama
asociar > *asocio* — associação
atisbar > *atisbo* — indício, espreita
cabrear > *cabreo* — zanga
cohechar > *cohecho* — suborno
desarrollar > *desarrollo* — desenvolvimento
desechar > *desecho* — refugo, desprezo
ensanchar > *ensanche* — ampliação
guiñar > *guiño* — piscar de olho
ninguncar > *ninguneo* — menosprezo
plantear > *planteo* — apresentação (de uma questão)
recaudar > *recaudo* — cobrança
reemplazar > *reemplazo* — substituição
retrasar > *retraso* — atraso
volcar > *vuelco* — tombo, reviravolta

De todas estas formações ausentes, não há qualquer indício de que alguma venha a irromper no português. Observa-se, no máximo, o esporádico revitalizar de formas um dia adoptadas, que se julgaria em garantido desuso. É o caso de *desfrute* e *respaldo*, que, em tempos recentes, mostraram, no comentário político português, escrito e oral, um renovado vigor.

Conservados em português

No longo, e não programado, processo de transferência de formas do espanhol para o português, verificaram-se vários 'acidentes de percurso'. Umas vezes, o receptor conservou formações que vieram a ser modificadas no idioma de origem. Outras vezes, o português adaptou variantes suas ao formato do idioma vizinho. A transferência de deverbais regressivos – já o viemos referindo – ilustra estas duas situações. Reunimos aqui os casos indicados, figurando em itálico as variantes abandonadas por um e outro idioma.

ahínco	<	*afinco*	afinco
ahorro	<	*aforro*	aforro
avance	<	*avanzo*	avanço
disculpa	<	*desculpa*	desculpa
disfrute	<	*desfrute*	desfrute
protesta	<	*protesto*	protesto
rescoldo	<	*rescaldo*	rescaldo
deleite	deleite	<	*deleito*
desvarío	desvario	<	*desvairo*
entalle	entalhe	<	*entalho*

Espectacular assimetria

É um facto: em matéria de deverbais regressivos, e só com as excepções (adiante comentadas) de *despejo, resguardo* e *vigía*, nunca o espanhol tirou proveito da criatividade portuguesa, nem sequer nos casos – examinados no início deste trabalho – em que o regressivo português foi formado de verbos provenientes do espanhol. O panorama é, pois, de uma espectacular assimetria.

Estes comportamentos opostos são entendíveis à luz dos factores, acima expostos, que estiveram na origem da apropriação portuguesa de materiais castelhanos, todos conducentes a um longo e íntimo contacto com os produtos de Castela, desde as obras de consulta e divulgação até aos manuais de espiritualidade e aos poemas (lidos, copiados, decorados, recitados), desde as prédicas litúrgicas aos vilancicos que ainda em 1720 (informa Bluteau) se cantavam nas igrejas. Foram numerosos os portugueses a lerem intensamente o espanhol, e muitos depois a escreverem-no, e escreverem *bem*.

Os historiadores portugueses do idioma sublinham as deturpações do espanhol (os chamados 'lusismos' de morfologia) a que tal exercício por vezes conduziu. É um lamentável equívoco. Fixados em tais marginalidades, não atentam num facto que os comentadores espanhóis sempre vincaram: a grande *qualidade* do espanhol de Sá de Miranda, de Camões, de Rodrigues Lobo, de Vieira, de outros, para não insistir no dos perfeitos bilingues Jorge de Montemor e Francisco Manuel de Melo. Foi essa qualidade do espanhol dos bilingues que depois, com naturalidade, sem 'programa' ou propósito consciente, eles transmitiram ao seu português.

Ora, de todo este cenário, jamais algo semelhante ocorreu em Castela. Nunca aí o português foi sentido como idioma prestigioso, menos ainda modelar. Não admira, tão diminuto foi sempre o contacto com ele. Os autores mais célebres, de Camões a Vieira, eram lidos em tradução. As obras de Montemor e de Melo tinham original espanhol, e era em espanhol que os autores portugueses residentes na Meseta publicavam. As breves tiradas em português, encontráveis em peças teatrais espanholas, sendo já escassas, revelam-se, não raro, linguisticamente caricaturais. Elas representavam aquilo que os autores *supunham* ser português. Assim, o escritor ou cidadão renascentista espanhol foi privado do contacto com um idioma que, pela sua contiguidade, pudera propor-lhe materiais de mais requintado teor, como eram os regressivos criados em Portugal.

UMA GUERRILHA SEMÂNTICA

Examinamos, agora, os três casos, já acima anotados, de uma clara e efectiva influência portuguesa sobre o espanhol em matéria de regressivos: *despejo*, *resguardo* e *vigía*. Neles, os verbos originais são de feitura galego-portuguesa, não há qualquer 'interrupção' nos usos portugueses, e a entrada no espanhol dá-se gradualmente. É certo que, dos três, só *resguardo* vingou deveras no idioma vizinho, embora a influência do português tenha sido, aqui, mais propriamente formal. Já os outros dois, *despejo* e *vigía*, foram (tal como sucedera com *desmancho*) lusismos frustrados. Todos valem, porém, como históricos contra-exemplos, algo surpreendentes, já que Castela nunca conheceu os mecanismos que, em Portugal, comandaram o influxo do idioma vizinho, entre outros a assídua leitura do mesmo e o bilinguismo das elites. Contemos, então, essas três histórias.

De *vigiar*, forma galego-portuguesa do lat. *vigilare*, fez-se o regressivo *vigia*, já presente nas *Cantigas* de Afonso X e usada no *Leal Conselheiro* do rei Duarte, de 1438. Era sinónimo do arabismo *atalaia*, termo mais vulgarizado, e em Castela o habitual. No decurso do século XVI, *vigia* ganha maior circulação em português e, em finais do século, penetra no espanhol, onde lentamente será difundido. Mas o termo então corrente era, e continuaria a ser, *centinela*, do it. *sentinella*, que o português adoptou como *sentinela*.

A história de *resguardo* é outra. Desde o século XIII o castelhano tinha o verbo *reguardar* ('olhar com cuidado') e o regressivo *reguardo* ('vigilância'). Eles vão aparecer no português dois séculos mais tarde, sobretudo nas obras do referido rei, da década de 1430. Neste mesmo século, dá-se uma criação portuguesa, a de *resguardar* ('atender', 'ter em atenção', 'observar'), logo acompanhado do frequente, e semanticamente rico, *resguardo* ('respeito', 'cautela', 'circunspecção', 'receio'). Em 1519 assinala-se o primeiro esp. *resguardo*, numa *Instrucción que dio el Rey a Magallanes*, o célebre navegador português ao serviço de Castela («Irán por la costa adelante descubriendo con todo resguardo»). Durante o século XVI espanhol, o vocábulo aparecerá quase sempre ligado a actividades marítimas, enquanto o velho *reguardo* definha. Mas não sobra dúvida: o novo termo é um sucesso e, em finais desse século, o seu semantismo acha-se diversificado. Pela mesma altura, o verbo *resguardar*, agora também espanhol, tinha lentamente iniciado o próprio percurso.

A trajectória de *despejo* é ainda mais colorida. Do substantivo galego-português *pea* ('grilheta', actual pt. *peia*), criou-se o verbo *pejar*, 'estorvar' (depois 'encher'), que teve o regressivo *pejo*, 'estorvo' (depois 'vergonha', 'pudor'). De *pejar* formou-se *despejar*, 'desimpedir', e dele *despejo*, 'desimpedimento', 'desembaraço'. Tudo isto sucedeu antes de 1500. Na *Crónica de Portugal* de 1419, lemos: «com tal despejo e vontade entrarom em terra de seus imiguos» e «loguo com muyto despejo se pos em gyolhos amte ellRey». Em inícios do século seguinte, tanto o *Cancioneiro* de Resende como Gil Vicente são fecundos no uso do substantivo. Ao longo da centúria, *despejo* tem basta utilização, com destaque para Barros e Camões.

Por volta de 1550, *despejar* chega ao espanhol, e em 1575 documenta-se o primeiro *despejo*, em texto de Jerónimo Bermúdez («Perdónote el despejo tan osado con que me hablas»). Nesse idioma, o vocábulo é um sucesso imediato, e adquire conotações marcadamente positivas, valendo por 'destemor', 'frontalidade' – tudo aquilo que o português exprime por *desassombro* – e mesmo 'garbo' ou 'elegância'. Mais tarde, já no século XX, o seu uso entraria em nítido retrocesso.

Em contexto português, *despejo* vai ser objecto de uma curiosa revisão de posições. No século XVII, é dado como vocábulo tipicamente espanhol, designando uma qualidade caracterizadora, e pouco abonatória, dos habitantes da Meseta. Na *Carta de guia de casados*, de 1650, Francisco Manuel de Melo refere-se ao dano, um dano moral, que o termo simbolizara para a sociedade portuguesa. Ao velho *pejo* português, o 'pudor', sucedia o *despejo* espanhol, a 'licenciosidade'. Escreve ele: «Faz grande dano uma maldita palavra, que se nos pegou de Castela, a que chamam *despejo*, de que muitas [mulheres] se prezam; e certo que, em bom português, *despejo* é descompostura. Outra explicação lhe ia eu a dar, mas esta baste. E claro está que o *despejo* é coisa ruim, porque o *pejo* era cousa boa». Algum tempo mais tarde, em 1667, António Vieira, redigindo a sua *História do Futuro*, explica como a conquista da coroa de Portugal por Filipe II deve ser considerada usurpação, e acrescenta: «O nome que se dá a esta acção é chamar-lhe *despejo*, que em bom castelhano quer dizer *desvergüenza*». E, num vezo muito vieiriano, segue-se este jogo de conceitos: «E pois o meterem-se os Castelhanos em Portugal foi despejo, razão foi também que os fizessem despejar». Sensível ao ar do tempo, o *Tesouro* de Bento Pereira de 1647 havia dado ao vocábulo duas entradas: «Despejo, *Vacuitas, Expeditio*» e «Despejo, i.é, pouca vergonha, *Inverecundia*». Era, historicamente, uma rejeição de paternidade.

É o único caso que conhecemos, até bem entrado o século XX, de recusa explícita de um castelhanismo. E não, repare-se bem, por motivos linguísticos. É deveras um cenário irreal. A entrada de duas centenas e meia de regressivos espanhóis não levantou uma só ruga no lago da opinião de língua portuguesa. Tudo foi natural, discreto, proveitoso. Enquanto isso, um dos raríssimos deverbais regressivos portugueses algum dia triunfantes em espanhol converteu-se – pelo viés de uma deriva semântica – em pretexto para a represália política e para o escândalo moral. Escusado dizer que a história real do vocábulo era, para todos, desconhecida.

NOTAS FINAIS

Esta pesquisa léxico-morfológica permitiu, assim julgamos, apreender o processo de castelhanização do português no seu cerne. Esse processo poderá ser, um dia, exposto em moldes mais palpitantes. Mas será doravante difícil apresentá-lo como 'questão menor'. Historicamente, a castelhanização tornou-se, para o português, uma forma natural de nutrição: estrutural, consistente, quase mensurável.

No terreno estudado, o dos deverbais regressivos, podem lamentar-se as opções tomadas, que atestam uma rejeição de soluções patrimoniais, contrastantes com o espanhol. Mas reconheçamos que o espaço de manobra se reduzira grandemente, ao terem-se adoptado, por vezes com um avanço de séculos, os verbos respectivos.

O panorama aqui desenhado insere-se, já o sublinhámos, na narrativa das trocas culturais entre os dois estados ibéricos, caracterizada por uma desmesurada unilateralidade. Concretamente, assistimos à avidez portuguesa em modernizar-se com as novidades de Castela, e ao modesto ganho que o espanhol procurou na língua vizinha.

Essa atitude de dependência, nunca assumida, sempre confortável, trouxe ao português uma indiscutível agilidade semântica e um respeitável acréscimo expressivo. Tudo isso se produziu, para mais, na mais *sã consciência*. Para tal contribuíram decisivamente, nos séculos XVI e XVII, a nenhuma fobia por criações alheias, mormente se espanholas, e, nos séculos seguintes, o crescente desconhecimento do idioma vizinho, mais a convicção romântica – mítica, e por isso eficaz – da fundamental originalidade do português.

Tão bem interiorizada foi esta convicção que jamais os doutrinários e historiadores, portugueses ou brasileiros, acharam necessário investigar o que tivesse o seu idioma, e particularmente o seu léxico, de tão *original*. E compreende-se. Para pô-lo a claro, seria necessário vencer várias resistências mentais (e institucionais), que criaram, e ainda criam, entraves a uma investigação crítica do idioma. Um desses entraves é a visão do léxico português como emanação directa do léxico latino, com a negação do galego como primeiro, e secular, estádio do idioma. Outro entrave é essa estranha informação que, como um mantra, ou um esconjuro, as Histórias da Língua repetem: a de terem sido *poucos* os castelhanismos do português.

Aguardam-nos várias e importantes tarefas: a de identificar o ingente fundo galego do idioma, a de determinar a, deveras vasta, contribuição espanhola, a de estabelecer o exacto produto da criação autóctone. E então, sim, há-de tornar-se manifesta a autêntica originalidade da língua portuguesa.

CORPORA

Davies, Mark: Corpus del español, *www.corpusdelespanol.org/x.asp*

Davies, Mark; Ferreira, Michael J.: O corpus do português, *www.corpusdoportugues.org/x.asp*

Real Academia Española: Corpus diacrónico del español (CORDE), *corpus.rae.es/cordenet.html*

Universidade de Aveiro: Corpus Lexicográfico do Português (DICI), *clp.dlc.ua.pt/DICIweb*

Universidade de Coimbra: Corpus electrónico do Português do período clássico (CELGA), *www1.ci.uc.pt/celga/servicos/sec-ppc.htm*

Universidade Nova de Lisboa: Corpus informatizado do português medieval (CIPM), *cipm.fcsh.unl.pt*

Universidade de São Paulo: Brasiliana Digital, *www.brasiliana.usp.br/bbd*

DICIONÁRIOS E VOCABULÁRIOS

Corominas, Juan; Pascual, José A. (1980): *Diccionario crítico etimológico castellano e hispánico*, Madrid, Gredos

Cunha, Antônio Geraldo da (2007): *Vocabulário histórico-cronológico do português medieval*, Rio de Janeiro, Fundação Casa de Rui Barbosa (cd-rom)

Gonzáles Seoane, Ernesto (s.d.): *Diccionario de diccionarios do galego medieval*, Universidade de Santiago de Compostela (cd-rom)

Houaiss, António; Villar, Mauro de Salles (2001/2009): *Dicionário Houaiss da língua portuguesa*, Rio de Janeiro, Objetiva

Iriarte Sanromán, Álvaro (2008): *Dicionário Espanhol-Português*, Porto, Porto Editora

Machado, José Pedro (1977): *Dicionário etimológico da língua portuguesa*, 3ª ed., Lisboa, Livros Horizonte

Nascentes, Antenor, *Dicionário etimológico da língua portuguesa*, Rio de Janeiro, Livraria Acadêmica, 1955

Real Academia Española (2001): *Diccionario de la lengua española*, 22ª ed., Madrid

Bibliografia

Almeida, Maria Helena Mesquita de: *Castelhanismos na literatura portuguesa do século XVII*, Diss. Lic., Coimbra, 1964

Rodríguez, Alfredo Maceira: «Contribuição do espanhol ao léxico do português» [no Dicionário Aurélio], *Philologus*, nº 4, 1996, pp. 12-44

Sabio Pinilla, José Antonio: «Hispanismos en português: criterios de selección», in Juan de Dios Luque Durán e Antonio Pamies Beltrán (eds.), *Segundas jornadas sobre estudio y enseñanza del léxico*, Granada, Método Ediciones, 1996, pp. 187-194

Schmid, Beatrice: «Contactos lingüísticos interrománicos en la Península Ibérica», *Romanische Sprachgeschichte*, vol. 2, 2006, pp. 1785-1800

Venâncio, Fernando: «A castelhanização renascentista do léxico português», in Tobias Brandenberger e.a. (orgs.), *A construção do outro: Espanha e Portugal frente a frente*, Tübingen, Calepinus Verlag, 2008, pp. 109-130

Venâncio, Fernando: «Lusismos e galeguismos em espanhol. Uma revisão dos dados», *Phrasis*, 49, 2008, pp. 109-122

Agradeço aos professores Henrique Monteagudo (Universidade de Santiago de Compostela) e Sandro Rocha Dias (Universidade Nova de Lisboa) pela verificação de alguns dados relevantes. Fico igualmente grato por todo o tipo de comentários e correcções (fmvenancio@hotmail.com), em português, espanhol ou inglês.

A CRONÍSTICA AFONSINA MODELADA EM PORTUGUÊS: UM CASO DE RECEPÇÃO ACTIVA*

Isabel de Barros Dias
Universidade Aberta e CEIL (UNL-FCSH) – Lisboa

A *Estoria de Espanna*[1] afonsina foi uma das obras de maior sucesso na Península Ibérica, no período medieval[2]. Tem sido, também, uma das obras que mais trabalho deu e continua a dar à crítica textual, no quadro da delimitação das suas partes e da respectiva datação, ao que acresce ainda a questão da definição das suas diversas versões e variantes[3].

Um pouco mais circunscrito, no tempo e no espaço, está o ramo mais ocidental desta ampla família textual. As traduções para o galego e, posteriormente, para o português, da *Estoria de Espanna* configuram-se num universo relativamente pouco extenso de manuscritos, distribuídos por três blocos: a *Traducción Gallega*[4] e a primeira e segunda versões da *Crónica de 1344*[5].

Estes testemunhos, além de manterem múltiplos traços próprios da família textual de onde derivam, caracterizam-se por introduzir alguns desvios significativos ao modelo cronístico cultivado no centro da Península Ibérica. Uma boa parte destas alterações tem implicações ideológicas. Desde o texto da *Traducción Gallega*, até à segunda redacção da *Crónica de 1344*, nota-se um processo gradual que se afirma, não tanto contra os reinos de Castela e Leão mas, sobretudo, a favor das regiões mais ocidentais. Assim, temos, por um lado, a defesa, do bom nome das populações e dos seus soberanos e, numa segunda fase, em crescendo, na primeira e segunda redacções da *Crónica de 1344*, a vontade de reservar um lugar na história para o reino mais recente da Península[6]. Sendo o espaço físico, geográfico de Portugal já uma realidade, era necessário conquistar também um lugar na memória e no imaginário. É esse o "combate ideológico" que o ramo português da historiografia afonsina trava, e do qual serão seguidamente apontadas algumas características.

A *Traducción Gallega* inicia-se com o reinado de Ramiro de Leão. Começa por seguir uma versão idêntica à do texto editado como *Primera Crónica General* que, nesse momento, já representa a "versão retoricamente amplificada"[7], seguindo com a cópia da denominada *Crónica de Castilla*. Apesar de não inovar muito, relativamente aos textos que traduz, também não deixa de introduzir algumas alterações.

A primeira redacção da *Crónica de 1344*, por seu turno, distingue-se por ter toda uma primeira parte de raiz não afonsina, sendo o passado mais remoto aí recuperado graças ao recurso a outras fontes com as quais foram elaboradas uma série de listagens genealógicas, relativamente pouco desenvolvidas[8]. A versão afonsina da história mais antiga só é recuperada na segunda redacção da *Crónica de 1344*. Este último texto apresenta-se, assim, mais uniforme, uma vez que já não se verifica a mudança brusca de tom que a primeira redacção evidenciava ao saltar de uma organização de tipo analístico para um discurso mais descritivo e detalhado.

No que se refere a alterações ideologicamente mais significativas relativamente aos textos afonsinos e pós-afonsinos, verifica-se, entre as duas redacções da crónica portuguesa, um processo de construção e de sedimentação de uma identidade própria. O zénite desta evolução ocorre na segunda redacção da *Crónica de 1344* que, como muito indica, terá tido lugar nos anos 80 do século XIV[9], momento de crise económica e política, quando a primeira dinastia via aproximar-se o seu fim e em que o perigo de uma invasão castelhana tomava os contornos bem definidos de um perigo real e concreto. Com efeito, num momento destes, não seria muito adequado retomar um texto que fizesse a apologia de um Império Ibérico e/ou da supremacia de Castela, nesses mesmos termos. Um pequeno reino que não tinha cessado de lutar para aumentar o seu território (mormente a sul, contra os muçulmanos) e para manter a sua independência relativamente a vizinhos cristãos, consideravelmente mais poderosos (Leão ou Castela-Leão, consoante os períodos), teria forçosamente que reflectir, também ao nível da sua produção textual, uma das questões fundamentais para a Península Ibérica: a afirmação da existência (e do respectivo direito à existência) dos diversos reinos autónomos, em oposição a correntes que defendiam a união sob um Império.

A *Crónica de 1344*, nas suas duas redacções, vem, não só assumir a defesa de Portugal e dos Portugueses, nem sempre presente nos textos anteriores[10], mas ainda reflectir a efectiva ordenação territorial da Península, marcada pela partição, no que contraria a teia de alusões imperiais e a apologia da união ibérica, veiculada pelos relatos afonsinos[11].

Os processos textuais / retóricos usados na redacção historiográfica, com vista à prossecução destas linhas, são as ferramentas habituais da *dispositio*, já anteriormente postas em prática no *scriptorium* de Afonso X, quer para acentuar os momentos considerados mais relevantes (graças a inserções e amplificações), quer, pelo contrário, para silenciar os momentos menos convenientes (por meio de supressões e de resumos). No entanto, o seu uso é aqui feito de acordo com ideais e finalidades distintos que vão minar a construção textual que o "Modelo" apresentava.

Estas manipulações textuais são visíveis, quer ao nível "macro", relativo a acções efectuadas sobre grandes blocos textuais, quer ao nível "micro", graças a pequenas alterações de pormenor que, por vezes, implicam grandes ou, pelo menos, consideráveis modificações de sentido. De seguida serão passadas em revista passagens ilustrativas destes dois tipos de recomposição textual. O seu cotejo com o veiculado, sobretudo, pela historiografia oriunda do *scriptorium* afonsino e daí decorrente revela-se bastante esclarecedor no que toca ao teor e ao alcance ideológico das intervenções efectuadas.

I – Intervenções ao nível de grandes blocos textuais

As adições e supressões de grandes blocos textuais são intervenções que saltam à vista de quem compara as crónicas afonsinas e pós afonsinas. A seguir são apontadas algumas das mais notórias e significativas no que se refere ao grupo de crónicas produzidas no ocidente peninsular, no âmbito do quadro ideológico acima esboçado. Estes exemplos são reveladores, precisamente, do modo como estas crónicas, com particular destaque para a segunda redacção da *Crónica de 1344*, se apropriaram e desviaram ideologicamente os relatos afonsinos e pós-afonsinos de que se serviram. Para tal, foram usados, sobretudo, os procedimentos básicos de composição textual salientados pelas Artes Poéticas medievais: a *abbreviatio* e a *amplificatio*. Na verdade, o que se escolhe omitir, aquando da construção de um texto, mormente de uma crónica que é "O" lugar da preservação da memória do passado, é tão significativo como o que se escolhe integrar. Com efeito, se um cronista revela o que pretende exaltar com os relatos que amplifica, o que abrevia ou omite revela precisamente o que lhe convém esconder ou desvalorizar.

A) A *abbreviatio* da narrativa relativa à História Antiga

No que toca ao período da História Antiga, não é possível usar nem a *Traducción Gallega*, nem a primeira redacção da *Crónica de 1344* enquanto termo de comparação, no que toca à transformação dos materiais afonsinos. A primeira porque só tem início no período da Reconquista, a segunda porque, para este momento, se baseia em fontes não afonsinas.

A segunda redacção da *Crónica de 1344* já teve acesso à tradição afonsina, mas procede a uma abreviação flagrante da história desse período[12]. O alcance ideológico deste procedimento torna-se claro quando se constata que a fonte afonsina é truncada sistematicamente de modo a elidir múltiplas alusões imperiais. A desculpa apresentada refere o seguinte:

> E, por que esta estoria dos que conquistaron as Spanhas ataa os Godos, fala de muytos que en ella veheron a conquistar, he forçado, por a hordenança da storya hir dereita, que, daqueles principes que en ella veheron e fezeron grandes feitos, que nos os metamos na estoria algu as vezes, tomando hũas cousas pequenas que fazem hordenãça algũas na scriptura, ainda que non tangam muyto aos

feitos d'Espanha, e leixando algũus outros grandes feitos que elles fezeron que non pertençẽ a esta estoria. (1344b: II, 76).

No entanto, a crónica portuguesa refere acontecimentos que tiveram lugar fora do território ibérico[13], enquanto que diversas alusões à *Hispania* e aos imperadores de origem ibérica são esquecidas[14]. Este aparente paradoxo só se entende se se tiver em consideração que é graças a supressões deste tipo que a crónica portuguesa pode desconstruir (por omissão) a argumentação e as diversas insinuação imperiais do discurso afonsino, que justifica do seguinte modo a inserção da história do Império Romano numa história de Espanha: "Mas por que en los fechos de los romanos tanne mucho de los de Espanna, por esso non podemos escusar que no fablemos dellos." (PCG: I, 84b).

No período da história Antiga também se encontra um exemplo de desvio de sentido de uma narrativa, por amplificação: trata-se do trecho que relata o périplo de Hércules e a sua actuação na Península Ibérica. Quando se coteja a "versão régia" afonsina com a segunda redacção da *Crónica de 1344*, verifica-se que, enquanto a primeira apresenta Hércules como o primeiro unificador da Península, a segunda dramatiza e dilata os traços mais romanescos do relato. Neste caso, a amplificação da narrativa é feita de modo a valorizar umas características em detrimento de outras, desviando assim o sentido dominante da história. Deste modo, a acentuação de uma imagem de Hércules como um exemplo de cavaleiro valoroso, de um cavaleiro errante em busca de aventuras "avat la lettre", vai implicar a diluição da sua dimensão política de primeiro unificador do território peninsular, o que constituiria, certamente, um exemplo muito mais interessante para os ideais políticos do rei Sábio[15].

b) A ACTUALIZAÇÃO E AMPLIFICAÇÃO DAS HISTÓRIAS DOS REINOS MAIS PERIFÉRICOS

Na narrativa do período da Reconquista, voltamos a encontrar situações onde a amplificação e o desenvolvimento de determinados pontos da história vão implicar a alteração do equilíbrio relativo das partes que a compõem. Apesar do relato dominante se centrar nos reinos e nos reis de Castela e de Leão, o desenvolvimento da atenção dada aos reinos periféricos e, em particular, a Portugal, na *Crónica de 1344*, é um elemento significativo pois vem acentuar a presença destes reinos na história peninsular.

A história dos reis de Portugal é apresentada, de modo muito sintéctico, pela PCG (cap. 969-971) e pela Trad.Gall (cap. 472-473). A Cr20R (cap. iiii a x do lv. XII) já integra alguns elementos épico-lendários acerca do primeiro rei de Portugal mas é a segunda redacção da *Crónica de 1344* que, naturalmente, mais amplifica e prolonga o assunto (cap. DCCV a DCCXXVII). No que se refere às histórias dos reis de Navarra e de Aragão, a Trad.Gall alinha com o texto editado como PCG e com o texto da

Cr20R[16]. Porém, as crónicas portuguesas vão dilatar esta narrativa. No caso da segunda redacção da *Crónica de 1344*, o prolongamento vai do capítulo CDXXXVII até ao capítulo CDXLIII, que corresponde aos capítulos 321-326 da primeira redacção, sendo que nesta a continuação ainda se estende pelos capítulos 327 a 331. Este aumento pode justificar-se meramente pelo acesso a fontes mais detalhadas das histórias daqueles reinos. No entanto, também há que notar que o aumento da extensão textual dedicada aos reinos periféricos altera o peso relativo dos vários reinos, sobretudo, quando também se abrevia, mesmo se discretamente, as narrativas sobre os reis de Castela e de Leão.

A *Crónica de 1344* é, pois, mais frugal no que se refere aos elogios aos reis que conseguiram unificar reinos. Muitas das narrativas mais ou menos elogiosas relativas aos soberanos mais recentes de Castela e de Leão são frequentemente abreviadas. Concomitantemente, não é esquecido nenhum dos episódios mais nublosos ou humilhantes dos reinados dos soberanos castelhanos e leoneses. Esta atitude tanto pode ser entendida como fruto de uma postura anti-imperial como decorrente de uma ideologia pró-senhorial, consoante os contextos ideológicos dominantes que terão rodeado a redacção das duas versões[17]. Porém, tanto num caso como no outro, trata-se de alterações que não podemos qualificar como inocentes.

c) A *AMPLIFICATIO* DE NARRATIVAS ÉPICAS E ROMANESCAS

Ainda na narrativa do período da Reconquista cristã, a cópia do modelo afonsino está pautada, sobretudo na *Crónica de 1344*, pela inserção de excertos épicos ou romanescos mais extensos ou em versões diferentes. Estas narrativas põem frequentemente em cena os feitos de vassalos poderosos e, muitas vezes, também rebeldes, o que nem sempre ia ao encontro da valorização da posição central e dominante do soberano. Por conseguinte, os textos afonsinos terão tratado estas narrativas com particular cuidado, tendo-as devalorizado com frequência.

Tratado e desenvolvido de modo muito diferente, em distintas crónicas, é, por exemplo, a narrativa dos últimos dias de Fernando I, quando este rei decide distribuir o seu território pelos filhos. A partição da Espanha por Fernando I encontra-se muito abreviada na *Primera Crónica General*, é um pouco mais desenvolvida na *Crónica de Veinte Reyes*, e atinge uma expressão particularmente longa nos textos portugueses. Paralelamente, as crónicas do centro peninsular insistem na negatividade da divisão e no mal que a fraqueza do rei provoca ao reino. Consoante o ponto de vista adoptado (a favor de uma maior ou menor centralização régia) esta passagem pode ser interpretada, seja como um exemplo negativo de divisão dos reinos (pois dá origem a sangrentas guerras fratricidas), seja como uma situação que retrata um rei influenciável e indeciso que necessita, em absoluto, da presença e do conselho do seu vassalo mais fiel, o Cid (como se verifica no texto que surge nas duas redacções da *Crónica de 1344*).

Por outro lado, para galegos e portugueses, o excerto tem particular relevância pois Garcia, o filho mais novo de Fernando I, é contemplado com um reino constituído pela Galiza e pela parte já conquistada de Portugal. Assim, esta história constitui um precedente importantíssimo, não só para a ideia da divisão peninsular, como também para justificar a existência e reclamar um pouco mais de antiguidade para o reino mais recente da Península. No entanto, ao confrontar-se com a história da partição dos reinos por Fernando, o Magno, a *Crónica de 1344* encontrou sérias dificuldades. Garcia é, efectivamente, rei do Ocidente peninsular. Porém, as crónicas anteriores veiculavam uma tradição negativa sobre a qual, tanto a crónica galega, como as portuguesas tiveram de agir, graças a procedimentos que serão adiante apresentados em maior detalhe.

Outro trecho que retrata alguma fraqueza por parte da realeza face a uma classe nobre valorosa, quando não, ameaçadora, é o da história das "Mocedades de Rodrigo". Na sequência de uma interpolação efectuada na denominada *Crónica de Castilla*, o ramo das crónicas produzidas no ocidente peninsular também veicula esta narrativa onde a capacidade de acção e decisão do herói contrasta com o carácter temeroso e indeciso do rei Fernando I, que só se torna "Par de Emperador" graças à intervenção do fiel vassalo, que o agracia com a vitória sobre as forças papais e imperiais[18].

No juramento de Santa Gádea, é ainda o Cid que põe em dúvida os meios mais ou menos lícitos pelos quais o futuro Afonso VI teria chegado ao trono castelhano[19]. Verifica-se um caso semelhante quando o mesmo rei se vê obrigado a ceder face ao Cid devido ao medo que lhe inspirava o poder bélico do vassalo e a possibilidade de poder ter que vir a defrontá-lo[20].

Este tipo de situação foi acentuado em algumas remodelações pós-afonsinas da *Estoria de Espanna* onde se nota um ponto de vista mais pro-nobiliárquico. No entanto, os mesmo trechos podem, igualmente, servir os interesses identificados, particularmente, para a segunda redacção da *Crónica de 1344*, na medida em que, de alguma forma, "diminuem" a imagem de determinados soberanos que, na realidade, unificaram e reinaram sobre grande parte do território ibérico.

Ainda no quadro da desvalorização do poder e da própria personalidade de alguns soberanos, verifica-se que a *Crónica de 1344* recolhe as tradições mais longas dos episódios que relatam as rebeldias de alguns cavaleiros, realçados em detrimento da imagem e do valor dos reis que serviam. Um exemplo deste procedimento é a versão mais violenta da história de Fernán González, onde o herói castelhano afronta o seu suserano, o rei de Leão, no processo que conduzirá à independência de Castela[21].

Finalmente, a história do primeiro rei de Portugal, Afonso Henriques[22], também é uma narrativa de cariz épico-romanesco que apresenta o Imperador das Espanhas, Afonso VII, sob um ponto de vista muito desfavorável, sobretudo no que se refere ao seu pouco discernimento e incompetência estratégica e militar. Com a inserção destes relatos, a crónica portuguesa está a fazer o mesmo que antes fora realizado com Fernán González, cuja tradição épica foi aproveitada para a construção de um passado glorioso para Castela. Do mesmo modo, e apresentando traços que posteriormente mais se irão assemelhar ao protótipo castelhano[23], as lendas relativas a Afonso Henriques construirão o suporte e a justificação do direito de Portugal à sua independência.

II. Alterações de pormenor

Em alternativa à inserção ou à omissão de grandes blocos textuais, bem como à respectiva ampliação ou abreviação, o desvio do sentido de um texto também pode realizar-se ao nível de pequenas alterações de pormenor. Como ocorrem neste nível do detalhe, podem passar despercebidas a uma leitura mais apressada. No entanto, são retoricamente tão ou mais eficientes do que as grandes alterações porque, sendo mais subtis, mais facilmente poderão ser interiorizadas, podendo ainda não só contribuir para veicular ideias e noções, mas ainda minar ideologicamente a narrativa em que ocorrem.

a) A conquista de um espaço na história

A vontade de conquistar um espaço para Portugal, no imaginário e na memória, graças à historiografia, para justificar o espaço físico já adquirido, pode ser vista em múltiplos pormenores textuais. Logo no Prólogo, a segunda redacção da *Crónica de 1344* procede a duas alterações do texto que dá início à "versão régia": uma omissão e um acrescento, muito significativos. A omissão revela o interesse em fazer esquecer a extensão do reino de Afonso X e, certamente, em particular as referências a territórios, no momento, definitivamente sob alçada portuguesa, o Algarve (sublinhados nossos):

PCG (versão régia)	*Crónica de 1344* (2ª red.)
E por end Nos don Alfonsso, <u>por la gracia de Dios rey de Castiella, de Toledo, de Leon, de Gallizia, de Seuilla, de Cordoua, de Murcia, de Jahen et dell Algarue</u>, ffijo <u>del muy noble</u> rey don Ffernando et de la reyna donna Beatriz, mandamos ayuntar quantos libros pudimos auer de istorias en que alguna cosa contassen de los fechos dEspanna (Prólogo – vol. I, p. 4a)	Porende el rey dom Affonso de Castella, que foy filho del rey dõ Fernado e da raynha dona Beatriz, mandou ajuntar quãtos livros pode aver das estorias antigas em que algũas cousas fossen escriptas dos feytos d'Espanha. (cap. I – vol. II, p. 6)

A adição, que ocorre no fim do resumo que é feito da matéria que será abordada na obra, revela a vontade de chamar as atenções para este espaço geográfico, o desejo de inserir também a zona mais ocidental sob o foco da história (sublinhados nossos):

PCG (versão régia)	Crónica de 1344 (2ª red.)
et como fueron los cristianos despues cobrando la tierra; et del danno que uino en ella por partir los regnos, por que se non pudo cobrar tan ayna; et despues cuemo la ayunto Dios, et por quales maneras et en qual tiempo, et quales reyes ganaron la tierra fasta en el mar Meditarreneo; et que obras fizo cada uno, assi cuemo uinieron unos empos otros fastal nuestro tiempo. (Prólogo – vol. I, p. 4b)	e como outrossi forõ os cristãaos depois cobrando a terra e do dampno que receberon por se nõ poder cobrar tã aginha; e, despois, como a Deus ajuntou e per quaaes maneiras e em qual tempo; e quantos e quaaes reys guaanharõ a terra da parte do mar Mediterreano ẽ quaaes da parte do mar Ouciano e que obras fezerom cada hũus e seus tempos assi como veerõ hũus empos os outros ataa o tẽpo deste rey dom Affonso. (cap. I – vol. II, p. 7)

De assinalar, também, a supressão da referência à vantagem da união territorial em detrimento da sua partição, presente no texto afonsino, mas significativamente retirada na cópia portuguesa, que altera o significado da frase. Enquanto que no texto português os cristãos são prejudicados pela lentidão da reconquista, o texto afonsino assume que o dano foi causado pela divisão territorial, razão pela qual a reconquista foi dificultada.

De teor equivalente é a forma como as duas redacções da *Crónica de 1344* apresentam a contagem dos reis ibéricos e que não deixa dúvidas quanto à vontade de inserção de Portugal na linha dos reinos mais antigos e mais poderosos da Península:

Crónica de 1344 (1ª red.)	Crónica de 1344 (2ª red.)
fueron rreyes de Leon e de Castilla que fueron treynta e siete. E los rreyes godos fueron treynta e seys, ansi que son por todos setenta e tres. E con el rrei don Garçia e con otros siete que fueron rreyes de Portugal, que fueron por toda cuenta ochenta e vno, fasta en la era de mill e trezientos e ochenta e dos años que este libro fue hecho, en miercoles, veynte e vn dias del mes de Henero de la dicha hera. (1344a: p. 199 – ed. CATALÁN & ANDRÉS)	foron reis de Castella e de Leom trinta e sete. E, cõ os reis godos, que foron trinta e seis, fazem satçenta e tres. E, con el rey don Garcia e com outros sete que forom reis de Portugal, foron per toda conta oytẽta e hũu, ataa a era de myl e trezentos e oyteenta e dous annos que este livro foy feito, feria quarta, viinte e hũu dias de Janeiro da dita era (1344b: II, 380).

No trecho em apreço, é nítido o intuito de valorizar Portugal e os seus reis e de enxertar este ramo na árvore da historiografia anterior, um procedimento idêntico ao da construção de linhagens familiares. No fundo, Portugal, sendo o reino mais recente da Península, está aqui a pôr em prática o mesmo procedimento anteriormente levado a cabo relativamente a Castela. Inicialmente marcada por um estado de vassalagem, como Portugal, Castela conseguiu prestigiar o seu passado igualmente graças ao labor historiográfico, seja pelo recurso às tradições épicas, que absorve, em particular as do ciclo de Fernán González, seja por também se associar à anterior linha sucessiva que procurava ligar, quase sem perturbações, os reis godos aos asturianos, leoneses e finalmente castelhanos[24].

Na sequência destes antecedentes, a melhor maneira como Portugal podia impor ideologicamente a sua presença no espaço Ibérico era tomando posse de um lugar nesse passado, enxertando a sua história numa tradição que a historiografia afonsina já tinha consagrado como predominante na Península Ibérica.

Verifica-se, pois, como o trabalho levado a cabo pelos cronistas portugueses não difere muito do anteriormente realizado nos seus modelos textuais. Porém, ao contrário do que sucedeu com Castela, não se pretende aqui absorver a tradição anterior para assumir o seu comando, mas sim aproveitar o que dela possa convir aos interesses coevos, se possível, em detrimento do prestígio de vizinhos mais fortes e ameaçadores.

b) A LIMPEZA DO BOM-NOME

O bom-nome daqueles a quem um dado texto se destina é ponto fundamental e básico a ter em atenção por quem elabora esse mesmo texto. Deste modo, são naturais as diversas manipulações de pormenor que encontramos nas crónicas do ocidente peninsular e que procuram ou reabilitar, ou desculpar ou, simplesmente, extirpar algumas observações menos favoráveis existentes nas suas fontes. Exemplos bem ilustrativos destes procedimentos podem ser encontrados no trecho que narra a história de Garcia, rei da Galiza e de Portugal, filho de Fernando, o Magno[25]. O caso é interessante porque se constata, nas crónicas do ocidente peninsular, alguma hesitação. As referências negativas não são eliminadas liminarmente, certamente, por respeito à autoridade da fonte. Porém, são inúmeras as atenuantes apresentadas ou insinuadas, assim como efectuados pequenos mas significativos desvios de sentido.

- O BOM-NOME DO REI GARCIA

O rei Garcia e a salvaguarda do seu bom-nome interessam a galegos e a portugueses. Para os galegos, Garcia pode representar a memória de um tempo em que aquela região foi um reino independente. Para os portugueses, Garcia, como indica a contagem dos reis presente na *Crónica de 1344*, acima transcrita, constitui um precedente da independência de Portugal. No entanto, nestas crónicas, Garcia é também o primeiro dos três irmãos que quebra o juramento feito a Fernando o Magno, aquando da partição dos reinos, ao atacar o território da sua irmã Urraca. Na sequência deste conflito divisão de interesses, é notória a alteração de partido que se pode encontrar entre os textos do centro peninsular e os do extremo ocidente. Um testemunho desta alteração é o modo como são apresentados os lamentos de D. Urraca. Na "versão crítica" e na "versão amplificada de 1289" é patente a revolta da infanta, espelhada na violência da maldição que dirige ao irmão:

Cr20R (versão crítica)	PCG (versão amplificada de 1289)
El rrey don García, que es hermano menor, me deseredó primero e pasó el mandamiento e la jura que fizo a su padre. ¡Deseredado sea él en este mundo e en el otro!» (Cr20R: 182a)	El rey don Garçia, que es mio hermano menor, me deseredo primero que los otros que son mayores, et passo la yura que fizo a su padre et lo quel mando et le prometio que gelo ternie. Ruego a Dios que deseredado sea el en este mundo et en ell otro» (PCG: II, 497a)

As versões mais ocidentais põem em jogo um elemento novo: o maior temor que D. Urraca teria do irmão mais velho, Sancho II, e do que ele lhe poderia fazer, diluindo assim a questão pelos dois transgressores, o do momento e o que também errará a seguir. Por outro lado, a maldição é atenuada e a sua colocação após a referência a D. Sancho cria alguma ambiguidade relativamente ao seu referente:

Traducción Gallega	Crónica de 1344 (1ª red.)	Crónica de 1344 (2ª red.)
el rrey dõ Garçia, que este yrmano menor, me deserda, et pasou a jura que fezo al rrey meu padre, el rrey dõ Sancho, que este o mayor et que fezo a jura per força et contradizendo(a) sempre a partiçõ, mays querra y fazer. Et por ende rrogo a Deus que çedo seya deserdado. (Trad.Gall: 354)	pues que el rrey don garçia que es el hermaño meor me deshereda e pasa la jura que fizo a el rrey mỹ padre e el rrey don sancho que es el ma|y|or e le fizieron agravio e [...] partición la qual el con|tra|dixo ssienpre la partición mas qujera dios hy fazer lo suyo e porende le rruego que el sea desheredado (1344a: f. 218rb)	Ca, pois que el rei dom Garcia, que he o irmãao meor, me desherda e passou a jura que fez a meu padre, que fara el rei dom Sancho, que he o mayor e que fez a jura forçadamẽte, contradizendo sempre a partiçon? Mas Deus queira em ello mostrar o seu direito e peçolhe merçee que assi seja elle desherdado! (1344b: III, 352-353)

O mesmo tipo de procedimento é visível quando o rei Garcia, uma vez desafiado pelo seu irmão, Sancho II, se lamenta da sua sorte e admite as suas culpas:

Cr20R (versão crítica)	PCG (versão amplificada de 1289)
El rrey don García, quando esto oyó, pesóle muy de coraçón e fue muy cuytado e dixo: «Señor Ihesu Christo, miénbrate el pleito e la jura que fezimos al rrey don Ferrando, nuestro padre, quel que pasase su mandamiento e fuese contra su hermano que fuese traydor por ello e que fuese traydor por ello (sic) e que oviese la yra de Dios e la suya, e, malos mis pecados, yo fuy el primero que lo pasé, ca tomé a mi hermana doña Urraca su heredamiento». (Cr20R: 183a)	Quando esto oyo el rey don Garçia, pesol muy de coraçon et fue en muy grand cueyta, et dixo querellandosse a Dios: «Sennor Ihesu Cristo, miembrete del pleyto et de la yura que fiziemos al rey don Fernando, nuestro padre, que quien passasse su mandamiento et fuesse contra su hermano que fuesse traydor por ello et que ouiesse la yra de Dios et la suya. Et malos mios pecados, yo fu el primero que lo passe et tolli a mi hermana donna Vrraca su heredamiento quel el diera». (PCG: II, 498b).

A violência dos termos presentes nas crónicas do centro peninsular é, mais uma vez, substancialmente atenuada nas versões mais ocidentais:

Traducción Gallega	Crónica de 1344 (1ª red.)	Crónica de 1344 (2ª red.)
Et desto pesou muyto al rrey dõ Garçia. Et dise: - Senor Ihesu Cristo, nẽbrete o preito que fezemos al rrey, noso padre; pero mal pecado eu fuy o primeyro [que quebrantey] a jura que fezemos a el rrey, meu padre, et tolly per força a mjna irmaa dõna Orraca seu herdamento. (Trad.Gall: 357)	[...] don garçia [...] dixo señor Ihesu Cristo nẽ[bre]te del pleyto e de la jura que fezimos a mio padre pero mal pecado yo fue el [...] qebrãte ca tome por fuerça a my hermaña dona U[...] os heredamentos (1344a: f. 219rb)	E, quando dom Garcia esto ouvyo, disse: – Senhor Jhesu Cristo, nembrete o preyto e juramẽto que fezemos a nosso padre, como quer que eu fuy per minha maldade o primeiro que o britey, por que tomey per força a mynha irmã os seus herdamentos (1344b: III, 355)

Finalmente, bastante ilustrativo deste processo é ainda a evolução da frase que retrata o rei Garcia e que começa por ser, na "versão crítica", uma observação que dá entrada à questão do mau relacionamento que Garcia manteria com os seus vassalos[26]: "E el rrey don García era omne muy fuerte e muy bravo contra los suyos," (Cr20R: 202b). Porém, na "versão retoricamente amplificada" passa a ilustrar uma característica física de Garcia o que, certamente, reverteria na maior glória de quem o vencesse: "Este don Garçia como quier que era el hermano menor, era muy fuerte segund dize la estoria", (PCG: II, 499a). Finalmente, nas crónicas do ocidente peninsular, a mera força física é transformada em coragem, para glória de quem a possui: "El rrey dõ Garçia era ome de grã curaçõ." (Trad.Gall: 358), "Dize la estoria que el rrey don gar[çia] era honme de gran cora[çon]" (1344a: f. 219va) e "ca elle era homẽ de grande coraçõ e pera grandes feitos." (1344b: III, 356).

- O BOM-NOME DE GALEGOS E DE PORTUGUESES

A par da defesa do bom-nome do rei Garcia, parece situar-se a defesa do bom-nome das populações em causa. Menos atacados, os galegos são, no entanto, diminuídos num conselho que o Cid dá ao rei Sancho II. Curiosamente, este trecho é mantido, também na Trad.Gall, se bem que numa versão um pouco mais diluída[27]. Já no que toca aos portugueses, uma grave crítica surge na boca do rei Fernando, o Magno aquando da partição e que consta no texto da "versão crítica":

> Dio a don García, el menor, toda Gallizia con aquello mesmo quél ganara en Portugal, alabando mucho a los gallegos e a los portogaleses, diziéndoles que eran loçanos, rricos e nobles, francos e leales e caualleros mucho esfforçados en armas, e que nunca ovieron señor de que fuesen abondados nin nunca el señor que ovieran de guardar fuera arrancado. Pero dizen que dixo allí a los portogaleses vna escatima, que nunca fizieran buen señor que entre las manos les cayese; (Cr20R: 173b)

O excerto não se encontra, nem na PCG (cf. cap. 213), nem na Trad.Gall (cf. cap. 204) que apresentam este momento de forma muito sintetizada. As duas versões da *Crónica de 1344* amplificam o relato da morte de Fernando I, a partição dos reinos a que o rei procede e as situações mais tensas e confusas a que essa divisão dá origem. Porém, significativamente, o excerto é liminarmente esquecido[28].

No entanto, o eco deste "defeito" vai reaparecer, de forma explícita, nos discursos que Garcia faz aos portugueses, separadamente, antes de combater Sancho II, tanto na "versão crítica", como na "versão amplificada de 1289":

Cr20R (versão crítica)	PCG (versão amplificada de 1289)
Des y dixo luego a los portogaleses: «Amigos, vos sodes nobles caualleros e loçanos, e a menester que todo el mal pres que avedes que lo perdades agora aquí e que finque en vos el bueno el bueno *(sic)*; ca vos avedes pres que fazedes pocos señeros buenos, pues fazed oy bueno de my e será la vuestra onrra muy grande, e sy yo bien saliere de aquí galardonaruos lo he muy bien». E ellos le dixeron que lo farían muy de grado e que lo ayudarían quanto pudiesen e que non fincaría por ellos. (Cr20R: 184a)	et dixo luego a los portogaleses: «amigos, uos sodes nobles caualleros et loçanos, et a mester que tod el mal prez que auedes que lo perdades oy aqui, et que finquedes con buen prez; et departo uos lo: vos avedes prez de fazer pocos sennores buenos entre uos; pues fazet uos oy bueno de mi, ca sera uuestra onrra; et si yo bien salir daqui, gualardonaruos lo e muy bien, de guisa que entendredes que a coraçon e de uos fazer grand algo». Et ellos dixieronle que lo farien muy de coraçon, et quel ayudarien quanto mas pudiessen, que non fincarie por ellos. (PCG: II, 500a)

Neste caso, a *Traducción Gallega* ainda não se afasta muito do modelo afonsino:

> Desi apartou os portugeeses et disollis:
> - Uos sodes nobles caualeyros et louçaos, et a mester que todo o mal prez se perca oge aqui et que fique sempre o boo, ca uos auedes preço de fazer poucos senores boos. Et ontre uos conuẽ que façades oge boo de mj̃, et sera uosa onrra et uosa prol; et, se eu ende sayr, galardoaruolo ey muy bẽ, en guisa que entenderedes que ey sabor de uos fazer algo.
> Et elles diserõ que o ajudariã et o seruiriã de grado quanto podesẽ, et que nõ ficaria per elles. (Trad. Gall: 360)

No entanto, e como seria de esperar, o mesmo já não sucede nas duas versões da *Crónica de 1344*. Em que consiste o "mau prez" aludido, não só não é indicado, como ainda a expressão adquire, na segunda redacção, um tom geral e indefinido que, como tal, perde o seu anterior valor, então bem concretizado e explicado. A especificação que é feita do valor dos portugueses é, agora, de tom bastante positivo e a anterior insinuação de maus vassalos é aqui transformada numa defesa da liberdade e da independência: os portugueses são apresentados como nobres, ousados e que não aceitam jugos, um tom bem distante do dos restantes textos.

Crónica de 1344 (1ª red.)	*Crónica de 1344* (2ª red.)
E desi apartose con los portogaleses e dixoles amigos vos ssodes nobles honbres e a menester que todo el mayor pres que el dia que [...] sse gane aq? e finque en vos sienpre todo bien ca vos avedes pres de ardidos e que non queredes entre vos muchos ssenores e conviene que hagades hoy bueno de my e sera vuestra honrra e vuestra pro e si dende yo ssaliere bibo yo vos lo galardonare muy bien en guissa que entendades el talante de vos fazer bien end e ellos dixeron que lo servirian e lo ayudarian de grado quanto podiesen e que non fincaria por ellos (1344a: f. 220ra-b)	Desi apartousse cõ os Portugueses e disselhes: - Amigos, vos sodes nobres homẽes; faz mester que todo maao prez se perca oje aqui e fique ẽ vos bondade pera sempre, ca vos avedes prez d'ardidos e nõ queredes antre vos muitos senhores. Porẽ vos cõvem que façaaes oje de mỹ boo e seera grande vossa honrra e muita vossa prol, ca, se eu ende vivo sayr, eu vollo gallardoarey mui bem, de tal guisa que entendades que eu hey tallante de vos fazer mercee. E elles diseron que o serviriã e ajudariã de grado e que nõ ficaria per elles. (1344b: III, 358)

Graças a estas estratégias, a *Crónica de 1344* consegue inclusivamente mitigar a derrota com que termina o reinado de Garcia. Nos diversos textos, o "defeito" dos portugueses é referido e reiterado até à sua exemplificação prática na fuga inglória que contribui para a derrota do rei Garcia: "mas al cabo vençiéronse los portogaleses e desanpararon su rrey e fuxeron,"

(Cr20R: 185a), "mas al cabo desanpararon los portogaleses al rey don Garcia, et fuxieron;" (PCG: II, 502a) e "Mays desempararõ en cabo os portugueses al rrey dõ Garçia et fogirõ." (Trad.Gall: 364). Porém, as duas redacções da *Crónica de 1344*, não eliminando o facto de os portugueses terem "desamparado" o rei Garcia, suprimem o pormenor da fuga (e da respectiva vergonha que tal acto acarretava...) e dão a entender, pela expressão "a cima" (cf "acima de tudo") que foi esta perda de suporte a principal razão da derrota de Garcia que, sem tal ajuda, não poderia senão perder a batalha: "mas a la cima desanpararõ los portogaleses al rrey don garçia" (1344a: f. 221va) e "Mas aa cima desempararõ os Portugueses el rei dom Garcia." (1344b: III, 362).

Levando ainda mais longe este exercício de defesa dos portugueses, o texto refundido do *Livro de Linhagens do conde D. Pedro* não parece apresentar qualquer prurido em manipular ainda mais profundamente estas tradições em prol dos seus interesses. O relato centra-se aqui no herói Rodrigo Foiaz, apresentado como um líder autonómico que remonta aos tempos do rei Garcia[29]. Rodrigo Froiaz é o campeão daqueles a quem o texto chama obstinada e repetidamente de "mui boos fidalgos portugueses", para que ninguém se esqueça[30].

Neste texto, o tom pró-português é levado consideravelmente mais longe. Garcia é apresentado como um rei que, apesar de, por vezes, se deixar influenciar mal, não é, por isso, pior servido pelos seus vassalos, fiéis e dedicados até às últimas consequências. E se o seu fim se revela trágico, esse facto não foi causado por falta de esforço mas pela confluência de uma série de sucessos infelizes[31].

- O BOM-NOME DOS POVOADORES DO PORTO

Outra situação onde se encontra patente a vontade de sanar alusões menos abonatórias que remetam para o reino português e para as suas gentes é a que se verifica a propósito dos primeiros povoadores do Porto e na consequente explicação da origem do nome "Portugal".

A explicação do nome do reino surge, pela primeira vez, quando se fala dos primórdios da povoação do Mundo, na sequência da dispersão dos gigantes de Babel. Neste ponto, talvez por causa do peso da Autoridade bíblica subjacente, não houve coragem para alterar ou cortar o texto afonsino que se traduzia:

PCG (versão régia)	*Crónica de 1344* (2ª red.)
e los otros que llamaron galacios poblaron Galizia, que antiguamientre solie seer desdell agua de Cea fastal puerto de Gaya. Despues uinieron galeses	E outros que chamarõ Gallicios pobrarõ Galliza, a qual antigamente soya de seer des augua de Cea ataa o porto de Gaya. E despois per tempo arrybaron onde agora chamã o Porto hũas gentes ẽ naves que

por mar, que eran echados de su tierra, e arribaron a un logar que agora llaman Puerto, e poblaron una grand partida de Galizia que era yerma entre los dos rios que llaman Duero e Minno, e pusieron le nombre Portugal. (PCG, I: 6b)	eram degradados de sua terra, os quaaes eram chamados Galases. E estes pobrarom hũa grande parte de Galliza que era herma, e esta era antre doous ryos que chamam a hũu Doiro e outro Mynho. E composerom estes dous nomes e entom poserom nome aa terra Portugalases mas depois o ẽcurtaron e poseronlhe nome Portugal. (1344b: II, 14-15)

A explicação inicial refere que os primeiros povoadores do Porto vieram degredados, o que não poderia agradar. Por isso, com a desculpa de que o leitor poderia não ter entendido a explicação que surge no início do livro, é inserido um novo trecho explicativo que vai contrariar o anterior, apesar de remeter para ele. Esta versão da história não aparece no texto editado como PCG, nem na Cr20R, nem na Trad.Gall. Só se encontra uma versão bastante mais sintética, no ms. da tradução da primeira redacção da *Crónica de 1344* (cap. 452), e na sua 2ª redacção, onde integra um capítulo intitulado, precisamente, "como e por qual razõ chamarõ o cõdado de Portugal" (cap. DXLI). Aqui, a referência menos abonatória é liminarmente erradicada, verificando-se uma nítida evolução da primeira para a segunda redacção da *Crónica de 1344*, pois onde na primeira se faz uma alusão breve, a segunda redacção amplifica consideravelmente:

Crónica de 1344 (1ª red.)	*Crónica de 1344* (2ª red.)
Dize el cuento q[ue] por la foz de duero arriba entravan barcas segun la menera que agora entran e venjan ally aportar do agora esta el puerto allj a so gaya q[ue] era muy buẽ castillo como agora el e aportavan hy cotrossi e porq[ue] aportava hy pussieron ala villa nonbre el puerto de portogall e poresso quando el rrey don alfon[so] dio esta tierra del condado del conde don anrriq[ue] mando q[ue] llamasen el condado portogal. (f.250vb)	Contado avemos ja ẽ os primeiros cadernos deste livro, onde falla das pobraçõoes das terras, como e por que razõ foy chamado Portugal. Mas, por que os que leessem ẽ este logar e nõ em aquelle outro ficariam dovidosos, porẽ queremos aqui dizer algũa cousa como foy achado este nome. E devedes de saber, que, quando se as terras começarõ de pobrar, em as partes de Galiza foy logo pobrado acerca Doyro o castello de Gaya. E, por esto, os pescadores de Galliza e das outras partes d'arredor ẽtravam per o Doiro em suas barcas e viinhã a Gaya vender o seu pescado. E despois passavansse da outra parte, per que era bõo logar e de boa area pera estender as redes e folgar. E por esto poserom nome, aaquele logar em que assi aportavã, Porto. E, despois per tempo, foy ally pobrada hũa villa e chamaronlhe o Porto. E, despois que hy aportarõ os Gallases em suas naves, foy posto nome aa terra Portugal. (1344b: IV, 5)

c) A SUPREMACIA NO JOGO COM AS PALAVRAS

Para a formação do quadro ideológico que indicámos para a *Crónica de 1344*, em particular, na sua segunda redacção, o trecho mais importante é, sem dúvida, o que relata a história dos reis de Portugal e, em particular, a narrativa do complexo lendário, que se formou em torno de Afonso Henriques, o rei Fundador[32].

A narrativa que surge no texto editado como PCG é lacónica e, além de informações genealógicas, centra-se na indicação de que este rei ousou atacar o rei Fernando II de Leão, tendo sido por ele derrotado (PCG: II, 650-52). O assunto é ainda retomado adiante, quando se fala do reinado de Fernando II (PCG: II, 675-676). A *Traducción Gallega* segue, nos seus traços gerais, o modelo da PCG. No entanto, já altera um pouco o relato, no que se refere à derrota de Afonso Henriques, como veremos adiante (Trad.Gall: 689-91 e 720-22).

A *Crónica de Veinte Reyes*, por seu turno, apresenta um texto mais desenvolvido, inserindo alguns episódios épico-lendários, em particular no que se refere à posição de força que Afonso Henriques toma relativamente ao clero. No entanto, são minorados ou mesmo completamente omitidos os relatos onde Afonso Henriques se impõe face ao primo, o Imperador Afonso VII. Apesar de ser mantida a referência à batalha de Arcos de Valdevez, onde o poder de Castela, Leão, Aragão e Galiza é vencido pelo rei português, é omitida a narrativa da subsequente tentativa de vingança por parte do Imperador que vem cercar o primo em Guimarães, onde é "enganado" por Egas Moniz, trechos que só vamos encontrar na historiografia portuguesa.

Os testemunhos portugueses que, neste período, veiculam, com diferentes graus de desenvolvimento, as narrativas épico-lendárias sobre Afonso Henriques são o *Livro de Linhagens do Conde D. Pedro*, as *III e IV Crónicas Breves de Santa Cruz de Coimbra*[33] e a segunda redacção da *Crónica de 1344*. Infelizmente, o ms. mais completo da primeira redacção desta crónica termina truncado imediatamente antes de se dar início à história dos reis de Portugal, razão pela qual, sobre este testemunho, só podemos tecer conjecturas[34].

Em todo o caso, para exemplificar o trabalho de manipulação que os diferentes cronistas terão feito neste passo da história, vamos centrar-nos no episódio do desastre de Badajoz.

A sequência dos acontecimentos ocorridos em Badajoz é sensivelmente a mesma: apesar de esta cidade ser conquista atribuída a Leão, Afonso Henriques toma-a aos mouros. Ao ter conhecimento do facto, Fernando II move para aí o seu exército para combater o rei português. Este, ao passar pela porta da cidade, embate contra o ferrolho e parte uma perna, sendo preso pelo rei leonês que, posteriormente, o liberta em condições específicas. Porém, as diversas crónicas vão conseguir contar este mesmo episódio de forma bastante distinta³⁵.

A versão onde os portugueses e o seu rei são mais maltratados é, indiscutivelmente, a que se encontra na PCG. A derrota adquire um peso considerável, não só porque se trata de um episódio que é referido duas vezes, mas também porque a restante matéria sobre o primeiro rei de Portugal é menos extensa e menos gloriosa. A primeira alusão ao episódio encontra-se na narrativa dos reis de Portugal e estabelece, desde logo, a imagem dos dois intervenientes: atrevido um, piedoso o outro:

> Este rey don Alffonsso otrossi se atrouo a lidiar con el rey don Fernando de Leon, et fue y uençudo este rey don Alffonsso et preso; mas el rey don Fernando era piedoso et soltole luego de la prision et diole a los suyos. (PCG: II, 652a-b)

Seguidamente, já na história de Fernando II, há notícia de um primeiro confronto com portugueses, em Ciudad Rodrigo, onde estes fogem ingloriamente ou se rendem e relativamente aos quais Fernando II procede com a sua já habitual piedade:

> Et lidiaron alli, et uençio la fazienda ell rey don Fernando de Leon, et fuxieron los portogaleses et fincaron dellos muchos muertos alli, et los otros fueron sagudados; los que fincauan aun en el campo echaronse a mesura del rey don Fernando, et el reçibiolos et non les fizo como quien los vençie en batalla mas como piadoso prinçep, et dexolos yr (PCG: II, 675a)

Finalmente, o desastre de Badajoz é contado de forma absolutamente desfavorável à dignidade do rei português. Afonso Henriques surge-nos como um homem amedrontado que, na ânsia da fuga, cai numa situação miserável, de meter dó. Uma vez preso, não hesita em prometer tudo o que tem para se salvar. Fernando II, pelo contrário, limita-se a demonstrar a sua magnanimidade:

> Et llego el mandado desto a esse rey don Fernando de Leon; et el rey don Fernando, ayuntada su hueste, ueno et lidio con don Alffonsso, rey de Portogal, et uençiol. Et alli fue desbaratada la hueste de los portogaleses, et don Alffonsso su rey fuxo et metiosse en Badaioç, ca ya auie tomado fascas las dos partes dessa çipdad de Badaioç, et tenie los moros encerrados en una torre. Mas nin aun alli non se teniendo por seguro, pues que fuye, ueno a la puerta de la çipdad que se cerraua con pestiello de fierro, et puxo ell al pestiello por abrir la puerta et salir, mas non se abrio bien la puerta, pero salio et rey, mas tanta fue ell angostura de la puerta que crebo alli la pierna al rey, et el apenas pudo salir en el cauallo que non cayesse del a tierra. Et fue y preso luego, et assaz mal parado, et en guisa de auer merçet del todo omne bueno que atal le uiesse; et fue atal emprestado al rey don Fernando et el rey don Fernando reçibiol bien et con piedad et assentol consigo en el su estrado real. Et don Alffonsso, rey de Portogal, mesurando

alli estonçes ell su estado et el peligro en que era, conffesso et dixo
que uuscara corroto, non deuiendo nin auiendo derecta razon por
que contral rey don Fernando de Leon fuesse; et por ende por fazierle
emienda offreçiol alli el regno et la su persona, et dauagelo todo.
Mas el rey don Fernando mansso et con la piedad que solie, touosse
por abondado de lo suyo quel su padre le dexara et de lo que el auie
ganado, et de lo desse rey don Alffonsso de Portogal non quiso retener
ninguna cosa. Estonçes alli otrossi este rey don Alffonsso de Portogal
solto a devien Fernando, rey de Leon, tierra de Limia et Turon et
otros lugares que deuuien seer del sennorio de don Fernando, rey de
Leon, maguer que esse don Alffonsso, rey de Portogal, estonçes de
nueuo lo ganara de moros, et dexogelo alli libre et quito sin toda otra
contienda el rey don Alffonso al rey don Fernando. Ffecha alli esta
abenençia, et delindados sus terminos et puestos sus amores entre los
reyes, finco suelto don Alffonso, rey de Portogal, et tornosse pora su
tierra. Et dalli adelant este rey don Alffonsso de Portogal non pudo
usar de fecho de caualleria por razon de la pierna quel crebara en la
sallida de la puerta de Badaioç como dixiemos. (PCG: II, 675a-b)

A *Crónica de Vointe Reyes* já não se revela tão desfavorável. Além de
omitir a primeira referência, na história do rei de Portugal (cf. cap. X do
lv. XII), certamente fruto do cuidado tido para não repetir acontecimentos,
atenua o pormenor da fuga na batalha de Ciudad Rodrigo[36] e a presença de
Afonso Henriques em Badajoz é apresentada de modo consideravelmente
mais digno, provavelmente por influência dos testemunhos lendários que
a "versão crítica" terá conhecido. O rei português é um cavaleiro valoroso
que tem um infortúnio, consequência da questão havida com a sua mãe.
O encontro entre os dois soberanos está marcado por uma certa cortesia
mútua:

> El rrey don Ferrando luego que lo supo, sacó su hueste e fue sobre
> el rrey de Portugal e posó a vna legua de la villa. Los caualleros del
> rrey don Alfonso dixeron: «Señor, hevos aquí el rrey don Ferrando
> do viene sobre vos con gran hueste». El rrey don Alfonso les dixo:
> «Pues armémosnos e vayamos a él al campo». El rrey don Alfonso
> seyendo ya armado, firió al cauallo de las espuelas e fue por salir por
> la puerta, e el portero quando avrió la puerta non enpuxó el berrojo
> adentro. El rrey saliendo muy rrezio por la puerta, fue a dar de la
> pierna en el berrojo e quebróle la pierna. Esto fue por el pecado quél
> fiziera cont|r|a su madre, e cayó luego fuera de la villa en vn centeno
> que y avíe. Don Ferrand Rruys el Castellano, que lo vio, fue para el
> rrey don Ferrando e díxole: «Señor, aquí yaz el rrey don Alfonso con
> su pierna quebrada, e prendelde». E fue logo preso e leuado al rrey
> don Ferrando. El rrey don Ferrando rreçibiólo muy bien e asentóle
> cabo sy. El rrey de Portugal teniéndose por muy quebrantado e
> que errara mucho contra el rrey don Ferrando, e por fazerle gran
> emienda dáuale el rreyno e su cuerpo, que él fiziese ende a su plazer.

Mas el rrey don Ferrando, commo era manso e muy piadoso, non quiso nada de lo suyo, mas díxole quel diese todo lo suyo. Des y fizole el rrey de Portugal pleito e omenage que tanto que caualgase que fuese a él o que quier quél mandase. Des y otorgó al rrey don Ferrando de Lunia *(sic)* e de Toroño e de todo lo ál que fuera suyo, e asy le dexó yr el rrey don Ferrando en paz. El rrey don Alfonso de Portogal fuese entonçes para Coynbria e por achaque de la pierna nunca quiso caualgar en todos sus días nin salió de Coynbria fasta que murió. (Cr20R: 276a-b)

A *Traducción Gallega* vai alinhar com o texto da PCG mas já não apresenta uma narrativa tão demolidora quanto a desta versão, seja no que se refere a Ciudad Rodrigo, onde não refere que os portugueses fugiram[37], seja no que toca a Badajoz, onde o rei português não é apresentado de forma tão miserável, apesar de quebrar a perna quando tenta fugir[38], ou seja, no mesmo sentido que nos aparece na PCG e em sentido contrário ao da versão da Cr20R. No entanto, a principal alteração surge na questão do acordo que é feito entre os dois reis e que a Trad.Gall conta por duas vezes, tal como sucedia na PCG (sublinhado nosso):

Traducción Gallega (hist. de Af. H.)	*Traducción Gallega* (hist. de Fern. II)
Et este rey lidou en batala cõ el rey dõ Fernãdo de Leom et foy vençudo et preso. Et, quando o prenderõ, tijna a perna britada. Et troixe preyto cõ el rey dõ Fernando, que o soltase et, <u>tal ora como fosse são, que caualgasse en besta, que sse ueria a sua priiom</u>. Et el rey dõ Fernando coube seu rrogo; et el fezo menagem de o conprir assy; et leixoo yr para seu rreynado a Portugal. Et são [u] muy bem <u>[et] nũca ia mais quiso caualgar en besta, por nõ uijr aa menagem que fezera, que, tal ora como caualgasse en besta, que sse ueria a sua priiom.</u> Et por esta razõ sempre andou en andas et en colo dos omes ata que morreu. (Trad.Gall: 691)	Et el rrey de Portugal teuesse por culpado, et arrepenti[u]sse muyto [por que se mouera] contra el rrey dõ Fernando, et pediullj por merçee que lle perdõasse. Et el rrey dõ Fernando era ome de boo talente et piadoso et nõ quiso nẽhũa cousa de seu senhorio; mays ouue avijnça cõ elle, que llj desse o que tijna tomado en Galiza, et que o soltasse, et que o leixasse yr a sua terra guareçer da perna; <u>et logo como fosse são, tal ora como caualgasse, que sse verria a su[a] priiom</u>. Et el rrey dõ Fernando soltoo. Et el fezolle tal menagẽ et foysse a seu rreyno, et mandoullj entregar o que llj tomara en Galiza. Et el punou de guareçer, quanto mays pode; et, <u>desque foy são, nũca ia mays quiso caualgar en besta por nõ vijr aa menagem que fezera, que tal ora como caualgasse en besta, que sse verria a sua priiom del rrey</u>. Et daly adeante sempre andou en andas en colos de omes ata que finou. (Trad.Gall: 721-722)

A *Traduccion Gallega* acrescenta um novo dado ao afirmar que Afonso Henriques não volta a montar para não ter que cumprir o juramento que fizera, "enganando" assim Fernando II, uma vez que se explica que se tratou de uma promessa equivoca. Este simples pormenor altera completamente o tom do episódio. Instaura a dúvida, no que respeita à pretensa piedade de Fernando II, e reverte a postura de submissão de Afonso Henriques que, nesta versão, se limita a pedir perdão sem oferecer qualquer reparação exorbitante. Revela ainda esperteza e habilidade no manejo das palavras, usando-as de modo a obter e a manter a sua liberdade uma vez que, de acordo com este testemunho, não volta a montar, não por achaques da fractura, mas para não ter que cumprir a promessa feita.

É precisamente neste sentido que vai a segunda redacção da *Crónica de 1344*, ao que acresce ainda a salvaguarda do valor do rei que, neste testemunho, parte a perna quando passa a porta, novamente no sentido que já vimos na Cr20R, não a fugir mas com a pressa de ir ajudar os seus, dada a sua valentia:

> E, quando el rey dom Fernãdo chegou a Badalhouce, el rey dõ Affonso mandou armar toda sua companha e sayu fora da villa. E, indo elle polla villa assy armado ẽ cima de seu cavallo, disseronlhe ẽ como ja suas gentes se embaratavam cõ dõ Diago e com dõ Fernã Roiz que tragiam a dianteira. E, quando esto ouvyo, ferio o cavallo das esporas tam rijamente por sayr da villa e chegar aos seus que era maravilha. Mas o que abrira a porta nõ colhera bem o ferrolho. E el rey levava o cavallo afficado das esporas, como aquelle que era o mais vallente e esforçado cavalleiro que se podia saber. Quãdo chegou aa porta, nõ se guardando daquelle ferrolho, topou o cavallo en elle de tam grande força que se britou a perna a el rey. E o cavallo steve pera cayr em terra, pero foy fora e chegou aos seus. Mas, des que começarõ a lidar, nõ o pode soffrer o cavallo, ca era chegado aa morte do grande golpe que dera no ferrolho, e leixousse cayr com elle. E cayulhe sobre aquella perna e britoulha toda. E os seus quyserõno levãtar e poer ẽ outro cavallo e non poderom, ca era a perna britada pela coixa. E entom chegou el rey dõ Fernando e prendeuoho e muytos dos seus cõ elle.
>
> E, despois que el rey dõ Affonso foy preso e os seus vençidos, foisse el rey dõ Fernando pera a villa e levou cõsigo el rey dõ Affonso preso e fezelhe muy bem pensar da perna e fezlhe muyta honrra e preytejou cõ elle que lhe desse termho des o Minho ataa o castello de Lobeira que era seu e que lhe fezesse menagẽ que, tanto que ẽ cavalgasse e besta, que tornasse a sua prisom. E elle fezeo assy como lhe foy demãdado, ca lhe nõ cõviinha de fazer outra cousa. E entom foy comprida a maldiçõ que lhe lançou sua madre quando lhe disse que ferros lhe quebrassem as pernas e preso fosse como ella era.
>
> E el rey dom Fernando, despois que teve as fortalezas e recebeo delle a menagem, soltouo. E el rey dom Affonso tornousse pera sua terra e, despois, nunca cavalgou en besta por non aver razõ de tornar aa menagem. E sempre se des ally ẽ diante fez trager ẽ andas e ẽ collos d'homẽs. E assy ãdou toda sua vida. (1344b: IV, 235-236)

A *Crónica de 1344* já se vai diferenciar da Cr20R ao repetir a história, no reinado de Fernando II. No entanto, fá-lo nos termos que lhe são caros[39]. A crónica portuguesa ainda coincide com a Cr20R ao atribuir o sucedido à concretização da maldição materna, um pormenor que só ocorre nas duas crónicas que veiculam de modo mais desenvolvido elementos das lendas épicas sobre a vida e feitos de Afonso Henriques. A maldição teria sido proferida por D. Teresa contra o seu filho quando este a derrotou e prendeu, anulando assim as aspirações desta ao governo do reino, mas, como se apressa a esclarecer Egas Moniz, o aio de Afonso Henriques, a Afonso VII:

> E, quanto he por o fecto da reỹa sua madre, nõ o devees culpar, ca elle fez o que devya, ca ella o quisera matar ou desherdar da terra que seu padre gaanhou aos mouros e que el rey dom Affomso, vosso avoo e seu, lhe leixou. (1344b: IV, 219-220)

III. Em jeito de conclusão

Face aos relatos que se concentram na promoção de uma única linha sucessória que ligaria, quase sem divisões ou problemas, os reis godos aos reis asturianos, leoneses e, finalmente, castelhanos, encontramos no extremo ocidental da Península Ibérica, não só mais um ramo textual de uma extensa família cronística, mas também um ponto de vista alternativo sobre alguns passos da história peninsular, onde o reino mais recente, Portugal, tem o seu lugar e a sua justificação enquanto reino independente.

A narrativa historiográfica torna-se, assim, reflexo de algumas tensões e das relações políticas e de força que, de facto, existiam na Península. A enorme difusão desta família textual na Península Ibérica terá decorrido, em grande parte, da sua capacidade de adaptação à defesa de diferentes interesses. Consoante as necessidades sentidas em diferentes locais e épocas, o texto é actualizado cronologicamente e, ao mesmo tempo, é influenciado pelos diversos contextos que o rodeiam, o que leva à manipulação de conteúdos anteriores de forma a legitimar e a dar sentido a cada presente graças a cópias que nada têm de servil relativamente aos seus Modelos.

No caso da criação de um espaço na memória e no imaginário, para o reino português, nada melhor do que o uso da consagrada historiografia preexistente. Quer absorva textos produzidos no *scriptorium* do rei sábio, ou posteriores e ideologicamente marcados de modo diferente, trata-se de um *corpus* textual que remete para uma Autoridade. Assim, em Portugal fez-se o que já tinha sido feito anteriormente em Castela-Leão, aquando da reelaboração dos textos afonsinos: desvia-se, "modela-se" o Modelo, em consonância com novas ideias e ideais distintos mantendo, no entanto, a referência prestigiante à *Auctoritas* do rei Sábio.

Por conseguinte, a segunda redacção da *Crónica de 1344* assume-se como cópia da *Estoria de Espanna* afonsina. E é-o, de facto, em grande medida. Mas, independentemente da recuperação da já consagrada historiografia afonsina, a segunda redacção da *Crónica de 1344* prossegue e acentua o tom pró-português que já se verificava no texto de D. Pedro Afonso. Desta forma, a *Auctoritas* do prestigioso filão afonsino é aproveitada e integrada embora, simultaneamente, desviada. Assim, podemos dizer que a *translatio* a que a historiografia portuguesa procede cobre os diversos sentidos deste termo, uma vez que se verifica, não só um processo de tradução, como igualmente uma deslocação do acento ideológico[10]. Com efeito, esta segunda redacção do texto português, mais do que tradução, ou que transcrição, é, igualmente, interpretação, comentário, diálogo e, sobretudo, recriação do *corpus* afonsino.

NOTAS

* São aqui usadas as seguintes siglas:
— PCG = *Primera Crónica General de España*
— Cr20R = *Crónica de Veinte Reyes*
— Trad.Gall = *Traducción Gallega de la Crónica General y de la Crónica de Castilla*
— 1344a = *Crónica Geral de Espanha de 1344* (1ª redacção)
— 1344b = *Crónica Geral de Espanha de 1344* (2 redacção)

Este artigo retoma assuntos já apresentados em artigos anteriores (que serão indicados, sempre que tal se justifique) e, particularmente, em DIAS, I. B., *Metamorfoses de Babel. A historiografia ibérica (sécs. XIII-XIV): Construções e estratégias textuais*, Lisboa, Fundação Calouste Gulbenkian / Fundação para a Ciência e Tecnologia – Ministério da Ciência e do Ensino Superior, 2003. Este artigo foi primeiro publicado na revista *Hispania*, Vol. LXVII, nº 227, 2007, pp. 899-928.

1. Os textos aqui usados para as duas principais versões afonsinas da *Estoria de Espanna* foram os seguintes: para a "versão primitiva" (cerca 1270) foi usado o testemunho parcial da "versão régia", que integra o texto editado por MENÉNDEZ PIDAL, R., *Primera Crónica General de España*, Madrid, Gredos, 1977, onde constitui o trecho inicial (até ao cap. 616). O restante texto desta edição terá sido elaborado em épocas distintas que, quando pertinente, serão referidas. Como representante da "versão crítica" (cerca 1282-84), foi usada a transcrição de um exemplar da denominada *Crónica de Vinte Reis*: RUIZ ASENCIO, J. M. e HERRERO JIMÉNEZ, M. (transcr.), *Crónica de Veinte Reyes*, Burgos, Ayuntamiento de Burgos, 1991, ramo que só representa parcialmente a "versão crítica" uma vez que as crónicas conhecidas como Cr20R só se iniciam no período da Reconquista.

2. Bernard Guenée refere a *Estoria de Espanna* como um exemplo de texto de circulação restrita à Península Ibérica, onde a sua influência foi, no entanto, marcante (inclusivamente porque o sucesso de uma obra se mede não só pela divulgação da mesma, como também por outros vestígios da sua leitura que se revelam pela existência de interpolações, adições, continuações, empréstimos, traduções, abreviações, adaptações...): GUENÉE, B., *Histoire et culture historique dans l'Occident médiéval*, Paris, Aubier-Montaigne, 1980, pp. 255 e 270-71.

3. Sobre as versões afonsinas e suas combinações e reescritas, ver CATALÁN, D., *De Alfonso X al conde de Barcelos*, Madrid, Gredos, 1962 e, mais recentemente, Idem, *De la silva textual al taller historiográfico alfonsi – Códices, crónicas, versiones y cuadernos de trabajo*, Madrid, Fundación Ramón Menéndez Pidal / Universidad Autónoma de Madrid, 1997 e Idem, *La Estoria de España de Alfonso X – creación y evolución*, Madrid, Fundación Ramón Menéndez Pidal / Universidad Autónoma de Madrid, 1992. Ver ainda FERNÁNDEZ-

ORDÓÑEZ, I., *Versión Crítica de la Estoria de España*, Madrid, Fundación Ramón Menéndez Pidal / Universidad Autónoma de Madrid, 1993, bem como a útil síntese: *Idem*, "La transmisión textual de la "Estoria de España" y de las principales "Crónicas" de ellas derivadas", *Alfonso X el Sabio y las Crónicas de España*, Valladolid: Fundación Santander Central Hispano / Centro para la Edición de los Clásicos Españoles, 2000, pp. 219-260.

4. O texto usado aqui usado foi o seguinte: LORENZO, R. (ed.), *La Traduccion Gallega de la Cronica General y de la Cronica de Castilla*, Orense, Instituto de Estudios Orensanos "Padre Feijoo", 1975.

5. A primeira redacção desta crónica, redigida em 1344, em português, perdeu-se. Só resta uma tradução em castelhano da qual o melhor exemplar é o ms. 2656 da Biblioteca Universitária de Salamanca, aqui considerado, bem como a seguinte edição parcial: CATALÁN, D. e ANDRÉS, M. S. (eds.), *I Edición Crítica del Texto Español de la Crónica de 1344 que ordenó el Conde de Barcelos don Pedro Alfonso*, Madrid, Gredos, 1970. A minha numeração dos capítulos do ms. 2656 da Biblioteca Universitária de Salamanca segue a numeração existente na edição parcial. Para a segunda redacção, é usado o texto editado por CINTRA, L. F. L. (ed.), *Crónica Geral de Espanha de 1344*, Lisboa, IN-CM, 1951-1990 (4 volumes).

6. Refira-se também a existência de uma historiografia portuguesa anterior já marcada por uma forte identidade e que contrasta com as teses defendidas pela corrente historiográfica asturiana. Sobre esta questão ver DAVID, P (ed.), "Annales Portugalenses Veteres", *Études historiques sur la Galice et le Portugal du VIe au XIIe siècle*, Lisboa / Paris, Portugália / Les belles lettres, 1947, pp. 257-340. Cabe ainda salientar que os textos portugueses não foram os únicos que, na Península, se terão apropriado do fundo historiográfico afonsino a fim de o manipular em proveito próprio. O mesmo se verifica, por exemplo, com a *Crónica d'Espayña* de García de Eugui que, na última parte do séc. XIV, usa amplamente os materiais afonsinos como fonte de uma narrativa onde se procura valorizar o estatuto peninsular de Navarra, conforme é salientado no estudo que antecede a edição do texto: WARD, A. (ed.), *Crónica d'Espayña de García de Eugui*, Pamplona, Gobierno de Navarra, 1999, pp. 102-104.

7. O primeiro capítulo da Trad.Gall editada corresponde ao cap. 628 da PCG, posterior, pois, ao fim do que seria o ms E1(orig) que terminaria no cap. 616 da PCG.

8. Salvaguarde-se que, de acordo com os estudos levados a cabo, nomeadamente por CATALÁN, D, 1992 (cap. VIII: "La expansión al occidente de la Península Ibérica del modelo historiográfico *Estoria de España* – nuevas precisiones", pp. 185-196) e 1997, o texto que terá servido de base à segunda parte do trabalho historiográfico de D. Pedro Afonso, conde de Barcelos, seria um ms. *A, hoje perdido, presumivelmente também o mesmo que esteve na base do ms. A1 (em Galego) que, no entanto, terá feito uma cópia mais descuidada (CATALÁN, D.: 1997, pp. 292-93). Assim, o texto galego aqui utilizado não é a fonte directa da *Crónica de 1344*, papel que terá sido desempenhado pelo seu arquétipo. Depreende-se, pela ausência dos trechos relativos à história mais antiga, na TradGall, e pelos acrescentos levados a cabo na 1344a que este ms. *A estaria também truncado, no que respeita aos períodos mais remotos. Sobre as fontes da primeira redacção da *Crónica de 1344*, veja-se o estudo introdutório à sua edição parcial por CATALÁN e ANDRÉS. Ver ainda MATTOSO, J., "Sur les sources du comte de Barcelos", em GENET, J.-Ph., *L'historiographie médiévale en Europe*, Paris, éditions du S.N.R.S., 1991, pp. 111-116.

9. A questão da datação da segunda redacção *da Crónica de 1344* é discutida em DIAS (2003), I parte, ponto 4.

10. Note-se que o texto português manuseou variantes com reescritas que dificilmente seriam do agrado de um cronista português. Saliente-se a este respeito a constatação de FERNÁNDEZ-ORDÓÑEZ, I, "Variación en el modelo historiográfico alfonsí en el siglo XIII. Las versiones de la *Estoria de España*", em MARTIN, G., *La historia alfonsí: el modelo y sus destinos (siglos XIII-XV)*, Madrid, Casa de Velázquez, 2000, pp. 41-74 (pp. 56-58) segundo

a qual a "versão crítica" parece opor-se à independência portuguesa.

11. A questão da defesa de uma monarquia absoluta e do domínio universal (na falta do qual se faz o elogio dos reinos fortes e unidos em detrimento dos fracos e fragmentados) é apontada por FERNÁNDEZ-ORDÓÑEZ, I., "Evolución del pensamiento alfonsí y transformación de las obras jurídicas e históricas del rey sabio", *Cahiers de Linguistique Hispanique Médiévale*, 23 (2000), pp. 263-83 (pp. 274-78) como uma das características que transparecem tanto na obra historiográfica como na legal deste soberano.

12. O expurgar de alusões imperiais na História Antiga, pela segunda redacção da *Crónica de 1344*, é estudado, com maior detalhe, em DIAS, I. B., "«Translatio Auctoritatis»" em FREIXAS, M., IRISO, S. e FERNÁNDEZ, L., *Actas del VIII Congreso Internacional de la Asociación Hispánica de Literatura Medieval*, Santander, Consejería de Cultura del Gobierno de Cantabria, Año Jubilar Lebaniego e Asociación Hispánica de Literatura Medieval, 2000, pp. 639-649.

13. Caso da enumeração das diversas batalhas travadas entre Aníbal e os Romanos (1344b: II, 84-86).

14. Nomeadamente Galba, que é eleito Imperador (em oposição a Nero) em Espanha (PCG: cap. 178). Os bons Imperadores Nerva e Trajano (PCG: caps. 190-91) eram naturais da *Hispania*, assim como o "sábio e estudioso" Adriano (PCG: caps. 196, 198).

15. Este assunto é analisado com maior detalhe em DIAS, I. B., "Le Duel des Géants" em BRUSEGAN, R. *et alii*, *L'Antichitá nella Cultura Europea del Medioevo*, Greifswald, Reineke-Verlag, 1998, pp. 195-205.

16. A história dos reis de Navarra e de Aragão, na PCG, termina no cap. 801. Na Cr.20R, termina no cap. xviii |17| do lv. VII da III Parte. Na Trad.Gall, termina no cap. 176.

17. Considerando que a primeira redacção da *Crónica de 1344* terá sido elaborada pelo conde Pedro Afonso de Barcelos, tido como porta-voz da classe aristocrata, que, à semelhança de outras personagens como D. Juan Manuel, não deixaram de marcar ideologicamente a sua obra intelectual; tendo ainda em conta como algumas das reelaborações mais tardias do *corpus* afonsino já se encontram igualmente marcadas por uma postura pró-aristocrata, é possível, neste contexto, entender as manipulações em causa como fruto e/ou desenvolvimento dessa mesma corrente ideológica. No entanto, para a segunda redacção, e partindo do princípio que esta reelaboração terá ocorrido nos anos 80 do séc. XIV, quando a ameaça de hegemonia castelhana se colocava com bastante premência, os referidos excertos podem facilmente coadunar-se para servir uma ideologia anti-imperial, contrária à união ibérica. Sobre a questão do antagonismo entre a classe senhorial e as tendências centralizadoras da realeza, ver, para o contexto português, KRUS, L., *A concepção nobiliárquica do espaço ibérico (1280-1380)*, Lisboa, Fundação Calouste Gulbenkian / J.N.I.C.T., 1994 e MATTOSO, J., *Ricos-Homens, Infanções e Cavaleiros. A nobreza medieval portuguesa nos sécs. XI-XII*, Lisboa, Guimarães editores, 1998.

18. O texto deste poema encontra-se perdido sob a forma primeira de cantar de gesta mas subsiste numa versão poética tardia: "Rodrigo y el Rey Fernando", MENÉNDEZ PIDAL, R. (ed.) e CATALÁN, D. (reed.), *Reliquias de la Poesía Épica Española*, Madrid, Gredos, 1980, pp. 257-289. A narrativa das façanhas da juventude do Cid foi acolhida pela *Crónica de Castilla*, passando daí para o ramo ocidental destas crónicas. A PCG e a Cr20R omitem este relato, que foi interpolado entre os caps. 803-4, 804-5, 809-10 e 810-11 da PCG.

19. Cf. cap.ii do lv. X da Cr20R; cap. 845 da PCG; cap. 251-253 da Trad.Gall; cap. 416-18 da 1344a, e cap. 508-10 da 1344b.

20. Esta narrativa foi interpolada entre os caps. 895 e 896 da PCG. Está ausente também da Trad.Gall. A Cr20R refere os conflitos entre o Cid e Afonso VI mas não os completa com qualquer cedência por parte do rei (cf. Cr20R: X, cap. XLVII até bis-LIII). A narrativa mais extensa encontra-se assim na 1344a: caps. 490-97 e 1344b: caps. DLXXXIII – DLXXXIX.

21. Como o prova o seguinte excerto: "– Callade, rey Sancho Ordonhez! Nõ digades

pallavras tã vãas, ca, ẽno que dizedes, dariades pouco recado quando comprisse! Ca digo a Deus verdade que, se nõ fosse por essas tregoas que dizedes que antre nos meteu esse abbade de Sam Fagundo cõ os outros homẽes bõos, assi como vos dizedes, que vos cortaria a cabeça e que do sangue do vosso corpo yria esta auga tynta. E tiinhao muy bem guisado pera ho fazer, se ha tregoa nõ fosse. Ca eu estou ẽ cima deste cavallo e tenho esta spada cinta; e vos andades em hũa mulla e tragedes esse açor ẽna mãao." (1344b: III, 99).

22. A história mais desenvolvida dos reis de Portugal é interpolada entre os caps. 979 e 980 da PCG e corresponde aos caps. DCCV-DCCXXVII da 1344b (a história da vida e feitos de Afonso Henriques ocupa os cap. DCCV-DCCXV).

23. Sobre os desenvolvimentos posteriores das lendas sobre Afonso Henriques ver CINTRA, L. F. L., "A Lenda de Afonso I, Rei de Portugal (origens e evolução)", *ICALP Revista*, 16-17, 1989, pp. 64-78 ou SARAIVA, A. J., *O Crepúsculo da Idade Média em Portugal*, Lisboa, Gradiva, 1998, nomeadamente "A primeira narrativa do milagre de Ourique" (pp. 163-166).

24. O filão neo-gótico foi cultivado primeiro pela historiografia astur-leonesa e posteriormente adoptado pela castelhana, em vernáculo, com Afonso X e ainda pelos textos pós-afonsinos, apesar de já se verificar aqui alguma desconstrução do tema. É de reparar, em particular, como, na PCG se verifica a preocupação em introduzir os reinados dos diversos soberanos com uma referência à sua sucessão relativamente a Pelaio (ex: "El regnado del rey don Ramiro el IIº, et XVII despues del rey don Pelayo, se comiença." PCG: II, 389b), o primeiro rei da Reconquista, obviamente um nobre godo escolhido por Deus para comandar as forças cristãs de resistência à invasão muçulmana, reatando assim a ligação privilegiada que unia Deus ao povo godo (que, de certa forma, vai espelhar o povo eleito bíblico) e associar os soberanos da Reconquista a estes antecessores, baseando assim o argumento que justifica a Reconquista como recuperação de uma herança usurpada. Quando Castela passa de condado a reino e adquire importância é associada a esta linha. Acresce ainda, depois de Afonso VII, a significativa acentuação da relação dos diversos reis com o "Imperador" (ex: "Del regnado del rey don Alffonsso, fijo deste rey don Sancho et nieto dell emperador, que regno treynteno despues del rey don Pelayo" PCG: II, 668a). Ainda sobre a questão do neo-goticismo ver as considerações de CATALÁN, D. (1997) acerca da mentalidade subjacente à elaboração do ms. E1(orig). Ver ainda o artigo de GONZÁLEZ-CASANOVAS, R. J., "Alfonso X's Concept of Hispania: Cultural Politics in the Histories", em FORDE, S., JOHNSON, L. e MURRAY, A. V., *Concepts of National Identity in the Middle Ages*, Leeds, Leeds Texts and Monographs, 1995, pp. 155-170. Sobre a continuação do espírito neo-gótico concomitante com a divisão da história peninsular nos dois grandes períodos de pré e pós invasão muçulmana ver KRUS; L., *Passado, Memória e Poder na Sociedade Medieval Portuguesa*, Redondo, Patrimonia Historica, 1994, nomeadamente "Tempo de godos e tempo de mouros – as memórias da *Reconquista*" (pp. 103-127) e "Os heróis da Reconquista e a realeza sagrada medieval peninsular: Afonso X e a *Primeira Crónica Geral de Espanha*" (pp. 129-142). Sobre estas questões ver ainda as observações dos editores das diversas crónicas asturianas, bem como os respectivos textos: BONNAZ, Y. (ed.), *Chroniques Asturiennes (fin IXe siècle)*, Paris, CNRS, 1987 e GIL FERNANDEZ, J., MORALEJO, J. L. e RUIZ DE LA PEÑA, J. I. (eds.), *Cronicas Asturianas*, Oviedo, Universidad de Oviedo, 1985 ou ainda MARTIN, G., *Histoires de l'Espagne médiévale. Historiographie, geste, romancero*, Paris, Publication du Séminaire d'études médiévales hispaniques de l'Université de Paris XIII / Klincksieck, 1997 ("Un récit (la chute du royaume wisigothique d'Espagne dans l'historiographie chrétienne des VIIIe et IXe siècles)", pp. 11-42.).

25. Para este trecho, a *Crónica de Veinte Reyes* é testemunho da "versão crítica" (secção 4, que relata a história dos reis de Castela e de Leão, de Fernando I até ao fim do reinado de Fernando II, de acordo com FERNÁNDEZ-ORDÓÑEZ, I.: 2000, p. 233) e a *Primera Crónica General*, entre as pp. 429 e 565 transcreve o ms. do séc. 13 que integra o códice E2 e é testemunha da "versão amplificada de 1289" (cf. FERNÁNDEZ-ORDÓÑEZ, I.: 2000, p. 243)

26. O mau relacionamento de Garcia com os seus vassalos é um tema recorrente nos diferentes testemunhos desta história que se repercute, por exemplo, no facto curioso de Garcia, antes de entrar em combate, fazer um discurso a portugueses e outro a galegos, separadamente, o que poderá ser um indicador da existência de facções e de interesses distintos. O problema é, no entanto, desculpado graças ao argumento da ingerência de um conselheiro demasiado influente. Sobre o *topos* do mau conselheiro e da sua utilidade para a desculpabilização, nomeadamente, do mau governo de um soberano, ver DIAS, I. B., "On royal Infallibility", *Portuguese Studies*, 15, 1999, pp. 42-51.

27. A Cr20R / "versão crítica" apresenta o texto mais incisivo contra os galegos: "«Señor, los gallegos están agora con el rrey don Alfonso, vuestro hermano, seguros de sus posadas, e non se catan de vos. E vos fazet tornar los que fuyen e acogeldos todos a vos, e cras, quando el alua, ferit en la hueste del rrey don Alfonso a desora, ca los gallegos han por costunbre de se alabar mucho quando son bienandantes, e de chufar e fazer grandes nueuas, e de escarneçer de los otros, e cansarán fablando en ello toda la noche e esconrra la mañana adormeçerse han»." (Cr20R: 185b). As restantes crónicas matizam a questão, referindo-se também aos leoneses e, no caso da PCG, ainda aos asturianos (PCG: II, 502b). O excerto que aparece na Trad.Gall mantém as alusões negativas aos galegos: " Et, senor, fazede agora [acoller] a gente que vem fogindo et falade cõ elles et esforçadeos. Et, senor, cras a la madrugada dade cõna signa no canpo; ca elles estam como seguros, por que teem que am vençudo pola bõa andãça que am avida. Et demays que os galegos et os leoneses som muy chufadores et de grã parauoa, et está cõ el rrey seu senor gabãdose da (da) bõa andenaça que ouuerõ, que dizẽ mays ca deuẽ. Et, se(u) Deus quiser, o grã plazer que elles ouuerõ tornarselles a en pesar" (Trad.Gall: 365-366). Na *Crónica de 1344* o trecho ocorre no cap. 385 da 1344a e no cap. CDLXXXIV da 1344b.

28. Cf. cap. 364-369 da 1344a e CDLXVIII-CDLXXII da 1344b.

29. Sobre este assunto, ver KRUS, L., *A concepção nobiliárquica do espaço ibérico (1280-1380)*, Lisboa, Fundação Calouste Gulbenkian / JNICT, 1994, pp. 281-286.

30. Ver MATTOSO, J. (ed.), Pedro Afonso, conde de Barcelos, "Livro de Linhagens do Conde D. Pedro", *Portugaliae Monumenta Historica – Nova Série*, Lisboa, Academia das Ciências, 1980, 2 vols. A expressão "boos fidalgos de Portugal" é reiterada quatro vezes entre as pp. 226 e 228 (1° vol.), encontrando-se ainda a sua expansão como "estes boos fidalgos de Portugal, que sempre forom boos aos senhores e amarom verdade" (p. 228).

31. Note-se que o tema da infelicidade / má sorte já surge nas crónicas do ocidente, nomeadamente quando Garcia prende o seu irmão Sancho e o dá a guardar a uns cavaleiros que não serão capazes de o manter em prisão: "Et foy en ello de mao acordo et de maa ventura" (Trad.Gall: 362), "E fue porende de mal rrecabdo e de mala ventura" (1344a: f. 221ra) e "E por esto foy homẽ de maao recado e de fraca ventuira" (1344b: III 361). Na "versão crítica" diz-se: "mas fue en ello engagañado e omne de mala ventura." (Cr20R: 184b) e na "versão amplificada de 1289" diz-se "et dize la estoria que fue en ello de mal acuerdo" (PCG: II, 501a), acentuando-se a desvalorização da capacidade de discernimento e a opção tomada pelo rei Garcia.

32. Sobre estas lendas ver CINTRA, L. F. L. (ed. Cr. 1344), *op. cit.*, vol I (Introd.), SARAIVA, A. J., *A Épica Medieval Portuguesa*, Lisboa, ICALP, 1979 e MATTOSO, J., *Portugal Medieval – Novas interpretações*, Lisboa, IN-CM, 1985, pp. 509-435 ("João Soares Coelho e a Gesta de Egas Moniz") e *Idem*, "As Três Faces de Afonso Henriques", *Penélope*, 8, (1992), pp. 25-42. Sobre as tradições subjacentes a Afonso Henriques, ver ainda DIAS, I. B., "Ares, Marte, Odin..." em WARD, A., *Teoría y práctica de la historiografía hispánica medieval*, Birmingham, The University of Birmingham Press, 2000, pp. 80-98.

33. As quatro "Chrónicas Breves e memórias avulsas de S. Cruz de Coimbra" foram editadas nos *Portugaliae Monumenta Historica. Scriptores*, Lisboa, Academia das Ciências, 1856, pp. 23-32.

34. O penúltimo cap. do ms. 2656 da B.U.S. anuncia, à imagem da Trad. Gall, que vai contar a história dos reis de Portugal mas deixa então de seguir a Trad.Gall que, efectivamente, faz aí um resumo da linhagem dos reis de Portugal e das batalhas de Afonso Henriques (semelhante à PCG). O texto do ms. 2656 salta esses dois caps. e a partir do início do seu último cap. retoma o texto, idêntico ao cap. 474 da Trad.Gall e ao cap. 702 da 1344b, terminando de seguida. Torna-se assim muito difícil saber se a história narrada em 1344b também se encontraria em 1344a (nos mesmos moldes ou em moldes diferentes). Por um lado, a omissão dos dois caps., anunciados à semelhança da Trad.Gall, pode fazer pensar que sim, por outro lado, a grande colagem do texto de 1344a a uma narrativa semelhante à veiculada pela Trad.Gall pode fazer suspeitar que não.

35. Esta cena e suas implicações textuais e ideológicas já foram estudadas por CINTRA, L. F. L. (ed. Cr. 1344), *op. cit.*, vol I (Introd), pp. XC, CCCLXI-XII e CCXXXVIII-CCXL e por CATALAN, D. (1962).

36. "e allí lidiaron, e vençió el rrey don Ferrando a los portogaleses, e mató muchos e siguió los otros e prendió muchos. Mas el rrey don Ferrando, commo era omne piadoso, soltólos luego e dexólos yr sua vía." (Cr20R: 276a).

37. "et forõ os de Portugal vençudos; et matou et prendeu moytos delles et seg[u]do[u] os outros, en tal maneyra que foy muy grã seu dãno. Et como el rrey era muy piadoso soltou os presos et mandoos yr sua vya." (Trad Gall: 721).

38. "et, quando o soube, pesoullj muyto, et sacou logo sua oste, et foysse para ala. Et lidarõ çerca da villa. Et foy vençudo el rrey de Portugal et foy fugindo contra a vila, et a gente del rrey dõ Fernando enpos elles ferindo et matando. Et tã rrigeos entrarom pela porta da villa que quebrou a perna al rrey de Portugal, eño ferrollo da porta da vila. Et os del rrey dom Fernando entrarõ ala cõ elles de volta, et foy preso el rrey de Portugal. Et troixerõno preso ante el rrey dõ Fernando. Et el rreçebeuo muy bem, et asentoo çerca de sy, et fezollj moyta onrra." (Trad.Gall: 721).

39. "E, logo que o soube, sacou sua hoste e foysse la. E el rey de Portugal quando soube que viinha, fez armar a sua gente e abrir as portas e sair a elles. E, quando elle foy armado e cavalgou en seu cavallo, disseronlhe que se elles embaratavam com dom Diago e com dom Fernam Rodriguez, ca estes eram entom vassallos del rey dom Fernando e tragiam a deanteira. E, quando el rey de Portugal aquello ouvyo, feriu o cavallo das esporas por chegar aos seus. Mas o porteiro que abrira a porta nom colhera bem o ferrolho e el rey, como levava o cavallo aficado das esporas, topou no ferrolho e britoulhe a perna pella coixa, pero por esto non leixou de chegar aos seus em um centenal. E alli se ajuntarom as aazes ferindosse fortemente. Mas o cavallo del rey de Portugal non o pode sosteer por que era mal ferido do golpe do ferrolho e outrossy das feridas que lhe deram na batalha, cayo morto em terra e cayolhe sobre aquella perna e britoulha ainda mais que era do ferrolho; e entom foy preso com peça dos seus que o queriam defender. E os outros fugirom pera a villa e os del rey dom Fernando entrarom com elles de volta pella porta e cobrarom a villa. E el rey de Leon foysse entom com el rey de Portugal pera a villa e fezlhe muyta honrra e fezlhe pensar da perna e preytejou com elle que lhe desse a terra que lhe tomara e que lhe fezesse menagem que, tanto que elle fosse guarido e que cavalgasse, que logo tornasse a sua prison. E elle fezlhe menagem ca lhe non conviinha al fazer. Mas depois nunca jamais cavalgou por non seer teudo aa menagem." (1344b: IV, 287-289).

40. Sobre o papel que a *inventio* pode ter no processo de tradução, ver COPELAND, R., *Rhetoric, Hermeneutics, and Translation in the Middle Ages*, Cambridge, Cambridge University Press, 1991.

MAGALLANES Y EL NOVENO CÍRCULO

Isabel Soler
Universidad de Barcelona

¿Cómo has caído del cielo, estrella de la
mañana, hijo de la Aurora?

(Is 14:12)

En la Judea, el último de los espacios del círculo más hondo del infierno, Dante contempla cómo Lucifer devora la cabeza de Judas Iscariote. El gran traidor patalea, dice el poeta, Bruto no manifiesta el dolor, tampoco Casio, el tercero de los tres traidores, los mayores, que con el propio Lucifer, ocupan el noveno círculo dantesco. El peor de los castigos es un espacio helado en el que el Ángel de la luz muestra su torso gigantesco fuera de la superficie glaciar mientras mueve sus alas de murciélago y tritura los cuerpos de los eternos condenados. El Caído, desde lo más profundo, desde el centro mismo de la Tierra, sostiene el inmenso cono infernal en espiral ascendente. El Ángel, el apóstol, los conjurados contra el Emperador, han roto los vínculos con todo, con sí mismos, con la patria, con el señor, con el poder; pero no están solos.

Aun con sus consecuencias, aun basada en la infidelidad y la mentira, y estigmatizada por la deshonestidad y la vileza, la traición es también una declaración de independencia y libertad, es una actitud de lucidez y valentía. Y asimismo, es una manifestación de egoísmo y obcecación. O una forma de la aceptación del destino. La traición es un acto tan extremo que obliga, como primer paso, a renegar de uno mismo. Ese es el beso de Judas, la ruptura con lo que se es y se ha querido ser; y sin embargo, no tuvo ese mismo origen la otra trascendente traición de aquel día: con su triple negación no renunciaba a sí mismo Pedro. Las consecuencias de ambos actos —actos de naturaleza estrictamente humana— adquirirán una dimensión sobrenatural: del beso de Judas depende la gloria de Cristo; del arrepentimiento de Pedro depende la Iglesia cristiana. El beso de Judas —ese abrazo que Giotto envuelve en un manto dorado que condensa las miradas del Hijo del Hombre y su verdugo— es, en igual medida, la expresión de la grandeza humana, pero también la autoconciencia de la miseria, asimismo indiscutiblemente humana, a la que se puede llegar. Y ahí estriba el alto grado de responsabilidad del gesto del Apóstol.

Si fue él el que pasó el Rubicón, y ese acto prohibido trasformó radicalmente la historia del ejercicio del poder político en Roma, ¿por qué no está el propio Julio César junto a Bruto y Casio en el último círculo del Infierno? Si no en la Judea, el espacio para los traidores a sus bienhechores, ¿por qué no ocupa la Antenora, el lugar de los traidores a la patria? Dante no se olvida del Emperador, pero lo coloca en el primero de los círculos infernales, el que destina a los no bautizados. ¿No ve pecado Dante en la traición a la República romana? Quizá es que la traición de Julio César no es heroica, como sí lo es la de Bruto y Casio, como lo es la de Judas, como la del propio Lucifer; su traición es histórica, política, es la traición del *príncipe*. Siglos después, desde la Inglaterra isabelina en peligro de guerra civil, Casio describirá a Julio César como la encarnación del mal —«anda a zancadas por el estrecho mundo como un coloso, y nosotros, los mezquinos hombres, caminamos bajo sus enormes piernas»— hasta convertirlo en un ser diabólico que debería compartir su propio y profundo espacio dantesco: «podría nombrarte a un hombre le dice a un agrio sirviente Casca muy semejante a esta noche temible, que truena, relampaguea, abre tumbas y ruge [...]».[1] Diabólico, pero no heroico, porque el héroe no es el César sino él, el conspirador. Y tan seguro de sí mismo se siente Casio que sus palabras son las del rebelde que no teme, casi busca, las consecuencias de su rebeldía: «he desnudado mi pecho al rayo; y cuando el serpenteante relámpago azulado parecía abrir el pecho del Cielo, yo me ofrecía como blanco de su propio destello».[2] La suya es una tan radical defensa de la libertad y la independencia que se siente capaz de llevarla hasta el límite, y en eso se acerca mucho a ese Ángel caído miltoniano tan heroicamente desmedido y asimismo tan incapaz de renunciar a su autoafirmación desde los versos del protestante *Paraíso perdido*.

Lucifer es el más valiente y el más obcecado de los traidores y por eso su cuerpo permanece eternamente hincado en el hielo infernal. Pero el de Dante no es ese ser fáustico y rebelde que quiere tomar el gobierno de su propia vida desde los versos del *Paraíso perdido* de John Milton. El Lucifer de Dante es un ser desmedido y destinado a la oscuridad y al sufrimiento, como el de Milton, pero no posee la grandeza de su origen divino con la que lo vestirá el poeta inglés. La grandeza del Ángel dantesco está en su bestialismo feroz, no en su rebeldía; la grandeza del Ángel satánico miltoniano está en su voz como conciencia individual que se enfrenta a una sabida batalla perdida. Frente a Dios, o los dioses, no hay triunfo posible; y eso lo supieron los héroes trágicos griegos, lo supo el pensamiento judeocristiano y lo sabe el fáustico hombre del Renacimiento. Lo supo esa Antígona que Sófocles hace orgullosa y arrogante —con «el carácter feroz que heredó de su padre / [...] ante el mal no se arredra» dirá el Corifeo—,[3] y que frente a la ley de los dioses o la ley de los hombres no duda en elegir la primera. Como Judas, como Bruto inducido por Casio, asume Antígona su destino, aun sabiendo que su desobediencia será duramente castigada.

Como el Lucifer miltoniano, Antígona, sin enfrentarse a los dioses sino a los hombres, representa el acto individual de oposición que se afirma frente al autócrata. El *crimen piadoso*, ese bello oxímoro que lo concentra todo, no nace del dolor ante el hermano muerto, sino de un imperativo y tajante concepto de lo moral. Antígona precede y se aleja de ese Ángel caído miltoniano que se enfrenta, conscientemente atónito de su derrota, a la autocracia de un Dios. Es la misma derrota que asume el ya barroco, protestante y antimonárquico Milton al mostrar las lacras de la Iglesia en ese Dios que exige obediencia a unas criaturas que dice haber hecho libres, pero para la servidumbre. Ante el absolutismo del Todopoderoso apenas cabe el enfrentamiento conscientemente perdedor del Rebelde.

El pérfido Casio y el patriótico Bruto se rebelan contra la misma imposición de obediencia que Lucifer. César representa el poder en la tierra ideado por Dios en el cielo. El Caído se enfrenta a un rey divino demasiado poderoso, demasiado ambicioso, demasiado humano, al que se opone la cautivadora grandeza humanamente trágica del Ángel con su hybris indómita. Milton no defiende a ese ser satánico desproporcionadamente egoísta, nihilistamente egocéntrico, agresivamente individualista, pero sí ataca la rigidez de una razón divina inamovible. La némesis miltónica no es el hielo dantesco sino un «lago ardiente» en la oscuridad absoluta al que el poeta da el nombre de Caos y en el que Satán amasa un «odio inmortal», pero también «un coraje que nunca más se rinde o cede».[1] Y queda allí, aletargado, perplejo de su derrota, maquinando su nuevo asalto al Cielo.

En 1517, el 20 de octubre, el portugués Fernando Magallanes cruza el Rubicón. Como la del César, su traición es poco heroica, pero sí trascendentemente política. No es fruto de la libertad, como la del Ángel, ni del destino, como la de Judas, sino del despecho provocado por el sentimiento de injusto maltrato. Magallanes es un rebelde contra el poder porque se siente traicionado; y asimismo traiciona, como Casio, como Bruto. Como la Antígona de Sófocles, tan soberbia y arrogante, el portugués se deja llevar por su propio sentido de la justicia y toma una decisión que no tiene vuelta atrás porque se opone frontalmente a las decisiones del rey. Tan radical es el sentido de lo moral de Antígona como lo es el sentido de justicia de Magallanes; y si el entierro de Polinices destruye el orden político, el viaje de Magallanes transforma no sólo las relaciones de poder del mundo occidental sino que destruye definitivamente la omnipotente *imago mundi* que ha gobernado el pensamiento occidental durante siglos de meditación geográfico-moral sobre ella. Pero ¿intuía Magallanes, como lo supo el Ángel Caído de Milton, que se enfrentaba a una batalla perdida? La suya no sólo era una lucha contra el rey, sino también contra la realidad del mundo. ¿Queda atónito Magallanes, como el Satán miltónico, frente a su destino? ¿Entiende en la playa de Mactán, antes de que su cuerpo quede roto en pedazos, que, como Antígona, ha elegido la muerte?

Como la trágica heroína, también Magallanes elige su individualidad frente al Estado, se aferra a lo privado frente a lo público. Pero el navegante, como el rey Creonte al que se enfrenta Antígona, es realista, pragmático, calculador. El navegante —renacentista, barrocamente luciferino— va en busca de los medios porque tiene muy claros los fines, y como si respondiera a la pregunta de Belcebú ante el conclave estigio miltoniano, «con pies errantes tentará / El infinito opaco insondable Abismo / Y a través de oscuridad tangible encontrará / Camino misterioso, [...] y podrá alcanzar la Isla Afortunada [...].»[5] Parecen rumbos similares los del gran Tentador y el capitán mayor de la Flota de las Molucas, porque ambos navegaron por aguas oceánicamente renacentistas —el despreciable Estigio, el hondo y negro Aquerón, el Cocito lleno de lamentos, el torrente de fuego del Flagetón, el Leteo, el río del olvido— hasta llegar a un «helado continente / [...] castigado por tormentas / De perenne vendaval y de granizo, que en tierra firme / No deshiela, se acumula, y parece ruinas / De vetusta mole», en el que «[...] el aire seco / Quema gélido, y el frío obra como el fuego.»[6] También Magallanes, movido por la traición, es decir, movido por la voluntad, la libertad y la independencia, movido por lo privado y por la ambición, hace su periplo por el Caos, contradice al rey y reta a Dios, y prometeicamente arrastra consigo y expande el castigo del hombre moderno al superar el límite, al cruzar espacios nunca antes navegados, al enfrentar furiosas tormentas e imponer durísimas condiciones de vida a mandos y tripulación, y al arribar a tierras de hielo cónicamente dantescas en las que desencadena su propio y fatídico infierno.

Frente al individualismo de Antígona, el de Magallanes lo coloca entre los traidores modernos, porque pertenece ya a un maquiavélico mundo de lobos. Por eso, tanto si está en uno de los márgenes del Rubicón como en el otro, siempre será causa de sospecha: la traición es un estigma que persigue a Magallanes porque se le entiende —y se entiende a sí mismo— traidor a Portugal. Desde España, tanto en Sevilla como durante el viaje, su origen portugués y la deslealtad a su propio rey imponen la desconfianza entre sus hombres. Palpó antes de zarpar ese violento recelo cuando en octubre de 1518 colgó sus blasones de los mástiles del *Trinidad* y se vieron claramente en Sevilla las armas de la casa real portuguesa. Creció tanto la tensión que hasta se desenvainaron las espadas, y Magallanes se ofendió tanto que acusadoramente se lo contó al rey Carlos en una carta directa y contundente, como suele ser su estilo, el 24 de octubre de 1518 y en la que, además, le reclamaba el dinero acordado para proveer la flota, ya que parece que los funcionarios de la Casa de Contratación lo entretenían con dilaciones.[7] Ante todos apátrida, y ante todos también capitán mayor de una armada española, Magallanes arrastra ya antes de zarpar hacia el lejano archipiélago del clavo la sospecha de su doble traición a los dos Estados que se tienen repartido el mundo. Se reconoce traidor Magallanes —se lo acepta casi sin discusión al *feitor* Sebastião Álvares apenas un mes antes de partir—,[8] y asimismo, en correspondencia por ser portugués, desconfía de sus hombres y presiente, o prevé, su conspiración. La desconfianza es mutua y parte con las naves; como parte la sospecha, y la confirma Magallanes en los sucesivos intentos de motín de los capitanes españoles. Los encabeza Juan de Cartagena, capitán del *San Antonio*, y los secundan Gaspar de Quesada, al mando del *Concepción*, y Luís de Mendoza, del *Victoria*; quizá el único en el que confía Magallanes sea Juan Rodríguez Serrano, del *Santiago*, que posiblemente era portugués y en realidad se llamaba João Serrão y no era capitán sino piloto. Se resolverán brutalmente, tras cruzar el Atlántico, tras sucesivos desencuentros y tensiones y tras once meses de navegación, con el castigo infligido a los amotinados en la solitaria bahía de San Julián, muy cerca ya del cabo de las Once mil Vírgenes que abre el estrecho.

No coinciden los diferentes relatos del viaje magallánico en lo referente a las penas impuestas por el capitán mayor. Antonio Pigafetta, quizá por la admiración y el respeto que siente por Magallanes, pasa de puntillas sobre la extrema manifestación de autoridad del portugués, pero todos los testimonios, salvo el del contramaestre del *Trinidad*, Francisco Albo, se refieren a ello con detalle.[9] Parece que Luís de Mendoza murió apuñalado y después fue descuartizado. Empezó entonces un especie de proceso de investigación para averiguar el grado de implicación de otros amotinados, y el juez fue el sobresaliente Álvaro de Mesquita, primo de Magallanes ascendido a capitán del *San Antonio*.[10] Juan de Cartagena también fue descuartizado según Pigafetta y Ginés de Mafra, aunque el autor del relato de la Biblioteca de Leiden y el grumete Ayamonte dicen que fue abandonado en San Julián. Parece que hay confusión entre los nombres de los capitanes españoles y el recuerdo de los testimonios sobre los castigos recibidos, porque Pigafetta al que registra como desterrado es a Gaspar de Quesada, y por el contrario, Ayamonte y el autor del relato de la Biblioteca de Leiden lo recuerdan descuartizado.[11] Aún más trágico: en mayo de 1521, al llegar a Sevilla los huidos en el *San Antonio* mientras las naves de Magallanes buscaban el paso del estrecho, dieron su versión del motín y de los castigos y parece que Gaspar de Quesada murió a manos de su sirviente Luís de Molino, a quien Magallanes le dio a elegir entre ser decapitado junto a su amo o salvar la vida al ser él quien le cortara la cabeza al capitán del *Concepción*; el criado optó por la segunda alternativa, y tras la ejecución, Quesada fue descuartizado.[12]

Posiblemente esté cargando las tintas contra Magallanes el contador Juan López de Recalde al narrarle los hechos de San Julián al principal protector del capitán mayor, el obispo de Burgos, porque en su carta del 12 de mayo de 1521 y tras haber escuchado a los españoles del *San Antonio*, le cuenta que al respetado piloto Andrés de San Martín el capitán mandó que se le aplicase trato de cuerda —suplicio que consistía en izar al reo por las muñecas atadas a la espalda hasta que se le dislocasen los hombros—, pero, puntualiza el contador, con peso y sufrimiento añadido, porque se ataron balas de cañón a los pies del astrónomo. Parece que lo mismo le ocurrió al marinero Hernando de Morales y a un capellán que no había querido contar secretos de confesión.[13] Pero en este caso el castigo no es creíble, al menos por lo que respecta a San Martín –que era hombre de prestigio, piloto real ya en época de Fernando el Católico y que a última hora había ocupado el puesto de cosmógrafo en la Flota de las Molucas en sustitución del portugués Ruy Faleiro–; más bien parece una oportunidad, porque dado el realce del personaje, valía la pena aprovechar e incrementar la noticia de su tortura para que sirviera en la Corte castellana de escándalo y revulsivo contra el capitán portugués. Además, difícilmente se podía sobrevivir a ese tormento, como le ocurrió al marinero Morales, y San Martín murió meses después, puede que fuera uno de los asesinados en la isla de Cebú el 1 de mayo de 1521, cuatro días después de que cayera el propio Magallanes.

En cualquier caso, los cuerpos rotos de los capitanes españoles quedaron expuestos para que nadie se olvidara de lo que Magallanes hacía con los traidores. ¿Con los traidores? Con los que le traicionaban. De hecho, el capitán mayor condenó a muerte a unos cuarenta hombres –entre los que se encontraba el vasco Juan Sebastián de Elcano, maestre del *Concepción* y con papel activo en el motín según las investigaciones de Álvaro de Mesquita–, aunque después les conmutó la pena por trabajos forzados al entender que, por muy clara que quisiera dejar su absoluta autoridad, no podía prescindir de tantos brazos si quería seguir su viaje. A quien no pensaba perdonar era al inspector general y capitán del *San Antonio,* Juan de Cartagena, pero se le hacía difícil encontrar una justificación de su muerte, no porque no se hubiera rebelado, ya que era su principal enemigo, sino porque su parentesco con el arzobispo Fonseca lo protegía. Magallanes decidió abandonarlo junto al sacerdote francés Pedro Sánchez de la Reina en el frío y remoto puerto de San Julián. Y lo hizo pasado el invierno, el 11 de agosto de 1520, trece días antes de dar orden de levar anclas y entrar en el estrecho. El invierno de 1520 en aquel «helado continente» fue, parafraseando los versos de John Milton, un «Universo de la muerte que, por anatema, Dios / Creó maligno, para solo bien del mal.»[14]

Habían pasado cinco meses desde que las naves llegaron a San Julián; Magallanes había salvado la vida y había reforzado ferozmente su poder sobre la flota al aplicar concretos y desmesurados castigos ejemplares que habían expandido el terror entre sus hombres. El terror le daba fuerza y capacidad de control en aquel presente, agosto de 1520, en el que la Flota de las Molucas iba en busca del estrecho. Pero por mucho que el rey Carlos, en el largo pliego de instrucciones del capitán mayor, le hubiera otorgado «poder para que a cualquier persona que no obedeciere [...] le podáis castigar a vuestro albedrío con las penas que vos pareciere»,[15] ¿cómo él, un portugués al mando de una armada española y en caso de conseguir regresar a Sevilla, iba a defender ante el Emperador y ante España los radicales métodos mediante los que había impartido justicia? Sabía ya en mayo de 1521 el obispo de Burgos «de la mala y perversa cuenta y fin que de los oficiales y capitanes de su Alteza que en su compañía llevaba ha dado [Magallanes], de que las gentes quedan espantadas.»[16] Y en enero de 1523 se editaba en Colonia, y con gran éxito, la carta que el erudito Maximiliano Transilvano, secretario del ya emperador Carlos V, le había mandado en octubre de 1522 al cardenal y arzobispo de Salzburgo para darle cuenta con detalle de lo sucedido con la Armada de las Molucas tras entrevistar a los supervivientes del *Victoria*. El desmesurado sentido de la justicia de Magallanes se hizo público en esa carta; pero en su denuncia, el secretario imperial no cuestionaba los métodos sino la ilegalidad de su aplicación sobre mandos españoles: «porque siendo, como algunos de ellos eran, oficiales del Emperador, no podía según derecho hacer justicia de ellos, porque sólo la persona del Emperador o los señores de su consejo eran sus jueces, y no él [Magallanes].»[17]

En realidad, el único dispuesto a defender a Magallanes es su suegro, el portugués y asimismo apátrida, Diogo de Barbosa, comendador de la Orden se Santiago y alcaide de los Reales Alcázares de Sevilla ya en época de los Reyes Católicos. No era un portugués cualquiera buscador de fortunas no encontradas bajo el reinado manuelino; y no sólo había perdido al marido de su hija Beatriz en la Flota de las Molucas, sino también a su sobrino, Duarte Barbosa, sobresaliente del *Trinidad* —que con frecuencia se suele confundir con el autor del *Livro de Duarte Barbosa*, el escribano de la *feitoria* de la indostánica Cananor—, muerto en la emboscada de la isla de Cebú. Y es directo Diogo Barbosa en su discurso de 1523 ante el Emperador al querer dejar claras las cosas:

> Y porque, muy poderoso Señor, creo que es venido el tiempo en que será menester que esto se averigüe, pareciome razón dar esta memoria a V.M. para que en las derrotas no pueda ser engañado [...]. Yo Señor veo que después que esta Armada de Fernán de Magallanes se trató, siempre tuvo tantos estorbos y embarazos para que no se hiciese, cuantas malas voluntades para ello algunos mostraron, en lo cual hobo harto aparejo para que él la pudiera dejar muy a su provecho y no ofendiendo a su honra [...]. Es muy gran experiencia para lo que tengo dicho lo que en el viaje le sucedió con los que consigo llevaba, en se le levantar con tres naos de las más principales, sobre lo cual hizo la poca justicia que hizo, pudiéndola hacer mucha, y no perdonar a tantos que después le fueron muy ingratos [...].[18]

Se queja Barbosa del caluroso recibimiento a los españoles huidos en el *San Antonio* y del desamparo legal en que quedaron los que quisieron mantenerse fieles a Magallanes, en evidente referencia al encarcelamiento del capitán de la nave, el portugués Álvaro de Mesquita; y se pregunta compungido por la razón que ha llevado al Emperador a perder el interés, no ya por el proyecto de Magallanes, sino por conocer la verdad y hacer justicia. Casi insolente, le recomienda a Carlos que tome nota de lo que ha pasado si piensa seguir mandando naves a las Molucas, y que los que tengan que ir, lo hagan «tan adoctrinados que [...] no tengan osadía de ille a la mano en lo que él [el capitán responsable de la nueva armada] hubiere de hacer, porque donde hay confusión allí es todo yerro.»[19] Conocedor de la realidad oriental por haber capitaneado en 1501 una de las naves de la armada de João da Nova ostentando el cargo de *feitor* de Sofala, y asimismo conocedor de la política económica portuguesa en las costas del Índico, recomienda Barbosa que, para que sirva de lago la muerte de Magallanes, organice una gran flota capaz de construir fortalezas que no sólo asienten territorios en las Molucas en nombre de la Corona sino que impongan «trato», es decir, marquen el valor de los productos mercantiles. En definitiva, el Emperador tenía que hacer lo mismo que el rey de Portugal:

> Aprovecha mucho lo que tengo dicho para lo que sé que de Portugal se trata, porque si en Rey de Portugal tiene la parte en las Indias que tiene, es porque siempre procuró demostrar allá su poder, mandando todos los años del mundo la más flota que podía; por donde no solamente señoreaba las tierras con amor y buenas obras, mas lo más cierto era con temor [...].«...»[20]

Desde Portugal, obviamente, nadie defendió el honor de Magallanes. Los cronistas oficiales narraron el viaje poniendo énfasis en las circunstancias previas para, sobre todo, poder explicar la traición a su rey y a su país;[21] pero también, vistas las consecuencias del viaje, insistieron en explicar el error de cálculo del portugués, cuya misión principal, a parte del clavo y la nuez moscada, era demostrar que las Molucas pertenecían a España y no a Portugal. Por su parte, los cronistas españoles —el primero de ellos, el propio secretario del Emperador— tampoco se dejaron llevar por el entusiasmo al narrar el viaje por entender el despotismo del portugués Magallanes como una ofensa y una deslealtad hacia España.[22]

Y es que además de la dificultad del viaje, y las consecuencias físicas y sicológicas sobre los hombres derivadas de esa dificultad, uno de los graves problemas que tuvo que asumir Magallanes fue el hecho de ser portugués, inconveniente que ya había advertido nada más mostrar sus emblemas en los mástiles de las naves antes de zarpar de Sevilla. Y a enredar ese inconveniente contribuyó el propio rey Carlos, al dar poder absoluto al capitán mayor, pero embridado por el tesorero de la armada Luís de Mendoza y sobre todo, por el «veedor general» Juan de Cartagena, cargo del que derivaban funciones mucho más administrativas y mercantiles que no gubernamentales: era máximo representante de la Tesorería Real y responsable de las transacciones comerciales. Ahí el rey Carlos había sido ambiguo, porque Cartagena era parte directamente implicada en la empresa —había invertido dinero— y además recibía un salario superior al del propio Magallanes; este, por su parte, debía rendir cuentas ante el funcionario real en todo lo relativo a lo mercantil, y esta instrucción repercutía también en lo privado, es decir, en todos los negocios que por cuenta propia pudiera llevar a cabo el capitán portugués. Cartagena era, además, un especie de policía, o de espía del rey, por lo que verdaderamente le iba a ser difícil a Magallanes explicar el ajusticiamiento del inspector general, pero tampoco es de extrañar que el capitán quisiera sacárselo de encima. Magallanes no había visto el regimiento y las ordenanzas de Cartagena, pero tenía noticia de su contenido por el *feitor* Sebastião Álvares. Tampoco hacía falta saberlas, porque Cartagena podía sentirse claramente superior en rango al portugués: era español y hombre de confianza del monarca, y Magallanes era portugués y traidor a su rey.

Lo de ser portugués no sólo suponía un problema para el capitán mayor. De entre las diferentes nacionalidades que constituían la Armada de las Molucas —italiana, francesa, bretona, flamenca, griega, norteafricana—, la portuguesa era la mayoritaria, más de treinta hombres entre marinería, técnicos y oficiales; pero muchos se habían enrolado bajo nombre español, dada la prohibición explícita de portugueses a bordo impuesta por el rey Carlos, demostración indudable de la desconfianza que provocaban. De hecho, los portugueses enrolados fueron los únicos que no recibieron la totalidad de la paga anticipada, como sí ocurrió con el resto de la tripulación. Le cuenta ese trato el *feitor* portugués en Sevilla, Sebastião Álvares, al rey Manuel en una carta del 18 de julio de 1519, y en ella añade también un comentario sobre la mala relación entre Cartagena y Magallanes ya antes de zarpar: «Pasaron tantas y tan malas razones que los factores mandaron pagar el sueldo a la gente de mar y de armas y no a ninguno de los portugueses que Fernão de Magalhães y Rui Faleiro tienen para llevar.»[23] Ser portugués entre españoles era arriesgado, y quizá de ahí derive la cruel desmesura de Magallanes al imponer justicia en julio de 1520. Por mucho que después, si conseguía regresar a España, tuviera que dar cuentas al Emperador, más valía cortar de raíz cualquier peligro que no procediera de causas naturales. Sin embargo y de momento, ese agosto de 1520 en el solitario y distante extremo sur del continente americano, Magallanes representaba el poder absoluto, disponía de hombres aterrorizados aparentemente incapaces de futuros motines y apenas había perdido una nave, el *Santiago*. Magallanes había sabido castigar a los traidores.

¿Pensó Magallanes los días antes de zarpar de Sevilla que la traición a su rey y a su patria lo llevaría a la Antenora dantesca? O mejor, ¿podía imaginar que su miedo a la traición de los españoles le llevaría a ser él el que construyera su propia Antenora para sí mismo y sus hombres en latitudes muy extremamente cónicas, y muy heladas, como las del puerto de San Julián? Como el Casio shakespeariano, también Magallanes, seguro de sí mismo, desnuda «su pecho al rayo» y no renuncia a su gesto de autoafirmación ante el rey de Portugal; pero si Casio necesitó a Bruto para ennoblecer su acto de traición, la traición del portugués quedará ennoblecida por la trascendencia de su viaje, y por el discurso que la historiografía ha elaborado, y elabora, de ese viaje y de esa trascendencia, y por tanto, de esa traición, según desde el lado del Rubicón desde el que se escribe la historia. Pero, ¿por qué traiciona Magallanes? O mejor dicho, el primer viaje de circunnavegación del globo, ¿fue realmente una traición?

En 1517, cuando llegó a Sevilla, Magallanes no se proponía dar la vuelta al mundo porque no era ese el motivo que lo llevaría a zarpar dos años después. Cuando en 1513 regresó a Lisboa después de haber pasado ocho años en Oriente, contrariamente a lo que se suele pensar, no ofreció su proyecto al rey Manuel I. Es fácil caer en la tentación de imaginar a Magallanes proponiendo a su rey la posibilidad de llegar al preciado clavo de las islas Molucas siguiendo una ruta hacia Occidente, como veinte años antes había hecho el genovés Cristóbal Colón ante el rey D. João II para llegar a la pimienta indostánica. Sería sorprendente que dos reyes portugueses, los dos grandes reyes del viaje oceánico renacentista, hubieran rechazado dos de las mayores proezas de la historia de Occidente. Pero no fue así. Sí es cierto que D. João rechazó el proyecto colombino porque, como bien dijeron sus matemáticos, era imposible llegar desde Lisboa a Cipango; y en consecuencia, el genovés se tropezó con América bajo el auspicio de los Reyes Católicos. Pero Manuel no rechazó la propuesta de Magallanes sencillamente porque no la recibió ni le fue solicitada ninguna licencia. De saberlo, Manuel nunca hubiera permitido que Magallanes cruzara la frontera y ofreciera sus servicios al joven Habsburgo. De hecho, eso fue lo que hizo el rey portugués un año después de que Magallanes se instalara en Sevilla, impedir en 1518 que el incómodo Vasco de Gama cruzara la frontera y supuestamente se ofreciese en servicio a Carlos V si no le concedía el título de conde, como parece que el rey le había prometido.[24] Parece que Vasco de Gama, el Almirante del Mar Océano, le planteaba un especie de chantaje a Manuel, aunque difícilmente podía este estar inspirado por Magallanes, del que ni siquiera debía de tener noticia; aunque años después, ya como virrey de la India y vistas las consecuencias del viaje magallánico, Gama sí se permitió opinar, según cuenta el cronista Gaspar Correia, sobre lo que hubiera tenido que haber hecho el rey Manuel con el apátrida Magallanes: «si el rey hubiera mandado cortar la cabeza a Fernão de Magalhães, cuando se crispó de no aumentarle la moradía, no le hubiera hecho lo que le hizo.»[25] Pero al margen de las opiniones del siempre malhumorado Vasco de Gama, y de algunas otras igualmente poco ecuánimes incluidas entre las páginas de los cronistas portugueses, Manuel no habría contemplado la posibilidad de un proyecto que se propusiera una desconocida ruta hacia occidente, y que sin duda desencadenaría seguros conflictos jurisdiccionales con la Corona española, cuando la política mercantil manuelina estaba totalmente volcada a conquistar y mantener el monopolio oriental del comercio de las especias al que Portugal llegaba desde hacía veinte años por la ruta del Cabo. En eso estaba D. Manuel en la segunda década del siglo XVI y para ello tenía a Afonso de Albuquerque, el primer gobernador del llamado *Estado Português do Oriente*, y al que Magallanes conoció y sirvió en aguas del Índico.

Probablemente Magallanes no buscó el permiso del rey Manuel porque pensaba que no le sería concedido. Puede que ni siquiera se planteara ese dilema, porque sabía que Portugal mantenía contactos comerciales por la ruta oriental con el preciado archipiélago del clavo desde 1512, al que accedía desde el lucrativo puerto de Malaca conquistado por el gobernador Alburquerque un año antes. Lo sabía porque él mismo había participado en esa conquista, y supuestamente, incluso había sido de los primeros en llegar a los archipiélagos del sudeste asiático. Manuel ya poseía clavo y nuez moscada de las islas de Banda y las Molucas, sólo debía esperar el largo y difícil regreso de las naves a Lisboa. Y de hecho, a eso se dedicó Magallanes desde que en 1513 volvió a Portugal: a esperar la preciosa información que llegaba con las naves de Oriente y que añadía a la alcanzada por su propia experiencia. Ocho años antes, el 25 de marzo de 1505 y en calidad de hidalgo de la casa real, había embarcado con su hermano Diogo de Sousa en la armada del que iba a ser el primer virrey del *Estado da Índia*, D. Francisco de Almeida; y en esa expedición iba también, registrado como escudero, su íntimo amigo Francisco Serrão, un personaje fundamental no sólo para la historia de Portugal y las Molucas sino también para el futuro proyecto de Magallanes ya en Sevilla y en 1519.

Como el de Colón veintisiete años antes, el viaje de Magallanes nace de iniciativa propia, y ambos se gestaron en Portugal a la estela de los avances portugueses por el Atlántico y el Índico. Ambos proyectos eran muy osados, pero el problema principal no era ese, sino que entraban en conflicto o se alejaban de los intereses político-económicos y diplomáticos de la Corona portuguesa. Y ese desencuentro de intereses los acercó a Castilla y desde allí zarparon las naves, pero ni Colón ni Magallanes consiguieron cumplir sus propósitos: el genovés no llegó a Catay ni se entrevistó con el Gran Kan y el portugués no llegó a las Molucas ni consiguió demostrar en qué lado del contrameridiano de Tordesillas se encontraba el archipiélago. Aunque evidentemente, el valor de esas experiencias no está en su fracaso, es decir, en la irrealización del deseo, sino en la trascendencia de la realidad: la aparición de un grandioso e impensado continente y la revelación de la verdadera dimensión del mundo además del descubrimiento del mayor de los océanos del planeta.

Sin embargo, si la realidad de América era imposible de imaginar en 1492, tampoco era asimilable la realidad del mundo entero ese 6 de septiembre de 1522 en el que la única nave superviviente de la armada de Fernando de Magallanes se acercaba, sin su capitán mayor, a Sanlúcar de Barrameda. Por aquellas fechas, América todavía era un rompecabezas por hacer en el que, con falta de firmeza, se habían ensamblado las costas venezolanas a las brasileñas, o la Florida de Gaspar Corte Real (y después de Ponce de León) al mar del Sur de Núñez de Balboa, apenas se habían dibujado el río de la Plata y las costas mexicana y panameña, y Terranova y el Labrador eran tierras emplazadas en un espacio abstracto. Y aunque en 1522 la hubieran circunnavegado, ni siquiera los dieciocho hombres del *Victoria* eran capaces de entender las dimensiones de la redondez de la tierra, porque la habían navegado a ciegas. Lo que quizá no parece tan difícil de entender es esa dicotomía entre el deseo y la realidad, aunque la explique el cronista D. João de Barros muchos años después, en la *Década III*, publicada en 1563, y aludiendo a algo trascendentalmente concreto como el descubrimiento de las Molucas en 1512 por el que podría considerarse el instigador de la traición de Magallanes, su gran amigo Francisco Serrão, y lo mezcle con la creencia profética de los moluqueños en la llegada de «unos hombres de hierro de muy remotas partes del mundo»:

> «Parece que el espíritu del hombre, en las cosas que desea o teme, el fervor que lo eleva a la contemplación de ellas, lo hace pronosticar en futuro parte de su éxito. Porque, como los cuidados de día hacen que el espíritu entre sueños de noche esté imaginando muchas cosas que nosotros después vemos puestas en efecto, por razón de una simpatía natural a la que la naturaleza obedece, así en futuro esta misma simpatía que obedece a los flujos celestes, hace afirmar, no por fe, sino por temor o esperanza, parte de lo que teme o desea».[26]

João de Barros escribía estas líneas cuando ya conocía un largo pedazo de historia futura a partir del proyecto de Magallanes, su cumplimiento y sus consecuencias geográficas y políticas. En fechas de Tordesillas, por mucho que existiesen, ni se podía entender la realidad de América ni se podía saber dónde estaban las Molucas. Para España, el archipiélago no era real ni en 1521 ni en las resoluciones del Tratado de Zaragoza de 1529, por las que el rey D. João III compró a un desinteresado emperador Carlos V el derecho sobre unos territorios que ya le pertenecían. Para Portugal, el archipiélago era real desde la expedición de António de Abreu, que recorrió las islas indonesias desde noviembre de 1511 hasta mediados de 1512, en la que es posible que participara Magallanes y en la que seguro que participó el amigo Francisco Serrão. De hecho, Portugal hasta tenía las islas dibujadas desde 1515 gracias a los mapas que el piloto Francisco Rodrigues incluyó en su *Livro*, basados en uno que encontró en Malaca elaborado por un piloto javanés. El *Livro de Francisco Rodrigues* llegó a Lisboa en 1516 junto con una copia de la valiosísima *Suma Oriental* del botánico Tomé Pires, antes, por tanto, de que Magallanes se instalara en Sevilla.[27] Pero que en Lisboa pudieran saber la forma y el número de las islas de las especias no quiere decir que fueran capaces de colocarlas a un lado o a otro del contrameridiano. Cabe puntualizar, además, qué se entendía en la época por *Maluco*, o qué entendían los portugueses de 1512: era un concepto geográfico ambiguo y genérico que comprendía el gran archipiélago indonesio conocido por Maluku; después, ya avanzado el siglo XVI, los documentos fueron siendo más concretos y las Molucas se redujeron a las cinco islas de las que se podía obtener el lucrativo clavo –islas en las que

Magallanes no había estado, pero conocía a través de las cartas que recibía desde allí de su amigo Francisco Serrão—: Ternate, Tidore, Makiam, Moti y Bacan.

Pero volviendo a las divagaciones temporales de D. João de Barros sobre las esperanzas de los hombres, ¿en qué había depositado sus esperanzas Magallanes? O Mejor dicho, ¿qué había visto en Oriente para poner tanto empeño en su viaje? Se sabe poco de la biografía portuguesa y oriental de Magallanes anterior a 1519, y ese período de su vida abre una polémica trascendente para explicar por qué el navegante portugués quiso alcanzar las Molucas por aguas de jurisdicción española siguiendo una ruta hacia poniente, porque una de las grandes incógnitas es saber si formó parte realmente de la armada de António de Abreu en 1511 a las islas de Ambon, Seram y Banda.[28]

Una vez Malaca estuvo bajo control, Afonso de Albuquerque mandó tres naves a cargo de António de Abreu para localizar los principales puertos exportadores de clavo. Entre los pocos nombres que han quedado recogidos de los que formaron parte de la expedición no aparece el de Fernando de Magallanes, pero sí el de Francisco Serrão, que capitaneaba una nave.[29] Parece que Albuquerque les ordenó explícitamente que no hicieran el pirata y que causaran buena impresión. No llegaron propiamente a las Molucas, aunque sí cargaron mucho clavo y la nuez moscada en la isla de Banda; pero lo más interesante para la biografía oriental de Fernando de Magallanes es que Francisco Serrão naufragó y no regresó con António de Abreu a Malaca. Parece que los náufragos consiguieron llegar a Ambon, y de allí, a Ternate; y dice el cronista António Galvão que allí se quedaron los portugueses siete u ocho años.[30] Y más tiempo también porque, aunque se le esperaba en Malaca y hasta se le fue a buscar, Francisco Serrão no se movió de las Molucas hasta el día de su muerte, y desde allí fue escribiéndole cartas a Magallanes y esperando su llegada mientras se ganaba la confianza del rey de Ternate y adquiría total libertad de acción.

Si de la vida de Magallanes en Portugal se sabe poco —que debió nacer hacia 1480 en Oporto, que pertenecía a una antigua familia de la baja nobleza y fue criado de la reina D. Leonor y después hidalgo de la Casa Real, y que en su testamento le dejaba treinta mil maravedíes, mucho dinero, a su paje Cristóvão Rebelo—,[31] tampoco se sabe gran cosa de su vida en Oriente, pero de ese poco se deduce que durante los ocho años que pasó allí formó parte activa de uno de los períodos de mayor intensidad de la presencia portuguesa en Oriente. La enorme flota de veintidós naves capitaneada por D. Francisco de Almeida en la que partió el 25 de marzo de 1505 tenía la misión de dominar el mar Rojo, Ceilán y Malaca, establecer una política de alianzas y construir fortalezas. Bajo las órdenes del virrey, y según el cronista Gaspar Correia, Magallanes participó en la batalla naval del 3 de febrero de 1509 frente al puerto de Diu, e intervino en diferentes enfrentamientos en Calicut donde parece que fue herido.[32] A finales de junio de 1509 estaba en Cochin, y en agosto zarpaba bajo el mando de Diogo Lopes de Sequeira hacia Malaca donde llegó en septiembre. Pero las cosas no fueron bien en ese primer contacto y hubo enfrentamientos violentos en los que parece que Magallanes destacó y hasta le salvó la vida a su amigo Francisco Serrão.

A principios de 1510 quiso regresar a Portugal pero su nave naufragó en unos bajos cerca de las Maldivas. Y ese suceso hizo que, contrariamente a sus planes, Magallanes permaneciera en la India durante el trascendente año de 1510 en el que el gobernador Afonso de Albuquerque conquistó Goa, la que sería capital del *Estado Português do Oriente*. No hay noticia de que Magallanes hubiera participado en la toma de la ciudad, pero sí en la de Malaca, a donde partía a mediados de agosto de 1511. Y allí estuvo un año y medio, hasta que el 11 de enero de 1513 zarpó hacia Lisboa. Y un año y medio da para mucho, incluso para enrolarse entre los ciento veinte hombres que formaban la flota de António de Abreu, aunque no conste su nombre en ningún registro. Y esa ausencia causa un problema historiográfico, porque repercute directamente sobre el conocimiento que tenía Magallanes del archipiélago de las Molucas: puede que hubiera ido, pero sin desempeñar ningún cargo importante y sin protagonizar ninguna acción destacable que valiera la pena registrar; y también cabe la hipótesis de que sí hubiera llegado información, pero que, vistas las consecuencias de la experiencia del portugués, no hubieran sido recogidas para evitar que quedase constancia oficial de la presencia de Magallanes en las Molucas antes de 1519. Siguiendo en el ámbito de las suposiciones, dado el carácter ambicioso de Magallanes, cuesta pensar que se hubiera quedado en Malaca mientras zarpaba una expedición en busca de una de las especias más raras, caras y difíciles de adquirir de la época.

Además, también se puede dar crédito al polígrafo Fernando Oliveira cuando, en su crónica del viaje de Magallanes elaborada entre 1560 y 1570, *Viagem de Fernão de Magalhães na demanda de Maluco por El-Rei de Castela*, dice basarse en una obra escrita por alguien, no dice quién, que fue en dicho viaje;[33] y en el prólogo, tras unos datos biográficos sobre Magallanes en los que aparece como descubridor de las Molucas, cita un nombre importante:

> «Entre los portugueses que descubrieron Maluco había uno llamado Fernão de Magalhães, natural de la ciudad de Oporto, en Portugal. Este era de los Magalhães, gente honrada y noble, y era criado del rey en foro de mozo de cámara, y hombre entendido en el arte de la navegación y la cosmografía, especialmente por lo que aprendió de un pariente suyo llamado Gonçalo de Oliveira, en cuya compañía fue a aquellas tierras, porque era Gonçalo de Oliveira muy sabido en esta facultad.»[34]

Gonçalo de Oliveira sí formaba parte de la armada de António de Abreu, era el piloto de la nave capitaneada por Francisco Serrão. Quizá el navegante portugués no sólo se benefició de la compañía y los conocimientos de este piloto supuestamente pariente suyo, sino también de los que pilotaban las otras dos naves, Luís Botim —que en 1516 volvió a las Molucas y elaboró el primer mapa del archipiélago— y sobre todo, Francisco Rodrigues, cuyos primeros mapas del sudeste asiático llegaron con su *Livro* a Lisboa en 1516. Y estaba atento Magallanes respecto a todo lo que arribaba a los mulles del Tajo, porque dice D. João de Barros que el navegante «siempre andaba con pilotos, cartas de marear y alturas de este-oeste».[35] Es decir, Magallanes recababa información; y por el tono entre fatídico, aunque no dramático, y resignado que emplea João de Barros al contar el proceso, quizás sea ahí donde se ubica la *traición* de Magallanes, porque el cronista sabe transmitir el despecho que siente el navegante al considerarse maltratado por el rey Manuel. Es ese un resentimiento al que hay que añadir el estímulo que representaban las cartas que Magallanes recibía de Francisco Serrão en las que lo animaba a emprender un viaje del que había de obtener grandes beneficios económicos. Cuenta D. João de Barros que Magallanes «no hablaba de otra cosa» que del gran servicio que había rendido en Oriente, pero agrega también la fundamental simiente del mal para que el descontento lleve irremisiblemente a explicar y justificar la traición: «y como el demonio siempre en el ánimo de los hombres mueve cosas para algún mal hecho y los lleve a él, ordenó caso para que este Fernão de Magalhães se descontentase de su rey y de su reino y acabase en malos caminos, como acabó.»[36]

El rey Manuel no premió a Magallanes cuando volvió de Oriente aumentando su *moradía* y su posición social. El cronista Jerónimo Osório, el más agresivo respecto al caso Magallanes, ampuloso y retórico como es propio de su estilo, centra ahí el inicio del desencuentro entre el monarca y el navegante: «un leve agravio del rey D. Manuel abrió tan profunda llaga en el ánimo de un portugués que, olvidado de la fe, de la piedad y la religión, se dio prisa en traicionar al rey que lo había educado, la patria que le había dado el ser y a extremos peligros le había aventurado la vida.»[37] Magallanes consideraba, dice Osório, que por los servicios prestados el rey «le debía aumentar dos *tostões* por mes la *moradía*», pero el rey lo vio «ambicioso» y se los negó.[38] Si hasta aquí había intentado Jerónimo Osório ser más o menos medido, a partir de este punto no puede contener su indignación y lo califica de desagradecido, traidor, pérfido y malvado, y hasta increpa directamente a Magallanes:

> «siendo no sólo odioso y mal visto el nombre de traidor, y hasta ferrete de deshonra para toda la posteridad, haya hombres que, deliberados a quebrantar la fe, a combatir contra sus reyes y patria, repudian las mercedes y patentes que las confirman, abjuran del homenaje que dieron, se desprenden de los foros de ciudadanos

[...] haciendo pasar autos de que no quieren nada más con la patria y se afirman capaces de maquinar guerra contra ella. Rechazad las mercedes si así os place, menospreciad la benignidad de la patria, murmurad que no galardonó cuanto debía vuestro mérito. Pero, ¿quién os llevó a traicionar la lealtad?»[39]

Tal vez Magallanes vio definitivamente cerradas las posibilidades de llegar a las Molucas por la ruta del Cabo cuando el 9 de abril de 1517 D. Tristão de Meneses partió de Lisboa. Quizá Magallanes pensaba que era él quien debía capitanear esa expedición que lo hubiera acercado, de manera legal, a su amigo Francisco Serrão y al lucrativo clavo. Pero el portugués estaba ya decidido a zarpar, y confirma esa determinación D. João de Barros al referirse a unas cartas de Magallanes encontradas por su perseguidor, el capitán António de Brito, entre los documentos de Serrão en la isla de Ternate, en las que decía que «pronto se vería con él [con Serrão]; y que si no era por vía de Portugal, sería por vía de Castilla, ya que en tal estado andaban sus cosas; por lo que lo esperase allá, porque ya se conocían la posada [el lugar] para que lo esperase, que ambos se encontrarían bien.»[40] Según el cronista, Magallanes sabe cómo llegar a Ternate; y después, para que quede todo muy bien registrado, explica Barros por qué se siente agraviado el navegante y en qué «estado andaban sus cosas», y no es únicamente por esos dos *tostões* de los que habla Jerónimo Osório y que el rey le debe: poco después de volver de Oriente, el 17 de agosto de 1513, Magallanes zarpó de Lisboa hacia Marruecos integrado en el ejército del duque de Bragança para conquistar la ciudad de Azamor, donde parece que fue herido y le mataron el caballo (cuya pérdida, económica, no dejó de reclamar al rey, como confirma una carta seca y directa que escribe el 29 de marzo de 1514).[41] Con la ciudad se tomaron dos mil cabezas de ganado vacuno que quedaron a cargo de Magallanes, de las que, según D. João de Barros, vendió cuatrocientas a los marroquíes y después dijo que se las habían robado. Tras este incidente, que dio bastante que hablar, volvió a Lisboa, y entonces, dice Barros,

> « [como] era hombre de noble sangre y de servicio, y también cojeaba de una pierna, comenzó en seguida a mantener algunos requerimientos con el rey D. Manuel, entre los cuales dicen que fue el aumento de su *moradía*, cosa que ha dado a los hombres nobles de este reino mucho trabajo, y parece que es un especie de martirio entre los portugueses, y causa de escándalo entre los reyes. Porque, como los hombres creen comúnmente que las mercedes del príncipe dadas por mérito de servicio son una justicia conmutativa que se debe guardar igualmente en todos, guardada la cualidad de cada uno, cuando les niegan su porción lo sufren mal pero aún tienen paciencia; pero cuando ven ejemplo en su igual, principalmente en aquellos a los que aprovechó más artificios y amigos que méritos propios, aquí se pierde toda paciencia, de aquí nace la indignación

y de ella el odio, y finalmente toda desesperación, hasta que llegan a cometer crímenes, con los que se dañan a sí mismos y a los demás.»[12]

Magallanes se siente agraviado, no hay duda. Pero las habladurías que suscitó lo del robo del ganado sumado a lo que el propio Magallanes decía «como hombre indignado», hicieron que el rey entretuviera sus solicitudes. También es cierto que Manuel debía de estar un poco harto de Magallanes, porque antes de lo de Marruecos, el rey, o sus jueces y funcionarios, tuvieron que dar solución a un conflicto económico que Magallanes traía desde la India. Parece que en 1510 y en la ciudad de Cochin, Magallanes hizo de prestamista: firmó un contrato con un tal Pedro Anes Abraldez por el que le prestaba cien cruzados, y una vez en Portugal, éste debía devolverle doscientos. En 1513, cuando llegó a Lisboa, los reclamó y no los obtuvo, entre otras cosas porque Abraldez estaba arruinado y murió ese mismo año. Magallanes, muy pendiente de sus economías, reclamó la deuda ante el juez al padre del comerciante, pero cuando se firmaba sentencia a favor del navegante, éste ya estaba en Azamor, por lo que dio poderes a su hermano Duarte de Sousa para que cobrase el dinero. A finales de noviembre de 1516 recibió 80.000 *réis*; y parece que faltaban 3.751 que Magallanes no estaba dispuesto a perdonar, aunque nunca los llegó a cobrar.[13] Y la última fase de este episodio, el quisquilloso documento recordatorio de que todavía no estaba cerrado el litigio, lo escribía Magallanes en mayo de 1517, cinco meses antes de llegar a Sevilla.

Pero la actividad de jueces y notarios por culpa de Magallanes no era nada comparado con la que iban a desempeñar diplomáticos y espías portugueses en España para informar puntualmente al rey Manuel de las ocupaciones del apátrida y del progreso de su proyecto. En cuanto el rey supo del exitoso encuentro a principios de marzo de 1518 y en Valladolid entre el rey Carlos y Fernando de Magallanes, hizo lo posible por intervenir las decisiones de su sobrino y yerno. Las cartas de sus agentes demuestran que el rey seguía paso a paso el avance de los preparativos del viaje, y la respuesta del 28 de febrero de 1519 del rey Carlos a una carta hoy extraviada apenas quince días anterior del rey Manuel demuestra que se estaba gestando un grave conflicto entre ambos países que adquiría dimensiones geográficas incontrolables. Desde una política de hechos consumados, Carlos intentaba tranquilizar a Manuel puntualizando que había dado órdenes expresas a Magallanes para que no pasara por áreas de jurisdicción portuguesa. Se lo dice con amabilidad, pero con contundencia y asimismo consciente de la delicada situación:

«[si] tenéis alguna sospecha de que de la armada que mandamos hacer para ir a las Indias, en la que van por capitanes Fernando de Magallanes y Rui Faleiro, podría venir algún perjuicio sobre lo que a Vos os pertenece de aquellas partes de las Indias, [...]sepáis que nuestra voluntad fue y es guardar muy cumplidamente todo lo que sobre la demarcación fue asentado y capitulado con los católicos rey y reina, mis señores y abuelos, que estén en gloria, y que dicha armada no irá ni tocará en parte que perjudique cualquier cosa de vuestro derecho»[44]

Manuel estaba bien informado de lo que ocurría en Valladolid, en Zaragoza, en Barcelona, en Sevilla; sus agentes iban siguiendo al rey Carlos allí donde se encontrase, y allí donde se entrevistaba con Magallanes. Álvaro da Costa escribe desde Zaragoza el 28 de septiembre de 1518 y le cuenta a Manuel lo claro que ha sido con Carlos:

> «[...] hablé de esto muy duro al rey, presentándole todos los inconvenientes que en este caso había, presentándole además de otras cosas, cuan fea cosa era y cuan desacostumbrada [era] recibir un rey los vasallos de otro rey, amigo suyo, contra su voluntad, que era cosa que entre caballeros no se acostumbraba y se tenía por muy grande error y cosa muy fea; y [...] le pedía que viera que no era tiempo de descontentar a vuestra alteza, y menos en cosa que le importaba tan poco y [era] tan incierta; y que muchos vasallos y hombres tenía para hacer sus descubrimientos cuando llegase el momento, y no con los que de vuestra alteza estaban descontentos [...]».[45]

Parece que todo el mundo entiende que Magallanes se ha ofrecido a España por resentimiento; parece también, de las palabras de Álvaro da Costa, que el rey Carlos se esté aprovechando del desencuentro entre Manuel y Magallanes, pero el agente portugués añade en su carta algo fundamental: el que «sustenta este negocio» es el arzobispo de Burgos, Juan de Fonseca (pariente y protector del capitán e inspector general Juan de Cartagena), que es el que insiste en la legalidad jurisdiccional del viaje. Álvaro da Costa ha encontrado la manera de decirle a Manuel que, a pesar de todo, el rey Carlos seguirá adelante con el negocio de las Molucas porque no hay nada que legítimamente lo impida.

El que quizá más se esforzó en frustrar el viaje de Magallanes fue el *feitor* Sebastião Álvares, y lo confirma la carta al rey Manuel del 18 de julio de 1519. Álvares es alguien con influencias en la Casa de Contratación, porque sólo desde ahí hubiera podido comprobar que los regimientos de Juan de Cartagena son contrarios a los de Magallanes y que entre ambos oficiales la relación es ostensiblemente tensa. Después le explica al rey las bazas que ha jugado para, por última vez, intentar disuadir a Magallanes: empieza con buenas palabras y le advierte de los muchos peligros que debería afrontar; después, dirá, «le metí todos los temores que me parecieron y los errores que cometía», lo trata de infame y deshonesto, le dice que toda Sevilla «lo tenía por hombre vil y de mala sangre, pues en deservicio de su verdadero rey y señor aceptaba tal empresa», y termina, para que le quede claro a Magallanes, añadiendo que «se le consideraba un traidor por ir contra el estado de vuestra alteza.» Pensando que Magallanes va a rectificar, le ofrece una merced real, le cuenta lo de los regimientos contrarios al suyo que llevan los capitanes españoles (información que sorprende mucho a Magallanes) y recalca que ese es el desprecio con el que lo trata el rey Carlos. Insiste en que vuelva a Portugal, pero Magallanes, orgulloso, se mantiene en la suya.[16]

Descorazonado, cambia el tono el *feitor* Álvares y empieza a dar información concreta al rey Manuel: los navíos son cinco y no los ve en buenas condiciones, trata de la tripulación y oficiales, discute fechas de partida e indica la ruta. Está seguro del derrotero porque lo ha visto en «la carta que aquí hizo el hijo de Reinel, la cual no estaba acabada cuando su padre vino aquí a por él, y su padre acabó todo y puso estas tierras de Maluco. Y por este patrón se hacen todas las cartas, que las hace Diogo Ribeiro, y hace las agujas, cuadrantes y esferas [...]». Es esta una información desmoralizadora, porque quiere decir que los mejores cartógrafos portugueses, Diogo Ribeiro y los Reinel, seguramente los mejores y más informados de Europa en aquel momento, han dibujado los mapas que se va a llevar Magallanes. Y hasta puede que los Reinel hubieran utilizado el mapa de las Molucas elaborado por el piloto Luís Botim en 1516 y que hubiera podido haber llegado a Lisboa en 1517, antes de que Magallanes abandonara la ciudad.[17]

Mientras tanto, como Creonte frente a la decisión de Antígona, el rey Manuel se da prisa, no le queda otra opción. Es probable que ya hubiera mandado aviso sobre la posibilidad de encontrar españoles en aguas del sudeste asiático con la armada que zarpó de Lisboa el 23 de abril de 1519, antes que el propio Magallanes y bajo el mando de Jorge de Albuquerque.[18] El 6 de abril de 1520, en el mismo momento en el que Magallanes reprimía con dureza el motín de San Julián, partía de Lisboa por la ruta del Cabo una armada de diez naves capitaneada por Jorge de Brito cuya misión era construir una fortaleza portuguesa en las Molucas y, en caso de que hubieran conseguido llegar, interceptar las naves de Magallanes. Un año después, el 6 de mayo de 1521, cuando Jorge de Brito zarpaba de la indostánica Cochin rumbo a Malaca, Magallanes ya había muerto. Murió en abril, en la filipina Mactán; y en marzo había muerto envenenado su amigo Francisco Serrão en la isla de Ternate. Por poco no se encontraron ambos amigos, y la causa fue el exceso de confianza de uno y otro en sus propias circunstancias. También murió por exceso de confianza el perseguidor Jorge de Brito, en junio y en el norte de Sumatra, en un imprudente y precipitado combate contra la población de Achén que parecía tan pan comido como el de Magallanes en la isla filipina. Pero la persecución de las naves españolas debía seguir, y a Jorge de Brito lo sustituyó su hermano António, que en octubre parte de Singapur hacia Java y allí tendrá que esperar el monzón para poder zarpar hacia Banda. No lo hará hasta el 2 de mayo de 1522, cuando el *Victoria* ya ha abandonado las Molucas y el *Trinidad* intenta, sin lograrlo, volver a cruzar el Pacífico y llegar a Darién. En realidad, se le escaparon por poco los hombres de Elcano a António de

Brito, porque mientras el portugués hibernaba en Banda, los españoles lo hacían apenas a doscientos quilómetros, en la isla de Timor. Fue allí donde el grumete Martín de Ayamonte y Bartolomé de Saldaña, paje del capitán Luís de Menzoda, aprovecharon para huir de la nave española. El 14 de mayo de 1522, cuando finalmente António de Brito llega a la moluqueña Tidore, el *Victoria* está apunto de pasar el cabo de Buena Esperanza. Falta muy poco, apenas cuatro meses, para que los dieciocho supervivientes de la Flota de las Molucas oteen la costa de Sanlúcar de Barrameda. A António de Brito se le escapó el *Victoria*, y de hecho, tampoco pudo con el *Trinidad*, porque fueron los propios españoles, diecisiete supervivientes, los que le pidieron ayuda en la isla de Halmahera tras el intento fallido de volver a España por la ruta americana.

Magallanes cruza el Rubicón, como César. Como Casio y Bruto traiciona a su rey. Como Lucifer, desencadena su propio y dantesco infierno, para él y sus hombres, en el helado extremo sur del continente americano. Y como Creonte, en la bahía de San Julián abandona a la muerte, sin abrigo y alimento, a los sublevados. Magallanes se convierte en una imagen, la del poder de decisión, la del poder de la libertad ante el poder de la autoridad, y asimismo encarna la imagen del autócrata. Y esa brutal autocracia es en igual medida destino, porque desde su pluralidad, uno de los muchos trabajos de Magallanes, una de las formas que adopta su castigo, es el de la traición al traidor que interpretan los capitanes españoles. Su viaje, como la roca caucásica a la que Esquilo encadena al mayor de los rebeldes, le demuestra que la libertad está sometida, como todo, a la imprevisibilidad del Destino. La libertad del portugués llega hasta el fin del mundo, ese espacio que Prometeo ha de contemplar eternamente; y ese es un finisterre que Magallanes convierte en el infierno: el helado y oscuro noveno círculo que escenifica el invierno en San Julián, los canales laberínticos sin hilo de Ariadna del estrecho y, como un último y luciferino asalto al cielo, los tres meses y veinte días de navegación por el inmenso vacío del Pacífico. El viaje –el infierno– es la piedra al que el herrero Hefesto ha encadenado a Prometeo, el seductor, el más libre de los hombres, el que ha llegado al límite, y por ello, el más castigado. Como el gran rebelde esquíleo, Magallanes encuentra su destino en el fin del mundo, y esa es la medida de su traición y de su culpa.

En San Julián, como un héroe esta vez renacentista, Magallanes *quema sus naves* y se niega cualquier retroceso; opta por el desafío, prometeicamente, y avanza a ciegas por el mayor de los océanos sin saber dónde está el límite. Ahí sí la realidad se une al deseo, o a la osadía, porque se convierte en la exigencia de seguir el rumbo, y esa voluntad es más implacable que el miedo a no poder seguirlo, o a no cumplir el destino elegido. La voluntad y el destino hacen incontenible a Magallanes –cuenta el secretario Transilvano–, porque «llevaba en escrito por mandamiento del Emperador el curso y viaje que habían de hacer, y que en manera del mundo él no podía exceder de aquello, ni hallaba razón alguna que justa fuese por donde él dejase de hacer lo que le era mandado, y que supiesen todos que él había de pasar adelante, y navegar hasta tanto que hallase fin a aquella tierra».[19]

La arrogancia y la soberbia de Magallanes es desmedida, tanto como su irrefutable voluntad y su brutal sentido de la justicia; por eso cabe entender su muerte en Mactán, desde esa temeraria altivez, como un furioso paraíso perdido. Pero es que no hay paraísos en el primer viaje de circunnavegación de la tierra, lo que hay es una dolorosa realidad, ganada (y perdida) con mucho esfuerzo, que rompe definitivamente el orden del mundo porque no se advierte en su esfericidad ningún principio creador, ningún arquetipo, ninguna armonía inmutable. La realidad, ya definitivamente, no se puede confundir con el deseo, y se siente convencido de ello Maximiliano Transilvano después de escuchar los casi tres años y setenta mil quilómetros de odisea narrados por Elcano ante el Emperador. Elcano, un nombre al que Pigafetta apenas presta atención en su relato pero que acompañó a las Cortes de Valladolid en septiembre de 1522, morirá cuatro años después tras haber descubierto el cabo de Hornos, el verdadero «acabamiento de la tierra», al seguir por segunda vez los rumbos de Magallanes hacia las Molucas como piloto mayor de la expedición de García Jofre de Loaísa. Lanzaron su cuerpo en el Pacífico, tras cruzar el Ecuador, y de las siete naves de la armada apenas una llegó a su destino. En el otro extremo del mundo, el Emperador había vinculado su nombre para siempre a la total redondez del globo terráqueo, *Primus circumdidisti me* rezaba su escudo de armas. Por aquellas fechas, el rey de Portugal D. João III llevaba ya dos años de litigio entre maniobras dilatorias españolas para resolver legalmente el derecho a la posesión de las Molucas.

El de Magallanes, los de Elcano, fueron viajes titánicos, prometeicos, infernales, de una ferocidad biográfica para sus protagonistas apenas comparable con el mínimo esfuerzo económico que supusieron para el Emperador. El viaje de Magallanes tuvo en vilo a la Corona portuguesa; el segundo viaje de Elcano, la mantuvo muy activa política y diplomáticamente hasta resolver el conflicto el 11 de abril de 1529 con el costoso, para las arcas portuguesas, Tratado de Zaragoza. Pero es que en 1529, tras las revueltas comuneras, con el rey de Francia preso en Madrid, Solimán a las puertas de Viena y tras el fulminante Saco de Roma, Carlos V parece no estar pendiente ya de las especias moluqueñas. Demasiado lejos, demasiado difícil; y además, demasiados portugueses en los mercados orientales, porque poseer las islas no quería decir poseer las especias. Visto así, es decir, visto desde la realidad y no desde el deseo, visto desde Goa o desde Malaca y no desde los mapas extendidos y minuciosamente estudiados durante las reuniones de Badajoz y Elvas para tratar de resolver la imposible cuestión sobre la soberanía del archipiélago, el viaje de Magallanes —su traición y su castigo, la rigidez de su carácter, la fuerza de su tesón, el sacrificio humano que supusieron sus descubrimientos geográficos— se cubre de una pátina que aumenta su dramática oscuridad. Aunque el *Victoria* y el *Trinidad* llegaran a las Molucas, aunque el *Victoria* consiguiera dar la vuelta al mundo, el de Magallanes es un viaje marcado por la tragedia. De haber sobrevivido y ver en qué quedaba su epopeya, quizá el navegante portugués, como Bruto o como Casio encadenados eternamente al helado noveno círculo dantesco, no hubiera manifestado el dolor que le imponía su propia Judea.

Bibliografía

Albuquerque, Afonso de, *Cartas de Afonso de Albuquerque seguidas de documentos que as elucidam*, ed. Raymundo António de Bulhão Pato, Lisboa, Academia Real das Ciências de Lisboa, 1898.

Alguns Documentos do Arquivo Nacional da Torre do Tombo acerca das Navegações e Conquistas Portuguesas, Lisboa, Imprensa Nacional, 189.

Anglería, Pedro Mártir de, *Décadas del Nuevo Mundo*, Madrid, Polifemo, 1989.

Aubin, Jean, «Études magellaniennes», en *Le Latin et l'Astrolabe*, Lisboa-París, Centre Culturel Calouste Gulbenkian-Comissão Nacional para as Comemorações das Descobrimentos Portugueses, 2000.

Avelar, Ana Paula Menino, «Representações de Fernão de Magalhães na cronística da Expansão», en *Fernão de Magalhães e a Sua Viagem no Pacífico: Antecedentes e Consecuentes. Actas do VII Simpósio de História Marítima*, 24 a 26 de Outubro de 2001, Lisboa, Academia da Marinha, 2002.

Barros, D. João de, *Década III*, Lisboa, Imprensa Nacional-Casa da Moeda, 1992.

Blázquez, Antonio, *Descripción de los reinos, costas, puertos e islas que hay desde el Cabo de Buena Esperanza hasta los Leyquios, por Fernando de Magallanes, piloto portugués que lo vio y anduvo todo*, Madrid, Real Sociedad Geográfica, 1920.

Braga, Isabel M. R. Mendes Drumond, *Um Espaço, duas Monarquias: interrelações na península ibérica no tempo de Carlos V*, Lisboa, Centro de Estudos Históricos da Universidade Nova de Lisboa, 2001.

Castanheda, Fernão Lopes de, *História do Descobrimento e Conquista da Índia pelos Portugueses*, Oporto, Lello & Irmão, 1979.

Colecção de Notícias para a História e Geografia das Nações Ultramarinas, Lisboa, 1826, vol. IV

Correia, Gaspar, *Lendas da Índia*, Oporto, Lello & Irmão, 1975.

Cortesão, Armando y Avelino Teixeira da Mota, *Portugaliae Monumenta Cartographica*, Lisboa, Comissão para as Comemorações do V Centenário da Morte do Infante D. enrique, 1960.

Cortesão, Armando, *Cartografia e Cartógrafos Portugueses dos Sécalos XV e XVI*, Lisboa, Seara Nova, 1935.

Denucé, Jean, *Magellan: la Question des Moluques et la Première Circumnavegation du Globe*, Bruselas, Hayez, 1911.

Derrotero del primer viaje de Vasco de Gama a la India, ed. Isabel Soler, Barcelona, Acantilado, 2010 [en prensa].

Documentação para a História das Missões do Padroado Português do Oriente: Insulíndia, ed.

Artur Basilio de Sá, Lisboa, Agência Peral do Ultramar-Instituto de Investigação Científica Tropical, 1954.

Fernández de Navarrete, *Colección de los viajes y descubrimientos que hicieron por mar los españoles desde fines del siglo XV*, Madrid, Imprenta Nacional, 1837, vol. IV.

Fernández de Oviedo, Gonzalo, *Historia general y natural de las Indias, Islas y Tierra-firme del mar Océano*, Madrid, Real Academia de Historia, 1851-1855.

Fernão de Magalhães, a primeira viagem à volta do mundo contada pelos que nela participaram, ed. De Neves Águas, Mira-Sintra, Europa-América, 1990.

Frade, Florbela Cristina Veiga, «As primeiras viagens às ilhas de Maluco» en *Fernão de Magalhães e a Sua Viagem no Pacífico: Antecedentes e Consecuentes. Actas do VII Simpósio de História Marítima*, 24 a 26 de Outubro de 2001, Lisboa, Academia da Marinha, 2002.

Galvão, António, *Tratado dos Descobrimentos*, ed. del vizconde de Lagoa, Oporto, Livraria Civilização, 1987.

Garcia, José Manuel, «Fernão de Magalhães visto pelos cronistas portugueses do século XVI», en *Fernão de Magalhães e a Sua Viagem no Pacífico: Antecedentes e Consecuentes. Actas do VII Simpósio de História Marítima*, 24 a 26 de Outubro de 2001, Lisboa, Academia da Marinha, 2002.

Garcia, José Manuel, *A Viagem de Fernão de Magalhães e os Portugueses*, Lisboa, Presença, 2007.

Gavetas da Torre do Tombo, Lisboa, Centro de Estudos Históricos Ultramarinos, 1970.

Guedes, Max Justo, «Planisferio de Jorge Reinel (1519) e as ideias geográficas de Fernão de Magalhães», en *Mare Liberum*, 15, Lisboa, 1998

Herrera, Antonio de, *Historia general de los hechos de los castellanos en las islas y tierrafirme del mar océano que llaman Indias Occidentales*, ed. Mariano Cuesta Domingo, Madrid, Universidad Complutense, 1991.

Jong, Marcus de, *Um Roteiro Inédito da Circum-Navegação de Fernão de Magalhães*, Coimbra, Universidade de Coimbra, 1937.

Lagoa, vizconde de, *Fernão de Magalhães: a sua Vida e a sua Viagem*, Lisboa, Seara Nova, 1938, 2 vols.

López de Gómara, Francisco, *Historia general de las Indias con todos los descubrimientos y cosas notables que han acaecido en ellas desde que se ganaron hasta ahora*, ed. Jorge Gurria Lacroix, Caracas, Biblioteca Ayacucho, 1979.

Milton, John, *Paraíso perdido*, ed. Bel Atreides, Barcelona, Galaxia Gutenberg, Círculo de Lectores, 2005.

Osório, Jerónimo, *Da Vida e Feitos de El-Rei D. Manuel*, ed. de Francisco Manuel do Nascimento, Oporto, Livraria Civilização, 1944.

Pigafetta, Antonio, *El primer viaje alrededor del mundo*, ed. De Isabel de Riquer, Barcelona, Ediciones B, 1999.

Pires, Tomé, *A Suma Oriental de Tomé Pires e o Livro de Francisco Rodrigues*, ed. de Armando Cortesão, Coimbra, Acta Universitatis Coninbrigensis, 1978.

Pprimera vuelta al mundo, Madrid, Miraguano, 2003.

Quirós Veloso, *Fernão de Magalhães: a Vida e a Viagem*, Lisboa, Imperio, 1941.

Rego, António da Silva, «As Molucas em princípios do século XVI», en *A Viagem de Fernão de Magalhães e a Questião das Molucas. Actas do 2º Colóquio Luso-Espanhol de História Ultramarina*, Lisboa, Junta de Investigações Científicas do Ultramar, 1975.

Shakespeare, William, *Tragedias*, ed. José María Valverde, Barcelona, RBA, 1998.

Sófocles, *Tragedias*, ed. Manuel Fernández Galiano, Barcelona, Planeta, 1990.

Steiner, George, *Antígonas: una poética y filosofía de la lectura*, Barcelona, Gedisa, 2009.

Thomaz, Luís Filipe F. R., *De Ceuta a Timor*, Lisboa, Difel, 1998.

Toribio Medina, José, *El descubrimiento del Océano Pacífico*, Santiago de Chile, Imprenta Universitaria, 1920.

NOTAS

1. *Julio Cesar*, en William Shakespeare, *Tragedias*, ed. José María Valverde, Barcelona, RBA, 1998, p. 416 y p. 421.

2. William Shakespeare, *Julio Cesar*, p. 421.1.

3. «Antígona», en Sófocles, *Tragedias*, ed. Manuel Fernández Galiano, Barcelona, Planeta, 1990, vv. 471-472.

4. John Milton, *Paraíso perdido*, ed. Bel Atreides, Barcelona, Galaxia Gutenberg, Círculo de Lectores, 2005, Libro I, vv. 107-108.

5. John Milton, Libro II, vv. 402-410.

6. John Milton, Libro II, vv. 574-595.

7. Recoge la carta Martín Fernández de Navarrete en «Viajes al Maluco», *Colección de los viajes y descubrimientos que hicieron por mar los españoles desde fines del siglo XV*, Madrid, Imprenta Nacional, 1837, vol. IV, pp. 124-127.

8. «Carta de Sebastião Álvares enviada de Sevilla, 18 de julio de 1519» en *Alguns Documentos do Arquivo Nacional da Torre do Tombo acerca das Navegações e Conquistas Portuguesas*, Lisboa, Imprensa Nacional, 1892, pp. 431-435; recogida también en la antología de José Manuel Garcia, *A Viagem de Fernão de Magalhães e os Portugueses*, Lisboa, Presença, 2007, pp. 158-163.

9. Ramusio incluyó la primera edición del relato de Antonio Pigafetta (París, entre 1526 y 1536) en el primer volumen de *Navigationi et Viaggi*, junto a la traducción italiana del único texto conservado de un portugués, «Narrazione di un Portoghese compagno di Odoardo Barbosa, qual fu sopra la nave Vittoria dell'anno 1519». Otras crónicas escritas por supervivientes: «Derrotero del viaje de Magallanes desde el cabo de San Agustín, en Brasil, hasta el regreso a España de la nao "Victoria", escrito por Francisco Albo» (Archivo de Indias de Sevilla; incluido por Martín Fernández de Navarrete en su *Colección de los viajes y descubrimientos que hicieron por mar los españoles desde fines del siglo XV*, vol IV); «Relación de Ginés de Mafra» (manuscrito de un piloto posiblemente basado en los apuntes del piloto-cosmógrafo Andrés de San Martín, se encuentra en la Biblioteca Nacional de Madrid; los dieciocho capítulos atribuidos a Mafra fueron editados por Antonio Blázquez en *Descripción de los reinos, costas, puertos e islas que hay desde el Cabo de Buena Esperanza hasta los Leyquios, por Fernando de Magallanes, piloto portugués que lo vio y anduvo todo*, Madrid, Real Sociedad Geográfica, 1920, cuya autoría se supuso a Magallanes); «Navegação e viagem que fez Fernando de Magalhães de Sevilla para o Maluco no ano de 1519, por um piloto genovês» (texto sobre el que se ha especulado mucho respecto a su autoría y del que se conservan tres manuscritos —Biblioteca Nacional de París, Convento de S. Francisco de Lisboa y Real Academia de Historia de Madrid, publicado por primera vez en el tomo IV de la *Colecção de Notícias para a História e Geografia das Nações Ultramarinas*, Lisboa, 1826); «Viagem de Fernão de Magalhães na demanda de Maluco por El-Rei de Castela» (registrado en un códice de la Biblioteca de la Universidad de Leiden, Holanda, editado por Marcus de Jong, *Um Roteiro Inédito da Circum-Navegação de Fernão de Magalhães*, Universidade de Coimbra, 1937); «A viagem de Fernão de Magalhães por uma testemunha presencial» (con este título se editaron en 1932 las declaraciones del grumete Martín de Ayamonte recogidas en la *Certidão sobre as*

perguntas que se fizeram a dous espanhóis que chegaram à fortaleza de Malaca, vindos de Timor na compañía de Álvaro de Zuzarte, Malaca, 1 de junio de 1522, Lisboa, Torre do Tombo, Corpo Cronológico II-101-87); «Carta de Juan Sebastián de Elcano al Emperador, dándole breve relación de su viaje en la armada de Magallanes y de su regreso en la nao Victoria» (de la que existen tres copias y la primera edición se encuentra en José Toribio Medina, *El descubrimiento del Océano Pacífico. Hernando de Magallanes y sus compañeros*, Santiago de Chile, 1929). Cabe añadir dos documentos sobre el viaje de autores que no formaron parte de la armada: «Carta escrita por Maximiliano Transilvano de cómo y por qué y en qué tiempo fueron descubiertas y halladas las islas Molucas [...]» (carta escrita en latín por el secretario de Carlos V, datada el 5 de octubre de 1522 y destinada a Mateo Lang, cardenal arzobispo de Salzburgo y obispo de Cartagena, y que en 1523 se editó en Colonia, París y Roma; la incluye Fernández de Navarrete en su *Colección de los viajes y descubrimientos*); las dos cartas de António de Brito sobre su viaje a las Molucas y sobre el viaje de Magallanes, del 28 de abril de 1522, y dos versiones de la misma carta fechadas el 11 de febrero de 1523 y el 6 de mayo de 1523, publicadas en *Documentação para a História das Missões do Padroado Português do Oriente: Insulíndia*, Lisboa, 1954, vol. I y en *As Gavetas da Torre do Tombo*, Lisboa, Centro de Estudos Históricos Ultramarinos, 1970, vol. VIII.

10. Martín Fernández de Navarrete recoge el registro de las investigaciones ordenadas por Magallanes en el volumen IV de la *Colección de los viajes y descubrimientos que hicieron por mar los españoles desde fines del siglo XV*, pp. 189-201.

11. Antonio Pigafetta, *El primer viaje alrededor del mundo*, ed. De Isabel de Riquer, Barcelona, Ediciones B, 1999, pp. 97-98; «Navegação e viagem que fez Fernando de Magalhães de Sevilla para Maluco por um piloto genovês», en *Fernão de Magalhães, a primeira viagem à volta do mundo contada pelos que nela participaram*, ed. De Neves Águas, Mira-Sintra, Europa-América, 1990, p. 136; «Viagem de Fernão de Magalhães na demanda de Maluco por El-Rei de Castela», en José Manuel García, pp. 200-201; «Depoimento de Martin de Aiamonte sobre a viagem de Fernão de Magalhães», en José Manuel García, pp. 186-187; «Relación de Ginés de Mafra», en *La primera vuelta al mundo*, Madrid, Miraguano, 2003, pp. 151-156.

12. «Carta del contador Juan López de Recalde al Obispo de Burgos dándole cuenta de la llegada al puerto de las Muelas de la nao S. Antonio, una de las que componían la armada de Magallanes, de la cual se separó en el estrecho», en Martín Fernández de Navarrete, vol. IV, p. 201-208.

13. «Carta del contador Juan López de Recalde [...]», en Martín Fernández de Navarrete, vol. IV, p. 206.

14. John Milton, Libro II, vv. 622-623.

15. «Instrucción que dio el Rey a Magallanes y a Falero para el viaje al descubrimiento de las Islas del Maluco», en Martín Fernández de Navarrete, vol IV, p. 143.

16. «Carta del contador Juan López de Recalde [...]», en Martín Fernández de Navarrete, vol IV, p. 207.

17. «Relación escrita por Maximiliano Transilvano de cómo y por quién y en qué tiempo fueron descubiertas y halladas las islas Molucas [...]», en Martín Fernández de Navarrete, vol IV, p. 263.

18. «Discurso presentado al Rey por Diego de Barbosa sobre algunos sucesos del viaje de Magallanes, y los medios de hacer el comercio de la especiería con mayor ventaja», en Martín Fernández de Navarrete, vol IV, pp. 298-299.

19. «Discurso presentado al Rey por Diego de Barbosa [...]»,en Martín Fernández de Navarrete, vol IV, p. 299.

20. «Discurso presentado al Rey por Diego de Barbosa [...]»,en Martín Fernández de Navarrete, vol IV, p. 300.

21. D. João de Barros, *Terceira década da Asia de Ioam de Barros: Dos feitos que os Portugueses fizeram no descobrimento & conquista dos mares & terras do Oriente*, 1563; Fernão Lopes de Castanheda, *Historia do descobrimento & conquista da Índia pelos Portugueses*, Coimbra, João de Barreira, 1554; Gaspar Correia, *Crónicas de D. Manuel e D. João III (até 1533)* [Lisboa, Academia das Ciências de Lisboa, 1992], y *Lendas da Índia*, [1563] [Lisboa, Academia das Ciências de Lisboa, 1858-1866]; António Galvão, *Tratado dos Descobrimentos*, 1563; Gabriel Rebelo, *Informação das Cousas de Maluco*, [1569] [en *Documentação para a História das Missões do Padreado Português do Oriente: Insulíndia*, Lisboa, 1955, vol. III]; Damião de Góis, *Crónica do Felicíssimo Rei D. Manuel*, 1567; Jerónimo Osório, *De Rebus Emmanuelis Gestis*, 1571-1572.

22. Pedro Mártir de Anglería *De Orbe Novo decades octo*, 1550; Gonzalo Fernández de Oviedo, *Historia general y natural de las Indias*, Valladolid, 1535 y 1557; Francisco López de Gómara, *Historia general de las Indias con todos los descubrimientos y cosas notables que han acaecido en ellas desde que se ganaron hasta ahora*, Zaragoza, 1552; Antonio de Herrera, *Historia general de los hechos de los castellanos en las Islas y Tierra Firme del mar Océano que llaman Indias Occidentales*, 1601-1615.

23. «Carta de Sebastião Álvares [...]» en *Alguns Documentos do Arquivo Nacional da Torre do Tombo*, pp. 431-435.

24. Un desarrollo de las complejas relaciones entre el rey Manuel y Vasco de Gama en Isabel Soler, «Un acometimiento grande y grave», en *Derrotero del primer viaje de Vasco de Gama a la India*, Barcelona, Acantilado, 2010 [en prensa].

25. Gaspar Correia, *Lendas da Índia*, Oporto, Lello & Irmão, 1975, vol. III, p. 662.

26. D. João de Barros, *Década III*, Lisboa, Imprensa Nacional-Casa da Moeda, 1992, Livro V, cap. VI.

27. *A Suma Oriental de Tomé Pires e o Livro de Francisco Rodrigues*, ed. de Armando Cortesão, Coimbra, Acta Universitatis Conimbrigensis, 1978.

28. António da Silva Rego, «As Molucas em princípios do século XVI», en *A Viagem de Fernão de Magalhães e a Questão das Molucas. Actas do 2º Coloquio Luso-Espanhol de História Ultramarina*, Lisboa, Junta de Investigações Científicas do Ultramar, 1975, pp. 77-89; Florbela Cristina Veiga Frade, «As primeiras viagens às ilhas de Maluco» en *Fernão de Magalhães e a Sua Viagem no Pacífico: Antecedentes e Consecuentes. Actas do VII Simpósio de História Marítima*, 24 a 26 de Outubro de 2001, Lisboa, Academia da Marinha, 2002, pp. 51-69.

29. Fernão Lopes de Castanheda, *História do Descobrimento e Conquista da Índia pelos Portugueses*, Oporto, Lello & Irmão, 1979, III, LXXV.

30. António Galvão, *Tratado dos Descobrimentos*, ed. del vizconde de Lagoa, Oporto, Livraria Civilização, 1987, p. 107

31. Se sigue en esta semblanza biográfica, además del estudio de José Manuel Garcia, pp. 19-37, las biografías del vizconde de Lagoa, *Fernão de Magalhães: a sua Vida e a sua Viagem*, Lisboa, Seara Nova, 1938, 2 vols, Quirós Veloso, *Fernão de Magalhães: a Vida e a Viagem*, Lisboa, Imperio, 1941.

32. Gaspar Correia, vol. II, p. 28.

33. Se trata del manuscrito de la Biblioteca de Leiden, publicado por primera vez por Marcus de Jong, *Um Roteiro Inédito da Circum-Navegação de Fernão de Magalhães*, Coimbra, Faculdade de Letras, 1937. Puede que esa obra, muy alterada y reinterpretada por Oliveira, fuera la misma que consultó el cronista D. João de Barros para referenciar el viaje de Magallanes en su *Década III*, un documento hoy perdido escrito por Gonzalo Gómez de Espinosa, que partió de Sevilla en 1519 como alguacil y el 21 de septiembre de 1521, cinco meses después de la muerte de Magallanes, pasó a ser capitán mayor del *Trinidad* cuando João Lopes de Carvalho fue destituido. El historiador Jean Aubin duda

de esta hipótesis en «Études magellaniennes», en *Le Latin et l'Astrolabe*, Lisboa-París, Centre Culturel Calouste Gulbenkian-Comissão Nacional para as Comemorações das Descobrimentos Portugueses, 2000, pp. 579-585. Tanto D. João de Barros que en aquellas fechas era *feitor* da Casa da Índia de Lisboa, y por tanto, disponía de mucha información como Fernando Oliveira, que fue profesor de los hijos del cronista, pudieron haber consultado la obra de Gómez de Espinosa y hasta hablar directamente con él, porque había llegado a Lisboa en 1526, donde estuvo preso siete meses hasta que pudo regresar a España. Analiza esta hipótesis José Manuel García en pp. 195-196, y recoge el documento de Fernando Oliveira en pp. 196-209.

34. Fernando Oliveira, *Viagem de Fernão de Magalhães na demanda de Maluco por El-Rei de Castela*, citado en José Manuel García, p. 197.

35. D. João de Barros, *Década III*, Livro V, cap. VIII.

36. D. João de Barros, *Década III*, Livro V, cap. VIII.

37. Jerónimo Osório, *Da Vida e Feitos de El-Rei D. Manuel*, ed. de Francisco Manuel do Nascimento, Oporto, Livraria Civilização, 1944, p. 225.

38. Y aquí es difícil saber hasta dónde llega la codicia del navegante y a qué responde la solicitud de aumento de su pensión, porque un *tostão* era en Portugal una moneda de plata equivalente a cien *réis*—o medio cruzado, según indica D. João de Barros respecto a la deuda real—, pero en época de Manuel se acuñó una moneda de oro así llamada por valor de mil doscientos *réis*.

39. Jerónimo Osório, p. 226.

40. D. João de Barros, *Década III*, Livro V, cap. VIII.

41. Reproduce la carta Jean Denucé, *Magellan: la Question des Moluques et la Première Circumnavegation du Globe*, Bruselas, Hayez, 1911, pp. 130-131.

42. D. João de Barros, *Década III*, Livro V, cap. VIII.

43. Recoge todos los documentos referentes a este episodio José Manuel García, pp. 31-37.

44. «Carta de Carlos V al rey Manuel, 28 de febrero de 1519», en *As Gavetas da Torre do Tombo*, vol. VIII, 1970, p. 554.

45. «Carta de Álvaro da Costa enviada desde Saragoça, 28 de setembro de 1518», en *As Gavetas da Torre do Tombo*, vol. IX, 1971, pp. 403-404.

46. «Carta de Sebastião Álvares enviada de Sevilla, 18 de julio de 1519», en *Alguns Documentos do Arquivo Nacional da Torre do Tombo*, pp. 431-435.

47. Sobre la cartografía vinculada al viaje de Magallanes: Max Justo Guedes, «Planisferio de Jorge Reinel (1519) e as ideias geográficas de Fernão de Magalhães», en *Mare Liberum*, 15, Lisboa, 1998, pp. 7-16. Armando Cortesão, *Cartografia e Cartógrafos Portugueses dos Séculos XV e XVI*, Lisboa, Seara Nova, 1935, vol. I, pp. 272-278; Armando Cortesão y Avelino Teixeira da Mota, *Portugaliae Monumenta Cartographica*, Lisboa, Comissão para as Comemorações do V Centenário da Morte do Infante D. enrique, 1960, vol. I, pp. 37-38.

48. José Manuel García, p. 109.

49. «Relación escrita por Maximiliano Transilvano de cómo y por quién y en qué tiempo fueron descubiertas y halladas las islas Molucas, donde es el propio nacimiento de la especiería, las cuales caen en la conquista y marcación de la corona real de España», en Martín Fernández de Navarrete, pp. 260-261.

MILÍCIA E FICÇÕES DIALÓGICAS PENINSULARES: UMA COMPARAÇÃO DOS *SOLDADOS* DE DIEGO NÚÑEZ ALBA E DIOGO DO COUTO

Ana María García Martín
Universidad de Salamanca

Nas próximas páginas visamos pôr em confronto dois diálogos de temática soldadesca produzidos na Península entre meados do século XVI e inícios do século XVII. Referimo-nos aos *Diálogos de la vida del soldado* do espanhol Diego Núñez Alba e a *O Soldado Prático* do português Diogo do Couto. A motivação principal para esta comparação tem a sua origem nas referências ao diálogo espanhol feitas pelo estudioso português António Coimbra Martins na extensa introdução que antecede a sua edição do denominado *Primeiro Soldado Prático*[1]. O crítico sugere em vários lugares[2] que a obra de Núñez Alba partilha com o diálogo coutiano algumas semelhanças significativas, sem que chegue a analisá-las em pormenor. Publicados em Salamanca em 1552, os *Diálogos* de Núñez Alba bem poderiam ter circulado na corte lisboeta em que Couto fora criado e onde permaneceu até à sua partida para a Índia portuguesa em 1559. Contudo, esse conhecimento não passa de uma especulação, pois no diálogo coutiano não aparece qualquer referência à obra espanhola nem ao seu autor. Por outro lado, o sucesso do género dialógico de temática soldadesca ou militar na Península da segunda metade do século XVI permitia oferecer a Couto vários precursores e modelos, quando a sua vida soldadesca lhe proporcionou uma experiência e uma opinião pessoal que sentia ter que colocar no papel. Seja como for, ambos os diálogos apresentam algumas características temáticas e formais semelhantes que julgamos de grande interesse comparar, especialmente porque ambos desbordam as ideias preconcebidas sobre o que é um diálogo de temática militar.

0. O DIÁLOGO DE TEMÁTICA MILITAR NA PENÍNSULA NO SÉCULO XVI.

Considerado como um género literário idóneo para ensinar deleitando, o que muitos autores assinalam nos prólogos das suas obras, o diálogo faz parte da literatura didáctica e ensaística do Renascimento. Ao prestígio que se deriva da sua origem e cultivo na tradição literária clássica greco-latina, acrescenta-se, na segunda metade do século XVI, momento de eclosão do género, uma reflexão poética coeva sobre o mesmo, que virá a supor a aparição de uma tratadística específica sobre o diálogo, especialmente produzida na Itália[3]. O leque temático abrangido pelo género no século XVI é já muito amplo, como mostra Jacqueline Ferreras para o âmbito específico da língua castelhana[4].

Fazendo parte desse variado leque temático, são frequentes as obras de temática militar que escolhem o diálogo para a exposição da sua doutrina. Ricardo González Castrillo fez recentemente a recapitulação das mais importantes obras dessa temática na Espanha do século XVI[5]. Se muitas delas possuem um título genérico como Tratado, Discurso, Livro, Avisos ou Comentário[6], alguns dos mais célebres tratados militares, contudo, escolheram a forma dialógica. Talvez os mais conhecidos sejam, para além dos *Diálogos* de Núñez Alba, publicados no meridiano do século, os *Diálogos del Arte Militar* de Bernardino de Escalante, publicados em Sevilha em 1583, obra didáctica destinada à formação de soldados para que "se hagan platicos en breue tiempo" e que desfrutou de várias edições antes do fim do século; assim como os *Diálogos militares de la formación e información de personas, instrumentos y cosas necesarias para el buen uso de la guerra* de Diego García de Palacio, impressos no México também em 1583. Também estes dois diálogos são referidos por Coimbra Martins como possíveis fontes de inspiração do diálogo coutiano, apontando algumas instigadoras semelhanças entre eles[7]. O tratamento da temática militar no género dialógico contava também com prestigiosos antecedentes fora da Península, como a obra de Maquiavelo, *Da arte da guerra*, na qual vários interlocutores trocam pontos de vista sobre diferentes questões, agindo um deles como o representante das opiniões do autor[8]; ou o colóquio *Militis et Carthusani* incluído nos *Colóquios Familiares* de Erasmo de Roterdão, onde um frade cartuxo e um soldado representam respectivamente a opção por uma vida contemplativa ou activa.

Para além de contar com ilustres precedentes, a forma dialógica prestava-se a maiores subtilezas literárias do que o simples tratado, pois permitia mostrar, através da contraposição dialéctica de ideias, as contradições pessoais dos autores, razões ambas que não são de somenos importância e que sem dúvida determinam, nos casos de Diego Núñez Alba e Diogo do Couto, a opção pelo género dialógico como meio de transmissão dos seus conhecimentos e experiência militares. No caso do historiógrafo português, acostumado à escrita mais coercitiva a que o obrigaria o seu cargo como cronista oficial da Índia portuguesa, possivelmente terá considerado o diálogo como a forma idónea para exprimir as suas posições mais polémicas relativas à gestão do Império Oriental português, com uma pena mais livre que a que devia vir a fazer parte dos anais da História[9]. Por sua vez, Núñez Alba, quem tinha originalmente pensado em narrar sob forma de comentários a sua experiência como soldado dos terços espanhóis na campanha do imperador Carlos I contra os rebeldes alemães da liga Esmalcalda, determina-se a escolher finalmente a forma dialógica, dado que os acontecimentos que se propunha narrar contavam já com um historiógrafo oficial, Ávila y Zúñiga, o que lhe permitirá incluir algumas digressões temáticas que muito mais dificilmente se integrariam noutro género[10]. Núñez Alba converte, assim, os previstos comentários em diálogos, de modo que, como afirma Vicent López, "la variación formal introduce una nueva temática que va a acabar dominando el conjunto e imponiéndose desde el mismo título: la particular de su desalentadora experiencia"[11].

Abordaremos o cotejo dos dois diálogos em função de três aproximações: 1. a figura do escritor como testemunha; 2. a temática tratada; e 3. o tratamento formal do género dialógico e a linguagem literária.

1. "HISTORIAM CALAMO TRACTAT, ET ARMA MANU":
O TESTEMUNHO DO SOLDADO-ESCRITOR.

Os autores peninsulares que escrevem sobre temática militar no século XVI partilham um perfil vital característico, traçado por Ricardo González Castrillo nas seguintes palavras:

> Como es lógico, suelen ser profesionales de la Milicia, con muchos años de actividad en este campo. Personas que, una vez retiradas del ejercicio de las armas por imperativo de la edad, y luego de haber desempeñado en bastantes casos cargos de extraordinaria importancia, sienten la necesidad de poner en orden sus recuerdos y vivencias, los conocimientos adquiridos y las experiencias, dándoles forma de un libro que, generalmente, es único. Raro es el autor de más de una obra.[12]

Os percursos vitais de Núñez Alba e de Diogo do Couto encaixam perfeitamente no perfil descrito. Nascido em 1542, filho de um homem ao serviço do infante D. Luís, Diogo do Couto crescerá no ambiente cortesão lisboeta e frequentará reputadas escolas até à idade de 17 anos. Nesse momento, tendo morrido o pai e o infante protector, Couto opta pela carreira militar no Oriente português. O serviço como soldado na Índia permitia a um jovem sem recursos legitimar uma ascenção social vinculada aos serviços prestados à Coroa num espaço cavaleiresco ou como tal percebido na Corte. Dez anos passará Couto nas distintas campanhas militares que se sucedem na Índia até voltar, em 1569, a Lisboa com vistas à obtenção de um despacho que o promocionasse na vida civil ou militar. Tendo regressado de vez à Índia em 1571, Couto ocupa durante vinte anos diversos cargos militares e administrativos em vários lugares do Estado da Índia até casar e se estabelecer em Goa, capital do Imperio Oriental Português. Será então quando Couto se propõe ao novo rei da Coroa Hispânica, Filipe I, como continuador do labor historiográfico sobre a Índia portuguesa que encetara o humanista João de Barros e que ficara truncado com a sua morte. Datada de 28 de Fevereiro de 1595 é a missiva que Couto recebe com resposta satisfactória do rei, que o nomeia cronista-mor da

Índia portuguesa e o responsabiliza pela criação e organização de um tombo em Goa que reúna os documentos relativos à Índia portuguesa. Um intenso labor ocupará o historiógrafo desde esse momento até ao final da vida, em 1616, redigindo não apenas os vários volumes das *Décadas*, que vai enviando para o reino, mas também outras obras panegíricas e oratórias que resultam da sua posição de destaque público na sociedade goesa como historiógrafo oficial. Entre a sua abundante produção escrita destaca-se, contudo, *O Soldado Prático*, como a obra mais pessoal. É especialmente nesse título que o cronista sente a liberdade de "pôr em ordem as vivências e conhecimentos adquiridos" de que nos fala González Castrillo. Não sendo Couto, portanto, um autor de obra única, *O Soldado Prático* destaca-se do seu trabalho historiográfico e panegírico como a obra que realmente supõe o testemunho ideológico mais livre do seu autor.[13]

A biografia do espanhol Diego Núñez Alba é-nos muito menos conhecida, não tendo ocupado um cargo de relevo como o historiógrafo português. Assim, é apenas na sua única obra conhecida, os *Diálogos de la vida del soldado*, que podemos ir buscar-lhe algumas claves vitais. Núñez Alba era um fidalgo de alguma fortuna mas pouco nome, natural de Ciudad Rodrigo, em Salamanca, que, como Couto, também procurara na prestação de serviços no exército espanhol um idealizado espaço cavaleiresco em que poder ascender socialmente:

> Núñez, aceptando que el personaje de Milicio es un trasunto de sí mismo, se nos presenta como un hidalgo, pues no pagaba pecho en su tierra, de cierta edad porque "lleva tantos años fuera de mi tierra", veterano que ofrece a Cliterio [...] la posibilidad de que elija qué campaña quiere que le cuente, de tantas en que ha estado. También estamos obligados a pensar que la posición económica de sus padres no era mala, puesto que lo educaron de niño en las letras que en los *Diálogos* pone en práctica y le han dejado suficiente renta como para sufragar de su bolsillo este enjundioso servicio a su particular dama Dulcinea, la Duquesa. Sin embargo, lo decisivo sobre su carácter nos lo ofrece cuando nos informa de que él había acudido al servir al rey "sin necesidad de tan poco interés –la paga–, por me aumentar en nobleza en la guerra".[14]

Mas o serviço na milícia não lhe deve ter permitido culminar as suas expectativas, e por isso o soldado Núñez Alba que regressa da campanha alemã de 1546-47 irá procurar por um outro meio atingir a fama que lhe fora vedada no campo de batalha. Pensa assim em escrever uns comentários em que verter a experiência de primeira mão que lhe outorgava ter participado na famosa campanha, optando finalmente pelo género dialógico, como já dissemos. O propósito básico da obra mantém-se, contudo. Núñez Alba faz uma apologia da figura humana e militar do Imperador, assim como do seu general, o Duque de Alba, colocando-se sob a protecção desta nobre casa ao dedicar os *Diálogos* à duquesa de Alba. A primeira edição da obra, custeada pelo próprio autor, vem a lume em 1552, conhecendo uma segunda edição em 1589. Não se lhe conhecem outras obras, encaixando Núñez Alba, portanto, no perfil de autor-soldado de obra única que é referido por González Castrillo.

Ambos os autores, Núñez Alba e Couto, servem as letras depois de terem servido as armas, pois tanto as armas como as letras lhes serviam como mecanismo de aquisição de méritos que justificasse a sua desejada ascensão social. Sendo assim, em ambos os diálogos encontramos uma apologia do ideal de homem renascentista: o soldado escritor. O soldado protagonista do texto coutiano, trasunto do autor, afirmará, perante as manifestações de surpresa dos seus interlocutores provocadas pela sua erudição, que "nunca a pena embotou a lança"[15]. A mesma defesa do soldado escritor faz Núñez Alba através de Milício, de quem seu interlocutor Clitério afirma: "De soldado te me vuelves teólogo"[16]. Milício, como Núñez Alba, como Couto, não são mercenários que acodem ao campo de batalha por um misérrimo e inseguro salário. Tiveram uma infância dedicada ao estudo, possuem uma formação humanística, é a fama que eles procuram na guerra. Essa formação faz parte da sua bagagem intelectual, como afirma Milício: "Y por esto, aunque haya tanto tiempo, como tú dices, que dejé los libros y me faltase lugar para poderlos en la guerra ver, todavía recurriendo la memoria me acuerdo parte de los que en la niñez aprendí."[17]. Nos dois diálogos, a virtude do saber é encarecida: "virtud y don de los más perfectos que dio Dios a los hombres, pues por él alumbramos la razón que es por la que diferimos de las bestias, y llegamos por ella a alcanzar lo que participamos, y nos semejamos y parecemos al mismo Dios."[18]. E em ambas as obras é referido o *exemplum* clássico mais comum do soldado-escritor, o de Júlio César, a que, no diálogo coutiano se juntam os de Alexandre e Epaminondas[19].

Nos dois casos, portanto, o perfil dos autores ajusta-se ao que é comum no género. Eles contam com a experiência pessoal da guerra, da milícia, viveram-na *in situ*. Por isso, têm toda a legitimidade para a contar. O Fidalgo, interlocutor no diálogo de Couto, concede ao velho soldado essa autoridade:

> Mas já que viestes a este tempo, sentai-vos; sereis testemunha das cousas que da Índia tratávamos; da qual vós, polos muitos anos que dela tendes conhecimento dos homens e do tempo, bem sei que poderis dar muito boa rezão de tudo com aquela liberdade e desengano de soldado veterano, que nem receia mal pelo que disser nem espera bens pelo que lisonjar.[20]

O seu testemunho conta com a *auctoritas* de quem viveu o que conta como protagonista e esse valor da experiência é destacado nas duas obras. Diz o velho soldado coutiano: "Eu hei-de falar verdade, e Vossa Mercê me mande por isso matar, que sou de sessenta anos e já não perco nada."[21].

No diálogo de Núñez Alba também se destaca o valor de transmitir a experiência acumulada, permitindo assim evitar o sofrimento dos outros: "Dichosos aquellos que en cabeza ajena hacen experiencia", afirma Milício[22]. Os livros são os depositários do acúmulo de experiência:

> Pues cuanto toca al saber, más sabrás en un día que te recojas en tu cámara leyendo, que en un año que gastes por el mundo peregrinando. Y la ventaja que hace en las cosas el pasar por ellas al haberlas oído, en este caso se suple con que en el tiempo que se gasta en saber una cosa por experiencia, tendrías de cien mil por oídas noticia.[23]

Contar a verdade dos acontecimentos é assumido, assim, pelos soldados, como uma responsabilidade para com a sociedade:

> Bem desejei de passar por muitas cousas, mas acusa-me a consciência, porque me diz que se as não manifestar a quem as pode remediar, que ficarei em restituição; e por isso me não posso ter, já que comecei.[24]

2. "EL OFICIO ES TAN DIABÓLICO, QUE ES DE SU PROFESIÓN MATAR":
OS TEMAS DOS DIÁLOGOS.

Entre as razões que levam o soldado a escrever prevalece, portanto, "la intención didáctica de transmitir a otros la sabiduría alcanzada en su larga práctica militar"[25]. Nos diálogos de que agora nos ocupamos, os autores exprimem-se através de um *alter ego*, que carece de nome próprio n'*O Soldado Prático* e é denominado significativamente como Milício nos *Diálogos* de Núñez Alba. Essas personagens transmitem a experiência militar adquirida em dois cenários bem longínquos: *O Soldado Prático* oferece-nos uma pintura da milícia na Índia Portuguesa da segunda metade do século XVI; os *Diálogos de la vida del soldado* mostram-nos os famosos terços espanhóis em plena acção durante um período de dois anos. Mas é sobretudo na forte componente crítica que ambos os diálogos transmitem que podemos encontrar o nexo mais significativo entre eles.

Essa componente crítica responde, em ambos os autores, à análise objectiva da experiência que se viveu, mas também resulta da decepção pessoal ocasionada pelo confronto com uma realidade muito distanciada do espaço guerreiro ficcionado. Ambos os autores idealizam a guerra como um espaço cavaleiresco onde o exercício das virtudes morais do cavaleiro é reconhecido pelo rei e tem como recompensa a ascensão social. No entanto, a realidade da milícia choca brutalmente com essa idealização, de forma que os dois soldados, cumpridos os seus serviços, sentem-se desenganados da vida militar. A queixa da vida castrense, das condições de vida dos soldados, é comum aos dois diálogos, onde o que se descreve ao leitor, longe do ideal cavaleiresco, é um espaço onde reinam a picaresca e o egoísmo. Ambas as obras têm, portanto, muito de desabafo pessoal. Ambos os autores são espíritos lastimados, assim como as personagens por que se exprimem nas duas obras. E ambos os soldados brandem a sua pobreza como garantia da verdade do seu testemunho.

Como é comum no género, a intenção do diálogo coutiano é essencialmente didáctica. Se outros tratados militares da época respondem ao desejo de evocar acções para impedir que fiquem no esquecimento[26], muito diferente é o propósito de Couto. Tal exercício de rememoração justificará a sua obra historiográfica, enquanto que *O Soldado Prático* fica destinado a expor a valoração subjectiva e pessoal que o autor faz dos males que aqueixam a Índia portuguesa. Igualmente, se o objectivo primeiro de Núñez Alba era narrar uma vitória gloriosa do imperador, fazendo ao mesmo tempo um panegírico do Duque de Alba[27], o certo é que a bifurcação temática que os *Diálogos* experimentam manifesta-se já no próprio título: *Diálogos de la vida del soldado, en que se quenta la conjuracion, y pacificación de Alemaña [...] y juntamente se descrive la vida del Soldado*.

Embora a temática tratada na obra exceda amplamente a reflexão sobre o mundo militar[28], Diogo do Couto faz uma apologia do soldado como suporte do sistema imperial, encarecendo a importância da soldadesca para a manutenção das possessões portuguesas na Ásia. O autor oferece-nos informação preciosa sobre as penosas condições de vida do soldado português na Índia. Por outro lado, Couto critica, pela boca do seu soldado, as tácticas de guerra seguidas pela armada portuguesa e os abrandados costumes guerreiros, que se ampliam à aparência dos próprios soldados, a quem Couto censura umas vestimentas que considera impróprias da sua condição militar. Mas as críticas tecidas pelo autor à estratégia militar da Índia são bem mais profundas e abalam a própria base do sistema. Efectivamente, o autor mostra-se céptico quanto à rede de fortalezas em que assenta o Estado, assinalando a decadência destas praças-fortes, que define como "currais", com escassa função ofensiva ou defensiva, propondo abertamente uma diminuição do seu número[29].

Ora, para além da literatura de cunho militar, *O Soldado Prático* poderia ser integrado na literatura arbitrista, de tanta importância na Coroa Hispânica na segunda metade do século XVI e no século XVII. A reflexão feita na obra sobre o declínio do império e a análise das dificuldades financeiras do Estado da Índia integraria o diálogo coutiano neste género. A crítica que Couto leva a cabo visa, como objectivo último, a conservação do Estado da Índia como fonte de lucro para a Coroa portuguesa. O autor adere à ideologia da expansão e legitima o lucro que dela se deriva para a Coroa, sem fazer qualquer tentativa de denúncia da dominação de territórios que não lhe pertenciam *de iure*. A crítica de Couto recai exclusivamente sobre aspectos pragmáticos e de gestão do Estado da Índia, sem que chegue a reflectir polemicamente sobre os valores em que assenta a expansão, o que não impedirá que a obra tenha servido, sobretudo após a sua publicação, como revulsivo para a reflexão sobre o império asiático português e como catalisadora da sua lenda negra. Assim, a crítica de Couto incide, para além dos aspectos militares, também em aspectos estratégicos, financeiros e administrativos do Estado da Índia. De facto, a crítica que se faz n' *O Soldado Prático* a aspectos relativos à milícia resulta menor em comparação com a que se tece contra a administração do Estado da Índia portuguesa.

Voltando o nosso olhar para os *Diálogos de la vida del soldado*, podemos observar que, como na obra se integram duas estruturas, a dialogal e a narrativa, há também dois propósitos, um panegírico e outro crítico[30]. O propósito do diálogo é duplo: por um lado, faz-se o encómio das figuras de Carlos V e do Duque de Alba; por outro, expõem-se razões que justificam a decepção sofrida pelo soldado e a conseguinte renúncia à vida militar[31]. O fio vertebrador da obra é a narração da campanha alemã, que Núñez Alba distribui ao longo dos dois diálogos. Os soldados possuem nessa narração uma identidade colectiva: os espanhóis, constitutivos dos prestigiosos terços, os tedescos, os italianos, os húngaros e boémios, integrantes todos do exército do imperador que combatia os rebeldes luteranos. Dentro deles, como afirma Vicent López, os espanhóis acaparam o papel estelar na narração, pois Núñez Alba apenas foi testemunha das acções em que os espanhóis tomavam parte[32].

Por outro lado, são vários os temas que são tratados nos *Diálogos* em paralelo à narração dos acontecimentos. Assume importante presença na obra a reflexão sobre a providência divina e, em geral, a reflexão moral surge flutuantemente na obra. À diferença do diálogo coutiano, Núñez Alba faz uma reflexão sobre a condição moral do soldado, "ya que el oficio es tan diabólico, que es de su profesión matar"[33]. Por isso, é difícil para ele escapar ao pecado, dado que é próprio ao soldado "matar, robar, renegar, jurar, violar mujeres y templos. Que todo esto es propio de mi pasada profesión."[34]. Uma reflexão semelhante pode-se encontrar em outros diálogos da mesma época, como assinala Jacqueline Ferreras:

> Las nuevas tácticas de guerra hacen del soldado un asesino y ya no se puede ver en la guerra y en el oficio de soldado la ocasión de ganar honra portándose valerosamente. Las nuevas condiciones de la guerra desconocen los valores tradicionales: resulta caduca la ética que inspiraba el comportamiento del caballero cristiano.[35]

Contudo, surpreende nos *Diálogos de la vida del soldado* o contraste entre a narração da vitória das tropas imperiais sobre as dos rebeldes alemães e o tom de denúncia que constitui o *leit-motiv* da obra[36]. Se o primeiro propósito de Núñez Alba havia sido louvar a actuação do Duque de Alba na vitoriosa campanha alemã, à medida que o antigo soldado ia escrevendo foram aflorando as amarguras das experiências vividas, servindo-lhe a escrita, como a Couto, de catarse e desabafo.

Se a reflexão moral não é tão evidente no soldado coutiano, ambos os diálogos coincidem abertamente em dois aspectos temáticos: a concepção de uma áurea idade cavaleiresca e a crítica à corrupção dos mandos intermédios. Transparece no diálogo coutiano uma nítida ideia de oposição entre duas idades da Índia portuguesa: uma primeira idade cavaleiresca e uma idade comercial, contemporânea ao autor:

> Ora vejam Vossas Mercês a que estado temos chegado, que aquilo que aquele turco notou em nós mais pera louvar e temer, isso é o menos que hoje estimamos. E assi, enquanto os capitães e soldados tinham barbas largas, tinham vergonha, que não sei se hoje se achará. Por certo que desejo de ver ressocitado aquele bom rei D. Manuel, e com ele um daqueles soldados veteranos com que a Índia se conquistou, com a barba pelos peitos, um pelote pelo joelho, uns musgos cortados, a crangeia ao peito, posta em um murrão, a chuça ferrugenta nas mãos ou a besta às costas; e a par dele um dos soldados deste tempo, com a capa bandada de veludo, coura e calções do mesmo, meas d'arretrós, chapéu com fita d'ouro, espada e adaga dourada, barba rapada ou muito tosada, topete muito alto: parece-me que tornaria aquele bom rei logo a morrer de nojo, e que poderia pedir conta aos reis seus socessores de se descuidarem tanto nas cousas da Índia, e de não mandarem prover que se torne tudo àquela primeira idade, se querem que a Índia torne a seu ser.[37]

Couto idealiza o tempo da conquista como um tempo de cavalarias e de soldados íntegros, considerados os autênticos "obreiros do império"[38]. A entrega massiva ao comércio viria a degradar essa idade mítica, e o historiógrafo quer salvar a Índia da usura através do regresso ao ideal cavaleiresco, que fora o que produzira os êxitos da conquista. As riquezas derivadas dela entende-as Couto como legítimas apenas quando associadas à propagação da Cristantade, verificando-se no autor, como noutros da mesma época, um claro providencialismo: os desastres que os portugueses experimentam são castigos divinos pelos seus pecados, por terem abandonado a missão cristianizadora e terem sucumbido à cobiça:

> Não há na terra maior santuário nem cousa de mor veneração que o Santo Sepulcro e consente Ele estar em poder dos torpes maometanos; por onde não podemos dexar de recear que faça outro tanto a cidades em que é tão ofendido e em que tanta tirania se faz, tão pouca justiça se guarda, tanto adultério se comete, e em que tanta órfã se desonra, e em que tanta onzena se consente, e em que tanto... tudo o que Vossa Mercê quiser se verá a cada passo![39]

Encontramos uma reflexão paralela nos *Diálogos* de Núñez Alba, quem considera a milícia do seu tempo como um lugar onde "la nobleza resulta desengañada, la virtud preterida, la insania premiada y la avaricia ensalzada"[40]. Para Vicent López, o soldado-escritor salmanticense sofre de uma "sensibilidad caballeresca de raigambre medieval" y "se encuentra integrado en un ejército donde cada vez más será contemplado como una reliquia"[11]. Ou ainda:

> Podríamos concluir tachando a Núñez de anacrónico por querer actualizar unos ideales caballerescos, en el escenario donde las principales realizaciones de la guerra moderna se estaban sometiendo a uso intensivo especialmente en España, figurándonoslo así como un caballero perdido en medio de uno de los primeros y más famosos escenarios de la llamada Revolución Militar.[12]

Núñez Alba concebe também, como Couto, duas idades sucessivas na milícia:

> Cuando el rey daba pagas ventajadas a los buenos, muchos hidalgos pobres, que en sus tierras no podían sustentar la calidad de sus pasados, por no ver delante de sí a otros no tales como ellos, la venían a sustentar a la guerra. Estos sembraban en el campo tanta virtud, que los que de su condición no eran como ellos, por competir con ellos, procuraban parecerles, y movidos todos de una emulación virtuosa, los unos a porfía de los otros, cada día obraban más virtuosamente. [...] Empero como no haya cosa buena que la malicia humana no la pervierta, comenzáronse algunos criados de señores a aprovechar de letras mensajeras, y las ventajas que el rey pagaba, para los que las mereciesen, se daban ya todas por favor. En este tiempo comenzaron a venir algunos a la guerra, no por vivir, o ganar honra en ella, sino para recoger algún dinero con que volverse a sus casa. Estos comenzaron a apocar el campo porque vivían de acuerdo a su desiño, y como el interés sea tan codicioso, hallaron muchos que los imitasen. Quitó en esto el rey las ventajas y comenzaron a pasar barcadas de España de mozos de espuelas, y de caballos, y oficiales y pastores, y cada uno vive conforme a su condición.[13]

Para Vicent López, a causa que está na base da alteração do exercício da virtude no exército não radicaria tanto nas inovações militares próprias da época – já não se trata tanto de um combate corpo a corpo onde prima a valentia do soldado –, mas sim no considerável aumento de efectivos nos acampamentos, o que tinha tido o efeito de envilecer o quadro humano, não sendo fidalgos muitos dos seus componentes[14]. Assim: "El servicio de las armas, debía ser voluntario y libre para que pudiese considerarse virtuoso"[15], como concebiam Diogo do Couto e Diego Núñez Alba.

Discrepam ambos os diálogos na extensão social da crítica moral. À diferença do diálogo coutiano, a crítica que Núñez Alba tece contra os costumes instalados entre os terços espanhóis não chega a atingir as figuras máximas do exército, o duque de Alba e o próprio imperador, que se situam num plano muito superior da narração e aparecem como heróis militares incólumes de qualquer tacha moral[46]. Eles encarnam, pelo contrário, virtudes militares e humanas como a valentia, a esperteza, a ponderação e a compaixão. Será nas figuras intermédias dos mandos militares que recairá a maior crítica pela sua conivência com a amoralidade:

> MIL: Bien parece que poco has navegado por el mundo, y con eso ignoras la maña con que en él se vive. Si es el capitán, disimula por el presente contigo, y a la primera desorden que se hace, mándanle que ahorque al más culpado de su compañía. Y él perdona al que tiene más culpa, porque le quitaba el tamo de la capa, y a ti porque pisaste el sol, en su lugar, te ahorca con un letrero en los pies: por amotinador, por revoltoso; y ¿sabido por qué? Porque no hiciste lo que te mandó. Pues al alférez en quejándose de ti el primer patrón va, y te da una cuchillada, con que te mata o manca. Después cumple con decir que hacías mil desafueros en casa por rescatarla. Y sabido lo que él hace, no sola la suya, mas otras veinte que tiene reservadas, rescata, y padecen los soldados mal alojamiento por su causa. Pues el sargento, requiere las centinelas, date a la improvista un alabardazo por los pechos, derruecate luego de la muralla, o acabate de matar; después dice que te halló durmiendo en la centinela, y si le sacasen la verdad de aquel pecho, si viene a mano es la causa. Porque marchando le requebraste el amiga por el camino, o porque no tuviste tanto respeto como él le parece que fuera razón. Otros veinte achaques se ofrecen cada hora que sería largo contártelos. Ahora juzga, si es fuerza serles obediente. Cuánto más que si no te quieren tan mal tratar, mal tratante de alojamiento, y antes ponente en otras cosas otros que ni en el servicio del Rey, ni en el merecimiento de sus personas merecen lo que tú con gran parte.[47]

Pelo contrário, n'*O Soldado Prático* a crítica contra a corrupção não poupa ninguém: o sistema é revisto a partir do vértice da pirâmide, chegando Couto a colocar em questão o próprio comportamento do rei[48]. Mas muito mais ácida é a crítica aos vice-reis, estes sim completamente coniventes com a corrupção do sistema, uma de cujas causas, aponta-se, é o sistema de renovação trienal do cargo, que tem o efeito perverso de fazer com que o vice-rei disponha tudo para enriquecer rapidamente nesse curto prazo de tempo. O que Couto critica nos mandos intermédios é, sobretudo, a extorsão que alegremente fazem das finanças da Coroa. Assim concede especial atenção à crítica do costume dos "soldos velhos", que consistia em não eliminar da lista de soldados os mortos, cujos salários passavam a pertencer aos comandantes. Se havia inquérito, os soldados fantasmas "eram subitamente aniquilados por pretensas lanças muçulmanas"[49]. Ora bem, encontramos a mesma crítica nos *Diálogos de la vida del soldado*, no testemunho oferecido pelo segundo caminhante do primeiro diálogo:

> Habéis de saber, que yo era pagador, y cuando a los soldados les tomaba la muestra, hacíame muy celoso del servicio del Rey, y no

consentía pasar mozo alguno, y tenía gran vigilancia en mirar bien
las señas, para que no pasase algún criado de señor o otra persona
en nombre de algún soldado, que fuese ido, o muerto. Los capitanes
después, hallándose con tantas plazas menos, o se venían ellos a la
noche a mi posada o me enviaban sus alféreces, rogándome que por
amor de Dios, que no les deshiciese las compañías, que les volviese
las plazas y que nos partiésemos las pagas. Y de esta manera me
aprovechaba tanto sólo yo, como todos los capitanes de un tercio, y
aún más porque ellos habíanlo de partir con sus alférez y sargentos,
y gastarlo con sus soldados, y yo cuando más, más partía con otro.
Allende de esto no había faltado el soldado a la muestra, cuando le
borraba la plaza, después él venía a rogarme, que se la volviese. Y
cuando mucho acababa conmigo era, que la plaza le volvería, más
que no le podía dar la paga. Y asentábalo por pagado, y echábame yo
la paga en mi bolsa, premio de treinta malos días y malas noches que
el desventurado había servido.[50]

Destacaremos uma última coincidência temática nos diálogos: o
providencialismo divino. Como já dissemos, Couto faz uma interpretação
providencialista do decair do império asiático português. Deus castiga os
portugueses por terem pecado sucumbindo à cobiça, por terem esquecido
a sua missão cristianizadora, perdendo assim toda a legitimidade como
conquistadores. Já nos *Diálogos* de Núñez Alba o providencialismo surge
na narração das batalhas livradas pelo exército imperial contra os herejes
protestantes que quebram a unidade do Cristianismo. Assim, o Deus
católico participa nas batalhas dissipando espessos nevoeiros ("Para que
entendiese, que en su poder y no en el de las fuerzas humanas, consisten
las victorias"[51]), reduzindo o cabedal do rio que o exército católico deve
atravessar ("Algunos afirman el río milagrosamente haber menguado, otros
que el día fue mayor de lo natural"[52]), mostrando-se no céu na forma de
três sóis[53], como símbolo da Santíssima Trindade, ou alongando a duração
do dia:

> no lo quieren atribuir a otro que a milagro. Y dicen que por mucha
> diligencia que nos diésemos era imposible que un día bastase para
> todo esto, si Dios milagrosamente el sol no hubiera entretenido,
> como en la Sagrada Escritura en tiempo de Josué ya otra vez se lee
> haberlo hecho.[54]

3. "COLGADO ME TIENES DE TUS PALABRAS": O TRATAMENTO
DO GÉNERO DIALÓGICO E A LINGUAGEM LITERÁRIA.

Como é mais frequente no diálogo renascentista[55], a obra de Núñez Alba
conta com duas personagens principais, Milício e Clitério. Em vários
momentos a conversa entre eles incorpora brevemente outros interlocutores
com os quais se cruzam no caminho de regresso à pátria. Estes são, no

primeiro diálogo, dois oficiais sem escrúpulos que roubam aos soldados[56] e, no segundo, uma prostituta de nome Meretrícia, apresentada por Milício como "el último azote que martiriza al miserable soldado en servicio del diablo"[57], e um alferes honesto que visa representar a dificuldade para ascender na escala militar quando se exibe um comportamento moral[58].

Milício desempenha o papel de soldado experiente e desencantado, que adoutrina o ingénuo Clitério, tratando de fazer com que ele mude o seu propósito de ingressar no exército imperial. Clitério é apresentado numa apostura pretensamente soldadesca que traduz a sua ingenuidade e desconhecimento da vida castrense real:

> Soldado me parece el que viene la vuelta de acá; aunque aquel paso bizarro, y apostura tan brava, y hábito tan fanfarrón, son más de persona que lo presume ser, que de quien lo es, y lo haya algún tiempo sido. [...] Cierto por pintado y galán que venga, él viene tan sobre sí, haciendo tanto del plático, que yo le juzgo por bisoño en su apostura y traje.[59]

Milício, pelo contrário, exibe o aspecto que pode mostrar um espírito derrotado. Só quem vem pobre da guerra pode narrar o que nela viveu com a verosimilhança que lhe confere a sua palavra nua. A pobreza com que Milicio é apresentado vale como testemunho da credibilidade do seu discurso, pois quanto mais nobre é o comportamento na guerra, insiste-se, mais pobre volta o soldado:

> yo no me desprecio de venir pobre, porque de la guerra de donde yo vengo, lo vienen más, los que en más se han tenido.[60]

Já no diálogo de Couto são três as personagens participantes, o velho soldado, um fidalgo com experiência da Índia e um despachador. Um número maior de interlocutores permite que a distribuição das funções dialógicas seja menos rígida. Assim, nos diálogos que contam com três interlocutores, é frequente que um deles assuma o papel de céptico e o outro de discípulo[61]. Embora não encontremos essa distribuição de funções tão claramente definida n'*O Soldado Prático*, os dois interlocutores do velho soldado aproximam-se por momentos desses papéis. O fidalgo, figura social duramente criticada no diálogo, replica com frequência ao soldado[62], mostrando o modo de pensar da sua classe. O despachador, ao invés, age mais activamente que o fidalgo como *domandadore*, colocando-se na posição de funcionário representante do rei, a quem, em última instância, se destinam as críticas e propostas sobre a gestão do Estado da Índia[63].

Ambos os diálogos estabelecem claramente as coordenadas espácio-temporais em que se desenvolvem as conversações. Na obra de Couto os interlocutores coincidem em casa do despachador em Lisboa, depois de o soldado regressar da Índia para requerer os seus direitos, e a conversação desenvolve-se em três jornadas correspondentes a três dias consecutivos, precedidas de breves argumentos que situam a acção. Contudo, só de vez em quando se preocupa Couto em conferir-lhe credibilidade, referindo as andanças das personagens, como bem assinala Winius[61]. Apenas no fim das três partes do diálogo se alude ao pôr do sol e ao cansaço provocado pela longa conversa[65].

Também os dois diálogos que conformam a obra de Núñez Alba são precedidos de breves argumentos que situam a acção[66], que se desenvolve em duas jornadas. No primeiro diálogo, a personagem de Milício, que regressa à pátria após vários anos de serviço no exército além-fronteiras, afasta-se um momento do caminho para evitar o calor. Aparece então o seu primo Clitério percorrendo o caminho contrário, que o reconhece e se detém a conversar com ele. Já no segundo diálogo, a conversa desenvolve-se quando os interlocutores retomam o caminho de regresso para casa, depois de terem descansado a noite numa pousada. O autor dedica suficiente atenção à ambientação espácio-temporal, aludindo com frequência as personagens ao cansaço do caminho, ao sol e ao calor[67]. Núñez Alba preocupa-se ocasionalmente de mostrar as reacções provocadas nos interlocutores pelas palavras das personagens. Assim, a prostituta com quem se cruzam no segundo diálogo, exclama a Milício:

> Oh hijo, hijo, y cuántas muestras veo en tu rostro de admiración, véote muy a menudo levantar las cejas, y teniendo en mí puestos los ojos, tienes los párpados abiertos, sin pestañear...[68]

Em relação à estrutura dos diálogos, há que referir que n'*O Soldado Prático* os temas vão e voltam sem ordem aparente. Dividido em três jornadas, como dissemos, cada uma delas não apresenta uma clara unidade temática. No caso dos diálogos de Núñez Alba, o propósito do autor é integrar a narração dos acontecimentos históricos vividos em primeira pessoa na conversa entre as personagens. Assim, por momentos o diálogo transforma-se em monólogo, sobretudo naquelas partes em que a narração se concentra, como no fim do primeiro diálogo e no segundo. O autor distribui prudentemente a narração[69], alternando os focos de atenção[70], mas esta parece ir-se postergando para assim criar no interlocutor, e no leitor, uma maior expectativa. Já no início do segundo diálogo, Clitério pede a Milício não alongar-se em disputas para assim concluir a narração. O resultado é que o segundo diálogo apresenta uma maior concentração da narração que o primeiro.

Quanto à tensão dialéctica existente nos dois diálogos que abordamos, há que lembrar, como assinala Jesús Gómez, que na maior parte dos diálogos hispânicos do Renascimento a verdade está definida previamente e é colocada na boca de um mestre que a transmite a um discípulo ou a vários. Assim:

> El diálogo renacentista se ocupa, más que de establecer verdades, de divulgarlas; de ahí que su esquema básico suele ser el de un maestro que enseña al discípulo, por lo que se impone la voz de uno de los interlocutores como portavoz privilegiado del autor.[71]

Isto acontece de maneira premente no diálogo coutiano, onde o velho soldado açambarca a palavra com a sua *auctoritas*, sem que se chegue a estabelecer entre as três personagens um intercâmbio realista de ideias. O fidalgo e o despachador funcionam como *domandadori*, e efectivamente dirigem os temas que se desenvolvem no diálogo, interpelando o soldado sobre eles. Este não se retrai e a sua verve fácil ocupa o diálogo, transformando-se por vezes em monólogo.

Nos *Diálogos* de Núñez Alba há uma maior tensão dialéctica[72]. É claro que Milício ostenta a *auctoritas* e representa o pensamento do autor. Mas essa autoridade é ocasionalmente contestada por Clitério, quem relativiza com frequência as palavras do seu interlocutor, e o enfrenta com a contradição dos seus propios argumentos[73]. Por outro lado, no diálogo espanhol o confronto dialéctico tem um propósito definido: fazer com que Clitério mude a sua determinação de ingressar no exército. É esse o propósito que Milício pretende com as suas palavras:

> Dichosos aquellos que en cabeza ajena hacen experiencia, y así lo serás tú si a mis razones estuvieres atento, y a mis consejos dieres obediencia. Porque ya como muy acuchillado seré suficiente médico para sanarte de esta locura, que por tal sé yo que la confesarás, cuando con la luz de la verdad de mí haya sido tu entendimiento alumbrado.[74]

Ora, já no fim do primeiro diálogo, Clitério reconhece ter mudado a sua determinação de entrar no exército. Assim, respondendo à pergunta do primeiro sobre se quer ainda ser soldado, afirma: "No por mi fe que esto me lo ha acabado de raer de la voluntad."[75].

Em ambas as obras cria-se uma clara tensão dialéctica quando os interlocutores principais se resistem a mostrar tudo o que sabem. Milício hesita em falar dos abusos exercidos pelos oficiais: "Déjame, que no quiero decirlo, que me podría venir acaso algún perjuicio."[76]. Também o soldado coutiano se queixa de que os interlocutores pretendem continuamente "tirá-lo a terreiro", como nos seguintes passos:

> Oh! Vossa Mercê quer-me tirar a terreiro de novo? Digo que sobre isso darei trezentos gritos.[77]

> Muitas vezes me quer Vossa Mercê tirar a terreiro sobre as desordens dos viso-reis! Mas que estivera presente o papa, ora quero-vos dar tudo cosido, pois não acabais de cair nestas cousas.[78]

> Vossas Mercês não querem senão tirar-me tantas vezes a terreiro para me fazerem apaixonar.[79].

Mas os interlocutores de ambos os diálogos não demoram a ser seduzidos pela argumentação dos soldados. A autoridade de Milício sobre Clitério evidencia-se quando este afirma: "colgado me tienes de tus palabras"[80]. Da mesma forma, os interlocutores do diálogo coutiano mostram que muito aprenderam do velho soldado[81]. Exclama o despachador:

> Nunca cuidei tanto de um soldado; mas parece que fala o anjo de vós, pera que neste reino se saibam cousas tão novas a nós, das quais eu farei a grande relação a el-rei pera mandar prover nisso.[82]

Para conseguir esse labor de persuasão, os nossos autores valem-se antes da retórica que da lógica e a dialéctica, como é preferência no Renascimento espanhol, que segue os modelos dialógicos ciceroniano e lucianesco, antes que o platónico[83]. Assim, afirma Jesús Gómez:

> En los diálogos analizados es posible descubrir una serie de procedimientos retóricos acumulativos basados en la *auctoritas* como las *sententiae*, los *exempla*, los refranes, los apotegmas y las citas eruditas, que configuran una imagen del diálogo dialéctico como sustancialmente opuesta a la del diálogo platónico. El pensamiento no progresa por el intercambio lógico de preguntas y de respuestas sino por la acumulación de testimonios.[84]

Nessa linha, os diálogos que aqui analisamos exibem uma importante carga de erudição e abundam em abonações eruditas, *exempla* e apotegmas. O recurso a estes procedimentos retóricos é, de facto, um dos aspectos d' *O Soldado Prático* que mais tem sido destacado pela crítica[85]. Portanto, podemos pensar que Couto os inclui na sua obra por considerá-los um traço típico do género. A acumulação de *exempla* clássicos constitui-se como um procedimento básico na argumentação do velho soldado. Alguns dos clássicos, antigos e medievais, referidos são Diodoro Sículo, Plutarco, Rafael Volaterrano, Ovídio, Virgílio, Vegécio, Cícero, Pérsio, Xenofonte, Menandro, Vives, Rasis, Galeno ou Avicena, entre outros. Em relação à técnica retórica dos *exempla*, eles habitualmente chegam a estas obras em segunda mão[86], como acontece no diálogo português[87]. Com mais de 120 títulos, Couto provavelmente possuiria "a mais importante *biblioteca particular* entre os portugueses estabelecidos no Oriente na segunda metade do século XVI e primeiros anos da centúria imediata"[88]. Embora se tratasse de uma biblioteca especializada em temas ultramarinos e históricos, não devia faltar-lhe uma colecção de citações e *exempla* clássicos, tão característicos das obras do período, essencialmente as de teor moral[89]. Como acontece também nas *Décadas*, no diálogo os clássicos gregos e latinos cumprem a função de termos de comparação relativos às actuações dos portugueses. Assim, os clássicos são abonados na medida em que se prestam como *auctoritas* que legitima o discurso moralizante do autor.

De maneira não tão pesada como em Couto, nos *Diálogos* de Núñez Alba também não faltam as referências eruditas. Entre os autores clássicos citados figuram Suetónio e Salústio, e são frequentes também as referências bíblicas[90]. Os *exempla* referidos incluem figuras mitológicas como Orfeu e

Sísifo, mas sobretudo históricas como Alexandre Magno, Pompeu, Cipião, Aníbal, o rei Ciro, Tales de Mileto e Júlio César.

O recurso à abonação erudita permite exibir ao soldado uma erudição que os seus interlocutores lhe reconhecem. Segundo González Rastrillo, o escritor soldado é muitas vezes consciente da sua escassa preparação literária, apesar do qual não renuncia a escrever, pois sente que a sua escrita é necessária ora para exaltar a vida militar ora para criticar-lhe os defeitos con intenção construtiva[91]. Também o soldado coutiano alude modestamente à sua escassa preparação, numa *captatio benevolentiae* que depois é contradita pelas frequentes mostras de erudição que exibe.

Essa erudição contrasta, por outro lado, com alguns traços populares comuns à língua literária de ambos os soldados. A linguagem do soldado deve apresentar uma feição popular, e ganha se exibir um sabor local que representa o melhor testemunho da presença *in situ* do soldado. Este sabor popular é conseguido nas duas obras analisadas através do recurso à paremiologia. Os provérbios ocupam um lugar especialmente destacado nos *Diálogos* de Núñez Alba. Eles são referidos pelos interlocutores para sintetizar os conhecimentos que se transmitem, concedendo-lhes a autoridade do saber secular: "Porque quién malas mañas a (como comúnmente se dice) tarde, o nunca las perderá: y estos son, por los que entiende el proverbio: el pelo muda la raposa, más sus mañas no las despoja."[92]; "el que todo junto lo quiere todo junto lo pierde"[93], "les sucede lo que el proverbio dice, que al que en un día se quiere enriquecer en una hora lo ahorcan"[94]; "lo que se suele decir: 'el que tiempo tiene, y tiempo atiende, tiempo pierde'"[95], "cría el cuerno (sic) y sacarte ha el ojo"[96], "que al revés [...] se había allí cumplido el proverbio antiguo, el consejo huido, y el conejo venido"[97], "con su proverbio: 'el perro temeroso con más ferocidad ladra, que muerde'"[98], "lo cual más claro muestra el proverbio que dice: 'Do fuerza viene derecho se pierde'"[99], "es verdadero el antiguo proverbio, que no hay nada bueno donde repuña Minerva"[100], "por cierto dijeron los antiguos en su proverbio: 'Por su mal a las veces nacen alas a la hormiga'"[101].

Menos frequente é o recurso ao saber proverbial n' *O Soldado Prático*, embora não faltem exemplos, nem a tópica alusão aos adágios como "evangelhos pequenos": "Enfim, senhores, os adágios das velhas são evangelhos pequenos, e aquele que diz *Onde não há dono, não há doilo* é muito certo."[102]; "Nos provérbios lemos que a discreta palavra abranda toda a ira; e assi como a Escretura diz que a água tíbia faz vomitar o que está no estâmago, assi faz a boa palavra a respeito da ira."[103]; "*de pequena bostela se cria grande mazela*, dizem as velhas."[104]; "Não sabe Vossa Mercê aquele adágio italiano que diz: *Caí da sertã e dei nas brasas?*"[105]; "Não seja isso do rifão antigo, que diz: *falai vós no ruim, e logo aparecerá.*"[106]

Outro dos usos que proporcionam à linguagem dos soldados o seu sabor popular é o recurso a expressões idiomáticas. Especialmente frequentes na fala do soldado português[107] –*nunca cousa me caiu mais a pelo;*

então vos bailam as trepeças; estar todo o tempo à pá; alevantar a lebre; cobrir o céu com a joeira; tocar a tecla de; dar na estocada; furtar a água; tirar a limpo; pagar o pato; ter o olho em; abrir a mão; untar as rodas; meter o jogo na mão; mudar-se o vinte para outra cama; dar com ela de pernas acima; lançar as barbas em remolho, entre outras–, documentam a riqueza idiomática do português quinhentista e constituem um dos acertos estilísticos da obra, salpicando-a da cor local do português quinhentista falado em Goa. O mesmo recurso é igualmente apreciável nos *Diálogos* de Núñez Alba, onde encontramos expressões idiomáticas como *dejarle su alma en su palma*; *sóplame esos bredos*; *tantas veces va el cantarillo a la fuente*; *que sudé aquel día la gota tan gruesa*; *dirían que habíades ido por lana y vueltos trasquilados*; *hazme la barba, hacerte he el copete*; *traíalo en largas*; *hacer el pecho a el agua*; *estar en el cuerno de la Luna* ou *andar a apetito*.

4. Conclusões.

Como afirmávamos na Introdução, no diálogo escrito por Diogo do Couto não há qualquer referência aos *Diálogos de la vida del soldado*, como também não há alusão a outros diálogos de temática militar publicados na Península na segunda metade do século XVI, nomeadamente as obras de Diego García de Palacio y de Bernardino Escalante. Se bem não podemos afirmar, portanto, que Couto conhecesse as obras referidas, o certo é que o historiógrafo português assume no seu *Soldado Prático* as linhas temáticas e formais características do diálogo quinhentista peninsular de teor militar.

A relevância concedida ao testemunho baseado na experiência pessoal do soldado-escritor, assim como a verificação de uma nova realidade na milícia, cada vez mais afastada da concepção cavaleiresca medieval, são temas dominantes nos diálogos de Núñez Alba e Couto. Coincidem ambas as obras na descrição de alguns costumes que vigoravam na milícia hispânica da segunda metade do século XVI, como os "soldos velhos", e, em geral, na crítica da lamentável vida do soldado. Núñez Alba é mais moralista; Couto pode ser considerado um arbitrista. Núñez Alba critica o comportamente dos mandos intermédios e baixos; Couto põe em causa o próprio rei como responsável último da situação calamitosa da Índia portuguesa. Surpreendem também algumas semelhanças formais entre os dois diálogos comparados, especialmente o recurso à abonação de autores clássicos greco-latinos, assim como o uso recorrente de *exempla* e provérbios, cuja *auctoritas* legitima a sabedoria que se nega ao soldado, ainda que ele a reivindique como algo compatível com a sua condição militar.

Notas

1. Diogo do Couto, *O Primeiro Soldado Prático*, introdução e edição de António Coimbra Martins, Lisboa, Comissão Nacional para as Comemorações dos Descobrimentos Portugueses, 2001.

2. Assim afirma na pág. 35: "De matéria afim da de Couto, Nuñez Alba faz dialogar Milício e Clitério, e chama à obra *Dialogos de la vida del Soldado*. É o exemplo a que o *Diálogo d'O Soldado Prático* mais se assemelha".

3. Cfr. Jesús Gómez, *El diálogo renacentista*, Madrid, Ediciones El Laberinto, 2000, p. 16.

4. Cfr. Jacqueline Ferreras, *Los diálogos humanísticos del siglo XVI en lengua castellana*, Murcia, Universidad de Murcia, 2008[2].

5. Cfr. Ricardo González Castrillo, "Bibliografía militar española del siglo XVI: perfil del soldado-escritor y tipología formal de sus obras", *II Xornadas de Arquivos, Bibliotecas e Museos de Galicia*, A Coruña, Xunta de Galicia, 1997, pp. 799-810.

6. *ibidem*, p. 808.

7. Cfr. Coimbra Martins, *op. cit.*, p. 23.

8. Cfr. González Castrillo, *op. cit.*, p. 809.

9. Digamos, no entanto, que uma primeira versão do diálogo coutiano, justamente a publicada por Coimbra Martins com o título de *O Primeiro Soldado Prático*, foi escrita muitos anos antes de começar a redigir a sua obra historiográfica.

10. Entre as razões que motivaram a mudança de género da obra de Núñez Alba encontra-se também a aderência à ideologia erasmista, segundo assinala José Lara Garrido, "Confluencia de estructuras y sumarización de funciones en el diálogo renacentista. (Un estudio sobre los 'Diálogos de la vida del soldado' de Núñez de Alba)", *Analecta Malacitana*, Universidad de Málaga, vol. III, 1, 1980, pp. 185-241. De facto, este crítico aponta que Núñez Alba terá tomado como modelo formal e temático o colóquio *Militis et Carthusani* de Erasmo.

11. Em "Introducción" a Diego Núñez Alba, *Diálogos de la vida del soldado*, edição e introdução de Ignacio Maria Vicent López, [Madrid], Ministerio de Defensa, 2003, p. 27.

12. González Castrillo, *op. cit.*, p. 799.

13. Tendo realizado uma primeira versão do diálogo provavelmente antes da sua ida a Lisboa em 1569, Couto foi remodelando o texto ao longo da vida, concluindo-o apenas uns anos antes de morrer.

14. Vicent López, *op. cit.*, p. 30.

15. Diogo do Couto, *O Soldado Prático*, edição de Ana María García Martín, Coimbra, Angelus-Novus, 2009, p. 76. O mais conhecido retrato de Diogo do Couto mostra uma legenda que reza: "Exprimit effigies quod solum in Caesare visum est; Historiam calamo tractat, et arma manu".

16. Ed. cit., p. 150. De modo coincidente, no diálogo português afirma um dos interlocutores, em referência ao velho soldado: "vejo que vos ides mostrando filósofo, humanista e inda teólogo". Ed. cit., p. 76.

17. Ed. cit., p. 150.

18. Ed. cit., p. 151.

19. Ed. cit., pp. 76-77.

20. Ed. cit., pp. 60-61.
21. Ed. cit., pp. 164-165.
22. Ed. cit., p. 82.
23. Ed. cit., p. 89.
24. Ed. cit. p. 159.
25. González Castrillo, op. cit., p. 799.
26. Cfr. ibidem.
27. Cfr. Vicent López, op. cit., pp. 18-19 e Lara Garrido, op. cit., pp. 201 e ss.

28. Outra obra de temática mais centradamente militar é considerada por alguns críticos como o verdadeiro soldado prático português. Refiro-me á *Reformação da milícia e governo do Estado da Índia oriental*, de autoria de Francisco Rodrigues Silveira. Também soldado, Silveira compartilha o mesmo cenário de acção militar, a Índia portuguesa, no mesmo período que Couto, e centra a obra na crítica das tácticas de guerra e dos costumes militares ali vigentes. Ambos os textos coincidem abertamente na posição relativa a alguns temas, como a falta de ordem militar na Índia, a censura da cobiça dos portugueses, a crítica à Casa da Matrícula ou a necessidade de criação de uma Mesa da Consciência que controle o vice-rei, não faltando também coincidências formais entre eles. Ora, segundo Winius, a obra de Silveira vincula mais intimamente a sobrevivência do Estado da Índia à sua função militar e demonstra que a riqueza daquele estado é uma criação artificial da força naval portuguesa, razão por que "toca muito mais o fundo do problema do que o *Soldado Prático* de Couto". Cfr. George Davison Winius, *The Black legend of portuguese India. Diogo do Couto, his contemporaries and the "Soldado prático"*, tradução portuguesa de Ana Barradas, *A lenda negra da Índia portuguesa*, Lisboa, Antígona, 1994, pp. 94-95 e ainda Coimbra Martins, *op. cit.*, especialmente as pp. 79-162.

29. O tema da reforma das fortificações é recorrente nos diálogos de temática militar do século XVI, como consequência da mudança das técnicas de guerra e da importância adquirida pela artilharia. Cfr. Ferreras, *op. cit.*, pp. 543-545.

30. Cfr. Vicent López, *op. cit.*, p. 22.

31. Indica Vicent López que, neste sentido, é indicativo que a licença outorgada por Filipe II para a impressão da obra não inclua a frase "de la vida del soldado". Igualmente, da letra do contrato de impressão assinada pelo impressor salmantino Andrea de Portonaris, consta o título "Diálogos de la Jornada de Alemania". É apenas na definitiva impressão da obra que surge a expressão *Diálogos de la vida del soldado* encabeçando o título. Cfr. Vicent López, *op. cit.*, p. 23.

32. Cfr. *ibidem*, pp. 19-20.
33. Ed. cit., p. 114.
34. Ed. cit., p. 84.
35. Ferreras, *op. cit.*, pp. 524-525.

36. Esse contraste é assinalado também por Vicent López, *op. cit.*, p. 23.
37. Ed. cit., p. 198.
38. Em expressão de A. Farinha de Carvalho, *Diogo do Couto, o Soldado Prático e a Índia*, Lisboa, Ed. Veja, 1979, p. 42.
39. Ed. cit., p. 201.
40. Ed. cit., p. 22.
41. Vicent López, *op. cit.*, p. 26.
42. *ibidem*, p. 30.
43. Ed. cit., p. 82.
44. Cfr. Vicent López, *op. cit.*, pp. 33-35.
45. *ibidem*, 33.
46. *ibidem*, p. 29.
47. Ed. cit., p. 87.
48. Cfr. ed. cit., pp. 73-75, onde se comprova que a crítica principal que Couto faz aos reis é o facto de se deixarem aconselhar por aqueles que menos sabem: "A culpa ponho aos reis, porque vieram a gostar mais de lisonjeiros que de filósofos e sabedores" (*ibidem*, p. 73) ou "Por onde torno-me a declarar no que tinha dito, em dizer que a culpa era dos reis, que lhe inda agora ponho. Mas só em não verem e vigiarem os que tratam mais de lhe falar à vontade que verdades, como têm por obrigação os vassalos leais" (*ibidem*, p. 75).
49. Winius, *op. cit.*, p. 64. Pearson oferece-nos um exemplo concreto de como se faziam as contas dos soldos velhos: "Em 1629, a fortaleza de Moçambique tinha 300 soldados enumerados na lista de chamada, mas na verdade, havia lá menos de 100. Este era um caso extremo, mas não atípico: em todas as fortalezas portuguesas, pelo menos um terço dos soldados constantes dos livros eram fantasmas cujo soldo era recebido por um comandante bem real e muito corrupto". Cfr. M. N. Pearson, *Os Portugueses na Índia*, Lisboa, Teorema, 1990, 151.
50. Ed. cit., pp. 120-121.
51. Ed. cit., p. 155.
52. Ed. cit., p. 184.
53. Ed. cit., p. 181.
54. Ed. cit., p. 184.
55. Se referirmos especificamente o diálogo de temática militar, seguem o esquema do interlocutor único Diego de Salazar no seu *Tratado de Re Militar*; Francisco de Valdés no *Diálogo militar* ou Diego García de Palacio nos *Diálogos militares*. Cfr. Gómez, *op. cit.*, p. 25, nota 16. Apresentam três interlocutores os *Diálogos del arte militar* de Escalante. Cfr. *ibidem*, p. 28.
56. O primeiro deles presume de ter enriquecido roubando aos soldados o que eles, por sua vez, conseguiam saqueando civis (cfr. ed. cit., pp. 110-111); o segundo oficial enriqueceu na guerra cobrando o salário dos soldados mortos (cfr. ed. cit., pp. 120-121).
57. Ed. cit., p. 177.

58. Cfr. ed. cit., pp. 198-201.
59. Ed. cit., p. 80.
60. Ed. cit., p. 81.
61. Cfr. Goméz, op. cit., pp. 25-30.
62. Por exemplo: "Estais nesse negócio um pouco enganado" (ed. cit., p. 74); "A isso tinha muito que dizer" (ed. cit., p. 86); "Já me tenho arrependido da licença e liberdade que vos dei" (ed. cit., p. 93); "Algûas cousas entre tanta verdade dissestes, a que eu, como homem que governei aquele Estado, podera replicar e mostrar que estáveis apaixonado." (ed. cit., p. 183). No entanto, também com frequência o fidalgo confirma com a sua própria experiência as palavras do soldado. Cfr., por exemplo, ed. cit., p. 158.
63. Como se aprecia nos seguintes passos: "Muito me contastes; graves cousas vos ouvi. [...] Digo-vos que tão escandalizado fico dessas cousas que a primeira vez que delas posso fazer lembranças a el-rei, não deixarei de o persuadir a que rijamente castigue tamanhas dessoluições [...]" (ed. cit., p. 120); "Bofé, senhor soldado, não estou [enfadado de o ouvir]; antes me dais a vida em me alumiar nestas cousas, pera delas saber dar no Conselho melhor rezão. Por isso não largueis o intento que leváveis." (ed. cit., p. 135); "Folgo de ouvir essas cousas tão claras, porque nunca mas disseram senão marchando [...]" (ed. cit., p. 146).
64. Cfr. op. cit., p. 54.
65. "Por amor de mim que, enquanto se o sol vai pondo, trateis essa matéria [...]" (ed. cit., p. 154); "por isso dêem-me licença, que é noite e devo já de os ter bem enfadados." (ed. cit., p. 183); "E porque me tenho detido muito e a noite vai-se chegando, dêem-me Vossas Mercês licença pera me recolher [...]" (ed. cit., p. 186); "Eu estou cansado, houveram-me Vossas Mercês de dar licença..." (ed. cit., p. 246).
66. Ambos começam com um pequeño argumento: "Primer Diálogo de la Vida de un Soldado, en que se cuenta el principio de la conjuración de Alemaña, y el discurso de ella hasta la entrada del Emperador Carlos Quinto en Ulma, habiendo deshecho el campo de la Liga, y pacificado las provincias Suevía y Franconia." (ed. cit., p. 77); "En que procediendo Milicio y Cliterio en su camino, y juntamente en la conversación de la comenzada jornada, veniéndole a plática, Cliterio pregunta a Milicio el porqué o envíe, o permita Dios tantas adversidades a los buenos, y tantas prosperidades a los malos. Milicio, después de haber largamente disputado si es justo consentir los hombres a sus entendimientos que se ocupen en inquirir semejantes secretos, le satisface a sus preguntas, y vuelve a contarle el suceso hasta el fin de la jornada de Alemaña o conquista de Sajonia. Y para que la larga narración sucesiva no se haga a nadie a los oídos prolija, unas veces se ataja con algunas breves disputas, otras con caminantes, que como en el primer Diálogo dan razón de sus vidas." (ed. cit., p. 147).
67. "El calor es grande, y el camino largo, y aunque el espíritu con el placer no se aflija, no por eso deja de trabajarse el cuerpo. Así que en tanto

que pasa la fuerza de la siesta, bien me parece que será ampararme del sol debajo de estos árboles." (ed. cit., p. 80); "A buena fe primero llegues, donde me prometiste, que una legua de aquí hay un mesón, donde me dieron hoy muy buen recado, y allí quiero que lo volvamos esta noche a recibir y por la tarde que de aquí paramos, nos queda tiempo para llegar allá." (ed. cit., p. 121); "No nos faltará de esa manera en qué hablar en toda la jornada, y no nos será con la conversación el trabajo de largo camino tan enojoso, que yendo a pie caminaremos alguna parte sin sentirla a caballo en nuestras palabras" (ed. cit., p. 151).

68. Ed. cit., p. 176.

69. "Pero contarte he hasta la entrada del Emperador en Ulma, habiendo deshecho al campo de la liga, y mañana por el camino te contaré hasta cuando vino a tener su Dieta a Augusta, habiendo acabado a la guerra que pasó en Sajonia." (ed. cit., p. 91).

70. "dejemos caminando un rato al Emperador, por contar lo que entretanto hizo su General" (ed. cit., p. 169).

71. Gómez, *op. cit.*, p. 24.

72. Jesús Gómez assinala que estar escrita em forma dialogada não significa necessariamente que uma obra mostre uma visão do mundo mais aberta ou dialéctica do que um tratado sobre a mesma matéria. Assim: "Tan sólo se produce un auténtico proceso dialógico cuando, en la búsqueda de la verdad, hay una modificación de los presupuestos lógicos o epistemológicos que constituyen el punto de partida en el razonamiento de los interlocutores." (*Op. cit.*, p. 22).

73. Como neste passo: "¿No me decías ahora, poco ha, ser sola la voluntad de Dios la que hinche las velas de la nao de este mundo, y hasta la hoja del árbol no moverse sin su viento y favor? ¿Cómo ahora haces a la fortuna señora de las cosas mundanas, y quieres que la ventura de cada uno lo encumbre o abata, y no sus deméritos o merecimientos?" (Ed. cit., p. 160).

74. Ed. cit., p. 82.
75. Ed. cit., p. 111.
76. Ed. cit., p. 90.
77. Ed. cit., p. 184.
78. Ed. cit., p. 191.
79. Ed. cit., p. 257.
80. Ed. cit., p. 177.

81. Por exemplo: "Estou pasmado de ouvir tanta cousa de que cá estamos todos bem inocentes!" (ed. cit., p. 109).

82. Ed. cit., p. 220.
83. Cfr. Gómez, *op. cit.*, p. 34.
84. *ibidem*, p. 31.
85. Cfr. Coimbra Martins, *op. cit.*, 42-54.
86. Cfr. Gómez, *op. cit.*, p. 23, n. 14.
87. A pesquisa de Rui M. Loureiro sobre as fontes usadas por Couto nas

suas *Décadas* revela-se fundamental para estabelecer os hábitos de trabalho do cronista, tendo podido concluir que as referências greco-latinas são abonadas por Couto em segunda mão e não como resultado de um conhecimento directo das fontes clássicas. Se o nosso autor possuía um conhecimento vastíssimo, e de primeira mão, da história da Índia, muito menor seria o dos clássicos greco-latinos, que são referidos como mera "exibição de erudição livresca". Cfr. Rui M. Loureiro, *A biblioteca de Diogo do Couto*, Instituto Cultural de Macau, 1998.

88. Loureiro, *op. cit.*, p. 427.
89. Cfr. Coimbra Martins, *op. cit.*, pp. 240-242.
90. Cfr. ed. cit., pp. 151, 152, 154, 155, 160 e 161.
91. Cfr. González Castrillo, *op. cit.*, p. 800.
92. Ed. cit., p. 84.
93. Ed. cit., p. 94.
94. Ed. cit., p. 94.
95. Ed. cit., p. 107.
96. Ed. cit., p. 109.
97. Ed. cit., p. 119.
98. Ed. cit., p. 130.
99. Ed. cit., p. 150.
100. Ed. cit., p. 150.
101. Ed. cit., p. 161.
102. Ed. cit., p. 256.
103. Ed. cit., p. 248.
104. Ed. cit., p. 272.
105. Ed. cit., p. 190.
106. Ed. cit., p. 187.

107. Coimbra Martins regista um total de 27 expressoes idiomáticas no diálogo coutiano. Cfr. Coimbra Martins, *op. cit.*, p. 234.

De la mujer protagonista a la mujer que narra: *Cárcel de amor* de Diego de San Pedro y *Menina e Moça* de Bernardim Ribeiro

María Rosa Álvarez Sellers
Universitat de València

> Cuánto mejor me estoviera ser afeada por cruel que amanzillada por piadosa
>
> *Cárcel de amor.* Diego de San Pedro

> Que o querer bem, ou nasce das esperanças, ou sem elas.
>
> *Menina e moça.* Bernardim Ribeiro

Si la novela de caballerías parecía ser un espacio eminentemente masculino en el que desarrollar acciones valerosas con el pensamiento puesto en conquistar los afectos de la dama, la ficción sentimental surgirá como una especie de "reposo del guerrero", de respiro necesario en esa sucesión de aventuras encadenadas. Se impone reflexionar y mirar hacia los sentimientos y no sólo hacia las actuaciones, admirar a Amadís por sus hazañas pero también por su fidelidad, reivindicar un espacio para el sentir que sea tan importante como el que sustenta el obrar. Y ese cambio de perspectiva supondrá un cambio de género: si los hechos son masculinos, las emociones son femeninas, y la mujer pasará de ser un objeto de culto a reclamar el acceso a las pasiones y a la expresión en calidad de derecho y no de accidente.

Esa demanda conlleva la disolución de la dialéctica cortesana en favor de una concepción más natural del amor que comienza por conceder la palabra a una mujer hasta entonces descrita y narrada. En la Península se conocían ya en el siglo XV traducciones de algunas obras francesas –*Flores y Blancaflor, Paris y Viana* o *Pierres y Magalona*– que comenzaban a considerar aspectos emocionales al hilo de sus aventuras, pero los primeros análisis subjetivos de la pasión amorosa procederán de Italia, de la *Vita Nuova*[1] y la *Divina Comedia* de Dante o la *Elegia di Madonna Fiammetta* de Boccaccio, iniciadora del "ciclo da novelística sentimental em toda a Europa" (Simões 1987: 83); la historia de abandono e infortunio que la protagonista cuenta en primera persona se convertirá en lectura predilecta de la época. Aunque no conocemos traducciones al portugués, fue prohibida por el Santo Oficio, por lo que podemos suponer que era conocida en Portugal, así como las obras españolas que inspiró.[2] En el siglo XV asistimos, pues, al triunfo en Europa de "uma literatura novelística consagradora da nova amatória naturalista-feminista"[3] surgida al compás de los cambios en las formas de vida asociadas al Renacimiento, momento en el que se cuestionan las ideas sobre el amor expuestas en la poesía trovadoresca y en la prosa de caballerías. La nobleza se verá obligada a considerar la presencia de una burguesía que trae consigo nuevos gustos y valores.[4] Las armas ceden ante el sentimiento –aunque el caballero siga siendo admirado– y el amor, dirigido a doncellas y no a damas, se desplaza hacia el terreno doméstico para crear "uma amatória nova, idealizada ainda, é certo, mas transigente com costumes mais prosaicos" (Simões 1987: 82).

Así, a diferencia de lo que sucede en la poesía de los Cancioneros con la que la novela sentimental se halla estrechamente relacionada,[5] la mujer alcanza en la prosa lo que el verso le había negado: la posibilidad de responder a los requerimientos de ese enamorado que presume de fe ciega y sincera, que la ha colocado en un pedestal cuya superioridad le permite adorarla pero no escucharla. Sabemos de ella lo que nos dicen las quejas y lamentos del poeta, cristalizados en el tópico de "La belle dame sans mercy" popularizado por Alain Chartier hacia 1424. Ahora bien, esa distancia sentimental era sustentada por una base sociológica en la lírica provenzal desde finales del siglo XI, pues la dama estaba casada, lo que suponía un serio obstáculo, al menos inicialmente, a la pasión.

Petrarca y los poetas del *Dolce Stil Nuovo* incorporan al sufrimiento el orgullo de sentirlo, porque éste se convierte en una vía de perfeccionamiento individual que, enriquecido por elementos platónicos, conduce a la elevación espiritual a costa de restar corporeidad a la amada. Amar sin esperar galardón es ahora el mayor de los triunfos, vencer el propio deseo es incluso mejor que consumarlo:[6]

> La desexualización del objeto amado llega a ser completa durante esta fase en el desarrollo del culto al amor cortés. Es impregnado con estas nuevas esencias líricas y platónicas como el ideal del amor cortés penetra en la Península, donde por vía de la poesía gallego-portuguesa llega a ser incorporado como tema literario a la lírica castellana. (Van Beysterveldt 1979: 73)

Pero en el trasplante a tierras ibéricas de la lírica occitana, ésta perdió las motivaciones específicas generadas por la sociedad cortés que la animaba y quedó reducida a un ejercicio retórico dirigido a una mujer idealizada y distante, objeto de sentimientos convertidos en tópicos y fijados en esquemas convencionales, una mujer que desprecia las cualidades de aquel que desea servirla fielmente, que falta por tanto al principio de *mesura* que todo buen señor debía observar con los vasallos leales. Ahora bien, esa actitud no será bien vista en otros géneros de los siglos XV y XVI, pues la mujer ya no querrá ser tenida por cruel, como manifiesta Melibea en *La Celestina* al terminar la primera visita de ésta: "Pues, madre, no le dés parte de lo que passó á esse caballero, porque no me tenga por cruel ó arrebatada ó deshonesta" (IV).

Porque para el enamorado es imposible resistirse al sentimiento: el amor entra por los ojos y acaba dominando la razón y la voluntad, aunque en la lírica castellana del siglo XV "se han sometido los ingredientes del amor cortés europeo a una doble elaboración, una de orientación ascético-cristiana y otra de inspiración cristiano-platónica" (Van Beysterveldt 1979: 74), y así pasarán a la novela sentimental, donde la dama cruel e ingrata de la poesía cortesana se convertirá gradualmente en la amada que debe conjugar belleza y piedad, tal y como dice Leriano en *Cárcel de amor* (1492):

> atrevíme a ello pensando que me harías merced no segund quien la pedía, mas segund tú que la haviés de dar; y tanbién pensé que para ello me ayudaran virtud y conpasión y piedad, porque son acetas a tu condición (1993: 151)

Pero el problema está en que Leriano no sólo reclama piedad y Laureola lo sabe. Ya no es el interlocutor poético que transmite una visión unilateral de una relación en la que da sin, aparentemente, recibir nada a cambio, lo cual no significa que no lo espere, de ahí sus quejas hacia la indiferencia de la dama. La novela sentimental concede cuerpo y voz a la mujer, que al humanizarse se vuelve accesible, destruidas la barrera social del matrimonio y la espiritual impuesta por el artificio retórico. Escudándose en esa piedad connatural a la condición femenina —"Siempre creí que forçara tu condición piadosa a tu voluntad porfiada" (1993: 107)—, Leriano comenzará a solicitar a Laureola hasta convertirla progresivamente en causa del mal que sufre y único remedio para atajarlo. Sólo ella puede sanarlo de esa "enfermedad de amor" contemplada en los tratados de medicina, esa enfermedad que va anulando el resto de potencias del alma. Y como no puede hablar con ella directamente, le escribe y le pide respuesta a sus cartas. Laureola se resiste a facilitar cualquier indicio de condescendencia que Leriano pudiera interpretar de forma equivocada según sus intereses, como acabará sucediendo. Finalmente, intentando detener un proceso que se complica en cada línea, consiente en responder a alguna carta para dejar clara su postura:

> Cuánto mejor me estoviera ser afeada por cruel que amanzillada por piadosa, tú lo conosces; y por remediarte usé lo contrario; ya tú tienes lo que deseavas y yo lo que temía; (1993: 110)

Mas ese remedio no basta. Leriano se niega a entender el mensaje e interpreta el hecho de haber obtenido respuesta como un signo de acercamiento. Y sigue insistiendo sin atender a los razonamientos de la dama, cuya primera carta comenzaba con una declaración de intenciones:

> La muerte que esperavas tú de penado, merecía yo por culpada si en esto que hago pecase mi voluntad, lo que cierto no es assí, que más te scrivo por redemir tu vida que por satisfazer tu deseo (1993:109).

En la novela sentimental la mujer expresa su sentir, pero aquí continúa sin ser escuchada. Leriano lee sin atender a lo que dice Laureola, involucrado en la construcción de un edificio sentimental que imagina culminar con éxito si consigue, con sus ruegos, que ella se rinda a ese punto débil femenino al que el hombre confía en convertir en aliado: la condición piadosa, que Braçaida, personaje de la leyenda troyana que aparece en *La historia de Grisel y Mirabella* de Juan de Flores, llega a maldecir porque se ha convertido en la excusa perfecta para que los hombres puedan culpar a las mujeres de sus debilidades: "o maldita tanta piedat como en nosotras mora que ponémosnos amor a la muerte: por salvar a nuestros enemigos las vidas y después de cumplido su querer: se rien de nuestras lágrimas".

Sin embargo, Laureola ha elegido como estandarte un valor diferente que paraliza su naturaleza compasiva porque reclama derechos exclusivos: el honor. Reconociendo las cualidades de Leriano, cediendo a sus súplicas, se expone a las lenguas de la fama, y ese temor ataja cualquier síntoma de debilidad sentimental.[7] El desdén femenino de la poesía cancioneril configurado por un sujeto poético masculino[8] ha sido sustituido por deseo de la dama por el honor, un principio que amarra la voluntad y acaba anulando la pasión, y que alcanzará su máxima expresión en la tragedia de honra del siglo XVII, tragedia de sentimientos insatisfechos, incomprendidos, incompletos, fracasados, tragedia amorosa al fin y al cabo.

Y el final trágico es también uno de los rasgos de la ficción sentimental, tan propio como el carácter autobiográfico o el análisis psicológico de las emociones.[9] Porque al otorgar capacidad de respuesta a la mujer se le otorga también capacidad de decisión, y ello entraña el peligro del rechazo. *Cárcel de amor* supone la materialización de una conquista femenina muy importante: el derecho a decir "no", a negarse al amante, a elegir no transitar el camino amoroso, a imponer la opinión ajena al presunto bien personal. A pesar de la incomprensión que provoca esta postura, otro personaje inolvidable la secunda, la pastora Marcela del *Quijote*, causante involuntaria de la muerte de un enamorado al que ella nunca dio esperanzas. Pero la tragedia del XVII la destierra, pues de nuevo la mujer deja de ser escuchada tanto por maridos como por pretendientes, representantes del honor y del amor, indiferentes ante las razones de la dama, sordos ante sus explicaciones, como sucede en *El médico de su honra* o *El mayor monstruo del mundo* de Calderón. Encadenándose voluntariamente al honor, Laureola parece estar marcando, sin sospecharlo, el destino de las mujeres de géneros posteriores como la tragedia barroca, las cuales, a diferencia de la amada de Leriano, ya no tendrán elección, y sus despliegues verbales no contribuirán a hacer oír su voz sino a desvirtuar el sentido de sus palabras, hundiéndose cada vez más en las profundidades de un código social que, cumplan o no con sus exigencias, atenta contra su vida, una vida que Mencía (*El médico de su honra*) resume con una certeza escalofriante: "ni para sentir soy mía" (I, v. 139).

El sentimiento es, en cambio, lo que impulsa a contar experiencias a las narradoras de *Menina e moça* (Ferrara, 1554), las únicas que, en la Península, toman directamente la palabra, pues *Fiammetta* no logra sentar precedente en la ficción sentimental española, en la que el hombre continúa siendo el narrador de los hechos. Y aunque el castellano se impone en el género, el portugués estará implicado de principio a fin, pues el condestable D. Pedro de Portugal escribió en portugués la primera versión, hoy perdida, de la *Sátira de infelice e felice vida*, que refundió en español unos años después,[10] y la obra de Ribeiro, pese a su aparición crepuscular, es la única que asimila la herencia de las *Heroidas* de Ovidio y la *Fiammetta*, dirigida por una mujer a las mujeres tristes,[11] premisa mantenida por la *Menina*, que cree que "não há tristeza nos homens. Só as mulheres são tristes" (1999: 90), y a los tristes dirige su escritura:

> se em algum tempo se achar este livro de pessoas alegres, não o leiam. Que, por aventura parecendo-lhe que seus casos serão mudáveis como os aqui contados, o seu prazer lhes será menos prazer. Isto, onde eu estivesse, me doeria, porque assaz abastava nacer eu para minhas mágoas, senão ainda para as doutrem. Os tristes o poderão ler. Mas aí não os houve mais depois que nas mulheres houve piedade. Nas mulheres sim, porque sempre nos homens houve desamor. (1999: 77)

Las tristezas masculinas de la lírica cortesana han desaparecido desde que las mujeres abandonaron la actitud hostil que el hombre les había asignado y la sustituyeron por esa piedad tan invocada en la ficción sentimental, que Laureola cambia por el honor y que en *Menina e moça* desemboca en una tristeza crónica que unida a la belleza o a la honestidad configura el retrato femenino y se apodera de todo cuanto existe hasta llegar a dominar los recuerdos, que se agolpan en la mente de forma desordenada e imperativa, porque "a mim as minhas mágoas ora me levam para um cabo ora para outro. E trazem-me assim, que me é forçado tomar as palavras que me elas dão, porque não sou tão constrangida servir ao engenho, como à minha dor" (1999: 79). Y lo mismo sucede con la auténtica narradora, esa *Dona do tempo antigo* que interrumpe el relato de la *Menina* para contarle las desdichadas historias sucedidas en la tierra donde se encuentran, tierra extranjera que une a ambas autoras con los protagonistas de los sucesos, todos exiliados, todos en camino, todos buscando un norte que no acaban de encontrar. Dice la *Dona*:

Trazem-nos os nossos fados com não sei que antolhos, que temos as coisas diante e não nas vemos. Tudo anda trocado, que não se entende; e assim nos vêm tomar as mágoas quando estamos mais desseguradas delas, que nos doem a um mesmo tempo o bem que perdemos e o mal que depois cobramos. (1999: 96)

Ahora el punto de vista elegido para contar la historia ha quedado invertido; ya no es el del varón que sufre ante los desdenes de su amada, sino el de las "donzelas que ficaram chorando por cavaleiros" (1999: 93), lo cual condiciona la selección de los acontecimientos y privilegia las emociones sobre las acciones, pues es impropio de mujeres narrar hechos de caballerías, como dice la *Dona*: "ainda que as mulheres folguem muito de ouvir cavalarias, não lhes está bem contarem-nas, nem elas parecem na sua boca como na dos homens que as fazem" (1999: 100).[12] Entronca, además, con la tradición de las *cantigas de amigo* y podría contribuir a explicar la elección de Bernardim de una narradora en primera persona, atendiendo a la diferencia de actitud en la relación amorosa.[13] Si el hombre enamora con "obras", la mujer lo hace con "desdéns e presunções", por eso Aquelísia, que "não sofreu a tardança de o ir obrigando pouco a pouco" y se entregó "logo toda" a Narbindel, sólo "obrigou-o assim, mas não o namorou" (1999: 124) y, por el contrario, Aónia y Arima enamoran a Binmarder y Avalor sin pretenderlo:

> Coitadas das donzelas que, porque vêem que as namoram os homens com obras, cuidam que assim também se devem eles namorar. E é muito pelo contrário, que aos homens namoram-nos os desdéns presumptuosos: após uma brandura de olhos, aspereza muita de obras. Isto de seu natural lhe deve vir, serem tão rijos que parece não terem em muito senão no que trabalham muito. Nós outras, brandas de nosso nascimento, fazemos outra coisa. Porém, se eles connosco entrassem a juízo, que razão mostrariam por si? Que o amor que é, senão vontade? Ela não se dá nem toma por força, mas, como seja, ou pela desaventura das mulheres ou ventura dos homens, sentença é dada em contrário: que a eles prendem-nos esquivanças, e boas obras a elas. E esta só maneira poderão ter para os namorarem, se não forem namoradas deles. Mas ao amor, quem lhe porá lei? (1999: 124-125)

La frase "a eles prendem-nos esquivanças, e boas obras a elas" sintetiza en su primera parte la situación entre Leriano y Laureola, pues ella no puede evitar dudar de las intenciones de su enamorado, lo que unido a su preferencia por el honor la llevará a rechazarlo.[14] En *Menina e moça*, en cambio, a juzgar por lo que dicen las narradoras, la mujer no acaba de acertar con la estrategia que debe emplear, ya que debe ir en contra de su naturaleza piadosa para mantener al hombre interesado. La mujer parece haber descubierto el arte de amar, privilegio reservado a los hombres pero, paradójicamente, eso sólo la ha hecho más consciente de las dificultades para encontrar la felicidad, pues en ambas novelas la pasión es fuente de insatisfacción y desdicha, con amores truncados —los de Lamentor y Belisa—, separados —los de Binmarder y Aónia y los de la *Menina* y su amigo— o incompletos —los de Leriano y Laureola y los de Avalor y Arima. Si el mundo es descrito en *Cárcel de amor* desde un punto de vista masculino, en *Menina e moça* es contado por voces femeninas[15] y está presidido por la mudanza y el desconcierto, por un dinamismo que impulsa la vida, que hace que todo fluya y nada se detenga, que todos perciben pero nadie sabe o puede cambiar. El infortunio aguarda al final del camino aunque se intente andar en sentido contrario, lo que produce un ambiente dominado por el fatalismo presente en cada gesto: las aguas que corren en el río, las aves que caen muertas, los hombres que no aman a las mujeres que los aman...

Pero las mujeres amadas no correrán mejor suerte. No sabemos por qué no está la *Menina* con su amigo, pero sí conocemos lo ocurrido entre las tres parejas cuya historia se superpone a ese relato enunciado que quedará finalmente soterrado. Es la muerte la que corta el lazo amoroso entre Lamentor y Belisa, que entrega su vida a cambio de la de su hija Arima. Inmediatamente, comienza a desarrollarse la relación entre Binmarder y Aónia, hermana de Belisa, cercados por un muro de silencio que no podrán derribar, esperando cada uno que el otro adivine sus pensamientos y dé el paso decisivo. Paso que Avalor, enamorado de la etérea Arima, se atreverá a dar, aunque cuando ésta intuya ese amor se alejará de él para siempre. Ambos caballeros quedan prendidos de una mirada que sustraerá sus voluntades, como le advierte a Avalor un sueño:

> saberás que há aí vontade dada por força de amor, e outra por amor forçado dada. (...) A outra tomou-te, a Arima tu te lhe deste; tinha-te uma preso o corpo, e a outra, quer queiras quer não queiras, te há-de ter preso o corpo e alma para sempre. (1999: 185)

De la mujer que escribe en español pasamos a la mujer que narra en portugués, ambas de naturaleza piadosa aunque canalizada de forma diferente. Laureola somete la piedad al honor y ello le impide corresponder a un enamorado que intenta conquistarla con buenas obras que resultan no ser suficientes para diluir las intenciones que ella adivina tras sus palabras y juzga contrarias a su decisión de mantener, por encima de las emociones, su buen nombre. Leriano ofrece y pide amor, pero el honor cerrará la puerta a sus aspiraciones, y cuando compruebe que ni sus palabras ni sus obras pueden rendir el edificio construido en virtud de la fama, cuando toda esperanza abandone su espíritu, su cuerpo dejará escapar el aliento que lo sostenía y acabará pereciendo. Aunque su voluntad exhiba un último y desesperado gesto de rebeldía: bebiéndose las cartas de Laureola se lleva consigo las únicas prendas concedidas por su amada, logrando al fin, siquiera simbólicamente, poseerla.

Esa necesidad de oponer sentimiento a opinión se trasladará a géneros posteriores como la tragedia del siglo XVII, en la que ese enfrentamiento seguirá siendo dramático, pero ahora se invertirá el personaje sacrificado, porque el honor es un arma de doble filo, y si en *Cárcel de amor* se convierte en instrumento al servicio de la condición femenina, en la tragedia barroca será precisamente lo contrario. Ese honor que Laureola convierte en escudo sentimental para protegerse del deseo de Leriano se volverá contra la mujer cuando se le escape de las manos, cuando no sea un valor libremente elegido por ella sino impuesto por el personaje masculino. Cuando sea el hombre el que anteponga el honor al amor será la vida de la mujer la que correrá peligro, pues la honra del marido depende de la fama de su esposa, que con su comportamiento inapropiado puede empañar la belleza armónica que refleja, principio que hasta ellos lamentan.[16] Y si Leriano puede creer a Laureola culpable de su muerte, se trata sólo de una percepción, pero en la tragedia la mujer será ejecutada por un marido que se cree con el derecho y la potestad de hacer cumplir la sentencia dictada en el tribunal del honor. Laureola rechaza a Leriano y éste muere aquejado de la mortal enfermedad de amor descrita por los médicos, pero en la tragedia barroca la mujer pone idéntico empeño en defender su honor, intenta también convertirlo en escudo sentimental ante los embates amorosos de antiguos pretendientes –como sucede en las calderonianas *El médico de su honra*, *El pintor de su deshonra* y *A secreto agravio, secreta venganza*–,[17] mas sus esfuerzos por conservar su buen nombre acaban convirtiéndose en las pruebas que inducen al marido a condenarla a muerte para atajar el daño infringido a su honra.

Si en la ficción sentimental la mujer despierta a un protagonismo que no tenía en la lírica cortesana para tomar posiciones en el juego amoroso, las narradoras de *Menina e moça* descubren que, pese a la ventaja adquirida, siguen sin acertar con la clave para sostener una relación amorosa completa y satisfactoria en ese escenario caballeresco y pastoril en el que se mueven, en ese mundo ideal que "el hombre ha creado sólo para sentirse perdido y anonadado" (Casalduero 1973: 93). El amor resulta imposible desde cualquier perspectiva; tres parejas se verán abocadas al fracaso por tres tipos de causas: físicas entre Lamentor y Belisa, sociales entre Binmarder y Aónia –al igual que entre Leriano y Laureola– y espirituales entre Avalor y Arima. Ni la *Menina*, ni Belisa ni Aónia rechazan a su enamorado, pero las tres acaban separadas de él. Sólo Arima, la única nacida en aquella tierra de tristezas, la única que no posee la condición de exiliada, decide alejarse de Avalor, ya que su propia naturaleza –"A sua mansidão nos seus ditos e nos seus feitos não eram de coisa mortal. A sua fala, e o tom dela, soava doutra maneira que voz humana" (1999: 177)– le impide adquirir ataduras sentimentales.

Y, como Leriano, los hombres sufren en *Menina e moça*, e intentan también culminar con éxito sus particulares guerras de pasión. Pero en esa novela portuguesa que consigue enlazar el género sentimental con la ficción pastoril,[18] ninguno de los personajes, sean hombres o mujeres, pese a la actividad desplegada para ello, logrará hacer realidad sus deseos. Siguen presos, como en su día lo estuvo Leriano, en la cárcel de amor porque un sentimiento diseñado para la dicha no depende de una sola inteligencia. No en vano "Son los milagros de amores, / maravillas de Copido" como dirá Gil Vicente en *Don Duardos* (1522),[19] pues no hay amor perfecto si no es correspondido.[20] Volvemos al punto donde empezamos, al tormento que supone una empresa emocional cuyo desenlace no controla la voluntad que la inició. La situación planteada en las novelas de San Pedro y Ribeiro sigue siendo la misma que la establecida en la poesía cancioneril aunque las razones y las actuaciones hayan cambiado. El hombre inicia el proceso y la mujer se muestra desdeñosa, cruel o compasiva, pero ninguna actitud resulta ser adecuada para completar con éxito los recorridos sentimentales. Es cierto que se ha avanzado en la comunicación entre los sexos, pues la perspectiva unívoca del verso será ampliada en la prosa con la intervención femenina, aunque la ficción española recurra al filtro del narrador masculino para plasmar lo que ellas dicen o escriben. La única ficción sentimental en la Península que realmente crea la ilusión de ser la mujer la que está manifestando sus inquietudes y su visión de la vida está escrita en portugués,[21] pero *Menina e moça* participa del carácter diletante de los géneros renacentistas en su intento de convertirse en espejo de una realidad tan cambiante como inaprehensible desde un único ángulo, y por ello ha sido calificada de "novela sincrética" (Asensio 1978: 57). Inmersa en el universo de los libros de caballerías, da un salto cualitativo al ceder la palabra y la escritura a la mujer, superando así la frontera sentimental en la que se detuvo la ficción española. Esa traslación narrativa le permitiría culminar un género y enlazar con el que vendría a continuación, la novela pastoril, que entre sus modelos contará con la obra de otro portugués, la *Diana* de Jorge de Montemayor aunque, esta vez, será escrita en castellano.

Bibliografía

ÁLVAREZ SELLERS, María Rosa (1997). *Análisis y evolución de la tragedia española en el Siglo de Oro: la tragedia amorosa*, Kassel, Reichenberger, Colección «Teatro del Siglo de Oro. Estudios de Literatura», vol. 33, 34 y 35.

ÁLVAREZ SELLERS, María Rosa (2000). "*Menina e Moça* de Bernardim Ribeiro: a questão do género", in *Professor Basilio Losada: ensinar a pensar com liberdade e risco*, Barcelona, Universitat de Barcelona, pp. 156-164.

ASENSIO, Eugenio (1978). "Bernardim Ribeiro y los problemas de *Menina e Moça*", *Arquivos do Centro Cultural Português*, Paris, Fundação Calouste Gulbenkian, vol. XIII, pp. 41-62.

AVALLE-ARCE, Juan Bautista (1974). *La novela pastoril española*, Madrid, Istmo, 2ª ed.

BONI, Guia (2002). "*Menina e moça*: una cantiga d'amigo", *Atti del XX Convengo (Associazione Ispanisti Italiani)*, 1, pp. 459-466.

BUCETA, Erasmo (1933). "Algunas relaciones de la *Menina e moça* con la literatura española, especialmente con las novelas de Diego de San Pedro", *Revista de la Biblioteca, Archivo y Museo*, 10, pp. 291-307.

BUESCU, Maria Leonor Carvalhão (1992). *Literatura Portuguesa Clássica*, Lisboa, Universidade Aberta.

CALDERÓN DE LA BARCA, Pedro (1967). *A secreto agravio, secreta venganza*, Ed. Ángel Valbuena Briones, Madrid, Espasa-Calpe.

CALDERÓN DE LA BARCA, Pedro (1970). *El médico de su honra. El pintor de su deshonra*, Ed. Ángel Valbuena Briones, Madrid, Espasa-Calpe.

CAMÕES, Luís de (1988). *Poesia lírica*, Ed. Isabel Pascoal, Lisboa, Ulisseia.

CARVALHO, José G. Herculano (1968). "Crítica filológica e compreensão poética", in *Litterae Hispanae et Lusitanae. Festschrift zum fünfzigjährigen bestehen des Ibero-Amerikanischen Forschungsinstituts der Universität Hamburg*, Herausgegeben von Hans Flasche, München, Max Hueber Verlag.

CASALDUERO, Joaquín (1973). "La Bucólica, la pastoril y el amor", in *Estudios de literatura española*, Madrid, Gredos, pp. 90-95.

CASTELEIRO, João Malaca (1968). "A influência da *Fiammetta* de Boccaccio na *Menina e Moça* de Bernardim Ribeiro", *Ocidente*, n° 360, vol. LXXIV, abril, pp. 146-168.

CORTIJO OCAÑA, Antonio (2003). "La problemática sentimental y la crisis del amor cortés", *Actas de las VIII Jornadas Medievales*, Eds. L. Von der Walde - C. Company, México, Universidad Nacional Autónoma de México, pp. 79-93.

CVITANOVIC, Dinko (1973). *La novela sentimental*, Madrid, Editora Prensa Española.

DEYERMOND, Alan (1986). "Las relaciones genéricas de la ficción sentimental española", *Simposium in honores Prof. M. de Riquer*, Barcelona, Universidad de Barcelona & Quaderns Crema, pp. 75-92.

DEYERMOND, Alan (1993). "La narradora en la ficción sentimental: *Menina e moça* y *Clareo y Florisea*", *Tradiciones y puntos de vista en la ficción sentimental*, México, Universidad Nacional Autónoma de México, pp. 89-104.

FLORES, Juan de (1971). *Grimalte y Gradissa*, Ed. Pamela Waley, London, Tamesis.

GERLI, E. Michael (1981). "La «religión del amor» y el antifeminismo en las letras castellanas del siglo XV", *Hispanic Review*, 49: 1 (Winter), pp. 65-86.

LÓPEZ ESTRADA, Francisco (1974). *Los libros de pastores en la literatura española. La órbita previa*, Madrid, Gredos.

MARTÍNEZ LATRE, Mª Pilar (2000). "Estatuto y evolución del personaje femenino de la novela sentimental de los siglos XV-XVI a la luz de los tópicos misóginos y profeministas", *Investigación humanística y científica en La Rioja. Homenaje a Julio Fernández Sevilla y Mayela Balmaseda*, pp. 149-159.

MENÉNDEZ PELAYO, Marcelino (1961). *Orígenes de la Novela*, vol. II, Madrid, C.S.I.C., 2ª ed.

MONTEMAYOR, Jorge de (1981). *Los siete libros de la Diana*, Ed. Enrique Moreno Báez, Madrid, Editora Nacional.

MONTERO, Juan (1992). "De la «Diana» de Montemayor al «Cántico espiritual»: especulaciones en la fuente", *Edad de Oro*, XI, Madrid, Universidad Autónoma de Madrid, pp. 113-121.

NEVES, Leonor Curado (1995). "A função do feminino no universo onírico da *Menina e Moça* de Bernardim Ribeiro", *Medioevo y literatura: Actas del V Congreso de la Asociación Hispánica de Literatura Medieval*, vol. 3, pp. 463-471.

RIBEIRO, Bernardim (1984). *Menina e Moça*, Ed. Teresa Amado, Lisboa, Comunicação, Textos Literários.

RIBEIRO, Bernardim (1992). *Menina y moza o Saudades*, Ed. Antonio Gallego Morell y Juan M. Carrasco, Madrid, Cátedra.

RIBEIRO, Bernardim (1999). *Menina e Moça ou Saudades*, Ed. Hélder Macedo, Lisboa, Publicações Dom Quixote, 2ª ed.

ROSE, Constance H. (1999). " 'La voz a ti debida': melancolía y narradoras en la novela pastoril", in María Rosa Álvarez Sellers (Ed.), *Literatura portuguesa y literatura española: influencias y relaciones*, Valencia, Universitat de València, pp. 347-358.

SAN PEDRO, Diego de (1993). *Cárcel de amor*, en *Obras completas*, II, Ed. Keith Whinnom, Madrid, Castalia.

SIMÕES, João Gaspar (1987). *Perspectiva histórica da ficção portuguesa (das origens ao século XX)*, Lisboa, Publicações Dom Quixote

VAN BEYSTERVELDT, Antony (1979). "La nueva teoría del amor en las novelas de Diego de San Pedro", *Cuadernos Hispanoamericanos*, (349), pp. 70-83.

VEGA CARPIO, Lope de (1989). *El castigo sin venganza*, Ed. David A. Kossoff, Madrid, Castalia.

VEGA CARPIO, Lope de (1970). *El caballero de Olmedo*, Ed. Joseph Pérez, Madrid, Castalia.

VICENTE, Gil (1990). *Don Duardos*, en *Teatro renacentista*, Ed. Alfredo Hermenegildo, Madrid, Espasa-Calpe, pp. 213-288.

Notas

1. Herculano de Carvalho (1968: 89) cree que Petrarca, Boccaccio, Sannazaro y Bembo dejaron huella en la novela de Ribeiro, que debía tener un "conhecimento directo" de la *Vita nuova* de Dante.

2. Según Simões (1987: 83): "Da combinação das queixas sentimentais de Fiammetta com as lágrimas de Amadis se gera em verdade a «novela» sentimental espanhola".

3. "A mulher, que deixava de ser servida pelo cavaleiro, chamava a si o respeito e a veneração do homem, de quem passara a ser colaboradora. Eis a origem dos primeiros romances sentimentais e erótico-sentimentais, segundo Menéndez y Pelayo [1961: II, 3]". (Simões 1987: 82-83).

4. "Entre las causas que favorecen el desarrollo de la novela sentimental hay que mencionar factores socio-culturales que activan el desarrollo de la vida cortesana en el siglo XV. A ello contribuye el auge de la monarquía que pretende recortar el poder de los señores feudales." (Martínez Latre 2000: 149)

5. Como muestran Pamela Waley (1971) y Keith Whinnom (I, 1985; II, 1993) en sus ediciones, respectivamente, de *Grimalte y Gradissa* de Juan de Flores y de las *Obras completas* de Diego de San Pedro, y Dinko Cvitanovic (1973) o Antony Van Beysterveldt (1979).

6. Aunque, posteriormente, un poeta de la talla de Camões no llegara a entenderlo y reflejara en sus sonetos -" Pede o desejo, Dama, que vos veja...", "Transforma-se o amador na cousa amada..." (1988: 84; 90)- la paradoja de considerar gratificante la insatisfacción del deseo.

7. Así responde al auctor (1993: 103):
> Si pudiese remediar su mal sin amanzillar mi honrra, no con menos afición que tú lo pides yo lo haría; mas ya tú conosces cuánto las mugeres deven ser más obligadas a su fama que a su vida, la cual deven estimar en lo menos por razón de lo más, que es la bondad. Pues si el bevir de Leriano ha de ser con la muerte désta, tú juzga a quién con más razón devo ser piadosa, a mí o a su mal;

8. Según Gerli (1981: 69) "no hay nada superfluo en la poesía cancioneril: en ella se percibe un intento determinado de organización, una sistematización de la realidad

emotiva y una virtuosidad técnica puesta al servicio de la pasión".

9. "muchas de estas narrativas no representan un mundo amoroso ideal. Al contrario, por todas partes afloran signos de ruptura, infelicidad y descontento. Muchas de las historias terminan en catástrofe y tragedia. Ante esta tesitura es difícil hablar de la ficción sentimental en los términos nítidos de recuperación de un pasado glorioso" (Cortijo 2003: 80).

Deyermond (1986: 77) sintetiza las características principales: brevedad, "predominio del interés psicológico sobre la acción externa, visión trágica del amor", autobiografismo e inclusión de cartas o poesías. Y también Buceta (1933: 300): "lirismo, filoginismo, anatomía de la pasión y nota dolorosa", rasgos propios de la ficción sentimental presentes también en *Menina e moça*.

10. "De las otras obras tempranas, el *Siervo libre de amor* es de origen gallego; (...) y el autor de la *Triste deleytación* fue catalán. Es muy posible, a la luz de las últimas investigaciones, que Dom Pedro desempeñase un papel decisivo en la evolución del género, y que el número impresionante de obras sentimentales en Aragón y Cataluña se debiese al influjo de su corte literaria durante sus años de rey intruso de Cataluña. Sin embargo, Rodríguez del Padrón, Dom Pedro y el autor de la *Triste deleytación* escogieron el castellano como medio de su creación literaria. Pero la ficción sentimental no se escribió únicamente en castellano" (Deyermond 1986: 76-77).

11. Según Casteleiro (1968) *Fiammetta* comparte con *Menina e moça* la "suposta autoría feminina", "o seu carácter sentimental, confidencial e desordenado, e a perspectiva feminista". El tema fundamental es el amor, de naturaleza trágica, unido a la "concepção fatalista" e a "visão pessimista" (pp. 167-168), y en las dos aparecen elementos sobrenaturales, aunque Ribeiro "procura criar a ilusão da realidade" (p. 159). Pero suponen hitos diferentes en el panorama literario: si la *Fiammetta* "aceita a tradição clássica e dá início à literatura novelística moderna" (p. 168), convirtiéndose en síntesis de su época, "Bernardim Ribeiro adianta-se à sua época", pues su obra "ganha maior elevação estética e mais projecção histórica" (p. 168).

12. "Los incidentes de combates, las actividades de los hombres moviéndose por un escenario heroico y decorativo importan menos que las emociones de la mujer en la cárcel doméstica, como si la narración caballeresca hiciese el papel de contraste de la historia psicológica. Es la primera vez que se escribe en Portugal para un público femenino." (Asensio 1978: 59-60).

13. Deyermond (1993: 101) cree que la "lírica de voz femenina", característica de la poesía galaico-portuguesa del siglo XIII y principios del XIV, fue "probablemente el factor decisivo" que explicaría "la innovación radical de Ribeiro —una mujer que está al mando de la narrativa, aunque no de sus emociones, que reorganiza artísticamente el caos y la derrota de sus relaciones personales— transformó la ficción sentimental en un momento en que el género parecía haberse agotado".

Otros autores consideran evidente la relación con la *cantiga de amigo* —Boni (2002)— en distintos momentos del libro: Gallego Morell (1992) en el cantar *à maneira de solão* que el Ama recita a Aónia recordando a la madre de ésta, Belisa; Macedo (1999: 62) en su estructura paralelística; Buescu (1992: 71) en la atmósfera y el universo melancólico; Amado (1984: 38-39) en el monólogo de la *Menina*.

Rose (1999: 347-358) destaca también esa peculiaridad de expresarse a través de una voz femenina en las *cantigas de amigo* y en Bernardim Ribeiro y Alonso Núñez de Reinoso, creadores del género pastoril peninsular, y subraya la innovación que supone que la mujer haya encontrado su voz. Sin embargo, del tono y contenido de las tristezas enunciadas deduce que se trata en realidad del lamento de los propios autores, judíos conversos, por una situación de exilio a la que no veían fin.

14. También Lamentor recuerda a su hija Arima, antes de partir hacia la Corte, la importancia de la fama:

Esta só vos lembrarei: sois estrangeira nesta terra. Tudo se há-de olhar em vós e há-se de esperar tudo de vós. Nem tão somente sois obrigada à vossa boa tenção, mas ainda a presunção que outrem há-de ter dela. Culpas dadas mal se tiram em as donzelas. (...) A boa fama é a melhor herança que há neste mundo. (1999: 180)

15. Ceder la palabra a la mujer ha sido destacado como rasgo innovador de la *Diana* de Montemayor, "el más representativo de los libros de pastores españoles" (Montero 1992: 114): "Repasemos las églogas de Garcilaso y veremos que no hay tal cosa; como tampoco la hay en la pobladísima *Arcadia* de Sannazaro. Y es que Montemayor actúa como un innovador en esto de dar la voz a las figuras femeninas, quizá a la zaga de *Menina e moça*." (116)

16. En las tragedias de honra calderonianas el marido se queja de que el honor no dependa de sí mismo, tal y como dice D. Juan (*El pintor de su deshonra*, III, vv. 481-496; vv. 505-512), D. Lope (*A secreto agravio, secreta venganza*, II, vv. 315-324) o D. Gutierre en *El médico de su honra*:

> D. GUTIERRE.   (...)
> A peligro estáis, honor,
> no hay hora en vos que no sea
> crítica, en vuestro sepulcro
> vivís, puesto que os alienta
> la mujer, en ella estáis
> pisando siempre la huesa.
> (II, vv. 643-648)

Y también en *El castigo sin venganza* de Lope de Vega:

> DUQUE.   ¡Ay honor, fiero enemigo!
> ¿Quién fue el primero que dio
> tu ley al mundo? ¡Y que fuese
> mujer quien en sí tuviese
> tu valor, y el hombre no!
> (III, vv. 2811-2815)

17. *Vid.* Álvarez Sellers (1997: II, 431-460).

18. *Vid.* Álvarez Sellers (2000): si el carácter sentimental ha sido quizá la nota más destacada por los estudiosos lusitanos, parte de la crítica española suele estudiar *Menina e moça* en la medida en que pueda servir como precedente, modelo o referente de géneros cultivados con éxito en español, y aunque señale las deudas de *Menina e moça* con la novela sentimental, la sitúa en el punto de partida de la obra de un portugués escrita en castellano que alcanza gran repercusión en el ámbito peninsular: la *Diana* de Jorge de Montemayor, ensalzada como texto inaugural de la novela pastoril española por López Estrada (1974: 373-382), Avalle-Arce (1974: 69) o Moreno Báez (1981: XVI-XVII), aunque no dejen de apuntar las posibles influencias de la obra de Ribeiro sobre la de Montemayor, que "debía conocer la obra de Bernaldim Ribeiro antes de emprender la suya" (Menéndez Pelayo 1961: II, 265).

19. Ed. Hermenegildo (1990: 235).

20. En la filosofía de Aristóteles, la forma determina la materia, tal y como corrobora Camões (1988: 90): "o vivo e puro amor de que sou feito, / como a matéria simples busca a forma". De igual modo, el amor existe sólo si es correspondido, como dice D. Alonso en *El caballero de Olmedo* de Lope de Vega:

> ALONSO.   Amor, no te llame amor
> el que no te corresponde,
> pues que no hay materia adonde
> no imprima forma el favor.
> (I, vv. 1-4)

(...)
pensando correspondencia,
engendra amor esperanza.
Ojos, si ha quedado en vos
de la vista el mismo efeto,
amor vivirá perfeto,
pues fue engendrado de dos;
pero si tú, ciego dios,
diversas flechas tomaste,
no te alabes que alcanzaste
la victoria; que perdiste
si de mí solo naciste,
pues imperfecto quedaste.
(I, vv. 19-30)

21. Neves (1995: 470-471) explica la elección de la voz femenina por la superioridad de la mujer:

A superioridade de carácter dos heróis masculinos (...) advém da existencia neles de qualidades que as mulheres possuem por natureza. A "heroicidade" consubstancia-se no desejo de identificação com o feminino, ou com o que ele representa (...). Neste quadro não é de estranhar que o espaço habitualmente consagrado ao Autor na prosa de ficção sentimental seja ocupado por uma (dupla) voz feminina.

Juan Augur de Trasmiera y la autoría del Palmerín de Olivia y el Primaléon (Salamanca, 1511 y 1512)

Miguel García-Figuerola
Universidad de Salamanca

Juan Ramón de Trasmiera, Joham Remon de Trasmiera, J. Remon Transmeriensis, Juan Augur, Juan Augur de Trasmiera, Juan Agüero de Trasmiera, el bachiller Trasmiera, Juan de Trasmiera ....todo un elenco de nombres con que firma o se cita a un personaje del siglo XVI, del que lo único que se puede decir con propiedad es que estuvo relacionado con el mundo editorial.

En efecto, es muy poco lo que se conoce de su biografía y muchos de los datos que se le atribuyen han sido deducidos, antes que otra cosa, de las obras literarias, fundamentalmente del *Triunfo Raimundino*. Se desconoce así pues el lugar y la fecha de su nacimiento. Se le ha supuesto, no obstante, a pesar de su *origo* cántabro, una familia de Ciudad Rodrigo por su relación con el *Palmerín de Olivia* y el *Primaleón*, su contribución más importante a la literatura. Tampoco se conoce su profesión concreta. Nacido, probablemente, en la segunda mitad del siglo XV, Juan Augur de Trasmiera parece haber sido un hombre de letras, que acostumbraba a firmar con su título de bachiller y que, como atestiguan algunos de sus escritos y sus traducciones, era buen conocedor del latín y del toscano[1].

Si hemos de hacer caso a sus propias indicaciones, habría que pensar que perteneció a una familia de origen noble, santanderina. Sus padres fueron Juan de Trasmiera y Violante Remón de Figueroa, "habitantes en Salamanca", según se explica en un documento del Archivo de Indias al que nos referiremos luego[2]. En el *Triunfo Raimundino*, una de sus obras, explica su alcurnia:

> *Por quien sufrió harto mal,*
> *Pero Gonzalez Agüero,*
> *Alférez, fiel caballero,*
> *sin brazo, muerto á destral.*
> *Dicen que el conde Remón*
> *yace en la Iglesia mayor,*
> *pero no es el poblador*
> *mas otro de su nación.*
> *Que ovo dos deste blasón*

en *Galicia el que pobló,*
el otro se sepultó
aquí por grande afección.

Pertenecería así Juan Ramón al linaje de los Agüero, -traducción al castellano de Augur -, un apellido que tiene su cuna en Trasmiera, en las montañas de Cantabria. Su fundador fue Pedro González que pobló Agüero, lugar cercano a Santander, del que tomó el nombre y que fue armado caballero en 1330 por Alfonso XI. Algunos de sus presuntos antepasados, como Ruy González de Agüero, son citados también en aquella obra: *Este fue mi tercio abuelo /casta y línia masculina/...* e incide en el tema en varios pasajes de la *Conquista de la India*, otra de las obras en las que figura como colaborador nuestro personaje[3]. Pariente de este Juan Ramón debió ser D. Diego de Agüero, conquistador de Indias, a quien el emperador Carlos I concedió armas en 1537.

Hay algunos indicios que invitan a pensar que Trasmiera quizás no fuese cristiano viejo. En primer lugar su interés por la genealogía y por mostrar la alcurnia de su linaje que entronca, sin reparos, con la monarquía de Castilla y con la portuguesa. En segundo lugar la elección –de ser elección– de sus apellidos. Está demostrado que hay un intento en esta época entre los cristianos nuevos de enraizarse con el norte y más concretamente con Cantabria, cuna de la nobleza castellana. Podemos citar a este respecto los conocidos casos de Núñez de Reinoso[4], Gabriel de Sarabia[5] o Rodrigo de Reinosa.

Sin duda estuvo vinculado a Ciudad Rodrigo y, probablemente, también a Ledesma, ciudad a la que exalta en el pliego que contiene el *Triunfo Raimundino*, y donde tiene también parentela. Juan Ramón debió estudiar y desde luego residir parte de su vida en Salamanca. Por los versos finales del *Palmerín de Olivia* parece que fue discípulo de Nebrija a quien también cita en aquel poema: *consiente el cronista hispano /de lenguas remediador /que es el real historiador/Lebrija, el más docto humano*. Esta sugerencia fue hecha por G. Manzini y, argumentando en su favor, L. Gil dice en su introducción a la *Conquista de la India* que *el aspecto que ofrece la impresión de la Conquista es el mismo que el* De vi ac potestate litterarum *de Nebrija*. De aquí que se hubiera relacionado con el impresor Juan de Porras, quien editara muchas de las obras del gramático.

Especulando con las dedicatorias y proemios de las obras en las que aparece involucrado, también se ha pensado con que hubiera entrado al servicio de la casa de Córdoba como el preceptor de Luis, dado que los prólogos del *Palmerín* y el *Primaleón* sugieren haber sido escritos desde el interior de la casa. Esto explicaría también –para algunos investigadores– el interés por esconder su nombre en obras de corte popular como el *Palmerín*.

Como se puede observar, el grado de conjetura supera con mucho las noticias ciertas que poseemos sobre su biografía. No obstante, hay otros hechos que parecen incuestionables. De su obra se deduce que estuvo en Italia, aunque no podemos precisar en que momento de su vida. En el título xxxiiii de la *Conquista de las Indias* lo dice expresamente: *Lo cual estando allá* [se refiere a Roma] *noté e pregunté la causa de su excelente apellido, e les dixe cómo la principal casa e solar de las generosas montañas de Castilla era nombrada de Agüero, descendiente del conde Fernán Gonçalez, de sangre real...*

Trasmiera no debió estar presente en la presentación de esta última obra, pues a finales de diciembre se encontraba en Puerto Rico, llegando a la isla de Borinquen el 25 de diciembre de 1512 a bordo del navío San Francisco, probablemente para ver y conocer *diversas suertes de gentes*[6]. Viajó en calidad de acompañante del obispo Alonso Manso[7].

En ese momento ya se ha publicado la mayor parte de la obra que se le atribuye, algunos pliegos sueltos y tres libros: La *Conquista de las Índias* escrito por Martín Hernández Figueroa (1512), y las dos primeras entregas del ciclo de los palmerines: *El Palmerín de Olivia* (1511) y *El Primaleón* (1512), cuya autoría sigue siendo controvertida.

Poco debió durar su estancia en las Américas porque en 1514 aparece en Valencia relacionado de nuevo con el mundo editorial: ahora con una obra de tema medicinal, traducida del italiano: *Probadas flores romanas de famosos y doctos varones compuestas para la salud e reposo de los cuerpos humanos,* (Valencia: Taller de Juan Joffre, 1514). Después, nada nuevo. Nos encontramos únicamente su nombre en algunas reediciones, como la del *Palmerín de Olivia* y el *Primaleón* (1516) y en algunos pliegos sueltos. Algunos de éstos son reeditados después de su muerte, llevando su nombre hasta finales del siglo XVI, como ocurrirá con el *Pleyto de los Judios contra el perro de Alba.*

Otro, fechado en 1546, ha de ser sin duda reimpresión del que no conocemos su edición primera: un pliego de tema religioso editado en Valladolid cuyo título completo seguramente fue *Vida y excelencias y milagros de la sacratísima virgen María.* Probablemente el bachiller había muerto ya en esas fechas.

OBRA

Juan Augur de Trasmiera figura como autor, al menos, de cinco pliegos sueltos de temática variada y estuvo involucrado directamente en el proceso de la publicación de tres libros.

1.PLIEGOS SUELTOS

La sociedad del siglo XVI estaba cada vez más interesada por los acontecimientos cortesanos y los sucesos extraordinarios. La imprenta propone un medio innovador y revolucionario que permitirá satisfacer esta demanda creciente y que adquiere forma de pliegos sueltos según denominación técnica del oficio. Su temática será variada: crónicas de actualidad o relaciones de sucesos, donde se relatan las noticias de interés local y se proponen remedios para los problemas cotidianos más acuciantes.

Oraciones mágico-religiosas para la curación del cuerpo o el descanso del alma, predicciones sobre el tiempo, fórmulas para alcanzar el amor.... Su popularidad hará que las autoridades perciban su valor como vehículo para llegar a la población y difundir sus ideas, imponiendo mecanismos para su control. Pero junto a este hecho, los pliegos se convierten también en un buen negocio para aquellos que estaban dispuestos a explotarlo. Surge así un artículo de bajo precio pero de gran tirada que va a sustituir la copia manual en la búsqueda de usos objetivos que en absoluto son nuevos, pero que encuentran ahora, gracias a la imprenta, novedosas y revolucionarias posibilidades.

Juan Augur vio pronto el negocio en este tipo de obras de carácter popular. Los géneros y temas que encontramos en aquellos escritos en los que aparece su nombre inciden en esta idea. Obviamente el pliego suelto ha sido concebido para ello y así lo utiliza Trasmiera.

1.1. PLIEGO SOBRE TEMA ASTROLÓGICO Y DE PREDICCIÓN

Para entender la repercusión de los pliegos de este tema hay que entender la situación de la astrología en el conjunto de las ciencias en el siglo XVI. En realidad, astrología y astronomía no eran diferentes, sino que formaban parte de la misma rama de conocimientos, al coincidir en su objeto de estudio. Lo que entendemos en la actualidad por ciencia astronómica era el conjunto de conocimientos astronómicos del momento inficionados sutilmente por lo que hoy entendemos como superstición astrológica. La revolución heliocentrista copernicana debería haber arrojado por la borda los mitos astrológicos, pero no fue así y grandes astrónomos como Kepler o Galileo creían en la astrología y la medicina estará supeditada a ella hasta el siglo XVIII.

Se seguía entonces en España la escuela astrológica de Pedro de Ciruelo, sabio aragonés, natural de Daroca, que fuera catedrático de matemáticas en las universidades de Salamanca, París y Alcalá. Ciruelo fue un gran fustigador de la llamada "astrología judiciaria" frente a la "natural y cristiana"[8].

El género más popular de la literatura astrológica fue un texto que asociaba los pronósticos principalmente aplicados a la salud, la agricultura y la navegación con el calendario civil y eclesiástico y diversas cuestiones meteorológicas y médicas. Sus títulos solían ser el de *Lunarios*, *Chronographia* y *Repertorios de los tiempos* como, por ejemplo, los que hacía en aquel momento – a finales del siglo XV y principios del XVI- el aragonés Andrés de Li, el catedrático de Salamanca Sancho de Salaya o, más tarde, Jerónimo Muñoz, también catedrático de Astronomía desde 1578 en esta ciudad. Ambos fueron de alguna manera predecesores del "gran piscator" Torres Villarroel.

Probablemente el origen de este tipo de obras se encuentre en los almanaques de época árabe, como el denominado *Calendario de Córdoba* datado en el 961. También se recogen tablas de carácter astronómico en los escritos de Afonso X del Sabio. En cualquier caso esta literatura puede rastrearse más allá, en la época clásica. Ya Ptolomeo en el *Tetrabiblos* propone diversas maneras de pronosticar el tiempo mediante la técnica horoscópica, y son muchos los textos de la antigüedad que se conservan acerca de su predicción astrológica. Eclipses, cruces, entradas del Sol en los signos móviles, neomenias, lunaciones y cuartos, aberturas de puertas, conjunciones mayores, medias y menores, y otros medios diversos fueron los elementos de enjuiciamiento del tiempo y del clima venideros.

Con la llegada de la imprenta en el siglo XV y la eclosión del Renacimiento proliferaron en Europa los almanaques astrológicos con todo tipo de pronósticos, y en especial aquellos de carácter meteorológico. Para el siglo XVI se estima en unos tres mil los almanaques con pronósticos del tiempo que circulaban por Europa. Desde finales del siglo anterior conocemos impresos en los que se criticaban estas predicciones y juicios astrológicos, como por ejemplo, *El Iuyzio* .... de Juan del Enzina donde se parodia a los astrólogos, autores de lunarios, almanaques, pronósticos y juicios contemporáneos como el que editara Trasmiera[9].

Mas quiero como supiere
declarar las profecías
que dicen que en nuestros días
será lo que Dios quisiere.
Porque nadie desespere
hasta el año de quinientos
vivirá quien no muriere
será cierto lo que fuere
por más que corran los vientos
(Juan del Enzina, *Cancionero*, 1481-1496)

Se conoce un pliego de tema astronómico de Trasmiera impreso en Sevilla en (c. 1506 – 1510), e inserto en un *Repertorio de los Tiempos* de Andrés de Li junto a otro texto del presbítero Domingo Redel de Alcaráz[10]:

[rubr h5r inc.] *Siguen se algunas cosas a esta obra necessarias sacadas de muchos libros por el bachiller Johan remon de Trasmiera puestas salua prouidencia diuina ac ecclesie correctione.*

[text h5r inc.] *Los planetas como a todos es noto & conoscido son siete ...[h6v expl.]... en muchos lugares y casas por la ciudad & tierra aura muchos fructos.*

[colophon h7r inc.] *Señor muy virtuoso auiendo arriba complido con su merced enlas cosas que dan algun complimiento ala obra presente ...[expl.]... lo emprimio el en aquesta muy noble & muy leal cibdad de seuilla En el año de mill & quinientos & diez años.*

Probablemente fue un pliego en origen pero, como digo, se conserva como anexo dispuesto en la obra titulada *Repertorio de los tiempos* que conoció múltiples ediciones desde finales del siglo XV y a lo largo del siglo XVI. Quizás la más conocida en la actualidad es el *Repertorio de los tiempos, ordenado por adiciones en el lunario, fecho por Andrés de Li, ciudadano de Zaragoza. Dirigido al muy magnífico y muy virtuoso hidalgo y Señor Don Pedro Torrero.* Impreso en 1510 por Jacobo Cromberger. Texto en prosa y en castellano.

El texto de Sevilla debió reeditarse varias veces. Se conoce, por ejemplo, una cita recogida F. Latassa y Ortín, en la que se refiere a un repertorio compilado y editado por Li en 1546 junto a otros textos de carácter astrológico: uno al menos de Trasmiera y otro de Redel Alcaraz[11]. Parece ser una reedición del recogido en el proyecto Philobiblon de la universidad de Berkeley, datado a principios del siglo XVI[12].

La edición más antigua que se conoce de este *Repertorio de los tiempos* nos sitúa en 1492, impreso por Paulus Hurus en Zaragoza. En último término, la obra de Li, o parte de ella, parece ser una traducción del catalán, dado que coincide con el del *Lunari* de Bernat de Granollachs, fechado en 1484 según Chabàs *et al.*[13]. Hay, al menos, otra edición de 1513 efectuada en Barcelona por Ioan Rosembach donde se dice explícitamente en el colofón:

"*Mijansant la diuina gracia Feneix lo lunari e reportori del temps Nouament estampat e corregit enla noble ciutat de Barçelona per Ioan Rosembach alemany Ensemps ab moltes noues addicions: e algunes subtils taules nouament affegides les quals no son estades per ningun temps enlo present tractat. E fonch acabat a.x. del mes de Deembre [sic]. Any.M.d.xiiij*"

No sabemos cual sea la edición traducida por Andrés Li en la cual se inserta por primera vez el texto de Trasmiera. Lo que sí nos parece probable es que, al consistir en 4 hojas, fuera publicado en principio como pliego suelto que se incorporara al *Repertorio de los Tiempos* en la edición de 1510, impresa en Sevilla por Jacobo Cromberger.

1.2. Pliego burlesco de tema antisemita

Uno de los temas más exitoso para este tipo de entregas ha sido siempre el humorístico. Fundamentalmente cuando conlleva un cierto tono de crítica, y el texto hace escarnio de algún grupo social. Así se explican los pliegos sobre negros, sobre mujeres o sobre judíos tan populares a finales del siglo XV. Se ridiculiza a nobles, curas, palurdos, rufianes y, en especial, mujeres cuyo escarnio se realiza en la línea del antifeminismo medieval reprochándolas su tacañería, su disposición al cotilleo, la gula o desmedida afición al vino. Destacan en este sentido las famosas *Coplas de las comadres*, que siempre se relacionan con Rodrigo de Reinosa[14].

Éste es el pleyto de los judíos con el perro de Alva....., es una de las obras vinculadas con Trasmiera más conocidas por su temática. Ya en su época fue un poema celebrado y varias veces reimpreso. Es un escarnio contra los judíos, y tan cruel, que ha hecho pensar en la posibilidad de que su autor hubiera buscado con este texto una sospechosa desvinculación con este grupo de marginados[15].

Se trata de un poema satírico compuesto por 44 nonetas de versos octosílabos en su primera edición y 45 en las sucesivas. Narra la historia de un perro que, en Alba de Tormes, sólo atacaba a los judíos, distinguiéndolos de los cristianos por el olfato.

El texto, como ya se ha dicho, fue muy afamado en un momento en que el problema judío es un tema candente con el decreto de expulsión, a finales del siglo XV. Se conocen hasta siete ediciones de este texto[16]:

596. *El pleito de los moriscos con el perro de Alva/ de la burla que les hizo. Agora nuevamente trobado, por el bachiller Ioan de Trasmiera residente en Salamanca, la cual hizo a/ ruego y pedimiento de vn señor./En Barcelona.año.1578.* [tres grabados: caballero, rey coronado, perro]

Al fin: *Estampat en Barcelona a/casa de Pedro Malo, y ven/dense en su casa* 2 Hojas. Letra redonda. Paradero desconocido

597. *Io.de Trasmiera pleyto de los iudios contra el perro de alua en metro castellano.I. en alua estando el alcalde.d.como lo he a muchos oydo.In fine est ordo métrica eiusd.en español.I. señora virgen maria.en 4º. 2.col. costo en medina del campo.3.blancas a.23. de nouiembre de 1524.*

Paradero desconocido

598. *Este es el pleyto delos judios con el/perro de Alua: y de la burla que les hizo. Nueuamente tro/bado por el bachiller Juan de Trasmiera residente en Sala-/manca: que hizo a ruego y pedimiento de vn señor. E vn ro/mance de Juan del Enzina* [Tres barras de orla:superior, inferior e interna, enmarcando cuatro grabados: varón, perro, dos varones.]

4 hojas. Letra gótica. Biblioteca Nacional R-9429

599. *Este es el pleyto de los judios/ con el perro de Alua: y de la burla que les hizo. Nueuamen/te trobada por el bachiller Juan de Trasmiera residen/te en Salamanca, que hizo a ruego y pedi-/miento de vn señor.* [Grabado que representa el perro, atado a una columna, lanzándose contra un judío que está a la derecha del lector]

4 hojas. Letra gótica. Biblioteca Nacional, R-9495

600. *Este es el pleyto de los judios con el/perro de Alua: y la burla que les hizo. Nueuamente troba/do por el Bachiller Juan de Trasmiera residente en Sa-/lamanca, que hizo a ruego y pedimiento/ de vn señor.* [Grabado: perro, atado a una columna, enmarcado de orla tipográfica]

4 hojas. Letra gótica. Biblioteca nacional. R- 31364-8

601. *Este es el pleyto de los judios con /el perro de. Alua y de la burla que les fizo. Nueuamente/ trobado por el Bachiller Juan de trasmiera residente en/ Salamanca, que hizo a ruego y pedimiento/ de vn señor.*

4 hojas. Letra gótica. Bibliothequè Nationale Yg 36

602. *Este es el pleyto de los Judios con/ el perro de Alua. Y de la burla que les hizo. Nueuamente trobado por el Bachiller Juan de Trasmie-/ra. Residente en Salamanca, que hizo a ruego y pe-/dimento de vn señor. Nueuamente impresso en/ Granada en casa de Hugo de Mena/Año de.1568/* [Estampa del perro encadenado a una columna]

4 hojas. Letra gótica. A dos columnas. Krakow. Biblioteka Yagiellonska
Como podemos observar, uno lleva fecha del 23 de noviembre, de
1524 (Medina del Campo). Otro se editó en 1568 (Granada) y un tercero
en Barcelona, en 1578. Es curioso comprobar como en este último, sin que
varíe el tema, se ha cambiado las víctimas del perro que serán ahora los
moriscos.

Durante la siguiente centuria el poema sigue popularmente vigente.
Cervantes lo cita a través de Algarroba, personaje de la *Elección de los
alcaldes de Daganzo*. Góngora también alude a él en un soneto dedicado al
poeta Roa escrito c. 1617:

> *Deja las damas, cuya flaco yerro*
> *amor lo dora, e interés lo salva,*
> *tú, que naciste entre una y otra malva,*
> *poeta cuya lira es un cencerro.*
>
> *¿Qué te ha hecho Aguilar, que lo haces perro?*
> *Guárdate no se vuelva el perro de Alba,*
> *que ni a copete perdonó, ni a calva*
> *de cuantos adoraron al becerro.*
>
> *Gasta en servir las damas tu talento,*
> *no las infame tu zampoña ruda,*
> *que quien más las celebra más se loa.*
>
> *Y al moreno de cara, y de instrumento,*
> *si rabiare, de lejos le saluda,*
> *si ya no quieres que tus huesos Roa.*

También Quevedo lo recoge en unas décimas: *Guardate tras esta salva,/
no te muerda el perro de Alva/ o te arañe el rostro un gato* y en *La vida y hechos de
Estevanillo González, hombre de buen humor*[17].

Aunque no sepamos de cuando data en origen el poema burlesco y
exista la posibilidad de que sea anterior a Trasmiera, es difícil que se haya
concebido antes de 1469 ya que las coplas hacen referencia al primer duque
de Alba. Salvo que nos enfrentemos a una idea anterior refundida en la
segunda mitad del siglo XV.

La presencia de ilustraciones en este tipo de textos es muy importante,
ya que sirven para atraer al comprador y cumple además otra función en
un mundo bastante iletrado porque facilitaba la lectura y la comprensión
del texto.

1.3. PLIEGO DE TEMA RELIGIOSO

La tradición de este tipo de textos es muy amplia y se prolonga en el
tiempo durante las siguientes centurias. Encontramos así oraciones de todo
tipo, rogativas, vidas de santos, episodios mariológicos, interpretaciones
bíblicas, etc... concebidas para cubrir la demanda de fervor popular.
Dentro de esta temática la narración de la vida de la virgen María ocupa un

lugar destacado en la épica cristiana de época humanística.
  La vida y excelencias de la sacratissima virgen Maria nuestra señora...[18]
  Valladolid : En casa d'Francisco Fernandez de Cordoua, 1546
  16 hoj. ; 8º. Madrid. Biblioteca Nacional R/2896
  Esta obra plantea un curioso problema. Dos años después de su edición, en 1548, el impresor Juan Brocar saca en Alcalá la *Exposición Moral sobre el Salmo 86*, atribuida a Jorge de Montemayor, que tiene el siguiente encabezamiento[19]:
  [Escudo imperial]
  [hédera] *Exposición moral so/bre el psalmo .LXXXVI. del real propheta Da/vid, dirigido a la muy alta y muy poderosa se/ñora la infanta doña María por George de /Montemayor cantor de la capilla de su alteza.* [estampa con los motivos de los versos n.121 a 130]
  Juan de Brocar, Alcalá, 1548.
  19 págs. En letra gótica. Biblioteca Nacional (libros raros, sign. R/4008)
  La atribución al escritor portugués plantea dudas, si bien López Estrada parece demostrar que fue escrita por él. Es una obra cuyo tema trata sobre la comparación de la ciudad de Sión con la virgen y en ella se alterna la prosa con el verso. Esta parte poética está compuesta en quintillas de arte menor. Pues bien, esta parte, la versificada, es la que apareció impresa en Valladolid dos años antes, en 1546, encabezando el pliego que ahora nos ocupa.
  Creemos que la explicación más lógica ha de ser que Montemayor toma un texto anterior y lo refunde, como era común en la época. Bien es cierto que el escritor luso pudo haber conocido a Trasmiera, pues como ya expusimos en un trabajo anterior tuvieron amigos comunes[20]. El problema para considerar verosímil esta relación es que la fecha de 1546 no cuadra con lo poco que sabemos de Juan Augur quien seguramente no llegara a sobrepasar el primer cuarto de aquel siglo. Puede que la de 1546 sea una reedición de un texto publicado ya por Trasmiera, de hecho encontramos sospechosamente otros pliegos con similar título en fechas anteriores[21].

1.4. Tratado de medicina popular[22]

Probadas flores. Romanas de fa/mosos y doctos varones compue/stas para salud e reparo de los cuer/pos humanos y gentilezas de hom/bres de palacio y de criança transladas de/ lengua ytaliana en nuestra española. Nueua/mente impresas corregidas: y emendadas/ Con aditiones. [Portada: astrólogo. En campo estrella y medallones con Géminis y virgo. Orla doble. Final: Torres de Serranos con distintos personajes][23]
  Letra gótica. 10 hojas en 4º. Biblioteca Nacional.
  Este pliego fue publicado por Castañeda y Huarte en 1933, a partir del original conservado en la Biblioteca Nacional, que ya había sido dado a conocer por Sancho Rayón (sig. A10). En aquella edición se considera la

impresión de Cristóbal Kofman, en Valencia, entre 1500 y 1510, oponiéndose a la nota manuscrita dispuesta sobre el original de la Biblioteca Nacional que lo consideraba trabajo de Gordi Costela, de 1513. Hoy se considera a Juan Joffre como impresor de este pliego en 1514[21].

Esta obra *trasladada de vulgar italiano en lengua castellana para vtilidad de nuestra nación por el bachiller Juan Agüero de Transmiera* es un compendio de remedios para problemas cotidianos y domésticos de índole varia: *Recepta contra pestilecia. Para sacar el dolor delos dientes. Para que se esfuerçen las partes genitales*, etc...

Era común que personas como Trasmiera trabajaran con distintos tipos de materiales para imprimir, aunque parece que su especialización fue la temática popular. Este tipo de obras de componente marcadamente supersticioso son precisamente aquellas contra las que luchará en aquel momento el maestro Ciruelo.

La traducción del italiano puede ser un lugar común, semejante a la "traducción fingida" pues aparece con demasiada frecuencia en contextos similares al que ahora nos ocupa. Al igual que ocurre con la expresión "trovadas nuevamente", es decir, novedosas, que encontramos en varias publicaciones de la época, se trata de recursos editoriales para fomentar la venta. En las *relaciones de sucesos*, por ejemplo, donde su redactor escribe añadiendo, suprimiendo o inventando lo que le parece, pero de tal forma que siempre sea verídico el suceso que cuenta -y así suele subrayarlo en el título, con los adjetivos *verísima, verdadera relación*, etc., con el fin de impresionar al receptor e inclinarle a comprar, leer u oír la *relación*-.

1.5. PLIEGO DE TEMA GENEALÓGICO Y HERÁLDICO

El mismo año de la publicación de *Primaleón* (1512) Trasmiera saca de las prensas salmantinas de Juan de Porras el *Triumpho Raymundino Coronatio en que las antigüedades de la Ciudad de Salamanca se celebran cavalleros mayorados muchos generosos y claros varones armas insignias historias y blasones se describen*, dedicado al extremeño Luis de Zapata, un ejercicio literario sobre diversos linajes salmantinos y su heráldica que fue escrito después de 1506[25]. Preceden al texto un prólogo y unos versos latinos. El pliego se cierra con el llamado *Romance de Ledesma, de la cual muchos nobles caballeros y generosos vienen a salamanca y será glosa del triunfo raymundino*.

Con posterioridad al siglo XVI ha sido reeditado varias veces: lo publicó Gil González Dávila a principios del siglo XVII. Hubo al menos otra edición posterior, la manejada por M. Villar y Macías[26] en la que figura como autor Pedro González de Trasmiera, pero tanto Ruiz de Vergara, como el Marqués de Alventos en su historia como Nicolás Antonio le nombran Juan Ramón de Trasmiera. M. Villar y Macías lo data por cronología interna entre 1506 y 1512, y es desde luego anterior a julio de 1514, momento en que lo compra Hernando de Colón. Como curiosidad diré que un verso suyo parece plantear dudas sobre el escudo de Salamanca ya que el árbol que aparece junto al toro sería una higuera y no una encina: *"una higuera ha plantada / del toro siempre velada"* (*Triunfo Raimundino* versos 28 y 29).

603[27]. [Gran escudo de armas imperiales] *Triumpho Raymundino coronation en/ que las antiguedades de la ciudad/ salamanca se celebran caval-/leros mayorados muchos/generosos y claros va-/rones armas isi-/gnias historias y/blasones se/describen. Ledesma, casa de infantes Madre de Caballería. Romance de Ledesma de la qual muchos nobles caballeros y generosos viene a Salamanca y será glosa del triunfo raymundino.*

12 hojas, letra gótica. Paris, Bibliothèque Nationale, Y2 858.

Se imprimió por Juan de Porras *c.* 1512. Este pliego fue comprado por Fernando Colón en Medina del Campo en julio de 1514[28].

2. LIBROS

2.1. LIBROS DE VIAJES Y DESCUBRIMIENTOS

Trasmiera también estuvo involucrado al menos en la publicación de tres libros. El primero es la *Historia del viaje de la armada de Pedro de Anaya a la Persia y a la Arabia por mandado del rey D. Manuel*, que al parecer resume y edita a partir de un texto de Martín Fernández de Figueroa.[29] El libro se publica en Salamanca en casa de Lorenzo León de Dei[30] el 1 de septiembre de 1512. Se conoce un solo ejemplar depositado en la Harvard College Library de Cambridge (Mass.)

Fernández de Figueroa era salmantino, si bien su biografía nos es desconocida. Prácticamente lo único que sabemos, aparte de la aventura que nos narra el libro refundido por Trasmiera, son algunos datos vagos, deducibles del propio texto: de noble linaje, es de suponer que en el momento de su periplo era muy joven puesto que al final de aquel se comenta que su hermana, Catalina Cárdenas, casada con Luis Godínez, reclama su regreso. Trasmiera, en el prólogo, le considera su "pariente", sin que podamos aclarar este extremo.

La obra cuenta el periplo y las aventuras de Fernández de Figueroa en sus tres años de servicio de Manuel V, soberano portugués, que concluye en Lisboa el 3 de junio de 1511. En 1505 el rey de Portugal preparó una flota para construir un fuerte y una factoría en África del Sur. A partir de aquí, Martín Fernández de Figueroa se ve envuelto en un periplo y una serie de aventuras que le llevan por el Mar Rojo hasta la India.

El libro parece haber sido pensado desde un primer momento como un buen negocio en la ciudad, no tanto por el tema como por el protagonismo de dos salmantinos: el autor, Fernández Figueroa y, sobre todo, Pedro de Anaya, capitán de la expedición en la que se centra el relato[31]. No se alude a él en el título de portada pero sí en el del interior, pues no en balde pertenecía a una de las grandes familias salmantinas y él mismo había tenido un gran protagonismo en las guerras de sucesión a la muerte de Enrique IV, apoyando al bando perdedor: el de La Beltraneja. La derrota le hizo refugiarse en Portugal, poniéndose bajo las ordenes de la monarquía lusa.

También estaba el negocio en el tema de los viajes y descubrimientos, tan en boga entonces, como prueban otras impresiones del momento. Pocos años antes Rodrigo Fernández de Santaella, había editado en castellano el *Libro de Marco Polo* (Sevilla, 1503), el cual cita Trasmiera expresamente en el proemio.

2.2.LIBROS DE CABALLERÍAS

La tendencia a organizar las obras en ciclos caracteriza el género caballeresco durante el siglo XVI. De esta manera, los escritores aprovechan la popularidad de ciertos modelos, como el *Amadís de Gaula*, insertando así sus personajes en un ambiente familiar para el lector o el oyente.

El *Palmerín de Olivia* y su continuación, el *Primaleón*[32], fueron obras de una gran repercusión en su época. De su éxito en España dan cuenta las numerosas reediciones -14 y 11 respectivamente-, que tuvieron, pues el Palmerín se reedita hasta 1581 (Evora, Cristóbal de Burgos) y el Primaleón hasta 1598 (Lisboa, Simao López). Pero el aprecio fue internacional. Digamos, al respecto, para recalcar esta idea que, de entre los libros de caballerías castellanos escritos durante el siglo XVI, Venecia sólo reeditaría el *Amadís de Gaula* (1533) y aquellas dos obras (1526 y 1534). Se conocen también traducciones del *Palmerín de Olivia* y del *Primaleón* durante el siglo XVI en inglés y francés, portugués e italiano y, en Portugal, donde también tuvieron amplia repercusión, - e incluso continuaciones al ciclo, como el *Palmeirim de Inglaterra*- influyeron en autores como Gil Vicente. Hay quien opina que los libros de caballerías castellanos deben más a *Palmerín* que al propio *Amadís de Gaula*.

2.2.1.EL PALMERÍN DE OLIVIA

Con privilegio Real y al precio de 5 reales de plata se publica anónimamente el *Palmerín* en Salamanca el 22 de diciembre de 1511[33]. La obra va encabezada por una extensa dedicatoria a D. Luis de Córdoba, hijo primogénito de D. Diego Fernández de Córdoba, tercer conde de Cabra. Se desconoce también quien fue su impresor[34].

La reedición de 1516 solo se conoce por los datos del *registrum B* de Hernando Colón (nº 4124). En la ficha se lee: *in fine est carmen. Io. auguris. Palmas florendus. Est in folio.2. columnas. Impreso en Salamanca. 22. de enero de 1516. costo en Salamanca. 4 reales. A 27 de março de 1525*

2.2.2.PRIMALEÓN[35]

Dedicada (también) a D. Luis de Córdoba, yerno del Gran Capitán y embajador de Carlos V en Roma, ve la luz seis meses después del *Palmerín*, en 1512. Fue D. Eisemberg quien demostró la existencia de un *Primaleón* salmantino publicado en 1516[36].

Aunque la saga del *Palmerín* es oriunda de Ciudad Rodrigo, en realidad no se conoce el autor. Las distintas hipótesis sobre la autoría, basadas, más que nada, en los nombres que de manera más o menos confusa aparecen en el colofón de las primeras ediciones, permiten especular con tres posibilidades:

a) Que el autor fuera una mujer vecina de Ciudad Rodrigo.
b) Que el autor fuese Juan Augur de Trasmiera.
c) Que el autor fuera un tal Francisco Vázquez, vecino de Ciudad Rodrigo.

La hipótesis primera se fundamenta en los versos con que se cierra la primera edición del *Palmerín*, (Salamanca, 1511), donde puede leerse: *Femina composuit; generosos atque labores/filius altisonans scripsit et arma libro*. Por otro lado, en la primera edición del *Primaleón*, se lee *es de augustobrica aquesta lavor /que en Salamanca se ha agora stampado* y en donde ha querido verse un antropónimo femenino: *augustobriga*.

Por otro lado está la apreciación de Francisco Delicado, quien, al preparar la edición de 1534 del *Primaleón*, indica que es comúnmente aceptado que el autor fue mujer, hija de un carnicero, a la que denomina señora *augustobriga*[37].

La segunda hipótesis se inclina por nuestro Juan Augur de Trasmiera, autor de los versos citados más arriba que cierran el *Palmerín de Olivia* (edición de Salamanca, 1511): *composuit J. Augur Transmeriensis*. También, si hacemos caso al verosímil Hernando de Colón quien al parecer tuvo el único ejemplar que conocemos de la reedición de 1516 (registrum B, nº 4124) en que se dice *In fine est carmen. Io. Auguris.palmas florendus.est in folio.2.columnas. Impreso en Salamanca a. 22. de enero de 1516. Costo en Salamanca. 4 reales. A 27 de março de 1525*[38].

La vinculación del bachiller al taller de este impresor de Salamanca, así como las similitudes apreciadas entre los dos prólogos palmerinianos y el del *Triunfo Raimundino* (su preocupación por la genealogía y su erudición clasicista), llevan a algún autor a considerar la responsabilidad de Augur en el *Palmerín*. En realidad es ésta su única vinculación literaria conocida con Ciudad Rodrigo.

Por último nos encontramos con la mención a Francisco Vázquez que aparece en la primera edición del *Primaleón*. En cualquier caso, el nombre se respeta sólo, además de en la *princeps*, en las dos siguientes ediciones: en la salmantina de 1516 y en la sevillana de 1524.

Así pues, a Francisco Vázquez[39] se le atribuye el *Palmerín de Olivia* (publicada anónimamente en Salamanca el 22 de diciembre de 1511) y su continuación, el *Primaleón*, según se dice en el colofón de la primera edición (3 de julio de 1512): *fue trasladado este segundo libro del Palmerín llamado Primaleón e ansimesmo el primero llamado Palmerín de griego en nuestro lenguaje castellano e corregido e emendado en la muy noble ciudad de Ciudadrodrigo por Francisco Vásquez, vecino de la dicha ciudad*. Según la descripción de Fernando

Colón, la edición de 1516 también especificaría en la portada la autoría: "*Traduçida [la historia] de griego en español por françisco vasquez*".

Esta tercera opción parece la más verosímil por cuanto el nombre aparece claramente relacionado con la elaboración del texto y después de los trabajos de la profesora Marín Pina, Francisco Vázquez ha dejado de ser un personaje imaginario. El problema es la escasez de datos biográficos que se conocen de este mirobrigense muerto en 1565. La casa de los Vázquez en Ciudad Rodrigo presenta un escudo con un León con unas estrellas y un bastón en la borla[10].

Una cuarta opción sugerida también por Marín Pina para la autoría de estos libros es la posibilidad de que Francisco Vázquez hubiera elaborado los textos con su madre Catalina Arias, con lo que la opción de la autoría femenina seguiría siendo factible. En este supuesto, Trasmiera hubiera hecho las funciones de editor. Ese último punto, cuanto menos, parece bastante verosímil por cuanto una ojeada a la fecha de publicación de las obras que se le atribuyen indica que no pudo ser el autor de todo lo que de alguna manera firma.

ESTUDIO

	Juan de Porras	Liondedei	Otros
Palmerín	1511		
Primaleón	1512		
Conquista de las Indias		1512	
Triunfo raimudino	1506-1512		
Probadas Flores			Valencia: Juan Joffre, 1514
Pliegos astronómicos			Indeterminado: Sevilla 1506-1510
reed. del *Palmerín*			Salamanca, 1516
reed. del *Primaleón*			Salamanca, 1516
Pleyto de los judíos			Medina del Campo, 1524
La vida y excelencias de la sacratissima virgen Maria nuestra señora ...			Valladolid, 1546.

Cuadro con las fechas de edición de las obras relacionadas con Trasmiera

A pesar de las fechas que indican algunas ediciones del *Pleyto de los judíos*, la acción de Trasmiera parece circunscribirse a los primeros años del siglo XVI. Parece también que en Salamanca centra sus esfuerzos entre 1506-1514, después de haber pasado por Sevilla donde publica unos pliegos astrológicos. Después de Salamanca - o desde ella - se sirve de imprentas en Valencia (1514), Medina del Campo (1524) y Valladolid (1546). Seguramente seguirán apareciendo más pliegos y obras suyas, porque parece muy poca su producción en relación con la de otros profesionales de la época que se dedican a lo mismo. La concentración de textos en unos pocos años y el número conocido por personajes similares como el citado Reinosa dan pie para pensar que se ha conservado bien poco de su trabajo editorial.

El editor en el siglo XVI es quien obtiene y adelanta los fondos necesarios para la edición puesto que el impresor no comienza su trabajo si no tiene el papel y parte del pago de la impresión. Par reunir el capital dispone de varias posibilidades: o bien sus propios recursos personales, con lo que asume personalmente todo el proceso o bien se asocia con otros libreros, comerciantes, etc... Conseguido el dinero se realiza un contrato con el impresor para establecer el plazo de impresión, el formato, tipo de letra, salario, etc...

Era usual que en esa época se introdujeran en el mundo de la edición bastantes libreros y unos pocos impresores. El coste de edición es elevado y la mayoría de los impresores del momento no pueden asumir si no están en contacto con libreros o redes de distribución. Si no era así y el impresor no contaba con la ayuda de alguna institución era frecuente que se viera obligado a desplazarse y vender sus letrerías y puzones incluso las propias prensas.

El capital invertido en la edición de un libro importante podía ser incluso mayor al costo de instalar una imprenta, por lo que se puede apreciar lo importante que era para el impresor asegurar que algunas de sus ediciones proporcionaran ganancias inmediatas. Los pliegos sueltos, certificados, indulgencias y otros impresos efímeros deben haber sido importantes en esa estrategia, aunque casi nada se ha conservado de estas ediciones, pero gracias a los inventarios de las librerías de la época podemos darnos cuenta de cuanto atañe a los pliegos.

Como vamos a ver, la investigación duda sobre cual fue la función exacta de Augur de Trasmiera en estas publicaciones; si fue editor, impresor o librero.

La impresión que produce su curriculum es que fue un hombre que quiso y supo sacar provecho de la literatura popular de la cual sin duda vivió. Probablemente ésta es una característica que comparte con otros escritores del grupo de Ciudad Rodrigo como Feliciano de Silva o Jorge de Montemayor, con quienes tal véz llegó a relacionarse.

Resulta aclaratoria la descripción de su trabajo en *La Conquista*: *El qual (Fernández de Figueroa) como caseramente mucho aprovechó e a la larga tuviesse recompillado, me rogó, por que los lectores no se enojasen del cumplido processo de su camino, lo summasse e abreviasse como me pareciesse al uso moderno...*, lo que le ha valido el adjetivo de epitomista en la pluma de su último editor, Luis Gil.

Otras personas que viven como Trasmiera son Domingo Redel de Alcaraz, junto al que le cita Latassa como vinculado a pliegos de tema astronómico[11], al igual que Alonso de Salaya o Selaya o Juan de Valladolid. También Rodrigo de Reinosa, quien parece hacer una labor muy semejante a Trasmiera y cuyos trabajos se enmarcan en la misma corriente de literatura popular. A finales del siglo XVI encontramos incluso a otro mirobrigense, Juan de Carvajal, de quien se conserva un original para imprenta de tema antisemita[12].

Como ya se ha dicho repetidamente -Pina, Velasco y Cátedra, Lucía Mejías, Gagliardi...[13]- Augur de Trasmiera no puede ser el autor de los palmerines. Entonces, ¿cuál es su función en la publicación de los libros? En la *Conquista de las Indias*, en su proemio, dice que Figueroa le pidió que a su texto *lo su(m)masse e abreviasse como me pareciesse al uso moderno*. Y más adelante: *escribí esta breve su(m)ma, sacada como dicho te(n)go d(e) su libro e informació(n)*. Y despues *e para que mis amigos hayan plazer e se deleiten en leer las cosas nuevas...* Por todo ello parece que la participación de Transmiera en el libro fue notable, rescribiéndolo y dando, como consecuencia, lugar a que durante mucho tiempo se pensara que, en realidad, hubo dos obras de similar título, una debida a Fernández de Figueroa y otra a nuestro Personaje[14].

Dada esta vinculación con el mundo editorial parece oportuno hablar de la relación del bachiller Trasmiera con algunos impresores. Al principio de este trabajo aludíamos al *Triunfo Raimundino* y a la exaltación de su linaje, pues bien, en el *romance de Ledesma* se cita a Diego Porras como abuelo, lo que podría explicar que la relación que mantuviera con el impresor Juan de Porras fuera de parentesco.

En Sevilla publicará los pliegos astronómicos pero su relación con los Cromberger pudo ir más allá. Precisamente en las fechas que el impresor sevillano inicia su venta en el nuevo mundo (Santo Domingo) en 1512, Trasmiera viaja hasta allí con el Obispo Manso. Quizás sea también casualidad el hecho de que el mismo año en que Trasmiera impulsa la edición en Valencia del libro *Probadas flores* .... el mismo impresor publique *La Celestina*, según una edición anterior efectuada en Salamanca en 1500, edición que sólo se conoce a partir de la valenciana.

A la hora de establecer conclusiones debemos recuperar la problemática que suscitó estas páginas a propósito de la relación de Trasmiera con el *Palmerín* y *Primaleón*. La constatación de que Francisco Vázquez es un nombre real contribuye a despejar las dudas sobre la autoría. Lo más probable es que Augur de Trasmiera fuera el editor de aquellas dos obras si por tal entendemos en el siglo XVI a quien tiene a su cuidado la publicación de una obra. Este papel parece que es el realizado por él en otras muchas ocasiones reelaborando a veces el texto como hace con la *Conquista de las Indias*.

Confío en que este trabajo haya servido al menos para conocer un poco más de un personaje curioso, conocido como el bachiller Trasmiera, plagado de luces y sombras pero al que no puede negarse el acierto de haber dado a la imprenta dos de los libros de mayor repercusión popular durante el siglo XVI: El *Palmerín* y el *Primaleón*, quienes compartieron, en el olimpo ilusorio de la época, escaño en pie de igualdad, con Amadís de Gaula y su copiosa prole.

Aunque no podemos establecer fechas, está claro que a principios del siglo XVI, Juan Augur ya ha comenzado su andadura en los oficios de librero. A finales de la primera década goza de fama suficiente para que se le busque como "corrector" y "editor", caso de Fernández de Figueroa. En los años siguientes acomete obras de mayor envergadura como es la preparación de la edición del *Palmerín* y el *Primaleón*.

Poco más podemos decir con certeza de su labor, pero bien pudiera ocurrir que la re-edición del *Pleyto de los judíos contra el perro de Alba* de 1524 estuviera marcando su final, incluso que fuera póstuma, dado el desconocimiento que tenemos desde 1516 en que su nombre aparece relacionado con la reedición del *Palmerín*.

Juan Ramón de Trasmiera, si acaso fue éste su verdadero nombre, fue uno de tantos que decidió sacar partido del revolucionario invento de la imprenta. Participó en la edición de pliegos, refundió textos, editó libros. Fue sin duda un personaje singular capaz de moverse en varias esferas y que viajó en busca de negocio por la geografía peninsular, tal como demuestran los lugares de edición de sus obras.

En palabras de Stefano *El conjunto de estos datos nos informa sobre la raigambre "occidental" de Juan Augur, su carrera salmantina de estudios humanísticos, sus intereses entre historia y novela por las gestas de ilustres soldados y nobles linajes, su asesoría de imprenta. De ellos se puede deducir de inmediato la responsabilidad prologal (inclinada a cultismos incluso gráficos) de las novelas en cuestión y quizás una menos segura pero nada improbable revisión del texto; una responsabilidad ulterior creo que podría contemplarse como de co-autor más que como autor*[45].

Muchas de sus obras gozaron de fama y debieron reportarle beneficios. Algunas de ellas fueron reeditadas después de su muerte, manteniendo un proceso anterior a él mismo: la copia de aquellos textos que, por su popularidad, podrían ser objeto de negocio, destacando aún el *Pleyto de los judíos contra el perro de Alba*, que encontramos reeditado, incluido su nombre, en 1578.

Notas

1. G. DI STEFFANO (ed.), *El libro del famoso e muy esforzado Palmerín de Olivia*, Pisa, Universidad de Pisa, 1966. El estudio ha sido actualizado en G. DI STEFFANO (ed.), *Palmerín de Olivia*, Alcalá de Henares, Centro de Estudios Cervantinos, 2004.

2. *Vid. Infra* nota 6.

3. *Obras genealógicas y heráldicas. Tomo XII de la Colección "Salazar y Castro"*. Nobiliarios de Antonio Agustín, Juan Ramón de Trasmiera y Antonio de Sotomayor. Historia de la

Casa de Quirós, de Meneses, Acuña y Lara. M. 1955 520 pp. *Triunfo Raimundino*, Pedro González: verso 70. Se cita también en el *Triunfo* a un tal Gil de Trasmiera, quizás hermano de Juan. (Para el *Triunfo Raimundino* he manejado la edición de M. VILLAR Y MACÍAS, recogida en *Historia de Salamanca, Libro V: desde el corregimiento del Almirante al señorío del Príncipe Don Juan*, "Apéndice XIX: Triunfo Raimundino", p. 173, Salamanca, Graficesa, 9 vols., (1974, 2ª edición; 1ª en 1887). Su tatarabuelo paterno fue Ruy González de Agüero. De su amor a Cantabria podría venir su devoción al Marqués de Santillana, de quien cita unos versos en la *Conquista de las Indias*: "Los casos de admiración/no los cuentes,/ca no saben todas gentes/cómo son (Proverbio 62).

4. E. ASENSIO, "Alonso Núñez de Reinoso "Gitano Peregrino" y su *Égloga Baltea*", *Studia Hispanica in honorem R. Lapesa*, Madrid, Gredos, 1972, pp. 119-136; C. HUBBARD ROSE, *Alonso Núñez de Reinoso: The Lament of a Sixteenth-Century Exile*, Rutherford, Farleigh Dickinson University Press, 1971; *Idem*, "Reinoso´s Contribution to the Novel", *Creation and Recreation: Experiments in Literary Form in Early Modern Spain. Studies in Honor of Stephen Gilman*, (eds.) R. E. SURTZ Y N. WEINERTH, Newark, Delaware, Juan de la Cuesta, 1983, pp. 89-103; M.A. TEIJEIRO FUENTES, ed., *Alonso Núñez de Reinoso, Los amores de Clareo y Florisea y los trabajos de la Sin Ventura Isea*, Badajoz, Univ. de Extremadura, 1991; S. CRAVENS, "The *Insula Deleitosa* Tale in Alonso Núñez de Reinoso´s *Clareo y Florisea*: A Tribute to Feliciano de Silva", *Hispanofilia*, 64, 1978, pp. 16; M.A. TEIJEIRO FUENTES (ed.), "*Alonso Núñez de Reinoso. Poesía completa*", Universidad de Extremadura, Cáceres/Badajoz, 1997; *Idem, La novela bizantina española: apuntes para una revisión del género*, Cáceres, Univ. de Extremadura, 1988, pp. 20-27; J. GONZÁLEZ ROVIRA, *La novela bizantina de la Edad de Oro*, Madrid, Gredos, 1996; J.I. BARRIO OLANO, "Spanish Empire and Exile: The Cases of Alonso Núñez de Reinoso, Antonio Enríquez Gómez and Juan de Luna", *Living in Exile, 2002 Conference*, James Madison University, October 24-25, 2002 (Inédita. Agradezco a su autor que me hiciera llegar el texto de su disertación); M. BATAILLON, "Alonso Núñez de Reinoso et les marranes portugais en Italie", *Revista da Facultade de Letras* III, 1957, pp. 1-21 (existe traducción al castellano en *Varia lección de clásicos españoles*, Madrid, ed. Gredos, 1964, pp. 55-80).

5. J.M. SANZ HERMIDA, (ed.), *Gabriel de Sarabia, Coplas en Loor de Carlos V*, Salamanca, Diputación de Salamanca, 2000.

6. Según datos recogidos en Archivo General de Indias, *Contaduría* 1071, ramo 3, f. 308r.: el bachiller Juan Rodríguez, hijo de Antón Rodríguez y de Catalina Díaz, naturales de Ontiveros; *el bachiller Juan Remón de Trasmiera, hijo de Juan de Trasmiera y de Violante Remón de Figueroa, habitantes en Salamanca*; Juan de Villafayna, hijo de Miguel de Villafayna y de Inés Sánchez, naturales de León; su hermano Melchor de Soto; Hernán Alonso, hijo de Gonzalo Hernández y de Leonor Rodríguez, naturales de Burguillos; Pedro de Quintana, hijo de Gonzalo Martín y de Ana Rodríguez, vecinos de Masueco; Pedro Pérez, carpintero, hijo de Juan Pérez y de Francisca García, vecinos de Palazuelo; Jerónimo, hijo de Jerónimo Ruiz y de Isabel Gutiérrez, vecinos de Granada; Cristóbal Vázquez, hijo de Juan Hernández y de María Alonso, vecinos de Salamanca; Alonso García, hijo de Fernand Alvarez y de Catalina García, vecinos de Villeruela; Francisco Díaz, hijo de Pedro Martín y de Juana Díaz, vecinos de Miranda [del Castañar], y su criado Juan Serrano, hijo de Diego Serrano y de Elvira Martín, vecinos de Cantalapiedra; Juan Brizón, hijo de Juan Brizón y de María Díaz, vecinos de Villaumbrales; Inés López, vecina de Sevilla; Pedro Manso, hijo de Fernand Márquez y de Juana Mansa, vecinos de Becerril; Alonso de Escobar, hijo de Julián de Escobar y de Catalina González, vecinos de Salamanca; Rodrigo de Hevia, hijo de Gonzalo de la Huelga y de Elvira Gutiérrez, vecinos de Hevia, que es en Asturias; todos criados del señor obispo de la isla de San Juan. (1512-10-05). ES.41091.AGI/1.16419// PASAJEROS,L.1,E.792. *Cf.* A. TANODI, *Documentos de la Real Hacienda de Puerto Rico*, Vol. 1, Cd., Río Piedras, 1971, p. 158. Relación de Pasajeros: El señor obispo don Alonso Manso, el bachiller Juan Rodríguez, su capellán; el bachiller Trasmiera; Fernando Alonso, mayordomo de su Señoría; Villafañe, su maestresala; Pedro Manso; Quintana; Jerónimo de Quintanilla, Cristóbal, paje de su Señoría; Alonso de Escobar; Rodrigo de Villafañe;

Melchor de Soto; Juan Brizon; Pérez, carpintero; Francisco Díaz; Alonso García; Juan de Cantalapiedra; Iñigo de Zúñiga; Juan Velázquez Peridañes (sic); Corvilla; Bernardino Venancio; Francisco Díaz Alcocer; Pedro de Gálvez; Francisco Díaz; Alonso de Simancas; Gonzalo de la Higuera; Gonzalo de Mérida; Esteban, su hermano; Diego de Coimbra; Juan de Carizales; Diego Hernández y su hijo; Miguel Gómez, Zapatero.

7. Alonso Manso fue canónigo de Salamanca y confesor de la Reina Isabel. Fue el primer obispo de América. Murió el 21 de septiembre de 1539.

8. *Vid.* J. L. HERRERO INGELMO, (ed.), *Pedro Ciruelo. Reprovación de las supersticiones y hechizerías (1538),* Salamanca, Diputación de Salamanca, 2003.

9. *Vid.* M.C. GARCÍA DE ENTERRÍA y A. HURTADO, "La Astrología en la poesía de cordel. El *Iuyzio* de Juan del Enzina y los pronósticos de Rodolpho Stampruch", *Rev. de Literatura,* tomo 43, nº 86, 1981, pp. 21-62. El ejemplo paradigmático de este tipo de obras serían los pronósticos de Pero Grullo, que ya figuran en el *registrum* de Fernando Colón, con lo que son anteriores al 1540.

10. *Vid.* sobre *El Repertorio de los Tiempos* F. J. NORTON, *A Descriptive Catalogue of Printing in Spain and Portugal 1501-1520.* Cambridge University Press, 1978; Faulhaber, 2000, p. 792. Se diferencia del texto digitalizado en que sólo tiene 60 pp., dado que no figura el pliego de Trasmiera.

11. F. LATASSA Y ORTÍN, *Bibliotecas antigua y nueva de escritores aragoneses deLatassa, aumentadas y refundidas en forma de diccionario bibliográfico-biográfico por Miguel Gómez Uriel...,* Zaragoza, C. Ariño, 1789, pág. 456: *3.º- Repertorio de los tiempos, nuevamente corregido y añadido en muchas partes y cosas muy necesarias, segun por él se verá tambien del octavo cielo, y lo que contiene, del que fasta agora no se hacia mencion en otros repertorios. Asi mesmo una figura, por la cual podrás conocer de noche, por el norte, qué hora es, la cual es cosa bien provechosa y que muchos desean saber. Sigue: Repertorio de los tiempos, ordenado por adiciones en el lunario hecho por Andrés de Li, ciudadano de Zaragoza, dirigido al muy magnífico y muy virtuoso hidalgo y Señor D. Pedro Torrero, nuevamente corregido y añadido, ut supra.*

En este repertorio se añade algo de pronósticos del Bachiller Juan Ramon de Trasmiera y de Domingo Redel de Alcaraz. Estos u otros de la misma temática cita Cr. PÉREZ PASTOR en *La imprenta en Toledo* (Madrid, 1887, nº. 216), Fechados en Toledo en 1546. Según L. GIL, (ed.), *Martín Fernández de Figueroa, Conquista de las Índias de Persya e Arabia que fizo la armada del rey don Manuel de Portugal e de las muchas tierras, diversas gentes, extrañas riquezas y grandes batallas que alla ovo,* Valladolid, Univ. de Valladolid, 1999, p. 21, se afirma que fue corregidor en Alcaraz. Se me ocurre que tal vez la frase esté aludiendo a Redel Alcaraz, de quien se conocen así mismo pliegos de tema astrológico (*vid.* nota anterior). He manejado una edición moderna: E. SIMONS, (intr. y notas), *Andrés de Li. Repertorio de los tiempos,* Barcelona, Bosch editor, Libros del Arbol, 1977. Es una edición de tema esotérico que dice ajustarse a la de Toledo de 1546. *con la excepción de algún elemento decorativo secundario, de los caracteres de imprenta –el tipo Estienne sustituye al tipo gótico- y de todos los años del Lunario- de interés, a nuestro entender, más bien pequeño – menos el primero y el último, que se incluyen a modo de muestra.*

12. http://sunsite.berkeley.edu/PhiloBiblon/phhm.html (con la sigla MANID 4567). Consultada en noviembre de 2004.

13. J. CHABÀS, *et al., El "Lunari" de Bernat de Granollachs. Alguns aspectes de la historia de l´Astronomía a la Catalunya del Quatre-centes,* Barcelona, Fundació Salvador Vives í Casajuna, 1985; N. FONT Í SAGUÉ, *Historia de les ciènces naturales a Catalunya, del s. XI al XVIII,* Barcelona, 1908, p. 8; B. DE GRANOLLACHS, *El Lunari de Bernart de Granollachs. Edició de 1513.* Facsímil de l´exemplar existent a la Biblioteca de Catalunya, Pref. Jordi Rubió. Barcelona, Les Belles Edicions, 1948; J. RIERA I SANS, "Catàleg d'obres en català traduïdes en castellà durant els segles XIV i XV", Segon Congrés Internacional de la Llengua Catalana. Area 7, Història de la llengua, València, Institut de Filologia Valenciana, 1989, Vol. VII, p. 702; P. VENEZIANI, "Nota su tre incunabili "spagnoli", *La Bibliofilia,* 80, 1978-79, pp. 57-72; Fr. VINDEL, *El arte tipográfico en España durante el siglo*

XV, Madrid, Ministerio de Asuntos Exteriores, 1945-54, vol. IV, pp. 142-143, nº 48.

14. *Vid.* J.M. DE COSSÍO, *Notas y estudios de crítica literaria. Letras españolas (siglos XVI y XVII)*, Madrid, Espasa-Calpe, 1970, (2ª ed.) pp. 9-117; J.M. CABRALES ARTEAGA, *La poesía de Rodrigo de Reinosa*, Santander, Institución Cultural de Cantabria, 1980. Posteriormente el mismo investigador completó la publicación de la obra del reinosano en *Idem*, "Poemas inéditos de Rodrigo de Reinosa", *Historias de Cantabria*, nº 6, 1992, pp. 622; *Idem*, "Rodrigo de Reinosa. Un poeta del pueblo", *Cuadernos de Campoo*, nº 3, marzo 1996, edición digital. Mª I. CHAMORRO FERNÁNDEZ, (ed.) *Rodrigo de Reinosa, Poesías de germanía*. Madrid, Visor, 1988; J. HIDALGO DE SONSECA, *Romances de germanía de varios autores con su Bocabulario...*, Barcelona, Sebastián de Cormellas, 1609. Recogido en J.M. HILL, *Poesías germanescas*, Bloomington: Indiana University Press, 1945, pp. 89-128.

15. *Éste es el pleyto de los judíos con el perro de Alva: y la burla que les hizo. Nuevamente trobado por el Bachiller Juan de Trasmiera residente en Salamanca, que hizo a ruego y pedimento de un Señor.* El manuscrito se encuentra en la Biblioteca Nacional de Madrid. *Vid.* "Colección de pliegos sueltos", *Rev. de Archivos, Bibliotecas y Museos* 47, 1926, pp. 409-16; J, Mª GARCÍA GARCÍA, *Alba de Tormes. Paginas sueltas de su historia*, Salamanca, Diputación de Salamanca, 1991, pp. 30-45; E. ROMERO, Catálogo de la exposición (Toledo, noviembre 1991-enero 1992). Madrid, Ministerio de Cultura, 1991, p. 304; J. MOLINA FIGUERAS, "Las imágenes del judío en la España medieval", *La vida judía en Sefarad*. Catálogo de la exposición (Toledo, noviembre 1991-enero 1992). Madrid, Ministerio de Cultura, 1991, p. 383, nº 237. Según este catálogo se conocen hasta seis ediciones de este pliego. H. BEINART *Los judíos en España*, Madrid, Mapfre, 1992, pp. 217-219; A. MILLARES CARLO, "Introducción al estudio de la historia y bibliografía de la imprenta en Barcelona e el siglo XVI. Los impresores del periodo renacentista", *Boletín Millares Carlo*, 2, pp. 11-119; J.E. GILLET, "The coplas del perro de Alba", *Modern Philology*, 23, 1925-26, pp. 427-444; *Idem*, "The coplas del perro de Alba. Postcript", *Modern Philology*, 26, 1928, pp. 123-128.

16. A. RODRÍGUEZ MOÑINO, *Nuevo Diccionario bibliográfico de pliegos sueltos poéticos (siglo XVI)*, Madrid, Castalia, 1997, nn. 596-602.

17. GARCÍA GARCÍA, *op. cit.*, 1991, pp. 31-32.

18. Este original ha sido citado por E. ASENSIO, *El erasmismo y las corrientes espirituales afines*, Salamanca, Semyr, Serie Chica 1, 2002, p. 106, n. 95 (reed. de 1952); E. RHODES, *The Unrecognized Precursors of Montemayor's Diana*, Univ. ff Missouri Press, Columbia y Londres, 1992, p. 29; P. M. CÁTEDRA, "La biblioteca de la Universidad de Toledo en el siglo XVI", en NIGEL GRIFFIN, CLIVE GRIFFIN & ERIC SOUTHWORTH, (eds.), *The Iberian Books and its Readers. Essays for Ian Michael*. Número especial de *Bulletin of Hispanic Studies*, 81, 2004, pp. 927-956.

19. Fr. LÓPEZ ESTRADA, "La exposición moral sobre el psalmo lxxxvi de Jorge de Montemayor", *Revista de Bibliografía Nacional*, 5, 1944, p. 499 y ss.

20. M. GARCÍA FIGUEROLA, Poetas, dramaturgos y novelistas. El ambiente literario en Ciudad Rodrigo diurante la primera mitad del siglo XVI", *Salamanca, Rev. de Estudios*, Diputación provincial, nº 53, 2006, pp. 135-159.

21. Otra versión: *Vida y excelencias y milagros de la sacratisima virgen Maria (La). Vid.* Philobiblon MANID 4278 (consultada en noviembre de 2004).

22. *Probadas flores romanas de famosos doctores varones compuestas para la salud*, Valencia, Vicent García Editores, S.A., 2000. (Facsímil de la ed. de Valencia: Taller de Juan Joffre, 1514). Reproducción y descripción en V. CASTAÑEDA, y A. HUARTE, *Nueva colección de pliegos sueltos*, Madrid, 1933, pp. 79-98. (aquí se titula *Probadas flores romanas de famosos y doctos varones compuestas para la salud e reposo de los cuerpos humanos).* En la edición de V. García Editores aparece la expresión "*nuevamente impressas y con addittiones*"

23. *Vid.* J.E. SERRANO MORALES, *Reseña histórica en forma de diccionario de las imprentas que han existido en Valencia desde la introducción del arte tipográfico en España hasta el año*

1868 : *con noticias bio-bibliográficas de los principales impresores,* Valencia, Imprenta de F. Domenech, 1898-[18]99. En p. 73, dice: *Representa la Torre de los Serranos, con tres jurados de rodillas a cada lado de la puerta, dos maceros de pie a la derecha de ésta, y, en primer término, a la derecha, el Angel Custodio, y a la izquierda un fraile, que quizás represente al autor, con un libro en las manos.* (He consultado la edición digital de cervantesvirtual)

24. El impresor Juan Joffre, que al parecer también fue calcógrafo, era de origen francés, natural de Briançon. Se le documenta por primera vez en Valencia en 1498, aunque su primer impreso conocido data de 1502, y su actividad como impresor dura hasta 1530. Empezó utilizando los tipos y materiales de Lope de Roca y se le deben algunos importantes impresos, como dos ediciones de *La Celestina* (1514 y 1518).

25. Sobre este escritor ver: M. FERNÁNDEZ VALLADARES, Y V. INFANTES DE MIGUEL, *Poetas cántabros del siglo XVI. Noticia y edición,* Torrelavega, La Gala Chinela, 1985; G. MANCINI, "Introduzione al Palmerín de Olivia", en G. DI STEFANO, Ed., *Palmerín de Olivia,* Pisa, Istituto di Letteratura Spagnola e Hispano-Americana dell. Università di Pisa, 1966, pp. 626-630, (trad. G. ARIZMENDI en *Dos estudios de literatura española,* Barcelona: Planeta, 1970, pp. 13-14).

26. Villar y Macías habla al menos de dos copias diferentes: Una recogida por el Marqués de Alventos en su historia del colegio mayor de San Bartolomé (manuscrito) titulado *Juan Ramón de Trasmiera, de las antigüedades y caballeros de Salamanca, Triunfo Raimundino,* guardado en la Biblioteca Nacional de Madrid, manuscrito 6.170. Perteneció a don Juan Lucas Cortés que la adquirió de la librería Marqués de Montealegre, tiene 61 escudos. Y el del conde de Villaumbrosa: *Triunfo Raimundino, ó coronación en que se celebran las antigüedades y linajes de la ciudad de Salamanca. Vid.,* recientemente: A. BARDIOS (ed.), *Juan Ramón de Trasmiera.* Op. cit., *Triunfo Raimondino,* Salamanca, Gfa. Duelo, 2005.

27. A. RODRÍGUEZ MOÑINO, 1997, n. 603.

28. *Regestum,* n. 3975.

29. ANTONIO *op. cit.,* 1963, p. 101. MANZINI *op. cit.,* 1970, pp. 13-14, titula así la obra. Recientemente se ha publicado el texto, atribuido a Martín Fernández de Figueroa. *Vid.* L. GIL, (ed.), *Martín Fernández de Figueroa, Conquista de las Índias de Persya e Arabia que fizo la armada del rey don Manuel de Portugal e de las muchas tierras, diversas gentes, extrañas riquezas y grandes batallas que alla ovo,* Valladolid, Univ. de Valladolid, 1999. J. MCKENNA, (ed.), *Martín Fernández de Figueroa; A Spaniard in the Portuguese Indies. Conquista de las Indias 1512,* Harvard, UP, 1967. El texto ha sido utilizado en A.A. B. de ANDRADE, *Mundos Novos do Mundo. Panorama da difusao, pela Europa, de noticias dos Descobrimientos Geográficos Portugueses,* vol. 2, Lisboa, Junta de Investigaçoes do Ultramar, 1972, pp. 675-685; J. AUBIN , "A propos de la relation de Martín Fernández de Figueroa" en *Le latin et l'Astrolabe,* vol. 2, 2000, pp. 493-505. Fr. M. A ROQUE DE OLIVEIRA, Construção do conhecimento europeu sobre a China, c.1500—c.1630. Impressos e manuscritos que revelaram o mundo chinês à Europa culta, tesis leída en la Univ. Autónoma de Barcelona el 12-03-2003; L. GIL, "Martín Fernández de Figueroa: un español en la India a principios del S. XVI" (conferencia) leída en *Relaciones Culturales España – India (I),* 23 de octubre. 2001, Centro de Estudios de Asia de la Univ. de Valladolid.

30. La *Conquista* es el primer trabajo de este impresor natural de Pesaro. Compite en el mercado salmantino con Juan Porras, a cuya imprenta aparece asociado en los años veinte, para desaparecer definitivamente en 1530.

31. GIL, (ed.), *op. cit.,* 1999, pp. 28 y 29.

32. Este título es obra de Francisco Delicado. El libro sale en 1512 como *Libro segundo del emperador Palmerín en que se cuentan los grandes y hazañosos fechos de Primaleón y Polendus, sus fijos, y de otros buenos cavalleros extranjeros que a su corte vinieron* (Salamanca, 1512). Se ha especulado mucho sobre el hecho de que *El Quijote* no lo mencione, quizás por considerarlo segunda parte del Palmerín.

33. El único ejemplar que se conoce está en Nationalbibliothek de Viena. Sobre los

problemas de edición del Palmerín y Primaleón vid. recientemente, J.M.LUCÍA MEJÍAS, "Catálogo descriptivo de libros castellanos. Otro Palmerín de Olivia recuperado: Sevilla, Jácome Cromberger, 1547. (Con algunas reflexiones sobre el arte de editar textos)", *Letras* 42-43, julio 2000-junio 2001, p. 75 y ss.

34. F. J. NORTON, *Printing in Spain 1501-1520*, Cambridge Univ. Press, 1966, p. 27 atribuye la obra a los tipos de Porras, que entre 1509 y 1512 utilizó material procedente de la tipografía de Gysser, que después pasará a Liomdedei. *Vid.* L. CUESTA GUTIÉRREZ, *La imprenta en Salamanca. Avance del estudio de la tipografía salmantina (1480-1944)*, Salamanca, 1966.

35. A. PRADA ALLO,"Los libros de Juan de Porras" *Porta da Aire*, 5, 1992-1993, pp. 45–58; U. CARRÉ ALDAO, "Impresores de Galicia: Gonzalo Rodrigo de la Passera y Juan de Porres (1494-1496)", *Boletín de la Real Academia Gallega*, t. IX (1915-1916), (Existe reed. reciente a cargo de X. Agenjo e I. Cabano, Santiago, Xunta de Galicia, Consellería de Cultura e Xuventude, 1991).

36. D. EISENBERG, "Inexactitudes y misterios bibliográficos: las primeras ediciones de *Primaleón*", *Scriptura*, 13, 1997, pp. 173-78.

37. *Vid.* sobre este tema Mª.C. MARÍN PINA, *op. cit.*, 1991, p. 120; *Idem*, "Introducción" a *Primaleón*, Col. *Los libros de Rocinante*, 3, Alcalá de Henares, Centro de Estudios Cervantinos, 1998, p. ix y ss. *Vid.* L. FERRARIO DE ORDUÑA, "Palmerín de Olivia y Primaleón: algunas observaciones sobre su autoría", *VIII Congreso de la Asociación Hispánica de Literatura Medieval*, (Santander 22-26 de septiembre, 1999), M. FREIXAS Y S. IRISO (coords.), Santander, Consejería de Cultura del Gobierno de Cantabria-Asociación Hispánica de Literatura Medieval, 2000, vol. I, pp. 717-728. D. GAGLIARDI, "*Qvid pvellae cvm armis?*". *Una aproximación a Doña Beatriz Bernal y a su Cristalian de España*, Tesis doctoral leída el 27-09-2003 en la Universidad Autónoma de Barcelona (he manejado la edición digital). La relación Ciudad Rodrigo – *Mirobriga* se debe al hallazgo en 1577, en las inmediaciones de la ciudad, del *terminus* augustal en que figuran tres poblaciones: *Salmantica* (Salamanca), *Bletisa* (Ledesma) y *Mirobriga*. Ciudad Rodrigo ha sido repetidamente asociada a la *Augustobriga* citada por Ptolomeo (II,5,7). En cualquier caso el topónimo romano no es exclusivo de aquella ciudad.

38. J. MOLL, "Problemas bibliográficos del libro del Siglo de Oro", *BRAE*, LIX,1979, pp. 51-107.

39. MARÍN PINA, *op. cit.*, 1991; G. WILD, "Francisco Vázquez. Palmerín de Olivia", *Kindlers neues Literatur Lexicon*, 20 vols., Munich, Kindler 1988-1992, XVI, 1991, p. 1107.

40. *Vid.* MARÍN PINA, *op. cit.*, 1991.

41. *Vid. Supra*, nota 10.

42. *Vid.*, A. RODRÍGUEZ MOÑINO y A. M. BREY MARIÑO, *Catálogo de manuscritos poéticos castellanos existentes en la biblioteca de The Hispanic Society of America*, N. York, The Hispanic Society, 1965, t. I, p. 31.

43. GAGLIARDI, *tesis cit.* P. CÁTEDRA, y J. RODRÍGUEZ VELASCO, *Creación y difusión de El Baladro del sabio Merlín, (Burgos, 1498)*, Salamanca, Publicaciones del Semyr, Serie Chica, 3, 2000. También J.M. LUCÍA MEJÍAS, "Catálogo descriptivo de libros castellanos. Otro Palmerín de Olivia recuperado: Sevilla, Jácome Cromberger, 1547. (Con algunas reflexiones sobre el arte de editar textos)", *Letras* 42-43, julio 2000-junio 2001, p. 76.

44. GIL, *op. cit.*, 1999, pp. 28-31.

45. STEFANO, *op. cit.*, 2004, p. 419.

Como um palimpsesto: duas versificações de Rodrigues de Azevedo (nas veredas da balada romântica portuguesa)

Teresa Araújo
Universidade Nova de Lisboa

Não restam muitas dúvidas sobre os limites do contributo do *Romanceiro do Archipelago da Madeira* (Azevedo, 1880) para o conhecimento da tradição oral moderna daquelas ilhas. Tendo sido o primeiro acervo madeirense de vulto e reunindo um significativo número de temas e de versões, os seus poemas não são testemunhos autênticos da memória insular, mas o reflexo das concepções românticas tardias do seu autor. Rodrigues de Azevedo retocou a linguagem das versões recolhidas, aperfeiçoou a sua sintaxe, corrigiu a sua métrica[1], como aliás anunciou parcialmente no seu "Prefácio" (Azevedo, 1880: XV-XVIII), e aventurou-se a refundir profundamente algumas delas (Ferré, 2000: 82-83).

Na época, o coleccionador e editor já conhecia as recentes perspectivas de vocação científica sobre as composições transmitidas oralmente – a etnográfica e a filológica, que surgem estimuladas pelo positivismo das últimas décadas do século e que reivindicavam o respeito pela autenticidade tradicional dos textos coligidos. Recebera-as, sobretudo, através das obras de Teófilo Braga e da correspondência trocada com o historiador da literatura[2], como confessa nas suas missivas (Braga, 1903: 109), e reflectira sobre elas. Provavelmente, sob a sua influência e sob a do prestígio do seu correspondente, censurou algumas liberdades restauradoras do já falecido Almeida Garrett (Azevedo, 1880: XII) e definiu conceptual e pragmaticamente o seu trabalho através do cruzamento dos princípios de Uhland, Percy e Garrett com as novas visões críticas (Araújo, 2000: 60-67).

Apesar de ter garantido a diferença dos seus critérios relativamente aos do romântico português – os de Garrett, como bem observou no seu "Prefácio", tinham decorrido da intencionalidade estético-programática do renovador da poesia nacional (Azevedo, 1880: XII) – as novas ideias teóricas e metodológicas não vingaram no pensamento de Azevedo e não tiveram repercussão no seu acervo. O seu conceito de respeito pela autenticidade tradicional nunca coincidiu com o da legitimação das formas cantadas pelo "povo", mas com o do *aperfeiçoamento* da expressão "popular" para aproximar os cantos da genuinidade (romântica, não filológica) das suas origens poéticas.

Por isso, grande parte das versões do *Romanceiro* são formas restauradas das composições recolhidas da tradição. Antes de terem sido impressas, foram sujeitas a um processo de reconstrução pautado pela "poética instintiva", segundo palavras de Azevedo (Braga, 1903: 113), para que fossem mais verdadeiramente "populares" "na essencia e na fórma, na linguagem e na lettra" (Azevedo, 1880: XV) – ou seja, menos obliteradas pelas "aberrações da memoria, da ignorancia analphabeta e da inconsciencia boçal" (Azevedo, 1880: XIII). Só assim, aos olhos do editor, esses valiosos cantos da "poesia do periodo genesiaco da sociedade moderna, a idade-media" (Azevedo, 1880: XXII) podiam ser apresentados de acordo com o "genero" e a "epocha" das suas origens.

Todavia o *Romanceiro* de Azevedo não oferece somente poemas retocados. Também inclui vários textos que não resultaram do processo de *aperfeiçoamento*, mas de uma criação ainda mais livre sobre a tradição, de uma profunda reconfiguração – até ao ponto da descaracterização – das respectivas fontes. Entre eles, estão, por exemplo, as composições classificadas como contos e apresentadas, não em prosa, mas sob forma poética, em estrofes com rima assoante (Azevedo, 1880: 340-460). Duas delas afiguram-se especialmente representativas da (re)invenção literária do autor (Azevedo, 1880: 340-353 e 354-360). Com efeito, apesar de ambas terem sido inspiradas pelo *corpus* preservado pela memória colectiva – nomeadamente, pelos temas de um conto e dois romances e por algumas formas romancísticas –, a sua elaboração obedeceu a procedimentos criativos de Azevedo e deixou o selo da visão, da linguagem e dos artifícios do autor. Não constituem, por isso, poemas da tradição nem se revestem, sequer, do reduzido valor tradicional das versões restauradas.

Em contrapartida, reflectem em maior extensão os efeitos das concepções e gostos românticos do editor e a participação do seu autor na fase mais tardia do movimento de criação baladística em Portugal. De facto, a sua publicação a par das composições reconstruídas mostra que o autor os considerou equivalentes às versões restauradas e, nessa medida, expõe a indistinta noção romântica de Azevedo sobre as fronteiras entre o texto tradicional e o de autoria individual[3]. Por outro lado, a visibilidade da chancela pessoal das duas reconfigurações de elementos tradicionais confere ao autor um lugar não despiciendo na plêiade de poetas oitocentistas que, tendo exumado ou não a memória colectiva, cultivou com fervor o género da balada romântica e constituiu um *corpus*, ainda só parcialmente conhecido, mas apesar destes limites, representativo de vários aspectos genológicos da criação em Portugal. Entre estes traços, destacam-se o da génese textual baseada na imitação do "popular" (ou de concepção "popular") e do "antigo", o da tipologia das suas fontes (tradicionais, de presunção tradicional e eruditas), o dos núcleos temáticos (sobretudo ligados à medievalidade e ao mundo campesino), o da construção narrativa com laivos líricos e até melodramáticos e o da versificação dominante, heptassilábica e do romance (Marques, 2002: 354-416).

Os dois poemas são fruto tardio desta voga poética dos meados de Oitocentos (moda já então repudiada pelos que se abeiravam "cientificamente" dos cantos do "povo"[4]) e assemelham-se, em especial, a dois tipos de composições, quer às que nasceram da versificação de narrativas tradicionais em prosa e quer às que re-poetizaram romances da tradição oral. No entanto, um e outro também se distinguem delas, por corresponderem a uma imitação criativa, não apenas de um determinado texto de um género tradicional, mas da uma articulação de distintos elementos de textos de diferentes géneros (de um conto e dois romances).

Este cruzamento original no contexto da balada conhecido actualmente não é estranho ao próprio conteúdo do *Romanceiro* de 1880 – e, como se sabe, de outros livros com denominação semelhante. Apesar de o acervo ter sido intitulado com a designação dos cantos épico-líricos, não é uma colecção constituída apenas por romances, representando, esta diversidade, outra frágil distinção romântica, a dos géneros tradicionais (uma perspectiva já em superação nestes finais de Oitocentos[5]). Mas a maior importância da articulação reside no facto de ela consistir num tipo de balada novo relativamente dados a conhecer por Dias Marques. Os exercícios poéticos de Azevedo foram publicados posteriormente ao período observado pelo crítico – o de 1828-1870, definido em função do aparecimento dos livros de baladas *Adozinda* (Garrett, 1828) e *Romanceiro do Algarve* (Veiga, 1870/ 2005) –, devendo a data da sua edição, 1880, explicar a novidade tipológica. Em todo o caso, um e outro mostram que alguns dos processos criativos da balada foram mais complexos e que a vitalidade da criação baladística foi mais duradoura, para além de reflectirem uma faceta, até agora, pouco reconhecida do autor do *Romanceiro do Archipelago da Madeira*.

Mas observemos os poemas, comparando-os com o que terão sido as suas fontes, a fim de avaliarmos a criação de Azevedo. Na verdade, não podemos conhecer os textos sobre os quais foram compostos, uma vez que os papéis do autor não chegaram aos nossos dias – apenas resistiram ao tempo algumas notas manuscritas para a preparação de uma futura reimpressão do *Romanceiro* que indiciam novas intervenções[6]. Mas é possível cotejar as duas composições com as versões tradicionais recolhidas posteriormente (Freitas, 1988/1996: 101-102; Ferré-Carinhas, 2000[a]: 94-96 e Ferré-Boto, 2008: 431-467) e com a própria versão dos romances reconstruída por Azevedo (Azevedo, 1880: 360-363).

Os dois poemas versificam, a partir de elementos da matriz poética romancística, o conto vulgarmente denominado "As três cidras do amor" – identificado no *Catalogue of Portuguese Folktales* (Cardigos, 2006: 89-92) –, fundindo o tema com aspectos dos romances de "Infantina"[7] e "Cavaleiro enganado", romances conhecidos desde as primeiras edições quinhentistas e actualizados, na tradição oral moderna portuguesa, por formas poéticas contaminadas (Ferré, 1983: 143). No entanto, inversamente ao conto de S. Roque do Faial de "As três cidras do amor" (Freitas, 1988/1996: 101-102) e à definição do próprio género, aparecem em verso e contrariamente às 68 versões tradicionais[5] compostas por "Infantina" e "Cavaleiro enganado", que na tradição insular terminam invariavelmente com outro romance, "A irmã cativa" (Ferré-Carinhas, 2000[4]: 94-96 e Ferré-Boto, 2008: 431-467), não manifestam qualquer reflexo destes finais.

Observemos o que podem ter sido as fontes.

Tal como descreve Isabel Cardigos a partir do esquema de Walter Anderson (Cardigos, 2006: 89-90), a única versão madeirense conhecida do conto (Freitas, 1988/1996: 101-102) inicia com um segmento inexistente no modelo. Começa com a referência ao encantamento de uma princesa e ao seu aprisionamento numa árvore durante 5 anos, como forma de vingança de uma fada-bruxa em relação ao príncipe pretendente da donzela. Prossegue com os segmentos tipo, "III. The substitution of a negress for the Citron Princess", "IV. The Citron Princess as a dove (b)", "VI. The disenchantment of a maiden" e finaliza com "VII. The punischment of a false bride". Estas últimas unidades são actualizadas através dos seguintes conteúdos:

III – debaixo da árvore, onde estava a menina, existia uma fonte que reflectia a sua imagem; vendo-a, uma mulata, que aí ia buscar água, pensou observar a sua própria figura; a princesa, face ao engano, sorriu e foi descoberta; a mulata mudou-lhe o alfinete mágico (utilizado pela maga) da orelha para a coroa e transformou-a em pomba; chegado o príncipe ao fim dos 5 anos, convenceu-se de que a mulata era a sua princesa e casou com ela;

IV – no jardim do palácio real, a pomba aparecia diariamente, até que o jovem príncipe reparou nela;

VI – afagando-a, descobriu o alfinete, quebrando assim o encantamento;

VII – castigou a mulata e viveu feliz com a sua amada.

As 68 versões madeirenses dos romances desenvolvem o seu relato segundo a descrição das composições portuguesas ("à luz da tradição madeirense") de Pere Ferré (Ferré, 1983: 157-162). Mesmo os poemas do conjunto insular editados posteriormente à análise, abrem com versos de "Infantina", continuam com "Cavaleiro enganado" e terminam com "A Irmã cativa".

Iniciam com os relativos a uma jornada de caça malograda, à visão do caçador de uma donzela maravilhosa no cimo de uma árvore, à explicação feminina do encantamento e ao seu sequente pedido de ajuda:

    Caçador que vai à caça, caça com grande folia,
    seu perro leva cansado e seu falcão perdido ia.
    Anoitecia na serra, sem caça, sem ousadia,
    encostara-se a um loureiro mais alto que a serra tinha.
    O loureiro era de prata e a trança d'ouro tenia,
    quando lançou seus olhos acima p'ra ver quando amanhecia,

quando viu uma menina, a mais formosa maravilha,
penteando os seus cabelos, todo o loureiro encobria.
−Que fazes aqui, menina, que fazes aqui, bel' vida?
−Sete fadas me fadaram no colo uma mãe minha,
para eu 'tar aqui sete anos, sete anos e mais um dia;
ontem se acabou os meus anos, hoje s' acaba o meu dia;
bem podias, cavaleiro, levar-me na tua companhia.
(Ferré-Boto, 2008: 434-435, vv. 1-13)

Algumas versões minoritárias optam pela oferta do cavaleiro, que faz parte de um poema do segundo tema publicado num folheto quinhentista (Ferré, 1983: 149), mas a maior parte prossegue com versos de "Infantina" sobre a resposta masculina. Este vai pedir conselho à mãe sobre a condição em que levaria a donzela consigo:

—Esperai aqui, menina, esperai aqui mais um dia,
qu' eu vou tomar conselhos a uma mãe que me paria,
qu' é uma velha de bom tempo, bons conselhos me daria
(Ferré-Boto, 2008: 445, vv. 14-16)

Raramente a entrevista do filho com a mãe é apresentada[9], sendo mais comum o repúdio imediato da donzela pela decisão do cavaleiro. Em qualquer caso, a partir deste momento, todas as versões prosseguem com "Cavaleiro enganado". A infanta e a figura masculina iniciam a viagem. Esta sequência é frequentemente composta por um ardil feminino que evita o acometimento de amores no ermo da serra pelo cavaleiro e por um estratagema masculino, provocado pelo sarcasmo da donzela em relação à cortesia do cavaleiro, para justificar o regresso de ambos à floresta:

−Aquele que em mim tocar, cor de gente não teria,
filhos que de mim tivera, pretos mulatos seria,
sou filha de uma mulata e sou neta de uma judia.
[...]
−De que vos rides, senhora, de que vos rides, mui' vida?
−Rio-me de ti, cavalheiro, dessa tua ousadia,
que achaste a Aninhas na serra e guardaste-le cortesia.
−Atrás, atrás, meu cavalo, atrás, atrás, minha vida,
na fonte em que nós bebemos uma espora me é esquecida.

(Ferré-Boto, 2008: p. 442, vv. 21-29)

O final encontra-se contaminado por "A irmã cativa". A donzela recusa a pretensão masculina, advertindo-o do poder da sua genealogia. Perante a manifestação da identidade da infanta, o cavaleiro reconhece na menina a sua irmã. Terminam quase todas as versões com as festas na corte dos progenitores de ambos.

−Tate, tate, cavaleiro, não faças tal tirania;

se a espora era de prata, de ouro eu ta daria,
se a espora era de ouro, dar-te-ei maior valia.
Minha mãe tem tanto ouro que eu com ele não podia;
Meu pai tem tanto dinheiro que aos alqueires o media.
–Dizei, minha menina, dizei-me de quem sois filha.
–Sou filha do rei de França, da rainha Cosntantina.
–Pelos sinais que me dais, vós sois uma mana minha.
Oh, que festas vão na corte, oh, que repicar de sinos,
Apareceu a bela infanta com seu irmão Gonçalino.

(Ferré-Boto, 2008: 465, vv. 25-34)

A composição editada por Azevedo, que não versifica o conto (Azevedo, 1880: 360-363), mostra ter sido este o modelo de actualização dos romances percepcionado pelo coleccionador (e artífice da balada) na Ilha. Embora esta sua versão apresente bastantes intervenções ao nível da linguagem e da sintaxe, assim como no plano do desenvolvimento de certas sequências, o texto corresponde à estrutura madeirense. É constituído pela contaminação dos três romances e opta pelas alternativas mais comuns da tradição insular, sendo excepção a da oferta de ajuda masculina – também preferida por algumas versões tradicionais (Ferré-Boto, 2008: 463 e 464) – em vez do pedido da infanta.

Como acabou de se observar, as versões insulares do conto e dos romances são bastante diferentes do ponto da vista da fábula e da intriga. No entanto, contêm motivos comuns e neles provavelmente assentou a refundição (descaracterização) artística de Azevedo. O encanto feminino numa árvore e a existência de uma fonte no local de encontro do príncipe com a terceira cidra-menina e do cavaleiro com a donzela são dois deles. Outro consiste na presença, no conto, de uma mulata – que impede a imediata aliança dos amantes – e, nas versões dos romances, da alusão feminina à sua (falsa) genealogia mestiça – cuja função é evitar a consumação dos intentos masculinos. Esta menção romancística corresponde a uma recriação moderna muito comum (por má interpretação posterior ao século XVI) da alegação quinhentista (igualmente falsa) da menina do "Cavaleiro enganado". Nos textos antigos, a personagem diz ser filha de um "malato" (leproso) e contagiar quem nela tocasse:

    tate tate cauallero
    no hagays tal villania
    hija soy de vn malato
    y de vna malatia
    el hombre que a mi llegasse
    malato se tornaria

    –Tate, tate, el escudero, no fagays descortesía,
    fija soy de vn malato, lleno es de maletia,
    y sy vos a mi llegades luego se vos pegaria.

-Esta quedo, el cauallero, no fagays tal villania,
fija soy de vn malato que tiene malatia
que quien a mi llegare luego se le pegaria,

(Ferré, 1983: 148-149)

Contudo, na tradição oral moderna insular – e, inclusivamente na versão de Azevedo que não poetiza o conto –, o elemento funciona como traço comum às versões dos dois géneros.

Observemos, agora, como o autor organizou o argumento dos seus poemas a partir dos diferentes relatos tradicionais com desfechos tão divergentes.

Os dois poemas iniciam com um ou mais segmentos de "Infantina", prosseguem com várias sequências do conto interpoladas por elementos do mesmo romance e de "Cavaleiro enganado" e terminam com o final feliz do conto. Não incluem, portanto, ecos do final das versões romancísticas ("A irmã cativa"), por este ser um obstáculo à articulação do conto e dos cantos, na medida em que impedia a fusão das respectivas figuras masculinas.

O primeiro abre com o segmento inicial do romance, constituído pelo aparecimento da personagem no final de um dia de caça, mas, ao contrário do que sucede na sua referência, a figura avista uma corça e persegue-a, caindo num corgo e entrando "na terra das fadas". O relato prossegue, assim, com a sequência II de "As três cidras do Amor", ao longo da qual encontra os frutos, desencanta as meninas e salva a última, continuando depois com uma unidade das versões de romances (encontrando-se, a menina nua, refugia-se entre a folhagem de um loureiro) Desvia-se, depois, da fonte poética e retoma a do conto, usando dois elementos comuns às versões romancísticas e ao conto – o da oferta de ajuda do "cavaleiro enganado" à donzela, equivalente ao oferecimento amoroso do rei à menina depois de desencantada, e o da partida do caçador de "Infantina" para pedir conselho à mãe, semelhante à ida do rei à corte buscar roupas à amada e preparar a sua chegada ao palácio. Recria seguidamente os segmentos da narrativa em prosa III (encontro "malata"[10] - donzela, transformação da menina em pomba e substituição da princesa pela mulata), IV (aparecimento da ave no jardim do rei e sua captura), VI (quebra do encanto da princesa pelo herói) e VII (punição da mulata e final feliz).

A reelaboração da terceira sequência do conto é, no entanto, interpolada por ressonâncias dos romances: a menina faz a sua identificação à mulata através das palavras inspiradas nas do romance "Infantina" que ela proferira ao rei do cimo do loureiro; o rei convida a mulata a acompanhá-lo, através do discurso do seu convite prévio à menina ("Cavaleiro enganado"); finalmente, a mulata, no lugar da princesa, ri da ingenuidade da figura masculina na viagem ("Cavaleiro enganado"). Os dois sorrisos, porém, têm um pressuposto diverso, por um estar baseado no ardil feminino de repúdio aos intentos do cavaleiro e o outro na perfídia para a conquista amorosa do rei. A mulata, depois de o ter convencido ser a princesa transformada por feiticeiras, "à sorrateira se ria":

> −De que vos rides, senhora? Sabel-o desejaria.
> −Ri de mim, do que me fez la negra feiticeria,
> que me cuidaste malata da maior malataria!
> E se eu fora malata?... − Malato me tornaria[11]
> −Ai meu rei e senhor meu, eu tanto vos não merecia.
> (Azevedo, 1880: 350, vv. 148-153)

O segundo poema narrativo dispõe de uma estrutura mais simples, composta por segmentos com molde nos primeiros de "Infantina", um elemento do "Cavaleiro enganado" e algumas unidades do conto. Deste, não integra a II, correspondente ao encontro e transformação das cidras, resultando desta supressão um menor desenvolvimento do maravilhoso do que o texto anterior − e o conto. Surge a personagem masculina no final de um dia de caça, mas sem qualquer indício de ter ou não caçado; avista a donzela, dialoga com ela, oferece-se para a levar ("Cavaleiro enganado") para a sua corte, ficando a saber do encanto e da identidade da menina. Seguidamente, o rei ausenta-se pelo motivo da versificação anterior, não pelo do romance e o relato continua através do engaste com a unidade III do conto, na qual é inserida parte da recriação da identificação feminina ("Infantina") e do convite do rei ("Cavaleiro enganado"). Termina com a sequência da narrativa em prosa, IV, VI e VII.

Ao nível da linguagem e da poética, a criação de Azevedo descaracteriza mais profundamente as suas fontes. O seu léxico e as estruturas linguísticas não pertencem à "língua" dos poemas com origem medieval, burilada durante séculos, ao longo de repetidas actualizações. Mesmo o pequeníssimo número de versos com alguma ressonância tradicional manifesta a intervenção de quem não pertencia à cadeia de transmissão oral e, nessa condição, não partilhava da memória colectiva (nem do dicionário, nem da gramática dos géneros). Em vez desse legado, tinha o gosto educado pelo Romantismo, o correspondente interesse pelos *corpora* "populares" e alguma sensibilidade poética.

Os primeiros versos "Foi el-rei a montear, / montear, como olia" (Azevedo, 1880: 340) e "Foi el-rei, foi a caçar, / a caçar como solia" (Azevedo, 1880: 354) constituem duas dessas formas minoritárias. Comparando-os com os de abertura recolhidos da tradição, percebe-se a mão e a razão do emprego do verbo "montear" e da construção do primeiro verso da segunda balada.

Nenhuma versão tradicional do romance apresenta o verbo; apenas Garrett o tinha utilizado num poema factício de "D. Gaifeiros" (Garrett, 1851: 250-267) e o próprio Azevedo o usou noutros textos. Socorreu-se dele em "Dom Hanrique d'Alencrasto" (Azevedo, 1880: 230-234) − outra balada de invenção pessoal − e em versões retocadas de "A noiva abandonada"

(Azevedo, 1880: 115-118, 122-127) e de "Frei João" (Azevedo, 1880: 269-273). O motivo do seu emprego decorreu, seguramente, da intenção de adornar o poema com uma forma pouco utilizada que restaurava, aos olhos do romântico, a patine de antiguidade e de genuinidade dos cantos.

A repetição da forma verbal, no primeiro verso do segundo poema, logo após o sujeito da frase, também não é uma construção tradicional, não tendo qualquer correspondência nas versões transmitidas oralmente, como se pode observar no *incipit* anteriormente transcrito e nos seguintes:

Caçador que vai à caça, caça com grande folia,
Foi cavaleiro pa' à caça, nem caça nem caçaria,
Caçador que vai à caça, a caça la perseguia,
A caçar vai caçador e a caçar como soía,
    (Ferré-Boto, 2008: 431, 440, 444 e 447).

Provavelmente, com este artifício, Azevedo pretendeu amplificar o efeito da repetição da forma verbal e dos substantivos "caçar", "caça", caçador" dos versos tradicionais; mas alterou a estrutura, essa sim, tradicional da reiteração em diferentes hemistíquios, presente também no poema quinhentista do romance, "A caçar va el cauallero / a caçar como solia" (Ferré, 1983: 145).

Esta versão do *Cancionero de romances* continua com a fórmula "los perros lleua cansados / el falcon perdido auia" (*ibidem*) magnificamente preservada pela tradição insular – por exemplo, "seu perro leva cansado, seu falcão perdido ia (Ferré-Boto, 2008: 432, v. 2, 434, 443 e 446) e "seu perro ia cansado, seu falcão perdido ia" (Ferré-Boto, 2008: 436 e 452). Azevedo também a utilizou no primeiro poema, retocando-a, "Los perros iam cansados, / los falcões, ninguem los via" (Azevedo, 1880: 340); mas, para além destes últimos versos, apenas incluiu nas suas duas longas composições (390 e 176 versos, respectivamente) quatro conjuntos com alguma ressonância tradicional:

a) um, em cada poema, relativo à beleza da donzela ("Infantina"), "Lo brilho dos olhos della / Luz d' estrellas resplendia" e "Dos olhos da cara della / Luz de sol se resplendia" (Azevedo, 1880: 343 e 354), provavelmente por inspiração de fórmulas tradicionais semelhantes a "e os olhos da sua cara todo o mundo esblandecia / 'esplandecia" (Ferré-Boto, 2008: 431 e 454), "os olhos da sua cara todo o mundo esclarecia" (Ferré-Boto, 2008: 439 e 447), "os olhos da sua cara todo o mundo espantaria" (Ferré-Boto, 2008: 448), "os olhos da sua cara parecia a luz do dia" (Ferré-Boto, 2008: 455) "e os olhos da donzela claro sol me parecia" (Ferré-Boto, 2008: 457);

b) outro, na primeira composição, correspondente à pergunta masculina sobre o que fazia a donzela na árvore ("Cavaleiro enganado"), "–Que fazeis aqui, senhora? / (El-rei pasmado, dizia)" (Azevedo, 1880: 344), reelaborado a partir de versos como "–O que fazeis aqui, senhora, o que fazeis aqui, donzilha?" (Ferré-Boto, 2008: 454) e "–Que fazeis aqui, senhora, o que fazeis aqui, min' vi'a?" (Ferré-Boto, 2008: 461), memoria dos quinhentistas "-¿Que fazes ay, donzella, tan sola y sin conpañia?" e "-¿Que hazeys aqui, mi alma? ¿qué hazeys aquí, mi vida?" (Ferré, 1983: 149);

c) outros, também no primeiro poema, da resposta feminina sobre o seu encantamento ("Infantina"),

       -Septe fadas m' incantaram,
       por sept' anos e um dia;
       hontem findaram los annos
       e hoje findou lo dia
       (Azevedo, 1880: 346),

reescritos com base em fragmentos semelhantes a estes,

       -Uma fada me fadou no colo duma mãe minha,
       qu' eu 'tivesse sete anos, sete anos anos e um dia;
       ontem se acabam os sete, hoje se acaba o dia.
       (Ferré-Boto, 2008: 433)

       -Sete fadas me fadaram no colo duma mãe minha,
       p'ra eu estar aqui sete anos, sete anos e mais um dia,
       ontem se acabou os anos, hoje se acaba os dias
       (Ferré-Boto, 2008: 460),

que conservam os arcaicos

       siete fadas me fadaren
       en braços de vna ama mia
       que andasse los siete años
       sola en esta montina
       oy se cumplian los siete años
       o mañana aquel dia
       (Ferré, 1983: 145);

d) um último, igualmente no primeiro texto, da pergunta masculina sobre o sorriso da donzela após a cortesia do cavaleiro ("Cavaleiro enganado"), "-De que vos rides, senhora? / Sabel-o desejaria" (Azevedo, 1880: 359), recriado a partir de "-De que vos rides, senhora, de que vos rides Bolvida/menina/mi' vida/donzilha?" (Ferré-Boto, 2008: 447, 448, 450, e 455), fórmula que recorda a quinhentista "De que vos reys señora / de que vos reys mi vida", "-¿De que vos reys, mi alma? ¿de que vos reys, mi vida?" (Ferré, 1983: 148 e 149).

De resto, a linguagem das duas longas composições, assim como a sua construção frásica, reflectem ainda menos as conservadas e recriadas pela tradição insular; correspondem a um léxico e a uma sintaxe artificiosamente arcaicos (recorde-se "montear" e "malata") articulados com vocábulos e expressões de inspiração popular, utilizados para criação, de acordo com os fundamentos da balada romântica, do universo poético primordial oitocentista das origens dos cantos.

Do mesmo modo, a poética subjacente à duas composições com metro e rima assoante do romanceiro – mas com estrofes, estranhas ao género medieval – não se assemelha ao modelo de concisão e sobriedade estilística e narrativa das versões tradicionais (resultante da depuração do ininterrupto canto colectivo), nem aos procedimentos de sugestão intuitiva, nem às expressões formulísticas que caracterizam "el *ordo artificialis*" destes cantos transmitidos oralmente (Catalán, 1998: 145-194). Pelo contrário, consiste numa *tecnê* de autor individual fortemente marcada pela estética oitocentista e pela respectiva valorização artificiosa do "popular".

Os dois fragmentos seguintes relativos à descrição da mulata (primeiro poema) e ao descanso do rei caçador (segundo texto) denotam bem o recurso do poeta letrado à antítese e à metáfora para a produção explícita de sugestões sensuais e ao diminutivo para a criação de um ambiente bucólico, contrastante com o episódio perturbador prestes a ocorrer. Os dois trechos evidenciam igualmente o gosto do autor individual pela amplificação dos momentos líricos através da qual exprime a sua sensibilidade e perspectiva. Mas expõem também a sua ambição de imitar o que entendia por tonalidade "popular":

> Malata d' olhar de fogo,
> Que las neves derretia;
> Malata de dentes alvos,
> Com que beijos desafia;
> Peitos altos a tremer,
> E cintura que pedia
> Abraços a redobrar...
> Com ser malata, valia.
> (Azevedo, 1880: 345)

> E, de cançado, deitou-se
> Ao pé d' uma fonte fria,
> Por debaixo d' um loireiro
> Que tambem alli havia,
> e em riba da relvinha
> Que pol lo chão s' estendia.
> Como 'stava lá sósinho,
> vae nã vae qu' adormecia,
> Quando ouviu um suspiro
> De mulher que se carpia;
> E ouvindo-lo, s' ergueu,
> Por ver quem assim gemia
> (Azevedo, 1880: 354)

Azevedo, sobrepondo ao tradicional o seu "popular", recorreu com insistência, por exemplo, ao paralelismo inexistente nas versões dos dois romances, mas presente nas composições de outros temas. Fê-lo, contudo, sem a arte poética nem a mestria narrativa dos cantos moldados pela sua constante actualização ao longo de séculos. No primeiro poema, repete as palavras (não tradicionais) da menina sobre o seu encantamento e a sua genealogia (inicialmente dirigidas ao rei e depois à mulata), assim como as da descrição dos atributos físicos da mulata (na voz do narrador e do rei). No segundo, reproduz o verso, quer do rei, quer da mulata, que inicia a pergunta à donzela sobre a sua identidade e o motivo da sua presença na serra, bem como o primeiro da resposta da menina.

Os poemas de Azevedo encontram-se, portanto, inscritos sobre a descaracterização das suas fontes, mas é esta ousadia de reconfiguração que constitui o acto criativo do poeta e que melhor revela a profundidade e a extensão das suas concepções românticas. Ambos demonstram a legitimidade sentida pelo autor para, como os cultores da balada oitocentista, intervir livremente sobre a tradição e apresentar estes e os demais poemas do seu *Romanceiro* como "genuinamente" tradicionais e como relíquias da tradição que pretendia valorizar.

BIBLIOGRAFIA CITADA

Araújo, Maria Teresa Alves, 2000: *Teófilo Braga e o Romanceiro de Tradição Oral Moderna Portuguesa. Questões de História e Teorização*, [Tese de Doutoramento], Lisboa, Universidade Nova de Lisboa.

Azevedo, Álvaro Rodrigues de, 1880: *Romanceiro do Archipelago da Madeira*, Funchal, Voz do Povo.

Braga, Theophilo, 1864: *Tempestades Sonoras*, Porto, Em casa da Viuva Moré – Editora.

_____ 1869/1982: *Cantos Populares do Archipelago Açoriano*, Porto, Livraria Nacional / reedição facsimilada, Ponta Delgada, Universidade dos Açores.

_____ 1871: *Epopêas da Raça Mosárabe*, Porto, Imprensa Portugueza – Editora.

_____ 1875: *Manual de História da Litteratura Portugueza desde as Origens até ao Presente*, Porto, Livraria Universal.

_____ 1903: *Quarenta Annos de Vida Litteraria*, Lisboa, Typographia Lusitana – Editora Arthur Brandão.

Cardigos, Isabel, 2006: *Catalogue of Portuguese Folktales*, wiht the colaboration of Paulo Correia and J. J. Dias Marques, Helsinki, Suomalainen Thiedeakatemia, Academia Scientiarum Fennica.

Carinhas, Ana Cristina Porfírio, 1994: *Romanceiro das Regiões Autónomas dos Açores e da Madeira (1825-1960)*, [Tese de Mestrado], Lisboa, Universidade Nova de Lisboa.

Catalán, Diego, 1998: *Arte poética del romancero oral*, II, Madrid, Siglo Veintiuno.

Ferré, Pere, 1983: "Os Romances da «Infantina», «Cavaleiro Enganado» e «A irmã Cativa» à Luz da Tradição Madeirense", *Boletim de Filologia*, Tomo XXVIII, Lisboa, Centro de Linguística da Universidade de Lisboa, 143-178.

_____ 2000: "Introdução", *in Romanceiro Português da Tradição Oral Moderna. Versões Publicadas entre 1828 e 1960*, I, Lisboa, Fundação Calouste Gulbenkian.

_____ e Cristina Carinhas, 2000[a]: *Bibliografia do Romanceiro Português da Tradição Oral Moderna. 1828-2000*, Madrid, Instituto Universitario Menéndez Pidal.

_____ e Sandra Boto, 2008: *Novo Romanceiro do Arquipélago da Madeira*, Funchal, Funchal 500 Anos.

Freitas, Pe. A. Vieira de, 1988/1996: *Contos Populares Madeirenses*, Funchal, Secretaria Regional de Educação.

Garrett, João Baptista da Silva Leitão de Almeida, *Adozinda. Romance*, Londres, Em casa de Boosey & Son; e de V. Salva.

_____ 1851: *Romanceiro*, II, Lisboa, Imprensa Nacional.

Marques, José Joaquim Dias, 2002: *A Génese do Romanceiro do Algarve de Estácio da Veiga*, [Tese de Doutoramento], Faro, Universidade do Algarve.

Veiga, Sebastião Philippes Martins Estácio da, 1870/2005: *Romanceiro do Algarve*, Lisboa, Imprensa de Joaquim Germano de Sousa Neves / reedição fac-similada com "Estudo Introdutório" de José Joaquim Dias Marques, Faro, Universidade de Faro.

NOTAS

1. A amplitude e diversidade destas intervenções podem ser perspectivadas a partir das conclusões do estudo de uma versão de "Delgadinha" incluído no *Romanceiro das Regiões Autónomas dos Açores e da Madeira* (Carinhas, 1994: 84-87).

2. Embora Teófilo Braga não tenha sido um exemplo de rigor na edição das composições tradicionais e a sua adesão ao positivismo não o tenha levado a superar completamente alguns princípios românticos, a sua defesa dos novos postulados chamava a atenção de Rodrigues de Azevedo (Araújo, 2000: 57-83).

3. Sobre a questão romântica das ténues fronteiras entre um e outro, *vide* o apartado dedicado à balada oitocentista em Portugal que faz parte do seu estudo *A Génese do Romanceiro do Algarve de Estácio da Veiga* (Marques, 2002: 417-125).

4. Um deles foi, naturalmente Teófilo Braga, tendo criticado por várias vezes "a moda [artística] da poesia do povo" (Braga, 1871: 355), pela "sua falta de respeito scientifico" (Braga, 1875: 457) relativamente às fontes da tradição oral e por ter gerado "tradições da sua phantasia" (*ibidem*). Contudo, também ele, em tempos anteriores, se tinha aventurado por esses mesmos caminhos (Marques, 2002: 390).

5. Apesar de, em muitos casos, esta falta de distinção permanecer nos nossos dias, já em 1869 Teófilo Braga, por exemplo, dera o nome de *Cantos Populares do Archipelago Açoriano* (Braga, 1869/1982) a outra colecção de poemas tradicionais de vários géneros.

6. Disse quem as viu e analisou: "Se tivesse existido uma outra edição, ela seria, com quase toda a certeza, novamente retocada; o confronto com o exemplar de provas tipográficas anotado por Azevedo, de que já falámos, autoriza-nos a tirarmos estas ilações" (Carinhas, 1994: 87).

7. Utilizo os títulos consignados por Pere Ferré, na *Bibliografia do Romanceiro Português de Tradição Oral Moderna* (Ferré-Carinhas, 2000[a]).

8. Não contabilizo neste número as duas versificações de Azevedo, mas incluo a outra versão do *Romanceiro* que não apresenta qualquer elemento do conto (Azevedo, 1880: 360-363).

9. É invulgar uma recitação como a da Corujeira que diz:

> –Não na tragas por mulher, contigo não casaria;
> nem na tragas por criada, qu' ela não te serviria;
> nas ancas do teu cavalo trá-la em tua companhia.
> (Ferré-Boto, 2008: 454, vv. 21-23)

10. No poema, surge com a forma "malata", provavelmente por influência dos seus apreciados *Cantos Populares do Archipelago Açoriano*, nos quais três versões contaminadas

pelos três romances apresentam, quer este vocábulo, quer "malataria" (Braga, 1869/1982: 183-185, vv. 15-16, 185-188, vv. 21-22, e 188-191, 25-vv. 26). Por indicação de Braga, Azevedo estaria convencido de que a palavra tinha o significado de "estado intermediario á escravidão e liberdade, do tempo das classes servas da Peninsula" (Braga, 1869/1982: XVI). Tê-la-á utilizado para dar tonalidade arcaica ao seu poema, mas usou-a, como se observa contextualmente, com o sentido de mestiça. Na outra versificação do conto, emprega "mulata". Não conhecia, portanto, o significado (leprosa e lepra) com o qual surge nas versões antigas (Ferré, 1983: 147-149).

11. A resposta masculina podia induzir a pensar que Azevedo conhecia o verdadeiro significado do termo; contudo, o contexto não o indicia. Ela expressa a identificação amorosa do sujeito com a amada.

Os derradeiros romances camilianos, *A Brasileira de Prazins* e *Vulcões de Lama*, como património e ferramentas culturais

Elias J. Torres Feijó
Grupo Galabra
Universidade de Santiago de Compostela

O propósito deste trabalho é o de analisarmos os dous derradeiros romances de Camilo Castelo Branco como legado patrimonial, para o presente da sua publicação e para o futuro a partir desta. Será feito à luz da emergência e progressivo domínio da proposta realista-naturalista, que aparece como ameaça à centralidade camiliana no campo e à mundivisão que ele veicula, e tendo em conta o facto de *A Brasileira de Prazins* e *Vulcões de Lama* serem as obras finais escritas, depois de crescentes polémicas e, particularmente, da publicação de dous romances por parte de Camilo que, de maneira inédita até à data, são utilizadas polo autor como sistemática crítica, faceta (adjetivo que o próprio Camilo atribuiu ao *Eusébio Macário* e a *A Corja*), ao realismo.

Um dos muitos modos de ler Camilo a esta luz relaciona-se com o seu eventual confronto com o Realismo-Naturalismo (representado em Eça de Queirós) como movimento estético e ideológico em boa medida contrário às suas conceções e aos seus interesses. Com algum esquematismo, vão formulando-se reflexões avulsas sobre o que cada um representou e representa na vida cultural portuguesa e especulações sobre os seus valores. Certamente, está por fazer para o caso camiliano o que para a trajetória da obra de Eça está em boa medida feito por Joel Gómez (2003): reconstruirmos e analisarmos como se foram elaborando, no campo da crítica literária portuguesa, as receções, posições e funções da obra camiliana *post-mortem*. Em termos patrimoniais, em geral, Camilo representaria as posições [conservadoras ou, até reacionárias] da cultura e da nação (termo aqui trazido encarecidamente) portuguesas; em parte, porque Camilo é visto como romântico e o Romantismo está fixado, apesar de alguns dos seus postulados e agentes, como o repositório do essencial, do eterno coletivo. Eça aparece, pois, como líder de um movimento literário e ideológico progressista, com atributos de modernidade, renovação, aggiornamento, nas ideias, nas formas, nos repertórios; e, de aí, e por oposição ao que

Camilo simbolizava realmente, como um estrangeirado, desvinculado da (autêntica e genuína) realidade portuguesa, dedicado a um mundo urbano que conheceria apenas indireta e superficialmente; o contrário de Camilo, quem, aliás, persistentemente se apresenta como testemunha ou protagonista do que conta, em primeira mão. Os pares opositivos entre os dous autores e as suas obras que têm e podem ser invocados (com razão ou sem ela) podem prolongar-se ainda muito mais.

A leitura patrimonial: a leitura patrimonial significa uma consideração dos elementos como legado, o quê é incorporado e o modo de fazê-lo por agentes das comunidades receptoras como próprio dessa comunidade ou de setores da mesma; o que é arquivado como um bem, tangível ou intangível: uma ideia, um texto, um modo de distribui-lo ou ser apresentado; um bem que pode ser ativado e apresentado, exibido até, fisicamente ou não, como pertencente à comunidade ou expressivo e identificador dela. É óbvio, nesta apresentação, que o que seja arquivado com a etiqueta de patrimonial não tem que ser comum e compartido por todo o mundo; neste sentido, o património não tem por que confundir-se, em caso nenhum, com a identidade dos conjuntos que o podem considerar como tal; quer dizer-se, muitos elementos patrimoniais podem ser apropriados e/ou pertencer a uma comunidade que não se identifica com eles nem os usa como veículos de identidade; e outros sim; para alguns ou todos os membros da comunidade; de diversas maneiras, não necessariamente de forma unívoca.

A questão da identidade vinculada ao património ganha, pois, uma magnitude grande ao considerarmos as lealdades em jogo, que configuram, igualmente, as identidades individuais e coletivas. Situações desse tipo dão-se também nos campos dos estudos da cultura e nas disputas nelas verificadas; são por vezes as suas formas epiteliais os cânones e as suas constituições que, em ocasiões, remetem para intra-histórias ideológicas de interesses e de posições em jogo que nem sempre resultam evidentes. A força com que algumas apropriações se impõem ou aceitam, marcam os elementos patrimonializados de tal maneira que resulta mui custoso, por exemplo, aderências provenientes doutros agentes em jogo, polo carácter quase monolítico que ganham ou o poder identificador que os agentes que os marcam geram no elemento patrimonializado. E, naturalmente, existe uma relação dialéctica entre apropriador e apropriado e entre estes e o resto de agentes e elementos presentes no campo, disputadores e não disputadores dessas patrimonializações, nesta transformação patrimonializadora que depende, em boa medida, do estado desse campo.

Mais em concreto: se determinados elementos são patromonializados por agentes, instituições, grupos, etc. que ocupam determinadas posições e funções no campo cultural e/ou do poder, ou apresentam determinadas homologias com outros atuantes nesse campo do poder, e essa é a apropriação dominante do elemento patrimonializado no campo, esse elemento pode acabar marcado e, ainda, vinculado polos seus patrimonializadores melhor sucedidos. Por pôr casos conhecidos: o que significa Rosalia de Castro ou Daniel Castelao no campo cultural e político galegos tem muito a ver com as disputas patrimonializadoras e as marcas geradas; e o que signifique Eça ou Camilo, em boa medida, também. Elementos patrimonializados podem, então, funcionar como elementos identitários, ou podem ser assim usados em determinados momentos. E, até, podem servir de mecanismos ou instrumentos para interpretar ou atuar em determinadas esferas ou parcelas sociais ou individuais.

Num artigo de interesse para o assunto aqui focado, Itamar Even-Zohar tratava, já desde o título (1999), da literatura como bem e a literatura como ferramenta. No primeiro caso, estamos perante um procedimento "que puede ser adotado tanto por un individuo co-mo por un coletivo organizado de individuos, específicamente una entidad social". A esses bens, "materiales o semióticos (problemáticamente llamados «simbólicos» en algunas tradiciones)" [talvez conviria falar de tangíveis ou materiais e intangíveis ou imateriais, para colocarmos no mesmo plano a caraterização; a sua feição semiótica é intrínseca à sua índole de elemento cultural] é atribuído um valor, valores, por melhor dizer, de mui variável dimensão e efeito, conviria acrescentar, cujo grau de reconhecimento, dentro e fora da comunidade, repercute na consideração desta.

No caso da cultura como ferramentas, "la cultura se considera como un conjunto de herramientas para la organización de vida, a nivel coletivo e individual"; podem ser de dous tipos, passivas, "procedimientos con cuya ayuda la «realidad» se analiza, se explica, y llega a «tener sentido» para los seres humanos"; "un conjunto coherente de procedimientos con la ayuda de los cuales el mundo se organiza en la mente". Even-Zohar recorre às formulações dadas por Lotman e Uspenskij (1971:146-147; 1978) para afirmar: "El «trabajo» principal de la cultura (...) es la organización estructural del mundo que nos rodea. La cultura es un generador de «estructuralidad» y crea una esfera social alrededor del hombre que, como la biosfera, hace la vida posible (en este caso, la vida social y no orgánica) (según la traducción de Segal 1974:94-95)".

Even-Zohar denomina ferramentas «ativas» "los procedimientos con la ayuda de los cuales un individuo puede manejar cualquier situación ante la que se encuentre, así como producir también cualquier tipo de situación", acrescentando a consideração de Swidler, segundo o qual a cultura é «un repertorio, o una caja de herramientas, de hábitos, habilidades, y patrones mediante el que la gente construye "estrategias de acción"» (Swidler 1986: 273). Deste modo, a ferramenta ativa coneta com os conceitos de "atuar" e atividade, indica Even-Zohar, "más que con los de «entender», como es el caso de las herramientas pasivas". Ele distingue, por sua vez, as ferramentas dos bens, que só seriam "organizadores de vida" quando transformados em ferramentas, convertendo o valor do que significam em instrumento de ação ou classificação.

A funcionalidade dos bens é vária: "ennoblecer y consolidar el sentimiento de identidad y bienestar de grandes colectivos", entre outras, anota Even-Zohar. "Además", acresce, "la posesión de tales bienes se presenta -a través de la propa-gación por parte de quienes tienen interés en la creación o el mantenimiento de la entidad colectiva- como un signo de comunidad y riqueza compartida".

Even-Zohar interpreta, pois as atividades literárias, e as culturais em geral, como servindo "para proporcionar modelos de explicación del mundo, de la realidad" e "de atuación". Assim, a literatura é, para ele e na sequência dos semióticos russos a que alude (Lotman, Ivanov, Uspenskij) "una institución social muy poderosa e importante, uno de los instrumentos más básicos de la mayoría de las sociedades humanas, para ordenar y manejar su repertorio de organización de vida, es decir, su cultura".

Como também indica Even-Zohar e facilmente pode ser deduzido, "las llamadas luchas por el canon en la historia de la fabricación de textos son sin duda -en particular cuando la literatura mantiene una posición fuerte- conflictos de intereses acerca de quién tendrá la legitimación y la capacidad para producir y proponer repertorios que funcionen como almacenes de herramientas para manejar la vida (colectiva y individual). Es por eso que el canon literario -tanto si es entendido como un repertorio de modelos más o menos obligatorios de producción, o como un almacén de valores inmortales- ha llegado a ser una institución tan fundamental".

Este quadro é útil para abordarmos o nosso objeto: como interpretar o repertório camiliano elaborado no momento mais crítico para a sua posição no campo, com o ascenso do realismo e a ameaça certa à sua centralidade, por primeira vez desde que a atingira nos inícios de sessenta. E para, assim, poder responder a como funciona a obra camiliana última? Como bem, como ferramenta? Qual o seu valor patrimonial?

É claro que não conseguirei responder completamente a todas estas questões mas poderão anotar-se algumas conclusões úteis. Quanto à interpretação das obras e das suas trajetórias, naturalmente, mas, também, no que se refere ao uso continuado a que os seus textos são submetidos em âmbitos escolares, académicos ou mediáticos, por exemplo; pola eventualidade de serem vistos como ferramentas de análise da sua época e, igualmente, da identidade coletiva portuguesa (tanto dentro como fora do contexto comunitário luso; a identidade passada e, polo seu carácter essencial(ista), a presente); e polo que os seus possíveis valores patrimoniais e as posições ocupadas possam servir para quantificar e qualificar a 'riqueza cultural nacional'.

A conceção e funcionalidade de Camilo e de Eça de Queirós, cuja explicação e análise excede a minha dedicação e espaço aqui, é diferente. Ora, podemos colocar como hipótese forte que Camilo funciona como um património de índole identitária frente à obra de Eça: a obra de Camilo, tanto no arranque da sua produção como até no quadro espácio-temporal privilegiado, está vinculada à discussão da essência da nação, enquanto a de Eça se elabora na altura em que o que (se) discute é o funcionamento do espaço social e o seu estado, quer dizer-se, não o que é a sociedade portuguesa mas como ela se desempenha, com uma perspetiva mais próxima da análise ideológica e superestrutural; o facto de Camilo ter passado toda a vida em Portugal, ter centrado muitas obras no âmbito rural português e ter como personagens muitos elementos pertencentes às classes populares, o facto de ele ter utilizar com profusão uma língua identificável polo comum dos leitores como genuína e castiça, combater o que julgava estrangeirismo, polemizar fortemente por questões de índole patrimonial e identitária são alguns deles; e, igualmente, o próprio facto de tratar assuntos históricos portugueses e passionais, em muitos casos só aparecendo a paixão humana e as necessidades dos humanos em geral satisfeitas por meio de intervenções sobrenaturais ou divinas que a concedem, em consonância com crenças dominantes no seu público ou com o catolicismo em particular, ou os usos repertoriais da língua e da estrutura das obras. Frente a isto, Eça não viveu em Portugal durante boa parte da sua vida, recorreu a usos linguísticos importados, tratou o urbano, criticou a religião e os seus veiculadores elevando-os à categoria; e, sobretudo, frente à paixão romântica, romanticamente tratada, como produto genuíno, recorreu a fórmulas e formas de fazer vistas como espúrias e procedentes doutros lugares. O repertório realista apareceria como uma espécie de antiliteratura, ao apresentar-se desprovido do sentimentalismo e da vontade e conceção estéticas impostas polo Romantismo, por parte de segmentos da comunidade recetora. Na sua conceção analítica da função da literatura, o produto revelaria-se frio e distante na relação com o seu produtor. Parte dessa comunidade leitora, adestrada no Romantismo, possivelmente tendeu para uma receção mais *romântica* dos textos realistas. Isso pode contribuir para explicar que fossem aspetos como o erotismo os assuntos mais atrativos para aquela comunidade e que estariam fazendo parte da base de sucessos imediatos como o de *O Primo Basílio*.

Sendo as duas obras e figuras patrimónios portugueses, a de Eça é mais vista como uma ferramenta para saber como setores do mundo português da altura eram, elaborando mesmo personagens que serviriam como instrumentos de caraterização além da própria obra, caso do Conselheiro Acácio, para não sairmos de *O Primo Basílio*. Dificilmente, a obra de Eça é vista no campo português como património identitário; mais próximo disto estariam as suas últimas obras, aquelas em que um pouso ou uma intenção conciliatórios com alguma classe do *ser português* podem ser vislumbrados; obras essas que, polo seu carácter, poderiam significar um ténue ponto de encontro com os *ser português* que aparece na obra camiliana. Eça tende a ser visto como um persistente crítico da sociedade portuguesa olhando-a com moldes e aspirações importadas; como quem pretendeu pôr a nu e censurar determinados modos de atuar. Camilo, crítico em muitas ocasiões, mas muitas vezes exalçador ou ponderador também, é sempre visto como doméstico. Camilo recolheu, testemunhou (assim, reitero, se aparece/apresenta sistematicamente) o que eram/são as/os portuguesas/es, mas não analisou nem despregou uma caixa de ferramentas analíticas e sistemáticas para isso, até porque o seu é sempre um discurso dependente da intenção autoral, da persistente presença de um sujeito enunciador e da sua perspetiva, o que talvez indicie receções de textos como menos instrumentais, com menor capacidade, enfim, de aparecerem como ferramentas; tudo, frente ao evidente conjunto de ferramentas do realismo literário da altura.

Para expressá-lo em termos sintéticos e esquemáticos, do conjunto da obra de Eça pode predicar-se que "parte das pessoas que vivem(os) aqui som(os) assim"; da de Camilo que: "as pessoas portuguesas somos assim"[1].

Em meados da década de setenta, Camilo começa a manifestar ver ameaçada realmente a sua posição e a ter em conta a força do realismo como força emergente oposta ao romantismo e com capacidade para disputar a sua centralidade, com a primeira versão de *O Crime do Padre Amaro* na rua, o que ele tenta contornar combatendo-o e, ao mesmo tempo, reclamando-se membro do movimento tal e como ele o interpreta: na introdução dos três volumes de *A Caveira da Mártir* (1875-1876: 30) Camilo ataca explicitamente a "escola novíssima" ("No realismo ha tudo, tirante a verdade das lagrimas") e reivindica a sua paternidade, *realista*, ("dizem elles que é novíssima [a escola]: Eu, ha vinte e quatro annos, remedava essa novidade nos romances de Voltaire. Escrevia a *Filha do Arcediago* e as *Scenas da Foz*. Onde isto vai! Como as novidades de agora são antigas").

A sua produção continua numa linha quase invariável, integrando elementos do repertório realista e mostrando-se conciliador: dedica, "com superior admiração e indelével reconhecimento", *A Morgada de Romariz* (2006:163) a Bento Moreno e acolhe positivamente, mas na correspondência, os primeiras textos realistas lusos, apesar de alusões críticas ao *O Crime do Padre Amaro* e a *As Farpas* já em *A Caveira*.

É depois do sucesso de *O Primo Basílio* (que também elogia, na sua correspondência) inapelável e confirmador da trajetória do Realismo encarnado em Eça (vende 3.000 exemplares em poucos meses, quando dez anos antes, aproximadamente, no prólogo à segunda edição d'*A doida do Candal*, 1985:8, Camilo afirmava que "o melhor romancista em Portugal, por enquanto, há-de ser o que tiver mil leitores que lhe comprem o livro e o aplaudam, contra dez que o leiam de graça e o critiquem no folhetim a dez tostões"), que Camilo começa a virar de estratégia; sobretudo nas suas tomadas de posição públicas, a começar polos romances, o seu mais eficaz instrumento de presença e ganho de posições no campo perante o surto de um público novo, com procuras de atualidade urbana: Mas Camilo tem em frente um grupo jovem, alargado, que pratica uma literatura percetível como diferente, nova nas técnicas e nos objetivos.

E, nesta altura, ele passa ao ataque frontal e específico. Desde Janeiro de 1879 redige quase em exclusivo a mensal *Revista de Bibliografia Nacional e Estrangeira* de Chardron, que lhe publica na Primavera o extraordinariamente publicitado *Cancioneiro Alegre de Poetas Portugueses e Brasileiros*, com que Camilo tensa a corda manifestando-se condescendente com os próprios e agressivo com os parciais da "Ideia Nova", a começar por Junqueiro, com um texto que, para Baptista, 1992: 12, "desencadeou as hostilidades".

No meio da polémica polo *Cancioneiro*, Chardron edita no Verão de 1879, de novo com grande publicidade, *Eusébio Macário* em que se promete uma série "interminável" de "romances facetos". Camilo cruza aí uma fronteira que, até à altura, nunca transgredira: utiliza o seu instrumento mais neutro em termos polemistas, a ficção romanesca (em relação a artigos, estudos, crítica, etc.) como arma de arremesso, não ocasional, mas medular, como notava, para esta fase, Barros Baptista (1992:16)².

É discutido o carácter dos dous romances facetos (realistas, *pastiche*, paródia,..., puro desabar do seu mundo). Na síntese que oferece, Abel Barros Baptista (1992:14) considera que dificilmente se poderia falar em rutura com a sua linha anterior, delimitando com os romances 'facetos' uma 'fase realista' ou sequer uma nova fase, porque "retomam e amplificam características que já se encontram em obras cómicas e humorísticas anteriores", "e daí", conclui citando a Saraiva e Lopes (1976: 881), "que não custe aceitar que um e outro são, afinal, 'um arranjo da novela satírica de costumes da fase anterior'". Para ele, a "novidade", a "anomalia" deles está no enquadramento que o próprio Camilo faz, escrevendo com todos os tiques do realismo.

Camilianos de longa data como Bigotte Chorão entendem *EM* e *AC* como um alarde prova da sua capacidade e um ataque aos naturalistas feito com o propósito de ridicularizar a escola (1979:97).

As opiniões de Jacinto do Prado Coelho na sua *Introdução ao Estudo da Novela Camiliana* (1982-1983), são, neste caso, contraditórias, a baloiçarem entre a consideração parodística e a realista-naturalista dos romances facetos. A ambiguidade da apreciação e a falta de definição de Jacinto do Prado Coelho prolongam-se; se, por um lado, opina que Camilo (140), "aos cinquenta e quatro anos revelou uma notável capacidade de adaptação": "Começou por troçar e acabou por escrever páginas mestras que demonstram no fim de contas uma integração do realismo", e, por outro conclui que os facetos não são "autênticos romances realistas-naturalistas (141): o "carácter de *charge* é demasiado evidente; o seu realismo, dum modo geral, soa falso, autolimita-se pelo excesso, na matéria narrativa como na linguagem. A cada momento a sátira literária desvia a atenção do leitor da 'fábula' contada para a maneira de a contar".

Estas dificuldades de precisão crítica por parte de Prado Coelho foram notadas por Isabel Pires de Lima (1995), aludindo à "hesitação" que o crítico manifesta "constantemente" "entre paródia e pastiche, e pontualmente, a *charge*", para qualificar *EM* e *AC*. A sua tese é a de os textos em foco serem "paródia e não puro pastiche" (104). Pires de Lima, que apoia alguma das suas reflexões nas observações de Alexandre Cabral (1990), no sentido de entender estes romances como "ridicularização da Ideia Nova e do modelo realista-naturalista³", fórmula para os facetos uma chave interpretativa que, no meu caso, tenho defendido para *ABP* e que poderia definir toda a sua produção romanesca desde As *Novelas do Minho*: que a receção destes como 'pastiches' ou como paródias do naturalismo, em que público e crítica se deixou envolver, "quando não vendo-os "como verdadeiros romances realistas-naturalistas", é resultado de que Camilo pretendeu, mefistotelicamente, estabelecer a confusão" (99); fruto, para o caso de *ABP*, em minha opinião, da ambiguidade (Torres, 2003: 88 e ss.), o que vai desaguar ao mesmo objetivo.

Nada da *ideia nova* como projeto orientador da leitura parece detetável em *EM* ou *AC*, exceto para subvertê-lo, mostrando como resultado a futilidade dos romances, que sistematicamente defenderá[4]; as mesmas referências explícitas à Ideia Nova põem de manifesto o carácter anti-realista, não já pola ironia sobre elas; sobretudo polo que têm de intervenção abusiva do narrador e do autor, e de explicitação dos cordelinhos do projeto realista, que não costuma evidenciar reflexões sobre o instrumental utilizado.

ABP E *VL* COMO OFERTA PATRIMONIAL E INSTRUMENTAL

Para a consideração da oferta patrimonial de Camilo em *ABP* e *VL* e a que sobre ela pode ser feita utilizarei como fatores de medida alguns elementos e conjuntos repertoriais que constituiram elementos nucleares da trajetória camiliana e que, ao mesmo tempo, são objeto de tratamento por significativas obras realistas, especialmente de Eça. E isto, por várias razões: a) porque são os que definiram Camilo historicamente perante os seus pares e recetores; b) porque, na sua socialização, na posição central de Camilo com funções de símbolo e espelho de ideias e alguns ideais românticos e na tendência camiliana para aparecer como intérprete e continuador/amelhorador de determinado mundo português, da sua história e de determinados elementos caraterizadores, eles constituem parte importante da estrutura repertorial do edifício romântico português e do modo de entender o texto literário; quer dizer-se, do que funcionava como bem e podia ser ativado como ferramenta, passiva e ativa, por muitas pessoas recetoras da obra camiliana, ainda que não fossem diretamente, leitoras das suas obras; e, c) para, consequentemente, podermos considerar se o autor variou de maneira substantiva algum deles nelas, dada a nova situação do campo; isto, polos motivos aduzidos em a) e b), significaria um golpe mui duro à conceção romântica e a determinadas ideias de pessoas que podiam ter na obra camiliana, um modelo do *dever ser* da literatura e, ainda, do *dever ser português*. E significaria, igualmente, um reforço grande para o realismo que, na sua Ideia Nova, no seu repertório e nas suas intenções tinha em formulações republicanas e/ou socialistas. circulantes na altura referentes importantes. Farei, pois, uma aproximação dos temas e focagem deles em *ABP* e *VL*: a paixão amorosa; a apresentação do mundo rural, mais genuíno e moralmente superior que o urbano, o seu par contrastivo; a religião.

Um aspeto particularmente expressivo na consideração dos repertórios como ferramentas é a focagem da formação leitora das personagens e os usos que eventualmente possam fazer ou não das suas leituras como meios de conduzir-se na vida ou a maneira em que essas leituras são perspetivadas por eles. Mais, quando é objeto de debate e discussão na altura.

Pola sua radical importância patrimonial, dedicarei um espaço à questão dos usos linguísticos camilianos nestas duas últimas obras. Além do valor identitário que a língua tem, acentuada ainda em contexto de essencialismo nacional(ista) como o século XIX conhecia, a língua é um imprescindível instrumento de vertebração e comunicação das comunidades; a definição hierárquica do seus diferentes usos como mais ou menos legitimados joga um rol mui importante em recetores e utentes, constituindo privilegiados e desprivilegiados na comunidade em relação às hierarquias de formas estabelecidas e os contextos de uso; e, na sua identificação com a comunidade (nacional), os seus modos de definir fazem mais ou menos legítimo, mais ou menos autenticamente (nacional) a quem os promove e/ou usa. E Camilo invocou-se, nas suas obras literárias, artigos e polémicas, como principal conhecedor, cultor e promotor da língua portuguesa, particularmente na sua vertente histórica, nos registos populares e na configuração linguística dos textos, na sua estilística.

A utilização destes fenómenos como elementos e objetos de medição vai dar, obviamente, ao rio da confrontação ideológica e estética entre Romantismo e Realismo e, mais certeiramente, entre Românticos e Realistas. Com efeito, na atitude, focagem, escolhas realizadas por Camilo nestes dous textos em foco, essa confrontação vertebra a receção; e, ao lado disto, podemos ainda acrescentar as eventuais opiniões explícitas de Camilo sobre o assunto, que aqui terei igualmente em conta.

ABP publica-se quase três anos depois de *A Corja* e quatro de o *Eusébio Macário*; apesar de apresentar episódios jocosos, é formulada como um romance sério de feição trágica. *ABP* gerou, e gera, opiniões encontradas quanto ao seu carácter, numa ambiguidade e, até, desconcerto, para que o próprio Camilo contribuiu, por exemplo, com contraditórios anúncios e apresentações da obra, interpretáveis uns como realistas e outros como românticas. Ele cresce com a mescla de juízos e elementos atribuíveis ao romântico e/ou ao realista, que Camilo vai entreverando com a sua ironia e sarcasmo, desde a Introdução ao P.S. final, cético e reafirmado das suas posições, mas depois de recorrer com bastantes doses de *credibilidade* a não

poucas perspetivas e elementos legíveis como realistas ao longo da obra (2001:218; Vid. Torres, 2003: 133-137):
O leitor pergunta:
– Qual é o intuito científico, disciplinar, moderno, deste romance? Que prova e conclui? Que há aí de proveitoso que reorganize o indivíduo ou a espécie?
Respondo: nada, pela palavra, nada. O meu romance não pretende reorganizar coisa nenhuma. E o autor desta obra estéril assevera, em nome do patriarca Voltaire, que deixaremos este mundo tolo e mau tal qual era quando cá entramos.

A ambiguidade camiliana estende-se a conceções fortes no programa realista derivados do cientifismo da altura, caso da influência do meio, da educação ou da herança no comportamento das pessoas. Estes fenómenos aparecem, mas retificado na sua interpretação ou passado polo crivo de determinadas personagens, os padres sobretudo, algum deles explicitamente romântico e polo saber tradicional e popular. É o caso da loucura, tanto em *ABP* como em *VL*. O padre Osório, a personagem confiável de Camilo em *ABP*, assume a doença como produto da herança materna ao mesmo tempo que fala do "amor que enlouquece" (2001:10). A loucura aparece também em *VL* com a ambiguidade do seu carácter orgânico ou consequência da paixão. Mas o que é relevante, num caso como noutro, é apresentá-la como uma solução da Providência ao mal e o padecimento humanos, produtos da justiça divina. "Os doudos não têm remorso", comenta o narrador de *VL* (1981:177). A religião aparece como *factotum* ou solução decisiva tanto em *ABP* como em *VL*, ainda que essa solução possa aparecer como uma sublimação ou manifeste a irreversibilidade deste mundo "tolo e mau": a religião, particularmente a crença cristã, é, do ponto de vista da cultura, uma potentíssima ferramenta, passiva e ativa, oferecida polo repertório camiliano, da mesma maneira que o mundo passional das suas novelas constitui um código de interpretação de bons e maus caminhos e dos modos de percorrê-los (*Vid.* Torres, 2011). Para o que aqui me ocupa, padres e populares têm a religião como ponto de encontro; uma religião antiga, que faz parte já da tradição portuguesa e é quase inerente a ela; o carácter popular das crenças religiosas do meio rural focado encontra-se assim em diferente plano mas na mesma esfera que o dos seus "pastores"; genuínas, autênticas, constituem, portanto, parte do património português e são oferecidas por Camilo, ao menos implicitamente, como um bem, como parte da riqueza imaterial lusa. No caso da ciência, o conhecimento popular aparece como um repositório de sabedoria que banaliza o eventual avanço científico convertendo-o em puro aparato: "*De má árvore ruim fruto* –era toda a sua filosofia, que se encontnra diluída modernamente nas explorações fisiopsicológicas de Janet, de maudsley e no Determinismo", lemos em *ABP* (2001:133) como explicação à atitude de Marta por parte da tia Maria de Vilalva, de que o médico que a atende e, ainda, as formulações psiquiátricas na altura, diriam o mesmo com mais circunlóquio e palavreado. A relação do padre Hilário e a casada Balbina provocam, em *VL*, comentários de "línguas naturalistas", como o narrador, com ironia e popularismo científico, indica; umas "línguas" que chamavam o Artur, o *padre pequeno* e o Rodrigues, homem da Balbina, o *cuco grande* (1981:8-9), ironia que Camilo coroa com protestos (patrimoniais) de casticismo.

Estas referências resumem o carácter de impugnação a uma eventual impostura que a Ideia Nova viria representar: aqueles valores fortes do Realismo, formulados com grande aparato e protestos de modernidade e inovação, já estariam no *tandem* composto polo mundo popular e religioso português: neste como solução real à impossibilidade de soluções do cientifismo e da ciência; naquele como correta interpretação, mais sumária e exata, do mundo. Essa impugnação da impostura, formulada igualmente na atitude de algumas personagens, românticas, constitui igualmente uma reivindicação do (património) tradicional português e, mui especialmente, a banalização aludida por via destas sabedorias de, e frente a, o pretenso conhecimento científico, que neutraliza esses contributos. A aceitação dessas formulações realistas como objeto de discussão, a assunção de alguma achega (por exemplo através da presença de médicos que diagnosticam loucuras) e a ausência de solução terapêutica humana (que só a divindade pode outorgar e a fé portar), salienta a insuficiência do programa realista e a superioridade do conjunto (patrimonial) do âmbito tradicional popular luso (centrado no meio rural) e da religião e os seus agentes. O mundo oferecido por Camilo apresenta-se, deste modo, como mais coerente, completo e exclusivo do que as insuficiências que a Ideia Nova veiculava em literatura e, em geral, eram anotadas polos avanços científicos da altura. E isto é um elemento importante no entendimento da obra camiliana: o conhecimento sobre a vida já está no repositório desse mundo e da tradição do povo português, o que não deixa de indicar certa superioridade da aldeia frente à cidade.

A Aldeia e o mundo rural como património e ferramenta

As transgressões do Hilário e da Balbina de *VL*, que estão no espaço dos possíveis do meio, não perturbam o equilíbrio social da aldeia, que tem mecanismos auto-reguladores, de que é prova o texto anteriormente transcrito ou a saída do lugar por algum tempo de Hilário, como modos de garantir a sua continuidade como sociedade. Naquele, Camilo contrasta explicitamente esse mundo, rural e português, auto-suficiente, com as atitudes urbanas de imitação e importação do estrangeiro. Só a alteração do equilíbrio nas condições sociais que o sepultaram podia fazê-lo explodir. Essa alteração é produzida pola atitude do filho, Artur, em quem estava a semente da explosão, mas que só foi ativada polas atitudes do rapaz após a sua saída da aldeia e passagem polo meio urbano, donde tomaria fórmulas de atuação antitéticas às do seu lugar de origem e desestabilizadoras dele.

Este exemplo evidencia que a oposição aldeia-cidade constitui um dos eixos relativamente habituais da obra camiliana, nem sempre assim formulados. Na sua obra, o mundo rural contém valores de autenticidade e estabilidade relativas que o urbano perturba e que no urbano languidescem ou simplesmente são substituídos por hipocrisia e degenerescência. Porque é o historicamente existente, frente à inovação na cidade e citadina, o rural aparece, sobretudo implicitamente, como o repositório de *o ser português*; e o que seja português está presente da mesma maneira na obra camiliana.

A começar, o mundo de *ABP*, e de *VL*, é a aldeia; a aldeia de tempo atrás, pré-Regeneração, e ela é, nas condições do campo literário português, o mundo onde ainda estariam valores sociais, já perdidos e substituídos no presente português e urbano. Este facto, unido ao conjunto repertorial de ideias que Camilo veicula, convida a pensar, por exemplo, no liberalismo político como uma inovação que teria provocado essas perdas e substituições; Camilo situa as suas obras no confronto de modelos prévio à Regeneração mas, sobretudo, centrado em valores e atitudes, mais do que em esquemas político-administrativos ou jurídicos (ainda que também), dentro, deve notar-se de maneira sistemática, do jogo de envolvimento e sentimentalismo, ironia e distanciamento que ele pratica como nuclear no modo de narrar as suas histórias.

Uma aldeia, é verdade, em descomposição, como desenvolve Alexandre Cabral, vítima da "contaminação gangrenosa" por parte da cidade (1985: 153), mas sem esquecer alguns elementos que me parecem relevantes no legado camiliano; esse mundo degradado conta com agentes portadores de valores que o situam por cima do mundo urbano em geral e que manifestam uma superioridade importante: alguns aldeões e, sobretudo, os padres, agentes, precisamente, que garantem o que Alexandre Cabral afirmava ser "a regra de ouro" do mundo romanesco de Camilo, a inalterabilidade, em que nunca se põe em dúvida "a organização do universo" (1978:169); o mesmo que levava Luís de Sousa Rebelo (1951:37) a qualificar como reacionária a obra e a atitude camilianas, na medida em que as únicas soluções apontadas são a compaixão e a consolação, o que vertebra as duas obras de maneira intensa. De modo similar ao processo em *VL*, em *ABP* é um elemento alheio ao mundo aldeão o que desencadeia problemas de difícil solução: o desejo impossibilitado de materialização entre José e Marta está marcado por Feliciano (irmão do pai de Marta, este um indivíduo degenerado desse mundo, a quem aquele vai recorrer no seu egoísmo); Feliciano, apesar de originário dela, provém do mundo burguês em que se modificou: o *brasileiro* Feliciano, é o que desencadeia a tragédia em *ABP*. A loucura de Marta não assoma até à impossibilidade de cumprir o seu romântico amor por José e o forçamento a casar com Feliciano. E, a partir de aí, Marta e o seu mundo, já alienado, caminham para a degeneração e a degradação dela e da sua descendência, abrindo fendas na sociedade aldeã.

Mas, mesmo numa leitura como esta, em que a total degenescência desse mundo abriria caminho, Camilo, ao não adotar focagem nem pose analítica e insistir, sempre, na gratuidade da literatura, neutraliza qualquer dedução de elevação à categoria interpretativa dos seus textos: o mundo este, como diz no reiterado P.S. de *ABP*, não tem remédio. E essa duplicidade recetiva, por um lado como transposição de uma realidade concreta, e derivada por outro de uma distância cética sobre a operatividade do texto literário como programa de interpretação ou ação, reafirma ainda mais a sua distância em relação ao realismo e reafirma patrimonialmente o mundo aldeão como essencial ao ser português.

O caso de *VL* é similar ao de *ABP* também na existência de uma ameaça que pode acabar com o equilíbrio da aldeia, contando com cúmplices nela e ter como atantes decisivos quem, a ela pertencendo, acabam contaminados por formulações alheias: a culpabilidade destes fica ainda mais salientada porque, sendo portadores da desgraça, eles ficam impunes, mostra da insuficiência da eventual justiça humana e do potencialmente irremediável da sua ação. Se era o caso de Feliciano em *ABP*, que continua no seu mundo tacanho e de negócios com indiferença em relação à mulher e aos filhos, é o caso de Artur em *VL*. Artur é um indivíduo que o mundo (sobretudo o mundo civilizado, citadino e burguês que o forjou) não sabe ou não quer punir. "Potencialmente", porque a estabilidade aldeã fica, ao final da obra, ferida, mas reestabelecida.

A aldeia aparece, do ponto de vista aqui colocado, como um património em risco, como um bem a conservar e, sobretudo, como um conjunto de ferramentas que o mundo novo, burguês e urbano, estaria enferrujando, inutilizando, degradando.

No caso de *VL*, a tragédia existe e ameaça a vida aldeã, socializando irremediavelmente a dor, a degradação e a tragédia, ao tornar-se pública essa recusa, contrária às soluções aldeãs. As conseqüências não supõem apenas uma quebra do equilíbrio social. Perturbam e pervertem determinados valores e atitudes que, até ao momento de se virem em risco, garantiam aquele equilíbrio mas cuja resistência não é suficientemente forte; são momentos em que, em ocasiões, só a fé e os seus mediadores e agentes, podem ajudar a sustentá-lo. Fé inerente e intrínsseca ao património rural português. E se o mundo aldeão pode estar em transe de desabar, não é por sua causa, mas sobretudo pola "gangrena" do mundo citadino.

Leituras e bibliotecas: ferramentas para a visão e a ação no mundo

Uma importante disputa no campo literário português das décadas de sessenta a oitenta é a verificada sobre o sentido que a literatura deve ter; certamente, Camilo aludiu muitas vezes à sua conceção da literatura mas foram principalmente os realistas os que, num fenómeno quase de lei de geral funcionamento dos campos, se empenharam mui particularmente nesta esfera. Com efeito, quando agentes ou grupos emergentes querem fazer valer os seus pressupostos, ocupar determinadas posições e promover e praticar determinadas funções, devem, num princípio quase de Arquímedes cultural, escolher como alvo de substituição quem ocupa esses lugares.

A literatura realista apareceria em cena para converter-se em instrumento de análise social, sério e rigoroso, frente ao mundo fantasioso e mentiroso da romântica; aquela fabricaria pessoas conscientes com capacidade de intervirem; esta levaria as pessoas por caminhos perigosos, ao confundirem realidade e ficção.

Ineludivelmente, cada obra apresentada ou circulante como artística ou literária porta em si mesma uma conceção da arte ou da literatura. Noutro lugar (Torres, 2011) tentei mostrar que estas duas obras camilianas são românticas na sua conceção, ainda que introduzam elementos, técnicos particularmente, tomados do movimento realista. Várias personagens camilianas consomem literatura, algumas cujo valor ideológico e, na sua derivação, patrimonial, toma maior valor se tivermos em conta um dos materiais fortes de *O Primo Basílio*: o consumo de literatura romântica contribui para provocar em Luísa uma desordem ideológica e moral no desajustamento entre a sua construção mental e a sua realidade que lhe impede ver a sua potencial tragédia e que a arrasta, irremediavelmente, para ela.

Em geral, são as personagens leitoras de textos românticos e, em ocasiões, elas mesmas românticas, as que aparecem mais positivamente tratadas em *ABP* e *VL* e, em muitos casos, as mais nobres, as que tomam decisões valentes e/ou as que ajudam outras pessoas ou a comunidade em geral. Em *ABP*, a irmã do Padre Osório "que tinha lido o mais seleto da biblioteca romântica francesa desde 1835 a 1845 – tudo o que há de mais falso e tolo na literatura da Europa" (2001:180-181)- é romântica e não resulta uma personagem negativa mas aliviadora dos males de Marta, por exemplo. Os românticos Honorata, casada, e, sobretudo, Adolfo, caraterizado como tal, fogem juntos romanticamente, de maneira similar à fugida de Camilo e a casada Ana Plácido nos inícios de sessenta. José Dias, namorado frustrado de Marta, é impelido por sentimentos românticos e morre de tuberculose, doença culturalmente vinculada ao Romantismo (Lawlor, 2006; tb. Chalke, 1962). É, em geral, uma mundivisão romântica, muitas vezes compadecida com a crença católica, a que move as vidas das personagens ativas e mais positivas nos seus valores em *ABP*.

São as personagens mais salientadas positivamente por parte do narrador/autor aquelas mais assíduas consumidoras de literatura romântica (cuja fronteira com o realismo-naturalismo pode colocar-se em Balzac, o autor que para Camilo representava o autêntico realismo citado ao lado de Sue e Soulié polo Padre Osório (2001:10), na alusão deste ao autores objeto da sua leitura) e que mesmo interpretam o mundo, em ocasiões, através desse prisma: é o caso de Adolfo dos Pombais, jurista e poeta, entre insensato e sublime, Dª Teresa e, sobretudo, de seu irmão o Padre Osório, personagens que, no meio da loucura e do desastre, mantêm o juízo e um olhar ponderado sobre os problemas. De *ABP* parece depreender-se, até, a defesa desta literatura como mais real e, ao mesmo tempo, mais autêntica, em relação à pretensão realista-naturalista. De facto, o narrador comenta que a história que o Padre Osório (quem confessa ter-se contagiado da afeição polo romance romântico da da sua irmã e que comenta que ela pensava em romancear a história de Marta, porque dizia que, "tendo lido trezentos volumes de novelas, não encontrara caso imitante" àquela "agonia original") lhe relatou, foi-lhe contada à maneira romântica (Branco, 2001: 10). O Padre Osório, aliás, funciona culturalmente como uma imagem do próprio Camilo.

Estes textos românticos, ao apresentar-se, assim, como produtos verdadeiros que falam da realidade portuguesa interpretável como mais essencial (o mundo rural, reforçado por títulos que referenciam aldeias concretas: *A Brasileira de Prazins*), podem cobrar um valor patrimonial na receção dos mesmos, como evidência dos usos, costumes, *habitus*, atitudes, etc. de uma parte do povo português perspetivada como trânsito social e político por todas as fações dos contendentes pola centralidade do campo de produção restrita português. E, igualmente, e por essa mesma verossimilhança, como uma ferramenta para atuar no mundo e interpretá-lo. Não apenas mas também na incorporação de atitudes sintetizadas em *clichès* e definidas comummente como "mui românticas", já na altura (em parte, o Garrett de *Viagens na minha terra*, 1844-1846, assim o refletia, capítulo V (Garrett, *Viagens*: 21-24), mas, especialmente, desenhando um quadro concetual e sentimental, a que Camilo alude várias vezes nos seus textos, particularmente vinculado às atitudes esperáveis dos seus leitores e das suas leitoras (de que a Introdução de *Amor de Perdição*, 2006:93-94, de certo é modelar)

VL também incorpora referências ao assunto da influência da literatura romântica nas pessoas. O facto acrescenta o relevo desta disputa e dá-lhe carácter estrutural nesta fase camiliana.

Quatro das personagens com algum protagonismo em *VL* leem textos literários, Doroteia, Leonardo, Hilário e Artur e estas últimas são explicitamente classificadas como românticas.

De Doroteia, afirma o relato que sabia ler (1981:15) "e relia pela quarta vez com muitos suspiros *Os Amantes Desgraçados*, traduzidos do francês por *Altina*, e *Arminda e Teotónio*, novela portuguesa por *Eliano Aónio*, pseudónimo de Elias António Fonseca. Não obstante a corrupção alastrada por estas leituras, a enfeitiçada moça chegou a fazer promessas importantes à Senhora dos Remédios, se a curasse da sua paixão pelo primo".

Os amantes desgraçados: ou Memorias do Conde de Comminge, que contou com várias versões (por exemplo a de *Altina*, pseudónimo de Luiz

Caetano de Campos, 1807, em Lisboa, Off. João Rodrigues Neves), é obra situada por Machado de Sousa (1979:15-16) como parte do contingente de romance gótico que entra, por via da tradução, com força no Portugal do primeiro quartel do século XIX, entre os que salienta Ducray- Duminil com, entre outros, *Victor ou o Menino da Selva*, tradução de *Victor, ou l'Enfant de la forêt*) e o célebre *O Solitário* de Arlincourt. A obra de Eliano Aónio, estava na sequência dos pares amorosos que tiveram extraordinário sucesso desde finais do século XVIII em Portugal (Guedes, 1987:191, dos quais, talvez o mais famoso romance fosse *Paulo e Virgínia*, de Saint-Pierre, que também menciona Camilo na "Conclusão" de *ABP*) e de que Aónio foi prolífico autor e imitador nas primeiras duas décadas do século XIX. Camilo caraterizava Doroteia como leitora de um romance sentimental, dentro de um conjunto referenciável na novela sentimental "ilustrada", o que apresentaria as personagens leitoras como dedicadas a textos prévios ao romantismo (ainda que depois filtrados por este) e não propriamente tendentes à novela passional romântica, superior e superadora, numa perspetiva teleológica da produção literária que Camilo poderia sustentar em relação ao Romantismo; isto contrasta com as leituras de Dª Teresa e do Padre Osório de ABP, vivos leitores românticos de textos românticos, personagens mais positivos no tratamento camiliano. E, mesmo assim, Doroteia não sucumbe a alegados efeitos perniciosos desses textos, como evidencia, explicitamente, a última frase transcrita.

Do Padre Leonardo, antítese de Frei Joaquim e, também, do romântico Padre Hilário (perdido só pola sua irrefreável paixão) comenta o narrador (1981:159): "*Muito mais porco nos seus dizeres* o padre Leonardo. Era um Zola iliterato, incapaz da propaganda de vocabulários sulfídricos para uso das famílias orientadas; mas tinha lido o *Homem dos tres calções* de Paul de Kock, e achava-o mais delicado que o profeta Ezequiel, no Velho Testamento".

Certamente, a alusão à obra de Kock, reiterada ao longo da produção camiliana, serve para ilustrar o carácter ignaro e amoral da conduta do Padre Leonardo, mais ao contrastá-lo com a referência bíblica, que também não parece estar na base do proceder devasso do sacerdote. De Kock fazia parte da mais exitosa literatura industrial e popular na altura, de dramas, óperas e vodevils, em ambientes parisinos onde misturava humorismo, aventura, sentimentalismo, enredo, ritmo rápido e linguagem transparente com personagens estereotipadas (para uma síntese da literatura estrangeira em Portugal na altura, pode ver-se Torres, 2003:27-37). A leitura de *O Homem dos tres calções* já servira como irónica caraterização ao narrador de *Coração, Cabeça e Estômago* de 1862 (1987:72) em similar direção: "Descavalguei dum salto apanhei o livro e esperei que um criado o viesse receber. Entretanto, abri-o, busquei o título na primeira página, e achei que era *O Homem dos Três Calções*. Inferi logo que a dama era uma altíssima cismadora de coisas etéreas".

Leonardo não aparece, pois, como um utente da biblioteca romântica de prestígio; e, ainda mais, quando é qualificado, é definido em função, menor, de uma das principais figuras identificadoras do movimento rival do Romantismo.

O Padre Hilário é apresentado polo narrador como "pregador romántico" (9); ele informa que lega a Artur, seu filho biológico (13) "tudo quanto podia" legalmente, entre outras cousas, "a sua livraria composta de clássicos latinos e portugueses, alguns sermonários franceses, e as obras completas de Eugène Sue e A. Dumas. Também tinha o *Cavalheiro de Faublas* e o *Vítor ou o Menino da Selva*, obras de sensação, impressionistas".

Sue e Dumas, que representam bem o centro do folhetim romântico mais célebre do Portugal da altura, estão aludidos juntos no mesmo sentido com que eram convocados em *ABP*. Essas leituras e a de *Victor* ou *Cavalheiro de Faublas*, a que adiante me referirei, também não determinam, em nenhuma linha, a conduta do Padre Hilário. Desenham, sim, um conjunto genuíno que aproxima Hilário do Padre Osório e do próprio Camilo, como vimos, ainda que de nível inferior (ao não estarem presentes textos românticos de prestígio e aparecer a novela sentimental do século XVIII, que abeira Hilário de Doroteia); observe-se a correlação biblioteca-ação: frente à atitude imaculada de Osório e, polo geral, reta de Dª Teresa, Hilário e Doroteia são apresentados como personagens que têm defeitos e fraquezas, *humanas*, próprias do seu meio (cabe sempre insistir neste facto) e corrigíveis nele, mas cuja caraterização é globalmente positiva.

Já Artur, protagonista de *VL*, recebe também uma atenção maior no que diz respeito às suas leituras. Dele temos as seguintes informações em que o seu perfil é vinculado a textos literários (1981:20-21):

> Artur Tavares viera algum tanto infeccionado *dos ares pestilentes do* concelho de Vila Nova de Gaia. Terçara as primeiras armas numa povoação chamada a *Rasa*, famosa como alcouce ao ar livre, de mulheres de nalgas maciças (...)
>
> Foi ali pela *Rasa* que o estudante noviciou no amor, quando o padrinho o deixava ir à caça das codornizes e das lavercas. Além disso, ele tinha relido e digerido o *Cavalheiro de Faublas* que encontrara entre a *Suma* de S. Tomás de Aquino, e o *Santo António, Racional da Graça*, colecção de sermões do padre António de Escobar. *Estava pronto*, como dizia o pai inconscientemente.

Faublas repete-se como elemento caraterizador, logo na continuação (23):

> Não *era preciso ter lido o Faublas* para, nas noites tempestuosas de Fevereiro, preferir o aconchego dos seus cobertores de papa às carícias deplorativas de Doroteia, que às duas por três: «Casa comigo, primo do meu coração, casa comigo, senão eu pego e engulo três caixas de fósforos!» *E nunca pegava* nem engolia sequer uma caixa! Artur, lido bastante em Sue e Dumas, tinha suficiente erudição crítica para sentir o supremo ridículo das caixas de palitos fosfóricos

de José Osti.

E ainda (31) quando Balbina, sua mãe, trata de convencê-lo de que case com a prima Doroteia". As referências a autores ou literatura romântica para caraterizar Artur completam-se no Capítulo V com alusões a Byron, Missolonghi, o duque de Morny, À " podridão literariamente romântica de Arlincourt, de Sue, de Paul Féval ou de Sand", qualificará ocm ironia, Camões e Bocage em Goa, ou Milton (94-98), e no capítulo IX (-189, 196: "Artur que já pelo nome baptismal prenunciava românticos destinos – um *Artur* de novela corriqueira que tinha fôlego e geitos para *Saffie* da «Salamandra» de E. Sue, e dos sinistros personagens da "Comédia Humana" de Balzac"), que explicitam o debate sobre a boa ou má literatura e a sua influência nas pessoas. Lembremos que Sue o Dumas representam o realismo romántico (*Vid.* i.e., Sena, 1976), a que se unirá, na década de cinquenta, Balzac. Na esfera da literatura industrial e popular estão De Kock, D'Arlincourt e, em parte, algo de Sue, Dumas, Sand e até Balzac, todos os folhetinistas célebres da altura; lembre-se que este era o conjunto que Herculano condenou ética e esteticamente em carta a Garrett, como mundanos e sem estudo (Santos, 1988:176), "fábricas parisienses de novelas, dramas, viagens, comédias, romances, folhetins, fisiologias morais e imorais»" (Herculano: *Opúsculos*, 1851, II: 106 *apud* Santos, 1988:231). Isto é fundamental para entendermos a hierarquia de legitimação e o tipo de receção que se fazia a boa parte do romance de origem francesa no seio de determinado Romantismo português, numa linha difícil de traçar mas que, como for, abre passo à ironia e à distância tomadas aqui por Camilo.

Em relação a esse conjunto, o seu público leitor, nota Camilo, pode achar inverosímil a personagem, mas ele certifica a sua verosimilhança pola influência dessas leituras. A alusão pode, mais uma vez, ser irónica mas, no caso de ser recebida como real, o efeito crítico passaria ao lado do autêntico Romantismo que o próprio Camilo representaria. E deve ser acrescentada a essa *biblioteca* de Artur a reiterada presença nela de *O Cavalheiro de Faublas* de Louvet de Couvray, o texto mais aludido em *VL*.

A reiteração das alusões pode salientar, em parte, o paralelo argumental entre o Cavalheiro e Artur, jovens de províncias que se instalam na cidade; assim sendo, este ficaria, em termos de cenas na altura consideradas pornográficas e libertinas, mui aquém do texto do revolucionário francês, que funcionaria como mais um texto de antes do Romantismo aludido no último romance camiliano, o que bem pode ler-se igualmente como declarativo de que este movimento, Camilo e os seus *VL* não viriam a inventar nem a introduzir nada que já não fora previamente contado e difundido. Os realistas, nesses termos, também não. Quer dizer-se: se Artur recebeu a influência das leituras que fez, caso deste *Cavalheiro de Faublas*, elas pertenceriam a textos anteriores ao Romantismo e aos seus valores (de que mesmo podem chegar a beneficiar os "espíritos mais relesmente prosaicos"), que Camilo defende, diferentes da corrupção que neles pudesse haver. E, até, "não *era preciso ter lido o Faublas" para responder a determinadas situações como Artur faz. Na realidade, é a cidade, por exemplo, o mundo da Rasa, o que acaba por corromper Artur. De resto, e na sequência das distâncias comentadas, a* plausível leitura moralizante é também mostra desse paralelismo. No caso, lembre-se que, por intervenção do mediador divino, Artur, no final do romance, dá mostras de sensibilizar-se perante a situação da sua mãe e o sentimento de remorso parece assomar nele (1981:222: "Artur escutava. *Parecia aterrado* ou compadecido. Talvez remorsos. Seria tudo").

Além das personagens citadas, uma outra, puramente secundária, aparece no Capítulo VII de *VL*: Dª Anatilde Flórida, a esposa de Ladislau Melitão, rico industrial portuense, sócio do seu sogro na firma *Melitão & Flórido*, em cuja casa Doroteia serve como ama de cria. Anatilde é reiteradamente caraterizada polo seu perfil leitor (126-127), particularmente de "romances dissolventes da *Biblioteca das Damas* [uma das coleções mais estáveis e populares da altura (de que, significativametne, a mãe da Luísa de *O Primo Basílio* é leitora)], e a chorar por conta dos personagens infelizes", pouco atrativa para o seu tosco marido (28/129), que começa a namorar com Doroteia. Anatilde (135-139) acaba por desconfiar do seu marido e enfrenta-o com força e firmeza nada condizentes com a sua languidez física e a eventual influência das suas leituras. O seu mundo ficiconal de De Kock e Feval a Sue e Dumas, contrasta com a sua firmeza e honestidade, clássicas também, como mulher, mãe e esposa, que, por sua vez, contesta o mundo nitidamente burguês e citadino do novo rico que o seu esposo é. Reforça-se, assim, uma das linhas argumentais mais fortes e reiteradas em Camilo: que o romance é um modo de entretenimento e qualquer tentativa de intervenção social que nele se conceba (outra cousa é, reitero, como nós podemos ler os textos camilianos) perturba precisamente essa sua função social. Os românticos Anatilde, com Frei Joaquim da Cruz Sagrada em *VL* e Dª Teresa e o Padre Osório de *ABP* tomam decisões e atuam para remediar os males do mundo que os rodeia.

A LÍNGUA COMO PATRIMÓNIO E CAPITAL SIMBÓLICO INDIVIDUAL E COLETIVO

O facto de Camilo aparecer no campo mais como património que como ferramenta ativa, reforça a sua persistente posição e função de *clássico* no campo; clássico que pode transitar par outros registros, sim, mas sem por isso abandonar, nunca, essa posição e função clássicas e classicistas. E é que todo este investimento linguístico camiliano bem pode ser visto como uma das maneiras mais fortes e determinantes de Camilo tomar posição como uma espécie de herdeiro do sistema do antigo regime, frente ao mundo que aos seus olhos se estava, irremediável, irreversivelmente, transformando, política, cultural, socialmente, e frente a uma estética e uma ética tão *desenvergonhadamente* burguesa como a do realismo;

certamente, muitos dos seus comportamentos, muitas dessas suas tomadas de posição (e a língua é fulcral nisto) lembram mais a atitude "patrícia" da elite da ilustração do que essa elite mais *política* (em termos modernos) surgida a partir, mais ou menos, do segundo quartel do século XIX e consolidada na segunda metade deste. Una-se a isto que o quadro espácio-temporal privilegiado por Camilo nestes seus dous derradeiros romances e, em geral, na sua obra, é o mundo anterior a essas balizas; o mundo, português e rural, numa atitude quase performativa, que propicia, ao lado de uma oferta hetero-espacial e hetero-temporal ao leitor, à leitora, uma afirmada oferta hetero-cultural: um conjunto de modos e usos, de atitudes e formas de ver e classificar a vida, distante da nova classe urbana ou semi-urbana, burguesa em boa medida, a sua potencial principal recetora e que, até, pode tender a receber esse mundo, precisamente, por essas condições *hetero-*, com alguma confusão de planos entre o aparentemente verdadeiro e o aparentemente falso.

Camilo oferece, assim, um âmbito em parte estranho a setores de recetores e recetoras, com um elemento de melancolia inerente na leitura polo quadro em que situa os romances; melancolia, saudade, que agentes românticos como Garrett tinham estendido (desde o início do seu *Camões*, em 1825, Canto I, estrofe I, até ao poema Saudade das suas *Flores Caídas*, 1846), na esfera de elites culturais, como bem e ferramenta, e atribuível como caraterística intrínseca do próprio do povo português (cfr. Vasconcellos, 1990 ou Lourenço, 1982, 1999 por exemplo); passado e mundo distante que, por isso, aparecem intrinsecamente vinculados à tradição, ao património luso.

As análises de Telmo Verdelho (1994: 301-325), colocando acertadamente a obra de Camilo no eixo da democratização da literatura e o gosto por "cultivar a aristocratização da língua", que pareceria ser desencadeado por aquela, coincidente, não por acaso, com o ascenso do realismo frente ao declínio romântico, certificam plenamente, entendo, o que comentei. Mais: a escolha e disposição linguísticas camilianas, unidas aos outros conjuntos repertoriais temáticos, espácio-temporais, de perspetivas, de perfis de personagens, etc., e também em si mesma, funcionam como principais elementos de resistência do autor e daqueles que a ele aderem, perante a trnasformação social progressiva e progressivamente rápida que se produz na sociedade portuguesa (Torgal e Roque, 1993). Seria matéria de outra pesquisa focar um assunto que penso pode contribuir para conhecer melhor a situação cultural de determinadas elites portuguesas na altura: que a centralidade romântica no campo cultural português, por exemplo a veiculada no romance camiliano, assenta em propostas resistentes e, potencialmente, recebidas como melancólicas (compensadas com juízos sumários sobre a atualidade ou ironias distanciadoras); que o mundo leitor de Camilo vive e protagoniza, ao menos em parte, essa transformação, e que lê Camilo de maneira complementar, compensadora, distante, melancólica, mas, mui provavelmente, como alheia ao mundo que Camilo apresenta como legítimo e a alguns valores que aquele mundo não vive ou sente como próprios. A centralidade romântica que Camilo representa nos campos culturais portugueses tem os seus homólogos na progressiva periferia no espaço social e, ainda no campo do poder, e vice-versa, polo que diz respeito ao realismo. Camilo era o passado, linguístico, social, histórico, político... e a modernidade não podia exprimir-se como ele; os usos linguísticos camilianos eram um património que, oferecido como bem, era quase inatingível e teria sempre como custódios Camilo ou pessoas como ele: melhor era considerá-lo ultrapassado, antigo e pouco apto para a modernidade e, ainda por cima, identificaria os seus cultuores ou utentes com as posições sociais e políticas camilianas e, mais alargadamente, com o mundo que Camilo podia representar; não podiam ser patrimonializados polos novos grupos que se apresentavam como elementos de modernidade sem deixar de correr o evidente perigo dessa identificação. Camilo seria, assim, o passado, caminho do clássico, o que os realistas não estavam interessados, antes polo contrário, nem em ser nem em identificar-se minimamente com isso. Oferecidos como ferramentas, aqueles usos seriam incapazes de apresentar e descrever a complexidade do novo mundo que se conformava na cidade portuguesa com a entrada de Portugal numa nova fase política desde meados do século e a relativa modernização estrutural do país.

Conclusões

O património, individual ou coletivo, é um ato de apropriação e de resituação de um bem, material ou imaterial: essa apropriação, atuante como uma declaração de vínculo ou pertença, pode estender-se, por mecanismos mais ou menos violentos, mais ou menos consensuais na sua génese e evolução, ao conjunto da comunidade/nação. E, assim, ser utilizado como elemento identificador e coesionador: a obra camiliana aparece como um sistemático e implícito discurso identificador da identidade e o património portugueses, incursa numa determinada tradição, com o que ele seleciona: aldeia, fé, costumes, língua, etc., formulados como um conjunto definidor da nação, estático e essencialista; entre outras cousas, porque as modificações que se produzem nesse conjunto seriam, regra geral, perniciosas. Ao mesmo tempo, essa formulação camiliana tem um caráter demonstrativo: apresenta-se como proposta holística e auto-suficiente, em todas as dimensões: prova de que em Portugal há tudo e de tudo, também de assuntos para romances. O património de Camilo é, pois, o património que ele identifica como verdadeiramente português. A que ele, apesar de desvendar as suas misérias (e utilizá-las ao seu serviço ficcional, *posicional* e profissional), permanece leal e que se eleva por cima dessas misérias: de *VL* não resta apenas um grupo de seres degenerados, perversos, reles; há outros, da aldeia ou na aldeia, que continuam enobrecendo e resistindo (eis uma poderosa formulação instrumental camiliana) a degradação que está vindo do mundo exterior a esse; outros que leem romances, que podem auto-satisfazer as suas necessidades ou desejos de entretenimento com histórias longe da demora analítica, de um mundo próprio, com casos *nossos*, "bem escritos".

É todo esse conjunto o que constitui a poderosa oferta de Camilo na sua fase final e no meio do ascenso realista. Frente à *podridão* do *moderno* e do *urbano*, o seu ainda mantém fórmulas de resistência (resistência ao seu contrário, descrito como hipócrita e degenerado polos realistas) e apresenta um património legado polos séculos que ele indaga, conhece, transmite e identifica; este mundo que ainda tem remédio e é precisamente o antídoto possível, apesar de que, nestas últimas obras, pareça ir desaparecendo como o próprio Camilo vai desaparecendo, numa identificação que não me parece desprezível sobretudo do ponto de vista recetivo, não tanto intencional; até perante assuntos priorizados pola Ideia Nova como pretensamente novos, o mundo rural e tradicional luso já os tem e oferece, de sempre, com a vantagem de ter mecanismos para resolver eventuais conflitos, o que não parece despreender-se tanto do *realismo*: nesses termos, também o repertório patrimonial português é auto-suficiente.

Entendo que um estudo sobre os modos em que Camilo foi lido, usado, e recebido após a sua morte; quem e como o leu e lê, e que representou ou representa para essas pessoas, por exemplo e à luz dos parâmetros de bem, ferramentas, identidade, património e, ainda coesão, ratificaria boa parte das formulações que aqui apresentei: significaria que esse sentido de legado essencialista de que era guardiã continuou, continuava dando frutos, frutos mais alargados e poderosos que os do *realismo* dominador no cânone português atual, sem que isto implique, apresso-me a indicá-lo, qualquer juízo de valor por minha parte, em qualquer sentido que se considerar.

Bibliografia citada

"A Caveira da Martyr" (1875), *Artes e Lettras: revista mensal illustrada*, n° 5, p. 80. *Apud* D'Ávila Gustavo, "Excertos de livros camilianos", *Camiliana*, n° 9, 1966, pp. 49-50.

Baptista, Abel Barros (1992): "Apresentação crítica" a Branco, Camilo Castelo, *Novelas do Minho*, Lisboa, editorial Comunicação, 11-50.

Cabral, Alexandre (1973) 28 : "Acerca de um plebiscito literário", *Vértice*, 353 p.588-614 e.354-355 p.484-95.

Cabral, Alexandre (1978): *Estudos Camilianos*, Porto: Inova.

Cabral, Alexandre (1983) "Breve reflexão sobre os 'romances facetos' *Eusébio Macário* e *A Corja*", *Boletim da Casa de Camilo*, III série, 1, pp. 39-43.

Cabral, Alexandre (1985): *Subsídio para uma interpretação da novelística camiliana*, Lisboa, Livros Horizonte.

Cabral, Alexandre (1990): "O significado dos 'romances facetos' na novelística camiliana, *Vértice*, 30, II série, Setembro, 92-97.

Chalke HD (1962): "The impact of tuberculosis on history, literature and art", *Medical History*, October; 6 (4): 301-18. Acessível em http://www.ncbi.nlm.nih.gov/pmc/articles/PMC1034755/. Último acesso, 12 Abril de 2011.

Chorão, João Bigotte (1979): *Camilo, a obra e o homem*, Lisboa, Arcádia.

Coelho, Jacinto do Prado (1982²): *Introdução à novela camiliana*,volume I. Lisboa , Imprensa Nacional – Casa da Moeda.

Coelho, Jacinto do Prado (1983²): *Introdução ao estudo da novela Camiliana*, Vol. II, Lisboa, Imprensa Nacional-Casa da Moeda.

Even-Zohar, Itamar (1999): "La literatura como bienes y como herramientas". Em: Villanueva, Darío; Monegal, Antonio; Bou, Enric (org.): Sin fronteras: ensayos de literatura comparada em homenaje a Claudio Guillen. Madrid, Castalia, 27-36.

França, José Augusto (1993): O romantismo em Portugal: *estudo de factos socioculturais*, Lisboa, Livros Horizonte

Garrett, J.B. de Almeida: *Viagens na minha terra*, Porto, Porto editora. Acessível em http://www.cicviseu.net/Principal/Documentos/Download%5C15%5C37.pdf. Último acesso em 4 de Abril de 2011.

Gômez, Joel R. (2002): *Fazer(-se) um nome : Eça de Queirós - Guerra da Cal, um duplo processo de canonicidade literária na segunda metade do século XX*, Sada, Ediciós do Castro.

Guedes, Fernando (1987): *O Livro e a leitura em* Portugal, Lisboa/São Paulo, Verbo.

Herculano, Alexandre (1858²): *Lendas e Narrativas*. Tomo I. http://hemerotecadigital.cm-lisboa.pt/dig_nacional/cd-digita/jpg/1-64002-p_2/1-64002-p/1-64002-p.pdf

Lawlor, Clark (2006): *Consumption and Literature: The Making of the Romantic Disease*. Houndmills, Basingstoke, Hampshire, Palgrave Macmillan.

Lima, Isabel Pires de (1995): "Camilo e o Naturalismo: 'Pastiche' ou Paródia?", in *Camilo Castelo Branco no centenário da morte. Colloquium of Santa Bárbara*, Center for Portuguese Studies, Univ. de California, Santa Barbara, pp. 97-107.

Lourenço, Eduardo (1982²): *O Labirinto da saudade: psicanálise mítica do destino português*, Lisboa, Dom Quixote.

Lorenço, Eduardo (1999): *Portugal como destino, seguido de mitologia da saudade*, Lisboa : Gradiva.

Lotman, Jurij, e Boris Uspcnskij (1971): «O semioticheskom *mexanizme* kul'ru ry», em *Trudy po znakovym sistemam* VI. Tartu.

Lotman, Jurij, e Boris Uspcnskij (1978): «On the Semiotic Mechanism of Culture», *New Literary History* IX.2, pp. 211 -232.

Rebelo, Luís de Sousa (1951): "Camilo e a crítica idealista", *Bulletin of Spanish Studies*, XXVIII, 3-38.

Santos, Maria de Lurdes Lima dos (1988): *Intelectuais portugueses na primeira metade de oitocentos*, Lisboa, Presença.

Saraiva, A. e Lopes, Ó. (1976⁹): *História da Literatura Portuguesa*, Porto, Porto Editora.

Segal, Dmitri (1974): *Aspects of Structuralism in Soviet Philology*, Tel Aviv, Porter Institute.

Sena, Jorge de (1976): "Algumas palavras sobre o realismo, em especial sobre o português e o brasileiro", *Colóquio/Letras*, 31, pp.8-12.

Sousa, Maria Leonor Machado de (1979): *O "horror" na literatura portuguesa* Lisboa: Instituto de Cultura Portuguesa.

Swidler, Ann (1986): «Culture in Action: Symbols and Strategies». *American Sociological Review* 51 (abril), pp. 273-86.

Torgal, Luís Reis e Roque, João Lourenço, coords (1993): *O Liberalismo (1807-1890)*, Lisboa, Estampa.

Torres Feijó, Elias J. (2003): "Introducción" in Branco, Camilo Castelo: *La Brasileña de Prazins*, Madrid, Cátedra, pp. 9-155.

Torres Feijó, Elias J. (2010): "Desejo, concupiscência e estabilidade social: os *Vulcões de lama* humanos e os ilusórios remédios divinos", in *Leituras do Desejo em Camilo Castelo Branco* (Sérgio Guimarães de Sousa e José Cândido de Oliveira Martins, orgs.), Guimarães, Opera Omnia.

Torres Feijó, Elias J. (2011): *O legado do último Camilo romancista e a (auto-)citada realista*, Vila Nova de Famalicão,Centro de Estudos Camilianos (no prelo).

Vasconcellos, Carolina Michaëlis de [1914(1990)]: *A Saudade portuguesa*, Aveiro, Estante Editora

Verdelho, Telmo (1994): "Camilo e a tradição vernacular", *Congresso Internacional de Estudos Camilianos (24-29 de Junho de 1991). Actas*, Coimbra, Comissão Nacional das Comemorações Camilianas: 301-325.

Vidal, Angelina (1882): "A Camillo Castelo Branco. Escriptor illustre", in *O Marquez de Pombal á Luz da Philosophia*, Lisboa, Imprensa da Viuva Neves. *Apud* D'Ávilla, Gustavo, "Excertos de livros camilianos", *Camiliana*, nº 10, 1966, pp. 51-52.

OBRAS CITADAS DE CAMILO CASTELO BRANCO

Branco, Camilo Castelo (1902) : *A caveira da martyr*, Lisboa, Tavares Cardoso & Irmão.

Branco, Camilo Castelo (1981): *Vulcões de Lama*, Porto, Lello & Irmão.

Branco, Camilo Castelo (1985): *A doida do Candal* (ed. de Justino Mendes de Almeida), Porto, Lello & Irmão.

Branco, Camilo Castelo (1987): *Memórias de Guilherme de Amaral* (ed. de Justino Mendes de Almeida), Porto, Lello & Irmão.

Branco, Camilo Castelo (1987): *Coração, cabeça e estômago*, Porto, Livraria Chardron de Lello & Irmão.

Branco, Camilo Castelo (2001): *A Brasileira de Prazins* (ed. e fixação do texto, J. Bigotte Chorão), Porto, Caixotim.

Branco, Camilo Castelo (2006): *Amor de Perdição*, (ed. de Castro, Aníbal Pinto de), Lisboa, Porto, Caixotim.

Branco, Camilo Castelo (2006): *Novelas do Minho*, (ed. e fixação do texto: Martins, Cândido J.), Porto, Caixotim.

Branco, Camilo Castelo [2003 *Eusébio Macário. A Corja*, (ed. e fixação do texto: Martins, Cândido J.), Porto, Caixotim.

NOTAS

1. Esta análise nutre-se substantivamente dos dados utilizados em Torres, 2011, ainda que aqui estão tratados de maneira em parte diferente, ao solicitar, neste caso, o foco sobre a consideração patrimonial destas obras. Também omiti alguns aspetos que no livro referido podem ver-se desenvolvidos, caso da abordagem da (intensa) atividade camiliana nesta altura, longe de qualquer especulação sobre uma alegada diminuição da sua produção: é a publicação de romances o que, de modo significativo, apresenta menor produção de Camilo nesta década de oitenta, em relação a outros momentos da sua bibliografia e a outros géneros escritos.

2. Camilo passava de alusões críticas e irónicas ocasionais em relação ao realismo [do tipo: "a nossa curiosidade, nesta época de escalpelo", da *Maria Moisés*, (1876; in Branco, 2006: 293] a programa central.

3. Noutro lugar, Alexandre Cabral (1983:39) apreciava que (39):

"A anunciada colecção da interminável série dos 'romances facetos', que viria finalmente a ser constituída apenas por *Eusébio Macário* (1879) e *A Corja* (1880), introduziu um elemento novo no universo novelístico camiliano profundamente destruidor da 'harmonia' até então reinante, sobretudo na ordenação rígida dos principios, imobilistas, refractários a transigências inovadoras".

4. "Esta questão da utilidade, fundamentada em matéria de romances, achei-a sempre, a um tempo, esterilíssima e pueril", afirma nas *Memórias de Guilherme de Amaral* de 1863 (Branco, 1985:347), ideia que reitera, por exemplo, na quinta edição de *Amor de Perdição*, precisamente de 1879 (Branco, 2006:83-85) e que é quase sistemática nas suas tomadas de posição (*vid.*, por exemplo, França, 1993:297)

O EPISÓDIO DO "FALSO D. MIGUEL" NA ECONOMIA NARRATIVA DO ROMANCE *A BRASILEIRA DE PRAZINS*, DE CAMILO CASTELO BRANCO

Andrés José Pociña López
Universidad de Extremadura

Que Camilo Castelo Branco é um dos maiores, e melhores, humoristas da História da Literatura Portuguesa é um asserto que, ainda que indicustível e (cuidamos) indiscutido, deveria, talvez, ser mais amiúde lembrado. Não que seja *apenas*, nem mesmo *fundamentalmente*, um humorista: Camilo é, *além de tudo o mais*, um grande, um magnífico humorista, e um dos maiores, dentre os escritores portugueses de todos os tempos. O humor, na obra de Camilo – nomeadamente a partir da recepção, por parte deste, da poderosa influência do estilo realista – não se fica apenas por um simples enfeite ornamental: antes bem, acaba por constituir um elemento organizativo fulcral na economia argumental e narrativa de muitas das suas novelas e romances, como Jacinto do Prado Coelho tem sublinhado com acerto[1]. E isto não é verificável apenas nos "romances facetos"[2], mas, em geral, nas cenas decididamente cómicas que se repartem por toda a sua obra.

Don Miguel de Unamuno era da opinião, que Camilo deve ser considerado como um dos melhores prosadores europeus do século XIX, parecer recolhido por Ángel Marcos de Dios[3]. Ora, para além das suas provadas aptidões como narrador, como pessoa que sabe contar estórias, e como criador de uma prosa poderosa e originalíssima, de cuidado e peculiar estilo, Camilo é um finíssimo escritor satírico. Estes dotes para o cómico estão muito bem representados no seu romance *A Brasileira de Prazins*[4], sobretudo no longo episódio satírico referido ao aparecimento, no Minho, de um patife a enganar a população local, fazendo o papel do candidato absolutista ao trono português, D. Miguel de Bragança. Uma farsa esta, inserida no contexto de um romance folhetinesco, versando o seu argumento principal sobre amorios desgraçados e impossíveis, na linha típica do romantismo. Porém, o romance é um desses que a crítica mais vezes tem sublinhado como pertencente à época em que o autor realiza uma viragem estilística, do Romantismo, para o Realismo. Constatação esta, não desprovida de problemas, e à qual será preciso dedicar algumas palavras, antes de começarmos a análise do tema principal da nossa dissertação.

1. ROMÂNTICO OU REALISTA?

Camilo[5] constitui talvez, entre os mais autores seus coetâneos e conterrâneos, a mais viva, singular e original representação da viragem estilística acontecida nos meados do século XIX[6]: aquela que conduz do Romantismo ao Realismo[7]. Não sendo, de facto, um "escritor-charneira" – no sentido de alguém a representar uma *transição* – como poderia dizer-se, por exemplo, de um Júlio Dinis; não sendo também um criador puramente realista que se tivesse iniciado no Romantismo, ou um romântico *evoluído* para o Realismo[8], como no caso dos escritores da Geração de 70, Camilo é um escritor fundamente romântico[9], na temática, no estilo, no carácter vital até; um romântico estreme (acaso o mais puro romântico da História da Literatura Portuguesa)[10] que se vê obrigado, a dada altura, não a *evoluir*, mas a *descer*, a experimentar uma *queda* dramática, traumatizante, para o abismo medonho da *realidade*. Consciente da impossibilidade, ou antes, da inconveniência, de continuar nas fileiras de um Romantismo que, na sua época, se tinha transformado numa paródia de si próprio, Camilo percebe a necessidade de ele próprio se transformar – ou então, morrer. Curiosamente, o autor acabará por cumprir, um após outro, ambos os destinos, ambos os inevitáveis fados: a mudança de estilo patente sobretudo a partir das *Novelas do Minho* é prova do primeiro; o fim do autor, que todos nós conhecemos[11], demonstração do segundo. Como, em relação ao primeiro, disse Jacinto do Prado Coelho:

> "Camilo, à beira dos cinquenta, mas de espírito excepcionalmente vivo e impressionável, dói-se por assistir à agonia dos ideais românticos, rabuja e mete a ridículo como é seu costume, mas acaba por se deixar levar pela corrente"[12].

Porém, o Romantismo do autor continuará vivo até ao fim[13]. Por outro lado, digamos de passagem, um certo realismo viveu sempre na obra camiliana, e não esperou à viragem estilística para assomar em certos trechos, já das primeiras obras, do romancista[14]. Isto não empece as críticas, amargas por vezes, do autor face ao "novo estilo", que o movem àquele desfecho, tantas vezes lembrado, da mais famosa (e melhor, possivelmente) novela do Minho, *Maria Moisés*; não por conhecidas, cuidamos, desmerecem uma pequena lembrança neste passo da nossa dissertação, havida conta o quanto elas vêm a propósito:

> "[...] porque o último feitio das novelas é não pintar, com o colorido gótico dos românticos, os quadros comoventes que rutilam na alma a faísca do entusiasmo. Agora somente se pintam as gangrenas com as cores roxas das chagas, e com as cores verdes das podridões modernas. Nos literatos o que predomina é o verde, e nas literaturas é o podre"[15].

E bem, onde está aqui o "Camilo realista"? No que parece uma declaração de princípios bem contrária ao "novo estilo" ("o último feitio das novelas"), Camilo atreve-se a denunciar sem compaixão as "podridões verdes" e as "chagas roxas" do Naturalismo, e mesmo ousa espancar os autores desta escola, taxando-os de "verdes" (!), e os seus escritos de "podres" (!!). Mas não é menos certo que, na obra que aqui vamos analisar, *A Brasileira de Prazins*, Camilo remeteu com igual, ou mesmo maior, sarcasmo, contra os exageros do ultra-romantismo. Logo nas primeiras páginas, o narrador, a falar da relação entre duas personagens secundárias, a Honorata Guião e o Silveira dos Pombais, diz deste que "era um romântico" e, após assinalar as suas leituras preferidas (Schiller e Arlincourt), declara a sua vocação literária, usando para isso de umas construções sintácticas, lugares comuns, vocabulário, muito próprios do ultra-romantismo, que aparece muito bem retratado e, ao mesmo tempo, comicamente desfigurado. Vale a pena lembrar o passo:

> "Fazia solaus em que havia abencerragens e infantas cristãs apaixonadas que tocavam arrabis, banhadas de lua, nos revelins dos castelos roqueiros. Também fazia prosa na *Gazeta Literária* do Porto – cenas dramáticas em que se jurava pela gorja e havia homens de prol que arrastavam mantos negros, cravavam lâminas de Toledo às portas de D. Fuas, e, cruzando os braços, rugiam cavernosamente: "Ah! D. Ribaldo, D. Ribaldo!" E, depois, os arrepios duma casquinada seca, dum estridente grasnido de gaivotas que se espicaçam por sobre o mar banzeiro"[16].

Segue uma descrição da dama, muito propícia a "espicaçar" curiosidade e admiração no jovem, feita também em termos que muito nos lembram os escritos ultra-românticos. O carácter trocista é igual, ou mesmo mais, evidente:

> "A Honorata, esposa deplorativa, dama da rainha, esbeltamente magra, duma elegância de raça afinada nos salões da Bemposta, palidez ebúrnea, esmaecida, *airs évaporés*, um sorriso nobre de ironia rebelde à desgraça, com a dupla poesia do martírio e da beleza [...]"[17],

acrescentando-se, depois, que tal beldade "ultrapassou a encarnação viva dos ideais do Bacharel [*id est*, o tal Silveira dos Pombais]"[18].

Parece-me fora de dúvida, que as sátiras, aqui exemplificadas, são tão cruéis em relação ao realismo ("chagas", "podridões"), quanto ao ultra-romantismo ("revelins", "castelos roqueiros" e assim por diante). Acresce que, nos dois casos, o genial novelista emprega termos que parecem tirados directamente de criações dos movimentos literários criticados. Nem seria talvez descurável uma interpretação trocista, em relação ao romantismo, no parágrafo final da *Maria Moisés* (e isso apesar de o parágrafo estar dedicado ao Tomás Ribeiro, poeta romântico de primeira linha). Refiro-me a essas palavras, (talvez?) comicamente exageradas, "o colorido *gótico* dos românticos, os quadros comoventes que rutilam na alma a faísca do entusiasmo" (foi muito conscientemente que sublinhei "gótico", o adjectivo que, neste trecho, me parece menos "inocente").

Parece colocar-se aqui uma questão aparentemente sem solução possível. Será Camilo um escritor "anti-romântico" (pelo menos "anti-ultra-romântico", se me é permitido o palavrão) ou então um decidido polemista "anti-realista" (ou "anti-naturalista")? As respostas que, para tentar resolver tal dilema, apelam à "liberdade" do autor, à sua total isenção relativamente às escolas literárias são, no fim de contas, parciais, a revelar um tentame desesperado de resolver, sem compromissos, o problema, o que vale tanto como dizer "de fugir ao problema". Valerá talvez a pena cortar à espada o nó gordiano, assentando no *bom gosto* de Camilo, decerto expresso sem ambages em todos os trechos antes citados (quer referidos ao realismo/naturalismo, quer ao ultra-romantismo) e meditar um bocado. Não andará, por trás disto tudo, um apego, mais do que evidente, à *mesura*, à justa medida, que não gosta de exageros, nem pelo lado das escrófulas, chagas e podridões naturalistas, nem das pieguices e quadros patéticos dos ultra-românticos?

2. *A Brasileira de Prazins* no mundo ficcional camiliano

Romântico até ao âmago, Camilo é um escritor mais emotivo, passional, do que um estilista apurado, segundo parecer de Ángel Marcos[19], partilhado por Alexandre Cabral, quem lembra que Camilo escrevia "aos jactos", ajudado sem dúvida por uma memória prodigiosa, e dando azos a uma escrita mais "de paixão" do que "de arte"[20]. Sem nenhum ânimo de contestar opiniões tão acertadas – máxime havendo à vista os brilhantes nomes que assinam tais pareceres – cuidamos porém que cumpre alguma pequena pontualização, não com o intuito de rectificar – é claro – mas só para complementar e esboçar uma visão mais ampla da obra do grande prosador do século XIX. Porque, se bem é certo que na sua obra se dá mais importância ao turbilhão emocional que guia, pela sua maior parte, as narrativas camilianas, do que ao apuramento estilístico e artístico, do discurso, não deve porém esquecer-se o requinte formal que ressumbra de tantos e tantos trechos da formidável prosa de Castelo Branco, inçada de vocabulário de uma rara riqueza, escrita num estilo muito peculiar, meticuloso e cuidado, sobretudo nas obras de maturidade (*Novelas do Minho* e obras posteriores). Seja como for, ninguém poderá acusar Camilo de ter escrito uma prosa desleixada, antes muito pelo contrário. Até se poderia dizer, opinamos, que há no autor uma como que delectação no emprego de vocábulos esquisitos, na concatenação das frases, na imitação de todo o tipo de estilos: popular, nobiliário, romântico, realista ou arcaizante (como nos trechos anteriormente citados, onde tal imitação tem um intuito decididamente humorístico). Neste sentido, obras como as

Novelas do Minho ou a *Brasileira de Prazins* podem considerar-se verdadeiras obras-primas na emolduração de uma linguagem própria, riquíssima, variegada e de elevadíssima dignidade artística.

Efabulador nato e de poderosa imaginação, dedicado a cem por cento à escrita, dotado de memória prodigiosa e possuidor de um vastíssimo acervo de conhecimentos de muito vário teor, Camilo Castelo Branco produziu – quase diríamos *provocou* – uma imensa torrente de títulos[21], repartida por contos, novelas e romances[22]. De facto, foram estas causas, mais do que os apertos económicos que o autor toda a sua vida padeceu[23], que explicam a torrencialidade e volume da sua obra, segundo acertado parecer de Alexandre Cabral[24]. O seu processo fabulador pode dar-nos a ideia de um estado de contínuo frenesim criador, qualquer coisa de agónico, de sôfrego – uma inquietação, uma procura interminável. Misturava constantemente factos vividos realmente por ele próprio, acontecimentos ouvidos ou observados mais ou menos de perto, com leituras, fantasias e estórias imaginadas, conformando como que uma "massa" criativa que a pouco e pouco ia "levedando" e "cozendo-se" sob o seu impulso criador, até originar as suas fábulas ímpares, depois de estas serem devidamente estruturadas, convenientemente afeiçoadas a argumentos coerentes, e depois de se dar às personagens a oportunidade de "viverem as suas próprias vidas", sem se intervir demasiado conscientemente no decurso das peripécias delas, deixando-as pois "viver" no papel[25]. Talvez seja esta "liberdade" outorgada às personagens, de agirem fora da supervisão do autor, a razão última do aparente desmazelo argumental de um romance como *A Brasileira de Prazins*, onde um capítulo muito secundário e sem relação argumental definida com o núcleo principal da trama, como é o relato das aventuras do falso D. Miguel, atinge umas dimensões invulgares: quase metade da obra!

A Brasileira de Prazins é uma narrativa que Camilo Castelo Branco publicou em 1882. Contra o costume, atrás apontado, do autor, o romance só foi acabado após um processo criativo excepcionalmente demorado[26], que teria começado em 1879. Os primeiros capítulos do romance foram publicados, em folhetim, na revista *A Arte*[27]. O romance partilha cenário e enquadramento geográficos, na antiga província do Minho[28], com as celebérrimas *Novelas do Minho* camilianas, que viram a luz entre 1875 e 1877[29]; o romance é de facto subtitulado de *Cenas do Minho*. No romance mostram-se perfeitamente retratados costumes, personagens, paisagens, típicas da província minhota, como se tinha passado, anteriormente, com as *Novelas*, já tantas vezes lembradas neste estudo. O próprio "brasileiro", que em virtude do seu matrimónio com a protagonista feminina do romance, Marta, confere, a esta, a alcunha de "brasileira" presente no título, é uma personagem-tipo, com base numa realidade social no Norte: a dos emigrados para o Brasil que, uma vez voltos a Portugal, ostensivelmente enriquecidos, se tornavam como que em novos aristocratas e construíam casas ou "paços" senhoriais, com brasões reais ou inventados e luxos próprios de marqueses ou duques. Estes "brasileiros"[30] do antigo Entre-Douro-e-Minho (que tanto nos fazem lembrar os "indianos" espanhois, tão abundantes nos territórios hispânicos limítrofes, a Galiza ou as Astúrias) aparecem, aqui e além, por muitas das páginas, mais vincadamente "minhotas", do nosso escritor[31], bem como em aquelas doutros autores do "romanesco minhoto", como Júlio Dinis, alguma obra de Eça, etc... Feliciano, o "brasileiro" de Prazins e marido da Marta, é um magnífico retrato, em clave humorística, desta presonagem-tipo de que estamos a falar[32].

No romance, verifica-se uma mistura de elementos, temáticos e formais, típicos do estilo romântico com outros, sobretudo de tipo faceto, claramente subordinados à renovação estilística marcada pelo Realismo; dentre os primeiros cabe salientar as peripécias do idílio de José Dias com Marta de Prazins (a "brasileira de Prazins" que dá nome à obra), que constituem o fulcro do argumento[33]; como exemplo dos segundos dever-se-á considerar nomeadamente intriga satírica do falso D. Miguel, na opinião de Alexandre Cabral[34]. Ora é justamente esta intriga farsesca que irá centrar as nossas análises. Intriga que poderia mesmo considerar-se anti-romântica, no sentido de exercer como que um contra-ponto, senão uma deformação parodística[35], do discurso camiliano, em relação sobretudo à visão heróico-trágica visível em obras da primeira etapa da obra do nosso autor[36]. Tal é o pendor "heróico-trágico" (agora porém enxergado do ponto de vista farsesco-cómico), que não têm faltado leituras do episódio no sentido de entender este como uma paródia do Sebastianismo[37].

A longa digressão que, em relação ao argumento central do romance, supõe o episódio em questão (perto de cinquenta páginas num livro que mal chega às 150!) justifica sem dúvida a asserção de Prado Coelho, para quem tal peripécia "desequilibra a economia da obra"[38]. Não é este, porém, o nosso ponto de vista. Porque achamos, muito pelo contrário, serem as páginas a conter o episódio do falso D. Miguel, justamente, as melhores, de longe, do romance. Mesmo as mais significativas e, possivelmente, aquelas que, em última análise, conferem um sentido mais fundo à obra, e permitem fazer dela uma leitura especial: o retrato do final de toda uma época. Ao carácter afinal insulso, da história dos amores entre a "brasileira" e o José Alves, vem sobrepor-se esta curiosa noveleta, aposta ao entrecho principal, aparentemente com uma ligação muito frouxa. Mas a nossa ideia, que aqui tentamos defender, é que a noveleta do falso D. Miguel tem muito para dizer, e mesmo poderá ajudar a esclarecer o sentido definitivo do romance.

3. D. Miguel, caricato "salvador da Pátria"

Para além do tema principal, atinente aos amores da "brasileira" Marta de Prazins com José Alves, no romance se inclui uma longa digressão, em tom satírico, a respeito da estadia, em terras do Minho (mais concretamente, na freguesia de S. Gens de Calvos, no concelho de Póvoa de Lanhoso) de um biltre que pretende convencer os habitantes da comarca que é o Rei Dom Miguel. Aproveita-se a estória para troçar um bocado dos miguelistas que esperam a volta do seu peculiar "rei desejado", como se de um novo D. Sebastião se tratasse.

Talvez não seja descabido incluir uma pequena discussão acerca do posicionamento do nosso autor face ao Miguelismo. Militante miguelista em algumas épocas da sua vida, Camilo não lutou porém nas fileiras auto-denominadas "legitimistas"[39]; mesmo assim, as lutas liberais serviram-lhe mais do que uma vez como alfobre, aonde o autor acodiu à procura de motivos para encorpar as suas narrativas, nomeadamente nos casos de obras como as *Memórias do Cárcere*, *Maria da Fonte* ou, precisamente, *A Brasileira de Prazins*[10]. Pese embora a este alinhamento no Absolutismo, o nosso autor foi a pouco e pouco demonstrando um gradual cepticismo frente aos ideais reaccionários; de facto, o seu miguelismo, mais do que como uma ideologia solidamente fincada, parece ter sido usado como "pendor estilístico", mais ou menos vincadamente arcaizante, "dandista", um pouco à Valle-Inclán – no caso deste último, em relação ao Carlismo. Segundo acertado parecer dos autores do volume, dedicado ao Romantismo, da *História Crítica da Literatura Portuguesa*, a visão da história por Camilo apresenta-se sempre misturada com grandes doses de fantasia[11]. Não se deve procurar nunca, na obra de Camilo, a exactidão histórica. Quando pretendia incluir reflexões baseadas em dados históricos autênticos, Camilo obrigava, evidentemente, a demorar o seu frenético processo criativo, o que para ele constituía um entrave assaz desagradável; de facto, os projectos para os quais o autor almejava uma sólida base histórica ficavam, regra geral, gorados[12].

Parece que é pretendendo evitar o cepticismo face à veracidade do episódio do falso D. Miguel, que o autor insere uma nota curiosa, a dada altura, a certificar a verdade do episódio, começando a tal nota por um "como seria de mau gosto inventar este episódio" que, pelo próprio tom, até nos faz temer uma nova e camilianíssima facécia. É suspeito, de facto, dizer-nos o autor, daí a pouco e sem sairmos da nota, que "conquanto a imprensa contemporânea, que eu saiba, não falasse no pseudo D. Miguel", e remetendo o leitor, para provar a veracidade do assunto, ao testemunho de um nobre, falecido em 1881... – um ano antes de o romance ter sido publicado! – e para uma carta íntima (supomos que em poder de Camilo) de um reverendo padre minhoto, morador numa apartada freguesia do Minho, de sessenta e seis anos de idade, e que jura ser verdade o tal impostor ter estado em Calvos, porque... ele próprio lho disse! Valentes provas![13]

A época conturbada da História de Portugal que se estende da Revolução de 1820 à Concessão (que não "convenção") de Évora Monte (1834), foi provocada por muito diferentes causas (o estabelecimento, alegadamente definitivo, da Corte no Rio de Janeiro, a impopularidade do Governo interino britânico; posteriormente, a independência do

Brasil e a entronização do Príncipe Herdeiro como Imperador do novo Estado americano, a crise económica, os impostos e exacções padecidos pela população, etc.), porém *a* causa fundamental foi o choque entre duas mentalidades fortemente diferenciadas: o Absolutismo do Antigo Regime, representado pelo candidato ao Trono, D. Miguel[44] (n. 1802 - † 1866), e o Liberalismo, representado pelo Príncipe Herdeiro, depois rei D. Pedro IV de Portugal[45] (n. 1798 - † 1834), desde 1822 Imperador do Brasil (Pedro I do Brasil[46]) e pela sua filha, a rainha D. Maria II de Portugal. O bando liberal defendia um modelo de monarquia constitucional, assente na Carta Constitucional de 1826, sem dúvida menos avançada do que a "revolucionária" de 1822, dimanada da Revolução de 1820[47]. D. Miguel começou triunfando, foi coroado rei de Portugal (D. Miguel I) em 1828 e derogou a Carta (Constituição de 1826); porém, o agravamento da sua situação foi pouco e pouco tornando a balança favorável aos liberais (revoltas militares, "Belfastada"...). Fracassado um tentame de acordo, que previa o matrimónio de D. Miguel com a aspirante pró-liberal, D. Maria II (apesar dos vínculos de sangue, visto serem tio e sobrinha, apesar também da diferença de idade), a guerra foi inevitável, e eclodiu logo em 1831, partindo da Ilha Terceira nos Açores – onde D. Miguel nunca fora reconhecido como rei. O desembarque do Mindelo, em Julho de 1832, deu começo a uma campanha que acabou por dar aos liberais a vitória em 1834, data em que estes *concedem* certas garantias e o compromisso de não retaliação aos vencidos, na vila de Évora Monte (Concessão de Évora Monte)[48]. Dom Miguel foi "convidado" a se exilar do País, indo refugiar-se para a Áustria, onde viria a falecer em 1866, depois de ter gerado uma descendência de pretendentes. Seja como for, os seus pés não voltaram a pisar terra portuguesa[49]. Ainda assim, no ano de 1845, segundo a ficção camiliana, um homem de grande semelhança física com o rei, fará acreditar a toda a população de uma recôndita comarca minhota, que ele é D. Miguel, que, de incógnito numa freguesia de Póvoa de Lanhoso, pretende recuperar o trono "roubado".

O historiador oitocentista, Joaquim Pedro de Oliveira Martins (n. 1845 - † 1894), socialista utópico[50] e, portanto, radicalmente contrário aos ideais absolutistas, tem dedicado palavras de grande dureza aos pretendentes das coroas espanhola e portuguesa, respectivamente, D. Carlos María Isidro de Borbón (e os seus descendentes, pretendentes carlistas) e o rei D. Miguel de Portugal e a sua descendência, representantes das linhagens absolutistas das duas nações ibéricas, e aos seus partidários, no sentido de denunciar a barbárie e involução que os seus posicionamentos ideológicos defendiam:

> "D. Carlos e D. Miguel são ainda os heróis aclamados por uma plebe estúpida e fanatizada, por uma aristocracia teimosa em não se deixar despojar, e por um clero que via na vitória dos princípios liberais o termo final desse reinado tão antigo como a própria Espanha"[51].

Noutra obra, o mesmo autor nos faz uma demolidora descrição do candidato absolutista o trono de Portugal, a dizer dele que preferia, às tarefas de governo ou próprias da corte, "as touradas, os cavalos, a caça, as estrebarias, os arrieiros, os picadores, os frades bem grosseiros, as raparigas saloias de Queluz, tisnadas pelo sol e cheirando a erva", acabando por esta visão de conjunto: "D. Miguel era o demagogo de antigas idades, perdido no meio de um século inimigo"[52]. Ora é a personalidade deste "demagogo de antigas idades", que um oportunista pretende usurpar, para conseguir todo o tipo de regalias e benesses e viver, acomodadamente e sem trabalhar, à custa dos defensores da sua causa. Um tal Veríssimo Borges Camelo da Mesquita, descendente de baixa mas velha aristocracia[53], foragido no Algarve em 1836[54], onde lutou na guerrilha do Remexido, depois defensor da causa miguelista na guerra civil, e finalmente amnistiado na Concessão de Évora Monte[55], consegue criar nos miguelistas minhotos a ilusão de ser ele o verdadeiro D. Miguel, e chega a formar uma autêntica "corte" na casa reitoral do abade de S. Gens de Calvos, que se compõe "do visconde Nunes, seu secretário privado e brigadeiro de infantaria, do abade capelão-mor de el-rei, de dois reitores, cónegos despachados, e o ex-sargento-mor de Rio Caldo, nomeado capitão-mor de Lanhoso [sub-entende-se, pelo "rei", o que significa, evidentemente, que a nomeação não tinha validade nenhuma]"[56]. Desse seu "sólio" improvisado, o "monarca" recebe e atende "súbditos", despacha "assuntos de estado" e mesmo confere cargos, títulos de nobreza e dignidades aos provados defensores da causa legitimista.

Porém, tudo chega ao seu fim, e a história do falso D. Miguel também, e de que maneira! Os soldados do governo, instados a prender o farsante, realizam uma devassa na casa do abade de Calvos, obrigando o "rei" a se esconder nas caves, entre as pipas de vinho que o abade ali fazia amadurecer. Quando os soldados procedem ao registo da adega, o falsário está oculto dentro de um tonel vazio, de onde é obrigado a sair à ponta das baionetas, "e nisto apareceu uma cabeça com enormes barbas sobre um dos tampos"[57]. O sargento, em tom galhofeiro, brada então ao "monarca": "[...] Sr. D. Miguel I! Suba pra cima desse trono e dê lá de cima um bocado de cavaco às tropas! Mas o melhor é descer cá pra baixo, real senhor!". Um soldado sente-se espantado perante a aparência do soberano, e exclama: "parece o Padre Eterno, ó meu sargento"[58]. Tal "padre eterno" irá imediatamente à cadeia de Braga e daí, no dia seguinte, para a Relação do Porto. É assim que acaba a aventura do falso D. Miguel.

4. O FIM DE UMA ÉPOCA

No romance *A Brasileira de Prazins* descreve-se, como num vasto painel, o mundo provinciano português antigo, com as suas crendices, afervoados partidismos e causas políticas, e com os ecos derradeiros do Romantismo; descreve-se todavia num ambiente de desagregação, de agonia. Tal agonia traz à luz os ridículos dessa mesma sociedade. Um dos trechos melhor conseguidos de toda a obra, é o composto por aquelas páginas em que se descreve um recontro "heróico" entre partidários miguelistas e tropas gubernamentais, logo em 1838, quatro anos passados do final das guerras liberais, num tentame de revivificar o fervor "legitimista"[59]. O episódio, que tem lugar junto a Santo Tirso, numa ponte sobre o rio Ave, enfrenta a milícia do governo a um bando de bêbados defensores do absolutismo, armados de foices e gadanhas, fora de alguma espingarda de caça e sabres conservados por alguns antigos militantes das forças d'El-Rei D. Miguel. Os resultados são totalmente desastrosos, é claro, para os absolutistas, que acabam tentando salvar as vidas, fugindo miseravelmente, sustendo-se a custo em pé, por causa do excesso de álcool que corre pelas suas veias. Caricatura terrível de todo e qualquer heroísmo, que desenha bem ao vivo o final de uma época e os começos doutra. A época que morre é a época dos sonhos, dos ideais românticos, que é revestida das roupagens do ideal "legitimista"(de pendor heróico, medievalizante, idealista, derrotado...). Quer-se mostrar a ridicularização de certos ideais, como aqueles "revelins", "castelos roqueiros", etc..., o final desses sonhos todos. Afinal, o reverenciado D. Miguel, morador em Calvos, o que é, senão um pobre e desastrado meliante, antigo lutador da "Causa", e vindo a menos? A sua figura de barbas cãs, que lhe fazem parecer "o Padre Eterno", revela prontamente a sua figura verdadeira, o seu heroismo e o seu prestígio acabando na cadeia, depois de ter sido apresado numa infamante e ridícula operação de captura, oculto entre pipas de vinho. Bom fim para um "rei"!

Não acaba de maneira muito diversa a história de amor de Marta, a "brasileira de Prazins", também ébria do sonho romântico, lembrando o seu amado morto, com extravagâncias, delírios e loucuras, depressões diríamos hoje, que a obrigam à fidelidade a um morto, recluída num quarto, enquanto a vida, lá fora, continua o seu correr de sempre[60]. E afinal, os seus melindres, as suas lágrimas, o que podem provocar, mais do que uma sensação de ridículo? Esta é a troça camiliana, o sorriso, o prazer que provoca a gargalhada, sim, mas uma gargalhada com fundo nostálgico, pois que assente na constatação do final de uma época, que não é outra que a época romântica, que deve acabar por sucumbir sob o peso da realidade, das chagas roxas e as podridões verdes: mostram-se-nos as bebedeiras dos "defensores do ideal", as misérias daquele que encarna o papel de D. Miguel, o sonho de amor idealizado de Marta acaba em doença nervosa, as fantasias medievalizantes dos poetastros ultra-românticos, mostram a sua pieguice. O mundo romântico não tem mais apoios para se suster.

Fica unicamente a sátira, o desabafo humorístico, e é daqui que a genialidade cómica camiliana sabe tirar todo o seu proveito. Porque, se é impossível endireitar as coisas, pelo menos fica sempre o recurso ao riso. Ou como soube, melhor do que ninguém, dizer Camilo – a lembrar Voltaire – no final justo do seu romance, *A Brasileira de Prazins*:

"Qual é o intuito científico, disciplinar, moderno, deste romance? Que prova e conclui? Que há aí proveitoso como elemento que reorganize o indivíduo ou a espécie?

"Respondo: nada, pela palavra, nada. O meu romance NÃO pretende reorganizar coisa nenhuma. E o autor desta obra estéril assevera, em nome do patriarca Voltaire, que *deixaremos este mundo tolo e mau tal qual era quando cá entrámos*"[61].

Palavras de fundo desengano. Mas, também e sobretudo, de um grande humorista. De um dos maiores humoristas da história da Literatura Portuguesa.

NOTAS

1. A importância do humorismo é determinante, sobretudo, no grupo de narrativas – todas elas inscritas na etapa realista do autor – tituladas colectivamente como *Cenas Contemporâneas*, onde se contam *A Filha do Arcediago*, *A Queda dum Anjo*, etc... Sobre estes romances e, em geral, sobre o humorismo na obra de Camilo, cfr. Jacinto do Prado Coelho, *Introdução ao Estudo da Novela Camiliana*, 2ª edição, refundida e ampliada, Vila da Maia, Imprensa Nacional/ Casa da Moeda, em 2 vols. (1º: 1982; 2º: 1983), vol. I, pp. 311-354.

2. *Eusébio Macário* e *A Corja*, romances cuja intenção principal é fazer rir: J. do Prado Coelho, *ibidem*, vol. II, pp. 132-163.

3. Ángel Marcos de Dios, "Unamuno y Camilo", in Ángel Marcos de Dios (organizador), *Camilo Castelo Branco. Perspectivas. Actas de las Jornadas Internacionales sobre Camilo*, Salamanca, Universidad, 1991, pp. 183-194, em p. 184. Unamuno sentia especial predilecção pelo *Amor de Perdição* (*ibidem*, p. 187).

4. Camilo Castelo Branco, *A Brasileira de Prazins. Cenas do Minho*, ed. de Francisco Lyon de Castro, Mem Martins, Publicações Europa/ América, s. d.

5. Um magnífico percurso através da vida de Camilo, e do desenvolver-se da sua obra, mostra-se como um painel no estudo de Alexandre Cabral, *Camilo Castelo Branco. Roteiro Dramático dum Profissional das Letras*, Vila Nova de Famalicão, Centro de Estudos Camilianos, 1988 (2ª).

6. A época literária em que a obra camiliana se insere é de facto uma idade de transição, do Romantismo para o Realismo. Camilo faz parte da chamada "segunda geração romântica" (assim em Jacinto do Prado Coelho, *Introdução ao Estudo...*, cit., vol. I, pp. 105-134), ou "Romantismo da Regeneração", denominação que encontramos na *História da Literatura Portuguesa* de António José Saraiva e Óscar Lopes, Porto, Porto Editora, s.a., sp. nos capítulos V ("O Romantismo sob a Regeneração", pp. 785-812) e VI ("Camilo Castelo Branco", pp. 813-832) dos dedicados à "6ª Época: o Romantismo".

7. O problema tem sido analisado em profundidade, e debatido – do meu ponto de vista – nos seus justos termos, pelo professor Prado Coelho, na sua *Introdução ao Estudo...*, vol. II, pp. 65-121. Segundo este mestre das ciências literárias, Camilo foi sempre contrário ao ultra-romantismo do dramalhão, das pieguices e dos exageros de espectros, cadáveres e cemitérios, mas nunca deixou de ser um autêntico romântico, mesmo na sua época mais realista, distanciando-se assim da Geração de 70. O Realismo nunca deslocou na sua obra o Romantismo, apenas veio enriquecê-lo; o poder fabulador de Camilo amplamente superava os limites do estricto Realismo. Para além disso, Camilo era demasiado independente face a qualquer estilo consagrado, como para poder ser integrado, quer

no Realismo puro, quer no Romantismo mais tradicional – Sobre a mistura de elementos românticos e realistas na obra de Camilo, cfr. Carlos Reis/ Maria da Natividade Pires, in *História Crítica da Literatura Portuguesa. Volume V: O Romantismo*, Lisboa, Verbo, 1993, pp. 194-195 (sobre Camilo Castelo Branco, em geral, cfr. pp. 185-242) – Na esteira de Prado Coelho, Abel Barros Baptista tem discutido, também muito acertadamente (do nosso ponto de vista) o tema, cfr. A. Barros Baptista, "Apresentação Crítica" à sua edição das *Novelas do Minho de Camilo Castelo Branco*, Lisboa, Editorial Comunicação, 1992, pp. 11–23.

8. Veja-se, porém, o parecer de Jacinto do Prado Coelho, para quem Camilo teria experimentado nada menos do que uma *"Conversão* ao Natural" (entenda-se, ao Naturalismo, ou, mais geral, ao Realismo – sou eu a sublinhar), frisando a importância, cada vez maior, dos elementos realistas na obra camiliana: Prado Coelho, *Introdução...*, vol. I, pp. 355-392. O ponto de viragem está marcado sobretudo pelas *Novelas do Minho* (1875-1877): *ibidem*, vol. II, pp. 98-121. Porém, não estavam, sem dúvida, longe da verdade, os membros da Geração de 70, quando viam nos "romances facetos" (*Eusébio Macário* e *A Corja*) uma ridicularização do realismo, parelha a tantas outras ridicularizações camilianas do ultra-romantismo, como reconhece o próprio Prado Coelho, *ibidem*, pp. 165-166.

9. Nele chegou mesmo a influir o Romantismo na sua vertente mais "terrífica", ou "gótica", dando origem a um tipo de novela camiliana "do terror grosso", segundo salienta Jacinto do Prado Coelho; contam-se, entre essas "novelas do Terror Grosso", algumas de bastante fortuna, como *Os Mistérios de Lisboa* ou a continuação desta, *O Livro Negro do Padre Dinis*, J. do Prado Coelho, *Introdução ao Estudo da Novela Camiliana*, cit., vol. I, pp. 287-309.

10. Ainda que o autor gostava de colocar-se "acima das escolas", segundo referem Carlos Reis e Maria da Natividade Pires, *História Crítica...*, p. 189.

11. Muito em consonância com o resto da sua vida e da sua obra, o suicídio de Camilo, esclarece-nos Alexandre Cabral, "não foi por covardia [...], mas por [o autor] constatar que a sua vida lhe era inútil para a continuação da sua obra" (Alexandre Cabral, *Camilo Castelo Branco. Roteiro Dramático...*, cit., p. 153), obra sem a qual, a vida, para Camilo, deixava totalmente de ter sentido.

12. Jacinto do Prado Coelho, *Introdução...*, cit., vol. II, pp.100.

13. *Ibidem*, vol. II, p. 102.

14. *Ibidem*, vol. II, pp. 119-121.

15. Camilo Castelo Branco, *Novelas do Minho de Camilo Castelo Branco*, Apresentação crítica, selecção e sugestões para análise literária de Abel Barros Baptista, Lisboa, Editorial Comunicação, 1992, p. 211.

16. Camilo Castelo Branco, *A Brasileira de Prazins. Cenas do Minho*, cit., p. 40.

17. *Ibidem*.

18. *Ibidem*.

19. Quem observa nisso um ponto de contacto com Unamuno: Ángel Marcos, art. cit., p. 185-188.

20. Alexandre Cabral, "A Fenomenologia da Criação Romanesca em Camilo Castelo Branco", in Ángel Marcos de Dios (org.), *Camilo Castelo Branco. Perspectivas*, cit., pp. 1-14, em p. 3.

21. Esta torrencialidade camiliana, bem como as principais causas dela, foram postas muito em relevo por Alexandre Cabral, "A Fenomenologia...", p. 5, e *passim*. É verdade que Camilo escrevia à pressa por necessidade. Ora esta necessidade pode explicar as pressas, a ausência de uma reflexão aturada, mas não pode decerto questionar-se a sua capacidade criativa, que anda, muito mais do que a necessidade, por trás da "torrencialidade" e volume – do "débito", numa só palavra – do "rio" que surgia da sua pena (*ibidem*, p. 9 e ss.).

22. Para Jacinto do Prado Coelho, *toda* a produção romanesca de Camilo deve ser considerada – e, daí, denominada – como *novelas*, mesmo tratando-se das obras mais extensas (que chamamos "romances" no português corrente), por razões longamente defendidas no seu livro *Introdução ao Estudo da Novela Camiliana*, citado muitas vezes ao longo deste estudo, vol. II, pp. 295-299. Explicações que não são atinentes ao caso aqui tratados, e para as quais remetemos o leitor interessado. No nosso trabalho, preferimos adoptar, ainda que só por razões de claridade (e sem o mínimo intuito de rectificar o mestre da crítica literária portuguesa, evidentemente), as denominações correntes de "novela" (narrativa intermédia, na extensão, entre o conto e o romance) e "romance" (narrativa longa) nos seus usos geralmente consagrados; falamos, pois, do *romance A Brasileira de Prazins*, mas das *Novelas do Minho*.

23. Uma muito acurada e pormenorizada biografia do autor, em Jacinto do Prado Coelho, *Introdução ao Estudo da Novela Camiliana*, cit., vol. I, pp. 27-103. Cfr., também, Carlos Reis/ Maria da Natividade Pires, *in História Crítica...*, pp. 187-189.

24. Alexandre Cabral, "A Fenomenologia...", *passim*.

25. *Ibidem*, pp. 8-9.

26. Como o autor escrevia à pressa, se no processo de escrita houvesse alguma interrupção que lhe empecesse de se dedicar à obra, logo o autor perdia "o fio" da narrativa e o romance ficava sem nunca mais se acabar, ou então era deixado para melhor ocasião (*ibidem*, p. 9).

27. Cfr. Alexandre Cabral, *Dicionário de Camilo Castelo Branco*, 2ª ed. revista e aumentada, Lisboa, Caminho, 2003, p. 119, *sub voce "Brasileira de Prazins"*.

28. O ambiente romanesco minhoto, explorado maximamente nas *Novelas do Minho*, continua a ser o enquadramento habitual de obras como os "romances facetos" *Eusébio Macário* e *A Corja*, para além d' *A Brasileira de Prazins*, segundo recolhe J. Prado Coelho, *Introdução...*, pp. 123-132. Segundo a opinião de Abel Barros Baptista, que não iremos discutir aqui, o "romanesco minhoto" camiliano, muito longe de qualquer intuito costumista, refere-se à realidade vivida por Camilo no Minho, em realidade pouco ou nada distanciada daquela que, na altura, podia viver-se noutra qualquer parte do mundo (ou, pelo menos, de Portugal, cfr. sobretudo, na "apresentação crítica" à edição, já citada, das *Novelas do Minho*, as pp. 34-39), o que suporá, de facto, um brutal desapontamento para alguém que no "aprazível" retiro rural minhoto procurar sossego e descanso... Isso, em pleno século XIX? Será que tinha começado já na altura um certo tipo de "mundialização"?

29. O autor tinha um conhecimento profundo, de primeira mão, do meio rural minhoto e, por extensão, nortenho, bem como da cidade do Porto, âmbitos preferenciais para o desenvolvimento de grande parte da sua obra, onde a cidade de Lisboa (onde, apaesar de ter nascido, o autor só morou por espaços de tempo relativamente curtos); cfr. Carlos Reis/ Maria da Natividade Pires, *História Crítica...*, p. 187. Cfr. também Alexandre Cabral, *Dicionário...*, pp. 561-562, *sub voce "Novelas do Minho"*.

30. Descrição pormenorizada deste fenómeno social, em José Luís Lima Garcia, "*A Brasileira de Prazins* e o mito do Eterno Retorno", *in* Ángel Marcos de Dios (org.), *Camilo Castelo Branco. Perspectivas*, cit., pp. 35-50, *in* p. 39.

31. *Ibidem*, pp. 38-43.

32. *Ibidem*, pp. 40-41.

33. Cfr. José Luís Lima Garcia, art. cit., pp. 42-43.

34. Alexandre Cabral, *Dicionário*, pp. 119-120, *sub voce "Brasileira de Prazins"*.

35. A ironia é fundamental nas obras de Camilo: Carlos Reis/ Maria da Natividade Pires, *História Crítica...*, p. 194.

36. Sobretudo no *Amor de Perdição*, segundo tem vindo a demonstrar o estudo de Elena

Losada Soler, "Una aportación portuguesa a la trilogía del héroe romántico-trágico: Simão Botelho", *in* Ángel Marcos de Dios (org.), *Camilo Castelo Branco. Perspectivas*, cit., pp. 27-34.

37. Assim em María Sol Teruelo, "El anti-sebastianismo de Camilo Castelo Branco", *in* Ángel Marcos de Dios (org.), *Camilo Castelo Branco. Perspectivas*, cit., pp. 57-66, onde pode ler-se, à página 65, que *A Brasileira de Prazins* é uma "sátira sobre el sebastianismo", e que viria somar-se a muitas outras críticas do Sebastianismo, saídas da pena de um autor que tão profundamente aborrecia do misticismo político sebástico: pp. 60-66. Cfr. também José Luís Lima Garcia, art. cit., pp. 43-46.

38. J. do Prado Coelho, *Introdução...*, vol. II, p. 171.

39. A. Cabral, *Dicionário...*, pp. 511-512, *sub voce* "*Miguelismo*".

40. *Ibidem*, p. 511.

41. Carlos Reis/ Maria da Natividade Pires, *História Crítica...*, p.193.

42. Alexandre Cabral, "A Fenomenologia...", cit., pp. 12-14.

43. A tal nota, onde se inserem as citações do parágrafo e onde se pretende dar razão da veracidade do caso, figura na p. 35 da edição da *Brasileira de Prazins* que aqui vimos citando.

44. Sobre a figura de D. Miguel I de Portugal, cfr. Joel Serrão, (coordinador), *Dicionário de História de Portugal*, Porto, Livraria Figueirinhas, 2002, vol. IV, pp. 291-294, s. v. "Miguel, Dom".

45. Só reinou por espaço de umas poucas semanas, no ano 1826: o suficiente para jurar a Constituição (Carta Constitucional de 1826, vulgarmente conhecida como "a Carta") e designar sucessora, na figura de sua filha mais velha, D. Maria.

46. Reinou no Brasil de 1822 a 1831, abdicando nesse ano e sendo sucedido pelo seu filho, o Príncipe Imperial D.Pedro, que ocupou o trono brasileiro de 1831 até à proclamação da República do Brasil (1889). Sobre a figura de D. Pedro IV de Bragança, Rei de Portugal e Imperador (Pedro I) do Brasil, cfr. Joel Serrão, *op. cit.*, vol. V, pp. 35-38, *sub voce* "*Pedro IV*".

47. A. H. de Oliveira Marques, *História de Portugal*, Lisboa, Palas Editores, vol. III, 1986 (3ª), pp. 5-6 e (especialmente) 54-57.

48. Joel Serrão, *op. cit.*, vol. III, pp. 505-508, *sub voce* "Liberais, Guerras"; Oliveira Marques, *op. cit.*, vol. III, pp. 3-20 (especialmente 12 e ss.). Uma boa visão, já clássica, embora talvez ultrapassada, mas que recolhe opiniões de uma pessoa contemporânea, se não dos acontecimentos, sim pelo menos dos resultados imediatos deles (e, de facto, contemporâneo, ou quase, de Camilo), é a do historiador oitocentista Oliveira Martins, na sua *História de Portugal*, Lisboa, Guimarães Editores, 1991, pp. 404 e ss. Para a inserção dos acontecimentos numa perspectiva peninsular geral, cfr. *idem, História da Civilização Ibérica*, Lisboa, Guimarães Editores, 1994, pp. 308-312.

49. Cfr. Joel Serrão, *op. cit.*, vol. IV, p. 294, s. v. "Miguel, Dom".

50. Cfr. A. J. Saraiva/ Óscar Lopes, *op. cit.*, p. 878.

51. Oliveira Martins, *História da Cilvilização Ibérica*, cit., p. 309.

52. Ambas citações pertencem à *História de Portugal*, cit., 413.

53. C. Castelo Branco, *A Brasileira...*, cit., pp. 73 e ss., onde se esboça a biografia do imitador de D. Miguel.

54. *Ibidem*, p. 76.

55. *Ibidem*, p. 73, numa das curiosas "notas" de rodapé que Camilo costumava colocar nas suas novelas.

56. *Ibidem*, p. 52.

57. *Ibidem*, p. 68.
58. *Ibidem*.
59. O trecho situa-se entre as pp. 29 e 33 da edição que aqui seguimos.
60. Vejam-se especialmente as páginas 146-147 do romance.
61. *A Brasileira...* cit., p. 151.

INVASIONS NAPOLÉONIENNES, IDÉOLOGIE NATIONALISTE ET LUTTE DES CLASSES DANS *O SARGENTO-MOR DE VILAR* ET *O SEGREDO DO ABADE*, D'ARNALDO GAMA

João Carlos Vitorino Pereira
Université de Lyon II

INTRODUCTION

Les invasions napoléoniennes ont sans conteste marqué les mentalités au Portugal, au XIXe siècle, à telle enseigne qu'elles sont restées dans la mémoire collective sous l'appellation de « o tempo dos franceses »[1]. C'est ainsi que les « intermináveis histórias do tempo dos franceses, tema predilecto do velho Soares » alimentent les discussions au sein des familles portugaises, lesquelles comptent très souvent parmi elles un témoin ou un protagoniste de ces conflits qui ont secoué tout le pays, de 1801 à 1811[2], et auxquels a participé la population, comme le montre Arnaldo Gama, qui exploite ce thème dans deux de ses romans historiques : *O Sargento-Mor de Vilar (Episódios da Invasão dos Franceses em 1809)* et *O Segredo do Abade*[3], publiés respectivement en 1863 et en 1864 ; *O Sargento-Mor de Vilar* fut un succès de librairie avant d'être adapté au théâtre[4]. L'œuvre d'Arnaldo Gama s'inscrit dans la littérature feuilletonesque de l'époque[5], qui privilégie l'excès des passions humaines, le mystère, le secret, le suspense, l'effet de surprise, le pittoresque, ingrédients que nous retrouvons dans les deux romans qui nous occupent.

La paix retrouvée incite les auteurs, sous la Régénération qui pacifie la vie politique grâce au rotativisme, à se tourner vers des thèmes contemporains et à exploiter l'histoire récente du Portugal, d'où le thème des invasions napoléoniennes ou des guerres civiles. Par ailleurs, la littérature romantique aime tout particulièrement mettre en scène des situations limites ainsi que des crises, et donc des guerres, les invasions napoléoniennes représentant une époque charnière en Europe, en général, et au Portugal, en particulier. Les conquêtes françaises engendreront la légende napoléonienne, des nationalismes divergents[6] ainsi qu'un nouvel ordre politique en Europe[7]; au Portugal, elles exalteront aussi le sébastianisme[8], qui peut d'ailleurs être interprété comme la manifestation d'un certain nationalisme. La littérature traduira donc la fascination suscitée par l'épopée napoléonienne en forgeant le mythe romantique de Napoléon mais c'est l'expression du nationalisme, dans un contexte de guerre qui cristallise la lutte des classes, que nous nous proposons d'étudier dans le cadre de cet article. Toutefois, avant de traiter cette question, il convient de présenter succinctement les deux œuvres qui nous occupent : *O Sargento-Mor de Vilar (Episódios da Invasão dos Franceses em 1809)* et *O Segredo do Abade*. Il s'agit de deux romans historiques qui mettent en scène, sur le mode épico-lyrique, le peuple de Porto repoussant vaillamment les troupes de Soult, en 1809. Ce sont aussi deux romans romantiques, le premier relatant l'histoire d'amour impossible, qui se terminera bien, entre la plébéienne Camila et le jeune et courageux aristocrate Luís Vasques, le second racontant l'histoire d'amour impossible, qui, par un fatal malentendu, tournera à la tragédie, entre la roturière Teresa et le valeureux Duarte Pinheiro, d'origine noble ; dans les deux cas, la guerre est un obstacle à l'amour.

L'IDÉOLOGIE NATIONALISTE AMPLIFIÉE PAR L'INTERTEXTE CAMONIEN

Arnaldo Gama met l'accent dans ses deux récits sur l'élément patriotique, cher aux romantiques. En effet, la liberté de la patrie est bien ce qui mobilise les héros de ces deux récits qui obéissent au schéma actantiel suivant : avec ses Adjuvants (le peuple solidaire, les Anglais et tous ceux qui luttent « pela independência da sua nação », *SA*, 36), le Sujet (les héros portugais) combat un Antisujet (l'envahisseur français) et d'autres Opposants (les alliés des occupants français, les « traîtres ») pour leur arracher l'Objet de leur quête (la liberté de la patrie, « a independência da nação », *SA*, 39) grâce à une lutte acharnée, héroïque ; le nationalisme est le destinateur, le moteur de la quête, et le destinataire est la nation tout entière. Ce schéma actantiel, s'agissant de romans de guerre, est somme toute classique. Notons toutefois que les récits se focalisent moins sur des actants collectifs que sur des actants individuels, tels que l'idéologie libérale et bourgeoise aime à les mettre en scène. D'autre part, le Sujet, parce qu'il est un héros, est prédestiné à la victoire, annoncée d'ailleurs par l'intertexte camonien, et ce d'autant plus que la Providence lui vient en aide – « A Providência valeu-lhe » (*SMV*, 225) –, la Providence étant aussi un adjuvant. Enfin, les faux patriotes, qui se considèrent comme les « verdadeiros amantes da pátria » (*SMV*, 223) et croient agir « em nome da suprema salvação pública » (*SMV*, 212), compliquent la tâche des héros lusitaniens : il s'agit de la foule violente qui, pour compliquer la situation, se trompe d'adversaire. L'intrigue amoureuse obéit, quant à elle, à un autre schéma actantiel où l'Objet poursuivi par le Sujet est la réalisation de l'amour en butte aux préjugés sociaux et à la guerre ; il va sans dire que les deux schémas sont complémentaires puisque la guerre nationale et la guerre de l'amour sont liées dans les deux récits, même si l'intrigue amoureuse est reléguée au second plan, en tout cas dans *O Sargento-Mor de Vilar*, comme le signale l'auteur lui-même[9].

Au Portugal, c'est au moment des invasions napoléoniennes, qui ont contribué à la propagation de l'idéal révolutionnaire de 1789[10], que l'exaltation du sentiment nationaliste atteint son comble, sentiment que les soldats, les aristocrates et les ecclésiastiques portugais chercheront à inculquer à la population[11]. Il n'est guère étonnant que le discours nationaliste soit surtout assumé par des aristocrates, comme le vieux D. Gonçalo qui, contrairement au jeune Vasco de Ornelas, son neveu, ne voit pas d'un bon œil l'intervention militaire des Anglais sur le territoire portugais : « - E este Vasco que me queria há pouco persuadir que o tal seu Beresford e outro inglês, com essoutros biltres de fardas vermelhas, nos vêm deveras libertar dos franceses !... Ora muito obrigado. » (*SA*, 110). Son patriotisme cocardier se manifeste lors d'une autre confrontation idéologique avec son neveu où il présente l'ingérence britannique comme un facteur de division nationale (*SA*, 95-96, 97). Un vrai patriote ne peut donc faire appel à des étrangers pour chasser l'ennemi étranger, dilemme que le jeune et pragmatique Vasco de Ornelas est parvenu à résoudre au point qu'il défend ceux qui, à Porto, composent avec Soult pour mieux le combattre et que le vieux D. Gonçalo tient pour des traîtres : « - E porque não, se os vejo a servir os franceses ? » ; à quoi son neveu répond : « - E se eles o não fizessem, pensa que o Porto lucrava com os que Soult havia de nomear para os substituir ? É um verdadeiro serviço que fazem à Pátria... » (*SA*, 99). Et D. Gonçalo de conclure, de manière simpliste : « - [...] soldado só o português, porque de resto os fardetas vermelhas... » (*SA*, 96) ; son neveu porte tout de même l'uniforme bleu des « regimentos das províncias do norte » (*SA*, 95).

S'ils ne veulent pas passer pour des couards et des traîtres, les nobles, qui sont aussi des militaires, se doivent de « empenhar-se na luta em que se vai decidir a independência da [...] pátria » (*SA*, 212) ; c'est par patriotisme que le jeune Luís Vasques s'engage aux côtés de son ami Wellington, après la dernière invasion du Portugal, pour combattre, en terre étrangère cette fois, Napoléon et ses armées, et ce pour s'acquitter « dos [seus] deveres para com a pátria » (*SMV*, 380). La reprise héroïque de la ville de Porto par la coalition anglo-portugaise, point d'orgue de chaque roman, constitue un épisode privilégié pour l'expression du nationalisme qu'affiche le texte. Comme le Portugal est à la fois placé sous la tutelle britannique et occupé par l'armée napoléonienne, le nationalisme s'alimente d'un sentiment anti-britannique et, bien sûr, d'un sentiment anti-français. Le narrateur-auteur critique les erreurs stratégiques non assumées des Anglais, qui s'attribuent parfois des mérites qui reviennent en réalité à un « punhado de intrépidos paisanos portugueses » (*SA*, 176) ; pour flatter le sentiment nationaliste des lecteurs, il retient des épisodes de guerre où le rapport de forces est à l'avantage de l'ennemi français, qui perd pourtant la bataille

(*SA*, 257). La libération de Porto est une victoire que le narrateur attribue essentiellement à de jeunes et nobles Portugais, comme Vasco de Ornelas et son cousin Duarte Pinheiro, « os verdadeiros heróis da companhia » (*SA*, 239). Le vieux D. Gonçalo, qui incarne un nationalisme traditionaliste, est attaché à la figure sacrée du roi « *pela graça de Deus* » (*SMV*, 360) ainsi qu'à la religion, Napoléon représentant l'Antichrist pour les milieux les plus conservateurs, d'où cette « raiva ao sentir diante de si os jacobinos, os herejes do corso, *Bonaparte, ante-Cristo e inimigo do Papa de Roma e do senhor príncipe regente* » (*SA*, 36).

Le discours nationaliste sera, évidemment, pris aussi en charge par les ecclésiastiques ; notons au passage que le personnage du prêtre est très présent dans les romans du XIXe siècle. Ainsi, les représentants de l'Eglise accueillaient et protégeaient dans leurs monastères des patriotes prêts à en découdre avec l'ennemi, comme Vasco de Ornelas qui en arrivant à Porto à la veille de sa libération trouve refuge au couvent de Santo António da Cidade (*SA*, 220-221), raison pour laquelle « - [...] Até não escaparam os conventos das freiras ! [...] » (*SMV*, 349), ce qui est tout à fait conforme à la vérité historique[12]. Ces propos prophétiques et apocalyptiques du frère de D. Gonçalo, Lopo, qu'une tragédie sentimentale a conduit à se faire moine, illustrent la réaction nationaliste de l'Eglise qui s'engage dans une sorte de guerre de religion[13]: « Mas a vingança está próxima ; Deus fá-la voar nas asas do furacão da sua terrível justiça. Os aliados já estão em Tomar, e em poucos dias os soldados do corso maldito darão pasto abundante aos corvos desta província, de cujos habitantes eles têm feito correr o sangue em torrentes. » (*SA*,117).

L'ennemi étranger et les traîtres à la patrie sont par conséquent voués à la destruction divine. Naturellement, ceux qu'on appelait les « afrancesados » sont assimilés sans détour à des « traidores à Pátria » (*SMV*, 200) puisqu'ils sont prêts à reconnaître Soult pour roi[14], comme d'autres s'étaient montrés prêts à faire monter Junot sur le trône du Portugal lors de l'invasion précédente[15]. En réalité, les « afrancesados », comme nous l'explique José Tengarrinha, ne constituaient pas un camp homogène idéologiquement, certains n'étant francophiles qu'en apparence[16], mais l'exaltation du nationalisme affiché par le texte explique ce parti pris, ce raccourci de la part d'Arnaldo Gama.

Notons que dans *O Sargento-Mor de Vilar*, le paratexte, sous forme de notes infrapaginales ou d'épigraphes placées en exergue, ainsi que l'intertexte, sous forme de citations, avec ou sans références précises (*SMV*, 25), sont particulièrement visibles ; l'intertexte camonien, omniprésent – nous ne commenterons que celui-ci –, fonctionne comme une caisse de résonance qui répercute et, surtout, amplifie ce discours nationaliste. Cet intertexte littéraire, qui du reste témoigne de l'intérêt des romantiques pour Camoëns[17], est particulièrement bien choisi, bien exploité. L'utilisation somme toute canonique de l'intertexte camonien – les passages cités ne sont jamais tournés en dérision et ils sont toujours adaptés au contexte de guerre que vivent les personnages qu'il faut inciter à l'héroïsme – constitue sans doute l'aspect le plus original de ce roman où le vieil aristocrate Fernão Silvestre ne cesse de réciter « maquinalmente » (*SMV*, 71) des vers tirés des *Lusiades*, « O livro [...] que encerrava os cantos imortais de Camões » (*SMV*, 376) ; comme D. Gonçalo dans *O Segredo do Abade*, il incarne un nationalisme traditionaliste, qui se traduit également par un nationalisme littéraire, ce qui le conduit tout naturellement à revisiter les modèles classiques et nationaux qui reflètent ses valeurs, les valeurs héroïques et guerrières véhiculées par l'œuvre épique de Camoëns se confondant d'ailleurs avec les valeurs aristocratiques, raison pour laquelle il incitera son neveu Luís Vasques à prendre les armes, à préférer en somme les « gloriosos trabalhos dignos de um fidalgo português » au « vil ócio » (*SMV*, 82, 83) que fustige Camoëns dans *Os Lusíadas* (VII, 8).

Ce personnage, bien sûr, ne situe pas les vers qu'il déclame dans l'œuvre poétique de Camoëns, comme nous venons de le faire, et il cite rarement le nom du poète, ce qui nous complique un peu la tâche car nous avons affaire la plupart du temps à des citations sans références précises, mais reconnaissables. L'auteur a fait de ces citations des *Lusiades*, qui apparaissent en gras dans le texte et enchâssées dans le discours de Fernão Silvestre (*SMV*, 71, 82-83), un signe distinctif de son personnage[18] qui cite surtout, de manière théâtrale, les passages nettement épiques et nationalistes des *Lusiades* : le Camoëns sceptique, critique face aux conquêtes des Portugais, s'exprimant par la voix du Vieux du Restelo, ne l'intéresse guère[19]. Il admire en effet « o grande poeta, aquele grande mestre de glória e de amor pátrio, o [seu] velho amigo Camões » (*SMV*, 162) et il apparaît dans l'œuvre comme le contrepoint du Vieux du Restelo. Même si la fuite, infamante (*SMV*, 311-312), du roi au Brésil n'incite guère les Portugais à l'action guerrière – « Um fraco rei faz fraca a forte gente » (*SMV*, 74) –, Fernão Silvestre, qui cite une fois de plus *Os Lusíadas* (III, 138) pour étayer ses propos et tirer des enseignements éloquents du passé, ne partage pas le pessimisme du sergent-major João Peres, d'où cette citation de l'épopée camonienne (IV, 15) : « Como, da gente ilustre portuguesa / Há-de haver quem refuse o pátrio marte ? / Como, desta província, que princesa / Foi das gentes na guerra em toda a parte, / Há-de sair quem negue ter defesa / [...] ? » (*SMV*, 162). C'est en citant *Os Lusíadas* (IV, 37) qu'il encourage son neveu à lutter contre l'ennemi français :

> - Sobrinho, chegou enfim o momento em que todo o português, que cruzar os braços e preferir a ociosidade e o descanso a armar-se em favor da pátria, é um covarde e um traidor.

> *Defendei vossas terras ; que a esperança*
> *Da liberdade está na vossa lança :*

– exclamou, batendo com a mão no lado, onde tinha metido o livro.
– Às armas, Luís Vasques de Encourados ; às armas, descendentes de um nome ilustre ! Portugal está em perigo de perder-se ; a pátria chama às armas todos os seus filhos. [...] (*SMV*, 72)

Il insuffle ainsi son enthousiasme communicatif au jeune Luís Vasques que la « nobreza de sentimentos » (*SMV*, 74) pousse à s'engager dans cette « guerra de gigantes » (*SMV*, 84). Prophétique, il annonce à plusieurs reprises la victoire des Portugais, citant une fois encore *Os Lusíadas* (IV, 19) : « Vencerei não só estes adversários, / Mas quantos ao meu rei forem contrários. » (*SMV*, 61, 71). Chaque fois que la situation paraît critique, désespérée, Fernão Silvestre, qui s'était illustré lors de la campagne du Roussillon (*SMV*, 84, 85), cite abondamment sa bible, à savoir *Os Lusíadas*, comme pour conjurer le désastre et, surtout, pour provoquer dans son entourage un sursaut de patriotisme, ce qu'il fait lorsqu'il apprend la prise de la ville de Porto (*SMV*, 351-357) ou lorsqu'il vient en aide au sergent-major João Peres, déclamant, ce qui théâtralise la scène, des vers guerriers tirés de *Os Lusíadas* (IV, 38), comme « Pelejai, verdadeiros portugueses » (*SMV*, 246), pour se donner du courage.

Ainsi, dans les situations de crise décrites par Arnaldo Gama, l'intertexte camonien est appelé à la rescousse dans *O Sargento-Mor de Vilar* ; il sert alors de point de comparaison et de contrepoint face au spectacle de la grandeur éphémère du Portugal, de la décadence nationale constatée ou pressentie, de l'humiliation vécue. Les nombreuses citations de l'œuvre épique de Camoëns, faites d'ailleurs par un noble combattant nationaliste, Fernão Silvestre, sont autant de références nationalistes qui compensent largement les références décadentistes, lesquelles avaient largement cours au XIXe siècle. A ce propos, le décadentisme ne pourrait-il pas être interprété comme une forme passive du nationalisme, comme l'expression d'un nationalisme blessé ? Toujours est-il que, par le biais de la citation, le discours camonien, plus nationaliste qu'universaliste, comme le souligne Eduardo Lourenço[20], est intégré naturellement dans la phraséologie nationaliste du vieil aristocrate. Cet intertexte littéraire confère par conséquent une dimension prophétique, mythique au discours romanesque, et surtout au discours de Fernão Silvestre : il permet en définitive au lecteur du XIXe siècle de renouer avec le mythe d'un Portugal conquérant, promis à un glorieux destin, le mouvement romantique portugais ayant d'ailleurs opéré l'« identification du Portugal à Camoëns »[21]. Le poème épique de Camoëns est interprété, vu les citations qui en sont faites par Fernão Silvestre, comme une profession de foi patriotique et comme un texte prophétique, d'où l'expression « é impossivel que seja assim » (*SMV*, 162) mise dans la bouche de ce personnage providentiel (*SMV*, 246) qui se plaît à citer des vers où Camoëns recourt au futur prophétique, l'intertexte camonien annonçant des scénarios romanesques comme la trahison (*SMV*, 352), fréquente en temps de guerre, ou la victoire des Portugais (*SMV*, 61, 71).

Ainsi, le discours nationaliste, amplifié par le discours camonien, contrarie le discours décadentiste[22], caractéristique des Portugais – « achar mau tudo o que é nosso [...] é sestro portuguesíssimo » (*SMV*, 365) –, dont se fait l'écho tout particulièrement le narrateur-auteur de *O Sargento-Mor de Vilar* (*SMV*, 307-311), qui présente la cuisante défaite d'Alcácer Quibir comme un signe annonciateur de la décadence du Portugal : « Alcacer acabou de reduzir os gigantes às proporções dos homens vulgares. Morremos ali [...]. » (*SMV*, 309) ; et de conclure :

> Tal era o estado de Portugal, quando os franceses o invadiram pela primeira vez. Os descendentes dos antigos conquistadores eram então uma populaça, dominada por superstições fanáticas, dotada de supina ignorância e entretida pela fanfarrice vangloriosa que se pavoneia na convicção de sonhadas grandezas, e se reputa superior a tudo o que está fora dela e que ela nem mesmo conhece pela rama. Dos antigos gigantes da história restáva-lhes apenas o sangue, abastardado sim, mas ainda o sangue. Restáva-lhes, pois, o valor e a aptidão para as grandes empresas, porém, mais nada. (*SMV*, 311)

Fernão Silvestre ne dit pas autre chose : « - [...] A raça abastardou-se. » (*SMV*, 353). Ce discours pessimiste va de pair avec l'exigence de régénération, somme toute naturelle chez un auteur de la Régénération, formulée notamment, dans *O Segredo do Abade*, par le vieux majordome Porfírio Caetano (*SA*, 69), profondément marqué par l'idéologie aristocratique chancelante (*SA*, 53, 56-57, 146, 255), et l'infernale D. Leonor (*SA*, 251). Les Portugais doivent donc se ressaisir et se rappeler qu'ils sont batailleurs (*SMV*, 307) et conquérants par nature : « Nascemos num campo de batalha. De um só golpe, mas golpe de mão de gigante [...]. » (*SMV*, 307). C'est aussi le message que délivre Camoëns, poète de la patrie[23], dans *Les Lusiades*, comme le suggèrent d'ailleurs les citations faites par Fernão Silvestre dans *O Sargento-Mor de Vilar*.

Il est à remarquer que ce roman s'achève sur une note de renouveau, nationalisme oblige ; ce renouveau se traduit par la renaissance, au printemps, de la nature (*SMV*, 365) qui reprend ses droits, les ronces et le lierre envahissant le domaine seigneurial du jeune Luís Vasques qui, à son retour de la guerre, découvre « o solar dos seus passados, cujas ruínas se erguiam denegridas e cobertas de era, como a ossada de um gigante. » (*SMV*, 367). Il retrouve son vieil oncle Fernão Silvestre, qui vit au milieu des ruines et qui lui demande de le reconstruire, en citant, bien sûr, *Os Lusíadas* (III, 94) :

> - Luís Vasques de Encourados, o solar de teus pais não deve ficar assim. É preciso levantar outra vez essas ruínas, fazer reviver o alcácer de teus grandes antepassados, mas digno de ti, digno da alta fama dos teus feitos

> *Em dilatá-lo cuida, que em terreno*
> *Não cabe o altivo peito tão pequeno.* (*SMV*, 422)

C'est Fernão Silvestre qui sera chargé par son neveu de conduire les travaux ; ayant consenti au mariage de son noble neveu (*SMV*, 421), couronné de lauriers (*SMV*, 381), avec la roturière Camila, il exigera que le repas de noces soit servi dans le château en cours de restauration (*SMV*, 425). Notons que ce château en ruines, dernière cicatrice dans un paysage redevenu idyllique à la fin de la guerre péninsulaire, sera reconstruit par un représentant de la nouvelle mais non moins noble génération des Encourados ; le mariage en grande pompe de Luís Vasques dans le château de ses ancêtres, dans cette « obra dos barões do século XI » (*SMV*, 369-370) est un signe de renouveau plus spirituel que matériel. En effet, dans cette scène finale, Luís Vasques, « o último da raça dos senhores de Encourados » (*SMV*, 379), renoue avec les fastes d'antan, mais à travers lui, c'est tout un peuple qui renoue avec son glorieux passé et qui, ayant secoué le joug des Français, retrouve la gloire et l'orgueil de la race : « - [...] Glória à raça dos antigos heróis ! glória a ti, Luís Vasques de Encourados, que reviveste com as tuas acções a fama dos nossos passados ! » (*SMV*, 379), s'exclame le vieux Fernão Silvestre ; la prophétie camonienne s'est donc réalisée. Il s'agit là d'un véritable renouveau dont la connotation idéologique ne laisse aucun doute : le patriotisme, le nationalisme ont gagné ; on s'aperçoit aussi que les guerres favorisent tout particulièrement l'affirmation nationale, la consolidation d'une conscience d'appartenance « a um colectivo bem identificado »[24], comme le fait observer José Tengarrinha. Ce thème du renouveau, que suggère qui offre l'image d'un jeune couple vivant heureux dans un château médiéval en reconstruction, vient ainsi contrebalancer le discours décadentiste ambiant – « hoje só nos resta a lembrança do que fomos », constate Manuel Fernandes Tomás[25], libéral de la première heure –; par le biais de l'intertexte camonien, l'auteur, en bon romantique, ressuscite le passé glorieux du Portugal dans lequel ses lecteurs aimaient assurément se plonger.

La foule violente : une figure inquiétante de la lutte des classes

La mise en scène de la foule violente dans les deux romans qui nous occupent est un autre élément intéressant à analyser d'un point de vue idéologique. A la figure du fou, qui personnifie les ravages irréparables de la guerre et le chaos qu'elle engendre, s'ajoute en effet une autre figure inquiétante, celle de la foule violente ; les arrière-pensées de l'auteur, en la mettant en scène de manière récurrente, sont toutefois différentes. Cette figure exprime en effet l'angoisse de la bourgeoisie face aux masses populaires révoltées car elle fait émerger la lutte des classes, aspect déjà abordé par João Gaspar Simões et José-Augusto França, qui écrit : « Le premier [Arnaldo Gama] est encore un romancier historique qui avait [...] le sens des reconstitutions. Mais il possédait en plus, dans la ligne de

Garrett, la notion d'une conscience de l'histoire comme lutte d'intérêts et de classes. »[26]. João Gaspar Simões, pour qui « Arnaldo Gama é mestre na movimentação de massas »[27], est encore plus précis à ce sujet :

> Embora a história lhe fornecesse a maior parte dos seus temas, não era a história em si que o preocupava, mas aquilo a que hoje chamaríamos « luta de classes ». Nos romances de Arnaldo Gama assistimos pela primeira vez à revolta do povo contra os governantes – não como nos romances do mestre de *O Monge de Cister*, em que o povo é a válvula de segurança do rei contra a nobreza feudal ou o ingénuo justiceiro dos monarcas que atraiçoam a sua missão, como acontece em *Arras por Foro de Espanha*.[28]

João Gaspar Simões a raison de s'entourer de précautions oratoires lorsqu'il utilise l'expression d'inspiration marxiste « lutte de classes » car l'œuvre de Marx, peu connue et mal comprise, n'a pas eu d'impact notable au Portugal au XIXe siècle, comme le démontre abondamment Alfredo Margarido[29].

Tout d'abord, comment ne pas voir dans le conflit autour du mariage impossible entre le noble et la roturière, dans les deux romans qui nous occupent, une expression de la lutte des classes ? Dans le chapitre 16, intitulé « O ciúme da mulher soberba », de *O Segredo do Abade*, tout tourne autour des préjugés de classe. Leonor, la rivale éconduite, commence en effet par rabaisser le vieux majordome en arrivant au château, « erguido [...] pelos belicosos barões do século XII » (*SA*, 66), où vit Teresa : « - Deixa passar vilão ! [...] » (*SA*, 247). Le vieux majordome, Caetano Porfírio, qui pour une fois ne respectera pas l'étiquette, refusant de « lhe fazer um cumprimento respeitosamente delicado » (*SA*, 255), regrette pourtant « a pouca honra » que le mariage entre Duarte Pinheiro et la roturière Teresa « tinha trazido à família » (*SA*, 247), laquelle risque « *de ir a pique* » (*SA*, 255) ; il pressent donc la décadence de l'aristocratie, que confirme, selon lui, ce mariage inégal. La confrontation violente entre les deux rivales montre que Leonor, qui veut que Teresa renonce à Duarte Pinheiro qui lui a fait un enfant, ne parvient à surmonter ni son orgueil de classe, ni sa peine d'amour : « - [...] Não vês que o teu louco atrevimento é uma nódoa na honra da minha família ? [...] Não te envergonhas da tresloucada audácia com que pretendes fazer acreditar que tens direito a pores o fito tão alto ? » ; et d'ajouter : « - [...] A nobreza do sangue que gira nas veias do senhor de Nespereira há-de por fim abrir-lhe os olhos, e, quebrado o encanto que o fascina agora, sabes qual será o teu futuro ? Serás posta fora desta casa pelos lacaios como torpe mulher de partido... como uma mulher infame [...] » (*SA*, 250). D'après Leonor, Duarte Pinheiro réalisera donc un jour que Teresa est un mauvais parti pour lui car elle est issue d'une classe subalterne : le conflit amoureux se double donc nettement, chez Arnaldo Gama, d'un conflit de classes, qui sera d'ailleurs désamorcé. Ainsi, Duarte Pinheiro est victime des « preconceitos dos da sua raça » (SA, 75), et Teresa « não viu o abismo que a diferença de condição social cavava entre ela e o amante » (SA, 75).

Dans *O Sargento-Mor de Vilar*, la question du mariage impossible de Camila et de Luís se pose également en termes de préjugés de classe, lesquels séparent irrémédiablement les deux familles (SMV, 58), ou plus exactement les deux pères : « [...] de um lado o orgulho heráldico e do outro o génio irritável e o brio do homem honrado estavam cavando entre eles um abismo, que os separava eternamente. » (SMV, 117). Après avoir déroulé son illustre généalogie, le vieil aristocrate Vasco Mendes annonce au sergent-major son refus de marier son fils à Camila : « - [...] A sua Camila tem ousado levantar os olhos para o morgado de Encourados e Luís, esquecendo o que deve ao seu sangue, anima este louco procedimento. [...] não posso, não devo dar o meu consentimento [...]. » (SMV, 115). La guerre de l'amour, qui peut conduire au crime, est donc révélatrice d'un conflit de classes, plus ou moins larvé. D'autre part, il est à noter que Camila, décrite comme « uma santa » (SMV, 355), et Teresa jouissent d'une supériorité morale qui compense l'infériorité de leur naissance : elles sont en effet dépeintes comme des femmes angéliques (SMV, 42, 43, 45 ; SA, 74, 249), comme le veut le romantisme – d'un Garrett ou d'un Camilo, par exemple, qui angélisaient l'amour –, ainsi que l'idéologie bourgeoise. Ajoutons à cela que Camila et Teresa ne sont qu'à moitié plébéiennes : en effet, le père de cette dernière est de souche noble et le père de Camila, de par son titre militaire, fait partie des notables de campagne, de sorte qu'on ne peut pas vraiment parler de mariage inégal (SMV, 423). On assiste plutôt, dans leur cas, au mariage de la noblesse de sang, qui ne suffit pas à elle seule (SA, 155), et de la noblesse morale car il faut veiller à ne pas « abater [...] a honra [...] do nome » (SMV, 384) que portent les jeunes aristocrates. C'est de cette façon qu'Arnaldo Gama, en bon romancier bourgeois, parvient à désamorcer le conflit de classes et à résoudre le cruel dilemme auquel ses personnages sont confrontés dans le domaine amoureux ; à travers ces mariages entre classes sociales différentes, il montre la crise de l'absolutisme, accélérée d'ailleurs par les invasions napoléoniennes[30], et le déclin de l'aristocratie qui s'appuie sur la classe montante – la bourgeoisie –, comme le fait Vasco Mendes qui n'hésite pas à « pedir ao vilão [le père de Camila] a esmola de lhe emprestar dinheiro » (SMV, 117). Néanmoins, il attribue un rôle important au peuple, qui peut prendre le visage terrifiant de la foule violente, dans le mouvement de l'Histoire, et il en fait un allié encombrant des dominants : il n'est plus un sujet mais un acteur de l'Histoire.

José Tengarrinha explique très bien ce changement de statut du peuple au sein de la société portugaise au cours du XIXe siècle, les invasions napoléoniennes n'étant pas étrangères à ce processus. Selon lui, « as Invasões Francesas ajudaram a criar no povo [...] o sentimento de pertencer a um colectivo humano que partilhava um conjunto de instituições, valores e características comuns [...] num espaço geográfico não fragmentado em diferentes nacionalidades [...]. »[31].

Arnaldo Gama, qui écrit sous le régime libéral, souligne lui aussi l'évolution des mœurs politiques provoquée au Portugal par les invasions napoléoniennes qui donnent lieu, dans ses deux romans analysés ici, à des digressions politiques que lui inspire la guerre péninsulaire. En bon libéral, il rappelle, à propos de la fuite du roi au Brésil, que la nation ne saurait se réduire à la sphère royale : « Como se a dinastia fosse a nação, como se Portugal morresse com a morte honrada do seu rei ! » (*SMV*, 312) ; ces propos traduisent la désacralisation de la figure royale, dont on a parlé plus haut et à laquelle a œuvré le libéralisme politique. Il rend ensuite hommage au peuple qui, lui, n'a pas fui devant les troupes napoléoniennes, en mettant en avant « o grande elemento de resistência que havia no sangue do povo » (*SMV*, 312) ; et le narrateur-auteur d'ajouter : « [...] a gente portuguesa, guardadas as devidas proporções entre os acontecimentos, não havia degenerado do sangue dos velhos conquistadores da África, da Índia e da América. » (*SMV*, 312). Sa réflexion politique portera ensuite sur l'émancipation du peuple qui de sujet devient acteur grâce au passage de l'absolutisme au libéralisme : Arnaldo Gama restaure donc le peuple dans sa dignité, prônant l'égalité de naissance qu'il fait remonter aux temps bibliques quand celle-ci régnait au jardin d'Eden : « Desde então os reis foram verdadeiros proprietários das nações [...]. Os povos, por mais que o sentimento da dignidade os quisesse iludir, não passavam na realidade de meras *coisas* diante da vontade daqueles verdadeiros *senhores*. » ; face à ces inégalités,

> muito agradáveis e muito cómodas para um certo número de famílias, que descendiam de Adão como todas as outras e cuja superioridade era resultado de uma convenção, a que todas as outras tinham prestado assentimento voluntário, respondeu a dignidade humana com exaltação dos enciclopedistas e esta com 1789 e 1789 com o cadafalso de Luís XVI. (*SMV*, 361-362)

Au moment où l'auteur rédige ces lignes, le libéralisme est déjà solidement implanté au Portugal, d'où ce discours progressiste sur le peuple, lequel a vraiment résisté lors des invasions napoléoniennes, et notamment dans le nord du Portugal au cours de l'invasion qui nous intéresse, celle de 1809, comme le montre António Pedro Vicente qui souligne le patriotisme du petit peuple du Nord, mais aussi sa barbarie aveugle[32]. Ce sont ces deux visages du peuple que donne à voir Arnaldo Gama, qui insiste néanmoins sur ses débordements violents et destructeurs favorisés par la guerre ; il est tantôt du côté des adjuvants, tantôt du côté des opposants. L'auteur, fidèle à l'Histoire, n'oublie pas le rôle positif qu'a joué le petit peuple dans la guerre péninsulaire : l'armée du peuple composée de paysans était appelée la « paisanada » (*SA*, 175). Ainsi, les « robustos aldeões, armados de foices roçadeiras », qui surgissent « de entre as mil sombras fantásticas do arvoredo » (*SA*,

30) ou se cachent dans la « mata, que pouco a pouco se ia transformando em brenha » (*SA*, 32), obéissent aux ordres des seigneurs locaux : « Eram simples aldeões, que pertenciam às ordenanças dos coutos e honras daquelas vizinhanças [...]. Escondiam-se entre o mato [...]. Estavam quase todos armados de espingardas, bacamartes e clavinas [...]. » (*SA*, 33). En choisissant comme refuge la forêt[33], élément sur lequel insiste l'auteur qui traduit la peur bourgeoise de l'anarchie, terme récurrent dans nos deux romans, ces hommes retournent en quelque sorte à l'état de nature, à l'état sauvage, ce qui en fait des individus inquiétants, potentiellement dangereux ; ce sont en effet ces « minhotos semi-selvagens » qui, une fois « disciplinados » (*SA*, 36), font fuir les soldats de Napoléon : « Fugiam diante de uma paisanada boçal e mal armada, mas que defendia a sua casa, que combatia com rancor pela independência da sua nação e que se comia de raiva ao sentir diante de si os jacobinos, os herejes do corso [...]. » (*SA*, 36). Ainsi, Arnaldo Gama n'accepte pas que l'on vole la vedette aux « intrépidos paisanos portugueses » (*SA*, 176) et il rend hommage à « gente do Porto [...] criada para estes feitos » (*SA*, 224), ce qui fait dire à Óscar Lopes que « O grande herói do romance histórico de Arnaldo Gama é, colectivamente, a burguesia do Porto, na luta multisecular pelas suas liberdades, que o romancista gostosamente recapitula [...] »[34]; Arnaldo Gama, qui est fier de sa ville, a raison de dire que Porto brille par ses hauts faits, qui lui vaudront l'étiquette de « invicta cidade » : c'est en effet la bourgeoisie[35] de Porto qui a mis un terme à l'absolutisme[36].

Toutefois, il traduit toujours la peur bourgeoise de l'anarchie en offrant une image ambivalente du petit peuple en armes, qui profite de la guerre péninsulaire pour se rebeller contre ce qu'il perçoit, plus ou moins confusément, si l'on s'en tient au texte qui le décrit comme halluciné (*SMV*, 291), comme un ennemi social, qui n'est autre que la classe dominante. Ainsi, une foule armée de « pedras e de paus » (*SMV*, 168) se masse à l'entrée d'un couvent et le sergent-major a bien du mal à discipliner ses troupes : « [...] o entusiasmo que animava aquela multidão indisciplinada manifestava bem ao vivo que, arregimentados militarmente, os homens semi-selvagens do Cávado [...] seriam muralha inexpugnável [...]. » (*SMV*, 169-170). Mais tout dégénère lorsque cette armée populaire se joint à la foule déchaînée de Braga, qui réclame injustement la tête du général Bernardim Freire ; ces hommes cèdent alors à leurs bas instincts : « A populaça [...] não cumpriu a ordem do seu sargento-mor [...] porque a comunicação com a gentalha da cidade já a contaminara das loucas predisposições que havia contra Bernardim Freire. » (*SMV*, 181-182). Dans *O Segredo do Abade*, Arnaldo Gama met aussi en scène cette foule incontrôlable, versatile : « A população estava toda de pé e armada ; mas não era preciso muito para se conhecer que daquela concitação patriótica era mais fácil saírem os horrores da anarquia do que o proveito das verdadeiras guerrilhas. » (*SA*, 177) ; elle se laisse donc aller aux pires exactions et s'en prend notamment à la propriété privée des puissants, qu'elle accuse de jacobinisme pour se donner bonne conscience : « Queimar uma casa aqui, roubar outra acolá, assassinar a título de jacobinismo qualquer desgraçado que se aventurava por entre aquelas aldeias dementadas [...] » (*SA*, 177-178). Pour la rendre particulièrement inquiétante, le narrateur prend soin de préciser que ce qui l'anime, c'est « a vingança, mas não a resistência » (*SA*, 178), ce qui criminalise ses actes. La foule est par conséquent plus souvent perçue comme un opposant que comme un adjuvant, ce qui ressort nettement de ce passage où le jeune Luís Vasques déplore son attitude bien peu patriotique puisqu'elle lutte contre ses propres intérêts :

> - [...] olhe até onde a alucinação arrasta a populaça. Ali [...] combate-se o inimigo peito a peito e em derredor – espectáculo pasmoso !
> – o povo tumultua desenfreado, despedaçando os meios de defesa e auxiliando com o furor vertiginoso os próprios inimigos ! Isto é que é a realidade da loucura das nações ! [...] Estes loucos estão arrancando com as próprias mãos as entranhas, por que Deus quer que se lhes afigure que é desta forma que se remedeiam contra o mal que os acossa ! (*SMV*, 237-238)

Cet actant collectif – la foule en furie – nous fait basculer dans un monde irrationnel. Les termes employés pour caractériser la foule, associée de manière récurrente à la folie et à l'anarchie, sont volontiers péjoratifs, l'auteur agitant ainsi une peur sociale, toute bourgeoise : la « plebe [...] ameaçadora e armada » (*SMV*, 180) est en effet flétrie du nom de « populaça », de « gentalha » (*SMV*, 180) et même de « canalha » (*SMV*, 180, 214), terme consacré à l'époque[37]. Dans ce contexte de guerre, la foule se croit « invencível » (*SA*, 178), aussi se prend-elle pour le roi : « o rei era a plebe » (*SMV*, 292), constate Trinta e três, le compagnon d'armes du sergent-major ; d'après le narrateur-auteur, la foule déchaînée « proclamára-se soberana em nome da suprema salvação pública » (*SMV*, 212). Cette foule violente introduit par conséquent le lecteur dans un monde à l'envers, où elle se substitue au roi défaillant. Il est clair que le peuple n'est pas encore considéré comme souverain : il est le Zé Povinho imaginé en 1875 par le célèbre caricaturiste Rafael Bordalo Pinheiro, qui offrira ainsi une image dénigrante des Portugais, aux antipodes de celle qui en est donnée par Camoëns dans *Les Luisiades*.

La foule apparaît plutôt comme un ennemi de classe qui, profitant du contexte de guerre, s'en prend violemment aux puissants. Elle tue sans discernement le paisible bourgeois (*SMV*, 212) et, aveuglée par la passion violente, dévore ses propres enfants (*SMV*, 212). Elle assassine surtout les *afrancesados*[38] avérés ou supposés, collaborateurs ou non, qu'elle assimile à des traîtres ; être traité par elle « de *traidor e jacobino* » (*SMV*, 213) vaut condamnation à mort : « *morram os hereges e os jacobinos !* » (*SMV*, 168), « morram os cismáticos !» (*SA*, 43)[39]. La foule violente profite ainsi de la situation pour régler leur compte aux puissants[10].

En effet, Arnaldo Gama est conscient que se joue, dans ce contexte de guerre polymorphe, une lutte entre dominés et dominants. L'aristocrate D. Gonçalo, sceptique face à l'intervention britannique, exprime son angoisse des représailles populaires : « - [...] destas grandes manobras não resultará senão o atear a guerra, e o continuarmos a ser oprimidos pelos franceses e pela anarquia da populaça. » (SA, 96). La foule violente est par conséquent nettement identifiée ici comme un ennemi de classe. Le diabolique Mateus Simão représente quant à lui une vraie menace pour le jeune aristocrate Duarte Pinheiro car son « poder [...] era então mais perigoso que nunca, porque com os epítetos de jacobino e de hereje na boca podia levantar a populaça desenfreada », « e com ela causar gravíssimo desgosto ao senhor de Nespereira » (SA, 178). C'est donc la revanche des dominés goûtant à l'ivresse du pouvoir, laquelle prend la forme terrifiante de la vengeance aveugle, de la violence anarchique.

Il n'en va pas autrement dans O Sargento-Mor de Vilar, où la lutte des classes se fait jour dans une scène (SMV, 240-246) où la maison du sergent-major, « acusado de inconfidente, hereje e jacobino » (SMV, 242), est prise d'assaut par des villageois haineux, qui cèdent à leur « instinto de vingança » (SMV, 242). La foule se révolte donc contre ceux qui, comme le sergent-major, incarnent l'autorité publique. Pour bien comprendre ce déchaînement de violence, il faut savoir que le sergent-major João Peres exerce le pouvoir « despòticamente » (SMV, 21) et qu'on l'accuse d'être l'ami « do jacobino de Encourados » (SMV, 240). Ainsi, le vieil aristocrate Fernão Silvestre, qui souffre de la réputation d'être « o foragido, o jacobino » alors qu'il n'a jamais cessé de « honrar o nome português » (SMV, 85), a dû lui aussi affronter « O ódio e a exaltação popular » (SMV, 24) ; son ami João Peres parviendra à mater la rébellion et abusera de son pouvoir (SMV, 25). A un moment où le système féodal se lézarde, le peuple s'en prend donc clairement aux riches et aux puissants qui se réfugient dans leurs châteaux : « Aqui ardia uma casa, ali um bando de revoltosos arremetia a um palácio com infernal alarido [...]. » (SMV, 213).

Ainsi, la lutte des classes n'a pas échappé à Arnaldo Gama qui se montre attentif aux rapports sociaux et au rôle du peuple dans la guerre péninsulaire. Ce n'est pas sans raison que João Gaspar Simões présente Arnaldo Gama comme « um dos primeiros escritores *progressistas* »[11] du Portugal, jugement qu'il convient de nuancer, comme nous y invite le mot mis en italique. On remarquera tout d'abord que, dans les deux romans qui nous occupent, le peuple est représenté plutôt négativement, ce qui traduit sans doute un préjugé de classe tenace au XIXe siècle puisque l'on retrouve cette image négative dans le roman naturaliste[12], même si les déchaînements de violence décrits par Arnaldo Gama sont conformes à la réalité historique ; le peuple, c'est « O povo [...] louco de furor » (SMV, 242) en proie à une « halucinação rancorosa » (SMV, 240), les romantiques aimant mettre en scène les débordements de passion ; notons aussi qu'en raison d'une « réflexion importante sur 'la psychologie des foules' »[43], qui se développe au XIXe siècle, la foule devient un personnage collectif important dans le roman de cette époque.

S'il est progressiste pour son temps, Arnaldo Gama n'est pas un écrivain révolutionnaire car il se montre partisan de la paix sociale et de l'entente cordiale. C'est ainsi que dans *O Sargento-Mor de Vilar*, après la guerre péninsulaire, il met tout le monde d'accord à la fin de son roman, réunissant toutes les classes sociales lors du mariage de Camila et de Luís auquel « assistiram muitos fidalgos dos arredores, que, apesar de não terem em muito respeito a fidalguia da noiva, tinham em muita veneração a fidalguia do esposo e, sobretudo, os dobrões do velho sargento-mor. » (*SMV*, 423) ; les classes sociales désormais ne sont plus séparées par des cloisons étanches[44], l'aristocratie désargentée recherchant l'appui, pour survivre, de la bourgeoisie. Les domestiques, le petit peuple sont aussi de la fête : « O couto estava todo alvoroçado por festas e alegria. » (*SMV*, 422-423). La grande réussite de la « révolution bourgeoise », au sens où on l'entendait généralement au Portugal au XIXe siècle[45], c'est donc la « paz da [...] aldeia » (*SA*, 241), que le texte met en avant. On remarquera également que l'aristocratie fascine les bourgeois, dont certains courent après les titres de noblesse, comme Camilo Castelo Branco ; le narrateur-auteur de *O Segredo do Abade* n'hésite d'ailleurs pas à faire l'éloge de la vieille noblesse et à critiquer sévèrement l'abolition du droit d'aînesse décrétée en 1863 : « Ainda há-de haver fidalgos no Minho, e já as varonias dos das outras províncias hão-de andar por aí em qualquer sapateiro de esquina ou mariola da alfândega. » (*SA*, 107-108).

Arnaldo Gama adhère par conséquent à l'idéologie conservatrice, dominante de son temps, bien qu'il accorde dans ses romans historiques une place importante au peuple, ce dont il ne faut pas s'étonner. En effet, le peuple devient le personnage central de l'Histoire, notamment depuis le rôle qu'il a joué dans les révolutions américaine et française, comme le suggère Schnerb[46], les poètes et les artistes se tournant dès lors vers lui[47]. Lukacs, quant à lui, montre que la révolution française de 1848 marque un tournant historique à l'échelle internationale dans la mesure où « pour la première fois le prolétariat apparaît sur la scène de l'histoire mondiale comme une masse armée, décidée à la lutte finale »[48]; le peuple est donc clairement identifié comme un ennemi de la bourgeoisie, même si celle-ci s'est appuyée sur lui au moment de la révolution libérale de 1820 au Portugal. Le peuple, sur lequel doit parfois compter la classe dominante, comme ce fut le cas au moment des invasions napoléoniennes[49], est en définitive perçu comme un allié encombrant : le « povo armado », en effet, « significa a pressão continuada do receio da desordem e da revolução sempre iminentes » (*SA*, 188) ; c'est la crainte qu'exprime un représentant de la classe dominante, Vasco de Ornelas, dans *O Segredo do Abade*. Pour montrer qu'Arnaldo Gama a su une fois de plus saisir l'histoire de son pays, de la classe dominante nous renvoyons à l'historien José Tengarrinha qui évoque la peur des dominants « quanto à turbulência popular de 1808-1810, em que via os perigosos sinais da 'fatal oclocracia' (domínio tumultuário do povo). »[50].

CONCLUSION

Dans les deux romans historiques qui nous occupent, Arnaldo Gama décrit avec un sens aigu de la reconstitution une crise historique majeure, qui met au jour une profonde crise souterraine et interne. En effet, les invasions napoéloniennes ébranleront de manière décisive le Portugal tout entier : elles marqueront durablement les esprits et la mémoire collective. D'autre part, la figure royale perdra son aura sacrée en raison de la fuite honteuse du prince-régent D. João au Brésil ; une caricature le représentera avec d'énormes cornes pour suggérer sa trahison[51]. Cette crise historique révèle l'émergence de nouveaux rapports sociaux, d'une nouvelle mentalité au sein d'une société féodale qui se lézarde : l'aristocratie séculaire, qui incarne ce que Garrett nomme, au chapitre IX de ses *Viagens na Minha Terra*, le « estilo antigo » et qui fera rêver le XIXe siècle, romantique notamment, doit alors faire alliance avec la bourgeoisie naissante et les dominants doivent s'appuyer, pour défendre la patrie en danger, sur le peuple avec lequel il faudra désormais composer pour apaiser la lutte des classes, laquelle se manifeste tout particulièrement lors de la guerre péninsulaire, comme le montre Arnaldo Gama.

Remarquons que les principaux traits idéologiques qui caractérisent *O Sargento-Mor de Vilar* et *O Segredo do Abade* sont : le nationalisme, exacerbé en temps de guerre comme le souligne António Pedro Vicente ; la lutte des classes, laquelle annonce la fin de la société féodale ; la peur bourgeoise de l'anarchie ainsi que le besoin, bourgeois lui aussi, de goûter la « paz da [...] aldeia » (*SA*, 241) dans un pays éprouvé par de nombreux conflits armés au cours de la première moitié du XIXe siècle. Dans ces deux œuvres, le nationalisme se traduit par un discours guerrier, qu'amplifie l'intertexte camonien qui fonctionne alors comme une caisse de résonance, par un discours anglophobe et gallophobe, et aussi par des notations ethnographiques sur le Minho, présenté comme une terre d'élection où le patriotisme n'a jamais fait défaut.

NOTAS

1. Luís de MAGALHÃES, *O Brasileiro Soares*, Porto, Lello & Irmão – Editores « Biblioteca Iniciação Literária ; nº 24 », s. d., p. 90.

2. Cf. António Pedro VICENTE : « A historiografia portuguesa, com raríssimas excepções, tem ignorado que, em 1801, o insulto às fronteiras portuguesas, embora realizado sob a égide de Espanha e conduzido pelo poderoso Manuel Godoy, iria constituir a primeira das invasões, no contexto da chamada Guerra Peninsular. » (*Guerra Peninsular (1801-1814)*,

Matosinhos, QuidNovi « Guerras e Campanhas Militares da História de Portugal », 2007, p. 9 ; voir aussi p. 24) ; cet historien considère que la guerre des Oranges constitue en réalité la première invasion napoléonienne.

3. Arnaldo GAMA, *O Sargento-Mor de Vilar (Episódios da Invasão dos Franceses em 1809)*, Porto, Livraria Simões Lopes, 1951, et *O Segredo do Abade*, 2ᵉ éd., Porto, Livraria Tavares Martins, 1949 ; toutes nos citations seront tirées de ces deux éditions, l'abréviation *SMV* désignant le premier titre et l'abréviation *SA* le second.

4. Voir à ce sujet Álvaro Manuel MACHADO (dir.), « GAMA, ARNALDO de Sousa Dantas da », in *Dicionário de Literatura Portuguesa*, Lisbonne, Editorial Presença, 1996, p. 208 ; voir aussi Carlos de PASSOS, « Prefácio », in Arnaldo GAMA, *O Sargento-Mor de Vilar (Episódios da Invasão dos Franceses em 1809)*, éd. cit, p. 11, n. 1.

5. Cf. Pedro FERRÉ : « Assim, a sua obra [...] manifesta desde logo o sentido de um romanesco hábil em ritmo narrativo de folhetim, à Eugène Sue, misturado com o romanesco da criação de situações e personagens malditos de nascimento e pelas circunstâncias da história, com espectaculares redenções finais, à Camilo. » (« GAMA, ARNALDO de Sousa Dantas da », in Álvaro Manuel MACHADO (dir.), *Dicionário de Literatura Portuguesa*, éd. cit., p. 208 ; voir également João Gaspar SIMÕES, « Arnaldo Gama », in *Perspectiva Histórica da Ficção Portuguesa (das Origens ao Século XX)*, Lisbonne, Publicações Dom Quixote « Nova Enciclopédia », 1987, p. 316-317).

6. Cf. Robert SCHNERB : « En outre, si indubitable que soit la fascination exercée par la conquête française et par les prouesses du grand empereur dont la légende est en train de se répandre - il y a du merveilleux dans cette histoire -, on ne peut nier que cette expansion n'ait contribué à la formation de nationalismes divergents. » (*Le XIXᵉ siècle - L'apogée de l'expansion européenne*, Paris, P.U.F. « Quadrige », 1993, p. 63).

7. Cf. António Pedro VICENTE : « Esses militares ajudaram a formar uma nova ordem europeia, conforme com o triunfo do liberalismo emergente da revolução de 1789. Efectivamente, o exército de Napoleão foi, em larga medida, [...] um enorme 'parteiro' da modernidade política [...]. » (*op. cit.*, p. 11-12).

8. Cf. José-Augusto FRANÇA : « En 1809, on fera paraître à Londres l'édition d'un vieux livre de prophéties publié en 1603, aux heures sombres de l'occupation espagnole [...]. Les vers de Bandarra [...] devaient relancer le mythe du Sauveur national [...] qui aurait pu être le prince Dom João lui-même, dont de médiocres artistes peindront allégoriquement le retour souhaité, sur les plafonds du palais royal d'Ajuda, quelque dix ans plus tard. » (*Le romantisme au Portugal - Etude de faits socio-culturels*, Paris, Klincksieck « Le Signe de l'Art », 1975, p. 34-35). Voir aussi José TENGARRINHA, *E o povo, onde está? - Política Popular, Contra-Revolução e Reforma em Portugal*, Lisbonne, Esfera do Caos « Ideias », 2008, p. 30, et Joel SERRÃO, *Do Sebastianismo ao Socialismo em Portugal*, 2ᵉ éd., Lisbonne, Livros Horizonte « Horizonte ; n° 4 », 1969, p. 19.

9. Voir Carlos de PASSOS, art. cit., p. 7.

10. Voir à ce sujet António Pedro VICENTE, *op. cit.*, p. 86, et Joel SERRÃO, *Do Sebastianismo ao Socialismo em Portugal*, éd. cit., p. 37.

11. José TENGARRINHA, *op. cit.*, p. 33, 108, 160, 164, 207.

12. *Ibid.*, p. 159.

13. *Ibid.*, p. 31, 32, 65, 104, 160, 169.

14. Voir à ce sujet António Pedro VICENTE, *op. cit.*, p. 66.

15. Voir à ce propos José TENGARRINHA, *op. cit.*, p. 163, 164.

16. *Ibid.*, p. 157, 161, 162, 208. Voir aussi José-Augusto FRANÇA, *op. cit.*, p. 33.

17. Le narrateur-auteur associe Camoëns au « majestoso dia do século XVI », aux Grandes découvertes, « época grandiosa » (*SMV*, 308) ; le XVIᵉ siècle est le « Siècle d'or » portugais,

le « grande século » (*SMV*, 308 ; voir aussi *SA*, 107).

18. Il s'agit en réalité, d'après Carlos de PASSOS qui cite Arnaldo Gama, « *de um seu parente (já falecido em 1863)*, possesso de genealogias e miguelismo. Sabia Camões de cor, de trás para diante e de diante para trás, e nas maiores exaltações do espírito saíam-lhe as citações do poeta pela boca fora, às lufadas. » (art. cit., p. 10-11).

19. Cf. Pedro LYRA : « Com esse confronto ideológico, Camões criou *uma tensão dramática* entre duas vozes [celle de Vasco de Gama, pro-impérialiste, et celle du Vieux du Restelo, anti-impérialiste] dentro do texto [...]. // Criando essa tensão dramática, de base ideológica, Camões como que se ausentou do espaço de sua narrativa [...] e anulou a validade da tentativa de identificação do poeta com esta ou aquela voz. Ou seja : não interessa muito saber se o pensamento de Camões é a sugestão imperialista vinculada a Vasco da Gama ou o projeto igualitário idealizado pelo Velho do Restelo [...] » (*O Dilema Ideológico de Camões e Pessoa*, Rio de Janeiro, Philobiblion « Visões e Revisões ; n° 1 », p. 62-63).

20. Voir Eduardo LOURENÇO, « Le romantisme et Camoëns », Colloque *Le XIXe siècle au Portugal (Histoire -Société, Culture – Art)*, Paris, Fondation Calouste Gulbenkian, 1988, p. 114.

21. *Ibid.*, p. 115.

22. Sur la décadence mythique du Portugal, et sur la récupération d'un Portugal glorieux, voir Álvaro Manuel MACHADO, *Les romantismes au Portugal – Modèles étrangers et orientations nationales*, Paris, Fondation Calouste Gulbenkian, 1986, p. 13, 16 ; voir aussi José-Augusto FRANÇA, *op. cit.*, p. 34-35, et Joel SERRÃO, *Do Sebastianismo ao Socialismo em Portugal*, éd. cit., p. 55.

23. Nous empruntons cette expression à Eduardo LOURENÇO, art. cit., p. 117.

24. José TENGARRINHA, *op. cit.*, p. 174.

25. Cit. in Joel SERRÃO, *Do Sebastianismo ao Socialismo em Portugal*, éd. cit., p. 55.

26. José-Augusto FRANÇA, *op. cit.*, p. 409.

27. João Gaspar SIMÕES, *op. cit.*, p. 321.

28. *Ibid.*, p. 316.

29. Voir Alfredo MARGARIDO, *A Introdução do Marxismo em Portugal (1850-1930)*, Lisbonne, Guimarães & C.ª Editores « Sociologia e Política ; n° 1 », 1975, p. 54-55.

30. Cf. Joel SERRÃO : « O absolutismo português vai entrar em crise em virtude do triunfo e irradiação europeia da ideologia revolucionária francesa, das invasões francesas e da gradual perda do Brasil. » (*Do Sebastianismo ao Socialismo em Portugal*, éd. cit., p. 37).

31. José TENGARRINHA, *op. cit.*, p. 33.

32. António Pedro VICENTE, *op. cit.*, p. 66, 67.

33. Sur l'ambivalence de la forêt, et donc de l'homme qui s'y réfugie, voir Jean CHEVALIER et Alain GHEERBRANT, *Dictionnaire des symboles*, éd. rev. et augm., Paris, Robert Laffont « Bouquins »/Jupiter, 1982, p. 455-456 ; voir également Éloïse MOZZANI, *Le livre des superstitions – Mythes, croyances et légendes*, Paris, Club France Loisirs, 1999, p. 771.

34. Óscar LOPES, *Álbum de Família – Ensaios sobre Autores Portugueses do Século XIX*, Lisbonne, Editorial Caminho « Colecção Universitária ; n° 8 », 1984, p. 18.

35. Le mot « burguesia » ne fait son entrée dans les dictionnaires portugais qu'en 1913, la bourgeoisie faisant partie de ce qu'on appelait au XIXe siècle le peuple ou le tiers état ; voir à ce propos Joel SERRÃO, *Temas Oitocentistas – Para a História de Portugal no Século Passado (Ensaios)*, vol. II, Lisbonne, Livros Horizonte, 1978, p. 228-229.

36. *Ibid.*, p. 229-230.

37. Voir à ce propos José TENGARRINHA, *op. cit.*, p. 104.

38. *Ibid.*, p. 164.

39. Les actes sacrilèges pratiqués par les troupes napoléoniennes, et exploités par l'Eglise à des fins de propagande, expliquent le recours à ces insultes, qui auront la vie longue ; voir à ce sujet José TENGARRINHA, *op. cit.*, p. 22, n. 2, 165, 167.

40. Cf. *idem* : « Também a guerra social foi confluente com a guerra nacional. Em diversos lugares foram numerosos os actos contra homens ricos acusados de jacobinos, traidores e afrancesados. [...] // Durante a segunda invasão, em 1809, multiplicaram-se os actos de grande violência contra pessoas ricas e com importância social, muitas destas tendo sido presas ou mortas. » (*ibid.*, p. 167-168).

41. João Gaspar SIMÕES, *op. cit.*, p. 316.

42. Voir à ce propos Maria Helena SANTANA, *Literatura e Ciência na Ficção do Século XIX - A Narrativa Naturalista e Pós-Naturalista Portuguesa*, Lisbonne, IN/CM « Temas Portugueses », 2007, p. 210.

43. Philippe HAMON, *Texte et idéologie*, Paris, P.U.F. « Quadrige », 1997, p. 77 ; voir aussi p. 78, 82.

44. Sur la mobilité sociale, visible depuis la fin du XVIIIe siècle au Portugal, voir Jean-François LABOURDETTE, *Le Portugal de 1780 à 1820*, Paris, SEDES « Regards sur l'histoire », 1985, p. 68-70.

45. La révolution, bourgeoise, d'un Oliveira Martins, par exemple, visait la « colaboração activa e permanente das classes », comme le rappelle Alfredo MARGARIDO, *op. cit.*, p. 52 ; voir aussi p. 51, 53, 84.

46. Robert SCHNERB, *op. cit.*, p. 63-65.

47. *Ibid.*, p. 72.

48. Georges LUKACS, *Le roman historique*, Paris, Payot « Petite Bibliothèque Payot ; n° 311 », 1965, p. 190 ; voir aussi p. 322-323.

49. Voir José TENGARRINHA, *op. cit.*, p. 27.

50. *Ibid.*, p. 208.

51. Voir à ce sujet José-Augusto FRANÇA, *op. cit.*, p. 34.

EÇA DE QUEIRÓS E O NATURALISMO ESPANHOL

António Apolinário Lourenço
Universidade de Coimbra - CLP

1. VIZINHOS E DESCONHECIDOS

O século XIX não foi, como se sabe, uma época marcada por intensas relações literárias luso-espanholas, e entre os intelectuais que mais deploraram esse facto contaram-se Leopoldo Alas "Clarín" e Emilia Pardo Bazán, precisamente os dois mais importantes romancistas naturalistas espanhóis.

Num artigo intitulado "Vecinos que no se tratan", publicado na *Ilustración Ibérica* por Pardo Bazán, os lamentos motivados pela falta de conhecimento recíproco entre portugueses e espanhóis são perfeitamente elucidativos. Vejamos o que, na opinião da escritora galega, se sabia em Espanha sobre o país vizinho:

> Nuestra ignorancia en lo que atañe a Portugal, digo que es tan vergonzosa y completa que ni por casualidad se ven detrás del escaparate de una librería española libros de autor portugués, y el traducirse alguno parece caso tan raro como se estuviese en chino o sánscrito. Sábese que hubo *Camoens* porque hubo *centenario*; lo incierto es si alguien lee *Os Lusíadas*. Esto tocante a lo antiguo. Tocante a lo moderno, jamás encontré en nuestros periódicos juicio, elogio o mención especial de algún autor portugués. Novelistas rusos hay más conocidos en España que Eça de Queirós o Camilo Castelo Branco, y la razón es sencilla: estos novelistas rusos están vertidos al francés, y del francés al español, ahí tiene V. el secreto. Si los autores portugueses logran que en Francia los traduzcan, acaso llegarán hasta Madrid.[1]

Em *Sermón perdido*, de Clarín, uma nota necrológica sobre o poeta Guilherme de Azevedo serve de pretexto ao autor para lastimar também a ignorância espanhola relativamente à literatura portuguesa (e vice-versa, evidentemente):

> Hagamos esta confesión triste: en España apenas se conoce la literatura portuguesa; no de otro modo que en Portugal se conoce poco la literatura de España. Ellos y nosotros sabemos de memoria muchos versos de Víctor Hugo, de Musset, de Gautier, de Coppé...

leemos en los folletines, devorados por la impaciencia, las novelas que van publicando Zola, Daudet... hablamos casi en francés, portugueses y españoles; y unos y otros ignoramos, en tanto, lo que vale la poesía y lo que vale el idioma del reino vecino.

Hace unos pocos años yo no sabía quién era Guillermo d'Acebedo [sic], y el autor de las *Cartas de un Birman,* de los *Cris Cris,* y de los *Zigs-Zags,* era ya famoso en su tierra.[2]

Leopoldo Alas "Clarín" foi, sem sombra de dúvida, um dos escritores espanhóis da sua época que mais se interessou pela literatura portuguesa, chegando a lançar as bases de uma *Liga Literaria Hispano-Portuguesa*, que teria por principal tarefa a divulgação em Espanha de obras portuguesas e a divulgação em Portugal das letras espanholas. O principal interlocutor português deste projecto, publicitado no jornal *El Porvenir*, nos dias 7 e 13 de Setembro de 1882 — e do qual temos conhecimento graças à acção de Roger L. Utt, que o divulgou no livro intitulado *Textos y con-textos de Clarín*, publicado em 1988 — era o poeta Joaquim de Araújo.

Foi no âmbito dessa campanha clariniana que o crítico asturiano publicou algumas resenhas críticas de obras literárias portuguesas, de autores genericamente associados à chamada "Geração de 70". Para além de um livro do próprio Joaquim de Araújo, a *Lira íntima*[3], a que dedicou uma crítica que viu a luz também em *El Porvenir*, no dia 17 de Fevereiro de 1882, mereceram a sua atenção os *Sonetos* de Antero de Quental[4] e *A musa em férias*, de Guerra Junqueiro, aos quais dedicou artigos publicadas no suplemento literário do jornal *El Día*, em 24 de Abril e 13 de Novembro de 1882, respectivamente. Já vimos que a morte de Guilherme de Azevedo lhe proporcionou igualmente um pretexto para escrever sobre as letras portuguesas[5].

O fracasso da Liga Literária dificilmente pode ser assacado a Clarín, que chegou a conquistar para este projecto alguns dos principais vultos das letras espanholas do seu tempo, para além do seu próprio contributo como crítico. Já Joaquim de Araújo não parece ter levado a diligência tão a sério como o seu companheiro asturiano, embora chegasse a traduzir e prefaciar, em 1884, a recensão que o grande tribuno republicano espanhol Emilio Castelar fizera da *História de Portugal* de Oliveira Martins. Na realidade, o prólogo que Araújo antepôs a essa tradução, intitulado "Duas palavras", embora fizesse uma exposição sumária do projecto de Clarín, não revelava muita fé no bom êxito da iniciativa, sobretudo devido ao carácter especificamente literário da Liga[6]. É também conhecida a opinião de Antero sobre a proposta de Clarín, revelada numa carta do autor das *Odes modernas* ao próprio Joaquim de Araújo, datada de 11 de Outubro de 1883:

A ideia da liga literária hispano-portuguesa é simpática. Entretanto, o seu alcance não se me afigura, como eles lá dizem, transcendental.

O Iberismo não se há-de realizar nem pela simpatia mútua, nem pelo convencimento, mas pela força e necessidade das coisas. Os portugueses hão-de ser sempre refractários a tal ideia e os espanhóis não precisam do conhecimento da literatura portuguesa para a abraçarem (a ideia) como abraçaram há muito. Mas como *quod abundat non nocet*, vale sempre, e acho-a simpática, e já terá valido a pena se der este resultado de, pelo conhecimento dos nossos escritos e das nossas coisas, os espanhóis se convencerem de que em Portugal já não há literatura e política nacionais, como eles ainda imaginam, pois é essa uma das fraquezas deles, tomarem-nos a sério ainda.[7]

É evidente que não podemos ignorar outras tentativas de aproximação entre os dois países. Mas a proliferação de associações espanholas destinadas a fomentar as relações culturais, políticas e económicas entre a Espanha e Portugal constitui em si mesmo uma prova de que os países que partilham a Península Ibérica persistiam em viver de costas voltadas. O mesmo se pode dizer das publicações iberistas, tão abundantes como efémeras[8].

Quanto às propostas de reunificação política ou mesmo de anexação, que foram também surgindo em Espanha, o excerto de Antero — que chegara ser apologista da união ibérica — sintetiza bem o modo diferente de pensar a questão nos dois países peninsulares, na década de 80 do século XIX, que é fundamentalmente aquela que, neste contexto, nos interessa.

2. EÇA DE QUEIRÓS E O NATURALISMO

Independentemente de se aceitar como *termo a quo* do Naturalismo o ano de 1865, em que se publicou *Germinie Lacerteux*, de Edmond e Jules de Goncourt, ou o ano de 1867, correspondente à primeira edição de *Thérèse Raquin*, de Émile Zola, existe um razoável consenso quanto ao facto de a internacionalização da corrente naturalista se ter verificado apenas por volta de 1880[9], na sequência do êxito de vendas alcançado por *L'Assommoir* e da grande polémica suscitada por esse romance.

Essa cronologia é perfeitamente ajustada ao caso espanhol, onde, na realidade, o Naturalismo só começou a ser publicamente discutido em 1881, com a publicação de *La desheredada*, de Galdós, a que se seguiu um debate crítico que permitiu a Clarín expor, pela primeira vez em Espanha, os princípios estéticos a que devia obedecer o Naturalismo. Deve também destacar-se o importante ciclo de conferências sobre essa corrente artístico-literária, que teve lugar, entre Dezembro de 1881 e Fevereiro de 1882, no Ateneo de Madrid. Foi ainda em 1881 que Emilia Pardo Bazán publicou *Un viaje de novios*, um romance que, sem ser verdadeiramente naturalista (tal como, de resto, sucedia com *La desheredada*), constituía de qualquer modo uma indesmentível aproximação à estética zoliana.

Não é difícil verificar que Portugal é um país completamente atípico quanto à cronologia da internacionalização do Naturalismo. *O crime do padre Amaro*, o primeiro romance naturalista de Eça de Queirós, foi publicado, em folhetim da *Revista Ocidental*, em 1875, seguindo-se-lhe de imediato (1876) a primeira edição em livro. Em 1878, Eça publicou o seu segundo romance naturalista, *O primo Basílio*, mas no intervalo entre essas duas obras queirosianas, em 1877, surgia *Amor divino (estudo patológico de uma santa)*, de Teixeira de Queirós, que a crítica positivista saudaria como um escritor menos talentoso mas cientificamente mais apetrechado do que o próprio Eça. O mesmo Teixeira de Queirós publicaria em 1879 a sua primeira *Comédia Burguesa, Os noivos*.[10] *O pecado*, de José Simões Dias, que segue muito de perto o modelo instituído pelo *Padre Amaro*, é de 1878. E a estas obras outras se sucederiam, com destaque para a paródia feita por Camilo Castelo Branco do romance naturalista em duas obras breves de 1879 e 1880: o *Eusébio Macário* ("História natural e social de uma família no tempo dos Cabrais") e *A corja*, a continuação do *Eusébio Macário*. As *Fototipias do Minho* e *A divorciada*, de José Augusto Vieira, são, respectivamente, de 1879 e 1881, enquanto Júlio Lourenço Pinto, publicaria em 1879 e 1880, respectivamente, os seus dois primeiros romances, *Margarida* e *Vida atribulada*.

Toda esta proliferação de obras naturalistas, num período anterior à generalizada internacionalização do Naturalismo, se explica pela assimilação temporã precoce, por parte de Eça, dos procedimentos técnico-narrativos adoptados por Flaubert em *Madame Bovary*, que viriam a constituir o código estilístico naturalista, nomeadamente a impessoalidade e a imparcialidade narrativas, a moderada utilização do diálogo, a focalização interna e o discurso indirecto livre. Recordemos que Eça de Queirós havia destacado *Madame Bovary*, como ilustração do romance realista, na sua conferência sobre a "Nova Literatura", pronunciada em 12 de Junho de 1871 e integrada nas célebres Conferência do Casino Lisbonense.

Deste modo, os jovens escritores portugueses dispuseram muito precocemente de um modelo narrativo na sua própria língua, no exacto momento em que se começava a discutir, por toda a Europa, o romance naturalista.

3. As primeiras traduções

A primeira tradução castelhana de uma obra de Eça coincidiu com a própria publicação do seu primeiro romance naturalista em português. Na realidade, a *Revista Ocidental* era uma publicação bilingue (luso-espanhola), comportando pequenas divergências entre as versões destinadas a Portugal e a Espanha. A única diferença digna de registo consistia no facto de, na versão espanhola, alguns textos originalmente redigidos em português estarem vertidos para espanhol. Era o que acontecia com *O crime do padre Amaro*. Desconhece-se a identidade do tradutor, que garantia ter "rigorosamente conservado las singularidades de estilo y lenguaje, acaso extremadas, que tiene el original".[11]

Apesar de contar com colaboradores espanhóis de elevada qualidade
e relevo público, nomeadamente Cánovas del Castillo ou Pi y Margall,
pouco se sabe sobre o acolhimento em Espanha da *Revista Ocidental*. Não
há também ecos de qualquer atenção que tenha merecido o romance de
Eça de Queirós nela publicado. Tem, portanto, plena razão José Simões
Dias quando, no seu livro *A Espanha moderna*, concluído em 1878, revela
"não ter conhecimento de nenhum romance espanhol elaborado segundo
os processos novos do *Crime do Padre Amaro*, o que prova que a escola de
Zola e Flaubert não tem no reino vizinho conquistado os prosélitos que vai
tendo em Portugal"[12].

Foi necessário esperar pelo triunfo internacional do Naturalismo para
surgirem em Espanha as primeiras traduções de Eça em volume autónomo:
em 1882, a primeira parte do *Crime do padre Amaro*; em 1884, a segunda
parte do mesmo romance e os dois volumes de *O primo Basílio*. Também
nestes casos não é conhecida a identidade dos tradutores.

A nova tradução do *Crime do padre Amaro* é claramente uma edição
pirata, realizada pela Imprenta de Juan Iniesta, de Madrid. Cada uma
das partes tem um título próprio: a primeira intitula-se *El crimen de un
clérigo*, enquanto a segunda leva o título de *El padre Amaro. Segunda parte
de El crimen de un clérigo*. Contudo, apesar de uma intensa busca através
das bibliotecas espanholas, só nos foi possível localizar a primeira parte,
devendo-se a informação sobre a segunda ao precioso labor de Ernesto
Guerra da Cal[13].

Em *El crimen de un clérigo*, deparamos com uma tradução bastante livre,
que contém mesmo, no início de cada capítulo, epígrafes inexistentes na
versão original, tendo, além disso, sido realizada a partir da edição de 1876,
em vez de utilizar, como seria natural, a de 1880. O tradutor identifica-se
simplesmente como um "ex-jesuíta", e subscreve uma breve advertência
prévia e um extenso apêndice, que são contraditórios em vários aspectos.
Enquanto no texto que precede o romance a publicação do volume se
justifica porque, apesar dos exageros próprios do naturalismo, "contiene
bellezas de primer orden y sobre todo se distingue por la verdad con que
presenta las costumbres clericales"[14], no apêndice, o tradutor (que agora
revela ser deveras um jesuíta, e já não um *ex*) afirma que, afinal, só traduziu
o romance para impedir que outro menos escrupuloso se adiantasse, não
lhe permitindo "poner en un apéndice el contraveneno para la malicia por
medio de algunas observaciones oportunas, que es lo único que ha menester
la obra para su cabal descrédito"[15]. Mas, mais uma vez contraditoriamente,
não classifica a intriga de inverosímil, "pues aun en las novelas son de
carne y hueso los sacerdotes"[16], parecendo-lhe muito mais extravagante o
desenlace, visto que os padres tinham já uma longa experiência de iludir a
paternidade das crianças que resultavam dos seus amores ilícitos: "El autor
quiso dar el espectáculo de un clérigo parricida y no tuvo más remedio que
inventarlo estúpido"[17].

Relativamente à tradução do *Primo Basílio*, é conhecida uma carta de Eça a D. José da Câmara, remetida de Londres em 10 de Maio de 1885, que a menciona, indiciando tratar-se também de uma edição clandestina:

> Cheguei a Madrid muito cansado, de sorte que não segui, à maneira de carta, como tencionava. (...) E verifiquei de resto o roubo que me foi feito com O Primo Basílio, traduzido em dois volumes, com ilustrações (!), numa edição já esgotada, e de que eu não recebi nem uma peseta.[18]

A editora chamava-se "El Cosmos Editorial" e a tradução era assinada por "un aprendiz de hacer novelas". A narrativa era antecedida de uma "Advertencia de los editores", onde se mesclavam informações pertinentes com outras completamente fantasistas. Dizia-se, por exemplo, que Eça nascera no Porto em 1860 (teria nesse caso 15 anos quando publicara *O crime do padre Amaro*) e que o *Amaro* da *Revista Ocidental* fora concluído, devido à ausência de Eça, por um autor medíocre, que assassinara a obra. Quanto ao *Primo Basílio*, dizia-se correctamente que se tratava de um romance completamente identificado com a "novísima escuela de noveladores franceses; de tal manera, que hay capítulos de este libro que parecen escritos por Alfonso Daudet, y descripciones y análisis que se dirían salidas de la pluma de Zola"[19]. Surpreendentemente, a tradução é bastante boa, como oportunamente sublinhou Elena Losada[20]-.

4. O QUEIROSIANISMO E O LUSITANISMO DE EMILIA PARDO BAZÁN

Pardo Bazán dirigiu entre 4 de Março e 25 de Outubro de 1880 um semanário intitulado *Revista de Galicia*, tendo sido provavelmente nessa época que, pela primeira vez, lhe terão chegado notícias de Eça de Queirós. Em 25 de Junho o hebdomadário corunhense começou a incluir uma "Revista literaria portuguesa", sob a responsabilidade de Lino de Macedo. No dia 25 de Julho, Lino de Macedo anunciava a publicação do *Mandarim*, apelidando o seu autor de "Zola portugués": "sus novelas tienen el inconveniente de no poderse leer con la nariz destapada. Tienen todas un tufo nauseabundo, deletéreo, repugnante: parecen escritas en un cuartel, después del toque de queda"[21]. Eça era de tal modo desconhecido em Espanha, nessa época, que o seu nome sai deturpado: Eça de Gueiros.

Mas não foi preciso esperar muito tempo para se conhecer a opinião da própria D. Emilia sobre o autor do *Crime do padre Amaro*. Talvez a sua descoberta da obra zoliana lhe tenha despertado a curiosidade pelo romancista a que, na *Revista de Galicia*, alguém chamara "Zola português". É, de facto, a escritora galega que, em *La cuestión palpitante*, dá verdadeiramente Eça a conhecer ao público espanhol[22]:

> El portugués Eça de Queiroz, en su novela *O primo Bazilio* — donde imita a Zola hasta beberle el alma — traza un cuadro horrible bajo su

aparente vulgaridad, el del suplicio de la esposa esclava de su culpa.
Claro está que la enseñanza moral de los realistas no se formula en
sermones ni en axiomas: hay que leerla en los hechos. Así sucede
en la vida, donde las malas acciones son castigadas por sus propias
consecuencias.[23]

Não podemos esquecer que este livro de Pardo Bazán, *La cuestión
palpitante* (composto por artigos anteriormente publicados em *La Época*), foi
traduzido para francês em 1886, por Albert Savine. Pilar Vázquez Cuesta
divulgou, num artigo intitulado "La lusofilia de D.ª Emilia Pardo Bazán,
duas cartas de Armand Tréverret, professor catedrático de Literatura
Estrangeira na Universidade de Bordéus, dirigidas a Eça de Queirós.
Nessas cartas (uma de 1886 e a outra de 1888), o professor francês revelava
a Eça que havia encontrado o nome do romancista português justamente
no ensaio da escritora galega, e inclusivamente que fora esta que lhe
emprestara *O crime do padre Amaro* e *O primo Basílio*[24]. Foi, portanto, por
influência de Pardo Bazán que Tréverret veio a publicar, em 1892, no tomo
132 de *Le Correspondant* (nova série), um artigo de vinte e cinco páginas
sobre a obra queirosiana: "Le Réalisme dans le roman portugais. M. Eça de
Queiroz"[25].

D. Emilia foi, como sabemos, uma grande viajante, que se deslocou por
diversas vezes a Portugal. Conheceu pessoalmente vários escritores lusos,
como Oliveira Martins, Teófilo Braga ou Guiomar Torresão, e escreveu
vários artigos sobre temas portugueses[26]. Eça de Queirós, no entanto, não
residia habitualmente em Portugal. Por isso, a profunda admiração que
Pardo Bazán nutria por este escritor levou-a a procurá-lo em Paris, em
1889, tendo saído dessa entrevista um extenso artigo que seria publicado
no suplemento cultural do diário *El Imparcial*[27], o qual começava com o
retrato físico do romancista português, apontando, nesse aspecto, algumas
semelhanças com Galdós, que escondiam diferentes temperamentos
psicológicos e estéticos:

> La figura de Eça, y aún a primera vista su rostro, ofrecen curiosa
> y marcada semejanza con el rostro y figura de Pérez Galdós, pero
> bien considerados ambos novelistas, puede leerse en los respectivos
> semblantes la diferencia de hechura psíquica y la contraposición de
> temperamentos literarios: Eça refinado, pagano, sobrio, idólatra de
> la forma, profundo, vehemente, acerado, desdeñoso y pesimista;
> Galdós enemigo del artificio retórico, natural, abundante, tierno,
> equilibrado, todo buena voluntad y simpatía humana.[28]

Não especialmente por ser galega, mas porque era essa a atitude
habitual dos intelectuais espanhóis face a Portugal, Emilia Pardo Bazán, que
também conhecia o melindre português relativamente à questão ibérica,
colocava Eça na fronteira entre o estrangeiro e o hispânico:

> No puedo tenerle por extranjero, no. Como llamarle español

pareciera descortesía impertinente, y además sería inexactitud; le llamo ibérico, entendiendo que él completa la novela peninsular, dándole una cuerda que le faltaba. La intención profunda, la observación amarga y lancinante, la sátira elevada, que a fuerza de proceder de un espíritu culto no resulta cruel en extremo, aun siéndolo doblemente por lo certera, son dotes que el ilustre portugués debe acotar como parcela suya. En España no veo quien se le asemeje.[29]

O tom geral do artigo é, evidentemente, o do elogio rasgado, colocando-se Eça de Queirós num patamar de qualidade extremamente alto, próximo mesmo de uma perfeição só prejudicada por um compulsivo *afrancesamento*:

Este grande artista portugués sería mucho más grande, casi perfecto, si hubiese brotado de la misma entraña de su nación; si fuese castizo, neto, lusitano o peninsular hasta las cachas, hijo y continuador de la tradición literaria de su país. Los hados no lo permitieron, ni acaso podían permitir que un espíritu tan íntimamente moderno y culto se amamantase con la sustancia de una tierra que, aunque laboriosa y empeñada en progresar, no deja de compartir en bastantes respectos el atraso general de la Península. Así el flaco de la coraza, el talón de Aquiles de Queirós es el afrancesamiento. Sus facultades no son inferiores a las de Flaubert, pero Flaubert le precede, y con Flaubert le relacionan cuantos críticos buscan su abolengo literario. Esto no tiene por qué lastimar al autor ilustre de *A relíquia*, que es harto buen crítico (como lo prueba su brillante colaboración en las deliciosas *Farpas* y su hermoso estudio sobre *Fradique Mendes* en la reciente *Revista de Portugal*) para no saber con qué escritor célebre de la edad moderna le ligan más estrechas relaciones de parentesco.

El *Primo Bazilio*, si se hubiese escrito en francés, pisaría las huellas de *Madame Bovary*. *A relíquia* parecería una forma más humana, menos simbólica y mística, de *La tentación de San Antonio*. Aquí, sin embargo, los *amadores* o *dilettanti* conocen mucho Flaubert, y a Eça poco o nada.[30]

Mais difícil do que registar as referências a Eça nos artigos de Pardo Bazán, é a perscrutação da sua presença na obra romanesca da autora. Parece-nos evidente que Eça de Queirós foi um dos autores com que a romancista galega aprendeu a sua arte, nomeadamente o domínio do conjunto de regras estilísticas introduzidas pelo Naturalismo. É ainda possível aproximar algumas personagens dos *Pazos de Ulloa* de anteriores personagens queirosianas. O anticlericalismo e o darwinismo do médico Máximo Juncal, por exemplo, têm muitos traços em comum com iguais tendências manifestadas pelo doutor Gouveia do *Crime do padre Amaro*. É também curioso verificar que, do mesmo modo que D. Pedro Moscoso não era o verdadeiro Marquês de Ulloa (era assim chamado pelo povo porque habitava o paço que pertencera aos Marqueses)[31], o Morgadinho de Poiais, do romance queirosiano, "não era nem Morgadinho nem de Poiais, e apenas um ricaço excêntrico de ao pé de Alcobaça que comprara aquela velha propriedade dos fidalgos de Poiais, e que com a posse da terra recebia do povo da freguesia a honra do título"[32]. Aproximações mais subtis podem ser igualmente estabelecidas entre personagens tão contrastantes como os padres Julián e Amaro ou mesmo Luísa e Nucha[33].

É evidente, no entanto, que a relação da obra de Pardo Bazán com a de Eça não tem, como veremos, uma importância idêntica à vinculação de *La Regenta* ao *Primo Basílio*. Um dos motivos, aliás, prende-se com o facto de o melhor da ficção naturalista de D. Emilia ser constituída por romances de ambiente provinciano e rural, ao contrário do que acontece com a obra do escritor português. Em contrapartida, sabemos que a romancista galega leu também Camilo Castelo Branco, cujos romances se localizam preferentemente no mundo rural do Norte de Portugal, socialmente idêntico à Galiza[34]. Não sabemos se Pardo Bazán também conheceu José Augusto Vieira, um romancista naturalista de segunda linha, com o qual podemos igualmente relacionar a obra da escritora, nomeadamente através da presença da *sábia* – uma personagem celestinesca, que acumula funções de alcoviteira, curandeira e adivinha – em obras de ambos os autores. Também a pintura que Emilia Pardo Bazán nos faz da nobreza rural galega é análoga à descrição feita por Vieira:

> Um morgado de hoje não é de certo o fidalgo, o castelão doutras eras, não; tem apenas a superioridade do dinheiro, quando a não tem das dívidas, e conserva *quand même* uma certa preponderância de raça. Ele é, como todos os outros, um cultivador, um homem de trabalho; tem os seus campos que lavra, as suas vinhas que poda, os seus olivais, as suas bouças; pastoreia os seus gados, muge as suas vacas, calca as uvas, trafega os vinhos nas silenciosas adegas. Apenas tem mais que os outros uma casa farta e abundante, onde o abade vai jantar aos domingos, um vinho verde delicioso, e um certo amor pelas hipotecas!...
>
> (...) De resto, moralmente, o morgado minhoto tem a mesma crassa ignorância dos seus caseiros, a mesma velhacaria manhosa, os mesmos prejuízos; ele é como os demais aparentemente religioso crendeiro e... bom bebedor. Excede-os às vezes... no pedantismo; é nesta qualidade que ele emparelha dignamente com o cura, o *brasileiro*, o mestre-escola e o barbeiro, os quatro tipos mais originalmente pitorescos, que qualquer aldeia do Minho pode fornecer a quem tiver a pena de Balzac, J. Diniz ou Eça de Queiroz.[35]

5. CLARÍN E EÇA

Curiosamente, a descoberta de Eça de Queirós por Clarín acaba por coincidir com o seu abandono do projecto de constituição de uma Liga Literária Hispano-Portuguesa. Conhece-se o momento exacto dessa descoberta, porque ela tem reflexos imediatos numa carta a Galdós (datada de 24 de Junho de 1883):

> Acabo de recibir su carta y de ir corriendo al Ateneo a buscar al Doctor [Centeno]. En casa lo tengo, y a pesar de un fuerte constipado que me ha hecho guardar cama ayer nos leeremos esta noche y mañana uno yo y otro mi esposa los dos tomos. Yo voy a concluir antes una novela de Eça de Queiroz que me tiene asustado. No creía yo que en Portugal se escribían novelas tan buenas. Me refiero al 'Primo Bazilio' que recomiendo a Vd. si no lo conoce.[36]

Perante este entusiasmo, não admira que Clarín redigisse um extenso texto sobre o romance queirosiano. Publicado, no entanto, numa revista efémera e pouco conhecida, a *Revista Ibérica*, esse texto tardou a ser redescoberto, só tendo sido reeditado em 1999, por iniciativa nossa, na revista *Queirosiana* (posteriormente seria integrado no volume VII das *Obras completas* de Clarín, das Ediciones Nobel). Tendo o artigo sido escrito numa época de entusiástica adesão de Clarín ao Naturalismo, há uma coincidência total entre o elogio de Eça e a exaltação do movimento literário em que a obra se integra:

> El naturalismo, esa tendencia literaria que con haber nacido en Francia no parece francesa, que se va abriendo paso y va siendo convicción arraigada de muchos escritores en muy diferentes países, tiene en Portugal también dignos representantes en la novela, en la poesía y en la crítica.
>
> Uno de los más notables es Eça de Queirós. Hoy no pienso hablar a los lectores de la REVISTA IBÉRICA más que de una obra de este escritor. *El primo Basilio* está francamente inspirado, si vale hablar así, en las novelas de Balzac, Flaubert y Zola, pero especialmente en la inmortal *Madame Bovary* (que un crítico español confesaba sin rubor no haber leído).[37]

Não admira, portanto, que o romance queirosiano sirva também para ilustrar didacticamente aquilo que particulariza o romance naturalista. Não podemos esquecer que, não obstante a insistência de Clarín, tanto nas críticas às obras de Galdós, Pardo Bazán e Palacio Valdés, como nos ensaios de carácter mais doutrinário, era ainda quase inexistente em Espanha, nessa época, a narrativa plenamente naturalista.

> En *El primo Basilio* marcha la acción naturalmente, sin ninguno de esos saltos ilógicos que destruyen un carácter o suponen en la vida casualidades o contingencias inverosímiles, armónicas componendas

de los sucesos punto menos que imposibles. En este respecto, bien puede decirse que no hay escritor español que aventaje ni iguale acaso a Eça de Queirós, hecha excepción de Pérez Galdós en su *Desheredada*, que le iguala en este punto, aunque no le supera.[38]

Como se vê, também Clarín, tal como Pardo Bazán, não resiste a comparar Eça com o seu mestre e amigo Galdós. Entende que o romancista canário maneja uma maior variedade de tons e de recursos, faltando-lhe, no entanto, um maior conhecimento da natureza feminina:

> Muchas veces se conoce que Galdós, en tal materia, adivina, más que recuerda, lo que ha observado; se desea que tan gran talento, aquella gracia socarrona y penetrante, tengan a veces más malicia, vean las cosas mas tristemente, las desprecien y las flagelen más. La ironía de Galdós lleva consigo el bálsamo de las heridas que causa. En este respecto, Eça de Queirós se parece más a los naturalistas franceses que tienden al pesimismo, aunque no con tendencia de enseñanza artística, que seria contradicción palmaria.[39]

Fica também evidenciado, através da leitura do artigo, que, como muitos exegetas têm suspeitado, se encontra no *Primo Basílio* a génese de várias personagens de *La Regenta*:

> No ha ido a buscar personajes, caracteres, costumbres, ni color local lejos del mundo que le rodea. Lisboa es el lugar de la acción, y cuantos figuran en ella, verdaderos *lisboetas*, como el autor dice. Hasta Bazilio, el enfatuado brasileiro, el elegante aburrido D. Juan Tenorio de Ultramar, es un tipo que ha copiado del natural, sin necesidad de figurárselo y pintarlo de oídas. La originalidad, sin más que estas condiciones, aparece con caracteres de absoluta, a pesar de las semejanzas que quiera ver la malicia.[40]
>
> (...) Entre los personajes secundarios son dignos de especial mención Sebastián, dibujazo con cariño y con delicadeza que encanta; *el conselheiro* D. Acacio, carácter perfectamente estudiado, producto de observación profunda y prolija; Julián y doña Felicidad también son dibujos de mano maestra. Pero lo mejor de todo, mejor que el mismo carácter de la protagonista, es el estudio del carácter de Juliana, la doncella, ladrona de honor, fábrica de concupiscencias atrofiadas y miserables... Y no sigo, porque habría mucho que alabar todavía.[41]

Também não admira que Clarín se tivesse interessado por uma possível edição do *Primo Basílio* em língua espanhola. A verdade é que chegou a fazer essa proposta numa carta àquele que viria a ser o próprio editor de *La Regenta*, José Yxart, enviada em 27 de Junho de 1883, indicando-lhe mesmo um possível tradutor:

> Otro día hablaré a Ud. de una traducción que tiene hecha Alcalá Galiano (buena, artística) de algunas obras de Byron, Leopardi

y no sé quienes más. El me ha dicho que la daría a esa biblioteca con mucho gusto. De otros traductores buenos, como v. gr. el Sr. Salustiano Bermejo, que para las obras portuguesas es excelente y algunas hay que esa biblioteca debiera dar (v. gr. El primo Basilio, de Eça de Queiroz, La muerte de Don Juan, de Guerra Junqueiro).[42]

A editora a que José Yxart estava associado era a Daniel Cortezo y Cía, de Barcelona, onde acabaria por publicar-se *La Regenta*, mas já vimos atrás que *O primo Basílio* veio a ser editado por uma editora madrilena, El Cosmos Editorial. O tradutor também não parece ter sido Salustiano Bermejo, ou seja, Salustiano Rodríguez-Bermejo, que verteu para espanhol várias obras de Alexandre Herculano[43].

Equacionámos noutros escritos a possibilidade de ser o próprio Clarín o "aprendiz de hacer novelas" identificado como tradutor da edição de El Cosmos Editorial. Como então dissemos, o asturiano era de facto em 1884, antes da conclusão de *La Regenta*, um "aprendiz de hacer novelas", e é sobretudo estranho que nunca tenha feito qualquer referência a essa tradução[44].

Mas independentemente de ter sido ele ou não o tradutor do *Primo Basílio*, a verdade que é, depois dessa descoberta, Eça nunca mais deixou de figurara entre os escritores mais apreciados por Leopoldo Alas. Não faltaram também, aliás, outras menções elogiosas à obra do romancista luso em posteriores textos clarinianos, nomeadamente em *Sermón perdido* (três referências), em *Ensayos y revistas* (duas referências, uma ao *Mandarim* e outra, sem indicar o título, ao *Crime do padre Amaro*), em *Mis plagios*, na recensão de *Fortunata y Jacinta*, de Galdós, ou mesmo numa carta a Emilia Pardo Bazán[45]. Os livros mencionados são, para além do *Primo Basílio*, o *Padre Amaro*, *O Mandarim* e *A Relíquia*.

E também no momento da morte de Eça, não imaginando seguramente que a sua estava igualmente próxima, o escritor asturiano não quis deixar de prestar ao autor dos *Maias*, um romance que não chegaria ler, uma derradeira homenagem:

> Para mí, Eça de Queirós valía mucho. Hacía algunos años que le había perdido de vista, y así, no conozco aún *As mayas* [sic][46] que, según muchos, es su mejor libro. No lo sé; pero *El Crimen del Padre Amaro, El primo Basilio* (¿su obra maestra?), *La reliquia* y *El mandarín* son obras excelentes de un vigor admirable, de observación profunda y exacta, de estilo artístico, de fina sátira, algunas de ellas. Sí, era Eça de Queirós un novelista muy notable, que se acercaba mucho a los grandes maestros. No los copiaba, como se ha dicho. Ya él se defendió con energía y gracia de acusación semejante. Es claro que recibió influencias de algunos grandes autores de la misma tendencia que él seguía; pero *El primo Basilio*, si recuerda a *Madame Bovary*, no la imita; tiene la originalidad en las entrañas: *El Crimen del Padre Amaro* trae a la memoria varios libros de Zola y de Balzac, pero

es original y nació de la observación directa de su autor.[17]

Vários foram os críticos espanhóis ou hispanistas que estudaram a presença de Eça na obra maior de Clarín. Na sua introdução a *La Regenta*, Gonzalo Sobejano é bastante peremptório:

> Para mí las novelas no españolas de efecto más patente [en *La Regenta*] son *La conquête de Plassans*, de Zola (un sacerdote ambicioso conquista una ciudad y avasalla a una mujer casada) y *O primo Basílio*, de Eça de Queiroz (un libertino asedia y seduce a una casada; la sirvienta de ésta delata el adulterio). La influencia de Flaubert, sobre todo de *Madame Bovary*, impregna estratos profundos de *La Regenta*, pero lo mismo acontece en obras de cualquier novelista importante de la segunda mitad del siglo.[18]

Tanto as coincidências argumentais e estilísticas como o paralelismo entre as personagens mais relevantes de *O crime do padre Amaro*, *O primo Basílio* e *La Regenta* foram minuciosamente perscrutadas por investigadores como María Teresa Cristina García Álvarez, Juan Ventura Agudiez, Helmut Hatzfeld, Alan Freeland, Concepción Núñez Rey, Lee Taylor Glen, Carlos Reis e Joan Oleza, para além do próprio Sobejano. Também Robert M. Fedorchek reconheceu importantes paralelismos entre os romances supracitados, mas preferiu considerar que todos os "casos de escenas semejantes y personajes semejantes" são apenas "pasos y tipos comunes en la sociedad de aquella época"[19]. É evidente que Fedorchek desconhecia a amplitude da admiração de Clarín por Eça, e sobretudo os textos que demonstram essa admiração[20].

Mas se nos parece gritantemente evidente a influência[21] do *Primo Basílio* em *La Regenta*, já não estamos tão seguros que Clarín tivesse lido *O crime do padre Amaro* antes de ter começado a escrever *La Regenta* ou mesmo durante o período em que se dedicou à redacção do romance. Nos textos conhecidos do escritor ovetense, não há qualquer alusão explícita ao *Crime* antes de 1888 (o romance é então referido em *Mis plagios*). E sinceramente não nos parecem nada evidentes as coincidências físicas e psicológicas entre Amaro e Fermín detectadas por Sobejano, Ventura Agudiez ou Lee Taylor Glen. É certo que ambos, quando estão apaixonados, se sentem diminuídos pelo facto de serem sacerdotes, manifestando então profundo ódio à indumentária que os distingue do homem comum, e que qualquer deles encara o sacerdócio não como uma vocação mas como um modo de vida (uma maneira de fugir à pobreza), mas falta a Amaro a ambição de fazer fortuna e carreira que é obsessiva para o Magistral (e para D. Paula, sua mãe). Além disso, como escrevemos noutro local:

> A educação de Amaro e Fermín, na verdade, pouco mais tem em comum do que a passagem de ambos pelo seminário. (...) O sacerdote queirosiano não tinha a força hercúlea nem a coragem do Magistral. Era um jovem atraente, é certo, mas não pelos mesmos

motivos que D. Fermín. Alto e magro, Amaro Vieira tinha na verdade traços muito menos varonis do que o herói clariniano: é descrito pelo narrador como um homem indeciso, pálido, assustadiço. No primeiro encontro que tem com Amélia fora de casa, esta diverte-se com o facto de o sacerdote ter medo dos sapos; a tia da jovem, louca e entrevada, trata-o sempre por menino; e o Cónego Dias chama-lhe, com aprovação geral do mulherio que frequenta os serões da S. Joaneira, "menino-bonito". Libaninho, por seu lado, provoca a excitação de Amélia elogiando a "carnura delicada" e a "pele branca" do pároco: "Uma pelinha de arcanjo".[52]

Na realidade, a trama anticlerical do romance de Clarín relaciona-se principalmente com *La conquête de Plassans*, de Zola, ou com *Le curé de Tours*, de Balzac, romances cuja acção se situa também em sedes episcopais provincianas, onde encontramos sacerdotes (o padre Faujas e o cónego Troubert, sobretudo) muito mais próximos de Fermín de Pas do que Amaro Vieira.

6. CONCLUSÃO

Clarín e Pardo Bazán não foram os únicos escritores espanhóis da época naturalista a revelarem apreço pela obra de Eça. No n.º 465 da *Revista de España* (correspondente aos meses de Julho e Agosto de 1887), Leopoldo García Ramón assinava uma recensão de *A Relíquia*, o romance que Eça acabava de lançar em Portugal. O autor do autor do artigo admitia, entretanto, ter conhecido Eça através da referência que lhe fizera Pardo Bazán em *La cuestión palpitante*. Curiosamente, a crítica de García Ramón considerava o romance plenamente fiel às convenções estéticas realistas[53] (enquanto em Portugal se entendia ser *A Relíquia* uma obra desequilibrada e inverosímil), apesar de estranhar – como Pinheiro Chagas, por exemplo – que a cena da Paixão de Cristo fosse narrada a partir da perspectiva de Teodorico Raposo.

Por seu lado, Fray Candil (Emilio Bobadilla), um dos críticos mais influentes da época, refere-se elogiosamente a Eça de Queirós em dois artigos do seu livro *Capirotazos (sátiras y críticas)*, publicado em 1890, considerando-o um discípulo talentoso do autor de *Madame Bovary*:

> Por las fibras de su estilo, conciso y nielado, circula el nerviosismo febril del de Flaubert. Al través del humorismo que cae como cenicienta llovizna sobre las doloridas páginas de la novela portuguesa, danzan las risas melancólicas, a modo de fuegos fatuos, que el insigne resucitador de Cartago esparce en esa gran elegía de la vida de una mujer hermosa y sensual que responde en el mundo del arte pesimista por *Madame Bovary*.[54]

Também Rafael de Labra não pôde ignorar, em *Portugal contemporáneo* (1889), a importância de Eça, que considera a figura mais representativa do romance português coevo:

> Pero el novelista que más renombre hoy tiene en Portugal es Eça de Queirós, que ha recogido, abrillantándola, la tendencia naturalista, que inició en aquel país otro escritor muy distinguido (Júlio Dinis), muerto hacia 1871. Es además, si no me engaño, uno de los más conocidos escritores portugueses en España, porque yo solo sé que se han traducido al castellano y colocado en las vidrieras de nuestras librerías, después de los cuentos de Herculano, las dos novelas de Eça de Queirós, intituladas *El Crimen del Padre Amaro* y el *Primo Basilio*.⁵⁵

Mas existiram igualmente críticas negativas, nomeadamente da parte de Luis Bonafoux (Aramis), o principal inimigo literário de Clarín, que estendeu a Eça de Queirós as acusações de plágio com que atormentou durante largo tempo o autor de *La Regenta*:

> Suerte de don Leopoldo, que no es el único en eso de plagiar a Flaubert. (Dígalo si no *El Primo Basilio*, novela tan elogiada por *El Liberal* y otros periódicos, que no saben, por lo visto, que es una especie de *Madame Bovary* portuguesa.)⁵⁶

Contudo, a crítica mais demolidora para Eça é assinada por Ashavero, um pseudónimo que oculta uma identidade ainda desconhecida, que considerava o escritor português "escoria y vergüenza de las letras, aberración incomprensible del espíritu humano"⁵⁷.

Mas a verdade é que a própria virulência desta crítica e a insinuação de plágio feita por Bonafoux só servem para confirmar que o nome do autor do *Primo Basílio* já não podia ser ignorado. Na realidade, ao mesmo tempo que descobria a obra de Zola e o Naturalismo, a Espanha descobria que na sua fronteira ocidental existia também uma literatura naturalista de qualidade, sendo Eça de Queirós o seu principal expoente.

Podemos concluir, em suma, que Eça de Queirós foi um dos autores estrangeiros que influenciou o curso do naturalismo espanhol. A presença da sua obra é visível, como verificámos, em autores tão fundamentais como Pardo Bazán e Clarín, mas seguramente muitos outros romancistas naturalistas o terão lido, tanto mais que os temas centrais dos dois romances queirosianos mais vulgarmente associados ao naturalismo (quebra do celibato dos sacerdotes e adultério feminino) foram também dos mais glosados pelo Naturalismo espanhol.

Não admira, portanto, que a morte do romancista português, ocorrida em 1900, fosse referida e lamentada em vários órgãos de comunicação social espanhóis. Elena Losada recolheu, na sua tese de doutoramento, as notas necrológicas de *La Vanguardia* (21-08-1900) e *La Publicidad* (23-08-1900), o artigo de Emilia Pardo Bazán já por nós referido em nota de rodapé, e também o de Eduardo Gómez de Baquero, publicado em *La España Moderna* (Setembro de 1900), que considerava Eça o segundo maior romancista peninsular do século, logo a seguir a Galdós, "si bien el escritor portugués sobrepujó a veces al autor de los *Episodios* en los primores de ejecución literaria, en la elevación y colorido del estilo, en la amplitud de su horizonte estético y en la delicadeza de la intuición artística"[58].

BIBLIOGRAFIA

Alas "Clarín", Leopoldo - "Un naturalista portugués. *O primo Bazilio*, episodio doméstico, por Eça de Queirós. — 1878, *Revista Ibérica*, 7 (01-07-1883), pp. 154-157.

Alas "Clarín", Leopoldo - *Obras completas*, tomo IV, *Crítica* (2 vols.), Oviedo, Ediciones Nobel, 2003.

Araújo, Joaquim de - "Duas palavras", in E. Castelar, *A História de Portugal de Oliveira Martins*, Porto, Livraria Central, 1884, pp. V-X.

Ashavero - "Literatura y literatos portugueses del siglo XIX", *La Ilustración Ibérica*, Barcelona, VII, 1889, pp. 455-458.

Beser, Sergio - "Siete cartas de Leopoldo Alas a José Yxart", *Archivum Revista de la Facultad de Filosofía y Letras (Universidad de Oviedo)*, X, 1960, pp. 385-397.

Bravo-Villasante, Carmen - *Vida y obra de Emilia Pardo Bazán*, Madrid, *Revista de Occidente*, 1962.

Brunel, Pierre, Pichois, Claude e Rousseau, André-Michel - *Qu'est-ce que la littérature comparée?*, Paris, Armand Colin, 1983.

Chevrel, Yves - "Vers une histoire du Naturalisme dans les littératures de langues européennes" (in Auguste Dezalay (ed.), *Zola sans frontières*, Strasbourg, Presses Universitaires de Strasbourg, 1996, pp. 121-137.

Chevrel, Yves - *Le Naturalisme: étude d'un mouvement littéraire international*, 2.ª ed., Paris, PUF, 1993.

Dias, José Simões - *A Espanha moderna. Revista literária*, Porto, Imprensa Portuguesa-Editora, 1879.

Fedorchek, Robert M. - "Clarín y Eça de Queirós", *Archivum. Revista de la Facultad de Filosofía y Letras (Universidad de Oviedo)*, XXIX-XXX, 1979-1980, pp. 69-82.

Fray Candil (Emilio Bobadilla) - *Capirotazos (sátiras y críticas)*, Madrid, Fernando Fe, 1890.

Freeland, Alan - "Evolution and dissolution: imagery and social darwinism in Eça de Queirós and Leopoldo Alas", *Journal of the Institute of Romance Studies*, 2, 1993, pp. 323-336.

Freire López, Ana María (ed.) - *La Revista de Galicia de Emilia Pardo Bazán (1880)*, A Coruña, Fundación Pedro Barrié de la Maza, 1999.

García Álvarez, María Teresa Cristina - "Eça de Queiroz y Clarín (Cotejo entre 'El primo Basilio' y 'La Regenta')", in *Estudios ofrecidos a Emilio Alarcos Llorach (con motivo de sus XXV años de docencia en la Universidad de Oviedo)*, vol. 4, Oviedo, Universidad de Oviedo, 1979, pp. 419-427.

García Ramón, Leopoldo - " 'A Relíquia', por Eça de Queirós", *Revista de España*, CXVII, 1887, pp. 579-592.

Glen, Lee Taylor - *Leopoldo Alas y Eça de Queiroz: Estudio comparativo de* La Regenta, O Crime do Padre Amaro, y O Primo Bazilio, Michigan, University Microfilms International, 1992.

Gómez de Baquero, Eduardo - "Crónica literaria. Eça de Queirós", *La España Moderna*, 141, 1900, pp. 153-162.

Guerra da Cal, Ernesto - *Lengua y estilo de Eça de Queiroz. Apéndice*, tomo 1.º, Coimbra, Universidade de Coimbra, 1975.

Hatzfeld, Helmut - "Two stylizations of clerical tragedy: 'O crime do Padre Amaro' (1875) and 'La Regenta' (1884)", in Americo Bugliani (ed.), *The two Hesperias. Literary studies in honor of Joseph G. Fucilla on the occasion of his 80th birthday*, Madrid, José Porrúa Turanzas, Ediciones, 1978, pp. 181-195.

Labra, Rafael María de - *Portugal contemporáneo. Conferencias dadas en el "Fomento de las Artes", de Madrid*, Madrid, Biblioteca Andaluza, 1889.

Losada, Elena - "Eça de Queirós nos escritos de dona Emilia Pardo Bazán", in *Boletín Galego de Literatura*, 7, 1992, pp. 17-21.

Losada, Elena - *La recepción crítica de la obra de Eça de Queiroz en España*, Tese de Doutoramento apresentada à Universidade Central de Barcelona, 1986.

Lourenço, António Apolinário - "Um artigo esquecido de Clarín sobre Eça de Queirós", *Queirosiana. Estudos sobre Eça de Queirós e a sua Geração*, 10, 1999, pp. 69-82.

Lourenço, António Apolinário - *Estudos de Literatura Comparada Luso-Espanhola*, Coimbra, Centro de Literatura Portuguesa, 2005.

Lourenço, António Apolinário - *Eça de Queirós e o Naturalismo na Península Ibérica*, Coimbra, Mar da Palavra, 2005.

Lourenço, António Apolinário - "Emilia Pardo Bazán e a literatura portuguesa", in Francisco Lafarga, Luis Pegenaute & Enric Gallén (eds), *Interacciones entre las literaturas ibéricas*, Bern, Peter Lang, 2010, pp. 47-58.

Martínez Cachero, José María (ed.) - *Leopoldo Alas, Clarín & Luis Bonafoux, Aramis: hijos de la crítica. Un enfrentamiento que hizo historia*, Oviedo, GEA, 1991.

Martins, António Coimbra - *Ensaios queirosianos*, Lisboa, Publicações Europa-América, 1967.

Núñez Rey, Concepción - "*La Regenta* y *O primo Basílio*", in "*Clarín* y La Regenta *en su tiempo*". *Actas del Simposio Internacional*, Oviedo, Universidad de Oviedo - Ayuntamiento de Oviedo - Principado de Asturias, 1987, pp. 731-750.

Oleza, Joan - "Lecturas y lectores de Clarín", in *Leopoldo Alas. Un clásico contemporáneo (1901-2001). Actas del congreso celebrado en Oviedo (12-16 de Noviembre de 2001)*, vol. I, Oviedo, Universidad de Oviedo, 2002, pp. 253-287.

Ortega, Soledad (ed.) - *Cartas a Galdós*, Madrid, Revista de Occidente, 1966.

Pardo Bazán, Emilia - "Vecinos que no se tratan", *La Ilustración Ibérica*, II, 1884, p. 522-523.

Pardo Bazán, Emilia - "La vida contemporánea. Un novelista. - Un pintor", *La Ilustración Artística*, XIX, 975, 1900, p. 570.

Pardo Bazán, Emilia - *La cuestión palpitante*, Barcelona, Anthropos, 1989.

Pardo Bazán, Emilia - *Los Pazos de Ulloa* (edição de M.ª de los Ángeles Ayala), Madrid, Cátedra, 1997.

Queirós, Eça de - *El crimen de un clérigo*, vol. I, Madrid, Imprenta de Juan Iniesta, 1882.

Queirós, Eça de – *El primo Basilio (Episodio doméstico)*, Madrid, El Cosmos Editorial, 1884.

Queirós, Eça de - *Cartas e outros escritos*, Lisboa, Livros do Brasil, 2001.

Queirós, Eça de - *Correspondência*, 1.º vol., Lisboa, Imprensa Nacional-Casa da Moeda, 1983.

Queirós, Eça de - *O crime do padre Amaro* (edição de Carlos Reis e Maria do Rosário Cunha), Lisboa, Imprensa Nacional-Casa da Moeda (*Edição crítica das obras de Eça de Queirós*), 2000.

Quental, Antero de - *Obras completas – Cartas II (1881-1891)* (edição de Ana Maria Almeida Martins), Lisboa, Comunicação - Universidade dos Açores, 1989.

Reis, Carlos - "Eça de Queirós e Clarín ou o romance como discurso ideológico", in *Estudos queirosianos. Ensaios sobre Eça de Queirós e a sua obra*, Lisboa, Presença, 1999, pp. 93-102.

Sobejano, Gonzalo - "Introducción biográfica y crítica", in Leopoldo Alas "Clarín", *La Regenta*, vol. I, 5.ª ed., Madrid, Castalia, 1988, pp. 5-56.

Sobejano, Gonzalo - "Semblantes de la servidumbre en *La Regenta*", in *Serta Philologica Fernando Lázaro Carreter*, Madrid, Cátedra, vol. II, 1983, pp. 519-529.

Sobejano, Gonzalo - *Clarín en su obra ejemplar*, Madrid, Castalia, 1985.

Utt, Roger L. - *Textos y con-textos de Clarín*, Madrid, Istmo, 1988.

Valis, Noël M. - "Clarín y la vida cultural del extranjero: tres artículos desconocidos (*Miscelánea*, 1900)", *Boletín del Real Instituto de Estudios Asturianos*, 141, 1993, p. 157-178.

Vázquez Cuesta, Pilar - "La lusofilia de D.ª Emilia Pardo Bazán", in *Homenaje universitario a Dámaso Alonso reunido por los estudiantes de filología románica: curso 1968-1969*, Madrid, Gredos, 1970, pp. 143-160.

Vázquez Cuesta, Pilar - *A Espanha ante o "ultimatum"*, Lisboa, Livros Horizonte, 1975

Ventura Agudiez, Juan - *Inspiración y estética en la "Regenta" de Clarín*, Oviedo, Instituto de Estudios Asturianos, 1970.

Vieira, José Augusto - *Fototipias do Minho*, 2.ª ed., Lisboa, Parceria António Maria Pereira, 1906.

Notas

1. Emilia Pardo Bazán, "Vecinos que no se tratan", *La Ilustración Ibérica*, II, 1884, p. 523. As palavras dedicadas à presença da cultura espanhola em Portugal não são mais animadoras: "Voy a ser franca y consignar aquí la verdad pura y triste, tal cual la comprendí durante mi rápido viaje. En Portugal no saben Vdes. palabra de lo que en España se escribe y piensa" (*ibidem*, p. 522). O artigo tem a forma de carta à escritora portuguesa Guiomar Torresão.

2. Leopoldo Alas "Clarín", *Sermón perdido*, in *Obras completas*, tomo IV, *Crítica*, 1.ª parte, Oviedo, Ediciones Nobel, 2003, p. 629. Também em Portugal se reconhecia a existência de um défice de relações entre as culturas peninsulares. O próprio Eça de Queirós o sublinhou num texto intitulado "O Francesismo": Para além da França nada se conhece – e é como se, literariamente, o resto da Europa fosse uma vasta charneca muda, sob a bruma. Da nossa vizinha Espanha, nada sabemos. Quem conhece aí os nomes de Pereda e de Galdós?" (Eça de Queirós, "O 'Francesismo' ", in *Cartas e outros escritos*, Lisboa, Livros do Brasil, 2001, p. 335).

3. Tal como os artigos que Clarín dedicou à "Liga Literária Hispano-Portuguesa", tanto esta como as seguintes recensões foram transcritas por Roger L. Utt em *Textos y con-textos de Clarín* (Madrid, Istmo, 1988).

4. O artigo dedicado a Antero foi ainda integrado, com ligeiras alterações, num dos volumes de crítica dados a lume por Clarín, *Nueva Campaña*, apesar desse livro ter sido apenas publicado em 1887.

5. Roger Utt entende que a publicação de poemas de Junqueiro, Teófilo e Antero, traduzidos pelo poeta galego Manuel Curros Enríquez, no jornal *El Porvenir* e na sua revista ilustrada, *El Semanario de las Familias*, em 1883, se deve também à iniciativa de Clarín (cf. Roger L. Utt, *op. cit.*, pp. 228-229).

6. Cf. Joaquim de Araújo, "Duas palavras", in E. Castelar, *A História de Portugal de Oliveira*

Martins, Porto, Livraria Central, 1884, p. VI.

7. Antero de Quental, *Obras completas – Cartas II (1881-1891)*, Lisboa, Comunicação-Universidade dos Açores, 1989, p. 675.

8. *Vide* Roger L. Utt, op. cit., p. 218-221.

9. No artigo intitulado "Vers une histoire du Naturalisme dans les littératures de langues européennes" (in Auguste Dezalay (ed.), *Zola sans frontières*, Strasbourg, Presses Universitaires de Strasbourg, 1996, pp. 121-137), Yves Chevrel considera que a internacionalização do Naturalismo ocorreu entre 1879 e 1881. Nos mesmos anos, situa em *Le naturalisme: étude d'un mouvement littéraire international* (2.ª ed., Paris, PUF, 1993, p. 41) "la première lame de fond naturaliste".

10. Teixeira de Queirós dividiu a sua obra narrativa em dois grupos, de acordo com os espaços físicos e humanos em que se ambientava a acção: a *Comédia do Campo* e a *Comédia Burguesa*.

11. *Revista Ocidental*, I, 1, 1875, p. 33.

12. José Simões Dias, *A Espanha moderna. Revista literária*, Porto, Imprensa Portuguesa-Editora, 1879, p. 233.

13. Cf. Ernesto Guerra da Cal, *Lengua y estilo de Eça de Queiroz. Apéndice*, tomo 1.º, Coimbra, Universidade de Coimbra, 1975, pp. 28-29.

14. "Advertencia", in Eça de Queirós, *El crimen de un clérigo*, vol. I, Madrid, Imprenta de Juan Iniesta, 1882, p. 4.

15. "Apéndice", in Eça de Queirós, *El crimen de un clérigo*, vol. I, ed. cit., p. 196.

16. *Ibidem*, 202.

17. *Ibidem*, pp. 202-203. Segundo Guerra da Cal, o segundo volume contém igualmente um apêndice: "El paganismo ultramontano" (cf. Ernesto Guerra da Cal, *Lengua y estilo de Eça de Queiroz. Apéndice*, tomo 1.º, ed. cit., p. 29).

18. Eça de Queirós, *Correspondência*, 1.º vol., Lisboa, Imprensa Nacional-Casa da Moeda, 1983, p. 250.

19. "Advertencia de los editores", in Eça de Queirós, *El primo Basilio (Episodio doméstico)*, tomo I, Madrid, El Cosmos Editorial, 1884, pp. 10-11.

20. Cf. Elena Losada, *La recepción crítica de la obra de Eça de Queiroz en España*, Tese de Doutoramento apresentada à Universidade Central de Barcelona, 1986, pp. 234-236.

21. Lino de Macedo, "Revista literaria portuguesa", *Revista de Galicia*, 25-7-1880. Citação feita a partir da edição fac-similada dessa publicação: *La Revista de Galicia de Emilia Pardo Bazán (1880)* (edição de Ana María Freire López), A Coruña, Fundación Pedro Barrié de la Maza, 1999, p. 209.

22. *Vide*, a propósito o artigo de Elena Losada, "Eça de Queirós nos escritos de dona Emilia Pardo Bazán", *Boletín Galego de Literatura*, 7, 1992, pp. 17-21.

23. Emilia Pardo Bazán, *La cuestión palpitante*, Barcelona, Anthropos, 1989, pp. 287-288.

24. Pilar Vázquez Cuesta, "La lusofilia de D.ª Emilia Pardo Bazán", in *Homenaje universitario a Dámaso Alonso reunido por los estudiantes de filología románica: curso 1968-1969*, Madrid, Gredos, 1970, pp. 144-146. Por lapso de transcrição, aparece, na primeira carta, a data (impossível) de 1866.

25. António Coimbra Martins comentou esse artigo nos seus *Ensaios queirosianos*, Lisboa, Publicações Europa-América, 1967, pp. 233-236.

26. Cf. Pilar Vázquez Cuesta, "La Lusofilia de D.ª Emilia Pardo Bazán", ed. cit., pp. 153-156; e idem, *A Espanha ante o "ultimatum"*, Lisboa, Livros Horizonte, 1975, pp. 203-204.

27. "Mucho tiempo hacía que deseaba conocer a este portugués, el cual vale por mil... españoles (para que no se ofendan nuestros vecinos), y vine a lograrlo ahora en París,

donde reside desempeñando el Consulado general de su nación" — Emilia Pardo Bazán, "Un novelista ibérico (Eça de Queirós)", *Los Lunes de El Imparcial*, 25-11-1889. Este texto, para além de ter sido traduzido para português e publicado pelo *Jornal de Notícias* em 16-12-1889, foi também integrado num livro de Emilia Pardo Bazán: *Por Francia y por Alemania* (1889).

28. Emilia Pardo Bazán, "Un novelista ibérico (Eça de Queirós)", ed. cit.

29. Emilia Pardo Bazán, "Un novelista ibérico (Eça de Queirós)", ed. cit.

30. *Ibidem*.

31. "Al pasar a una rama colateral la hacienda de los Pazos de Ulloa, fue el marquesado a donde correspondía por rigurosa agnación; pero los aldeanos, que no entienden de agnaciones; hechos a que los Pazos de Ulloa diesen nombre de título, siguieron llamando marqueses a los dueños de la gran huronera" (Emilia Pardo Bazán, *Los Pazos de Ulloa* (edição de M.ª de los Ángeles Ayala), Madrid, Cátedra. 1997, p. 134)

32. Eça de Queirós *O crime do padre Amaro* (edição de Carlos Reis e Maria do Rosário Cunha), Lisboa, Imprensa Nacional-Casa da Moeda (*Edição crítica das obras de Eça de Queirós*), 2000, p. 901.

33. *Vide* António Apolinário Lourenço, "Emilia Pardo Bazán e a literatura portuguesa", in Francisco Lafarga, Luis Pegenaute & Enric Gallén (eds), *Interacciones entre las literaturas ibéricas*, Bern, Peter Lang, 2010, pp. 47-58.

34. Emilia Pardo Bazán desenvolveu esta questão na sua nota necrológica sobre Eça de Queirós e Joaquín Vaamonde ("La vida contemporánea. Un novelista. - Un pintor"), publicada, no dia 3 de Setembro de 1900, em *La Ilustración Artística*, XIX, n.º 975, p. 570: "Castelo Branco estudió con intensidad y con una verdad casi anatómica lo rural, la aldea y el pueblecillo portugués, tan semejantes a la aldea y al pueblecillo gallego; con su espíritu tradicional y rutinario, su persistencia, en muchos aspectos, de la organización medioeval, sus señores cazadores y mujeriegos, sus aldeanos humildes, su clero atrasado, sus preocupaciones, la atmósfera, en suma, de las orillas del Duero y del Miño; Eça de Queirós se consagró con preferencia a analizar la sociedad de Lisboa, la espuma, la nata y la flor, la burguesía, sus vicios, su hipocresía, sus pretensiones, sus manías de imitación inglesa y de *snobismo*, como ahora se dice".

35. José Augusto Vieira, "A cura de uma nevrose", *Fototipias do Minho*, 2.ª ed., Lisboa, Parceria António Maria Pereira, 1906, pp. 69-70.

36. In *Cartas a Galdós* (edição de Soledad Ortega), Madrid, Revista de Occidente, 1966, pp. 222-223.

37. Clarín, "Un naturalista portugués. O primo Bazilio, episodio doméstico, por Eça de Queirós. — 1878, *Revista* Ibérica, 7 (01-07-1883), p. 155. *Vide* António Apolinário Lourenço, "Um artigo esquecido de Clarín sobre Eça de Queirós", *Queirosiana. Estudos sobre Eça de Queirós e a sua Geração*, 10, 1999, pp. 69-82.

38. *Ibidem*, p. 156.

39. *Ibidem*, pp. 156-157.

40. *Ibidem*, pp. 155-156.

41. *Ibidem*, pp. 157.

42. Transcrito de Sergio Beser, "Siete cartas de Leopoldo Alas a José Yxart", *Archivum*, X, 1960, p. 391.

43. Salustiano Rodríguez-Bermejo foi professor da Institución Libre de Enseñanza, e traduziu para castelhano as seguintes obras de Alexandre Herculano: *Eurico, o presbítero* (1875), *O monge de Cister* (1877) e *Lendas e narrativas* (1883).

44. Vide António Apolinário Lourenço, "A misteriosa tradução de *O primo Basílio*", in *Estudos de Literatura Comparada Luso-Espanhola*, Coimbra, Centro de Literatura Portuguesa, 2005, pp. 62-64.

45. In Carmen Bravo-Villasante, *Vida y obra de Emilia Pardo Bazán*, Madrid, Revista de Occidente, 1962, p. 137.

46. Não sabemos se o erro no nome do livro é de Clarín ou se tem origem numa má decifração tipográfica do manuscrito clarianiano.

47. *Apud* Noël Valis, "Clarín y la vida cultural del extranjero: tres artículos desconocidos (*Miscelânea*, 1900)", *Boletín del Real Instituto de Estudios Asturianos*, 141, 1993, p. 166.

48. Gonzalo Sobejano, "Introducción biográfica y crítica", in Leopoldo Alas "Clarín", *La Regenta*, vol. I, 5.ª ed., Madrid, Castalia, 1988, pp. 12-13.

49. Robert M. Fedorchek, "Clarín y Eça de Queirós", *Archivum*, XXIX-XXX, 1979-1980, p. 80.

50. Um comentário detalhado de todas estas leituras pode ser encontrado em António Apolinário Lourenço, *Eça de Queirós e o Naturalismo na Península Ibérica*, Coimbra, Mar da Palavra, 2005, pp. 514 e 610-634.

51. Entendemos aqui a influência como "le mécanisme subtil et mystérieux par lequel une œuvre contribue à en faire naître une autre" (Pierre Brunel, Claude Pichois e André-Michel Rousseau, *Qu'est-ce que la littérature comparée?*, Paris, Armand Colin, 1983, p. 53).

52. António Apolinário Lourenço, *Eça de Queirós e o Naturalismo na Península Ibérica*, ed. cit., p. 623.

53. "La reproducción de la sociedad de Lisboa en este fin de siglo, el trasunto fidedigno y acabado del genio nacional portugués" (Leopoldo García Ramón, " 'A Relíquia', por Eça de Queirós", *Revista de España*, CXVII, 465, 1887, p. 581).

54. Fray Candil (Emilio Bobadilla), "Emilia Pardo y Eça de Queirós", in *Capirotazos (sátiras y críticas)*, Madrid, Fernando Fe, 1890, p. 44.

55. Rafael María de Labra, *Portugal contemporáneo. Conferencias dadas en el "Fomento de las Artes", de Madrid*, Madrid, Biblioteca Andaluza, 1889, p. 236.

56. L. Bonafoux, "Novelistas tontos. Don Leopoldo Alas (a) Clarín", in Luis Bonafoux & Leopoldo Alas, *Hijos de la crítica. Un enfrentamiento que hizo historia* (edição de José María Martínez Cachero), Oviedo, GEA, 1991, p. 34.

57. Ashavero, "Literatura y literatos portugueses del siglo XIX", *La Ilustración Ibérica*, Barcelona, VII, 1889, p. 458.

58. Eduardo Gómez de Baquero, "Crónica literaria. Eça de Queirós", *La España Moderna*, 141 (Septiembre, 1900), pp. 153-162.

CAUSAS E EFEITOS DO DESENCANTAMENTO DO MUNDO: PARA UMA LEITURA DE FRADIQUE MENDES[1]

Jordi Cerdà Subirachs
Universitat Autònoma de Barcelona

Suponho que era uma anotação de quando estava a fazer a tradução da *Correspondência de Fradique Mendes* para o catalão, quando apanhei o título do ensaio do sociólogo Marcel Gauchet: *Le désenchantement du monde*. Fiz a anotação com respeito à carta que Fradique enviou ao seu amigo Mister Bertrand D., engenheiro na Palestina, aquele que ousa estripar o território santo para construir ali uma ferrovia. Tinha que ser um engenheiro pela sua capacidade proverbial que lhe atribuía no século XIX de dominar o território, o espaço e o tempo através das vias da comunicação, peça básica do domínio colonial. Com uma mordacidade amistosa, Fradique lhe recrimina que aquele progresso positivo pode colocar fim à lenda cristã. Passaram-se os anos e o ensaio de Gauchet foi traduzido ao castelhano com uma interessante actualização e epílogo.[2] Também temos muito presente o volume de Maria Helena Santana, *Literatura e ciência na ficção do século XIX*, onde há um subcapítulo entitulado precisamente: *Eça de Queirós: o mundo desencantado*.

O título de Gauchet, o *desencantamento do mundo*, é tirado de Max Weber, *Entzauberung der Welt*, quem vai outorgar a este conceito uma acepção precisa: «a eliminação da magia como técnica de salvação» ou, em outras palavras, a pretensão de acabar com o reino do invisível. Devemos levar em consideração que o conceito criado por Weber toma a sociedade centro-européia e as reformas protestantes como objetivo de análise, e não considerando a católica. A necessidade salvadora da leitura individual (e individualista), primeiro da Bíblia, depois de todos os tipos de livros, contribuiu de maneira decisiva, segundo o pensador alemão, no processo de racionalização da cultura ocidental. Um processo que chega tarde à Península Ibérica ou nunca chega. Como boa parte da intelectualidade portuguesa afim do republicanismo, Eça travou uma batalha duríssima contra a Igreja do seu tempo. Neste ponto, a sua significação ideológica, rompe uma imagem, por vezes muito repetida por todos, como distante, ambígua, de um *vencido da vida*. A laicização que propugnava era uma ameaça para o conservadorismo.[3] A reação católica portuguesa —recordemo-la— teve uma grande visibilidade e beligerância durante o século XIX e todo o século XX. Nem lhe teria ocorrido à imaginação prodigiosa de Eça um acontecimento como o de Fátima e os *três pastorzinhos* de proporções católicas, ou seja, universais. Neste debate, os adversários partem de forças e *backgrounds* bem desiguais. Para um católico *a macha martillo* como Menéndez y Pelayo, a teologia hispânica do século XIX foi qualificada de «estado de barbárie e de noite intelectual».[1] Se bem que no caso espanhol, o tradicionalismo e os ciclos de guerra civil marcaram de maneira sangrento o decurso da história e do pensamento do século XIX, também em Portugal, como denuncia Eça, o clero recebeu um material pobre e rudimentar a partir dos planos de estudos elaborados pelos governos da época, que nomeavam professores e determinavam os livros de texto. Na Península Ibérica, diferentemente da Europa mais avançada, a teologia do século XIX era claramente uma questão de poder: formar homens moldados à semelhança dos que os doutrinavam. Na Espanha, em 1868, a teologia fica excluída da universidade.[5] Consolida-se, portanto, a separação entre uma cultura eclesiástica centrada nos seus problemas internos e sob a observância rígida de uma hierarquia dogmatizada, e a cultura civil. Um divórcio que tenderá a piorar e que, constitui uma das características da cultura peninsular: a falta de diálogo entre dois mundos para a diferença de cosmovisão, de metodologia e de linguagem. O vôo galináceo da teologia hispânica do século XIX emprega quase todos os seus esforços em uma apologética activíssima para contrarrestar a descristianização.[6]

Marcel Gauchet ensaiava em meados dos anos 80 do século passado sobre a saída da religião das sociedades modernas. De facto, da análise de Max Weber sobre as relações entre capitalismo e protestantismo, já se intui –e Gauchet confirma– que o cristianismo foi a religião da saída da religião. Pode-se constituir a Cidade onde se pode conviver sem deuses, inclusive com cidadãos que continuam crendo neles mesmos. Por mais que os deuses no início do século XXI sobrevivam, é o poder que morre. Uma saída que parecia, segundo o sociólogo, a ponto de se acabar, e que não é outra coisa senão o processo de saída da estruturação religiosa das sociedades. Em outras palavras, a saída das religiões não é nem de longe o final das crenças religiosas, as quais, isso sim, mudam de lugar e de função, e subsistem no interior de um mundo onde a religião já não organiza. A paixão pelo invisível não se acaba.

Eça tem muito presente este processo, como sagaz observador que era da sociedade que vivia em tom irônico. Na inexaurível *Correspondência de Fradique Mendes*, a grotesca assimilação do padre Salgueiro (carta XIV) a um funcionário administrativo, faz notar o incordial papel estruturador da religião, o qual se desentende clamorosamente daquilo que deveria ser essencial: a fé, não somente dos seus paroquianos, inclusive, da sua. O padre Salgueiro, de uma «ignorância deliciosa», é a constatação de um inexorável declínio.[7] Uma igreja, a portuguesa –como também a hispânica–, que se esvaziou do essencial e é mera adjacência de um poder tão temporal como frágil, em fase de decomposição. O escritor inclui na coleção de tipos portugueses para Madame Jouarre, um ministro católico que não conhece a Bíblia, no entanto, bastante das intrigas políticas: um desertor de encantamentos. A sátira ou, assim como vai denominá-la Northrop Frye, a "ironia militante" desentranhava a prostração da igreja em finais do século XIX. Coloca o dedo na ferida quando assinala a ruptura do presente da congregação cristã com a situação que decidiu o seu nascimento. Um facto que nos tem acostumado Eça, remontar-se à origem, sobretudo no que diz respeito às religiões com a finalidade de questionar a tradição. Fradique destaca a perplexidade de como o padre Salgueiro não tinha a mínima curiosidade para conhecer com *utillage* crítico o fundamento das suas crenças e poder compará-lo com a sua realidade. Para Eça, não há compreensão possível do fenômeno religioso sem levantar acta de cisão que separa o passado do presente.[8] Compreender aquilo que foi, exige calibrar rigorosamente aquilo que já não é. Bem paradigmático do pensamento do seu tempo, observa a religião com um afã *espeleológico*, em busca do "ponto de partida" da aventura humana. Uma busca impossível no plano positivista, já que, de facto, constitui uma questão metafísica.

Eça como cidadão ocidental do século XIX tem muito presente, mais que a filosofia e a história, a filosofia da história. Em outras palavras, mostrar e demonstrar quais são as leis derivadas nesta aparente desordem. «A história é um engano em torno do qual todos se chegam a um acordo.» Esta frase não é de um pós-moderno, senão de Napoleão Bonaparte, e também em Eça reverbera a sombra de suspeita sobre a história.[9] No caso concreto do fenômeno religioso, Eça traça uma linha separadora entre os povos primitivos, anteriores a qualquer forma organizada de estado, anterior à história, pomos de exemplo os seus recorrentes botecudos, aquele modelo de selvagem sancionado por Humboldt (Carta X). E, por outro lado, as grandes religiões ou religiões universais, inseridas na história, a verdadeira História. Fradique, em uma memorável carta a Guerra Junqueiro (Carta V), acaba reduzindo as religiões do mundo em duas: o catolicismo, no ocidente, e o budismo, no oriente. Umas religiões que são basicamente estruturas de poder: «A Igreja é o vaso de que Deus é o perfume. Igreja partida – Deus volatizado».[10] Foram precisamente os conquistadores portugueses, veja por onde, os que traçaram a linha entre a selvageria e a civilização a partir do *sem fé, nem rei, nem lei*. A fé esteve inseparável do poder. No entanto, a religião cristã é a maior e universal, aquela onde se pôde operar a saída da religião. Veto aqui o paradoxo, em matéria religiosa (e por extensão cultural), o progresso é um declínio. Um elemento, o da decadência do ocidente, que Eça não deixa de dar-lhe voltas no final da sua vida, no final do século XIX: voltando ao padre Salgueiro, a grande montanha de outrora, se desfaz em inócuas colinas. Tudo aquilo que não nos pôde terminar de explicar na *amplificatio* do conto *Civilização* e que é a inacabada *A cidade e as serras*.

Ao longo do século XX nos questionamos a idéia de progresso. Depois de Auschwitz ninguém com um mínimo de sensatez pode conceber, sem que se envergonhe, a história como um vector de avanço. Um questionamento que ia na contra-mão do pensamento majoritário do século XIX, o século das revoluções burguesas e da sua fé no progresso ou, mais adiante, da internacional socialista e o seu messianismo histórico. A idéia de progresso era um tipo de substituição funcional daquela Providência de Deus que havia tido vigência na pré-modernidade. Este optimismo histórico foi, na era do imperialismo, assimilado com a idéia do projecto de europeização do mundo, e, portanto, da sua universalização. Mas, também é evidente que antes das duas grandes guerras européias do século XX os mais lúcidos intelectuais questionaram este vector tão indiscutido pela modernidade.[11] Eça estaria entre os críticos, desenganado das grandes correntes ideológicas, de volta da comuna de Paris, cada vez mais recolhido na sua individualidade, no seu incontestável direito à diferença. Fradique seria a projeção mais radical daquela "compreensão heróica" do ser humano.[12]

Não podemos omitir que, na era do imperialismo, a consideração do primitivo tinha um vínculo direto com a crítica pós-colonial. A sua (irônica) reivindicação como regenerador do ocidente se encontra, por exemplo, numa crônica muito significativa: *A decadência do riso* onde se contrapõe à tristeza, *l'ennui* do ocidente, com a gargalhada estrondosa de um negro.[13] O desdém do sorriso, o *sacrificium risus*, é a constatação de uma decadência. Inclusive, se projectou que o fim do sorriso pertence ao mesmo contexto que o fim da arte.[14] O progresso da civilização, o mal estar da cultura, o bando do perverso, na medida em que se escora na exploração de recursos materiais e humanos do ultramar, é intrinsecamente falso. É falso porque parte de uma pretensa superioridade cultural, a qual é basicamente uma ferramenta de domínio político e econômico: o *knowledge is power*. A leitura em contraponto que reclamava Edward Said se encontra na obra de Eça um excelente material de análise.[15]

A detenção da *decadência dos povos* (peninsulares ou não) passava pela reivindicação da existência de um elo entre estes e uma incontrovertível raiz ariana. Segundo o historiador Fernando Catroga,[16] não há na geração dos setenta propriamente uma *questão de oriente*, mas sim que entra o debate em torno das origens do grau de herança ariana na filiação e hierarquia dos povos europeus e, neste contexto, um elemento que parece importante, o lugar que ocupa Portugal na História Universal. Teóphilo Braga descreveu a *História Universal* como um caminho que conduziu aos arianos «à hegemonia perpétua da humanidade». Uma idéia que está presente, desde diversas perspectivas e em diversas modulações, em Antero ou em Oliveira Martins. Não é um debate tão circunscrito ao final do século XIX. Depois, vieram Pascoaes ou Pessoa que revitalizaram os conceitos do arianismo, raça lusitana e, sobretudo um debate que parece mais do século XIX que do XX: Portugal na história e, mais concretamente, na filosofia da história; imagino na ambição que há em torno de *Mensagem* de Pessoa. O mesmo Eça já assinala como característica específica daquela geração inquieta que se congregava pela Universidade de Coimbra, o seu interesse pelo oriente. Um oriente que, como um conceito abstrato, foi assimilado à origem.[17] Aparte, portanto, desta distinção de um conhecimento exótico, um elemento do qual sempre alardeará Eça, que gostaríamos de destacar, é este vínculo filosófico relacionado indefectivelmente aos relatos dos Vedas ou ao Mahabarata na busca de umas origens e, sobretudo um sentido da história (dos deuses e dos homens). De facto, e em relação àquilo dito anteriormente, se colocam Europa como o centro, por coerência interna do discurso, temos que exigir uma relação necessária entre o fim e a origem, entre ocidente e o oriente.

Fernando Catroga faz uma revisão e análise do orientalismo, sobretudo o erudito, no Portugal da segunda metade do século XIX. Menciona, por exemplo, a figura de José Maria de Abreu, professor em Coimbra. Abreu em um artigo em 1854 «Os livros sagrados do Oriente» já enumera os principais escritos dos Vedas: Rig Veda, Iagur Veda e o Sama Veda, e também os *Upanishads*, mas, sobretudo faz —não poderia ser de outra maneira— a partir dos nomes mais conspícuos da escola etnológica inglesa e francesa: William Jones, Henry Thomas Colebrooke, Max Müller, Victor Langlois ou Barthèlemy de Saint Hilaire. Mais adiante, outro erudito e eminente filólogo: Cândido Figueiredo, em 1873, cita Theodor Benfey, Emile-Louis Bournouf ou Alfred Maury: «No sentir comum dos naturalistas, filólogos e orientalistas contemporâneos, a Índia é o berço da Humanidade, das religiões, das civilizações, *the womb of the world*.»[18] A busca deste útero do mundo, certamente, tinha diversas (e de algum modo contraditórias) rotas de entrada.

Antes de seguir adiante, gostaríamos, ainda que somente fosse sucintamente, recordar o debate entre dos estudiosos das religiões entre os partidários da teoria solarista ou mítica, encabeçado por Max Müller, e o indianista, sobretudo representado por Theodor Benfey, o editor do *Panchatantra*.[19] Imaginamos que vale a pena recordá-lo porque em Eça, teve uma ressonância. Partindo da suposta hegemonia dos povos indo-europeus, Müller acreditava que houve uma etapa mitopoética carente de pensamento abstrato que originou os deuses arianos védicos, ahistóricos, o sentido preciso dos quais, com a dispersão dos arianos, se deformou e originou a aparição de mitos cosmológicos.[20] Estes deuses apareceram ao entorno daquilo que mais os cativava: o céu, a noite, a alvorada, o sol ou o resto de fenômenos meteorológicos. Max Müller teve uma grande reputação, sobretudo na lingüística do final do século. A mesma escola etnológica inglesa evolucionou em direção à teoria indianista de Benfey, que também parte da Índia como a de Müller, mas de uma Índia histórica, situada em uma cronologia e em um espaço concretos. Na carta de Fradique a Guerra Junqueiro acreditamos ver um ascendente desta teoria quando convida o seu amigo a visitar o "ponto de partida": «Se V. o quer verificar historicamente, deixe Viana do Castelo, tome um bordão, e suba comigo por essa antiguidade fora até um sítio bem cultivado e bem regado que fica entre o rio Indo, as escarpas do Himalaia, e as areias de um grande deserto. Estamos aqui em Septa-Sindhou, no país das Sete Águas, no vale feliz, na terra dos Árias.»[21] Benfey –como mencionamos– foi o editor e tradutor do *Panchatantra*, a obra da qual, segundo o etnólogo inglês, derivaria toda a contística européia. Definitivamente, o progresso da filologia comparada ou da história das religiões avançava ao século XIX com a convicção da locomotora para Palestina: o progresso e o desencantamento são fenômenos paralelos. Mas em Eça tudo não acaba de ser tão evidente. Porque a carta é endereçada a Guerra Junqueiro, o personagem que aos olhos dos paroquianos portugueses da época, era o laico mais incendiário. Fradique lhe recorda em todo o momento que do Deus (ou melhor, do mito) não é fácil prescindir, da dificuldade de «desentulhar Deus da alivião sacerdotal».[22] Definitivamente: o desencantamento tem um custo.

O mito do oriente como modelo regenerador da crise do ocidente já se encontra no romanticismo, em Schlegel ou em Novalis, por exemplo. E não parou até a actualidade. Regurgita na espiritualidade *new age* ou na compra de um prodigioso chá chinês, o curare para os estressados urbanitas ocidentais. É um mito que também gerou sátiras deliciosas, como *Bouvard et Pécuchet* de Flaubert. A "ironia militante" tem um papel preeminente na visão do oriente e é um elemento chave que nos será necessário para ajustar a leitura de Eça. A propósito da leitura irônica, mereceria um breve comentário o interesse por parte de Eça do babismo. Esta religião era recentíssima: o seu fundador Sayid Ali Muhammad, xiita do Irã, foi reconhecido pelos seus discípulos na primeira metade do século XIX como Bad-al din, «a porta em direção à verdade», como perfeitamente conhece Eça: «ele era, pois, a porta –a única porta através da qual os homens poderiam jamais penetrar na absoluta verdade. Mais literalmente, Mirza-Mohamed apresentava-se como o grande porteiro.»[23] Bastante cedo se compôs uma predicação desta nova doutrina, apesar (ou graças) da duríssima repressão com que as autoridades islâmicas quiseram anular este movimento. O período de 1844 a 1853 foi o mais sangrento. A tradição babi calcula em torno de 20.000 mártires. Eça sabe retratar o entusiasmo, a euforia que supõe o nascimento de uma nova crença. Eis aqui um estado de ânimo que permite estabelecer uma analogia com a fundação do cristianismo: Fradique com a sua proverbial capacidade de crer momentaneamente com a finalidade de compreender uma crença, podia elevar-se à categoria de um Paulo de Tarso predicando a Atenas. O tempo e o espaço recorridos no "ponto de partida" desta religião é reduzidíssimo. Outra vez emerge a ruptura entre um passado (recente) e o presente. Esta, repetimos, euforia se acaba da raiz, quando o estado de ânimo de Fradique se precipita em uma introspecção fruto da contemplação de uma desagradável e autêntica realidade do oriente. O encantamento deste mundo fica neutralizado, desencantado em seco. Tudo junto acaba com o breve e lapidário diálogo entre o biógrafo e Fradique:

«—De sorte —murmurei— que o oriente...
—Está tão medíocre como o Occidente.»[24]

Ou, dito de outra maneira, o oriente não está exonerado da doença da decadência, nem uma nova religião, com uma miríade de mártires, é capaz de regenerá-lo.

O oriente para os escritores do final do século XIX, longe de ser visto com a precisão do viajante romântico, tem um ar de leveza, de redução quase abstrata, fundando uma estética verídica muito comum a todos os escritores europeus do momento. Como demonstrou Elena Losada, em 1869 Eça não podia conhecer as *Notes de voyage* de Flaubert, as quais traçavam um ponto de vista similar, para não dizer idêntico, ao escritor português. Concretamente se trata da seguinte —e significativa— passagem da descrição de Santo Sepulcro de Jerusalém: «Diante do túmulo de Jesus, que se sente? — Nada. Tudo é teatro, arranjado, postiço, artificial [...] Nenhuma grandeza, nenhum pensamento.»[25] É também Elena Losada quem faz uma síntese da ponderação querosiana do oriente: uma ponderação que, efectivamente, deveria ter um fundo ético e filosófico, superando aquilo que meramente deveria ser uma estética: «em todas as descrições a mesma música: ruínas, desolação, sujidade, decrepitude, sordidez. Impossibilidade, em definitivo, de adequar a visão real com a cidade mítica. É o olhar do viajante positivista, como afirma João Medina, ou talvez seja aquele desapontamento que a realidade introduz no sonho, e poucas cidades e poucas paisagens foram mais sonhadas e mais carregadas de literatura que Jerusalém e a Palestina».[26] Desapontamento por não encontrar aquilo que se dizia ou se queria encontrar. E acrescentaria: desencantamento de uma realidade que já não é capaz de sugerir, de conectar, com o transcendente. Mas, Eça era também muito consciente, como agora tentarei desenvolver, do valor do discurso, do relato, e do artista no momento de construir (e desconstruir) mitos.

Quanto mais moderno se converte o mundo moderno, o âmbito estético se converte mais necessário. É assim como Odo Marquard definiu, como uma divisa, a evolução da modernidade européia. Um elemento que nos finais do século XIX, e em Portugal, nos parece que se ajusta perfeitamente ao horizonte literário de Eça de Queirós. Marquard insiste que devemos situar e entender a estetização da arte como um factor de compensação relacionado ao irremediável desencanto do mundo. Um conceito, o da compensação, de origem psicanalítica, mas que se revestiu de caráter geral e também, é claro, filosófico. Um efeito implícito desta evolução é a consideração da obra de arte estética como uma nova mitologia. Em outro lugar, já nos ocupamos da importância do cultivo por parte de Eça, como de uma elite bem significativa de autores do século XIX, do gênero hagiográfico.[27] E do facto que isso supõe, a transmigração do âmbito religioso ao estético. Não há nenhum passadismo, nenhum retrocesso, senão muito pelo contrário: uma perfeita assimilação das novas correntes históricas. A estetização da realidade funciona como um antídoto ao desencantamento do mundo. Breve: a estética se converte em uma anestesia.[28] Já o havia assinalado Hegel, em uma tese que tangencia a sociologia e a teologia, que desde o ponto de vista cristão, quando a religião se converte mais interior (e interiorizada) o mundo é cada vez mais privado dos deuses (o que mais tarde Max Weber definirá como desencantamento do mundo). As duas tendências se reforçam reciprocamente: quando o mundo está mais desencantado, há um deslocamento para uma religião mais individualizada, em direção a uns deuses feitos à medida.

A experiência estética na modernidade parece confirmar a perdurabilidade de uma relação com o mundo que está na base do sentimento religioso. Quando os deuses abandonam o mundo, quando deixam de significar a sua alteridade, é o próprio mundo que nos começa a parecer outro, a revelar-nos uma profundidade imaginária que se converte no objeto de busca especial, dotada de finalidade nela mesma e que somente remete a ela mesma. Há no último Eça um grande esforço porque aquele *outro* emerge nos conteúdos mais familiares: no "tras-país", em Tormes. Descobre-se o belo em meio a uma paisagem vista cem vezes, a revelação pela magia impressionista do traço e da cor, uma verdade indizível inserida no marco paisagístico. Fradique em uma carta a Madame de Jouarre (carta XII) desde a Quinta de Refaldes, depois de um exercício paisagístico do primeiro nível, conclui uma visão maravilhada com estas palavras: «Verdadeiramente estas tardes santificam. O mundo recua para muito longe, para além dos pinhais e das colinas, como uma miséria esquecida: —e estamos então realmente na felicidade de um convento, sem regras e sem abade, feito só da religiosidade natural que nos envolve, tão própria à oração que não tem palavras, e que é por isso a mais bem compreendida por Deus.»[29]

Curiosamente Gauchet ensaia uma definição do sagrado, *a presença da ausência*, que é idêntica à celebrada da *saudade* segundo o seu inspirado profeta Teixeira de Pascoaes. O sagrado é a manifestação sensível e tangível daquilo que normalmente se abstrai aos sentidos e à concepção humana. E a arte, no sentido específico no qual nós, os modernos, a entendemos, é a continuação do sagrado por outros meios.[30] A contemplação estática (radicalmente individual) é, através do ofício literário de Eça, um processo de encantamento do mundo.

O carácter intrinsecamente problemático da modernidade não fez mais do que colocar em evidência o balanço contraditório. A dialética entre o velho e o novo, o passado e o presente, tão repetida em uma sociedade tipicamente ibérica, quer dizer, atrasada, não faz outra coisa que mascarar outra fonte de conflitos, mais profunda e essencialmente inerente à experiência da modernidade: a angústia do indivíduo em um mundo movediço, mutável, inaferrável e onde os valores próprios, trabalhosamente adquiridos, devem chocar-se, cedo ou tarde, com uma realidade na qual não há nada fixo.[31] O declínio da religião se paga na dificuldade, no dramatismo, de ser o mesmo. Viver sem lar é um aprendizado que não se acaba nunca: daqui que o resultado fragmentário que outorga a *Correspondência de Fradique Mendes* seja tão paradoxalmente eficaz, não por resolver nada, senão por explorar a duras penas as sombras, medir os contrastes. Uma *fabula ibérica* que não é fábula, porque não acaba, resolutivamente, com moral, senão com a ansiedade do que podia haver sido e não foi nunca: Fradique Mendes.

Notas

1. Este trabalho se realizou dentro do projecto: «Intercambios entre sistemas literarios: mediación y mediadores desde la literatura catalana (s. XX)», FFI 2008-02987/Filo, do *Ministerio de Ciencia e Innovación.*

2. Marcel Gauchet, *El desencantamiento del mundo. Una historia política de la religión,* Madrid, Trotta/Universidad de Granada, 2005.

3. Maria Helena Santana assinala o desacerto de uma crítica que acusou de inflexão "reacionária" ou "vencidista" na última década de Eça, e reconhece um desapontamento por parte do escritor: «Em termos formais, Eça nunca renegou o vínculo ao projecto reformista do realismo crítico; mas terá reconhecido, a partir de certo momento, a sua inviabilidade. O escritor deixara de acreditar na capacidade interventiva da literatura», Maria Helena Santana, *Literatura e ciência na ficção do século XIX,* Lisboa, Imprensa Nacional-Casa da Moeda, 2007, p. 444. Mais adiante: «O relativismo cultural de Fradique tem motivações mais subjectivas do que filosóficas ou sociológicas. Não vai ao ponto de defender a *civilité* dos "bárbaros", como faz Eça na crônica "Chineses e Japoneses". O seu protesto é essencialmente estético, e assim se deve entender a sua insistência na idéia de profanação –do passado, não tanto do sagrado», Santana, *ibid,* p. 475. Não achamos que se pudesse desligar o componente ideológico do estético. O desencantamento do mundo, no contexto religioso e social de Portugal de finais do século XIX, não é uma actitude passiva, senão uma tomada de partido marcadamente ideológica.

4. *Historia de los heterodoxos españoles,* II., Madrid, BAC, 1978, p. 856. Para uma avaliação mais geral *cf.* Evangelista Vilanova, «Postració teológica a la península ibèrica», em *Història de la teologia cristiana,* Vol. III, Barcelona, Herder / FTC, 1989, p. 323-337.

5. É especialmente interessante para avaliar esta luta pelo controle dos órgãos de poder durante o século XIX, a localização do direito eclesiástico na Universidade de Coimbra, vejam o brilhante estudo: João Luis Oliva, *O domínio dos césares. Ensino do direito eclesiástico na faculdade de direito da Universidade de Coimbra (1836-1910),* Lisboa, Colibri, 1997.

6. Juan Donoso Cortés é provavelmente o mais paradigmático respeito ao tradicionalismo hispânico, tristemente célebre e de caráter marcadamente político-religioso. Figura que mereceu o estudo de Carl Schmitt, quem lhe qualificou de paladino da contra-revolução; C. Schmitt, *Donoso Cortés in gesamteuropäischer Interpretation,* Köln, 1950, trad. Madrid, 1953. De facto, a interpretação política do evangelho, exclui qualquer autonomia deste mundo e põe em evidência a primazia de Deus na configuração da sociedade. A técnica, a democratização e a centralização eram, para Donoso Cortés, sinais de uns tempos que haviam renegado Deus, que haviam dado as costas às tradições mais genuínas de origem divina, que se haviam plasmado na convivência secular da sociedade ibérica. «El socialismo no es fuerte, sino porque es una teología satánica. Las escuelas socialistas, por lo que tienen de teológicas, prevalecerán sobre la liberal por lo que ésta tiene de anti-teológica y escéptica; y por lo que tienen de satánicas, sucumbirán ante la escuela católica, que es a un mismo tiempo teológica y divina», «Ensayo sobre el catolicismo, el liberalismo

y el socialismo», in *Obras Completas*, II, Madrid, 1970, p. 597.

7. «Mais de trinta ou quarenta mil anos são necessários para que uma montanha se desfaça e se abata até tamanhinho de um outeiro que um cabrito galga brincando. E menos de dois mil anos bastaram para que o cristianismo baixasse dos grandes padres das sete igrejas da Ásia até o divertido padre Salgueiro, que não é de sete igrejas, nem mesmo de uma, mas somente, e muito devotamente, da secretaria dos negócios eclesiásticos. Este baque provaria a fragilidade do divino — se não fosse que realmente o divino abrange as religiões e as montanhas, a Ásia, o padre Salgueiro, os cabritinhos folgando, tudo o que se desfaz e tudo o que se refaz», Eça de Queiroz, *A correspondência de Fradique Mendes*, Lisboa, Livros do Brasil, [s.d.] p. 213-214.

8. «Padre Salgueiro imagina que o cristianismo se fundou de repente, num dia (decerto um domingo), por milagre flagrante de Jesus Cristo: —e desde essa festiva hora tudo para ele se esbate numa treva incerta, onde vagamente reluzem nimbos de santos e tiaras de papas, até Pio IX. Não admira, porém, na obra pontifical de Pio IX, nem a infalibilidade, nem o *Sylabus*: —porque se preza de liberal, deseja mais progresso, bendiz os benefícios da instrução, assina "O Primeiro de Janeiro"», *Correspondência de Fradique Mendes, op. cit.* p. 210.

9. Numa carta ao conde de Ficalho, Eça escreve: «Debalde, amigo, se consultam in-fólios, mármores de museus, estampas, e coisas em línguas mortas: a História será sempre uma grande Fantasia», [15/VI/1885], in Eça de Queiroz, *Correspondência*, Lisboa, Livros do Brasil, 2000, p. 265.

10. *Correspondência de Fradique Mendes, op. cit.* p. 141.

11. Em pleno século XIX se podia chegar à conclusão que era necessária uma mudança da ordem social existente, porque se entendia que era a causa direta de um estado continuado de desumanização em todos os âmbitos da existência. Aquilo que não era questionado é que a sociedade era um corpo organicamente configurado, facto que implicava a substituição de uma totalidade social por outra que se considerava mais acessível, justa, livre, fraternal, etc. Contudo, se fixamos a nossa atenção na idéia de modernidade do século XIX, devemos mencionar alguns pensadores, naquela altura com uma influência restringida, que colocam abruptamente em questão os aspectos mais característicos da compreensão clássica da modernidade (democracia, massificação, feminismo, estadismo, burocracia, centralismo, etc.) Pensadores e criadores como Nietzsche, Baudelaire, Mallarmé e —adicionaremos— Eça de Queirós que colocavam sob suspeita alguns dos valores comumente aceitos; cf. Lluís Duch, «Lectura i societat», *Enrahonar* 31 (2000) p. 72.

12. Compreender o homem, despi-lo de qualquer ruído ideológico, converte-se objetivo prioritário de Eça. Por isso, cremos significativa a valoração heróica que Fradique faz da figura de Cristo, contraposta à de Buda, em virtude da sua "renunciação", tal e como relata na carta XVI endereçada à Clara: «Nada iguala, como virtude heróica, a "Noite do Renunciamento". Jesus foi um proletário, um mendigo sem vinha ou leira, sem amor nenhum terrestre, que errava pelos campos de Galilea, aconselhando aos homens a que abandonassem como ele os seus lares e bens, descessem à solidão e à mendicidade, para penetrarem um dia no reino venturoso, abstracto, que está nos Céus. Nada sacrificava em si e instigava os outros ao sacrifício — chamando todas as grandezas ao nível da sua humildade. O Buda, pelo contrário, era um príncipe, e como eles costumam ser na Ásia, de ilimitado poder, de ilimitada riqueza», *Correspondência de Fradique Mendes, op. cit.* p. 227-228. O estudo da lenda o das religiões fica condicionado ao objetivo final, quer dizer, a compreensão heróica do ser humano, revelar o Homem: «Fradique Mendes pertencia evidentemente aos poetas novos que [...] iam, numa universal simpatia, buscar motivos emocionais fora das limitadas palpitações do coração —à história, à lenda, aos costumes, às religiões, a tudo que através das idades, diversamente e unamente, revela e define o Homem», *Correspondência de Fradique Mendes, op. cit.* p. 8.

13. «Eu penso que o riso acabou — porque a humanidade entristeceu. E entristeceu por

causa da sua imensa civilização. O único homem sobre a Terra que ainda solta a feliz risada primitiva é o negro, na África. Quanto mais uma sociedade é culta – mais a sua face é triste» in *Notas contemporâneas,* Lisboa, Livros do Brasil, 2000, p. 165.

14. Odo Marquard fala do sorriso como um exílio da serenidade e vislumbra uma deriva religiosa que se deve ter em consideração, sobretudo na crítica queirosiana, porque o cômico e o sagrado costumam conjugar-se insistentemente: «La fine del riso appartiene allo stesso contesto della fine dell'arte. Questa fine dell'arte, però, è una fine già molto antica: essa è cominciata, infatti, con la religione biblica. Non si può non osservare che la critica ha la stessa struttura dell'accusa propia dell'onnisapienza divina, mentre il regno della trasparenza totale senza riso è uno stato di aggregazione, certo più opprimente, della *visio beatifica*. Ciò che costituiva un tempo l'autointuizione beata e senza residui di Dio, di cui si prometteva la partecipazione ai fedeli, si è trasformata nell'identità critica del sapere col suo oggetto, identità nella quale nulla può sottrarsi all'ispezione ad opera del sapere assoluto, identità terrena del cielo e dell'inferno ("integrale eternità del tutto")», Odo Marquard, *Estetica e anestetica,* Bologna, Il Mulino, 1994, p. 113.

15. Devemos lembrar que Eça e, em concreto, *A ilustre casa de Ramires* aparece como uma obra emblemática em um dos trabalhos mais citados da crítica pós-colonial francesa: «La résistance à l'empire et à son idéologie s'exprime dans les textes, y compris chez des auteurs que l'on n'associe pas spontanément à l'idée coloniale, tels Jane Austen ou Eça de Queiroz. L'imagination narrative a forgé ses propes images et mytes de la domination impériale», Jean-Marc Moura, «Francophonie et critique postcoloniale», *Revue de littérature comparée,* 281 (1997), p. 67.

16. Fernando Catroga, «A História começou a Oriente» in *Os espaços de um Império,* coord. Mafalda Soares de Cunha, Vol. 1, Estudos, Lisboa, CNCDP, 1999, p. 197-232.

17. Dando os seus primeiros passos poéticos juvenis, Eça escreveu «Do meu poema não recordo nem o tema nem o título, e apenas que deveria abrir uma tremenda invocação à Índia, aos Árias, à sua marcha sublime desde Gau até Septa-Sindu! [...] E outro bom sinal do despertar do espírito filosófico era a nossa preocupação ansiosa das origens. Conhecer os princípios das civilizações primitivas constituía então, em Coimbra, um distintivo de superioridade e elegância intelectual» Eça de Queiroz, «Um gênio que era um Santo» in *Notas contemporâneas,* Lisboa, Livros do Brasil, 2000, p. 255.

18. *Cf.* F. Catroga, «*A História começou a Oriente*», *op. cit.,* p. 213.

19. Sobre estas teorias na evolução da etnologia européia, *cf.* Josep Temporal, *Galáxia Propp. Aspectes literaris i filosòfics de la rondalla meravellosa,* Barcelona, PAM, 1998, p. 59-68.

20. A teoria mítica, solarista ou indo-européia foi formulada em *Essay in Comparative Mythology* (1856). Segundo Müller os contos maravilhosos são epígonos degradados dos mitos solares indo-europeus, aparecidos na Índia e difusos pela dispersão dos povos arianos para Ásia e Europa. Os irmãos Grimm, sobretudo Jacob, já haviam insinuado esta hipótese, mas foi Müller quem a criou no seu ensaio. Eça comparte esta idéia segundo a lenda (ou o conto) tem um caráter residual: «As lendas são, no espírito, o resíduo dos pensamentos exactos, das realidades intelectuais das gerações passadas. O que foi governando a alma, num século, torna-se, com o rodar dos tempos, lenda, divertindo a imaginação. A imaginação é o depósito dos raciocínios usados», *cf.* Antônio Braz de Oliveira, «São Cristóvão, o sonho e sentido da geração de 70. Notas para uma releitura da hagiografia queirosiana», em *150 Anos com Eça de Queirós. III Encontro Internacional de Queirosianos,* São Paulo, Universidade de São Paulo, 1997, p. 83-112.

21. *A correspondência de Fradique Mendes, op. cit.* p. 136. De facto, este convite a transgredir as categorias de tempo e espaço nos recorda do procedimento –quase pós-moderno– de *A Relíquia,* bem analisado por Maria Helena Santana, «A infância da Humanidade e a idade de Razão» *A Relíquia* in *Literatura e ciência na ficção do século XIX, op. cit.,* p. 458-468.

22. *A correspondência de Fradique Mendes, op. cit.* p. 135. Na carta XVI endereçada a Clara, também utiliza o verbo *desentulhar* com o objetivo similar aplicado no caso concreto de

Buda: «é necessário desentulhar esse pobre Buda da densa aluvião de lendas e maravilhas que sobre ele tem acarretado, durante séculos, a imaginação da Ásia», A *correspondência de Fradique Mendes, op. cit.* p. 227. De algum modo, a posição de Fradique se ajusta mais a uma religiosa difusa, que cada vez mais rejeita o enquadramento em uma religião histórica constituída e procura a «nudez histórica» do homem e a sua necessidade de comunicar-se com o transcendente. Descreve segundo Marcel Gauchet, um fenômeno muito freqüente na religiosidade da modernidade. Passamos da idade política das religiões à idade antropológica; *cf.* «Entrevista de Gauchet com Esteban Molina: Lo religioso hoy», dentro de M. Gauchet, *El desencantamiento del mundo, op. cit.*, p. 296.

23. A *correspondência de Fradique Mendes, op. cit.* p. 46.

24. A *correspondência de Fradique Mendes, op. cit.* p. 50.

25. Eça de Queiroz, *Folhas soltas*, Porto, Lelo&Irmão, 1966, p. 45.

26. E. Losada Soler, «*Touristes* e viajantes: Teodorico Raposo e Fradique Mendes no Oriente» in *Serões queirozianos*, Cascais, Câmara Municipal de Cascais, 2001, p. 123.

27. Segundo Marquard, na estetização da arte da modernidade, as "boas obras" deveriam ser secularizadas em "obras belas"; *cf., Estética e anestetica, op. cit.* p. 26. A respeito do gênero hagiográfico na modernidade, escreveram: «Se a recriação que muitos escritores contemporâneos fizeram da hagiografia implicou a laicização do gênero, não podemos deixar de constatar que a assunção do gênero tem, como contrapartida, uma sacralização da arte e do artista» Jordi Cerdà, «Eça de Queirós recriador de lendas de santos. A Hagiografia: um velho gênero para uma nova estética» in *Congresso de Estudos Queirosianos IV Encontro Internacional de Queirosianos*, Vol. II, Coimbra, Livraria Almedina, 2002, p. 561. Santana fala do efeito do "reencantamento": «Eça convida-nos a ler, sob o signo do reencantamento, as suas próprias incursões no imaginário bíblico e hagiográfico. De certa maneira, as *Lendas de Santos* e alguns contos dos anos 90 correspondem a este desejo de recuperação do sublime (o pitoresco lendário, mais do que o maravilhoso cristão), numa cultura demasiado pragmática e racional», Santana, *Literatura e ciência na ficção do século XIX, op. cit.* p. 457.

28. Marquard assinala o momento do giro desta tendência, relacionada ao beco sem saída que nos conduz a modernidade: «L'estetica viene impiegata come via d'uscita, al cospetto dell'aporia dell'uomo emancipato, là dove il pensiero scientifico non regge più e il pensiero storico non regge ancora. Ecco la tesi. L'inclinazione per l'estetica nasce dall'arrestarsi del decorso si svolta dalla filosofia della scienza alla filosofia della storia. Il presupposto di questa inclinazione all'estetica è il fermentare di questa svolta, di questo passaggio dal pensiero scientifico al pensiero storico», Odo Marquard, *Estetica e anestetica, op. cit.* p. 42.

29. A *correspondência de Fradique Mendes, op. cit.* p. 199.

30. Marcel Gauchet, *El desencantamiento del mundo, op. cit.*, p. 286-288. Também temos presente o caráter teodiceico outorgado à arte contemporânea: «L'estetizzazione dell'arte è um momento di quel processo, specificamente moderno, che consiste nel risarcimentto dei mali; propio per questo l'estetizzazione dell'arte è un fenomeno esclusivo del mondo moderno, vale a dire un accadimento favorito dalla teodicea moderna. Propio l'epoca moderna –in quanto "secondo superamento della Gnosi" (Hans Blumenberg) – sempre più in difficoltà al cospetto dei mali del mondo, è obbligata a fornire la prova della bontà di Dio attraverso la dimostrazione dei beni del mondo», O. Marquard, *Estetica e anestetica, op. cit.* p. 24-25.

31. Uma das conseqüências da modernidade foi a perda de capacidade teodiceica dos actuais sistemas sociais, quer dizer, se colocou em evidência a impossibilidade práctica que o ser humano se instale no *seu mundo;* um mundo que já não é o lar, senão um âmbito de burocratização e anônimo; *cf.* P. L. Berger, B. Berger e H. Kellneri, *Un mundo sin hogar. Modernización y conciencia*, Santander, Sal Terrae, 1979, especialmente: p. 173-190.

La escuela de la novela moderna. Representación, culturas políticas y conflicto en las novelas *espirituales* de Galdós (1890-1909)

Agustina Monasterio Baldor
New York University

For Jo Labanyi

Finding an ethic after destruction[1], esto fue lo que muchos supervivientes de la guerra civil española se vieron obligados a hacer después de 1939 en palabras de la historiadora Helen Graham. No resultó sencillo reinventarse una vida: "Spain haunted them all, because it was a sight of possibility of becoming".[2] Ese no es el territorio de los libros y artículos que Galdós escribe entre 1889 y 1909, pero sí es el de los ciudadanos del futuro a los que se dirige el narrador y alter-ego de Galdós en *De Cartago a Sagunto*, el episodio nacional que narra el golpe de estado después del sexenio democrático y la restauración de la monarquía en 1874. Se trata de un futuro que aún no ha llegado cuando la novela se publica en 1911:

> Ya *era día claro, aunque nebuloso, tristísimo y glacial*. Todo lo que pasó ante mis ojos, desde los comienzos del escrutinio hasta mi salida del Congreso, se me presentó con un carácter y matiz enteramente cómicos [...] En *aquel día tonto*, el Parlamento y el pueblo fueron dos malos cómicos que no sabían su papel, y el Ejército, suplantó, con sólo cuatro tiros al aire, la voluntad de la Patria dormida. Al volver hacia el Congreso decía yo para mi sayo, mirando al porvenir: «*Republicanos condenados hoy a larguísima noche: cuando veáis amanecer vuestro día, sed astutos y trágicos*»[3]

Los textos en los que queremos centrarnos, aquellos que Galdós escribe entre 1889 y 1895, hablan de unas personas que viven *en* una destrucción de límites temporales borrosos cuyas causas no pueden procesar. Se trata de personajes que no sienten la clase de nostalgia que emana del recuerdo de un periodo y un lugar que les transformó para siempre, como explica Helen Graham, su nostalgia es una nostalgia del futuro y surge del deseo *de llegar a ser* libres o, en muchos casos, del deseo de no llegar a ser lo que el presente anuncia o aquello con lo que amenaza. Son vidas que deben desarrollarse sin una promesa de transformación, y en un contexto donde las metamorfosis son limitadas y a menudo imposibles. Esta es la razón por la que sus intentos de construirse como sujetos independientes parecen quedar fuera de lo histórico, en el terreno de lo delirante. En 1889 se empieza a publicar *Ángel Guerra*, una novela que tiene como personaje central no al hombre de clase alta al que alude el título, sino a su criada, Leré, la hija de un albañil tullido de Toledo, que decide hacerse monja, sin que el lector llegue a saber nunca si lo hace movida por una fe auténtica o para escapar al matrimonio que le propone Ángel. El interés de esta y otras novelas que Galdós escribirá en la década de los noventa reside en la dimensión política que tienen los comportamientos inesperados o de difícil lectura, las formas de religiosidad y los deseos de unos personajes que de una forma u otra están sujetos a una disciplina social o institucional y carecen de autonomía, legal y económica. En 1890, confluyen cuatro hechos fundamentales para entender el último tercio del siglo XIX en España: el sufragio universal masculino, el primer Código Civil de la nación, puesto en vigor el año en 1889, la generalización del debate sobre lo que entonces empieza a llamarse *cuestión social* y la reactivación organizativa e intelectual del movimiento católico que da pie a una abundante literatura y a la creación de los primeros *círculos católicos de obreros*. Otros procesos que habían venido consolidándose y mutando desde los inicios del Estado liberal convergerán también como problemas al comienzo de la década: las contradicciones entre discursos y políticas que apelan a la cohesión de los individuos a través de una estructura mayor llamada *Estado* y la falta de voluntad de ese mismo Estado de integrar en el *cuerpo de la nación* a grupos que o bien son marginados por la propia ley -el caso de las mujeres- o resultan excluidos por las dinámicas económicas y culturales.

Estas circunstancias, entre otras, ocupan un lugar muy secundario en el tratamiento crítico que algunas de las novelas, *Ángel Guerra*, *Nazarín*, *Halma* y *Misericordia*, recibieron entre comienzos de la década de los 40, con la publicación en 1942 de *Vida y obra de Galdós*, del hispanista exiliado Joaquín Casalduero y finales de los años 70.[1] Estas aproximaciones intentaban explicar una supuesta etapa *espiritual* del autor, conocido por su anticlericalismo y sus simpatías republicanas, en la que habría optado por valores cristianos como la caridad, la misericordia, la paciencia y la resignación frente a la violencia anarquista y las reivindicaciones del incipiente movimiento obrero. Sadi Lakhdari ha explicado esta corriente interpretativa como fruto del deseo de convertir a Galdós en un autor apto para "la sociedad española de los años 50 y 70"[2], aunque también podría pensarse que en el caso de Joaquín Casalduero, se encuentran activos el trauma reciente de la guerra y la decisión de meditar acerca del conflicto, vía Galdós, a partir de un conjunto abstracto de valores éticos.

Este panorama historiográfico cambio de forma radical a comienzos de los noventa: en 1991, Bridget Aldaraca publica *El ángel del hogar: Galdós and the ideology of domesticity in Spain*, en 1993, Jo Labanyi edita una monografía, *Galdós*, en 1994, Catherine Jagoe publica *Ambiguous Angels: gender in the novels of Galdós*, que recoge y modula el enfoque de género de Aldaraca, y por último, en 1995, Sadi Lakhdari publica su aproximación psicoanalítica *Ángel Guerra de Pérez Galdós*. Uno de los primeros propósitos de los estudios anteriores fue recuperar a Galdós para una historia literaria interesada por los procesos de modernización, sus efectos sobre la vida cotidiana y las representaciones textuales que encontraron. El énfasis que durante décadas puso la crítica peninsular en la naturaleza y las causas de una supuesta deriva religiosa del autor impidió, como señala Teresa Fuentes Peris[6], advertir y analizar aspectos fundamentales de las novelas como la relación entre los hábitos religiosos, la clase socioeconómica y el género, o el desarrollo de una interpetación psicoanalítica y socio-histórica de una variedad de formas religiosas.[7]

En 1895 se publica *Nazarín*, la novela cuenta la historia de Nazario Zaharín o Zajarín, un clérigo de origen campesino y morisco, que al esconder a una vecina que ha intentado asesinar a otra mujer, corre el peligro de verse envuelto en el suceso. Tras ocultarse durante unos días, Nazarín huye de Madrid y elude así las preguntas de jueces y superiores eclesiásticos. Al principio de la novela, el narrador-reportero refiere la supuesta vida de Nazarín de forma retrospectiva y convierte la posiblidad de esclarecer la personalidad del personaje en la única intriga de la historia. El clérigo inicia una vida mendicante por los pueblos de los alrededores de Madrid, asiste a los enfermos de tifus abandonados por las instituciones de la ciudad, proporciona explicaciones científicas, niega la posibilidad de que los milagros que otros le atribuyen puedan producirse, se manifiesta en contra de la propiedad privada, y acoge en su comunidad itinerante a una prostituta, Ándara, y a una mujer, Beatriz, que intenta escapar del control y la brutalidad de su pareja. Todas estas peripecias han sido construidas por el narrador tras un par de entrevistas con un clérigo, llamado Nazarín, que vive en uno de los barrios marginales del sur de Madrid:

> [...] todo el resto del día lo pasamos comentando el singularísimo y aún no bien comprendido personaje [...] días tuve de no pensar más que en Nazarín, y de deshacerlo y volverlo a formar en mi mente, pieza por pieza, como niño que desarma un juguete mecánico para entretenerse armándole de nuevo. *¿Concluí por construir un Nazarín de nueva planta con materiales extraídos de mis propias ideas, o llegué a posesionarme intelectualmente del verdadero y real personaje?* No puedo contestar de un modo categórico. Lo que a renglón seguido se cuenta, ¿es verídica historia, o una invención de esas que por la doble virtud del arte expeditivo de quien las escribe, y la credulidad de quien las lee, resultan como una ilusión de la realidad? Y oigo, además, otras preguntas: «¿Quién demonios ha escrito lo que sigue?»[8]

Jo Labanyi explica que podemos considerar a Galdós un escritor *nacional*, si tenemos en cuenta que contribuyó a crear una comunidad nacional de lectores mediante su entrenamiento en hábitos interpretativos cuyo objetivo era lograr que conectasen emocionalmente con personajes que podían pertenecer o no a su medio social. Para propiciar esta conexión resultaba imprescindible que el autor permitiese el acceso a su interioridad valiéndose de ciertas estrategias narrativas.[9] En las novelas que nos ocupan, no solo no se facilita el acceso del lector a la psique de los personajes, sino que su contenido se convierte en un objeto de conocimiento diferido y por lo tanto en una fuente de discusión y perplejidad. Es esta resistencia a la lectura donde, a juicio de Labanyi, reside el carácter subversivo del personaje[10]. Labanyi propone además una interpretación de la novela en la que la pasividad voluntaria de los personajes, su mansedumbre, su renuncia a buscar soluciones violentas para acabar con las injusticias que les afectan, no son sino la reacción de Galdós a lo que desde las clases medias y altas es percibido como un crecimiento amenazante de las tensiones sociales[11]: "Nazarín´s rejection of private property and material progress makes the authorities regard him as a dangerous anarchist, but his creed is, like that of Leo XIII, an attempt to defuse social tensions and prevent revolutionary violence, to «save» people from envy and hatred, as he puts it."

¿Cuál es la relación entre un potencial subversivo que procede de la opacidad del personaje y su mansedumbre militante? Quizá podamos empezar a elaborar una respuesta parcial si consideramos el primer aspecto como una distorsión que produce el observador y buscamos en el texto las grietas del segundo. A pesar de la ausencia de descripciones minuciosas del pensamiento de Nazarín, el lector no carece de pistas y debe leer entre líneas: la posibilidad de que el discurso que defiende la pasividad y la paciencia como las actitudes más adecuadas para responder a la injusticia pueda representar la posición de Galdós queda debilitada en gran medida por la constatación de que una parte de la psique del personaje fantasea con la idea de masacrar a sus perseguidores. En un pasaje de la novela, Nazarín, enfermo de tifus sufre una alucinación en la que ve a su amiga Ándara, enfrentando a un grupo indeterminado de personas que quieren apresarle:

> Cuando Nazarín empezó a temer que la muchedumbre de sus contrarios lograría, si no matarle, reducirle a prisión, vio que de la parte de Oriente venía Ándara, transfigurada en la más hermosa y brava mujer guerrera que es posible imaginar. Vestida de armadura resplandeciente, en la cabeza un casco como el de San Miguel, ornado de rayos de sol por plumas [...] la terrible amazona cayó en medio de la caterva, y con su espada de fuego hendía y destrozaba las masas de los hombres [...] y Nazarín empezó a caminar por entre charcos de sangre y picadillo de carne y huesos que en gran extensión cubrían el suelo. La angélica Beatriz miraba desde una torre celestial el campo

de muerte y castigo, y con divino acento imploraba el perdón de los malos.[12]

Es precisamente en las contradicciones de estos personajes donde el lector puede empezar a reconstruir unas identidades marcadas por la necesidad y la obligación de adaptarse al orden social, pero en las que también sobrevive una rebeldía esencial que aprovecha las ambigüedades que genera la propia tradición católica para articularse. Galdós no deja de sugerir la posibilidad de que esa violencia, descrita solo como fantasía, se materialice en un futuro próximo si las clases medias y altas ilustradas no se deciden a abandonar sus hábitos interpretativos y a iniciar un proceso de comunicación con los miembros de las clases bajas que encarnan cambios sociales y que exigen algo más que una actitud condescendiente: unos planteamientos sociales radicalmente distintos. Para crear las condiciones de este horizonte interpretativo, Galdós primero debe llevar a cabo una compleja tarea de legitimación de personajes como Nazarín. Este propósito se efectúa en dos tiempos: en *Nazarín*, se cuestiona la salud mental del clérigo, partidario de la abolición de la propiedad privada y de una vida ajena a la ética de la productividad que sustenta en el trabajo ocasional y la mendicidad. En la segunda novela, *Halma*, Nazarín es colocado bajo la tutela de la aristócrata Halma que se impone como misión averiguar si Nazarín es un santo, un loco o un pícaro y devolverlo, si fuese posible a la disciplina religiosa. La novela termina con una escena en la que Nazarín habla con libertad por primera vez y lo hace para mostrar a Halma que su proyecto de fundar una institución benéfica está amenazado por los deseos de controlarla que han mostrado ya un sacerdote, un médico y un administrador y que es además un subterfugio para evitar enfrentarse a su sexualidad. Nazarín queda legitimado como psicoanalista en sentido estricto, puesto que tras su monólogo, Halma sufre una crisis nerviosa y termina reconociéndose en el *diagnóstico* del clérigo. La interpretación que Catherine Jagoe hace de este proceso en *Ambiguous Angels* propone que tanto la crisis de Halma como su aceptación final del análisis de Nazarín, se corresponden con la descripción clásica de la crisis histérica que termina por desbloquear los sistemas de represión del sujeto. Jagoe sostiene además que al incluir esta escena, Galdós termina con la ambigüedad de sus novelas anteriores, es decir, elimina la incertidumbre del lector con respecto a las relaciones entre autoridad legítima y género: Nazarín, que había sido inicialmente descrito como un hombre "femenino" recupera su masculinidad y su cordura mediante un acto de afirmación interpretativa y Halma, por el contrario, pierde sus privilegios "masculinos", es decir, su independencia y su poder, cuando acepta casarse con su primo:

> The problem posed in the narrative by Halma's desire for independence is resolved by the pronouncement of Nazarín, the wandering antiestablishment Christ figure of the previous novel.

Up until this point, Nazarín has been a silent and enigmatic figure, declining ever to challenge Halma or to proffer her advice. Yet, at the end of the novel, he throws off the cloack of what turns out to be assumed humility and courteously, but implacably, proceeds to correct Halma [...] In one stroke it accomplishes three redemptions: Halma redeems the error of assuming and independent and not a relative destiny [...] and Nazarín no longer bears the stigma of madness. Characters within the narrative and critics outside it agree in reading his judgement as incontrovertible proof of his wisdom and sanity.[13]

Creemos que esta hipótesis, por otro lado sugerente, ignora el hecho de que tras esta escena Nazarín permanece bajo la observación y la tutela de miembros de la iglesia católica y por lo tanto no se ha emancipado ni podrá en el futuro volver a expresarse con la misma libertad. En su artículo de 1904, ¿*Más paciencia?*[14], Galdós describe una sociedad escindida entre un mundo rural depauperado y embrutecido por el absentismo de los labradores y un espacio urbano constituido por una masa que parasita la riqueza producida en el campo al tiempo que desprecia a los campesinos. Aún faltan más de tres décadas para el programa cultural republicano de las Misiones Pedagógicas, pero en cierto sentido, la propuesta de Galdós lo anticipa. La diferencia entre ambos proyectos consiste en la importancia central que Galdós concede a las condiciones materiales del progreso, de la educación y de la ética, en contra de lo que sugieren las interpretaciones espiritualistas. Una transformación general no solo de la vida del campo, sino de todo el país, requiere que los urbanitas ilustrados transfieran su capital económico y cultural a una población a la que no duda en presentar atrapada en un "estado anfibio: medianero entre animales y personas". Su análisis no preve que las clases bajas puedan emanciparse por sí mismas de las privaciones materiales y culturales a las que se ven sometidas, al menos no como colectivo. De ahí que resulte tan importante que las clases propietarias no caigan bajo el control de organizaciones estatales corruptas, en un sentido económico y ético, y de una iglesia católica cínica y fanatizada. La escena final de *Halma* surge en parte de una urgencia histórica por detener el avance del catolicismo, asimilado a menudo por los sectores liberales como moda cultural, y como protesta contra la interferencia de las regulaciones estatales en la vida privada.[15]

Tanto *Nazarín* como *Halma*, y en menor medida *Ángel Guerra y Tristana*, contienen una reflexión sobre cuáles son los vínculos, a finales del siglo XIX, entre una ciudad que ha experimentado un proceso de modernización insuficiente, estorbado por las peculiaridades de la *cultura local*, (corrupción, tendencia a elaborar fantasmagorías personales y colectivas en torno a la identidad, doble moral) y un mundo rural que se encuentra lejos de poder ser descrito como una arcadia. Como observa Jo Labanyi, Nazarín abandona la ciudad en un intento de "retornar a la naturaleza" sin advertir en primer término qué factores conectan de forma indisoluble esos dos espacios.[16] En su artículo de 1901, *Rura,* Galdós parece repetir el error analítico de su personaje, invitando al lector urbano de clase media a *volver al campo,* donde podrá encontrar un remedio para *el neurosismo* que genera la vida contemporánea en la ciudad:

> Señales hay en estos tiempos de que los venideros marcarán esa dirección en los destinos de España; y si así fuere, los que empalmen el siglo XX con el XXI verán entre otras maravillas el prodigio de la Civilización Bucólica, la agricultura presidiendo todas las artes, el villano engrandecido, las ciudades estacionadas a las orillas de los campos, los palacios entre mieses, la humanidad menos triste que ahora, la tierra engalanada, cubierta de toda hermosura, más joven cuanto más rada, más linda cuanto menos virgen.[17]

Pero la utopía *bucólica* de Galdós, que borra de la imaginación urbanística los espacios intermedios, las zonas de transición mixtas entre ciudad y campo, está proyectada hacia el futuro. El tono del artículo, más burlesco que mesiánico, se corresponde con la valoración pesimista que el autor hace de las condiciones de vida en el medio rural y de los parámetros éticos de sus habitantes. El espacio que Nazarín imagina tan diferente de la ciudad que abandona, está dominado por las mismas instituciones políticas y asistenciales que regulan la vida urbana (el manicomio de Madrid no se encontraba en la ciudad sino en Leganés, un pueblo cercano) y la conducta de los sujetos es vigilada y controlada no solo por la guardia civil, también por grandes sectores de la población dispuestos a velar por la continuidad de un orden social que si no les hace felices, sí les proporciona una identidad cultural, religiosa y *étnica* que les singulariza y legitima la violencia que se ejerce sobre quienes encarnan transformaciones sociales y culturales de diverso tipo.[18] El campo es el lugar donde habita la desmemoria de una matanza alejada en el tiempo y donde perviven sus detonantes, renovados en las actitudes de la comunidad hacia quienes considera cuerpos extraños:

> Risotadas, cantos, dicharachos, todo era señal de fiesta para un pueblo en que las ocasiones de divertimento eran muy raras. Conceptuaban algunos el caso como una broma, y habrían deseado que llegaran todos los días moros descarriados que prender o cazar. La entrada en el pueblo fue lo mejor de la función, porque todo el vecindario salió a las puertas de las casas a ver a los misteriosos delincuentes reclamados por el juez de Madrid.[19]

Antes de lo que la historiografía española llamó "el 98", y tal y como demostró Mary Lee Bretz[20], la literatura *modernista,* y en este sentido las novelas finiseculares de Galdós pueden recibir este calificativo, procede a cuestionar la legitimidad de una comunidad religiosa homogénea muy anterior a los procesos de estandarización cultural del siglo XIX. La *categorización brutal* de los cuerpos que habitan dentro de los límites territoriales de la nación en función de criterios religiosos, raciales y culturales es un síntoma de la continuidad de un vocabulario y unas prácticas racistas y de la problemática relación entre modernización y progreso intelectual en España. En *Nazarín*, Galdós escenifica la huida de su proyecto literario del espacio urbano haciéndola coincidir con la de su personaje. Cuando Nazarín sale de la ciudad, lo hace usando la Puerta de Toledo, que era entonces el acceso desde el sur y que tras las reformas de 1833, se convirtió además en el emblema de los numerosos planes para espectacularizar la modernización de Madrid, ideados y narrativizados por el urbanista y figura fundamental del costumbrismo literario en España, Ramón de Mesonero Romanos.[21] El territorio de la nación es un continuo corrompido en mayor o menor medida por una modernización antidemocrática. Sin embargo, Galdós no lo dice de forma explícita, es necesario leer sus textos haciendo un esfuerzo por reconstruir o deducir aquello que solo se insinúa, es preciso saltar de una novela a otra para perfilar unas claves interpretativas y en ocasiones saltar hacia atrás.

Los estudios de corte espiritualista tuvieron que hacer abstracción de las novelas que Galdós escribe en la década de los 90, eliminando de los análisis *Tristana* (1892) y la serie que dedica al usurero Torquemada, es decir, aquellas novelas que no encajaban con la hipótesis de un Galdós preocupado de forma exclusiva por cuestiones alejadas de lo material.[22] *Tristana* es en parte una reflexión meta-literaria sobre cómo contar la sordidez y la falta de horizontes cuando se han convertido en experiencias cotidianas, sobre cuál es el registro que permite narrar la tragedia como si en realidad fuese una tragicomedia. Es el relato de una mujer huérfana, Tristana, que ha pasado la adolescencia y parte de su niñez sometida a los abusos sexuales de su tutor, un antiguo amigo de su padre que la acoge en su casa cuando sus padres mueren. Cuenta la historia de una persona atrapada que sueña con trabajar y ser independiente, con mantener una relación con el hombre al que ama, sin verse obligada a casarse ni a vivir con él, y que acepta que se trata de un deseo imposible después de desarrollar un tumor y perder una pierna. Algunos autores han comentado el hecho de que tras la amputación, Tristana, de natural expansivo, ha perdido la capacidad o la voluntad de comunicarse, y en paralelo, el narrador se detiene en el límite de lo que es capaz de conjeturar a partir de su aspecto, sus hábitos cotidianos y las pocas palabras que utiliza para conversar con su tutor y después marido[23]:

> [...] tan rápidamente y con tanto tesón volvió sobre sí misma, que no le era fácil a D. Lope conocer a ciencia cierta el estado de ánimo de su cautiva [...] *incomunicada realmente con todo lo humano* y procurando estarlo con algunas ideas propias que aún la atormentaban. [...] Contra lo que él creía, la señorita no tuvo nada que oponer al absurdo proyecto. Lo aceptó con indiferencia; había llegado a mirar todo lo terrestre con sumo desdén... Casi no se dio cuenta de que

la casaron, de que unas breves fórmulas hiciéronla legítima esposa de Garrido, encasillándola en un hueco honroso de la sociedad. No sentía el acto, lo aceptaba, como un hecho impuesto por el mundo exterior, como el empadronamiento, como la contribución, como las reglas de policía.[24]

En *Tristana* podemos localizar además la formulación más clara de un fenómeno que si bien había formado parte de muchas de las novelas de Galdós, recibe una atención especial a partir de *Ángel Guerra*. En el último capítulo, la protagonista ha iniciado una nueva etapa en la que ocupa la mayor parte de su tiempo con unas prácticas religiosas anodinas, que de forma progresiva le sirven para enajenarse de la situación en la que se encuentra mediante una compleja ingeniería emocional:

> ¿sería, por ventura, aquella su última metamorfosis? ¿O quizás tal mudanza era sólo exterior, y por dentro subsistía la unidad pasmosa de su pasión por lo ideal? El ser hermoso y perfecto que amó, construyéndolo ella misma con materiales tomados de la realidad, se había desvanecido, es cierto, con la reaparición de la persona que fue como génesis de aquella creación de la mente; pero el tipo, en su esencial e intachable belleza, subsistía vivo en el pensamiento de la joven inválida [...] Si antes era un hombre, luego fue Dios, el principio y fin de cuanto existe. Sentía la joven cierto descanso, consuelo inefable, pues la contemplación mental del ídolo érale más fácil en la iglesia que fuera de ella, las formas plásticas del culto la ayudaban a sentirlo.[25]

Los personajes de las llamadas novelas espirituales de Galdós han llegado a las instituciones eclesiásticas o a la devoción religiosa después de pasar por experiencias traumáticas de las que el lector no siempre tiene detalles: el pasado de Leré y Nazarín como hijos de las clases bajas, destinados a convertirse en carne de cañón, en fuerza de trabajo esclava o en personas infelices cargadas de hijos, enfermedades y desgracias, los abusos sexuales y la mutilación de Tristana, el aislamiento social y familiar de Halma. Los lectores dejan de tener acceso a la interioridad de estos personajes porque un relato construido desde esa posición no podría aportar ninguna información relevante: los personajes no son conscientes de las formas en las que han procesado su situación y no cabe la posibilidad por tanto de obtener la fotografía de unas reflexiones que no existen. Una consecuencia lógica de este planteamiento es el aumento de los espacios de incertidumbre y ambigüedad semántica que el lector debe completar y esclarecer. Ya no puede posicionarse con respecto al texto como un analista-observador que posee todos los datos. Al bloquear el acceso a los personajes, Galdós suspende la ilusión lectora de estar adquiriendo un conocimiento estable sobre ellos, junto con las herramientas analíticas que le han permitido al autor producir ese conocimiento.

El hecho de que las novelas de la década de los noventa giren en gran medida en torno a cuestiones religiosas no encuentra su explicación en una teórica crisis espiritual del autor. La posición de Galdós con respecto a la religión es la de un observador extrañado y la aparición reiterada de este tipo de tramas responde al intento de alertar sobre la extensión de la cultura católica en el país y la gravedad de las consecuencias de esta expansión: la combinación del catolicismo como cultura hegemónica con la perpetuación de un orden social jerárquico que discrimina a grandes sectores de la población en función de criterios raciales, sexuales, culturales y económicos, ha degenerado en una situación en la que los sujetos más vulnerables, aquellos que son víctimas de la aplicación de uno de estos criterios, no cuentan con otro imaginario que no sea el del catolicismo para procesar sus experiencias y hacer posible la continuidad de una vida cotidiana dentro de un entorno social que no les ofrece ninguna esperanza. Es en ese contexto donde el catolicismo puede rentabilizar el hecho de ser la única institución del país que enseña a los sujetos a sublimar el deseo y que además está dispuesta a proporcionar una identidad alternativa a quienes desean abandonar su identidad social. Como un observador excéntrico, Galdós puede pensar desde y acerca de una exterioridad a la cultura católica, puede describir un mundo en el que las tradiciones ilustradas perviven en círculos intelectuales limitados pero donde la mayor parte de la población no tiene acceso a ningún imaginario alternativo que les permita agruparse como colectividad, explicar su identidad y definir sus objetivos al margen de la teoría católica.

A finales del siglo XIX, el anarquismo aún no ha desarrollado la infraestructura que lo convirtió en una de las formas de organización social más importantes del periodo republicano. En su novela de 1881, *La desheredada*, el anarquista es visto como un personaje marginal, embrutecido por el trabajo agotador, la falta de formación intelectual y la violencia estructural. Sin embargo, en su novela de 1888, *Miau*, se insinúa que cualquier persona desesperada, en este caso un cesante del Ministerio de Hacienda, con independencia de su origen social y su formación cultural puede llegar a convertirse en un anarquista, es decir, puede experimentar el tipo de frustración que lleva a los anarquistas a lanzar bombas.[26] Su discurso público es con todo mucho más cauto, en 1893, después de que el anarquista Paulino Pallás intentase asesinar al capitán general de Cataluña, Arsenio Martínez Campos, Galdós publica un artículo en el diario *La Prensa de Buenos Aires* en el que califica el anarquismo de "enfermedad del organismo social" que pretende cambiar "en un quítame allá esas pajas" unas dinámicas "obra de los siglos"[27]:

> Claro que no vivimos en el mejor de los mundos posibles, y que nuestra existencia no es toda bienandanza y delicias. Pero la razón y la imaginación, investigando de consuno, no nos dan idea de que pueda existir la distribución equitativa de los escasos bienes de este mundo. Los anarquistas sueñan con la abolición del mal, que es lo

mismo que querer suprimir la vida. El mal es inherente a nuestra infeliz naturaleza, toda miseria y dolor en diferentes formas. No queda duda que dando por terminada la vida se extingue el mal humano. [...] Hay demencias colectivas; la pérdida de la razón no es solo un fenómeno individual. Las sociedades son también atacadas. Veamos en el anarquismo una enfermedad del organismo social. Hay que curarlo, ¿cómo?.[28]

Galdós se manifiesta en contra de una violencia que busca la transformación inmediata de dinámicas e instituciones sociales y que sin embargo, solo consigue c aumentar la intensidad de la represión ejercida desde el estado con sus acciones. En 1897 cinco anarquistas fueron fusilados en el foso del castillo barcelonés de Montuic, acusados de ser los responsables del lanzamiento de una bomba en una calle de Barcelona en 1896, cientos de personas son detenidas y torturadas en el interior del castillo, sesenta acusados, entre los que se encontraban intelectuales cercanos al anarquismo catalán, son desterrados. Tras los fusilamientos se formó un movimiento de protesta que pedía del gobierno la revisión de los procesos.[29] Galdós no se pronunció al respecto, como sí hicieron otros intelectuales más jóvenes. Años más tarde, el 13 de octubre de 1909, el pedagogo anarquista Francisco Ferrer i Guardia, responsable de la apertura de una de las primeras escuelas laicas en el país, La Escuela Moderna (1901-1909), es ejectuado en el foso del castillo, acusado de participar en la organización de la revuelta popular de Barcelona que puso a la monarquía en jaque durante el verano de 1909. Galdós, que había dedicado su novela de 1881, *La Desheredada*, a los maestros de escuela, "verdaderos médicos de las dolencias sociales", hace pública su *Carta al pueblo español*, un texto en el que insta a los lectores a oponerse a la guerra con Marruecos, a la repetición de los arrestos ilegales, torturas y asesinatos ocurridos en Barcelona en 1909 y a las formas de persecución ideológica que han conducido a la acusación sin pruebas y al asesinato de Ferrer i Guardia. Su muerte y el cierre de la escuela, eran un golpe dirigido también contra unas redes culturales anarquistas en expansión que buscaban proporcionar a las clases trabajadoras unas herramientas intelectuales que les permitirían emanciparse. Es decir, supone la reacción del aparato del estado y de beneficiarios del negocio de la guerra como el marqués de Comillas, al comprobar que la insurreción popular contra los reclutamientos que tiene lugar en Barcelona (Semana Trágica), fue posible en gran medida a la existencia entre las clases bajas de la ciudad de formas de organización y solidaridad barrial promovidas por el anarquismo que les permitieron atrincherarse en el casco viejo y enfrentarse al ejército durante varios días.[30]

Quizás por primera vez, la violencia del aparato estatal de la monarquía se había ejercido sin miramientos sobre una persona que Galdós no podría dejar de considerar "uno de los suyos", un miembro de su propia comunidad intelectual, un activista del proyecto pedagógico laico y libertario con el que

Galdós se identificaba, como ya había dejado claro en *Miau*, su novela de 1888. Como intelectual debe afrontar además el hecho de que su análisis de la imposibilidad de un proyecto de modernidad exitoso en España sin unas clases medias responsables, que comprendiesen la necesidad de proporcionar a la población arrinconada en la marginalidad herramientas intelectuales con las que defenderse, había sido llevado a la práctica por figuras como Ferrer i Guardia y comenzaba a tener consecuencias, quizás imprevistas, que cuestionaban las relaciones entre ilustración, violencia y agencia política, y replanteaban los antiguos criterios de legitimidad cultural. En la incursión en la esfera pública que supone *Carta al pueblo español*, Galdós se hace eco de los sucesos de Barcelona, y ante la evidencia de que se está produciendo una persecución política sin precedentes en los últimos cuarenta años, se muestra indiferente ante la posibilidad de que los conservadores identifiquen su posición frente al gobierno de Antonio Maura con la de los anarquistas:

> Apaguemos de un soplo los cirios verdes que alumbran el siniestro Santo Oficio, llamado por mal nombre Defensa Social, vergüenza de España y escándalo del siglo, y pongamos fin a las persecuciones inicuas, al enjuiciamiento caprichoso, a los destierros y vejámenes, con ultraje a la Humanidad y desprecio de los derechos más sagrados [...]No temamos que nos llamen anarquistas o anarquizantes, que esta resucitada Inquisición ha descubierto el ardid de tostar a los hombres en las llamaradas de la calumnia. Ya nos han dividido en dos castas: *buenos y malos*. No nos turbemos ante esta inmensa ironía. Rellenemos las filas de los *malos*, que burla burlando, a la ida contra el enemigo seremos *los más*, y a la vuelta *los mejores*.[31]

La protesta del autor se centra en la inmoralidad del gobierno que despoja a los ciudadanos de sus derechos políticos y civiles, dejando a un lado la organización del acceso a los recursos y la distribución de la riqueza. Galdós, en alguna medida, está haciendo causa común con el anarquismo, a la vez que se reinscribe en la esfera pública como la voz que debe despertar la conciencia de ciertos sectores de las clases medias. Estas se encuentran en una encrucijada histórica, en la que pueden tomar partido por el orden liberal y quienes intentan perpetuarlo a toda costa, o pueden elegir apoyar a los sectores populares que han empezado a luchar en las calles por su supervivencia.

> *Ha llegado el momento* de que los sordos oigan, de que los distraídos atiendan, *de que los mudos hablen*. El que esto escribe, *teniéndose por el más mudo de los hombres*, se atreve a sacar del pecho una voz, y arrojarla, como piedra en el charco, en la dormida superficie de la nación española [...] Ya es hora de que afrontemos las calamidades de estos tiempos, los más azarosos que he visto en cuarenta años, o más, de presenciar la corriente viva de la historia. Ya es hora de oponer a los atrevimientos de nuestros gobernantes algo más que el asombro

seguido de resignación fatalista, algo más que las maldiciones murmuradas, algo más que las protestas, semejantes a cohetes que estallan con luces y ruido, apagándose al punto en cobarde silencio. Forzoso es que alguien, sea quien fuere, clame ante la faz atónita del pueblo español incitándole a contener enérgicamente las insensateces de los que trajeron la guerra del Rif, sin saber lo que traían [...]"[32]

En el diálogo final entre Nazarín y Halma, Galdós ya había anticipado un análisis, presente también en su artículo de 1893, sobre las consecuencias que debían extraerse de las acciones violentas de los anarquistas: cuando el *subalterno*[33] se decide a hablar, cuando tiene la oportunidad de hacerlo o encuentra un tipo de lenguaje que le permita concebirse como un sujeto social autónomo, no habla únicamente de sí mismo, dice algo sobra la sociedad en su conjunto, es capaz de esclarecer los conflictos de quien se ha arrogado el derecho de tutelarle: "Perdóneme usted, señora, si le hablo con una firmeza que podrá creer arrogante y hasta irrespetuosa. Es que cuando creo poseer la verdad en asunto grande o chico, no puedo menos de decirla, para que la oiga y se entere bien aquel que de ella necesita. Si usted no ha visto aún esa verdad, conviene que yo se la ponga delante de los ojos."[34] Durante mucho tiempo, Galdós prefirió no responsabilizarse en la esfera pública, en sus artículos periodísticos, de las conclusiones a las que llegaba en sus novelas, y solo en 1909 se decide a dirigirse a sus conciudadanos y hablar de forma explícita de la violencia y la corrupción que están destruyendo el país. En el año de las revueltas cívicas en Barcelona, no son anarquistas aislados, sino miles de personas las que tratan de impedir los reclutamientos, es el momento en el que esa población sin voz que tanto preocupaba a Galdós, toma la ciudad, se levanta contra el gobierno, y al hacerlo, crea la posibilidad de pensar el futuro más allá de la resignación.

BIBLIOGRAFÍA

A. BIBLIOGRAFÍA PRIMARIA: OBRAS DE BENITO PÉREZ GALDÓS.

Miau. Madrid: La Guirnalda, 1888. Edición consulatada: Madrid: Editorial Castalia, 2006.

Angel Guerra. Madrid: Librería de los Sucesores de Hernando, 1891. Edición consultada Madrid: Alianza Editorial, 1986.

Tristana. Madrid: La Guirnalda, 1892. www.cervantesvirtual.com/FichaObra.html?Ref=851

Nazarín. Madrid: La Guirnalda,1895. www. cervantesvirtual. com /FichaObra.html?Ref=3813&portal=0

Halma. Madrid: La Guirnalda, 1895. www.cervantesvirtual.com/FichaObra.html?Ref=5497 &portal=0

Torquemada en la hoguera. Madrid: Admón. de la La Guirnalda y Episodios Nacionales, 1889.

Torquemada en la cruz. Madrid: La Guirnalda, 1893.

Torquemada en el purgatorio. Madrid: La Guirnalda, 1894.

Torquemada y San Pedro. Madrid: La Guirnalda, 1895. Edición consultada: *Las novelas de Torquemada*. Madrid: Alianza Editorial, 1976.

"Rura" (1901) en *Memoranda*. Madrid: Perlado, Páez y Compañía, Sucesores de Hernando, 1906.

"¿Más paciencia?" (1901) en *Memoranda*. Madrid: Perlado, Páez y Compañía, Sucesores de Hernando, 1906.

"Al pueblo español" en *España Nueva*, 6 de octubre de 1909.

De Cartago a Sagunto; Madrid: Perlado Páez y Compañía, 1911

B. Bibliografía secundaria.

Aldaraca, Bridget., *El ángel del hogar: Galdós and the ideology of domesticity in Spain*. Chapel Hill: Dept. of Romance Languages, University of North Carolina, 1991.

Bretz, Mary Lee., *Encounters Across Borders. The Changing Visions of Spanish Modernism, 1890-1930*. London: Lewisburg Bucknell University Press, 2001.

Casalduero, Joaquín., *Vida y obra de Galdós: 1843-1920*. Madrid: Gredos, 1974.

Ealham, Chris., Class, culture and conflict in Barcelona, 1898-1937. London; New York: Routledge, 2005.

Frost, Daniel., *Public Space and Middle-Class Culture in the Spanish capital, 1833-1890*. Lewisburg: Bucknell University Press, 2008.

Fuentes Peris, Teresa., *Visions of Filth, Deviancy and Social Control in the Novels of Galdós*. Liverpool: Liverpool University Press, 2003.

Graham, Helen., "The War before the lights went out. An interview with Helen Graham" www.albavolunteer.org/2010/03/the-war-before-the-lights-went-out-an-interview-with-helen-graham, 2010.

———. "Border Crossing. Thinking about the International Brigades before and after Spain". backdoorbroadcasting.net/2009/12/helen-graham-border-crossings-thinking-about-the-international-brigaders-before-and-after-spain, 2009.

———. *The Spanish Civil War: A Very Short Introduction*; Oxford; New York: Oxford University Press, 2005.

Jagoe, Catherine., *Ambiguous Angels: gender in the novels of Galdós*. Berkeley: University of California Press, 1994.

Haidt, Rebecca., "Visibly Modern Madrid: Mesonero, Visual Culture, and the Apparatus of Urban Reform" en *Visualizing Spanish Modernity*, Susan Larson y Eva Woods eds. Oxford; New York: Berg, 2005.

Labanyi, Jo Ed., *Galdós*. London; New York: Longman, 1993.

———. (ed). Benito Pérez Galdós., *Nazarín*., Oxford; New York: Oxford University Press, 1993.

———. *Gender and modernization in the Spanish Realist Novel*. New York; Oxford: Oxford University Press, 2000.

Lakhdari, Sadi., *Ángel Guerra de Pérez Galdós*. París: Editions Hispaniques, 1994.

Mazower, Mark., *Dark Continent: Europe's Twentieth Century*. New York: Vintage Books, 1998.

Pérez de la Dehesa, Rafael., "Los escritores españoles ante el proceso de Montjuich" en AIH Actas III (1968), pp.685-694

Shoemaker, William H., *Las cartas desconocidas de Galdós en "La Prensa" de Buenos Aires*. Madrid: Edic. Cultura Hispánica, 1973.

Sinningen, John H., "The Search for a New Totality in Nazarín, Halma Misericordia",

Modern Language Notes, 93, No. 2 (1978), pp. 233-51

Spivak, Gayatri Chakravorty., "Can the subalter speak?", Marxism & The Interpretation of Culture. Cary Nelson and Lawrence Grossberg, Eds., London: Macmillan, 1988.

NOTAS

1. Helen Graham, *The War before the lights went out. An interview with Helen Graham.*

2. Helen Graham, *Border Crossing. Thinking about the International Brigades before and after Spain.*

3. Pérez Galdós, *De Cartago a Sagunto*, pp.102-3. Las cursivas son nuestras.

4. Cfr. John H. Sinningen, "The Search for a New Totality in Nazarín, Halma Misericordia", Modern Language Notes, 93, No. 2 (1978), 233-51

5. Sadi Lakhdari, *Ángel Guerra de Pérez Galdós*, p. 205

6. Teresa Fuentes Peris, *Visions of Filth, Deviancy and Social Control in the Novels of Galdós*, pp.156-7. "The stress laid by Galdós (In Nazarín, similarly, in Halma) on issues such as undeserving poverty, begging and vagrancy, idleness, the work ethic, submission to discipline, insanity and contagion is a reflection of his concern for contemporary attitudes towards the poor, and lessens the emphasis traditionally placed on Galdós´s spiritual tendencies during this period."

7. Cfr. Catherine Jagoe, *Ambiguous Angels. Gender in the novels of Galdós*, p.141 Comenta Catherine Jagoe respecto a *Halma* y la tradición interpretativa espiritualista inicidada por Casalduero. "The relatively few studies devoted to it tend to follow the periodization scheme proposed by Joaquín Casalduero in the fifties, according to which Halma belongs in a trilogy of *ahistorical* novels (including *Nazarín* and *Misericordia*) that deal with spiritual rather than social matters. In fact, the novel´s exploration of the proper role of charity and spirituality in society necessarily involves the question of gender. The work deals not, as some critics suggest, with the spiritual problems of a universal everyman, but specifically with the struggle of an upper-class woman to reconcile the conflicting demands of personal desires and social dictates. Far from trascending history, then, Halma is a didactic novel with a social message prompted by the cultural context in which it was written." P.141. Las cursivas son nuestras.

8. Pérez Galdós, *Nazarín*, pp.46-7. Las cursivas son nuestras.

9. Labanyi, *Gender and modernization in the Spanish Realist Novel*, pp. 1-28

10. Labanyi, *Nazarín*, p.xv. op.cit, "It has been suggested that the birth in the nineteenth century of criminology, with its emphasis on techniques of police identification, played a key role in the development of the contemporaneous disciplines of psychology and the realist novel, equally concerned with defining individual identity. Galdós defuses Nazarín´s political threat, but the latter remains subversive because he elludes all definition: his individuality consists precisely in that which cannot be identified. Lombroso´s theories, designed to label deviants, are used to create a deviant character who resists containment."

11. Ibíd. p.x-xi

12. Pérez Galdós, *Nazarín*, pp. 312-15.

13. Catherine Jagoe, *Ambiguous Angels. Gender in the novels of Galdós*, pp.149-152

14. ¿*Más paciencia?* En Benito Pérez Galdós, *Memoranda*, pp.253-57

15. Cfr. Labanyi, *Gender and Modernization in the Spanish Realist Novel*, pp.31-51

16. Labanyi, *Nazarín*, p.xi "Nazarín, who also rejects the city for a return to nature, is equally blind in his failure to see that, by repudiating material progress, he is perpetuating

the lack of sanitation that causes disease in the first place." xi

17. Pérez Galdós, *Memoranda*, p.252

18. Cfr. Helen Graham, *The Spanish Civil War. A very short introduction*, y Mark Mazower, *Dark Continent: Europe´s Twentieth Century*.

19. Pérez Galdós, *Nazarín*, p. 192

20. Mary Lee Bretz, *Encounters Across Borders. The Changing Visions of Spanish Modernism*, p.22. "The re-examination of international relations in the the definition of nation accompanies a reconsideration of the various groups that played a significant role within the geographic borders of what has come to be modern Spain: *Arabs, Jews, and linguistic minorities within the peninsula*." La cursiva es nuestra.

21. Haidt, Rebecca., Visibly Modern Madrid: Mesonero, Visual Culture, and the Apparatus of Urban Reform" en *Visualizing Spanish Modernity*, Susan Larson y Eva Woods eds. pp.24-45 y Daniel Frost, *Public Space and Middle-Class Culture in the Spanish capital, 1833-1890*. pp.29-65.

22. *Torquemada en la cruz* (1893); *Torquemada en el purgatorio* (1894) y *Torquemada y San Pedro* (1895)

23. Jagoe, *Ambiguous Angels*, pp.137-9 "As a result of this narrative technique, Tristana now appears oddly hermetic, caught up in an unreadable internal world from which the reader is absolutely excluded (...) As if to register her effective death as an independent being, the narrative ceases almost entirely to record her private emotions or even her words. She is observed purely from the exterior, as a remote, almost autistic being."

24. Pérez Galdós, *Tristana*, pp.243-51. Las cursivas son nuestras.

25. *Ibid*. p. 247

26. Así describe Galdós la huida del protagonista, el cesante Villaamil, que sale de su casa y esquiva a su portero, de ideas absolutistas, antes de dirigirse al lugar donde se suicidará: «¡Ah!, sectario del oscurantismo, ¿querías cogerme? No te mirarás en ese espejo. Sé yo más que tú, monstruo, feo, más feo que el hambre, y más neo que Judas. Ya sabes que siempre he sido liberal, y que antes moriré que soportar el despotismo. Vete al cuerno, grandísimo reaccionario, que lo que es a mí no me encadenas tú... Me futro en tu absolutismo y en tu inquisición. Jeringate, animal, carca y liberticida, que yo soy libre y liberal y demócrata, y anarquista y petrolero, y hago mi santísima voluntad...». Pérez Galdós, *Miau*, 425-6

27. William H. Shoemaker, Las cartas desconocidas de Galdós en "La Prensa" de Buenos Aires, p.486

28. *Ibíd*.

29. Rafael Pérez de la Dehesa, "Los escritores españoles ante el proceso de Montjuich", pp.685-93

30. Chris Ealham, *Class, culture, and conflict in Barcelona, 1898-1937*.

31. Pérez Galdós, "Al pueblo español", en *España Nueva*, 6 de octubre de 1909.

32. *Ibíd*.

33. Gayatri Chakravorty Spivak, *Can the subaltern speak?*, pp.271-313

34. Pérez Galdós, *Halma*, p.328

Traumas vividos y traumas contados. El impacto emocional de la guerra en la novela histórica del siglo XIX

Beatriz Peralta García
Universidad de Oviedo, España

En 1814 Goya pinta dos de sus cuadros más célebres: *El dos de mayo de 1808 en Madrid* o *La carga de los mamelucos,* y el que narra el episodio posterior a ese día, *El tres de mayo* o *Los fusilamientos.* Ambos fueron concebidos para formar pareja de modo que la lectura que el pintor nos propone debe realizarse de forma conjunta[1]. En el primero de ellos una turba humana se enfrenta furiosa al ejército francés con el propósito de impedir la salida de Madrid de los infantes don Antonio y don Francisco de Paula, mientras que el segundo recoge la reacción a estos hechos, las ejecuciones sumarias que se habían iniciado en la tarde del mismo día 2 al mando del mariscal Murat. Fueron el origen e inicio de la llamada "Guerra contra el francés", "Guerra Peninsular" y más tarde, en la historiografía española, "Guerra de la Independencia", que se prolongaría entre ese año de 1808 y 1814. Las escenas que presenciamos en las pinturas son, así, la expresión máxima de la violencia, sanguinaria y sin distinciones, pues en la primera el protagonista es el pueblo de Madrid y en la segunda el ejército francés, ambos ensañándose cruelmente con sus víctimas. El impacto emocional de estos acontecimientos tuvo su reflejo en el arte[2] y en la literatura[3], generando la tendencia de actualidad en la novela histórica en España.

En Portugal los acontecimientos no estuvieron exentos de igual dramatismo. El descontento de la población, largamente larvado desde finales de 1807 con la llegada de Junot a Lisboa durante la primera invasión, acabó reventando algunos meses después de los sucesos de Madrid, lo que supuso la expansión del fenómeno de la guerra a un nuevo escenario. Se iniciaba así un largo período de enfrentamientos bélicos en Portugal que se prolongaría hasta mediados del siglo XIX, pues la ruptura con el Antiguo Régimen y la consolidación del liberalismo no fueron pacíficas. A reflexionar sobre los recuerdos de la guerra en las generaciones que la sufrieron y en las posteriores en el ámbito de la novela histórica de actualidad está dedicado este artículo.

I. El concepto de "trauma" y su reflejo histórico-literario

El *Dicionário da Academia das Ciências de Lisboa* fija el significado etimológico de la palabra "trauma", de origen griego, en "ferida", cuja definición en medicina es "alteração ou perturbação no organismo induzida por um agente externo que provoca lesões no funcionamento do mesmo", mientras que para la psicología se trata de un "choque psicológico ou emocional muito violento"[1]. De ahí que se acostumbre a hablar en trauma cuando se hace referencia a una vivencia o experiencia en la que la persona queda marcada desfavorablemente, es decir, una herida que deja un rastro extremadamente doloroso en su vida. A partir de los aspectos particulares que éste puede adquirir los psicólogos hablan de "trauma psíquico" cuando está causado por una circunstancia difícil o excepcional en términos afectivos, la muerte de un ser querido o alguna situación frustrante, mientras que se utiliza el término "trauma social" para aquellos sucesos históricos que marcan a toda la población. El profesor Ignacio Martín-Baró acuña también el concepto de "trauma psicosocial" para destacar el carácter dialéctico de la experiencia prolongada de la guerra en El Salvador. Por "carácter dialéctico" el Dr. Martín-Baró entiende las diferentes maneras de encarar el conflicto por parte de los individuos a partir de su extracción social, su grado de participación en él, la propia personalidad y la experiencia vivida. Al mismo tiempo advierte del origen social y no individual del trauma y del hecho de que su naturaleza se alimenta y mantiene en la relación entre el individuo y la sociedad a través de "diversas mediaciones institucionales, grupales o, incluso, individuales"[2]. Subyace aquí la idea de la cuestión generacional, que ha motivado un apasionado debate por su estrecha vinculación con el tema de la memoria. Diferentes estudios[6] explican el concepto de "generación" incidiendo en su carácter de fenómeno social más que propiamente biológico, dado que los individuos comparten un tiempo y un espacio histórico comunes que los lleva a alcanzar una idéntica forma de pensamiento y experiencia, así como una acción histórica relevante. Lo más significativo es comprobar, dentro de las generaciones, la presencia de conjuntos de individuos vinculados entre sí por experiencias comunes, es decir, "unidades generacionales", de las que se deriva un destino semejante y, lo que es más importante, una diferencia de percepción de los recuerdos que los marcaron con respecto a los individuos de la generación a la que pertenecen. Dicho con otras palabras: la memoria de los acontecimientos está estructurada por la edad que los individuos tienen en el momento del conflicto.

A pesar de la evidente distancia en términos cronológicos, geográficos, de naturaleza y prolongación en el tiempo, que existe entre la guerra en El Salvador y la situación sociopolítica de Portugal durante la primera mitad del siglo XIX, muchos de los elementos que concurren en la definición del concepto de "trauma psicosocial" pueden ser aplicados en términos generales. Si se observa con atención la cronología de estos años veremos cómo ésta nos presenta sucesivos episodios bélicos: las invasiones napoleónicas y la Guerra Peninsular entre 1808 y 1814, el golpe de Estado de D. Miguel (1828) y la Guerra Civil de 1832 a 1834 y, las revueltas de Maria da Fonte y Patuleia entre 1846 y 1847. Es decir, que en intervalos de entre dieciocho y doce años, respectivamente, varias generaciones de portugueses vivieron en un casi permanente estado de confrontación bélica a lo largo de casi cincuenta años, a lo que hay que unir la violencia sufrida por motivos ideológicos, como las persecuciones políticas que obligaron a los liberales de las décadas de los años 10 y finales de los años 20 a exiliarse en Inglaterra y Francia.

Estas experiencias de la guerra, la persecución y el exilio están en la base de buena parte de las manifestaciones literarias de las sucesivas generaciones de intelectuales a lo largo de todo el siglo XIX. Recién proclamada la República todavía Faustino da Fonseca recordaba la transmisión de estos acontecimientos a través de la memoria de las familias en una novela titulada *Os Martyres da Revolta*: "A um povo analfabeto (...) só se pode citar aquillo que elle conhece por tradicção, apenas a parte da historia vivida por seus avós e vis-avós, a tremenda guerra civil que ensanguentou o país, de aldeia em aldeia, a cuja dolorosa memoria todas as familias estão ligadas, quer as que se orgulham da victoria dos Bravos do Mindello, quer as que recordam, com saudade, o austero desprendimento dos convencionaes de Evora Monte"[7]. El alejamiento de los tiempos vitales unido al hecho de mantener entre ellos poca o ninguna relación, en términos de grupo, hace que no pueda atribuirse al conjunto de los escritores nacidos a lo largo de la centuria la consideración de pertenencia a una "generación intelectual" en sentido estricto, pero sí es cierto que todos ellos insisten de forma persistente en elaborar novelas ambientadas en los acontecimientos históricos a los que hemos aludido. Para entender este fenómeno hay que tener en cuenta la idea, antes descrita, de "unidad generacional", que puede ser aplicada, con algunos matices, a este conjunto de escritores. Así, y en función de su fecha de nacimiento, pueden distinguirse dos grandes grupos. El primero está constituido por aquellos que nacieron en la primera mitad del siglo XIX, para los que la guerra y las persecuciones forman parte de su experiencia vital, no sólo como ciudadanos, también como militares. Francisco Pedro Celestino Soares había sido oficial del ejército en tiempos de la Guerra Civil de los años 30; António Augusto Teixeira de Vasconcellos (1816-1878) formaría parte de la Junta de Oporto durante la revolución de Maria da Fonte; Luis Augusto Rebello da Silva (1822-1871) era una personalidad política además de un relevante novelista; Francisco Gomes de Amorim (1827-1891) pasaría buena parte de su juventud en Brasil, de donde regresa en 1846[8]; Arnaldo Gama (1828-1869), portuense, había vivido las revueltas liberales de los años 40 y, António Silva Gaio (1830-1870), médico, había conocido, en su familia, el sufrimiento que implica la violencia política además de vivir durante su adolescencia las revueltas de los años 40 tomando partido por el liberalismo progresista. Para todos se trata de traumas vividos y por ello sus novelas relatan, mayoritariamente, dos episodios bélicos particularmente dolorosos: la Guerra Civil de 1832 a 1834 que enfrentó al absolutismo con el liberalismo y, las revoluciones de Maria da Fonte y Patuleia que, a lo largo de casi dos años, entre 1846 y 1847, provocaron una nueva confrontación bélica en la que se vieron implicadas las diversas facciones del liberalismo y sectores absolutistas.

El segundo grupo está compuesto por aquellos escritores cuya experiencia vital no coincide con los conflictos, pero su memoria les ha sido transmitida por la generación precedente. Novelan ahora, preferentemente, las invasiones napoleónicas y la Guerra Peninsular siguiendo un camino abierto por Arnaldo Gama en 1863 con la publicación de *O Sargento-Mor de Villar*. Son traumas "narrados" y por eso los textos de estos autores, intelectuales casi todos ellos, adquieren un sentido épico y nacionalista, no exento de un cierto idealismo que no se contempla en las novelas de la generación precedente. Hay que citar aquí a Manuel Pinheiro Chagas (1842-1895), Alberto Pimentel (1849-1925) y António Maria de Campos Júnior (1850-1917), entre otros.

La historia de Portugal en el siglo XIX puede dividirse en dos grandes bloques con el año 1851 como bisagra entre ambos. El primero de ellos está integrado por las invasiones napoleónicas, la Guerra Peninsular, y el inicio y consolidación del sistema liberal. El segundo ocuparía el período de calma política y despegue económico del país denominado Regeneração. Según esta cronología las novelas que relatan estos acontecimientos políticos son las siguientes:

1. Las invasiones napoleónicas y la Guerra Peninsular (1807-1814): la primera invasión francesa es el argumento de *A Casa dos Fantasmas* (1865), de Rebelo da Silva; *Os Guerrilheiros da Morte* (1872), de Pinheiro Chagas y, *Paixão de Maria do Céu* (1902), de Carlos Malheiro Dias. *O Sargento-Mór de Villar. (Episodios da Invasão dos Francezes em 1809)* (1863), de Arnaldo Gama, novela la segunda invasión napoleónica, a cargo de Soult, en Oporto, y el trágico suceso de Ponte das Barcas que completaría con la publicación de *O Segredo do Abbade*, de 1865, esta vez atendiendo a lo sucedido en el Minho. La segunda invasión aparece también recreada en *O Major Napoleão* y *Os Guerrilheiros da Morte*, ambos de Manuel Pinheiro Chagas, publicadas em 1872; y *O Anel Misterioso* (1873), de Alberto Pimentel, que también recrea la invasión de Massena. Las tres invasiones, integradas en el conjunto global de la guerra, y la muerte de Napoléon aparecen en *A Filha do Polaco* (1903) y *Os Ultimos Amores de Napoleão* (s.d.), respectivamente, de António de Campos Júnior. *Angela Santa Clara*, de Guilherme Read Cabral, se desarrolla en Madeira durante los años del Bloqueo Continental y la ocupación de la isla por las tropas británicas. *O Amor da Pátria. Romance Original Marítimo* (1879), de Francisco Gomes de Amorim sitúa su acción a bordo de una

fragata en un tiempo indeterminado a principios del siglo XIX.

2. La Revolución Vintista (1820): se trata de un período escasamente relatado. De él se ocupan únicamente tres novelas: *O Testamento de Sangue* (1872) y *A Guerrilha de Frei Simão* (1895), de Alberto Pimentel, y *Gomes Freire. Romance histórico* (s.d.), de Rocha Martins.

3. El reinado de D. Miguel y la Guerra Civil (1828-1834): es, junto a los acontecimientos de 1808 a 1814, el período de la historia de Portugal del que más se ocupa la novela histórica de actualidad. El relato de las revoluciones liberales en literatura se documenta por primera vez con la publicación en 1845 de *Luiza e Julia. Romance Histórico que Comprehende o Tempo do Dominio de Dom Miguel*, de Francisco Pedro Celestino Soares. Tras esta novela vienen a la luz *O Caramujo*, de António Avelino Amaro da Silva, publicada en 1863, que focaliza su atención en el pensamiento absolutista, como *Flor de Myosótis. Romance Original* (1886), de Alberto Pimentel. En 1868 aparece la célebre *Mário. Episódios das Lutas Civis Portuguezas de 1820-1834* (1868), de A. Silva Gaio, una síntesis de la implantación del liberalismo en Portugal desde la revolución liberal Vintista a la Guerra Civil. En la década de los 70 se editan *A Família Albergaria. (Entre 1824-1834). Romance Histórico Original* (1874), de Guiomar Torresão y *A Infâmia de Frei Quintino. (Romance duma Família)* (1878), de Faustino da Fonseca. Él mismo publicará a principios del siglo XX *Os Bravos do Mindello. Romance Histórico* (1906).

4. Las revoluciones de Maria da Fonte (1846) y Patuleia (1847): sólo unos pocos años después de estos violentos sucesos se publica *O Prato de Arroz Doce* (1862), de A. A. Teixeira de Vasconcelos, tenida inicialmente como un libro de historia y una de las novelas, si no la más paradigmática, que ejemplifican la degradación del género histórico en literatura[9]. En 1865 aparece *O Sapateiro de Azeitão: romance histórico-político bazeado nos principaes factos succedidos em Portugal entre os annos 1834 a 1846 ou continuação do romance histórico Julia e Luiza obra do mesmo auctor*, de Francisco Pedro Celestino Soares, que completa los sucesos históricos narrados en su novela anterior. En 1873 Miguel J. T. Mascarenhas novela la revuelta de 1846 en *Um Conto Portuguez. Espisodio da Guerra Civil. A Maria da Fonte.* Ya en el siglo XX lo harán Rocha Martins en *Maria da Fonte* (1903) y Azevedo Sampaio en *Sina de um Minhoto e de um Paulista* (1904). César da Silva se ocupa de la Patuleia en *Os Patuleias* (1910), mientras que Arnaldo Gama sitúa la acción de *El-Rei Dinheiro* (1876) en vísperas de la revolución de 1847.

5. La Regeneração (1851-1871): de estos años hay que destacar varias novelas, todas de Alberto Pimentel. Son *A Porta do Paraíso. Chronica do reinado de D. Pedro V. Romance original* (1873), *O Arco de Vândoma* (1916) y *Terra Prometida* (1918). Las dos primeras se desarrollan durante el reinado de D. Pedro V mientras que la última retrocede algo más la acción en el tiempo y la sitúa después de la revolución de Maria da Fonte (1846), ocupándose de la situación en la que quedan los partidarios de D. Miguel. De más difícil catalogación es *Pedras que Falam. Novela Histórica* (s.d.),

de António de Campos Júnior, cuya digesis se sitúa tras las revoluciones liberales aunque comprendiendo un espacio de tiempo mayor que salta, incluso, el marco cronológico del período.

Todas las novelas citadas recorren episodios puntuales, fases y períodos de la historia política portuguesa a lo largo del siglo XIX. Entre las razones que cabe apuntar para la aparición de la temática de actualidad en la novela histórica hay que señalar varias circunstancias. En primer lugar hay que advertir de una cierta monotonía y cansancio no del género en sí mismo, como prueban los éxitos editoriales de O Sargento-Mór de Villar (dos ediciones simultáneas en Oporto[10] y Lisboa[11]) y Os Guerrilheiros da Morte (tres ediciones el mismo año de su publicación)[12], sino de los temas tratados, lo que llevó a que los escritores volviesen sus ojos hacia la propia historia en busca de nuevos contenidos. Así se llegó a un paulatino ensanchamiento del marco narrativo, tanto hacia otras épocas posteriores, como el período de la dinastía de los Habsburgo en Portugal o los descubrimientos y la expansión ultramarina hasta alcanzar, significativamente, el siglo XIX con la temática de la dictadura de D. Miguel y la Guerra Civil; o, hacia atrás, con novelas ambientadas en la Antigüedad Clásica y, en consecuencia, la ruptura del canon clásico, hasta ese momento restringido a los ambientes medievales.

Es un fenómeno europeo. De Portugal a Rusia la aparición de la contemporaneidad en la novela histórica responde a dos tipos de procesos histórico-políticos: la Revolución Francesa y su posterior internacionalización como conflicto bélico bajo Napoléon[13] que llevó a las aparición de las primeras manifestaciones del género con esta temática en países como Francia[14], España[15], Alemania[16] y Rusia[17]; y, por otro lado, la consolidación del Estado liberal que, dependiendo de los países, es producto de movimientos internos, como en Portugal, cuya novela histórica de actualidad nace a raíz del enfrentamiento de liberales y absolutistas en la Guerra Civil de 1832-1834; e Italia, que genera la temática de actualidad en pleno debate a propósito de su unificación[18]. En el centro y el este europeo obedece a la oleada de levantamientos armados a partir de mediados de los años 40 que inician procesos de carácter nacionalista en pueblos sometidos a los grandes Imperios, Austrohúngaro y Otomano: Eslovenia[19], Eslovaquia[20], Serbia[21], Bulgaria[22], Chequia[23] y Croacia[24], y también Polonia[25], en el área de influencia rusa, originan un tipo especial de novela histórica de actualidad.

El objetivo que los novelistas persiguen con sus textos es doble: difundir lo sucedido con un propósito pedagógico. Es el caso del novelista ruso Mijaíl Nikoláievich Zagoskin que en el prólogo a Róslavlev o Los rusos en el año 1812 (1831), escribe: "Yo quería demostrar que a pesar de que las formas externas y la fisonomía de la nación rusa cambiaron totalmente, no cambió con ello ni nuestra firme lealtad al trono, ni nuestro apego a la fe de los antepasados, ni nuestro amor a la patria"[26]. Bajo el yugo (1894), de Iván Vázov, una obra fundamental en la literatura búlgara, relata el fracasado

Levantamiento de Abril de 1876 contra el dominio turco. Su sentido educativo queda patente a lo largo del relato, especialmente en el capítulo XVI de la Segunda Parte, titulado "La embriaguez de todo un pueblo". La narración se detiene y el autor-narrador realiza la siguiente reflexión:

> "Se asombrarán las generaciones venideras; incluso nosotros mismos, contemporáneos de esta época, ya sosegados después de tantos ejemplos históricos, nos extrañaremos y nos asombraremos de esta embriaguez de los espíritus, de esa demencia del pueblo, preparándose a la lucha contra un inmenso Imperio con fuerzas militares superiores... (...) El espíritu nacional búlgaro nunca había alcanzado tales alturas y quizás no las alcanzaría otra vez. Nos hemos detenido especialmente en este preludio de la lucha porque es asombroso y da la dimensión de la fuerza de una gran idea que había encontrado un terreno propicio. La misma lucha que le sigue merece apenas este nombre. Ni siquiera pensamos describirla. Nuestra narración versará inevitablemente sobre episodios de esa lucha, episodios que se desarrollarán e ilustrarán la revolución, ese monstruoso fracaso de las esperanzas"[27].

II. Traumas vividos en la novela histórica de actualidad en Portugal

Francisco Pedro Celestino Soares es uno de aquellos autores que ha vivido en primera persona los acontecimientos políticos que relata en la novela epistolar *Luiza e Julia* cuyo subtitulo, *Romance Histórico que Comprehende o Tempo do Dominio de Dom Miguel*, esclarece a respecto del marco temporal escogido por el autor. Resulta muy revelador de la situación política y de trauma psicosocial que se abate sobre la población portuguesa, pues la redacción de la novela se realiza sólo once años después de la finalización del conflicto, la Guerra Civil de 1832 a 1834. Además es conveniente destacar la profesión de su autor, un miembro del ejército, hermano de Joaquim Pedro Celestino Soares, a su vez Oficial de la Marina y director de la Escuela Naval. Liberal convencido es autor de algunas obras de temática militar[28] y de dos novelas más, *O Sapateiro de Azeitão*, ambientada durante las revoluciones liberales de 1846 y 1847, y *Lenda do Castello de Penha-Fiel: romance semi-historico*[29], durante la Edad Media. Entre los motivos que lo llevan a escribir su novela confiesa la de "dar folga ao espirito" en las vacaciones de 1844 echando mano del interés que "o tempo do dominio de Dom Miguel" presenta para dar "mais facilidade á composição que offerecemos". Poco podía imaginar el desocupado militar que apenas dos años más tarde el país se vería envuelto en una nueva conflagración bélica, otra guerra civil, esta vez producto de un conjunto variado de motivaciones entre los liberales a los que se une, interesadamente, el sector absolutista. He aquí una preocupación aparentemente menor que se torna delicada cuando explica su esfuerzo por relatar con exactitud los hechos históricos. Se impone ahora la obligación de evitar sufrimientos innecesarios y así afirma que "escrevemos sem odio, ou outra paixão; ao menos fizemos o esforço para ser imparciaes, e estamos convencidos de que, com razão, não seremos taxados de exaggerar"[30]. Y continúa: "Não nos referimos a pessoa alguma particular (...)", y aunque lo expuesto pueda remover la conciencia de hechos sometidos al dictamen de los tribunales Celestino Soares proclama su propósito de abordar lo "acontecido como effeito da influencia que o estado do paiz tinha ainda nas cousas que delle pareciam mais alheias".

Junto a esta preocupación, intuimos, por los que perdieron la guerra, el autor advierte: "O que pertence ao dominio da historia é forçoso declarar-se", no cupiendo resentimientos frente a acontecimientos recientes, conocidos por todos, que la novela hace visibles. Es éste el objetivo de profilaxis y pedagogía política que proclama: "escrevemos despidos de paixão; e desejamos do intimo d'alma, que os bons caracteres que apresentamos, e os exemplos fataes a que nos referimos, sirvam, uns para serem imitados, e os outros para não serem repetidos"[31].

Once años después de acabada la contienda el militar inicia un proceso de terapia colectiva con dos destinatarios precisos: él mismo y el conjunto de la sociedad. Es pertinente preguntarse por los motivos inmediatos que provocaron la reacción literaria de un hombre esta ese momento preocupado únicamente con obras de carácter militar. El creciente autoritarismo del gobierno de Costa Cabral y lo reciente de la revuelta malograda de Torres Novas (4 de febrero de 1844) pueden estar en la base de la alarma, como por otro lado sucedería con la redacción de *O Arco de Sanct'Anna*, de Almeida Garrett, ambas novelas, recordémoslo, contemporáneas en el tiempo. Vinculado a los cánones del romanticismo literario el autor compone su relato bajo una estructura epistolar protagonizada por cuatro personajes, dos masculinos y dos femeninos, que establecen entre ellos un conjunto de relaciones. Las dos amigas, Luiza y Júlia, cruzan correspondencia entre ellas y, al mismo tiempo, con sus respectivos prometidos, Carlos y Carvalho, también ellos unidos por lazos de amistad. Paralela al relato sentimental se desarrolla la narración de los acontecimientos históricos con una curiosa especialidad discursiva: la descripción de éstos queda al cuidado de los hombres, mientras que el debate ideológico y social está colocado, mayoritariamente, en la voz de las mujeres.

El objetivo de Celestino Soares contrasta con la actitud de Silva Gaio cuando escribe la que es, posiblemente, una de las novelas más famosas y editadas del género histórico y de la tendencia de actualidad en Portugal, *Mário*[32]. En el momento de la publicación de *Luiza e Julia* António Silva Gaio tiene sólo quince años de edad. Había nacido el 14 de agosto de 1830 en Viseu en el seno de una familia afecta al liberalismo[33]. Durante la época del conflicto bélico tenía entre dos y cuatro años, por lo que los padecimientos y sufrimientos de sus padres le son transmitidos por la memoria familiar, la tía materna Dª Maria José de Oliveira e Almeida, con la que el pequeño António y sus dos hermanas irían a vivir tras el fallecimiento de sus progenitores. Su padre, el abogado Manuel Joaquim de Almeida Silva Gaio, había sido perseguido y encarcelado durante la guerra y fallecería el 23 de septiembre de 1835, apenas un año después de alcanzar la libertad merced a la liberación de los presos políticos decretada tras la Convenção de Évora Monte (1834). Su madre no pudo superar la depresión producto de la situación que afectaba al marido y moriría el 17 de junio de 1834. En 1868 Silva Gaio publica la obra por la que es reconocido en el mundo de la literatura, la célebre *Mario. Episodios das Lutas Civis Portuguezas de 1820- 1834.*

En el prólogo que acompaña la edición de la novela hallamos la explicación del autor a respecto de las circunstancias que lo llevaron a escribirla. Esta vez se trata de un episodio doloroso en su vida. En una visita al cementerio de S. Martinho, en la antigua propiedad de la familia, comprueba la inexistencia de vestigios de sus familiares. El olvido, producto del inexorable paso del tiempo, provoca en el autor un nuevo dolor: "Tudo passou como um sonho!", escribe. Y así decide registrar lo acontecido, otra vez con un propósito pedagógico: "Pareceu-me, que será útil lembrar o que a liberdade custou, a muitos, que de tal andam esquecidos, e por isso não toleram a liberdade alheia"[34]. En efecto, la novela es, ante todo, una síntesis del liberalismo en Portugal, desde la Revolución Vintista hasta su triunfo en 1834. Silva Gaio la titularía con el nombre de su propio hijo y en la construcción del personaje protagonista resumió un concepto que va más allá de una idea política. Y, en paralelo, el conjunto de las figuras que lo acompañan no son sino personajes-tipo que encarnan otros tantos principios políticos, morales o, simplemente, sentimientos humanos: el absolutismo, el pueblo, la religión, la humildad, el arrepentimiento, el amor[35].

III. Traumas contados en la novela histórica de actualidad en Portugal

Si para los novelistas nacidos en la primera mitad del siglo XIX la Guerra Civil de 1832 a 1834 es objeto privilegiado de sus obras, para los nacidos en la segunda mitad lo serán las invasiones napoleónicas y la Guerra Peninsular. Superado el enfrentamiento fratricida corresponde ahora el turno a la redención del extranjero. Desde principios de la década de los años 60 autores como Arnaldo Gama, cuyas novelas son consideradas paradigmas del género histórico e iniciadoras de la tendencia de actualidad, Alberto Pimentel, Manuel Pinheiro Chagas, Francisco Gomes de Amorim, António de Campos Júnior y Carlos Malheiro Dias se ocupan del período de la historia portuguesa comprendido entre 1808 y 1814 focalizando su atención no tanto en el desarrollo de la guerra como conjunto sino en cada una de las invasiones. Desde el punto de vista histórico revelan una respuesta de carácter nacionalista ante un sentimiento de agresión a la patria al privilegiar la violación del espacio territorial por un ejército extranjero invasor y establecen una diferencia con lo acontecido en España, que genera su novela histórica de actualidad a raíz de la Guerra de la Independencia y la revolución liberal al evocar estos acontecimientos. Es una reacción acorde con los movimientos nacionalistas europeos finiseculares aunque en clave interna hay que entenderla desde la percepción de los políticos y la intelectualidad portuguesa como un retorno a los sucesos políticos de los primeros años del siglo XIX. Los proyectos de reordenación geoestratégica de la península Ibérica por Napoleón III, el debate entorno a la cuestión ibérica[36] en los años 50 y 60 junto a la idea del decadentismo de los pueblos peninsulares, enunciada por Antero de Quental y, finalmente, la crisis del Ultimatum de 1890, unidos a proyectos de desarrollo interno, como la construcción de las líneas de ferrocarril, están en la base de una relectura épica y nacionalista de la propia historia.

La primera novela portuguesa que aborda algunos sucesos de la Guerra Peninsular es *O Sargento-Mór de Villar. (Episodios da Invasão dos Francezes em 1809)* (1863), de Arnaldo Gama, que relata la invasión de Soult en Oporto con especial énfasis en el trágico desastre de Ponte das Barcas. Su publicación despertaría el entusiasmo de liberales como Sampaio Bruno, que en 1886 hablaba de un episodio "traçado com alma, da invasão francesa de Soult"[37]. Fue el primero en resaltarlo, ochenta años después de haber transcurrido los hechos. Cercano el primer centenario de las invasiones se publican *Paixão de Maria do Céu* (1902), *A Filha do Polaco. Romance Histórico* (1903) y *O Monge do Bussaco. (Episodio da Invasão Franceza)* (1909)[38], acontecimiento aprovechado para favorecer la recuperación del maltrecho orgullo nacional después del Ultimatum. Campos Júnior es uno de los que se propone contribuir a ello con sus novelas difundiendo entre los contemporáneos la gloria del pasado patrio en su lucha contra un ejército invasor:

> "A guerra das tres invasões, através de Portugal, através da Hespanha, e no territorio meridional de França, é mal conhecida do povo, anda incompletamente esboçada em resumos friamente descoloridos, nos compendios das escolas, e nem sequer teve ainda a historia que merecia, de tal sentida verdade que o povo se apaixonasse por ella, de tão singela forma que todos a soubessem entender, de tal serena imparcialidade, que a nenhum estrangeiro fosse licito apodal-a de fanfarronada patriotica"[39].

El autor, un militar jubilado, nos describe con todo detalle, en dos gruesos volúmenes de más de cuatrocientas páginas a dos columnas, no sólo las tres invasiones francesas y la Guerra Peninsular, también la campaña del ejército napoleónico en Rusia sin olvidar lo que sucede en el reino de Italia. El narrador se esfuerza en realzar, en reiteradas ocasiones, el valor de los portugueses, muchas veces en confrontación con los españoles, exaltando elementos puntuales de la guerra, como la primera derrota de Massena en Portugal en la batalla de Buçaco (27 de septiembre de 1810) por el ejército anglo-portugués, que se opone a la derrota de Bailén (19 de julio de 1808). Y para hacerlo Campos Júnior, como la inmensa mayoría de los autores de novela histórica de actualidad, procede a una construcción científica del texto histórico basada en la consulta de documentación que publicita en notas a pié de página[40]. Se trata de un recurso textual común en la novela histórica medieval pero a diferencia de ésta, donde lo creíble se circunscribe a la trama de ficción, el objetivo ahora es contar la realidad de lo que pasó. Y en aras de esa verdad los novelistas comienzan a plasmar en sus textos el respeto por el otro, por el extranjero, intentando separar la circunstancia de la guerra como decisión política frente al oficial como individuo. El francés empieza a ser percibido como un igual susceptible de las mismas pasiones de amor y venganza por la patria que habían presidido las actuaciones, a veces poco justificadas, del ejército anglo-portugués.

El primero en hacerlo fue Pinheiro Chagas en *O Monge do Bussaco. (Episodio da Invasão Franceza)* una novela corta publicada en 1867. El narrador nos describe la brutalidad de la guerra ejemplificada en lo sucedido a la familia de Henrique cuyas madre, hermana y novia son asesinadas en su propia casa por guerrilleros portugueses que huyen de Oporto durante el ataque a la ciudad. Es importante destacar este matiz, que traslada parte de la responsabilidad del horror hacia los propios militares portugueses:

> "Os francezes são soldados, mas também são homens, e teem, como taes, todas as más paixões, que Satanaz accende no coração humano. Em guerra leal e briosa terão brios e pundonor, mas a guerra traiçoeira que lhes fazemos, desorganizando-lhes a disciplina transformou-os em feras. Pobre pátria! ficarás livre talvez, mas dilacerada e deshonrada"[41].

A lo largo de la novela y en las palabras de Henrique en particular el narrador expresa una crítica a la acción desarrollada por las guerrillas. Arnaldo Gama ya les había dedicado algunas páginas en 1864 en *O Segredo do Abade* al subrayar sobre todo su carácter popular[42], pero Pinheiro Chagas centra su atención en un aspecto soslayado hasta ese momento: el saqueo de las ciudades e intimidación de la población civil, frecuentemente obligada a satisfacer las demandas impuestas por los guerrilleros. Algunos años más tarde, en 1872, abordará el tema en una novela significativamente titulada *Os Guerrilheiros da Morte* en la que el personaje protagonista, Jayme Cordeiro de Altavilla, decide abandonar esta forma de ejército popular precisamente para luchar por la patria como soldado y no como asesino en una guerra salvaje[43].

Por otro lado el reconocimiento del soldado francés como un semejante se basa en el amor a la propia patria que, como sentimiento, alcanza a todos los individuos por igual. En el capítulo titulado "A confissão" el capitán Augusto Draguignan, que desde la temprana edad de dieciséis años forma parte del ejército francés, se sincera con Henrique, ahora convertido en fraile: "Sou engeitado (...) Privado das caricias de mãe, todo o meu affecto concentrei n'essa outra mãe descaroável muitas vezes, mas que sempre faz pulsar o coração de seus filhos, pela qual sacrificamos a vida para a fazermos potente, livre e gloriosa. Essa mãe vasta e santa é a pátria, é a França. Ó pátria!"[11] Se trata de la misma argumentación que el narrador de una novela tardía, *No Tempo dos Francezes. Romance Histrico* (1894), de Francisco da Fonseca Benevides, presenta a los lectores con un propósito idéntico al de Pinheiro Chagas veinte años antes. El relato es en realidad un resumen histórico de los años de la Guerra Peninsular pues la trama de ficción está sostenida en unos pocos capítulos que cuentan la historia de los amores del capitán francés Raoul de Remigny y soror Maria da Misericordia. En la construcción del personaje masculino cobran especial importancia los años de su adolescencia y juventud que justifican la opción militar del protagonista a la edad de dieciséis años. Su ascendencia noble lo llevó a ser detenido y encarcelado junto a su madre en el convento des Oiseaux tras la muerte de su padre en la guillotina. Con el fin del Terror recobraron la libertad al mismo tiempo que los éxitos militares de Napoleón asombraban a Francia y a toda Europa. Sería este el motivo que estimuló la opción militar de muchos franceses amantes de su patria[15].

La crítica ha olvidado con demasiada frecuencia una novela histórica muy alejada del canon clásico de Walter Scott consagrado sobre todo en la obra de Alexandre Herculano. Carente de su maestría técnica ha pasado desapercibida, considerada la degradación del género o un reportaje histórico. Sin embargo una mirada atenta a la novela histórica de actualidad muestra que no es sólo una ficción apasionante de unos acontecimientos impactantes de la historia portuguesa del siglo XIX. Es la memoria histórica transmitida bajo un soporte accesible para todos. Quizá quien mejor lo ha expresado ha sido Júlia cuando define la novela histórica comparándola "(...) com os remédios disfarçados em bebidas agradáveis, que produzem o beneficio quando só se procura o deleite que o causam"[16].

Bibliografía

A.P.A. DSM-IV-TR, *Manual diagnóstico y estadístico de los trastornos mentales*. Washington, D.C. Masson, 2000.

Aguilar Fernández, Paloma, *Políticas de la memoria y memorias de la política. El caso español en perspectiva comparada*, Madrid, Alianza Editorial, 2008.

Cuesta Bustillo, Josefina, *La odisea de la memoria. Historia de la memoria en España. Siglo XX*, Madrid, Alianza ed., 2008.

Ferreras, Juan Ignacio, *Benito Pérez Galdós y la invención de la novela histórica nacional*, Madrid, Endymion, 1998.

Ferreras, Juan Ignacio, *La novela española en el siglo XIX. (Hasta 1868)*, Madrid, Taurus,

1987.

Hinterhäuser, Hans, Los «Episodios Nacionales» de Benito Pérez Galdós, Madrid, Gredos, 1963.

Junior, Antonio de Campos, A Filha do Polaco. Romance historico, Volumes I-II, Lisboa, Typographia da Empreza do Jornal O Seculo, 1903.

Martín-Baró, Ignacio, Psicología social de la guerra: trauma y terapia, San Salvador, El Salvador, UCA editores, 1992, selección e introducción de Ignacio Martín-Baró.

Peralta García, Beatriz, "Arnaldo Gama y la Guerra Peninsular en la novela histórica portuguesa", en Diego, Emilio de (Dir.), y Martínez Sanz, José Luis (Coord.), El comienzo de la Guerra de la Independencia, Madrid, Madrid, Actas, 2009.

Peralta García, Beatriz, "Mário o la historia bajo el disfraz de novela", en Fernández García, Mª Jesús, y Ogando, Iolanda, Limite. Revista de Estudios Portugueses y de la Lusofonía, vol. 2., Cáceres, Universidad de Extremadura, 2008, pp. 135-158.

Pinheiro Chagas, Manuel, O Monge do Bussaco. (Episodio da Invasão Franceza), Figueira, Imprensa Lusitana, 1909.

Ribeiro, Thomaz, "Esboço Biographico" a Silva Gayo, A., Mario. Episodios das Lutas Civis Portuguezas de 1820-1834, Coimbra, Imprensa Academica, 2ª ed., 1877.

Silva Gayo, A., Mario. Episodios das Lutas Civis Portuguezas de 1820-1834, Lisboa, Imprensa Nacional, 1868.

Soares, Francisco Pedro Celestino, Luiza e Julia. Romance Histórico que Comprehende o Tempo do Domínio de Dom Miguel, Tomos I-II, Lisboa, Imprensa Nevesiana, 1845.

Young, Kimball, Psicología social de la revolución y la guerra, Buenos Aires, Paidós. 1969.

Notas

1. Mena Marqués, M., Maurer, G., Garrido, C., García-Máiquez, J., Mora Sánchez, E., Quintana Calamita, E., y Quintanilla Garrido, C., "Goya: el Dos y el Tres de mayo de 1808 en Madrid. Estudio y restauración", Boletín del Museo del Prado, tomo XXVII, nº 45, Madrid, Museo Nacional del Prado, 2009, pp. 129-149.

2. Gutiérrez Buró, Jesús, "La fortuna de la Guerra de la Independencia en la pintura del siglo XIX", Cuadernos de Arte e Iconografía, tomo II Ð 4. 1989. (http://fuesp.com/revistas/pag/cai0448.html)

3. Vid. lo trabajos de Romero Tobar, Leonardo, "Galdós y El 19 de marzo y el 2 de mayo", en Espadas Burgos, Manuel (Dir.), Anales del Instituto de Estudios Madrileños. Extraordinario segundo centenario de 1808, Madrid, Consejo Superior de Investigaciones Científicas, 2008; ídem, "Los «Sitios de Zaragoza», tema literario internacional (1808-1814)", Diego, Emilio de (Dir.), y Martínez Sanz, José Luis (Coord.), El comienzo de la Guerra de la Independencia, Madrid, Madrid, Actas, 2009, pp. 571-588; y Freire, Ana Mª, "La Guerra de la Independencia en la literatura española (1814-1914)", Cuadernos dieciochistas, 8, Salamanca, Ediciones de la Universidad de Salamanca, 2007, pp. 267-278; ídem, "La Guerra de la Independencia en la novela española del siglo XIX", en Diego, Emilio de (Dir.) y Martínez Sanz, José Luis (Coord.), El comienzo de la Guerra de la Independencia..., cit.

4. Dicionário da Língua Portuguesa Contemporânea da Academia das Ciências de Lisboa, Lisboa, Academia das Ciências de Lisboa y Editorial Verbo, 2001. Se derivan de aquí el sustantivo "traumatismo", los adjetivos "traumático" y "traumatizado", así como el verbo "traumatizar", además de la voz "traumatología" y "traumatológico".

5. Martín-Baró, Ignacio, "La violencia política y la guerra como causas del trauma psicosocial en El Salvador", en AA. VV., Psicología social de la guerra: trauma y terapia,

selección e introducción de Ignacio Martín-Baró, San Salvador, El Salvador, UCA editores, 1992, p. 78. Vid. también Young, Kimball, *Psicología social de la revolución y la guerra*, Buenos Aires, Paidós, 1969. Una reflexión entorno a la impunidad de los crímenes desde un caso concreto en García, Prudencio, "El Salvador, 30 años de penosa impunidad", en *El País*, Madrid, nº 12.121, 27 de agosto de 2010, p. 27.

6. Aguilar Fernández, Paloma, *Políticas de la memoria y memorias de la política. El caso español en perspectiva comparada*, Madrid, Alianza Editorial, 2008, pp. 30-34; Cuesta Bustillo, Josefina, *La odisea de la memoria. Historia de la memoria en España. Siglo XX*, Madrid, Alianza ed., 2008, pp. 25-131.

7. Fonseca, Faustino da, *Os Martyres da Revolta. Romance Historico*, Lisboa, Bibliotheca Social Operaria, s.d., p. 696. La expedición de los Bravos do Mindello ha permanecido en la memoria colectiva, entre otras manifestaciones, a través de los epitafios de aquellos que participaron en ella. En el Cemitério dos Prazeres, en Lisboa, las sepulturas del Conde de Lumiares y del Consejero de Estado Júlio Gomes da Silva Sanches poseen las siguientes dedicatorias: "Aqui jaz o conde de Lumiares que foi Pár do Reino Tenente General e hum dos 7:500 que desembarcarão nas Praias do Mindello"; "Aqui jaz o Conselheiro d'Estado Julio Gomes da Silva Sanches um dos 7500 bravos do Mindello (...)".

8. Gomes de Amorim, Francisco, *Cantos Matutinos*, Lisboa, Typographia Progresso, 1858.

9. Simões, João Gaspar, *História do Romance Português*, vol. II, Lisboa, Estúdios Cor, 1969, p. 74.

10. Gama, Arnaldo, *O Sargento-Mór de Villar. (Episodios da invasão dos francezes em 1809)*, Porto, Typographia do Commercio, 1863.

11. Gama, Arnaldo, *O Sargento-Mór de Villar. (Episodios da invasão dos francezes em 1809)*, Lisboa, Empresa Lusitana Editora, s.d.

12. Chagas, Manuel Pinheiro, *Os Guerrilheiros da Morte. Romance historico*, Lisboa, Lucas & Filho, 2ª ed., 1872; Chagas, Manuel Pinheiro, *Os Guerrilheiros da Morte. Romance historico*, Lisboa, Escriptorio da Empresa, 3ª ed., 1872.

13. Hinterhäuser, Hans, *Los "Episodios Nacionales" de Benito Pérez Galdós*, Madrid, Gredos, 1963, pp. 42-43.

14. En 1829 Balzac publica *Le Dernier Chouan ou la Bretagne en 1800*, más tarde *Les Chouans ou la Bretagne en 1799*, que relata la rebelión, con tintes nacionalistas, de la Bretaña monárquica frente al gobierno de la República y donde su autor, al subrayar esta contradicción, presenta una nueva visión del golpe de Estado de Napoleón Bonaparte de 18 Brumario. Balzac, *La Comédie Humaine*, I, Paris, Éditions Gallimard, 1976, p. LXXXVIII; Gabaudan, Paulette, *El romanticismo en Francia, 1800-1850*, Salamanca, Ediciones Universidad de Salamanca, 1979, p. 158; Prado, Javier del, "La narración" en Prado, Javier del (Coord.), *Historia de la literatura francesa*, Madrid, Cátedra, 1994, pp. 835-836.

15. La primera novela española que aborda un hecho puntual de la Guerra de la Independencia, en ese momento aún no concluida, es *El héroe y las heroínas de Montellano. Memorial patriótico*, de Pablo Rincón, que aparece en Valencia en 1813. En 1822 Francisco Brotons publica *Rafael de Riego o La España libre*, una biografía exaltada del héroe del liberalismo. Ferreras, Juan Ignacio, *La novela española en el siglo XIX. (Hasta 1868)*, Madrid, Taurus, 1987, p. 91; ídem, *Benito Pérez Galdós y la invención de la novela histórica nacional*, Madrid, Endymion, 1998, p. 37 y pp. 44-45.

16. Por ejemplo, las dos novelas de Joseph von Eichendorff *Presentimiento y presente*, aparecida en 1815 y, *El castillo Dürande*, de 1837, ambientadas en los años de la sublevación del Tirol contra Napoleón, y la Revolución Francesa, respectivamente.

17. De 1831 data la aparición *Róslavlev o Los rusos en el año 1812*, de Mijaíl Nikoláievich Zagoskin, ambientada durante los años de la guerra napoleónica.

18. *Cento anni*, de Giuseppe Rovani, publicada en 1857 y 1864, recorre un siglo de la vida milanesa entre 1750 y 1849.

19. *Crónica de Visoko* (1919), de Ivan Tav ar, la obra más representativa del liberalismo esloveno, con la Guerra de los Treinta Años de fondo.

20. *Valgatha* (1872), obra póstuma del eslovaco Ludovít Kubáni, recrea la política imperial vienesa con un marcado pesimismo por las dificultades de convivencia de las diferentes nacionalidades y, en concreto, la eslovaca, bajo el Imperio Austro-húngaro.

21. *Dos ídolos* (1851), de Bogoboj Atanackkovi, está considerada una novela romántica ambientada durante la revolución de 1848.

22. La novela de Vasil Drúmev, *Familia desgraciada* (1860) cuenta, con unas fuertes gotas de patriotismo, la historia de una familia búlgara de las primeras décadas del siglo XIX.

23. Gustav Pfleger Moravský (Moravo) relata en *Una vida perdida* (1862) la revolución de 1848.

24. Vjenceslav Novak publica en 1899 *Los últimos Stipan i*, cuya trama se desarrolla en la primera mitad del siglo XIX durante el período de la constitución de las Provincias Ilirias (1805-1813) por Croacia y Eslovenia.

25. Bolesław Prus, *Las emancipadas* (1894), ambientada en 1864, justo después de la Insurrección de Enero de 1863, en el complicado mapa político polaco del siglo XIX.

26. Cit. por Rojlenco, Ala, "La novela del periodo romántico", en Presa González, Fernando (Coord.), *Historia de las literaturas eslavas*, Madrid, Cátedra, 1997, p. 1091.

27. Vasov, Ivan, *Bajo el yugo*, Barcelona, Bruguera, 1984, p. 307.

28. *Compendio Militar. Extraído dos autores de melhor nota e coordenado por Francisco Pedro Celestino Soares*, Lisboa, Imprensa Nacional, 1833-1834, 6 vols.; *Fortificações: sistema português*, Lisboa, Memórias da Real Academia das Ciências de Lisboa, vol. 11, nº 2, 1835; *Ensaio sobre a fortificação do térreo-vegetal ou segundo o sistema português*, Lisboa, Memórias da Real Academia das Ciências de Lisboa, vol. 12, nº 1, 1837; *Projecto sobre a Defesa do Porto de Lisboa*, Lisboa, Typographia da Academia Real das Sciencias, 1847; *Porvete Português*, 1843; *Fortificações: ampliação do sistema moderno*, Lisboa, Memórias da Real Academia das Ciências de Lisboa, 2ª série, vol. 3, nº 3, 1856.

29. Lisboa, Imprensa de J. G. de Sousa Neves, 1866.

30. Soares, Francisco Pedro Celestino, "Prologo" a *Luiza e Julia. Romance Histórico que Comprehende o Tempo do Domínio de Dom Miguel*, Tomo I, Lisboa, Imprensa Nevesiana, 1845, p. III.

31. Soares, Francisco Pedro Celestino, "Prologo" a *Luiza e Julia...*, op. cit., p. IV.

32. Peralta García, Beatriz, "Mário o la historia bajo el disfraz de novela", en Fernández García, Mª Jesús, y Ogando, Iolanda, *Limite. Revista de Estudios Portugueses y de la Lusofonía*, vol. 2., Cáceres, Universidad de Extremadura, 2008, p. 140 y ss.

33. Ribeiro, Thomaz, "Esboço Biographico" a Silva Gayo, A., *Mario. Episodios das Lutas Civis Portuguezas de 1820-1834*, Coimbra, Imprensa Academica, 2ª ed, 1877, p. 3.

34. Silva Gayo, A, *Mario. Episodios das Lutas Civis Portuguezas de 1820-1834*, Lisboa, Imprensa Nacional, 1868, p. 6.

35. Silva Gayo, A, *Mario...*, op. cit., (ed. de 1868), pp. 453-454.

36. López-Cordón, María Victoria, *El pensamiento político-internacional del federalismo español*, Barcelona, Planeta, 1975, cap. 4: "El Iberismo (I)", pp. 171-233 y cap. 5 "El Iberismo (II)", pp. 234-288; Peralta García, Beatriz, "El Iberismo, ¿una filosofía?", De la Macorra y Cano, Luis Fernando y Brandão Alves, Manuel, (Coords.), *La Economía Ibérica: una fértil apuesta de futuro*, Mérida, Junta de Extremadura, 1999, pp. 19-28; ídem, "Romanticismo y Nacionalismo en España: el Iberismo en la prensa salmantina", Esteban

de Vega, Mariano y Morales Moya, Antonio (Eds.), *Los fines de siglo de España y Portugal. II Encuentro de Historia Comparada*, Jaén, Universidad de Jaén, 1999, pp. 21-49; Peralta García, Beatriz y Cabero Diéguez, Valentín, "La Unión Ibérica. Apuntes histórico-geográficos a mediados del siglo XIX", *Boletín de la Asociación de Geógrafos Españoles*, n° 25, *Relaciones España-Portugal*, 1997, pp. 17-38.

37. Bruno, Sampaio, *A Geração Nova. Ensaios críticos*, Porto, Lello & Irmão editores, 1984, p. 25.

38. Se trata de una novela corta publicada en *Enciclopedia Popular*, de Lisboa, en 1867 y en *Gazeta da Figueira* entre los nn. 1826 a 1833. En 1872 Pinheiro Chagas la incorporó a un relato mayor, *O Major Napoleão*, conformando los capítulos VII-X. En 1909, con motivo de la conmemoración de la segunda invasión, fue nuevamente editada de forma separada por Imprensa Lusitana. Vid. Pinheiro Chagas, Manuel, *O Major Napoleão*, Lisboa, Livraria de Campos Junior, editor, s.d.; idem, *O Monge do Bussaco. (Episodio da Invasão Franceza)*, Figueira, Imprensa Lusitana, 1909.

39. Junior, Antonio de Campos, "A Razão D'Este Livro", *A Filha do Polaco. Romance historico*, I Volume, Lisboa, Typographia da Empreza do Jornal *O Seculo*, 1903, p. II; también en *Os Ultimos Amores de Napoleão. (De Waterloo a Santa Helena)*, p. 443.

40. En nuestro artículo titulado "Aproximación a las fuentes documentales francesas para la construcción de la novela histórica: la *Histoire de la Guerre de la Péninsule sous Napoléon*, del general Foy", en prensa, abordamos este tema en la novela de Campos Júnior *A Filha do Polaco*, entre otras citadas; sobre la construcción documental de la novela histórica de actualidad vid. también ídem, "Arnaldo Gama y la Guerra Peninsular en la novela histórica portuguesa", en Diego, Emilio de (Dir.), y Martínez Sanz, José Luis (Coord.), *El comienzo de la Guerra de la Independencia*, Madrid, Madrid, Actas, 2009.

41. Chagas, Manuel Pinheiro, *O Monge do Bussaco...*, op. cit., p. 10.

42. Gama, Arnaldo, *O Segredo do Abbade*, Lisboa, Parceria de Antonio Maria Ferreira, Livraria Editora, 1899, p. 48.

43. Chagas, Manuel Pinheiro, *O Guerrilheiros da Morte. Romance histórico*, Lisboa, Empreza da Historia de Portugal, 1899, p. 317.

44. Chagas, Manuel Pinheiro, *O Monge do Bussaco...*, op. cit., p. 47.

45. Benevides, Francisco da Fonseca, *No Tempo dos Francezes. Romance Historico*, Lisboa, Tribuna da História D Edição de Livros e Revistas, Ld^a, 2008, edición fac-símil de la 3^a ed., 1908, pp. 24-26.

46. Soares, Francisco Pedro Celestino, *Luiza e Julia...*, op. cit., tomo I, p. 202.

CIUDADANÍA INCOATIVA
FICCIÓN POLÍTICA, CULTURA LETRADA Y FÁBULA
HISTÓRICA EN LA CRISIS DE LA RESTAURACIÓN,
DESDE LA QUINTA SERIE (INACABADA) DE *EPISODIOS
NACIONALES* DE BENITO PÉREZ GALDÓS.

Germán Labrador Méndez
Princeton University[1]

Este trabajo analiza la última serie de *Episodios nacionales* de Benito Pérez Galdós preguntándose por su lugar en el contexto histórico de 1909, y por la naturaleza política de los modos en los que convocan, en ese contexto, la historia y la memoria de la Restauración alfonsina. A comienzos de 1910, la legitimidad y autoridad de la Restauración como orden cultural se encuentra al borde del colapso, entonces, desestabilizando el género narrativo *episodio nacional* en una última serie, inacabada, de *episodios*, Galdós acude a los momentos fundacionales de la Restauración en busca de una representación contingente de la realidad nacional, que sea, al mismo tiempo, un socio-análisis de sus instituciones y una historia de su emergencia hegemónica. Tratando de ofrecer elementos para una imaginación política alternativa de la nación, en el contexto de la crisis de la *Restauración*, Galdós va a historizar y polemizar con la cultura jesuítica y con su máximo representante, Luis Coloma, autor de la novela fundacional *Pequeñeces*. De ese esfuerzo, surgirá una representación de la cultura de la Restauración como cultura letrada que sitúa la pedagogía en el centro de cualquier proyecto político y cultural alternativo, preguntándose por las condiciones que posibilitarían la construcción de una esfera educativa autónoma, que, a través de una forma de educación letrada diferente, permitiese la emergencia de una ciudadanía emancipada. De este modo, Galdós plantea que la aparición de sujetos políticos de raíz republicana es la precondición para la superación de una crisis nacional que es, en realidad, el resultado de las políticas excluyentes del ejercicio de una ciudadanía católica letrada. El carácter incompleto de la última serie de *episodios* sirve para formalizar la naturaleza incoativa de esa ciudadanía alternativa *por venir*.

Palabras claves: Benito Pérez Galdós, ciudadanía católica, memoria de la Primera República, imaginación política, segunda serie de *Episodios nacionales*, Luis Coloma, crisis de la Restauración, ciudad letrada española, autonomía política y pedagogía.

1. LA PALABRA *REVOLUCIÓN*.
   GALDÓS Y LA POSTERIDAD DE LA RESTAURACIÓN.

> Alarmante es la palabra Revolución. Pero si no inventáis otra menos aterradora, no tendréis más remedio que usarla los que no queráis morir de la honda caquexia que invade el cansado cuerpo de tu Nación. Declaraos revolucionarios, díscolos si os parece mejor esta palabra, contumaces en la rebeldía. En la situación a que llegaréis andando los años, el ideal revolucionario, la actitud indómita si queréis, constituirán el único síntoma de vida. Siga el lenguaje de los bobos llamando paz a lo que en realidad es consunción y acabamiento... Sed constantes en la protesta, sed viriles, románticos, y mientras no venzáis a la muerte, no os ocupéis de *Mariclío*... Yo, que ya me siento demasiado clásica, me aburro... me duermo... (*Cánovas* 278)

La cita se localiza en el final del último de los *Episodios Nacionales* de Benito Pérez Galdós, fechado en la primavera de 1912. Sin embargo, la acción se sitúa en otro presente histórico, el del invierno de 1880 cuando, cortocircuitada la experiencia histórica del *sexenio revolucionario* (1868-1874), culmina la representación fundacional de un sistema político llamado a durar en el complejo pasaje español de lo *moderno*, la Restauración, a cuyo césar, Antonio Cánovas del Castillo, Galdós dedica el título de esta novela última: su trama cubre el intervalo desde las conspiraciones monárquicas de 1873 hasta el pleno triunfo cultural del *nuevo orden* en 1880, su estabilización hegemónica, el llamado triunfo de "los tiempos bobos" (277). Desde el punto de vista conceptual, el vocabulario de la revolución (Sánchez León 2010) no habría podido operar a la altura de 1880 de la manera en que lo hace en esta cita, como expresión poética de las aspiraciones a una temporalidad política alternativa, pues, entonces, el vocablo –severamente desgastado- carecía de todo poder proléptico, ya que durante una década había sido el centro de las definiciones políticas del periodo y el territorio de una feroz batalla por apropiarse del sentido (y de la legitimad) de los sucesos ocurridos desde la salida de Isabel II del país.

Casi como testamento literario, en 1912, sin embargo, desde el interior de una cultura política liberal-regeneracionista, como una llamada para salir de ella, al menos lingüísticamente, un anciano Galdós rescata del baúl de los juguetes rotos la palabra *revolución*, que pone en labios de Mariclío, la musa-diosa de la Historia, quien llama a los hombres *viriles* (virtuosos, en el sentido republicano) a embarcarse en una tarea de cambio radical, basada en una ética del desacuerdo, que oponga energías nuevas frente a un mundo decadente.[2] *La palabra revolución*, exhumada de las experiencias sociales que habían desaparecido con ella tras la coronación de Alfonso XII, se aura en 1912 con fulgor inédito, no exento de los timbres inquietantes con que la conjuraba los movimientos obreros: tras los levantamientos comuneros de 1909 (Ealham) suya es la capacidad de "alarmar", esto es, de llamar a las armas, apuntando a una posible ordenación distinta de las cosas, que cuestiona *así* el *verdadero* sentido de las palabras, los límites del vocabulario político[3] de la Restauración y la necesidad superarlos, de conducirse más allá de su lenguaje.

Lejos de 1912 quedan los acontecimientos que la novela relata: pronunciamiento de Martínez-Campos, retorno del rey, apertura de las Cortes, articulación parlamentaria y sociocultural del Canovismo, fin de las guerras carlistas... los sucesos que, en fin, que constituyen la Restauración en su puesta en escena histórica y en su más frecuente pintura de batalla. En 1912, Galdós, ciego, anciano, dicta a su secretario Pablo Nougués esta novela sobre los años de su juventud (Bravo-Villasante, 251 y ss), donde desdobla su *late style* sobre el tiempo de su entrada en el campo literario y persigue, con doble voz, a Tito Liviano, un cronista de 24 años que recorre el Madrid que Galdós conoció como estudiante y donde fraguó sus *beginnings* políticos y literarios. Son treinta y cinco años los que median entre esos dos tiempos, en los que Galdós, en sofisticado y complejo proceso, ha cambiado tres y cuatro veces de *manera*, hasta obtener una centralidad indiscutible en la república literaria española, que hará de él escritor *nacional* de referencia en las décadas siguientes. Este proceso de centralización de Galdós, a comienzos del siglo XX, se ve acompañada de una toma de posición política en las filas de la *intelligentzia* republicano-socialista.

En la distancia entre 1873 y 1912, además de que Galdós viva su vida y escriba, Cánovas ha sido asesinado, se ha perdido la guerra hispano-cubano-americana y con ella el imaginario imperial desaparece dejando sus fantasmas (Loureiro), y Alfonso XIII mientras ha subido al trono. Muchas *páginas históricas* parecen haberse *escrito* desde entonces, por emplear una poderosa metáfora decimonónica. Sin embargo, el tiempo político que el pasaje moderno de esta cita atraviesa, con su lengua de 1912 y su contexto de 1880, sigue definiéndose moralmente por su condición de *tiempo restaurado*, como si el año de 1875 hubiese abierto una temporalidad sin transición ni posteridad posible. De esto habla la cita de Galdós, de la revolución como tentativa poética de imaginar un más allá de la Restauración, de construir sus *afueras*. La temporalidad restaurada alcanza un límite, una bisagra histórica alrededor de 1912, gozne sobre el que pivotaremos en este trabajo. Los sucesos de la *Semana trágica*, las huelgas generales de 1911, su brutal represión gravitan alrededor de esta sensación de clausura.

Desde este eje de escritura, en el fragmento citado, Galdós problematiza la distancia que existe entre lenguaje y realidad, pues si en el lenguaje de la Restauración (post-98) se estaría expresando la configuración moral de una cultura terminal, en su realidad histórica subyacente, de sucesos incipientes sin forma o nombre todavía atribuidos, se cifra la posibilidad de una posteridad de signo diferente, aunque de cifra oscura. Algo se mueve bajo las turbias aguas del estanque. El lenguaje de los hombres "que no quieren morir de caquexia" tiene que esforzarse por salvar esa distancia entre principio de realidad y vocabulario político, debe comenzar por ponerle nombre a eso que se mueve por debajo del estanque para ayudarle a salir, a que produzca formas. La tarea, en tal contexto, a la que la historia (Mariclío) convoca, será tarea de poetas ("inventar palabras"), en la cristalización decimonónica del término (Navas Ruiz), que llamen, en su auxilio, palabras viejas y prohibidas. Es decir, suya es la tarea de recuperar tradiciones, de volver a 1873 para iluminar 1912 con luces de la razón o con teas comuneras, como un modo de romper el tiempo político-lingüístico de la Restauración, cuyo reloj, en 1912, parece marcar las horas todavía.

La posibilidad de ese pasaje narrativo surge de una doble deslocalización. Galdós primero someterá la novela histórica realista y al *episodio* como género nacional-narrativo a un proceso de aceleración (post-alfonsino) que desestabiliza el significado de los conceptos políticos del lenguaje de la Restauración, desestabilizando en ese proceso la entidad del sujeto nacional narrador del género *Episodio*: el propio Galdós *in fabula*, como cronista nacional, se ve convertido en un "muñeco" en manos de Mariclío. Esta operación trata de construir la posterioridad, siempre incoativa, de un lenguaje y un mundo. Y es que tal itinerario no llega a concluirse, tal *pasaje*, del siglo XIX al siglo XX, no resulta del todo practicable: la muerte de Galdós deja este proyecto irresuelto. Aquí defenderé que el carácter inconcluso de la *obra tardía* de Galdós es fundamentalmente productivo[1]. *Cánovas* es el último episodio nacional, pero no *tenía* que serlo. Esa distancia resulta permite preguntar qué rastros vemos en *Cánovas* y en la quinta serie de episodios de lo que tenía que contarse y no llega a ser puesto *in fabula*. El proyecto que mueve estas páginas es el de aprender a leer en clave incoativa aquello que una contingencia hace ocurrir como inacabadado.

En este caso se trata de estudiar las formas larvadas de esos futuros que no llegan a contarse en *Cánovas*, para tratar de explicar cómo, en su conjunto, muestran un pasaje posible con que el que conectar dos momentos históricos (una temporalidad fundacional y una temporalidad de crisis), que expresan su máxima tensión en 1912, año donde la Restauración agota sus recambios de futuro (Carnero), y empieza el largo ciclo de huelgas-represiones que define la emergencia civil de la sociedad española y del movimiento obrero (Álvarez Junco 1981, Pérez Ledesma 1976, 2007). Para ello, en este artículo, me centraré en una lectura densa de un momento concreto de *Cánovas*, donde se documenta el proceso de penetración de la Iglesia en la cultura de la Restauración hasta hacerse con el monopolio de la enseñanza, fundamentalmente de las élites (Ruiz Rodrigo y Palacio Lis). En este proceso, señalo cómo Galdós, en la revisión de la Restauración como *modernidad incoativa*, polemiza con Luis Coloma, el gran constructor de la hegemonía cultural y pedagógica de la modernidad católica restaurada, deconstruyendo su novela *Pequeñeces*, y su modelo político de sociedad.

Me anticipo a advertir que este artículo sólo analiza una parte del problema. En un un segundo trabajo, "*Un episodio nacional que no escribió Perez Galdós*. Memorias alternativas de 1868, mujeres maestras y pedagogía republicana", argumento que Galdós, en su quinto ciclo de *Episodios*, después de analizar críticamente la estructura fundacional de la *Restauración*, utiliza las peripecias de sus personajes para identificar los lugares donde otras experiencias históricas alternativas estaban teniendo lugar, aquellas que, a la altura de 1912 habrían hecho posible la emergencia de una cultura política alternativa, de matriz no católica ni de naturaleza monárquica, en la que la cultura republicana de 1931 –al menos una parte- se va a querer reflejar. Entre estas experiencias destaca en primer lugar el acceso creciente de mujeres de las clases medias y trabajadoras a la cultura escrita como germen de una futura disputa por los límites discursivos de la Restauración con las instituciones letradas encargadas de establecerlos. En ese sentido, Galdós va a proponer que estas mujeres letradas se conviertan en maestras para posibilitar la socialización de los hijos de las clases populares fuera de los límites de la cultura letrada religiosa y patriarcal de la Restauración, y por tanto de su lenguaje moral y de su antropología política. Construir una esfera pedagógica fuera del control de la Iglesia, emancipar a las mujeres trabajadoras a través de su acceso no jerárquico a la educación y posibilitar que sean esas mujeres quienes eduquen a los niños desheredados de la nación en escuelas públicas y laicas, tal será la agenda histórico-política que se puede reconstruir en la última serie de episodios galdosianos.

2. Narración y Restauración:
   el *Episodio nacional* como dispositivo histórico.

En las distintas series de *Episodios* se identifica una dialéctica vertebral, entre el momento en que se publican y el pasado del que hablan, y esa tensión se formaliza, afecta al propio diseño del *Episodio* como forma narrativa. Esta tensión entre temporalidades forzadas a coincidir a través del proceso de escritura, explica la recepción favorable del género desde sus inicios (pues habla no de la historia solamente, sino de la necesidad contemporánea de un público de una forma determinada de contar esa historia), y de la construcción de Galdós como un nuevo tipo de novelista a partir de la misma (Rodríguez Batllori, Bravo-Villasante, Chirbes). La primera serie de los *Episodios* es contemporánea de las experiencias político-sociales de la década de 1870 (desde la Primera República a la Restauración) y éstas, inevitablemente, actualizan, presentizan, los acontecimientos de 1808, mientras que, además, los formalizan como acontecimientos *nacionales* (Anderson).

Así, Galdós, en el año de la Primera República, visita el 2 de mayo desde un molde genérico de nuevo cuño: una pretendida autobiografía, la de un narrador maduro, Gabriel de Araceli quien, usando su memoria, visita los *teatros de la historia* de su siglo mediante singulares peripecias novelescas. Galdós plantea su relato de las jornadas de mayo de 1808 como el germen de una temporalidad acelerada desde entonces, como la entrada en un proceso de combustiones históricas que ocuparán dos series de veinte volúmenes en las que se repasan los sucesos ocurridos entre 1808 y 1833: para Galdós no existe ninguna duda de que la Guerra de la Independencia fue *fragua de la nación*.

¿Pero de cuál? ¿De la nación existente o de la que podría haber existido? Y es que, las fechas y la materia histórica de las dos primeras series de *Episodios* construyen un perfecto claroscuro. La primera serie es contemporánea de la Primera República; la segunda serie de los inicios de la Restauración. La invención de un género de imaginación nacional –de patrón secular y literario– no debe despegarse demasiado del deseo de actualizar sobre las intensas experiencias cívicas de una España sin monarca las luchas autónomas de un 2 de mayo, y de una guerra de Independencia, que serviría a pensar anticipadamente la existencia de la ciudadanía –heroica– que 1873 requeriría, o, en vista del desengaño con que Galdós vivió ese proceso (Chirbes 137-139), *habría requerido*. Gabriel de Araceli, protagonista de la serie, tendría ochenta y cinco años en el tiempo de sus lectores, abuelo nacional capacitado para, a través de la ficción autobiográfica, explicar la "historia" de la nación a sus "nietos", en su propio lenguaje de lectores post-1868: esa continuidad lingüística es la que otorga a la nación moderna su historia, como se ve en las palabras finales de *La Batalla de los Arapiles* (1875). Correlativamente, podría examinarse la experiencia del retorno monárquico y las amenazas del inicio de un nuevo ciclo sangriento, a través de la temática de la segunda serie de episodios que, ambientados entre 1814 y 1833, cuentan cómo tras la experiencia patriótica fundacional de la guerra contra los franceses el país se ve envuelto en un ciclo de violencia intestina cuyas nubes negras amenazan los cielos de concordia de 1875 y 1879, años de la Restauración en que son escritos, como interiorización de la derrota política republicana construida con la memoria del absolutismo fernandino.

Cuando la Restauración se estabiliza, Galdós, en la compleja dialéctica entre realismo, costumbrismo y naturalismo, anima un vasto cuerpo de novelas *de tiempo presente*, en la construcción de un fabulario nacional inabarcable: novelas del dinero, novelas de *La Sagrada Familia* (Marx y Engels), novelas de los ídolos modernos... Tardarán en pasar bien veinte años hasta que Galdós retome el *pasado nacional* como materia novelesca: en 1898 comienza a publicar su tercera serie de *Episodios*, enlazando en el año de 1903 con la cuarta y en el de 1908 con la quinta. Resulta interesante que este segundo esfuerzo de ficción historiográfica al servicio de una imaginación de la nación se ponga en marcha justamente en los contornos del llamado

Desastre, casi como réplica racionalista al mismo, como deconstrucción de la temprana producción de mitología nacional que lo construye como acontecimiento (Bravo-Villasante 225). Es entonces cuando Galdós *restaura* los *Episodios* como dispositivo nacional-ficcional a comienzos del nuevo siglo, aunque, como veremos, para ello tendrá que acelerar la máquina denotativa del género. Proyectar sobre un presente destensado los sucesos históricos ocurridos desde 1833 hasta 1880, publicando nuevos *Episodios*, año tras año, desde 1898 hasta 1912, significa poner en primer término los pasados que estratifican y hacen complejo aquel presente finisecular carente de relieve, construyendo un relato donde conste que hubo pasados distintos del presente, que esa época tuvo sus *afueras*.

La última serie de *Episodios* manifiesta la aceleración de la tensión entre pasado y presente. Porque la *literatura histórica*, de pronto, *dobla* a la *historia nacional*. La primera serie de *episodios* se había compuesto en los años en que ahora se ambienta la serie última. El tiempo de los sucesos comprendidos en esta quinta serie rebasa el tiempo histórico donde Galdós escribió la serie primera: la Primera República acude como materia histórica, sí, pero también como tiempo en el que el presente de escritura de los primeros *Episodios* se abisma como pasado novelesco de los últimos[5]. Y el ciclo de escritura dobla a la propia vida: por vez primera materia nacional y autobiografía coinciden, la Restauración es, para Galdós, abuelo nacional también él ahora, *historia de vida*. Ello produce la aceleración de la máquina del pensar contrafactual, que extrema sus rasgos utópicos: la quinta serie se anima con un conjunto de títulos que resuenan sobre el presente de 1907 como promesas de futuros, los de una *España sin Rey* (episodio de 1908 sobre 1868) de la misma forma que la *España trágica* (1909) alude a los inminentes sucesos de Barcelona, o que, en 1911, sale a la luz *La Primera República* como proclamación poética de la Segunda, como su profecía mertoniana[6].

En términos de "imaginación nacional" (Anderson) esta escritura en bucle también resulta problemática y, en la quinta serie, las relaciones entre historia y actualidad se harán extremadamente complejas. Su protagonista, Tito, es un joven cronista, un plumífero situado en una zona de escasa gravedad del campo literario, que mantiene extrañas relaciones materno-filiales con Mariclío, la musa de la historia. Mariclío le deja todos los meses en la Academia de Historia un sobre con dinero, metáfora de la relación del escritor de novela histórica con su público lector, y recuerdo de Galdós de su juventud escribiendo la primera serie de *Episodios*. Este contacto monetario se limita a la conserjería: irónicamente ni la Historia ni el historiador entran nunca en la Academia, su relación sucede en las puertas de las instituciones del Estado, donde se montan los tenderetes del mercado literario.

Sin embargo, en el fanal del *Episodio*, la relación entre la Historia y el tiempo presente resulta problemática, en particular, respecto de los iconos a través de los que la Restauración construyó su propio relato y su propia memoria. La forma *Episodio* en esta quinta serie deconstruye la historia del estado como espectáculo, al tiempo que construye afueras donde sucede *la verdadera historia*. Llama la atención, por ejemplo, que mientras tiene lugar la jura de Alfonso XII de la Constitución de 1876, la Historia no acuda (tampoco su cronista) para contemplar y ratificar este suceso (*Cánovas* 133-137), objeto de poderosa iconografía en su época, vinculada a la mitología de Alfonso XII como *Pacificador* (Fernández Sirvent), o que, a partir del año de 1877, la Historia haga mutis y la Restauración suceda sin que *la Historia suceda* (*Cánovas* 173). Correlativamente, la relación entre *Historia* y acontecimientos, que en series anteriores sólo se expresaba a través del vector público/privado, pierde aquí su carácter unidireccional. Así, hay acontecimientos que sólo citan a acontecimientos anteriores, donde la relación entre identidad nacional e historia se vuelve, fundamentalmente, irónica[7].

3. COMO UNA ESTATUA TOMA VIDA:
MUTACIÓN DEL *EPISODIO* E HISTORIA DE LA RESTAURACIÓN.

En el sexenio revolucionario, el lenguaje de la farsa y el carnaval habían inflacionado el vocabulario político epocal, su horizonte de conceptos (Miguel González, 2007, 262-278 cit. en Sánchez León 2010), que la Restauración presuntamente reordena al atribuir con decisión a cada acontecimiento un signo (Sánchez León 2010). De la quinta serie galdosiana, puede decirse lo contrario: aquí es la fundación de la monarquía restaurada lo que se fabula como carnaval, es este lenguaje fundacional el que resulta inflacionista, y cualquier tentativa de reordenarlo pasa por el retorno de otras matrices de lenguaje político. Asistimos a un general proceso de *brumarización* (Marx 1981), es decir, de cambio semántico acelerado, producido por la naturaleza de acontecimientos, que genera la experiencia histórica colectiva de que el lenguaje disponible ha envejecido porque no sirve para dar cuenta de una nueva temporalidad (Koselleck). En el carnaval poético del Galdós de *Cánovas*, la historia *se ha marchado* cuando los *hombres creen que la están haciendo*, el único cronista verdadero es un novelista ciego, y la ficción literaria la única crónica histórica de fiar. Correlativamente, los desfiles que se ven en las calles son los desfiles que ya se vieron en el pasado ("el recuerdo de otras cabalgatas del propio estilo en diferentes ocasiones de la Historia", *Cánovas* 174), de la misma manera que Cánovas atesora en su despacho presidencial una biblioteca de 30.000 libros antiguos, cuyo estudio le sirve para leer el presente histórico toma decisiones (247).

Otro factor, de índole distinta, viene a complicar aún más estas relaciones entre relato literario y tiempo histórico en la quinta serie de *Episodios*: la emergencia de los medios de comunicación de la Restauración, nuevas tecnologías que sirven para interpretar los acontecimientos como *historia del tiempo presente*, como *verdadera novela nacional* (Anderson 46-49).

A partir de aquí la experiencia histórica del presente se desdobla en dos temporalidades: *historia* y *actualidad*. Si en anteriores episodios, Galdós fue muy sensible a la importancia de libelos, billetes y pliegos, circulando en una esfera pública polimorfa, ahora tematiza las *prensas de combate* del sexenio y de la Restauración, cuando, además, la prensa opera como documentación en el propio proceso de composición del género (García Pinacho). En la quinta serie, Galdós dedica lente sutil al análisis del flujo de gacetas, revistas, periódicos, hojas volanderas que exploraron la libertad de opinión en el *Sexenio* y a las que la Restauración vuelve a meter en el redil. Así, Galdós, analiza el papel que la circulación de *noticias* tendrá a partir de entonces en la producción de lo político, con su escenografía histórica. Como ya lo hizo Luis Coloma en *Pequeñeces* (1891) ("nadie sube hoy al templo de la fama sin alas hechas de recortes de periódicos", IX), Galdós propone que la esfera política se construye *a través de recortes de periódicos*, y que los *media* operan a un nivel profundo, tanto como para organizar la propia *dispositio* de *Cánovas* (1912).

El flujo ininterrumpido de textos-noticia es lo que configura, por sedimentación, la interpretación de la realidad política en el universo galdosiano de la Restauración, a través de círculos de afinidad, tertulias de café, casinos, para, por último, circular en la calle, en el territorio de una "esfera pública plebeya" (Habermas 14 y ss), no letrada (tabernas, peluquerías, pensiones...). Volveremos sobre este modelo; cabe decir ahora que estas estructuras de voces en movimiento, de hablas y de noticias, construyen el paisaje sonoro del *Episodio*, hasta el punto de que Galdós propone una alegoría mitológica para formalizar tal fenómeno: las *efémeras*. Éstas, una suerte de sílfides, son las deidades de la opinión pública. Recorren el país sin descanso, trayendo y llevando noticias, verdaderas y falsas sin distinción, y producen y predicen acontecimientos. Estos espíritus de la hora se encuentran bajo la autoridad de Mariclío y, frecuentemente, juegan a molestar o a distraer al historiador-cronista. Son, al tiempo, la noticia y su rumor. Son duendes de la noticia, ruidos, voces, que, para Galdós, constituyen la verdadera naturaleza de la esfera pública (decimonónica). En tiempos de fundación del estado moderno y de invención de su comunidad nacional, el historiador resulta atormentado por los espíritus de las noticias, metáfora de una actualidad contradictoria, llena de espejismos y de opacidades, que cuestiona la transparencia de los efectos de simultaneidad y temporalidad que crea la *prensa* como *novela nacional* (Anderson 49), y por ende, la naturaleza de la comunidad nacional imaginada que sostiene.

Mediante ambos procedimientos narrativos, *brumarización* carnavalesca y desnaturalización de la circulación de noticias como *discurso del presente*, en *Cánovas* la historia de la Restauración se descabalga de la historia nacional. Pasa el tiempo cronológico *y no se escriben páginas de la Historia* nacional. Ambas temporalidades, cronología de la Restauración e historia nacional, sólo coinciden en ciertos cruces, marcados por las contadas apariciones presenciales de Mariclío. Ya que la Historia no está cuando la actualidad se construye, se salvaguarda la posibilidad de una historia y de una nación diferentes, de una actualidad donde la historia sí esté, aunque *ocurra* en otro *sitio*, tal y como sucede en los *episodios* del *Sexenio*. A través de esta máquina narrativa, Galdós hace entrar en crisis el régimen de relato nacional asociado a la Restauración, y, con él, un orden moral del lenguaje (236-7). La nación ha perdido su capacidad de poseer una historicidad legible, como la del primer ciclo de *Episodios*, pues la Historia se ha independizado de la vida nacional, como una estatua toma vida y se convierte en el dios que representa[8].

Galdós no morirá hasta 1923, pero no llega a cumplir su plan de escritura. Cada serie de episodios consta de diez elementos, y la quinta no sería la excepción. *Cánovas* es el sexto episodio de esa serie. Sabemos que, en 1914, Galdós ambicionaba escribir aún otros tres episodios: *Sagasta* (cuyo plan llegaría a desarrollar), *Cuba* (¡a donde aún pensaba viajar!) y *Alfonso XIII* (Bravo-Villasante 258): nunca se escribirían. No conocemos el título del décimo episodio de la quinta serie, pero debemos especular sobre él. En *Sagasta*, Galdós pensaba abordar la institucionalización del liberalismo en el último tercio del XIX y la incapacidad del estado de producir imágenes legibles de sus afueras y de su *cuestión social*, tarea que, desde entonces, quedaba reservada al novelista. Es fácil determinar que *Cuba* sería un episodio sobre la guerra, el colonialismo y la producción de discurso identitario alrededor de 1898. *Alfonso XIII* empezaría alrededor de 1902 y llegaría hasta los términos de esa década, justo donde un último episodio nacional sin nombre ni apellidos acabaría de unir esta historia *post-nacional* con el mismo tiempo del presente, cerrando así un segundo bucle, cosiendo el relato histórico de *longue durée* nacional (1808-1912) sobre la propia vida del Galdós anciano (primer bucle: 1843-1912[1920]) y sobre su trayectoria como autor de *Episodios* (segundo: 1873-1912).

Este pasaje histórico, el que se tiende entre 1880 y 1912, es el que Galdós no llega a poder establecer, puente *in fabula* del siglo XIX al siglo XX que queda interrumpido, abierto sobre su propio abismo. Esta serie de relatos nacionales inacabada me parece la metáfora central del problema literario, cultural e historiográfico que estas páginas tratan de moldear. Hemos examinado algunas de las potencialidades de los *episodios* como sofisticada máquina de producción de temporalidades históricas y de la quinta serie como verdadero *inhibidor de frecuencias nacionales*, en su relación refractaria al lenguaje de la Restauración, en el contexto del reinado de Alfonso XIII. Queda una última posibilidad, la de acudir a los *episodios escritos* a preguntar por los restos de lo que nunca se escribió, a interpretar la *quinta serie* y, en especial, *el último episodio* (*Cánovas*) como ruina de una historia literaria nunca puesta en página, como máquina de imaginación de comunidades políticas nacionales alternativas nunca advenidas. Como *máquina de visión*, que guarda imágenes fantasmales (*ghost copies*) de la secuencia que relaciona la modernidad católica de la Restauración y la explosión de un mundo moderno, en 1912 innegable, que permitan identificar por qué canales y en qué textos circulaban las energías sociales y los lenguajes que transforman la cultura española decimonónica y, un día, la convierten en *tan siglo XX*. Usando, entonces, unos *Episodios nacionales* fantasmáticos, imaginados pero nunca escritos, como metáfora de un tránsito no relatado, las siguientes páginas algunos exploran el pasaje por el que se construye esa *ciudadanía incoativa*.

4. LANGOSTAS Y JESUITAS:
LOS ORÍGENES DE LA HEGEMONÍA CATÓLICA EN LA CULTURA ALFONSINA.

> [Eran franciscanos. [...] Salieron a recibirles muchos señores beatos, y las damas pías les enviaron [...] jamones y tortas de dulce. Al día siguiente desembarcó otra caterva de frailes [...], *porción* de gandules [...] los de Santo Domingo partieron para Pontevedra, donde ya les tenían apercibida casa cómoda y mesa bien provista [...] Salieron a recibirles señoras aristocráticas [...]. A ellos se les saltaban las lágrimas de contento, y miraban a todos lados en busca de alguna mesa donde pudieran matar el hambre atrasada que de Francia traían... ¡Pobre España: buena nube de langosta te ha caído! (257-8).

Este momento incoativo se encuentra en el penúltimo capítulo de *Cánovas* y forma parte de una sección mucho más larga (250-262) que narra, en términos de invasión, la llegada al país, en 1880, de un gran número de monjes y sacerdotes, expulsados de Francia, donde se aprobaban estrictas leyes de laicidad que apartaban a la iglesia de la enseñanza y del aparato del estado, cuya consecuencia final fue la disolución y expulsión de las órdenes monásticas (Ozouf 1962, Portier). Con ribetes de Quevedo y de Larra, (y ecos de Larra), con el uso iconoclasta del lenguaje bíblico («vamos a llevar por todo el mundo», dicen las efémeras «las nuevas de esta plaga de insectos voraces que devastará tu tierra», 261), Galdós propone una reunión de efémeras que cuentan que de todos los puntos del país llegan más y más religiosos que amenazan con vaciar despensas y fundar colegios: "dijeron que venían a España para poner escuelas y enseñar a los niños. ¡Bonitas cosas les enseñarán!" (258). La sátira alcanza su máxima intensidad cuando el narrador se refiere a los jesuitas, cuya capacidad de crecer en los reductos del estado es presentada por Galdós como una amenaza de primer orden para la misma supervivencia de la nación. Hablando con Casianilla, su compañera sentimental, Tito, se refiere a los jesuitas como una *horda*:

> [Hubo invasiones] de los fenicios, de los romanos, de los cartagineses, de los visigodos, y por fin, de los árabes. Luchó la primitiva raza española con tales pueblos, sin lograr impedir que ocuparan y explotaran una parte o el todo de nuestro suelo [...]. Determinan dichas ocupaciones las diferentes etapas o períodos históricos de

España. Pues bien, el regalo [...] a los caballeros de San Ignacio, marca el dominio de estos en el solar hesperio por un lapso de tiempo que nadie puede precisar. [...] [N]ueva intrusión de gente, a la cual habrá que vencer y despedir como fueron vencidos y mandados a paseo los anteriores bárbaros. (254-5)

En el contexto inmediatamente posterior a la Semana Trágica, considerando la posición clave de la orden jesuita en la producción de hegemonía cultural al servicio de la monarquía, esta apelación a la resistencia debe tomarse en serio. Galdós proyecta incoativamente la Restauración como el periodo de *dominación jesuítica* que fue (Revuelta González). La conversación entre Tito y Casianilla sigue aportando detalles sobre ese tiempo de dominio por venir (y, en realidad, ya venido) en el que los jesuitas "serán nuestros amos. Fortalecerán su poder educando a las generaciones nuevas, interviniendo la vida doméstica, y organizando sus ejércitos de damas necias y santurronas". En el centro del problema religioso, dos cuestiones se asocian inextricablemente, el control del espacio privado (la casa, la familia, la moral...), donde los jesuitas se revelarán verdaderos maestros, y, de otro lado, el control de la educación, clave en la hegemonía cultural y de evidentes repercusiones político-sociales, buscando así dominar el cruce decisivo de la modernidad española, el que encardina la construcción moderna del *género* con la constitución de *lo privado* (Labanyi).

Frente a la dominación *que venía*, Galdós y Casianilla se conjuran. Se emboscan. Adoptan una estrategia de refracción a los juegos sociales que organizarán la sociabilidad bajo corona y tiara. Esta táctica se basa en la realización subrayada, es decir, irónica, de los *nuevos* modos sociales de relación, que definen la cultura comunicativa neocatólica:

> seamos cautos y comedidos con nuestros dominadores, hasta que llegue, si es que llega en vida nuestra, el momento de darles la zancadilla. Cuando salgamos de paseo y nos encontremos con un ignaciano, yo me quitaré el sombrero y tú darás una discreta cabezada en señal de aparente sumisión, rezongando [...]: *Adiós, Reverendo, vive y triunfa, que ya te llegará tu hora* (255).

La apelación anticlerical de Galdós no resulta novedosa (Caudet). Galdós desde sus escritos más tempranos observó la religión como un lenguaje exterior a la comunidad nacional (hostil, extranjero, invasivo). En sus novelas *de tiempo presente* (y, particularmente, en las llamadas *novelas espirituales*), dedicó enormes esfuerzos al análisis de los modos en que los sujetos operan identitariamente con el lenguaje del catolicismo, desde la máxima exterioridad instrumental que alcanzan respecto de él algunos personajes, convertido entonces en un lenguaje de poder, a la identificación total de otros, que se abisman en su interior en busca de algún tipo de agencia, quijotizados. Para Galdós, el *décalage* entre prácticas y creencias, entre lenguaje religioso y configuración de un orden moral, hacen que, en España, el catolicismo sea a nivel nacional el ámbito de una peculiar neurosis. El catolicismo, para Galdós, representa la histeria de la vida pública de la nación en su época restaurada, fundada sobre el tránsito imposible entre un orden espiritual que obscurece y desreconoce el subdesarrollo material (Chirbes). Sobre la elaboración de ámbitos de autonomía de los sujetos respecto de la iglesia y del estado, construye Galdós en sus novelas *de tiempo presente* su central de fuerza.

En el contexto de la quinta serie de *Episodios*, la cita anterior supone el reconocimiento explícito del papel central que van a tener (es decir, *que ya han tenido*) las órdenes religiosas en la Restauración, las cuales, en su desempeño pedagógico, culminarán la *reconquista* espiritual del cuerpo de la nación. Como irónicamente Tito explica a un sacerdote en otro momento de *Cánovas*: "Aquí no reina Alfonso XII sino el bendito San Ignacio, que a mi parecer está en el cielo, sentadito a la izquierda de Dios Padre" (270). Desde 1870, la Iglesia Católica vivencia este proceso de producción de hegemonía como el de una ofensiva *moderna*, que en su época marcó a sus líderes letrados con el distintivo de "neo-católicos". SU objetivo era articular un modelo de modernidad específica –católica– (Alonso, Fernández Albadalejo), definido, además, como *nacional*, proceso en el que entra en competencia con otros proyectos modernos, con otras imaginaciones nacionales, y con sus diferentes valedores letrados. Este proyecto neocatólico, al filo de 1871, obtienen su *otro* en los fantasmas de una insurrección comunera (Álvarez Junco 1971), (temores reactivados en 1909): en este sentido, la Iglesia Católica, en los primeros compases del mundo alfonsino, verá saciada una de sus aspiraciones al conseguir restringir la libertad de cátedra (Delgado Criado 279 y ss), centralizando la monarquía sobre el discurso del *dogma*. Esta toma discursiva de las instituciones educativas, provoca la aparición de la Institución Libre de Enseñanza (1876) (Álvarez Lázaro y Vázquez Romero), y la parcelación del campo cultural en dos bandos muy definidos: "tirios o troyanos" como manifiesta Galdós en su polémica con Pereda (Bravo-Villasante 87). Desde entonces, esta competencia violenta de imaginaciones nacionales se juega en la esfera –pública– de la pedagogía.

No es un argumento particularmente novedoso, salvo situado en relación con el otro frente clave en la lucha por la hegemonía cultural en el último tercio del siglo XIX, el literario, cuando consideramos que, en el seno de una sociedad letrificada, el rearme neocatólico desde 1870 es un asunto directamente relacionado con la reorganización del campo literario en ese último tercio de siglo. Allí, el debate estético-político sobre la novela (Pardo Bazán 1882) resulta inseparable de las disputas estético-políticas a propósito de la narración nacional, sus sentidos, límites y contenidos. Veremos interaccionar pedagogía y novela realista a propósito de *Pequeñeces*, obra del jesuita Luis Coloma, texto que aquí interpretamos como la novela que la cultura de la Restauración reconoció como central respecto de ella misma (Valera, Pardo Bazán 1890, García Garrafa). Al igual que *Cánovas*, *Pequeñeces* contiene el relato de los sucesos ocurridos entre 1871 y 1875, pero estos serán escritos antes, al filo de 1890, cuando la pluma jesuita de Coloma celebra, como necesidad *nacional*, la hegemonía de los jesuitas y de la iglesia en la cultura alfonsina.

Volvemos sobre la cita de Galdós que sitúa en relación de dependencia sacerdotes y langostas para afirmar que, de este modo, el monopolio eclesiástico de la enseñanza, consolidado a finales el siglo XIX, se convierte en la línea de fuga con la que *Cánovas* se hubiese conectado con los episodios no escritos de su serie, como especularemos, indicando en este trayecto uno de los pasajes posibles para acceder desde el corazón del siglo XIX al corazón del siglo XX. Porque esta arqueología de unas instituciones de enseñanza religiosas, totalmente naturalizadas a la altura de 1912, sirve en Galdós a una tarea de producción de memoria, la de un país, en 1880, desgastado y en crisis, pero donde las esferas públicas de la cultura y de la educación, y la esfera privada de la familia y de la *domus* no han sido todavía organizadas desde la órbita católica. Es decir, en Galdós, esta producción de memoria es la forma de escenificar la contingencia de una comunidad imaginaria que define su identidad nacional como católica, en la misma escena fundacional por ella misma escogida.

Entonces existirían otras tradiciones (cívico-republicanas) para *the making of a (Spanish) social body* (Poovey), que permiten a los sujetos saberse y pensarse, en 1880, fuera de la comunidad nacional religiosa. Así, tal narración incoativa, la de dos personajes, refractarios a la Restauración, conjurados contra ella (y sus clérigos) desde su fundación, nos habla, en el contexto de 1912, de la emergencia desde 1880 de una cultura laica, de la aparición de nuevas comunidades de discurso, integradas por los corredores de fondo del krausismo y por nuevos tipos de agentes sociales (que presagian la aparición de las organizaciones de masas) (Pérez Ledesma, Álvarez Junco 1991), pero también nos hablan de eclosiones contemporáneas. En 1911 se funda la *Liga anticlerical española* (LAE), cuando se hace explícito un conflicto larvado que, para Galdós, es condición del tránsito a un mundo moderno: la batalla (discursiva, institucional y editorial) entre curas y maestros, que habrá de alcanzar su magnitud mayor en los años de la Segunda República y en la guerra (Casanova 151-60). Si asumimos que las posiciones intelectuales de Galdós, y de otros tantos, al filo de 1910, construyen el sólido andamiaje de un frente de pensamiento anticlerical que es también un movimiento político (De la Cueva Merino), es necesario reconocer que estas son inseparables del motín popular de Barcelona en 1909 (Ealham), cuando sus comuneros performan el lema *prouhdomiano* que incendiará la Segunda República: *la única iglesia que me ilumina es la que arde*, en lo que constituye un hito central de otra historia posible de la modernidad española, la de la tensión dialéctica entre profanación y vanguardia.

Alrededor de las ascuas de estas fallas, se inicia un proceso de feroz represión política que culmina en 1912, cuando el gobierno accede a la petición de los obispos españoles y ejecuta a Francisco Ferrer i Guardia (Simarro), el pedagogo libertario que fundó, en 1902, *La escuela moderna*, centro piloto de la pedagogía de vanguardia y parte del movimiento filoanarquista de "escuelas laicas" (existente desde 1880). La *escuela moderna* fue uno de los primeros centros de educación mixta en España. Ferrer i Guardia fue, además, autor de un importante manual de pedagogía (1908) que transforma completamente el lenguaje de la educación y la ciudadanía en el contexto español. En este contexto se sitúa el Galdós del comienzos de siglo (Monasterio), y también *Cánovas*, en estrecha relación con las protestas públicas que acompañaron al asesinato de Ferrer i Guardia (Pérez de la Dehesa).

Como reacción a este contexto de violenta disputa entre dos modelos educativos, y dos modelos de sociedad, entre el organicismo teocrático de la Restauración, de un lado, y, de otro, un republicanismo cívico cuya valencia jacobina se recargaba en contacto con las organizaciones de masas, en 1912, ofrecer una historia de las instituciones pedagógicas vigentes se había convertido en un asunto de gran interés estratégico, como en general todo tipo de práctica discursiva que pusiese en relación cuestiones de pedagogía, comunidades políticas y narraciones nacionales. Es ahora cuando alcanza todo su sentido la declaración, en *Cánovas*, de un personaje que señala que la claudicación de los ideales avanzados de la revolución de 1868 será inminente "en cuanto los jesuitas establezcan aquí esos Colegios elegantes de que ya se habla" (*Cánovas* 109). En esos colegios elegantes, que crecen como setas en la España restaurada (Revuelta González 719 y ss.) tiene lugar la acción de las obras infantiles de Luis Coloma. Galdós, en 1912, señala así que la recuperación de la experiencia republicana de 1868, y de su lenguaje (*la palabra revolución*), como expresión política máxima que los ideales ilustrados alcanzaron en España, pasa por la eliminación del monopolio religioso (y el predominio jesuítico) en la educación de las élites.

5. Un jesuita en la corte de Alfonso XII.
Coloma y la fundación católica de una ciudadanía letrada.

A finales del siglo XIX en España, el debate sobre la novela como género moderno (asociado al realismo-naturalismo como régimen de representación) está intrínsecamente relacionado con el debate sobre la pedagogía. Desconozco el trabajo que documente las conexiones entre instituciones alfonsinas, reforma educativa y novela decimonónica. En esa encrucijada habría que situar *Pequeñeces* (1890), obra del pedagogo e intelectual jesuita Luis Coloma y verdadero *best-seller* epocal, texto de asombrosa complejidad histórico-social, saludada por Emilia Pardo Bazán en la urgente monografía que le dedicó entonces (1891).

La materia histórica que *Pequeñeces* trabaja es correlativa a la de la quinta serie de *Episodios nacionales*, pues comienza en los últimos recorridos del sexenio revolucionario y termina con *la vuelta al orden* de la Restauración. El tránsito histórico aquí se narra a través de las peripecias vitales de Currita, una aristócrata hedonista e intrigante, que, en la óptica jesuita, permite explicar el sexenio democrático como consecuencia de la corrupción moral de la nobleza, entregada al vivir moderno. La aristocracia liberalizó al tiempo su moda y sus costumbres y, así, el capitalismo consiguió lo que no consiguió medio siglo antes el liberalismo: *afrancesar* a la nobleza española (mitopoéticamente representada castiza, guerrera e imperial). Este escenario, para Coloma, de degradación de los modos masculinos de la élite, habría sido aprovechado por los enemigos de la nación y de la religión, personificados en las logias masónicas y los bajos instintos del *peuple cannibale* (Foucault 87-99) ("el 18 de junio, un populacho soez recorría las calles apedreando los cristales, y rompiendo los faroles de la iluminación con que celebraban muchos el aniversario del pontificado de Pío IX", *Pequeñeces* II), permitiendo a un grupo de oportunistas hacerse con el gobierno.

En este fresco de época, donde la impiedad y el mal gusto (*la cursilería* con Valis) colman la vida nacional y donde los varones de la nobleza se niegan a ejercer como clase marcial y dirigente, de pronto, algunas damas de la aristocracia pasan a la acción y organizan una cruzada moralizante. La lectura es transparente: la restauración moral (católica) anticipa la Restauración política (alfonsina). Ante la mera mención de espadas y coronas, Coloma hace que las huestes liberal-republicanas se disuelvan. Por el camino, tras la muerte de su hijo, Currita Albornoz se redime, bajo el suave y firme consejo, de un predicador jesuita.

Con habilidad suprema, Coloma hace coincidir la vida pública de la nación con la vida privada de sus élites en el plano de la moral católica y de sus instituciones, desde el eje argumental de la novela, ocupado por el relato de la caída moral, escarnio y arrepentimiento de su protagonista (Pardo Bazán 1891: 108-9). Aquí, la estructura del melodrama de folletín enmascara con habilidad la teología providencialista que Coloma quiere asegurarse, para el plano familiar pero también para el histórico. De este modo, la máquina de la novela moderna y la lógica de la Providencia se combinan en un perfecto mecanismo de reloj: melodrama familiar, teología e historia nacional son las tres secuencias interconectadas. Coloma había estudiado en profundidad la novela realista (Pardo Bazán lo considera un verdadero *naturalista católico*, 1991: 95-107), y de ella toma las técnicas de descripción, punto de vista y simultaneidad para rentabilizarlas en un universo de leyes teológicas. El milagro, la mano de dios, la justicia divina organizan los acontecimientos, donde la novela de tesis encuentra a Dios como su novelista último. Esta catequización del realismo alcanza su límite cuando el narrador omnisciente llega a acompañar al alma de un muerto en pecado hasta las mismas puertas de la eternidad, delante del juez supremo: "Nada más vio en la tierra. Sólo vería en lo alto a Jesucristo, vivo y terrible, que se adelantaba á juzgarle, y detrás la eternidad, oscura, inmensa, implacable." (133)

Narración y pedagogía en la Restauración son inseparables. Esa es mi hipótesis. En *Pequeñeces*, los hijos de la aristocracia acuden al colegio piloto de Guichon (Biarritz), recién fundado en 1869 (Revuelta González 263), cabeza de puente alfonsina en el *exilio*, y parte decisiva de la respuesta jesuita frente a los desafíos revolucionarios. Los profesores de Guichon ejercerán ya como consejeros, ya como jueces o como mediadores con las mujeres de la aristocracia. Serán actores de una diplomacia muda y silenciosa, que acaba por determinar los comportamientos y mutaciones clave de los personajes implicados en la trama. En ello, Coloma hace derivar la legitimidad de la Restauración como sistema político del carácter católico de sus élites, y de la necesidad de que éstas se encuentren bajo la sinuosa vigilancia jesuítica, que, al cabo, *ha salvado a la nación* cuando ésta peligraba, en los años de La Gloriosa (y sin pedir nada a cambio...). En el fondo, la novela puede bien interpretarse como un folleto de información y propaganda de los colegios jesuitas y como una defensa (y quizá *un recordatorio*) de su papel central en el establecimiento del orden político vigente en 1891.

Los pasajes de idealización de este entorno pedagógico son muchos, y en todos ellos se ejemplifica la necesidad que el pensamiento español conservador tiene de atribuir un cuerpo imaginario a su "aristocracia fantástica" (Sánchez León 2006). Mediante esos momentos, se presenta el triunfo de una modernidad bajo control, donde el poder político y económico lo ejercen las élites alfonsinas, mientras que la cultura y la educación las guardan las manos de la Iglesia. En su obra narrativa posterior, y en su abundante literatura infantil (*v.g. Pilatillo, Pelusa*...), Coloma seguirá contribuyendo a establecer el imaginario de la excelencia de los colegios jesuíticos en la formación de un cuerpo social jerarquizado, suma de cuyas partes resulta posible a través de la *caridad*, concebida como lazo social primario.

Hay algo más, vital para mi lectura. El concepto titular, las *Pequeñeces*, pide ser interpretado desde una sociología del gusto. Alude a conjuntos de pequeños gestos codificados, a través de los que se garantiza la pertenencia social a distintas comunidades (lideradas por mujeres de la aristocracia, creadoras e intérpretes privilegiadas de esos gestos) que, en el contexto del rearme *neocatólico*, se organizarían alrededor de descripciones morales diferentes. Las *pequeñeces* son signos sociales (gestos, prendas del vestir, comportamientos, al cabo *instantes del juego social*) que garantizan la *distinción* (Bourdieu 1999), base de una economía social que aquí se establece a partir del compromiso con los códigos de donación y contradonación en los que estas *pequeñeces* adquieren su sentido. Fruto de una prodigiosa capacidad de observación de los pliegues y complejidades del juego social de su tiempo, que Pardo-Bazán relacionaba con Balzac (114-5), Coloma enseña a reconocer estos gestos en competencia, y muestra cómo las señas asociadas a la moda y al lujo pierden su expresividad ante el avance de los códigos proxémicos de la piedad-caridad jesuítica, y ante el avance, con ellos, del mundo moral del neocatolicismo. Sólo en el aprendizaje de estos gestos, en su compromiso con su *valor social*, el personaje principal acaba por redimirse ("Mas ella, dando otro paso adelante, hizo un solo movimiento, una mera pequeñez, de esas que asombran a los hombres y regocijan a los ángeles: metió la mano en la pila del agua bendita y se la ofreció con la punta de los dedos...", 522). La *conversión*, en la óptica jesuítica de Coloma, sólo (y nada menos que) es cuestión de gestos mínimos.

La teoría de la *pequeñez* es toda una teoría de los modos de ejercer la política. El intercambio de *pequeñeces* establece vínculos interpersonales de donación y contra-donación, al tiempo que su naturaleza cultural permite reconocer en el interior de esas comunidades a los iniciados, e impide el acceso a los que no dominan tales códigos. Al cabo, en ese mundo regido por las *pequeñeces*, los jesuitas se arrogan la capacidad de producir un entero lenguaje gestual, un completo *sistema del gusto*, que sólo *aquellos por ellos educados* pueden llegar a dominar con naturalidad. Al cabo, lo que Coloma promociona es la necesidad de un sofisticado capital cultural que sólo puede obtenerse en los colegios ignacianos y centros de formación continua de la orden (sermones, grupos de oración, periodos de ejercicios espirituales). Son también *pequeñeces* la misma gestualidad que Tito y Casianilla observan en la avalancha de religiosos y que se proponen imitar irónicamente.

Pequeñeces y la quinta serie de *Episodios* recorren un mismo escenario histórico, aunque su escritura las separe dos décadas. Una comparación más sistemática sería precisa para demostrar hasta qué punto *Pequeñeces* es un subtexto de los últimos *Episodios*. Aquí argumentaré que Galdós, movido por un afán polémico, incorpora con la Restauración la gran novela sobre la Restauración. Este afán polémico haría que las conspiraciones alrededor del asesinato de Prim, en las que se recrea Coloma sin ahorrar parafernalia masónica, se expliquen en Galdós como espectáculo político desprovisto de interés, fruto de un esoterismo puramente estético. Si, por ejemplo, en un pasaje, Coloma describe una protesta de damas alfonsinas vestidas de majas y el posterior boicot que realizan los liberales infiltrando en el desfile carruajes con prostitutas, que hacían parecer públicamente a las aristócratas hermanas de las hetairas (107 y ss), Galdós toma el punto de vista de los reventadores y cuenta, desde las cocinas, cómo se organiza el boicot y cómo dichas prostitutas tienen su propia opinión política (*Amadeo I*, 270 y ss). En el espacio religioso, Galdós presenta a los jesuitas introspectivos de Coloma como sujetos estratégicos, y muestra cómo la *piedad* organiza intercambios políticos. Reconstruye las relaciones nacionales que sostienen los colegios que Coloma aísla en arcadias rurales. Los cuerpos ascéticos de los religiosos de Coloma se observan desde el lenguaje de la sátira anticlerical, y se les colma, en Galdós, de pasiones y apetitos que apenas disimulan con un lenguaje que, si en Coloma es fruto del autocontrol, en Galdós nombra de forma diferida el espacio de los intereses.

La competición entre Galdós y Coloma es una batalla entre dos grandes socio-analistas por apropiarse del sentido narrativo (*voire* pedagógico) de la Restauración. Alrededor del concepto de la *pequeñez* se edifica, en el caso de Galdós, una poética distinta, desde el vocabulario epocal de la fisiología como metáfora del cuerpo nacional (Campos Marín *et al.*). Si las *pequeñeces* eran para Coloma la base del intercambio social alfonsino reconstituido, Galdós hace somatizar a Tito, su narrador-historiador y su alter ego *in fabula*, esa misma *pequeñez*, que determina su tamaño, y que convierte la ficción nacional en una *ficción somática* (Vrettos, Nouzeilles). Los pasajes sobre la pequeñez de Tito son múltiples:

> mi pequeñez ha sido y es la mayor amargura de mi vida. A la menguada talla debo atribuir todas mis desgracias, el fracaso de mis tentativas literarias y el estancamiento de mis ambiciones... Mi defecto era simplemente la pequeñez (*Amadeo I* 21)

Esa *pequeñez* se construye como clave interpretativa de la época, que ve reducida la dimensión heroica que habría tensado la fibra nacional en tiempos de la fundación patria. La Restauración se interpreta como régimen donde la espera política se ha visto amenguada, reducida: "La Política y el Parlamento me resultaban de una pequeñez atomística" (*La España trágica* 8). La pequeñez define el cuerpo biopolítico de la Restauración. Tito lleva en esa pequeñez un estigma que va a tener que ir enfrentando y reelaborando a lo largo de la serie, estigma, el escaso tamaño, que determina sus relaciones (y las de sus contemporáneos) con la Madre-Historia. Cuando en *Amadeo I* la "diosa" de la Historia hace su aparición en todo su esplendor, a bordo de un interesante ferrocarril alegórico, metáfora de la *hora moderna* que la nación está perdiendo, Tito empequeñece, se reduce, ante la mirada de la historia, quien se dirige a él en estos términos: "Pequeño eres; más pequeño, casi imperceptible serás cuando me sirvas en calidad de corchete, confidente y mensajero". A lo que Tito responde "que desempeñaría con orgullo cuantas encomiendas quisiera encargarme, y cada palabra que salía de mis labios achicaba, a mi parecer, mi ya corta estatura" (*Amadeo I* 221).

Tito, frente a la Historia, mengua. Pero antes de ser educado a instancias de Mariclío por una serie de deidades alegóricas (Geografía, Gramática, Sintaxis...), Tito ha puesto su pequeñez somático-nacional al servicio de un nuevo relato de la historia[9]. No resulta casual que a partir de ahí, y sólo desde entonces, y siempre desde entonces, Tito se hará llamar delante de Marciclío: "su fiel muñeco" (*La primera república* 19).

6. *Poesía analfabeta*.
Cultura letrada y autonomía pedagógica

La ciudad letrada soñada por Coloma proyecta sobre lo social la autoridad concéntrica de la cultura jesuita, y tematiza su capacidad de generar individuos formalizados para reproducir tal orden. Allí la cultura jesuítica se naturaliza como la única cultura nacional posible. Desde el centro de ese mundo, sus periferias se representan con meditada distancia. En ellas fluye una masa de sujetos iletrados e impíos. En los textos infantiles de Coloma, esta periferia de la *buena educación* (siempre jesuítica), plantea un límite de legibilidad social: los analfabetos no pueden (ni deben) ser *leídos* por la cultura hegemónica. En *Pilatillo*, en los barrios, en las afueras, en recintos cerrados, fluye una marea de gentes peligrosas ante las que el protagonista entra siempre en conflicto a causa de su capital cultural (jesuítico); Pilatillo, que ha pecado por *caer* en un mundo sin religión ni letra, se redimirá cuando, en el ocaso, donde debe decidir su pertenencia *adulta* a uno de esos dos mundos, el de los cuerpos ordenados, o el de la muchedumbre, acude a refugiarse a un colegio de jesuitas, donde recupera su legibilidad y la legibilidad del mundo y de sus fronteras. Recordemos que el imaginario de *la muerte en pecado* especula sobre los riesgos dramáticos que asumen los cuerpos que no se comprometen con una posición definida en el orden letrado del espacio.

Esta no es la imaginación social que Galdós despliega en sus novelas, tampoco en su último ciclo de *Episodios*. Galdós y Coloma se oponen en la organización de la sociedad que se deriva de la lógica de la escritura (Goody). Tito destaca por ser un narrador preocupado por las complejas relaciones que existen entre sociedad y letra. De su mano puede reconstruirse la compleja sociología de la cultura de la Restauración, si leemos las relaciones sociales de la España decimonónica desde un paradigma escasamente rentabilizado *sobre* la península, el de *la ciudad letrada* (Rama), pensado para explicar la lógica cultural que funda las repúblicas latinoamericanas. La ciudad letrada, según Rama, convertida en "ciudad escrituraria" emerge triunfante del proceso de disolución de los imperios multiculturales y de la territorialización de las lenguas en el seno de la comunidad nacional (Anderson 102 y ss), modernizándose y politizándose a la vez, un proceso también reconocible en la metrópolis.

Pensar la cultura de la Restauración en los términos del acceso o no a la letra, y de las divisiones sociales que se producen a partir de él, significa unir narrativa nacional y pedagogía, situando en el centro del análisis de las representaciones literarias una magnitud clave: la tasa de analfabetismo nacional a la altura de 1870, cuando un 70% de la población no sabe leer ni escribir, un 86% de mujeres y un 65% de varones (Ruiz Berrio 30, basado en abundante bibliografía). Ese mundo de iletrados puede aparecer o no en las novelas, pero representar, como hace Coloma, al 30% de la sociedad como el cuerpo de la nación, naturalizar a los alfabetizados como ciudadanos, ocultando sistemáticamente las fronteras que la letra levanta, también y sobre todo entre géneros, es algo más que una opción narrativa: significa excluir del cuerpo social a aquellos que no han sido educados en la letra, y entrar de lleno en los debates políticos del siglo sobre representación y ciudadanía. En el contexto de las formas de participación en la política, en el debate que relaciona nación, estado y representación, desde las Cortes de Cádiz, la propiedad, la profesión o la alfabetización habían sido criterios empleados para participar o excluir sectores de la población de los distintos sistemas de sufragio experimentados en el siglo XIX (Sánchez León 2007). Esta cuestión rebrota en los debates de la Restauración sobre el sufragio censitario, donde las élites letradas plantean la existencia de una relación profunda entre virtud cívica, condición política y acceso a la letra (Pérez Ledesma 2007, Rivera García).

El cuerpo social que Galdós imagina en 1912 contiene una muchedumbre de sujetos excluidos a un tiempo de la letra y de la política, a los que, sin embargo, Galdós atribuye capacidad de discurso, formas muy primitivas de agencia, y, sobre todo, opinión política. Así, implícitamente se manifiesta el déficit de representación sobre el que se erige la Restauración como sistema político. En el quinto ciclo de *Episodios*, la Restauración y sus tecnocracias aparecen configuradas en una serie de círculos concéntricos, cuyo acceso no resulta franco para todos los cuerpos, tampoco para el de Tito, ayudado mágicamente por las deidades de la Historia. En el centro de esta ciudad escrituraria galdosiana se encuentra el despacho de Cánovas y, en su interior, la mejor la biblioteca del país. A su alrededor se disponen los círculos ministeriales, sus despachos y el parlamento, con sus propias tecnologías letradas: la ley, los códigos, los discursos, los taquígrafos. El tercer círculo letrado, dentro del estado, es el de las oficinas y secretarías donde habitan los funcionarios (y al que también pertenecen los cesantes): ésta es la frontera que tienen que atravesar los cuerpos que desean entrar en el ámbito del poder, provistos de documentos escritos de tipo vario (cartas de recomendación, credenciales, mandatos...). Este tercer círculo posee canales de comunicación letrados con los ámbitos domésticos de la burguesía y de la aristocracia, que organizan el quinto círculo de la letra, éste privado, donde caben cartas, notas, recados, papeles personales, gabinetes de lectura, *secrétaires*, *boureaux*..., que abarcan el conjunto de los intercambios letrados que, para Galdós, constituyen la base social de la Restauración, como cultura política hegemónica.

El cuarto de los círculos lo forman instituciones mediadoras, las Academias, los periódicos, las revistas ilustradas, las escuelas jesuíticas... Sobre las instituciones religiosas, disponen de su propia *gravedad letrada*, siendo su relación con el estado organizada "estrictamente" en atención "a la letra del concordato" (*Cánovas* 246). En este cuarto círculo habitan sujetos mercuriales que pueden trasladar las letras desde los círculos más cerrados de la ciudad y llevarlas a ámbito quinto de lo privado, o al sexto de los círculos, aquel formado por cafés y otros lugares de reunión, donde circulan los periódicos, y donde se reúne una masa de pequeños letrados, plumíferos, artesanos, maestros..., sin capacidad de emitir letra pero sí de recibirla, el de la esfera pública plebeya. En este ámbito, se reciben las letras que vienen de los círculos interiores, se discuten y comentan, y, convertidas en *voces*, son puestas en circulación en el río de la *opinión pública*, donde nadan las efémeras, río que separa la ciudad letrada de la masa analfabeta, expulsada del ámbito político. Sobre ese río navega Tito, cuando ejerce de historiador y, bajo él, están las bóvedas alegóricas en las que Tito se educará bajo la protección de las deidades de la mitología civil (*Amadeo I*).

El *Sexenio* habría debido cuestionar la naturaleza de esas divisiones, y, siguiendo la tradición del liberalismo radical, habría tenido que ampliar la esfera pública socializando el principio democrático de la igualdad (Sánchez León 2006). Sin embargo, como Galdós hace decir a un cínico congresista republicano, a la altura de 1872, el cuerpo del estado, y con él, su texto burocrático, había neutralizado la "savia progresista" de 1868 (*Amadeo I* 137). Es decir, que la energía política revolucionaria había sido absorbida como tinta por el papel secante del Estado. Habla Tito en otro pasaje sobre el colapso del reinado de Amadeo:

> Todo cuanto veíamos despedía olor a muerto. [...] Los vicios se petrificaban, y las virtudes cívicas no pasaban de las bocas a los corazones. Administración, Hacienda, Instrucción Pública, permanecían en el mismo estado de quietismo [...] No salía un hombre que alzara dos dedos sobre la talla corriente. Hacía falta un bárbaro, como Pizarro, que sin saber leer ni escribir, creó un mundo hispano en la falda de los Andes. (*Amadeo I* 138)

Tras el asesinato de Prim, en el imaginario galdosiano, desaparece la *aetas aurea* de los gigantes románticos y empieza el reino de los cabezudos (ello es particularmente cierto en el terreno de revistas satíricas como *La Flaca*). En ese tiempo de *pequeñeces*, estado, letra y muerte impiden la circulación de las pasiones políticas. El *texto de la revolución* (al que Marx se refirió como "la poesía de la revolución" 181: 13-4) no pasaba de la boca al corazón, porque, una vez más, se produce esa inflación del lenguaje, la *brumarización*, cortocircuito de los significantes, que pierden su capacidad de apelar con firmeza a lo real. Embolias letradas.

Comenzamos este texto afirmando que la tarea de salir del lenguaje de la restauración, de encontrar las palabras nuevas, sería una tarea de poetas. Vemos ahora, en su final, con claridad, que para Galdós, la poesía viene de fuera del estado mientras la letra emana de él. En la ecuación burocracia y aburrimiento, la *pequeñez* letrada de los funcionarios y políticos de ese estado impide la posibilidad de la ingeniería social que una nueva poética necesita. Frente a el gran aburrimiento escritural del XIX (Steiner), se ensueña la *invasión de la barbarie*, la existencia de un flujo analfabeto que, desde el exterior de esa ciudad letrada, entre en ella para destruirla. Ello ocurre en un momento central en el último ciclo de *Episodios*, en el paso del *análisis histórico* a la *utopía política*, cuando Tito se inicia en la imaginación activa de los afueras de la historia nacional, y el quinto ciclo delira relatos de *otras modernidades posibles*. Ante sus fantasías, el reto que Mariclío impone a Tito es el de contener estos arrebatos en los límites de lo que un cuerpo puede, y para ello envía a Tito a una escuela mitológica. La barbarie analfabeta se restringe así a la condición de fantasía compensatoria, fruto de la impotencia de ver cómo el poder demoenergético liberado en 1868 no genera texto social, debido a la *gravedad* de las instituciones dominantes (en el sentido de Bourdieu 2002). Esta frustración, en Tito, se acompaña del hecho de saberse *contaminado por la letra*, perteneciente de algún modo a la máquina kafkiana de la ciudad letrada, y parte por tanto parte implicada en la capacidad que esa máquina-ciudad tiene de reproducirse.

Esta fantasía posee un reverso lúcido, en la medida en que entraña una toma de conciencia: la de que no podrán construirse las instituciones de una República si se carece de ciudadanos que las doten de contenido político. A la altura de 1911, mientras rompe el conflicto obrero como promesa de cambio radical de los mundos de la vida, las experiencias de creación de lenguaje cívico que tuvieron lugar durante la Primera República son objeto de importantes tareas de recuperación de memoria en el contexto del rearme del republicanismo y de sus culturas sociales (Ealham), en un campo político *centrífugo* a la Restauración. En ese campo, Galdós toma posición de modo destacado (Jover). En ese contexto, la principal enseñanza de la breve experiencia democrática indicaba que el trabajo de construcción de una nueva experiencia democrática tendrá que suceder desde el exterior de la ciudad letrada.

Queda por resolver cómo emplear la letra en ese camino. Este es el límite discursivo del propio Galdós (y, en realidad de los movimientos modernizadores en España): la imposibilidad de imaginar un proceso de construcción de ciudadanos que no se realice a través de la lecto-escritura. Alfabetización y biopolítica: esos politólogos no pueden concebir una ciudadanía *sin la letra*, ya que esta es una tecnología inseparable de la idea de la *polis* ilustrada y de la Ilustración como orden de mundo (Rama). En su memorial novelesco, Galdós señala claramente que, en todo caso, *otras* serán las letras necesarias, y, sobre todo, otra *distinta entrada en la letra*, aquellas que sostengan una organización alternativa del espacio social, que una poética cívico-república trata de tentativamente de performar en el filo histórico de 1912. Dicho de otro modo, a principios de siglo, novelistas, intelectuales y políticos republicanistas deben ofrecer una solución compleja a la pregunta de cómo es posible realizar la tarea de ingeniería social necesaria para que se esa ciudadanía *se construya desde fuera del estado*. En la posibilidad de esa ciudadanía, la noción de *autonomía* resultará central: es la única manera de evitar que, letra mediante, el viejo mundo sepa infectar silenciosamente al mundo del trabajo, el nuevo mundo que emerge, reproduciéndose en él.

La posibilidad de esa respuesta era inseparable de la educación letrada del 86% de las mujeres, es decir, de todas las mujeres analfabetas.

BIBLIOGRAFÍA CITADA

BIBLIOGRAFÍA PRIMARIA

Coloma, Luis (1887): "Pilatillo" en Colección de lecturas recreativas, Bilbao, Administración del "Mensajero del Corazón de Jesús". Alicante: Biblioteca Virtual Miguel de Cervantes, 2008

——. (1891): *Pequeñeces*. Bilbao: Administración de El Mensajero del Corazón de Jesús. Alicante: Biblioteca Virtual Miguel de Cervantes, 1999

Ferrer i Guardia, Francisco (1908): *La escuela moderna : póstuma explicación y alcance de la enseñanza racionalista*. Barcelona: La Escuela Moderna, 1912

García Carrafa, Alberto (1882): *El padre Coloma*. Madrid: Imprenta de Juan Pueyo, 1918

Liga Anticlerical Española (1911): "Creación de la Liga Anticlerical Española". *La palabra libre*, 25 junio 1911. Hemeroteca de Madrid

Pardo Bazán, Emilia (1882): *La cuestión palpitante*. En Obras completas, vol. I. Madrid: Imprenta de A. Pérez Dubrull, 1891; Carmen Bravo-Villasante (ed). Salamanca: Anaya, 1966

——. (1890?): *El P. Luis Coloma : biografía y estudio crítico*. Madrid : Impr. de A. Pérez Dubrull.

Pérez Galdós, Benito (1875): *El 2 de mayo y el 19 de mayo*. Madrid, Imp. de Noguera a cargo de M. Martínez. Alicante: Biblioteca Virtual Miguel de Cervantes, 2001

——. (1909): *La España Trágica*. Madrid: Perlado, Páez y Compañía. Alicante: Biblioteca Virtual Miguel de Cervantes, 2001

——. (1910): *Amadeo I*. Madrid: Perlado, Páez y Compañía. Alicante: Biblioteca Virtual Miguel de Cervantes, 2001

——. (1911): *La Primera República*. Madrid: Perlado, Páez y Compañía. Alicante: Biblioteca Virtual Miguel de Cervantes, 2001

——. (1912): *Cánovas*. Madrid: Perlado, Páez y Compañía. Alicante: Biblioteca Virtual Miguel de Cervantes, 2001

Sem (186-): *Primera edición del álbum inédito "Los borbones en pelota"*. Valeriano Bécquer y Gustavo Adolfo Bécquer. Edición y estudio introductorio de Robert Pageard, Lee Fontanella y María Dolores Cabra Loredo. Madrid: Ediciones el Museo Universal, 1991

Simarro Lacabra, Luis (1910): El proceso Ferrer y la opinión europea. Madrid: [Eduardo Arias]

Hyperlink "https://libserv7.princeton.edu:82/pul/nph-pul2.cgi/000000A/http/catalog.princeton.edu/cgi-bin/Pwebrecon.cgi=3fSC=3dAuthor&SEQ=3d201012091 15226&PID=3d5Zt-BnYTTn6h80iGTQwuEbX4zoLpH81&SA=3dValera,+Juan,"VALERA, Juan (1891): *Pequeñeces ... Currita Albornoz al padre Luis Coloma*. Madrid: Impr. de A. Pérez Dubrull

BIBLIOGRAFÍA SECUNDARIA

Alonso, Gregorio (en prensa): Ciudadanía católica: cuestión religiosa y modernidad en España, 1793-1874. Madrid: Akal

Álvarez Junco, José (1971): *La Comuna en España*. Madrid: Siglo XXI

——. (1981): *Los movimientos obreros en el Madrid del siglo XIX*. Madrid: Ayuntamiento de Madrid

—. (1991): *La ideología política del anarquismo español (1868-1910)*. Madrid: Siglo XXI

Álvrez Lázaro, Pedro F., VÁZQUEZ-ROMERO, José Manuel, ed. (2005): *Krause, Giner y la Institución Libre de Enseñanza. Nuevos Estudios*. Madrid: Universidad Pontificia ICAI-ICADE

Anderson, Benedict (1983): *Imagined communities. Reflections on the Origin and Spread of Nationalism*. New York, Londres: Verso, 1983. *Comunidades imaginadas. Reflexiones sobre el origen y la difusión del nacionalismo*. México D.F.: FCE, 1993

Bravo-Villasante, Carmen (1970): *Galdós visto por sí mismo*. Madrid: Magisterio Español

Bourdieu, Pierre (1979): *La distinción. Criterio y bases sociales del gusto*. Madrid: Taurus, 1999

—. (1992): *Las reglas del arte. Génesis y estructura del campo literario*. Barcelona: Anagrama, 2002

Fernández Sirvent, Rafael (2010): "De Rey Soldado a Pacificador. Representaciones simbólicas de Alfonso XII de Borbón". *Historia Constitucional*, 11, 48-75

Calvo Carilla, José Luis (1998): *La cara oculta del 98*: místicos e intelectuales en la España del fin de siglo (1895-1902). Madrid: Cátedra

Campos Marín, Ricardo, José Martínez Pérez y Rafael Huertas García-Alejo (2000): *Los ilegales de la naturaleza. Medicina y degeneracionismo en las España de la Restauración (1876-1923)*, Madrid, CSIC

Carnero, Teresa (2007): "Ciudadanía política y democratización. Un paso adelante, dos pasos atrás" en Pérez Ledesma, Manuel (coor). *De súbditos a ciudadanos. Una historia de la ciudadanía en España*. Madrid: Centro de Estudios Políticos y Constitucionales, 223-250

Casanova, Julián (2001): *La Iglesia de Franco*. Barcelona: Temas de Hoy

Caudet, Francisco (2002): "El *anticlericalismo* en la novela naturalista: Galdós y Blasco Ibáñez" en *El parto de la modernidad. La novela española en los siglos XIX y XX*. Madrid: Las Ediciones de la Torre, 77-93

Chirbes, Rafael (2010): "La hora de los otros (reivindicación de Galdós)" en *Por cuenta propia. Leer y escribir*. Barcelona: Anagrama, 112-149

De la Cueva Merino, Julio (1997): "Movilización política e identidad anticlerical (1898-1910)". *Ayer*, 27, 101-125

Delgado Criado, Buenaventura (1994): *La educación en la España contemporánea (1789-1975)*. Hyperlink "http://dialnet.unirioja.es/servlet/editor?codigo=2937"Morata : Hyperlink "http://dialnet.unirioja.es/servlet/editor?codigo=4137"Fundación Santa María

Doménech, A. (2004): *El eclipse de la fraternidad. Una revisión republicana de la tradición socialista*. Barcelona: Crítica

Ealham, Chris (2005): *Class, culture and conflict in Barcelona, 1898-1937*. London; New York: Routledge

Escolano, Agustín (dir) (1992): *Leer y escribir en España. Doscientos años de alfabetización*. Madrid. Salamanca: Fundación Germán Sánchez Ruipérez, Pirámide

Foucault, Michel (1999): *Les anormaux. Cours au Collège de France (1974-1975)*. Paris: Seuil, Gallimard

Fernández Albaladejo, P. (1997): "Hyperlink "http://dialnet.unirioja.es/servlet/articulo?codigo=1096840"Católicos antes que ciudadanos: gestación de una política española en los comienzos de la Edad Moderna", en José I. Fortea (coor.), Hyperlink "http://dialnet.unirioja.es/servlet/libro?codigo=5846" Imágenes de la diversidad : el mundo urbano en la Corona de Castilla (s. XVI-XVIII). Santander: Universidad, 103-127

García Pinacho, María del Pilar y José Altabella Hernández (1998): *La prensa como fuente y subtema de los Episodios Nacionales de Benito Pérez Galdós*. Madrid: Fundación Universitaria Española

Goody, Jack (1986): *The Logic of Writing and the Organization of Society (Studies in Literacy, the Family, Culture and the State)*. Cambridge: Cambridge University Press

Habermas, Jürgen (1991): *The Structural Transformation of the Public Sphere*. Cambridge, MA: MIT Press

Jover Zamora, José María (1991): *Realidad y mito de la Primera República. Del "Gran Miedo" meridional a la utopía de Galdós*, Madrid, Espasa Calpe

Koselleck, Reinhart. (1979): *Futuro pasado. Para una semántica de los tiempos históricos*, Barcelona: Paidós, 1993

Labanyi, Jo (2000): *Gender and modernization in the Spanish Realist Novel*. New York; Oxford: Oxford University Press

Loureiro, Ángel G. (2003): "Spanish Nationalism and the Ghost of Empire". *Journal of Spanish Cultural Studies* 4.1, 65-76.

Mainer, José Carlos (2010): *Modernidad y nacionalismo (1900-1936)*. Barcelona: Crítica

Marx, Carl (1852): *El dieciocho brumario de Luis Bonaparte* en Carl Marx y Frederick Engels en *Obras escogidas en tres tomos*. Moscú: Editorial Progreso, 1981

Marx, Carl y Frederick ENGELS (1845): *La Sagrada Familia* y La ideología alemana. Miguel Ángel Tabet (ed). Madrid: Magisterio Español, D.L. 1987

Miguel González, R. (2007): *La pasión revolucionaria. Culturas políticas y movilización popular en la España del siglo XIX*, Madrid, CEPC

Monasterio Baldor, Agustina. "La escuela de la novela moderna. Representación, culturas políticas y conflicto en las novelas *espirituales* de Galdós (1890-1909)". *Journal of Santa Barbara Portuguese Studies*. Incluido en este mismo número.

Navas-Ruiz, R. (1971): *El romanticismo español. Documentos*. Madrid: Anaya

Nouzeilles, Gabriela (2000): *Ficciones somáticas. Naturalismo, nacionalismo y políticas médicas del cuerpo (1880-1910)*. Buenos Aires: Viterbo

Ozouf, Mona (1962): *L'École, l'Église et la République 1871-1914*, Armand Colin

Pérez de la Dehesa, Rafael (1968): "Los escritores españoles ante el proceso de Montjuich", *AIH* Actas III, 685-694

Pérez Ledesma, M. (1976): *La Unión General de Trabajadores. Ideología y organización (1888-1931)*. Madrid: Tesis doctoral

─── (coor) (2007): *De súbditos a ciudadanos. Una historia de la ciudadanía en España*. Madrid: Centro de Estudios Políticos y Constitucionales

Pocock, J. G. A. (2002): *El momento maquiavélico. El pensamiento político florentino y la tradición republicana atlántica*. Madrid: Tecnos

Portier, Philippe (1993): *Église et politique en France au XX siècle*. Montchrestien: Clefs Politiques

Poovey, Mary (1995): *Making a Social Body. British Cultural Formation, 1830-1864*. Chicago: University of Chicago Press

Rama, Ángel (1984): *La ciudad letrada*. Hanover: Ediciones del Norte

Revuelta González, Manuel (1984): *La Compañía de Jesús en la España contemporánea. Vol 1. Supresión y reinstalación (1868-1883)*. Madrid: Universidad Pontificia de Comillas

Reyero, Carlos (2010): *Alegoría, nación y libertad. El olimpo constitucional de 1812*. Madrid: Siglo XXI

Rivera García, Antonio (2006): *Reacción y revolución en la España liberal.* Madrid: Biblioteca Nueva

Rodríguez Batllori, Francisco (1983): *Historia y novela en los Episodios nacionales.* Madrid: Tesis doctoral

Rodríguez de la Flor, Fernando (1999): *La península metafísica: Arte, Literatura y Pensamiento en la España de la Contrarreforma.* Madrid: Editorial Biblioteca Nueva

Ruiz Berrio, Julio (dir.) (2002): *La editorial Calleja, un agente de modernización educativa en la Restauración.* Madrid: Uned Ediciones

Ruíz Rodrigo, Cándido e Irene Palacio Lis (1995): *Pauperismo y educación. Siglos XVIII y XIX. Apuntes para una historia de la educación social en España.* Valencia: Universidad de Valencia. Servicio de Publicaciones

Sánchez León, Pablo (2006): "Aristocracia fantástica: los moderados y la poética del gobierno representativo", *Ayer*, 36, 77-103

———. (2007): "La pesadilla mesocrática: ciudadanía y clases medias en el orden liberal histórico español" Pérez Ledesma, Manuel (coor). *De súbditos a ciudadanos. Una historia de la ciudadanía en España.* Madrid: Centro de Estudios Políticos y Constitucionales, 135-64

———. (manuscrito). El lenguaje de la primera democracia en España. Discurso, política y cambio conceptual en el Sexenio, 1868-1875

Serra, Pedro (2011): «Opus Ultimum. Carlos de Oliveira e o estilo tardio». In Osvaldo Silvestre, coord., *Depois do Fim. Nos 30 Anos de Finisterra*, Coimbra, CLP.

Steiner, George (1993): «Le gran ennui». *El castillo de Barbazul.* Barcelona : Gedisa

Vrettos, Athena (1995): *Somatic fictions. Imagining Illness in Victorian culture.* Standford: Standford University Press

Zinn, Howard y Anthony Arnove (2004): *Voices of a people's history of the United States.* New York: Seven Stories Press

NOTAS

1. Nunca hubiera escrito este ensayo sin años de conversaciones galdosianas con Agustina Monasterio Baldor, quien, además, un lejano y hermoso verano, me puso entre las manos *Cánovas*: la cita con la que inicio el artículo me obsesiona desde entonces. Hoy ya nos hemos acostumbrado a sus palabras. Quiero agradecer además a Ángel Loureiro su lectura crítica del manuscrito, que me ha estimulado mucho para seguir pensando lo que el estilo tardío de Galdós tiene que decirle a la tradición republicana española. Y quiero agradecer a Pedro Serra el haberme brindado la oportunidad de bucear en el siglo XIX, abismo del que no se vuelve, a donde a toda velocidad estamos regresando colectivamente.

2. La cuestión del significado del lenguaje republicano como cultura política moderna (Pocock) ha sido objeto de abundante bibliografía y debate en los últimos años (Doménech), también para el caso español, que lentamente ha comenzado a reconstruir los lenguajes y las esferas que construyeron sus variantes nacionales.

3. Ciertamente, la palabra *caquexia* no es casual. Pertenece al vocabulario psicosomático noventaiochista, y apela al cuadro médico del paludismo, enfermedad-metáfora nacional secuela de la guerra en Cuba. Para interpretar la cita galdosiana, culminación de profundos desarrollos transversales de la quinta serie de *Episodios nacionales*, hay que tener en cuenta la actitud político-literaria de Galdós a propósito del llamado "desastre nacional", pues sobre el lenguaje médico-forense con que se reproducen las imágenes del cuerpo-cadáver de la nación, Galdós plantea que esta circulación de imágenes mortuorias responde a una operación interesada, de tipo reaccionario, antimoderno, promovida

por "los ministros de la muerte nacional". Galdós habría visto "el 98" como un proceso de producción de *abulia* interesada, como un discurso sobre la decadencia de carácter estratégico, como, en definitiva, un *marketing* del desastre, destinado, en último término, a salvaguardar el régimen lingüístico de la Restauración (Bravo-Villasante, 225-8).

4. Debo al siempre vanguardista Pedro Serra (2010) mi interés por las sofisticadas arquitecturas del *late style*, que guían secretamente todo este texto, callando sus referencias, para imaginar su productiva capacidad visionaria: la *Segunda República* sólo podría imaginar desde el estilo tardío.

5. De pronto, la Restauración *tiene historia*; el presente se quiere representar discontinuo de una determinada definición de sí mismo, y en ese mismo momento, esa definición hegemónica ingresa en la esfera del pasado. Esta es la clave, me parece, la decisión de Galdós de nombrar, mediante la máquina del *Episodio*, la Restauración como una época que, al poder ser observada históricamente, necesariamente tiene que generar su posteridad.

6. No sabemos cuándo se empezó a llamar a la República de 1873 "la Primera República", y, por tanto, a declinar políticamente su historia como horizonte colectivo, es decir, a comenzar a pensar en la necesidad de una Segunda República. Jover da argumentos para pensar que el título de este *Episodio* ocurre en el interior de una cultura política republicano-socialista que comienza a desarrollar esta poética, a la que el texto galdosiano, desde su mero título, habría decisivamente contribuido en el contexto del comienzo de siglo. Este texto aspira a tantear ese momento en el que la memoria de la primera república se ilumina como poética de la segunda, a través del trabajo histórico y socio-analítico de la literatura.

7. La cima de esa ironía se refleja cuando Tito, el cronista (y el propio Galdós al escribir el quinto ciclo) enferma de cataratas, y en su ceguera, la realidad se le figura de acuerdo con sus fantasías, y éstas, a partir de entonces, tienen la misma verosimilitud que los sucesos históricos que la novela cuenta.

8. Como una simple hipótesis, que requeriría un desarrollo mayor, cabe mencionar que el aprendizaje de esta técnica narrativa puede estar en la observación de las caricaturas políticas. Si la alegoría había sido patrimonio de la figuración hispana a la hora de expresar la relación entre *hora política* y metarrelato en las monarquías barrocas (R. de la Flor), la modernidad en España abre nuevas formas de figuración alegórica, una propia *emblemática de la razón*, que, en el contexto del sexenio democrático, configura nuevos tipos alegóricos, diosas del pueblo, de clara genealogía jacobina, que abren, en el contexto de 1870, un panteón de abstracciones secularizadas, que, desde muy pronto, serán inflexionadas a través de la prensa satírica (SEM, Reyero), en una poética que muestra la exterioridad de los relatos modernos del tiempo material y cronológico que debían servir para expresar. El joven Galdós archivaba este tipo de dibujo político y, aún más allá, el mismo fue dibujante de algunas de estas imágenes en los años revolucionarios (Bravo-Villasante 54-55); no sorprende que ahora, su quinta serie de *Episodios* se pueble de estas alegorías, de estatuas animadas y de fantasmas emblemáticos. Las deidades estatuarias de la República y de la Restauración han tomado vida y protagonizan febriles diálogos con el historiador Tito que desnaturalizan las figuras del tiempo histórico y devalúan los iconos con los que esa época expresaba sus relaciones políticas. El régimen clasicista fundacional *delira*. Intentando iluminar una época de complicado relato, sus figuras se expresan en un mundo de sombras, donde Galdós mezcla los géneros de la novela histórica y del relato fantástico, como lo hará en *El Caballero encantado* (1909), en conexión con *Cánovas*.

9. Sobre el "cuerpo nacional" del narrador novelista, y su vinculación polémica con los vínculos filiativos que en los imaginarios del moderatismo podrían construir el linaje imperial del cuerpo nacional, un pasaje de *Amadeo I* resulta plenamente ilustrativo, fortaleciendo mi hipótesis de que es una *pequeñez* anti-neo-católica la que aquí se expresa: "Si queréis saber algo de mi ascendencia os diré que es un extraordinario ciempiés o

cienramas. Por mi padre tengo sangre de los Pipaones y Landázuris de Álava, absolutistas hasta la rabia, y sangre de los Torrijos y Porlieres, mártires de la Libertad. Mi madre me ha transmitido sangre de verdugos como González Moreno y Calomarde, sangre de Zurbanos, y aun la de fieros demagogos, ateos y masones. Mi abolengo es, pues, de una variedad harto jocosa. Yo, con paciencia y saliva, quiero decir tinta, he reconstruido mi árbol, y en él tengo señoras linajudas, títulos de Castilla, que casi se dan la mano con logreros y mercachifles de baja estofa; tengo un obispo católico, un cura protestante, una madre abadesa, dos gitanos, una moza del partido, un caballero del hábito de Santiago y varios que lo fueron de industria... Soy, pues, un queso de múltiples y variadas leches. Debo declarar que de la heterogeneidad de mis fundamentos genealógicos he salido yo tan complejo, que a menudo me siento diferente de mí mismo." (*Amadeo I*, 20) No recuerdo ningún pasaje más concluyente del pensamiento galdosiano sobre la "naturaleza" (bastarda) del "ser" nacional y de su sujeto político.

AQUILINO RIBEIRO: LITERATURA E DIREITO

Carlos Nogueira
IELT, Faculdade de Ciências Sociais e Humanas,
FCSH, Universidade Nova de Lisboa

Escritor atento às contradições e aos conflitos do ser humano e da vida, Aquilino Ribeiro incluiu nos seus romances personagens, casos, cenas e linguagens directamente ligadas ao direito e aos tribunais. O objectivo do autor é, por um lado, evidenciar o modo como pensam e actuam advogados e juízes numa sociedade ainda muito estratificada; e, por outro, mostrar como há literatura no direito e como esta ligação pode promover a humanização da ciência jurídica.

Ao pôr em confronto advogados, juízes e gente simples, o romancista lembra-nos que em todos os processos judiciais há pessoas e histórias, e que em muitos deles há forma e substância literária. O direito é, em todas as suas fases, linguagem. Daí que não só os advogados e os juízes mas também todos os outros intervenientes usem formas de expressão, sobretudo a narrativa, e recursos estilísticos próprios da literatura. A assunção de que o direito é uma questão de linguagem, e de que a arte oratória é a base de qualquer poder (legítimo ou ilegítimo), vê-se claramente no discurso de cada um dos advogados de acusação, que beneficiam ainda da força ideológica que governa o país. O direito é, pois, em Aquilino, não só linguagem verbal mas também linguagem de poder ligada ao exercício do poder político e económico.

Aquilino Ribeiro põe em confronto apresenta-nos duas práticas do direito: a dos que "julgam a prática da justiça incompatível com a chicana e a malignidade" (Aquilino, 1983a: 248), como defende o advogado de defesa de um réu inocente, no romance *Volfrâmio* (1943); e a prática da "escola de advocacia, proeminente nos tempos utilitários, que manda ao causídico seja faca-de-mato, cego e cínico a bem de tudo que reporte pecúnia" (Aquilino, 1983a: 248), de que é exemplo Guilherme Calabaz, o advogado de acusação da mesma obra.

Em *Quando os Lobos Uivam* (1958), os réus e o dr. Rigoberto têm de provar que as acusações não se apoiam em factos, mas em opiniões baseadas em meras e muitas vezes falsas probabilidades. A acusação quer um julgamento sumário e punitivo, e por isso a defesa tem de demonstrar a má-fé dos que desejam a condenação e, ao mesmo tempo, com base em factos, a inocência dos réus. Compreende-se assim a atitude pedagógica do dr. Rigoberto, que explica de modo convincente o procedimento que o Estado deveria ter adoptado no processo de arborização. A defesa suscita o diálogo, mas a acusação continua fechada na sua posição e no seu discurso monocórdico e monolítico, na sua concepção de direito enquanto discurso obscuro e de poder totalitário. Para o dr. Rigoberto e os réus, o direito é um método de integração e de compreensão de opiniões diferentes; para a acusação, é um meio para atingir um fim predeterminado: a condenação de vários homens (inocentes) e o aprofundamento da opressão de uma comunidade (por extensão, de todo o mundo rural e de todas as classes mais baixas).

A acusação forja uma ideia de culpa contra Manuel Louvadeus e os demais réus, que sofrem a perseguição brutal de uma ideologia antidemocrática que castiga inocentes para evitar revoltas sociais. A ilegitimidade deste processo, que se baseia em crimes *construídos* pela acusação, começa na falta de provas e estende-se à disparidade das linguagens dos acusadores e dos acusados, como o dr. Rigoberto faz notar. Os réus, tal como a acusação os descreve, surgem como caracteres fixos que podemos conhecer através de adjectivos ("vicioso", "rude", "maldoso"...). Sem provas materiais objectivas, os advogados acusam a partir de provas de carácter, que eles próprios delineiam com base em actos e efeitos cuja relação eles também definem, não admitindo outra ordem de causa e efeito senão a que aponta infalivelmente para a culpa dos réus.

Estamos, nas palavras de Roland Barthes, perante "uma psicologia adjectiva, que não sabe senão carregar as suas vítimas de atributos, ignorando tudo acerca do acto que não caiba na categoria culposa em que se faz entrá-lo à força" (46). Não há presunção de inocência nem suspeitos, mas crime e culpados. Não há provas materiais, mas hipóteses que, à força de repetidas a testemunhas (subornadas) que por sua vez as repetem, valem como provas. Bruno Lêndeas, a quem a acusação insiste em perguntar "quisesse ele, a mortandade ter-se-ia evitado", acaba por responder como era esperado, enganando-se conscientemente a si próprio: "– Quisesse ele – arrancou, rendido àquele sorriso sarcástico e maneiras de alta prestidigitação mental, como se se atirasse duma ponte alta para baixo – ter-se-ia evitado o barulho e a mortandade" (Aquilino, 1983b: 190).

À excepção de Manuel Louvadeus, os outros acusados aparecem destituídos de uma linguagem capaz de se equiparar em argumentação à dos acusadores. São réus que sofrem "também o espectáculo de um terror de que estamos todos ameaçados, o de sermos julgados por um poder que não quer ouvir senão a linguagem que nos atribui" (Barthes, 1997: 47). Somos, como eles, "em potência, não assassinos, mas réus privados de linguagem, ou, pior do que isso, ridicularizados, humilhados, condenados em nome dos nossos acusadores. Roubar a um homem a sua linguagem em nome da própria linguagem, é por aí que começam todos os assassínios legais" (Barthes, 1997: 47).

O pressuposto teórico de que o direito é um corpo de doutrinas objectivas e universais, acima dos juízes e das paixões humanas, entra, implícita e explicitamente, na argumentação das duas partes. A acusação nota que o direito é uma ciência; o dr. Rigoberto não nega esta asserção, mas sublinha que o direito não é uma ciência arbitrária ao serviço do totalitarismo. Este advogado percebe claramente como o direito praticado pelo governo é uma questão de poder e de ressentimento contra todos aqueles que se manifestaram contra o modo como a arborização estava a ser implementada.

Este poder e este ressentimento são evidentes durante todo o julgamento, que acaba por ser, para a acusação, uma questão de orgulhos feridos, ataques e contra-ataques. Este aspecto justificaria, só por si, a inclusão deste livro na bibliografia de qualquer curso de direito em Portugal (ou em todos os países cuja língua oficial é o português) e na bibliografia da disciplina ou de cursos de Direito e Literatura ou de Literatura e Direito, que, infelizmente, não existem entre nós (ao contrário do que acontece nos Estados Unidos e no Reino Unido). Os defensores do estudo da literatura em cursos de direito consideram que a literatura oferece aos estudantes situações hipotéticas muito apelativas através das quais é possível experimentar respostas jurídicas.

Para o dr. Rigoberto, o direito é uma instituição que não pode ignorar outros discursos e perspectivas sociais, nem obrigar os menos favorecidos cultural e economicamente a sujeitarem-se a uma autoridade meramente imperativa. As instituições e as normas legais devem interagir com a subjectividade das comunidades e das pessoas, dialogar, promover o cruzamento de visões diferentes. Em vez de excluir os pontos de vista daqueles que mais sentem a autoridade (o autoritarismo) legal, em vez de promover a injustiça social e a desumanização das instituições, o direito deve conciliar. O réu Manuel Louvadeus e o dr. Rigoberto representam esta ideia de que o direito é um sistema de pensamento e de expressão muito vasto e complexo; um sistema, consubstanciado em normas escritas, que pode ser aperfeiçoado por cada indivíduo.

Da autodefesa de Manuel Louvadeus depreendemos que ele vê o direito, em grande parte, como uma competência pessoal e cultural ao serviço da liberdade de opinião; e apercebemo-nos do formalismo que persiste em existir no direito praticado por advogados imparciais e desonestos cuja única preocupação é a de punir através de pesadas penas de prisão. Os conceitos de responsabilidade, auto-afirmação e consciência social das comunidades rurais e dos grupos rurais fazem também parte da noção de democracia do dr. Rigoberto, mas não entram na ideia de sociedade do Ministério Público. Os acusadores têm como única função praticar e intensificar a política de exclusão de um Estado que os beneficia.

O dr. Rigoberto e César Fontalva empenham-se em provar a inocência dos réus, mas todos são condenados exemplarmente. Na leitura do acórdão ficou imediatamente claro o que já fora evidente nos libelos: a condenação sem provas de vários homens que são, em grande parte, vítimas, e, no caso de Manuel Louvadeus, de um inocente absoluto. Aos réus defendidos por advogados "afectos ao regime" (Aquilino, 1983b: 206) não são imputados crimes graves e por isso as penas correspondentes são igualmente menos pesadas. Para um réu "protegido do Bispo, através da irmã, criada do Paço" (Aquilino, 1983b: 206), a parcialidade é ainda mais flagrante: apenas "3 meses de prisão e multa correspondente" (Aquilino, 1983b: 206).

Apesar de tudo, o optimismo de Manuel Louvadeus por um mundo mais justo persiste. É através desta personagem, de César Fontalva e do dr. Rigoberto que Aquilino veicula a noção de que a literatura tem uma função importante a cumprir na revitalização ética do direito. O desapontamento, a humilhação e o sofrimento não os impedem de proclamar que acreditam na construção de uma sociedade renovada, na qual o direito não se distancia do mundo real nem nega a liberdade do indivíduo. A liberdade e a autodeterminação da comunidade reside na liberdade de cada pessoa que se estabelece a partir de uma interacção ética com a comunidade. Estas personagens representam, assim, todos aqueles que se opõem à destruição do indivíduo pelo Estado. O poder instituído pode alienar uma grande parte da sociedade, mas não a sua totalidade, se houver vozes com força suficiente para contrariar essa alienação.

Manuel Louvadeus enfrenta os erros e as perversidades da justiça, que o condenou a "3 anos e multa, que não era pequena" (Aquilino, 1983b: 212), e, graças ao seu "exemplar bom comportamento", "beneficiou de uma amnistia, muito simbólica" (Aquilino, 1983b: 247). O narrador, que nunca deixa de ser interventivo e irónico, sublinha as contradições da justiça, que liberta um homem pelo bom comportamento que, afinal, ele sempre demonstrou: "E ao homem, que nunca fora outra coisa senão um bem-comportado, mandaram-no em paz a pretexto do exercício de uma virtude que deixara de ser inibitória para a sua condenação" (Aquilino, 1983b: 247).

É através desta personagem, que a justiça não consegue transformar num excluído incapaz de fazer ouvir a sua voz, que Aquilino inclui neste romance um dos tópicos mais insistentemente explorados na sua escrita: a denúncia das condições de vida sub-humanas das populações rurais de Portugal, em especial as da Beira Alta. No início do romance, chegado do Brasil e antes de entrar em casa após dez anos de ausência, Manuel Louvadeus nota que está "Tudo na mesma, a velha aldraba, puída de tanto se lhe pegar, o espelho da fechadura escantilhado a uma banda, a couceira de lenho fibroso e terso (...)" (Aquilino, 1983b: 11). Mais exactamente, as coisas estão "Talvez mais velhas... Sim, mais velhas, ferradas mais fundo pelos dentes da morte a despenhar-se na voragem como as telhas do beiral" (Aquilino, 1983b: 11).

No final da narrativa, Manuel Louvadeus, saído da prisão "mais velho, mais macilento", mas também "mais lido e sabedor das coisas do mundo, e mais idealista" (Aquilino, 1983b: 247), decide voltar ao Brasil, de onde espera regressar rapidamente e rico, para recuperar a casa e modernizar a aldeia, dotando-a de "lactário", "hospital", "telefone", "luz eléctrica" (Aquilino, 1983b: 248 e 249), etc.: " – Nesta aldeia miserável – prosseguia o ex-penitenciário – que décadas da era nova tornaram mais pobre, mais fanática, mais desoladora, hei-de criar uma Escola de Artes e Ofícios. Uma escola para lavrantes da pedra. (...) andam por esse mundo a construir capelas e mais capelas, igrejas e mais igrejas, casernas, presbitérios, nesta altura da civilização quando os moradores vivem em choças, tão desgraçados que carecem do mais rudimentar dispensário, de correio, de escola em termos, de chafariz! Que aberração! Que erisipela nos corpos e nas almas! Como é possível que na Europa, a mais douta e bela porção do mundo, se reacenda uma febre de Idade Média!" (Aquilino, 1983b: 248).

Em Aquilino percebe-se como a relação entre o poder viciado dos tribunais e o poder do Estado é abalada por homens como Manuel Louvadeus e advogados como o dr. Rigoberto. O discurso destas personagens vem pôr em causa a supremacia com que a acusação entra no julgamento. As palavras e os argumentos destes advogados evidenciam que o direito não está imune a múltiplas imprecisões e falhas porque pode haver uma distância demasiado grande entre as leis e os conflitos que pedem a sua intervenção.

A autodefesa de Manuel Louvadeus constitui uma exaltação da liberdade de expressão e uma denúncia do totalitarismo de um Estado e de um regime judicial no geral ignorantes e corrompidos. Ao contrário da acusação, que representa a vertente conservadora da advocacia e portanto não convive bem com a diferença e com novas linguagens, o leitor reconhece nas palavras de Manuel Louvadeus a arte própria do direito: a eloquência ao serviço da ética. Esta personagem concilia lógica e estética, argumentação e literatura, naturalidade e verdade, e é por isso que causa tanto impacto; na acusação, pelo contrário, não há valor literário e argumentativo nem qualquer sintonia entre ética, estética e arguição. Esperar-se-ia dos advogados mais competência no uso das palavras, mas é Manuel Louvadeus, que emigrou e se cultivou lendo livros e dedicando-se ao pensamento, quem articula direito e literatura no tribunal. Esta personagem faz com que o poder criador destes dois campos convirja no mesmo sentido de busca da verdade; um poder que, tendo como horizonte o bom e o belo, mostra e cria uma realidade em cuja existência os receptores podem acreditar:

"– As poucas palavras que tenho a dizer são de natureza exclusivamente pessoal. (...). Pelo que crime que pratiquei ou deixei praticar responderá o Sr. Dr. Rigoberto Mendes, grande advogado e meu amigo, que me conhece como as suas mãos enquanto eu mal sei qual é a minha mão direita. Sou um pobre homem que mal soletrava as vinte e cinco letras quando saí de

Portugal. Lá fora, através de mil e um cambais, na necessidade de melhorar a minha condição, a reboque ainda da curiosidade, tratei de me instruir. Li quantos livros me caíram debaixo dos olhos, muitos deles passavam porém a minha capacidade de compreensão. Ouvi gente em barda que pregava as suas doutrinas, algumas das quais me pareceram justas e outras desmesuradas. Raciocinei, com as poucas luzes que adquiri, acerca do mundo e da minha pessoa. Aconteceu assim que fui levado a adoptar a igreja positivista por ser aquela que melhor falava ao meu entendimento pouco aberto, não deixo de convir, a respeito do papel que andamos a desempenhar na terra e a sombra que pomos neste trânsito tão rápido da vida". (Aquilino, 1983b: 174)

Neste episódio vê-se como uma personagem sem preparação académica é capaz de desmontar todo o artificialismo e toda a mentira da linguagem jurídica dos advogados de acusação; e é assim porque há grandeza ética nesta voz que, apesar de estar num tribunal, continua igual a si mesma em verdade e na crença de que é possível criar um mundo mais justo e humano. A clareza da sua linguagem e a verticalidade da sua postura moral opõem-se aos exercícios retóricos, verbais e gestuais, dos advogados de acusação, que visam apenas a manutenção de uma ideologia autoritária e repressiva, baseada na pobreza e na ignorância da população. Nesta personagem reconhecemos a retórica forense ao serviço da lei enquanto norma justa e universal; naqueles vemos um uso arbitrário e incompetente do direito e das suas técnicas performativas. Manuel Louvadeus revela-se exímio tanto na substância e na apresentação dos argumentos como na impressão causada no auditório; a acusação, em que não existe qualquer equilíbrio entre ética e dialéctica, entre verdade e arte retórica, usa apenas a arrogância do poder discricionário. Manuel Louvadeus surpreende pela naturalidade dos seus gestos e das suas palavras, que apelam ao diálogo e ao apuramento da verdade; os advogados que o acusam são afectados, previsíveis e monótonos, e querem apenas que o seu ponto de vista prevaleça.

A ineficácia da aplicação da lei pela lei torna-se evidente no episódio final de *Quando os Lobos Uivam*. Teotónio Louvadeus, para se vingar do "Estado todo-poderoso, absoluto", que "levou a sua avante" (Aquilino, 1983b: 246), incendeia o Perímetro Florestal, sem que ninguém desconfie dele. Uma lei injusta é, assim, contrariada pelo gesto de um único homem, que representa a sua comunidade. Por isso, "os serviços abstiveram-se de pedir socorro às aldeias, supondo-as conjuradas na malfeitoria" (Aquilino, 1983b: 254). Teotónio Louvadeus repõe algum equilíbrio na relação jurídica injusta entre o poder estatal e o povo. A classe dominante vence o processo em tribunal, mas perde-o no terreno, por não ter sabido estabelecer um diálogo saudável com a comunidade. Ao impor-se pela força e pela astúcia de advogados que dão do direito uma má imagem, o Estado vem, contudo, a perder.

A articulação entre a alienação e a luta contra o obscurantismo e a opressão faz-se, em Aquilino, através de um recurso muito usado na literatura: "The particular position of the lawyer in modern society", que "has proved to be an especially popular mechanism by which writers can present an intense sense of alienation as, of course, has the position of the individual in a 'totalitarian' political system" (Ward, 1995: 158). Manuel Louvadeus, vítima de uma justiça perversa e punitiva, é um exilado numa comunidade em que muitos são condenados à alienação pelos detentores do poder. Mas, excluído pela justiça, ele não é excluído pelo direito justo, que em *Quando os Lobos Uivam* surge representado pelo dr. Rigoberto.

Aquilino exibe a retórica oca e o automatismo dos advogados de acusação, que incorrem, por parcialidade e excesso de tecnicismos e de oratória, num discurso destinado apenas a agradar aos seus pares e a atingir o objectivo previamente determinado. De um desses oradores se diz que, "Quando interpretava o código, tendia para a pejorativa. Punha certa prosápia nas suas sentenças, de resto, transcritas nas gazetas da especialidade e muito apreciadas no Conselho" (Aquilino, 1983b: 168). A impiedade deste advogado, que "No tempo da forca era homem para, à falta de carrasco, puxar à corda" (Aquilino, 1983b: 168), tem uma explicação de natureza biográfica que é, mais uma vez, burlesca e satírica: "Corria que a sua vida particular era desastrosa, a mulher ninfomaníaca e perdulária; dois filhos valdevinos; uma filha que não regulava bem do juízo. Por isso, seria fera exacerbada" (Aquilino, 1983b: 167).

Em vez de esclarecer a verdade, este tipo de oratória deturpa os factos. Para alterar a verdade e oprimir a inocência e a ingenuidade dos mais fracos, a acusação, em Aquilino Ribeiro, usa palavras e argumentos artificiosos que servem para aumentar, num círculo vicioso, a vaidade oratória, e para intimidar os réus. Por isso é que o dr. Rigoberto (*Quando os Lobos Uivam*), indignado com esta atitude, afirma que a retórica do representante do Ministério Público confunde o réu e lhe causa graves prejuízos: "– Que lhe há-de ele dizer, homem simples e leal como é (...), que não sirva a V. Ex.ª de malha para o ilaquear nos articulados de uma jurisdição de que é arauto? V. Ex.ª tem levado a vida toda a estrear-se nesta dialéctica e ele, grande parte da vida, a cuspir às mãos. Insurjo-me contra a forma por que V. Ex.ª procura enredar o meu constituinte" (Aquilino, 1983b: 175).

Neste momento, a intervenção do dr. Rigoberto é, mais uma vez, oportuna. Ele reage com veemência ao comportamento do acusador, que, fluente e hábil, anestesia o espírito crítico do réu e procura influenciar os juízes, ao dar a entender que estão perante um homem partidário do comunismo, "sistema político, negador da ordem em que vivemos, cujas bases são Deus, pátria, propriedade e família" (Aquilino, 1983b: 175): "Ele está aqui para responder pelos seus actos e não pelo que faria ou não faria em tal e tal hipótese. O direito moderno não permite um interrogatório confessional que mesmo seria abusivo nos tempos do Cardeal D. Henrique, rei e inquisidor. Lavro o meu protesto" (Aquilino, 1983b: 175-176).

É nas palavras do dr. Rigoberto que Aquilino Ribeiro mostra a sua concepção de eloquência forense. Este advogado, que expõe com vivacidade e verdade os seus argumentos, sem cometer erros de raciocínio e de lógica, é uma personagem fundamental de todo o processo que opõe homens injustamente acusados e Estado. Ele vai revelando a estratégia da acusação, que se serve de um discurso monológico e assertivo que aponta continuamente para o desfecho previsto: a condenação dos réus, que dependerá não da lógica dos factos mas de uma decisão previamente tomada. O objectivo é, como se depreende das palavras dos advogados, em vez de punir crimes, dar um exemplo de força, mesmo que tal implique a condenação de inocentes.

A ideia de que o direito é uma das principais forças do Estado, que conta ainda com a associação da Igreja e da burguesia à Justiça, atravessa todas as intervenções do dr. Rigoberto: "Não é exacto que o poder, que dá leis em Portugal, vincadamente teológico por essência e forma, labora, segundo o lema da inalterabilidade, *in aeternum*?" (Aquilino, 1983b: 297). Correndo riscos evidentes de exclusão profissional e social, este advogado não hesita em afirmar que o poder não cumpre a função que lhe compete: a função dinamizadora de cada indivíduo e da sociedade. Em vez de orientar e determinar a conduta das pessoas através da aplicação legítima do direito, o estado promove a insegurança e o medo. Impossibilitados de definir e estabilizar as suas expectativas de vida nas normas jurídicas, que são, na sua origem, justas, os cidadãos e os réus são obrigados a submeter-se à vontade do poder.

O direito, nestas condições, não se adequa à evolução social nem promove a evolução; é, antes, reduzido a uma dimensão meramente utilitária, ao aprovar a transformação de "presunções em certezas" (Aquilino, 1983b: 176) e ao condenar inocentes. O estado legitima assim arbitrariamente no direito a sua força, ignorando o princípio do direito como ordem justa, regulada pela ideia de Bem (que, por sua vez, apesar de toda a subjectividade que lhe é inerente enquanto conceito e enquanto práxis, envolve elementos lógicos como a igualdade de todos perante a lei e a proporcionalidade entre delitos e penas).

No romance *Volfrâmio*, o autor evidencia ainda mais explicitamente como, no tribunal, a literatura se articula com o direito. O dr. Manuel Torres, que defende um réu inocente, sabe ligar aptidões físicas, técnica e bom gosto literário, tanto na forma como no conteúdo: "A sua voz era colorida, quente, embora sem patético teatral, aliando, dir-se-ia, o encanto dum troveiro à arte de dizer dum contador de histórias" (Aquilino, 1983a: 312). Esta passagem permite-nos concluir que Aquilino Ribeiro vê claramente as vantagens do recurso à literatura na prática do direito. A sensibilidade literária pode contribuir decisivamente para que os advogados apresentem os seus argumentos de modo mais eficaz e para que os juízes redijam as sentenças com mais clareza e ligação à realidade.

Aquela noção é ainda mais evidente em *Mónica* (1939), no advogado Ricardo Tavarede, que, "cativo da sua seriedade", não pratica a advocacia "com truculência e atropelo, fora do ritmo de uma inteligência limpa" (Aquilino, 1983c: 37). Conhecido como o defensor do revolucionário Luís Bravo, cuja absolvição conseguira, Ricardo Tavarede tinha "fama de ralaço quando mais que tudo era um delicado, nas minutas e defesas pondo literatura, uma literatura virginal, de forma e de pensamento, só dele, que lhe merecia roda de maduro dos clientes e de nefelibata dos colegas com presunção de letrados e videirinhos" (Aquilino, 1983c: 37-38). Na sua vida particular e enquanto advogado, esta personagem seguia o lema da revista "de análise e controvérsia" (Aquilino, 1983c: 63) *Barca do Inferno*, que dirigia com dois colegas: "cultivar o homem e ensiná-lo a ser livre" (Aquilino, 1983c: 38) através do efeito civilizador do pensamento e da palavra.

A honestidade dos advogados que se ocupam da defesa dos mais fracos e a desonestidade dos advogados que acusam pessoas inocentes ficam bem evidentes durante os julgamentos; mas Aquilino, para denunciar uma sociedade injusta, rígida e meticulosa na exploração das classes mais baixas, e para louvar aqueles que se opunham às classes mais elevadas, usa outros procedimentos narrativos e estilísticos. Tanto a exaltação da dignidade e da coragem daqueles que defendem os réus acusados injustamente como a crítica à imoralidade de quem se associa ao poder discricionário do Estado se fazem através do acompanhamento de algumas personagens antes e depois das audiências, ou através de revelações sobre a sua vida privada ou de apontamentos sobre o aspecto físico. Em *Quando os Lobos Uivam*, por exemplo, vemos o dr. Rigoberto a caminho da audiência e ficamos a saber que ele decide não contrariar as expectativas de Teotónio Louvadeus, que o acompanha, de que o filho será absolvido.

A ironia e o humor satíricos são uma parte indissociável de todo o discurso do narrador, que diminui a autoridade dos advogados de acusação e os submete ao julgamento da literatura. Contra o autoritarismo do direito, que se expressa através do discurso estereotipado dos advogados, dos juízes e, em particular, da sentença, Aquilino Ribeiro usa a liberdade e a criatividade do discurso literário. O escritor sabe que as inúmeras possibilidades da literatura podem contribuir para transformar o direito num universo mais justo.

Compreende-se por isso a atenção que Aquilino dispensa à caracterização prévia dos advogados e às suas palavras. Fica evidente, antes de mais, que a linguagem do direito não é usada apenas para o bem comum e para a revelação da verdade. Esta linguagem também pode diminuir ou anular a humanidade daqueles que a sabem manipular, sobretudo quando o direito, como sistema de princípios, regras e sanções, se reduz a uma mera expressão de interesses de classe que usam em seu benefício o arbítrio do poder público. Os advogados de acusação representam os poderes pervertidos e as ordens instaladas que não se autoquestionam nem se aperfeiçoam eticamente. O Estado e o sistema jurídico, em vez de constituírem poderes separados, convivem numa promiscuidade que tem como objectivo criar mais poder totalitário e repressivo.

Em *Quando os Lobos Uivam*, o narrador apresenta, com humor satírico, pormenores físicos e aspectos da vida pessoal dos advogados de acusação. Aquilino recorre a uma técnica satírica que sempre acompanhou a sátira: a ligação burlesca de vicissitudes biográficas, vícios e defeitos físicos ao universo moral e comportamental. Na apresentação que deles nos faz o narrador, estes advogados aparecem destituídos da pompa com que se querem mostrar aos réus e aos assistentes. O dr. Octávio Rouvinho Estronca Briteiros, por exemplo, "chocho e perro", é alguém "que não ouvia bem", e que, por isso, para não se diminuir perante os outros, "quando lhe falavam deitava-se a adivinhar o que lhe diziam. Daí infinitos e cómicos quiproquós nas audiências" (Aquilino, 1983b: 167).

Na caracterização desta personagem, cuja ridicularização começa no nome, entra também a comparação com um dos animais domésticos mais usadas na sátira: "Casara enganado no Alentejo, para onde um ministro amigo o empontara, como a jovem suíno para o montado: – *Vá, vá para o Alentejo, que vai casar rico!*" (Aquilino, 1983b: 167). Burlesco no aspecto físico e numa deficiência física, burlesco no nome, cuja dimensão fonética se liga a pretensões de nobreza ("Por sua conta e risco, duma vaga parentela fidalga de que seu avô paterno fora bastardo, acrescentou ao nome Estronca Briteiros" (Aquilino, 1983b: 168), este advogado é ainda visto como burlesco na sua vida privada: "E casou pobre. Casou com uma saca de trigo, hipotecada, e desde então, de pobretaina que fora, levara vida de futre, inconforme e surdo" (Aquilino, 1983b: 167-168).

Na literatura (e no cinema, que primeiro é literatura), com todas as suas possibilidades e técnicas, vemos a complexidade e os múltiplos contornos dos conflitos que chegam aos tribunais (contornos individuais, colectivos, políticos, jurídicos, religiosos...). Através da representação destas imagens e destas histórias, o escritor abre novas categorias de percepção e de julgamento, promove a compreensão e a alteração das relações de poder, e intervém assim dinamicamente na sociedade. Partindo de situações que envolvem réus e acusadores, advogados e juízes, Aquilino Ribeiro diz-nos que a literatura pode trazer ensinamentos acerca da condição humana e da sociedade. O leitor é chamado à posição de jurado, de participante activo no processo de acusação e de defesa. Os romances em que Aquilino Ribeiro aborda a magistratura são significativos para muitos tipos de leitores, e muito em particular para quem legisla. Uma das mensagens mais fortes é sem dúvida a de que o direito não deve esquecer os marginalizados e as classes trabalhadoras, nem as pessoas, como Manuel Louvadeus de *Quando os Lobos Uivam*, que sofrem os excessos de um direito injusto ou injustamente aplicado por "advogados à busca de clientela e juristas enriquecidos, intrigantes, loquazes, espertos, onagros, a variadíssima fauna dum meio troca-tintas e desabusado" (Aquilino, 1983c: 21).

Aquilino Ribeiro mostra-nos como a literatura e o direito se articulam na produção de valores e ideais justos, na defesa dos menos favorecidos e na prevenção do erro e da má-fé nas questões judiciais. Os casos que aparecem nos romances deste autor são a prova de que a literatura tem muito a oferecer ao direito na resolução dos conflitos sociais e na compreensão de situações que às vezes são mais simples ou mais complexas do que as sentenças deixam transparecer. Para Aquilino, o lugar de constante revolução por ideais de Bem e de Justiça que é o direito não pode distanciar-se do lugar de constante revolução por esses mesmos ideais que é a literatura.

OBRAS CITADAS

Barthes, Roland. 1997. "Dominici ou o triunfo da literatura". In *Mitologias*. Lisboa: Edições 70, pp. 44-47.

Ribeiro, Aquilino. 1983a. *Volfrâmio* (1944). Lisboa: Círculo de leitores.

Ribeiro, Aquilino. 1983b. *Quando os Lobos Uivam* (1958). Lisboa: Círculo de leitores.

Ribeiro, Aquilino. 1983c. *Mónica* (1939). Lisboa: Círculo de leitores.

Ward, Ian. 1995. *Law and Literature. Possibilities and Perspectives*. Cambridge: Cambridge University Press.

ROMANCE PENINSULAR NA IDADE DA INFLAÇÃO. PROCESSOS À 'SAGRADA FAMÍLIA' NA NARRATIVA IBÉRICA CONTEMPORÂNEA

Pedro Serra
Universidade de Salamanca

A luz queimada que envolve Felicidad Blanc – e também Juan Luis Panero, Leopoldo María Panero ou Michi Panero – é um dos significantes propostos pelo documentário cinematográfico *El desencanto* (1976), do cineasta Jaime Chávarri, como objeto correlativo do halo ameaçador que envolve e devora vorazmente um núcleo familiar conspurcado: a perversão da Família Panero como avatar figural da 'sagrada família'. Expulsão do éden, ninho progressivamente corroído, que sugere, aliás, enterramento *in vivo*, esterilidade uterina ou crime doméstico. Crime doméstico transferido metonimicamente para aquela ninhada de cachorros que Felicidad sacrifica, para grande estupor de Michi. Análogo, ainda, daquele halo que temos a envolver a Gândara de Carlos de Oliveira, em uma *Abelha na Chuva* (1953), halo que progressivamente se foi objectivando até ao seu último romance, *Finisterra* (1978). No centro da *óikos*, a irradiação do crime, um crime que fascina os indivíduos, que os lança no entre-lugar do privado *vs.* público, do sonho (pesadelo) *vs.* vigília, do sujeito *vs.* estado, da confissão *vs.* manifesto. 'A sagrada família': figura, enfim, com um *comparandum* gemelar na longa-metragem de ficção *Fragmentos de um Filme-Esmola* (1972) do realizador português João César Monteiro: alegoria crítica (e profanação) de um Estado Corporativo assente num paradigma doméstico e, neste sentido, muito necessitado de sagrar a *domus aurea* burguesa.

Ambos os objetos devolvem aquilo a que podemos chamar 'problema da habitação', um motivo também conjurado por Augusto Abelaira em *A Cidade das Flores* (1959) através da alusão a um dos seus emblemas mais potentes: o da família originária. A cena, neste caso, é a da contemplação de um quadro, concretamente da *Expulsão de Adão e Eva do Paraíso*, obra de Masaccio que se encontra na Capela Brancacci da Igreja de Santa Maria del Carmine, em Florença. O contemplador é a personagem Giovani Fazio, que visita a igreja florentina. Lemos na obra, pois, seguindo o ponto de vista de Giovani Fazio, enfatizando desde já a obstrução da vista do expulsado Adão e da expulsada Eva: "E o Anjo terrível expulsa Adão e Eva do Paraíso. Mas porque cobre Adão o rosto com as mãos? Saberá ele o que é a Terra, para fechar assim os olhos? Porquê essa certeza antecipada de que a Terra é um mal? Eva grita como se conhecesse toda a miséria, todo o sofrimento que a espera. Mas não sabe, não pode saber. Têm medo daquilo que ignoram: choram, embora desconheçam; fecham os olhos para não ver o que ainda não sabem se é bom, se mau"[1]. Temos também aqui, como vemos, outra modulação de um 'desencanto', aquele que é devolvido pela certeza antecipada de um futuro suspenso. Contudo, há ainda uma abertura, que é de resto a que tensa um romance como o de Abelaira onde revebera uma "cidade das flores". Abertura significa, neste sentido, que o futuro oscila *ainda* entre uma certeza e um desconhecimento: uma espera, em suma.

Tanto no halo lumínico envolvendo Felicidad Blanc, como na invidência voluntária do casal original do quadro de Masaccio, temos dois momentos narrativos em que se obstrui a possibilidade de objectivar uma *visio* de reconciliação da sociedade. Há sem dúvida diferenças entre as duas imagens. Todavia, convergem ambas no colapso de uma retórica da temporalidade em que a visão do social reconciliado se apoia numa metafísica secularizada da História. O que, enfim, está em causa tanto na vidência obturada de Adão e Eva e no drama psicossocial da família Panero é a possibilidade de a arte mediar a prognose de um tempo que, assolando o presente, não permita ao presente ser o melhor dos mundos possíveis.

Pensadas em função do cronótopo ibérico a que me reporto – o da passagem de um tempo ditatorial a um tempo democrático –, ambas as imagens são-no de um futuro suspenso, ficções que não visam produzir alternativas, provocar decisões. Ficções também elas obstruídas que, seguindo uma conhecida formulação adorniana, não propõem a representação de verdades políticas: "Quanto menos, porém, as obras têm que anunciar algo em que elas não podem acreditar completamente, tanto mais coerentes se tornam elas próprias"[2]. Um bom exemplo encontramo-lo ainda em *Quatro Paredes Nuas*, do já citado Augusto Abelaira, num lugar do conjunto ficcional onde ecoa a Guerra Civil Espanhola: "– A vitória republicana em Teruel marcou uma volta decisiva na evolução da guerra. Os nacionalistas estão perdidos, não há auxílio estrangeiro que lhes valha"[3]. A vitória, recordemo-lo, seria determinada por algo como a "marcha implacável da história", uma História legiferada por coisas como as "contradições do capitalismo" ou a "luta de classes"[4]. Teruel tomada, Madrid inconquistável... Contrafactuais que não obviam que, todavia, como lemos no mesmo *Quatro Paredes Nuas*, de 1972, essa "marcha implacável da história é uma fantasia"[5].

Enfim, algo irredutível nas Ditaduras peninsulares pervive para além do advento das respectivas Democracias, cuja instauração é subsumida ainda por um universo *Sem Tecto, Entre Ruínas*. Neste romance de 1978, Abelaira ajustará os tempos português e espanhol, pela boca das personagens Ernesto e João Gilberto: "O que vemos em Espanha pode vir a repetir-se em Portugal. – Já lá chegou a democracia, o Franco acabou?"[6]. Franco não acabara, como tão-pouco a figura paterna do poeta Leopoldo Panero no documentário *El desencanto*, figura cuja presença *post-mortem*, cuja presença *in absentia*, trunca a possibilidade de um tempo adventício. Simbólica pregnante, esta, e que responde claramente a ditaduras demasiado longas, suficientemente longas para determinar a exautoração das pulsões prognósticas. Democracias que, enfim, sobrevêm como algo súbito e simultaneamente tardio.

Retomemos a imagem inicial do plano em contraluz de Felicidad Blanc. O efeito é o de des-realizar a silhueta, que assim adquire contornos fantasmáticos. *Persona* na mais descarnada solidão –baixo-contínuo cuja veemência é ensurdecida pela *Sonata para piano nº 20 en Lá Maior*, D 959 de Schubert –, *persona* que constrói e rememora um mundo progressivamente perdido. É ela própria, ao cifrar-se como *persona(gem)*, que se vai perdendo. Como produção de uma auto-consciência tem como corolário o enfrentamento à mais absoluta anacronização de Felicidad, que acabará por reconhecer não ter presente, e, mais ainda, nunca o ter tido: "O meu século foi o século XIX, na minha infância sentia ainda o seu esplendor"[7]. O momento de verdade da personagem, enfim, acontece nesta auto-assunção como imagem fantasmática. Felicidad é uma sombra geradora de sombras[8]. O halo lumínico expõe e absorve Felicidad e os filhos, é o limite do espaço tumular, do encoframento na casa de Castrillo de las Piedras. A memória é também esse cofre.

Esta imagem, insisto, serve de entrada para reler a cultura peninsular das etapas político-sociais de transição da ditadura para a democracia em Espanha e em Portugal em função do problema da 'intimidade', do *homo interior* que palpita no documentário de Chávarri. Numa re-descrição possível, interessa-me destacar o que na ampla fenomenologia da cultura romanesca transicional se representa como 'processo à família', para utilizar a expressão de uma notável ensaísta catalã, Maria José Ragué Arias. Ragué – também autora de livros de referência para conhecer a cultura transicional peninsular como *California Trip* e *Los movimientos pop* – organizou um volume intitulado *Proceso a la familia española* (1979), reunindo nele entrevistas e depoimentos de políticos centristas e da esquerda ideológico-partidária, membros destacados do movimento e organizações feministas, intelectuais de vários âmbitos (escritores, sociólogos, juristas, médicos, psicólogos figuras do mundo do espectáculo). A família é, enfim, pensada no quadro de um pensamento da utopia, isto é, de um pensamento revolucionário: "Como alternativa utópica cabe pensar numa sociedade sem classes formada por indivíduos livres, autónomos e solidários entre si, que se relacionem livremente e na qual o território da afectividade pertencesse à intimidade e não estivesse institucionalizado nem condicionado por interesses materiais. Neste caso, a família actual poderia ser uma alternativa mais livremente escolhida e não institucionalizada"[9]. Verdadeiro tema 'do tempo', que foi averbando documentos, textualidades, testemunhos. Como os que temos no número especial da revista *O Tempo e o Modo*, caderno dedicado ao 'Casamento' (c. 1968); como os que temos no número extra da revista *Triunfo*, 'El matrimonio', de 24 de Abril de 1971.

'Processo à família' no cronótopo das ditaduras peninsulares, entomologia das 'transfigurações da intimidade', do vínculo inextricável entre a "história emocional secreta" de Giddens[10] e a reprodução do poder e suas estruturas. 'Transfigurações' de uma 'intimidade' enquanto "efeito de linguagem", um passo atrás na equação privado/público[11]. Certamente, um campo de matérias com entradas e desdobramentos múltiplos, como aquele que se refere a diferentes recidivas, no âmbito da modulação de uma indiscutível 'família católica' (Salazar *dixit*), da cultura 'barroca' e dos seus discursos moralistas persistentes. Tempo de marialvismos, como ensaiou José Cardoso Pires na sua *Cartilha do Marivalva* (1960)[12]; tempo também de estudo dos *Usos amorosos del dieciocho en España* (1972), de Carmen Martín Gaite, em que a *libido sciendi* que move a autora é a arqueologia do presente: "preocupada por sondar possíveis influências de leituras juvenis nas mulheres da minha idade, ter-me-ia dedicado ao estudo do romance cor de rosa, propósito que levaria a compreender o século XIX, e o mais provável é que, abrindo uma brecha para trás no tempo à procura de explicações, teria chegado também por essa via a topar com a corte"[13]. Sim, tempo de educação de uma moral matrimonial que 'naturaliza' a hierarquia patriarcal no âmbito doméstico.

Nos idos de 1979, ano de publicação do volume organizado por Maria José Ragué, o momento é vivido como tentativa de abertura utópica de uma instituição que, pelo contrário, e como no-lo refractam diferentes romances, era antes a cifra da alienação dos indivíduos. Violência no âmago do núcleo doméstico, também, no mundo ficcional do conjunto narrativo *O crepúsculo e as formigas* (1961), de Xosé Luis Méndez Ferrín, universo entre o onírico e o real, de atmosferas ora góticas ora lovecraftianas, pejado de uma humanidade demasiado humana e de relações sociais assentes na crueldade mais absoluta. Destaco apenas dois contos, "A Casa Azul" e "O Quadro Assassinado", embora outros pudessem ser igualmente mencionados. Este último, que encerra a colectânea, propõe um *myhtos* mínimo, escasso: "Quase ninguém nesta história. Apenas um homem e mais uma mulher dentro dum quarto quente. Cheirava a óleo"[14]. Um casal de pintores, um casal de artistas, 'matam' um quadro pintado a dois a que chamam 'filho'. Uma vez pintado, a casa torna-se um 'inferno', pois o filho pintado devolve o olhar – os seus não eram "olhos e mãos desejáveis para um filho"[15] –, 'olha' os progenitores, autonomiza-se dos criadores. Sílvio tê-lo-ia afogado depois de Helena lhe ter "posto no leite uma dose de barbitúrico suficiente para dormir um boi"[16]. O assassinato do quadro/filho repõe a normalidade do casal: "Era algo de anormal. Um produto de excepção. O próprio absurdo que se instalou entre os dois. Agora nascemos para a normalidade. Agora nascemos para a lógica"[17]. No conto "A Casa Azul", por seu turno, é também a alienação da progenitura a que se implica. Uma vez mais, um casal: Rosa, que tem "20 anos e não é formosa nem nada", e o Português, que "tem um bigode imbecil"[18]. Rosa engravida, o Português manda-a para a Casa Azul: "costume" inescapável do lugar quando as mulheres engravidam. O conto centra-se, então, na força dessa lei não escrita que, dirá Rosa, prescinde de um poder transcendental de coerção "- Mas ninguém manda. Ninguém manda. Tenho medo e não vou". É então que "[o] Português blasfema e lhe dá uma bofetada. Depois, Rosa cai ao chão e perde o sentido por segunda vez. O Português cospe ao lado e beija-lhe os olhos. Passa um tempo e ela acorda"[19]. Sobrevém, por fim, a imperatividade do 'costume': Rosa acaba por anuir, seguindo a caminho da Casa Azul. Enfim, no universo ficcional de Méndez Ferrín, a humanidade demasiado humana é figurada, muitas vezes, numa espécie de devir-animal negativo, devir de uma animalidade alienada e alienante: "Os homens são como formigas, na aldeia sem nome. § E eu, neste instante crepuscular, vejo-os des-desenhados, esvaídos, pois o alento da minha boca vai embaciando progressivamente o vidro que se interpõe entre os homens e o meu olhar. § Não limpo o vidro, não abro a janela"[20]. Não limpar o vidro, não abrir a janela: mundo que devén progressivamente opaco; sujeito cognitivo e sensible paulatinamente enclaustrado.

Desencanto e crepuscularidade, ainda, no já aludido *Uma Abelha na Chuva* (cuja 1ª ed. data de 1953, mas que viria a ter uma 4ª e definitiva versão em 1962[21]) de Carlos de Oliveira, que nos diz de um mundo – a Gândara – que vai progressivamente perdendo latência, sem todavia se extinguir por completo. Por um lado, é um mundo todo, auto-contido, auto-suficiente. Mas, por outro, é um universo progressivamente crepuscular. É uma escala de 'íntimos', alguns deles já plenamente calcificados, alienados, objectivados. Tem vindo a ser destacado, justamente, o carácter fantasmático do mundo nomeado Gândara, e *Uma Abelha na Chuva* é bem o exemplo do assédio de diferentes mortos ao crânio dos vivos. Gostaria, neste sentido, de propor a figura de um mundo que, com ser morto, é sobretudo um mundo enterrado vivo, um mundo de enterrados vivos. É sob esta luz, sob a luminosidade deste *topos* de longa tradição literária, que leio um conjunto de imagens que percorrem a obra, e que reduziria a essa ideia de um encoframento *in vivo*. Lemos logo no primeiro capítulo: "Havia sobre a vila, ao redor de todo o horizonte, um halo de luz branca que parecia rebordo duma grande concha escurecendo gradualmente para o centro até se condensar num côncavo alto e tempestuoso"[22]. Um universo que se dobra sobre si próprio, que se enconcha, *simile* que atrai o halo que envolve, como dizia mais acima, Felicidad na casa de Castrillo de las Piedras. A mesma sugestão de fechamento podemos encontrá-la no seguinte passo, emblema do casal do Montouro: "Quantas vezes o vira meter o ombro à muralha que ela erguia entre os dois, como quem bate às cegas numa porta recôndita que não sabe onde é nem para onde dá e ali fica toda a noite, aos umbrais, gelado e miserável"[23]. Enterramento, asfixia a dois, mas também no círculo mais reduzido do *ego*.

'Crime doméstico', igualmente, em *A Esmorga* (1956) de Eduardo Blanco-Amor. Lembremos os três companheiros de farra, adentrando-se na casa do casal Andrada, esventrando um universo aristocrático quieto, vazio e desfuncionalizado: "Entrámos – depõe Cibrán, perante o magistrado que o deverá julgar – em vários daqueles compartimentos sem tropeçar com vivalma, era grande aquele mistério, tanto que nos ia sufocando... Pelos vistos naquela casa não havia ninguém, e no que a mim dizia respeito desejava que aparecesse alguém, fosse quem fosse, preferia andar ao soco e à facada, tudo menos aquele silêncio, tantos quartos, cheios de coisas luxosas, mesas postas, preparadas para grandes refeições, tudo aceso, e aquelas camas, como se tivessem sido acabadas de fazer, ainda que nelas ninguém dormisse"[24]. Uma *domus aurea* fantasmática, onde afinal se revela a impostura de uma vida doméstica inexistente, muito embora fascinante, de um fascínio que provém do ocultamento, da invisibilidade, da suspeita de violência e crime: "Alguns diziam que tinha [a mulher] fechada a cal e canto, pelos ciúmes que tinha até do ar que a roçava, dizem que ela lhe tinha faltado ao respeito com um amigo nessas terras por aí adiante, e que a trouxera à força para a ter, para toda a vida, metida em casa como numa prisão. Outros diziam que ela endoidecera de saber-se tão desprezada, pois até se diz que ele lhe pagava quando estava com ela como marido e mulher, como se fosse uma meretriz; e outros asseguravam que a tinha matado e que a enterrara no quintal"[25]. O périplo terá como momento culminante a des-realização última da mulher de Andrada, afinal uma boneca articulada que o Bocas esfacelará com sanha. Episódio gótico, de ressaibo hoffmanesco.

Entretanto, num romance como *Tiempo de silencio* (1962) de Luis Martín-Santos, o valor projectivo num "tempo de silêncio" franquista – na obra articulado como desgarramento entre a continuidade de uma sociedade miserável e a emergência do desenvolvimentismo sessentista – proviria de um desenlace matrimonial também "arranjado", *mythos* certamente melodramático; projectividade, como se sabe, truncada pelo assassinato de Dora, a noiva destinada a Pedro. Ao mesmo tempo, e em contraponto com as disfunções morais do universo social pequeno-burguês e burguês urbano, temos o núcleo familiar patriarcal *extramuros* da família de Muecas. Um núcleo também ele *extra*-moral, que oculta um crime, o crime do incesto Muecas/Florita.

No quadro do casamento arranjado o amor pode conservar o carácter de "imponderado" ou acaso, à volta do qual de resto orbita o casamento em *Bolor* (1968) de Augusto Abelaira[26]. A paixão do amor pressupõe a sua plena autonomia, o que significa o poder unir um homem a uma mulher ou outra[27], ou uma mulher a um homem ou outro. O amor-sentimento como codificação da intimidade não é, neste sentido, sem concessões ao social – por outras palavras "não é um sentimento em si mesmo, mas antes um código de comunicação"[28] – e, enquanto tal, código comportamental *simulável* como formula Niklas Luhman[29]. O preço que paga esta autonomia de código, pela qual o amor se justifica a si próprio apoiado numa "semântica transmitida pela tradição"[30], é o de se saber como "se tivesse origem no nada"[31] e o de "tornar difícil a reprodução da intimidade": "Os casamentos são contraídos no céu, no carro verifica-se a separação, pois aquele que está ao volante comporta-se de acordo com a situação e conduz – pensa ele – tão bem quanto sabe; mas aquele que vai ao lado e o observa sente-se objecto do modo como o outro conduz, remetendo esse mesmo modo de conduzir para as características do condutor. Só pode agir de uma maneira, precisamente através do comentário e da crítica; e é pouco provável que ao fazê-lo obtenha o assentimento do condutor"[32]. Álvaro Silvestre e Maria dos Prazeres também perfazem esta cena de separação, não no carro mas na charrete, não conduzindo mas sendo conduzidos. O que fica imediatamente claro é que a falta de assentimento mútuo nos devolve a ausência dessa intimidade, consumação dessa sua reprodução inverosímil. A crise, e a crítica, do 'casamento burguês' implica, pois, a crítica da individuação burguesa[33]. Desse ponto de vista, o encoframento é a cifra de uma solidão ensimesmada. O *homo interior* não abdica de uma pessoal *promesse de bonheur* num universo que, como diagnosticou Freud, lhe nega a todo o momento esse horizonte redentor. O nó cego é este: de um lado, a impossibilidade de retorno da inocência; do outro, a necessidade de uma transparência – uma *confissão* absoluta que se objectivasse como num diário: a confessionalidade impossível de um Álvaro Silvestre ou uma Felicidad Blanc – que tiraniza. As personagens aferram-se aos sonhos (intransitivos) como expediente de conservação (ilusória) da 'intimidade': o desforço vai exaurindo a *energeia*.

Por último, aludo a *La fea burguesía* (1971-1976) de Miguel Espinosa, romance que perfaz a *summa teologiae* deste esgotamento energético, talvez por isso multiplicando paroxisticamente – um paroxismo 'frío' – os avatares conjugais. "Suma teológica", insisto, do tardofranquismo e, na leitura de Teresa M. Vilarós, anunciação do pós-franquismo dos anos 80. A família burguesa – que aqui refere fundamentalmente a classe burocrática que legitima e é legitimada pelo aparelho de estado fascista –, ao contrário dos *exempla* até agora considerados, não assenta numa conjugalidade enredada em dramas de consciência que vão exautorando o *homo interior*. O cenário do "desencanto", a compulsão a produzir mais e mais "solidão", desapareceu por completo. Dito de outro modo, o mundo perdeu toda e qualquer latência.

Neste sentido, não subscrevo parte da seguinte descrição da obra: "O romance [*La fea burguesía*] multiplica-se em fragmentos, em quadros 'vivos' que nos mostram, quase como uma 'câmara indiscreta', diferentes momentos, posições e atitudes daqueles que pertencem à burguesia. Estes passam diante dos nossos olhos descritos pelos seus gestos e atitudes rituais, os seus comportamentos sociais e os seus hábitos"[34]. Não partilho, muito concretamente, a figura da 'câmara indiscreta'. Sim diria que este é um tropo que valeria, por exemplo, para o documentário de Chávarri. Todavia, no romance de Espinosa não há nenhum 'íntimo' notório, nenhum significativo 'interior', que nos devolvesse a replicação da *domus aurea* em processo de encasulamente da casuística ficcional até aqui tratada, toda ela tensada pela hipóstase do *homo interior* e da utopia.

Algo *novo*, do meu ponto de vista, é enfrentado por *La fea burguesía*. Para dizer essa diferença, que tem uma determinante contrapartida na poética do romance, Miguel Espinosa articulou a noção – densa noção – de "utopia negativa". Um único atributo destes burgueses feios torna notória a diferença: a burguesia vive num "presente absoluto", isto é, *realizou-se* por completo, para ela o tempo não está fora dos gonzos como para Goytisolo, Felicidad ou a cidadã anónima *supra* citados. É essa plena realização burguesa que se nos representa em *La fea burguesía*.

Diria, então, que estes romances propõem diferentes expulsões de Evas e Adões do paraíso, cifras ficcionais a par de *vitae* que não são menos ficção. Num extremo, *e.g.*, Carmen Polo e Francisco Franco no palácio de El Pardo, ou no Pazo de Meirás, lugares sacrais onde se protege "o mais recôndito da nossa intimidade"[35]. No outro, a *folie à deux* de Pepi e Juan Manzanares, casal principal no documentário *Veinte años no es nada* de Joaquim Jordà[36], espécie de Bonnie & Clyde da acção directa, da luta anti-sistema. Ou, ainda num último: Salazar aninhado nos seus *scriptoria*, cortejando noivas ao telefone. Como quer que seja, percorre, pois, o mínimo *corpus* romanesco peninsular em análise o centramento das respectivas fábulas num 'espaço íntimo' reificado por valores burgueses e pequeno-burgueses. Na *domus aurea* burguesa imiscui-se um "bolor". Confrontado com a ausência de um fundamento metafísico para a sua relação, o casal formado por Maria dos Remédios e Humberto (*Bolor*) representa uma intimidade auto-ilusória que tem na distorção e progressiva evanescência da voz narrativa a sua contrapartida. Também Dora/Pedro (*Tiempo de silencio*), Maria dos Prazeres/ Álvaro Silvestre (*Uma Abelha na Chuva*), Cecilia/ Castillejo, Pilar/Clavero, Cayetana/Krensler ou Purificación/Paracel (*La fea burguesía*), nomeiam esta como que 'estética de desaparição' da *domus aurea* burguesa.

Evanescência em regime crepuscular que, ao mesmo tempo, abisma a inflação do espectáculo. Neste sentido, Teresa M. Vilarós propõe *El desencanto* como preterição de formatos mediáticos, hoje hegemónicos, como os *reality shows*: "A fascinação do público pelo filme tem que ver não tanto com a morbosa curiosidade proporcionada pelo que poderia muito bem ser uma antecipação dos actuais *reality shows* diante de uma das mais disfuncionais famílias espanholas, mas sim com a especial deslocação do referente que o texto propõe"[37]. Será assim? A formulação, como se pode ler, não é categórica. Tão-pouco subscrevo totalmente esta leitura. As determinações dos "actuais *reality shows*" distam muito do que acontece em *El desencanto*. Determinações certamente materiais – a começar pelo facto de o documentário ter um curso cinematográfico, distando muito a sua situação da acessibilidade quase universal do meio televisivo –, mas também formais: *El desencanto* não se joga no 'directo', os *realities* suspendem razoavelmente a interacção familiar; enfim, o *reality* não obedece ao protocolo 'criativo' da montagem de um documentário cinematográfico. O lance de Vilarós implica, de algum modo, uma leitura *ex post facto* que encontraria uma forma do presente potencialmente inscrita numa forma pretérita. Vilarós pretende que o presente degradado da sociedade e cultura "espanholas" responda a uma 'cena originária'. Trata-se de prolongar o trauma, a dor, a um presente que seria legatário dessa herança de uma memória impossível. Uma dor que, lembremos Nietzsche, é um dos mais potentes operadores mnemotécnicos[38].

Ora bem. Toda a leitura de Vilarós assenta na 'identificação' dos espectadores com as personagens do filme. Para tanto necessita de produzir um modelo de textualidade que apague a manipulação do artefacto. Assim, dirá de Chávarri que "Com frialdade e distância científica, anota mas não comenta. Olha e escuta apresentando-nos o que vê e o que ouve sem pretender emendar, suturar ou arranjar. O filme assenta na realidade da total e definitiva separação entre pais e filhos e apresenta-a de forma brutal"[39]. Prescindindo de um registo 'simbólico', Chávarri teria optado por uma "maneira absolutamente real, absolutamente quotidiana e, portanto, absoluta e terrivelmente histórica"[40].

Ao mesmo tempo, e precisamente agenciado por esse modo de transparência expositiva, a identificação com o sujeito colectivo 'nós' – leia-se, a sociedade espanhola no imediato pós-franquismo – seria também ela absoluta: "O final da saga dos Panero *é também o nosso*, assim como também é próprio de nós o seu discurso desgarrado ['deshilvanado'], esquizofrénico, delirante e patético. As suas feridas são as nossas feridas, e é nossa a sua confissão desgarrada diante da câmara"[41]. Repare-se como este asserto pressupõe uma perfeita univocidade de algo como uma 'confissão'. É porque o confessionalismo dos Panero se supõe expresso que 'nós' podemos reconhecer nele a nossa própria confissão. Deste modo, na óptica de Vilarós, o espectador perfaz a desidentificação com o patriarca/caudilho: identificando-se com os seus órfãos, isto é, identificando-nos como legatários desse grande Ausente como, ainda, legatários do modo mimético de reprodução social que lhe subjaz.

Gostaria de propor, precisamente, uma alternativa a este modelo mimético. Porque, do meu ponto de vista, *El desencanto* enfrenta já um problema que, em grande medida, rasura a simbólica e a lógica dos legatários. Propunha, no início deste texto, uma hipótese de leitura da estátua do poeta patriarca encapsulada pelo plástico: o plástico envolve a ausência do patriarca poeta, o plástico seria a forma não-mimética dessa ausência. A ser possível aceitar esta leitura, dela podemos extrair consequências hermenêuticas. É verdade que o documentário tematiza um modelo mimético – enfim, edípico – de relacionamento pais/filhos. Juan

Luís, Leopoldo e Michi, cada um a seu modo, pretendem 'ocupar' o lugar paterno. Neste sentido, sim podemos dizer que *El desencanto* nos devolve algo como aqueles romanescos "herdeiros herdados pela herança" de que fala Bourdieu[12]. Todavia, a questão que pretendo formular é a de ponderar se este regime é extrapolável para o âmbito da relação espectador/filme. É aqui que a mediação do Ausente pelo plástico, também ele "realidade negativa" como propõe Roland Barthes, pode ser capitalizada numa leitura alternativa. A 'estátua encasulada no plástico' é um significante cinematográfico, cuja ontologia assenta antes, do meu ponto de vista, na ordem do 'virtual'[13]. Imagética que independe do binómio realidade/ficção. Imagética que é antes fluxo que supera a *catalepsia convulsiva* da 'imagem barroca' – como formula Román Gubern na esteira de André Bazin[14] –, sem a possibilidade de nela ancorar um dispositivo de identificação.

Seja como for, eis uma tensão que nem o documentário *El desencanto* nem o relato autobiográfico *Espejo de sombras* podem remover: a memória como imperativo que mobiliza o presente de Felicidad Blanc, que promove a sua construção como *ego que diz ego*; a memória como produção de amnésia, de esquecimento, pois ao ser cifrada como discurso – como dispositivo do pacto social –, perde o sujeito na sua singularidade. Na verdade, *Espejo de sombras*, do meu ponto de vista, é o enfrentamento ao efeito desrealizador do documentário; um enfrentamento que, no limite, produz mais desrealização; um enfrentamento que produz, enfim, mais *desencanto*. Como 'testemunho', ambos os textos plasmam a condição de um 'testemunho': testemunhar é ver, ver em terceira pessoa – a câmara representa esse terceiro olho do social que se imiscui no espaço íntimo da família Panero –, uma visão que instaura a possibilidade de ficção.

Romance familiar? História familiar? Sem dúvida, romance ou história como *lendas*, jogadas ora no registo épico, ora em declinação negra. É esta de resto a equação que instigaria a 'entrada' de Leopoldo María Panero no filme. Na primeira metade do documentário, o poeta autor de *Así se fundó Carnaby Street* está ausente, a montagem final do filme introduz apenas uma breve sequência de um Leopoldo María Panero a vaguear por um cemitério, como fantasma, vampiro ou profanador de túmulos[15]. O motivo vampírico activa, claramente, uma memória literária gótica – exacerbação romântica e malditismo teatralizado, cifra de uma temporalidade fora dos gonzos – mas também uma memória cinematográfica. Recorde-se, neste sentido, a inserção de sequências do *Nosferatu*, de Murnau, num filme de João César Monteiro muito próximo a *El desencanto*, documentário filmado em pleno ciclo revolucionário – refiro-me, concretamente, a *Que Farei Eu Com Esta Espada?*, de 1975[16].

Ora, só a partir do meridiano do documentário irrompe a figura do poeta, fazendo-o, como manifesta diante da câmara, para contraditar a *lenda épica* da família Panero com a sua *lenda negra*. O momento que mais acima recordava de absoluta 'exposição' de Felicidad Blanc à visão da câmara corresponde a esse gesto de contradição. Um *double bind* que se pode, ainda, re-descrever nos seguintes termos: o "desencanto" produz ficção, a produção de ficção produz mais "desencanto". Tanto Felicidad Blanc como Leopoldo María Panero (enfim, também Juan Luis e Michi) querem corrigir a imagem que supostamente os representa. Uma pulsão que, diga-se, é muito *romanesca*, de uma vida subsumida pela arte, e a sua exautoração no plano inclinado da mentira. Por esses idos dos primeiros anos da década de 70, neste sentido, era traduzido para o espanhol o ensaio de Marthe Robert *Roman des origines et origines du roman*, onde precisamente se sobreleva o ímpeto não prioritariamente mimético do romance, antes decididamente "transformadora da realidade"[47].

Os antecedentes estético-ideológicos ainda latentes nas determinações do *corpus* ficcional em consideração é o do realismo social, se bem que se imponha advertir que, sendo comensuráveis, não são exactamente homologáveis o neo-realismo português e o realismo social espanhol. A cifra objectivista, neste sentido, decorre da pulsão prognóstica. O influxo do materialismo histórico, mais ou menos conspícuo, fizera da prognose a condição de possibilidade de interpretar e, sobretudo, intervir, na realidade. Ramón J. Sender, nos idos republicanos de 1936, formulara nos seguintes termos essa "nova realidade" e esse "realismo" que fosse "nosso", isto é, que se actualizasse em relação ao legado oitocentista: "O que distingue o realismo burguês do nosso é que nós vêmos a realidade dialecticamente e não idealmente. O nosso realismo não é apenas analítico e crítico como o dos naturalistas, antes parte de uma concepção dinâmica e não estática da realidade. A nossa realidade, com a qual não estamos satisfeitos a não ser que forme parte dinâmica de um processo de mudança e avanço constante, não é estática nem produz em nós a ilusão da contemplação neutra"[48]. Actualização que passa, pois, por uma atenção à "cultura integral do indivíduo", como propunha em 1933 Bento de Jesús Caraça. Em consonância com a 'dinâmica' de Sender, temos o carácter 'processual do homem'. E é este o "problema central do nosso tempo". Lemos, justamente, em *A Cultura Integral do Indivíduo. Problema Central do nosso Tempo* (1933): "em cada momento o homem age sobre o meio que o cerca e o meio age sobre ele"[49], dialéctica tensada precisamente pela prognose aludida[50].

No pós-guerra, a partir de finais da década de quarenta, inícios da década de cinquenta, um grupo de romancistas em que pontuam Juan Goytisolo, Luis Goytisolo, Fernández Santos, Sánchez Ferlosio ou Martín Gaite, entre outros, aposta numa poética referencial do romance, isto é, num romance determinado por princípios representacionais objectivistas. É esta afinidade com o neo-realismo português que destacarei de momento, recordando muito embora o facto de o movimento ter coagulado uma década antes, e se subsumir a uma estética marxista.

Tomemos novamente como *exemplum* – assumindo, muito embora, a contigência de qualquer exemplo, que dirá de si o que pode sem de todo poder subsumir os casos – o itinerário estético de Juan Goytisolo que, como dizia mais acima, também obedece à inflexão de um momento em que predominam romances objectivistas – pense-se em obras como *El Circo*, de 1957, *Fiestas*, de 1958 e *La resaca*, do mesmo ano – para uma fase dita experimental. O ponto de viragem, como é sabido, acontece com *Señas de identidad*, cuja primeira edição data de 1966, romance que inaugura a saga de Álvaro Mendiola, o protagonista. Em data recente, Goytisolo reeditou a trilogia, agregando os três romances sob o título *Tríptico del mal* (2004), integrando assim, num único objecto, o romance de 66, *La reivindicación del conde don Julián*, de 1970, e *Juan sin tierra*, de 1975. Destaco, então, que Goytisolo, com *Señas de identidad*, transmuta a poética dos anteriores romances, sendo consciente de inaugurar uma nova linguagem ficcional. É o próprio romancista que assevera: "propus-me fazer um *collage* de materiais sem os fundir completamente no corpo do romance, tentei evitar toda e qualquer sistematização para sair desta espécie de *impasse*, de beco sem saída em que os romancistas espanhóis nos sentimos encerrados"[51].

Em *Señas de identidad*, efectivamente, o romance é submetido a uma sistemática destruição da gramática formal legada pela tradição, hegemonicamente realista. A morigeração da poética romanesca objectivista, e este é também um dos fulcros do meu argumento, responde à necessidade de assumir as contradições intrínsecas de um escritor que progressivamente cifra uma crítica radical à sociedade espanhola franquista do pós-guerra, mediando esta crítica em clave *autobiográfica*. Álvaro Mendiola, como tem vindo a ser formulado por diferentes estudos sobre o romance, é projecção ficcional do próprio Goytisolo. Neste sentido, a impossível demanda de *marcas de identidade* é tanto individual como colectiva. Para além de outras formas que objectivam uma narração truncada no seu funcionamento referencial, considero especialmente relevante o complexo diálogo estabelecido entre um narrador em segunda pessoa e uma focalização narrativa em terceira pessoa. Assim, a negação radical de quaisquer raízes culturais – negação que contrasta com uma sociedade que, no franquismo tardio, absolutiza os seus fundamentos na Família, em Deus e na Nação Unificada – impele o narrador fracturado e o próprio autor a uma auto-vingança trágica. Num momento crucial do romance, Álvaro Mendiola, fotógrafo em Paris que regressa a Barcelona depois de dez anos de auto-exílio, questionando o seu périplo vital e dirigindo-se a si próprio em segunda pessoa, diz: "a tua própria aventura e a aventura do teu país [Espanha] tinham seguido caminhos diferentes. Por um lado, cortaste qualquer vínculo que te ligava ao passado da tribo, embriagado e surpreendido com a tua nova e incrível liberdade; por outro lado, o teu país e os teus amigos, que persistiram no nobre esforço de transformar a pátria comum, pagando o preço que por cobardia ou indiferença tu te recusaste a pagar"[52]. Eis aqui, bem explícito, o *double bind* moral que determina a impossibilidade de o narrador, e Goytisolo, recuperarem uma perdida unidade ontológica, individual e colectiva. O diálogo entre um narrador em terceira pessoa e um narrador em segunda pessoa, o diálogo entre os restos fragmentados de um impossível objectivismo e um subjectivismo alienado, estruturam a representação de um universo ficcional que, apesar desta enunciação *esquizóide*, é alvo de uma radical negação.

Anos mais tarde, concretamente em 1977, Juan Goytisolo explicitaria a pulsão formalista que o animara. Num volume de ensaios intitulado *Disidencias*, no ensaio "Literatura española contemporánea", formula: "Tanto a *praxis* dos formalistas russos como o desenvolvimento da linguística a partir da publicação póstuma dos cursos de Ferdinand Saussure ensinaram-nos que as palabras não são os nomes dóceis das coisas, antes formam uma entidade autónoma, regida pelas suas próprias leis"[53]. Em 1970 é publicado em España o livro *Formalismo y vanguardia*, reunindo ensaios de Eijhenbaum, Tinianov, Chklovski, cinco anos depois da influente antologia de Todorov[54]. É bem significativo o ensaio de Goytisolo. Devolve-nos muito explícitamente um romancista a fazer a revisão do vínculo inicial a um "realismo social" determinado por uma Ditadura que *trava* o tempo espanhol, tanto no que se refere à vida social como às formas simbólicas.

Também Juan Benet, nos meados dos anos 60, procurava 'acertar' o relógio espanhol, alienado do *tempo* do que chama "estilo internacional" e determinado, em claro regime anacrónico, pelo oitocentismo galdosiano, naturalista e realista. Assim, polarizando a prosa de ficção entre a que é subsumida pela pulsão documental e aquela que aspira, nos antípodas, a uma *vontade de estilo*, afirma, em claro gesto genoclástico: "Esfumou-se, daqueles romances naturalistas, todo o seu valor documental e, paradoxalmente, morreram, estão bem mortos, porque não souberam dar à informação um valor permanente que mantivesse o interesse no momento em que essa informação tivesse perdido actualidade. E aqui roçamos um dos grandes temas do problema do estilo: o de que a coisa literária só pode ter interesse pelo estilo, nunca pelo assunto"[55]. Na mira de Benet temos, ainda, não apenas o legado 'costumbrista' de oitocentos, mas também o realismo social das décadas de 50 e 60.

Retorno, pois, a esse momento que é, como formulou num ensaio fundamental J. M. Castellet, da 'hora do leitor'. *La hora del lector* (1957)[56], isto é, necessidade social e de campo de produzir as condições – discursivas, materiais – que promovam uma 'educação estética'. No momento de irrupção histórica da absoluta estetização das classes médias – a sociedade de consumo, a massificação cultural – o reforço da defesa de uma suspensão 'estética' é um *gestus* com notória valência política pois é nele/por ele que se produz 'distância crítica'. É neste enclave que se situa a problemática das 'culturas do romance' no cronótopo peninsular da passagem das ditaduras para as democracias. É, enfim, no enclave de uma 'idade da inflação', sintagma que colijo do estudo de Charles Newman[57]. Sobrelevo, fundamentalmente, o que nesta noção de Newman excede um determinação económica imperativa. O argumento de uma 'idade da inflação' "não se baseia no determinismo económico. A inflação é um mal-estar cultural de dimensões morais genuínas, com causas psicológicas e sintomas económicos"⁵⁸. O que os escritores e intelectuais, a que tenho vindo a fazer referência, enfrentam é a 'indiferença', a 'anomia cultural'. É esta anomia e inflação que, enfim, podemos ler no 'plástico' que envolve o poeta patriarca ausente do genial documentário *El desencanto* de Jaime Chávarri.

A perda de especularidade do romance, entretanto, é manifesta na pulsão genoclástica que percorre o breve *corpus* ficcional a que venho aludindo. A ruptura do objectivismo na ficção peninsular, a partir *grosso modo* da década de sessenta, soma diferentes episódios singulares. *Uma Abelha na Chuva*, de Carlos de Oliveira, inflecte de forma decisiva os imperativos da estética neo-realista. Romance sustentado por uma narração clivada entre o referencial e o auto-reflexivo, o universo social aí representado, uma comunidade rural dominada por valores morais pequeno-burgueses, contrasta com a pulsão *modernista* do processo enunciativo⁵⁹. O narrador *diabólico*, isto é, o narrador auto-referencial de *Uma Abelha na Chuva* transfere para uma cena da escrita uma realidade que se representasse como exterior à representação, e que se movesse nessa exterioridade independendo de uma representação. O romance devém exercício filológico⁶⁰.

De igual modo se perfila o acontecimento discursivo que é *Tiempo de silencio* de Luis Martín-Santos. Relevo desse romance, muito concretamente, a perda de auto-evidência de um mundo que absolutamente se objectivasse, facto que na obra assume teor dramático na patologia da culpa de Pedro em relação à morte de Florita, corpo morto que acabará por significar a inconsequência do futuro casal Pedro/Dora. Cito: "Tu não a mataste. Estava morta. Não estava morta. Mataste-a, sim. Por que razão dizes tu? – Eu"⁶¹. Nem um objecto estável – isto é, nem uma realidade ontologicamente estável, de resto *sub specie mortis* –, nem um sujeito estável, definido antes como clivagem eu/tu no monologismo interior do foco narrativo⁶².

Também em *Bolor* de Augusto Abelaira, como sabemos, a referencialidade do género é, logo desde o início, truncada pela absolutização da escrita, pela omnipresença do romance como teatro da escrita. O universo representado é subsumindo por um enredo metaficcional, por uma escrita narcisista que coloca a referencialidade em perda⁶³. Eis o tropo da página em branco que determina a radical suspeição da ficção diarística proposta: "Olho para o papel branco (afinal um tudo-nada pardacento) sem a angústia de que falava Gauguin (ou era Van Gogh?) ao ver-se em frente da tela, mas com apreensão, apesar de tudo. Que vou eu escrever - eu, a quem nada neste mundo obriga a escrever? Eu, antecipadamente sabedor da inutilidade das linhas que neste momento ainda não redigi, dentro de alguns minutos (de alguns anos) finalmente redigidas?"⁶⁴. Visa-se, assim, o estranhamento do *homo interior* pequeno-burguês (sujeito escrevente), dado no romance pela falência matrimonial de Maria dos Remédios e Humberto, sintomática de um social amplamente alienado.

Enfim, entre 1971 e 1975, Miguel Espinosa terá escrito *La fea burguesía*. Romance que ainda revisto em 1980[65], já só seria publicado na versão final em 1990. Edição póstuma, pois. *La fea burguesía* articula uma singular poética romanesca, apostada na representação da burguesia, também referida como "classe gozante". 'Classe', advirta-se, não obedece a um sentido estritamente materialista, nem o universo social representado se subsume a uma dialéctica de classes, antes à cristalização do seu cancelamento. O romance é constituído por duas partes. A primeira delas, sob o título de "Classe média", é integrada por cinco histórias independentes. Cada uma delas centra-se num casal, sendo que cada um dos cinco casais nomeia as diferentes histórias: 'Castillejo e Cecilia', 'Clavero e Pilar', 'Krensler e Cayetana' e 'Paracel e Purificación'. A segunda parte do livro, por seu turno, tem por título "Classe gozante". É composta por apenas um capítulo, subtitulado com os nomes de um outro casal, 'Camilo e Clotilde'.

Sublinho, enfim, um único aspecto formal deste romance, concretamente aquele que estrutura o pacto narrativo da segunda parte do livro. O narrador de "Classe gozante" é um narrador em primeira pessoa, o contador da história é precisamente a personagem Camilo. O pacto narrativo desta segunda metade de *La fea burguesía* implica que a voz ficcional que se dirige ao leitor seja um burguês *exemplar*. Esse leitor potencial, e este é um ponto importante, é ficcionado pelo próprio romance. A história é contada por Camilo, figura paradigmática da "classe hedonista", a uma outra personagem, Godínez, indivíduo que se situa, de um ponto de vista social, nas margens do círculo propriamente burguês. Enquanto Camilo é um alto funcionário do aparelho burocrático do Estado – epítome, pois, da alta classe média que sustentou e foi legitimada pelo franquismo – Godínez pertence a um *stratum* social também referido como classe média, mas que não se manifesta absolutamente como "classe gozante". Na verdade, a peculiaridade da personagem reside precisamente no facto de *nunca* poder vir a aceder a esse círculo social de eleição. Godínez é – e este termo é o termo usado no romance – um 'proletário'. Ser 'proletário' significa prioritariamente, dentro dos limites nocionais do romance, que Godínez é *exposto à fealdade burguesa* mas que nunca encarnará esse mal absoluto.

E, todavia, a condição de ouvinte e tentado pela sedutora língua de Camilo não esgota o estatuto ficcional de Godínez. Constatamo-lo apenas no último parágrafo do romance, que explicitamente situa Camilo e Godínez numa cena de 'tentação'. Camilo é o tentador e Godínez o tentado. Camilo fala – narra, é o narrador – e Godínez escuta, isto é, *é tentado* pelo discurso da voz autoritária do primeiro. São estas as palavras finais do romance: "Um homem foi tentado, por outro homem, a inclinar-se diante do que não podia alcançar, dada a sua natureza, o que implica a mais alta tentação, pois conduz ao desespero. O tentado, contudo, resistiu à sedução mediante a acção de a escutar e *transcrever*, retratando assim o tentador e afastando-o de si"[66]. Notável este *turn of the screw* final do romance! Godínez não apenas ouve o relato de Camilo: Godínez é, também, responsável pela sua transcrição. Escrever as palavras da vida social alienada, da *fealdade burguesa*, significa simultaneamente ceder/resistir à alienação.

O narrador diabólico de *Uma Abelha na Chuva*, o narrador clivado de *Tiempo de silencio*, a evanescência do foco narrativo em *Bolor*, e o complexo pacto narrativo de *La fea burguesía*, são *figurae* da lei formal do fenómeno estético que mais acima mediei pelas reflexões adornianas. Neste sentido, o compromisso – uma política do compromisso e o compromisso de uma resistência às ditaduras e à sociedade legitimada pelas demasiado longas ditaduras peninsulares – para estes escritores peninsulares, no cronótopo balizado pelas décadas de cinquenta e setenta, significou enfrentar as contradicções de uma estética *desinteressada*: todos perspectivam o estético (a poética dos seus romances) como alegoria de uma redenção social progressivamente privada de caução na história[67]. Cada um destes escritores incorporou a consciência desesperada de que as Ditaduras pareceriam não ter fim. Como Beckett no ensaio de Adorno, esse desespero não sucumbe no silêncio, ainda que sejam contínguos: *il faut continuer*. Simultaneamente, empenhados como estavam na negação das sociedades salazarista/marcelista e franquista/tardofranquista, as suas escritas incorporaram um sentido de *culpa*, de cumplicidade em suma. Vejamos, pois, em que termos, ainda que com brevidade.

O enredo do processo de *passagem* da Ditadura à Democracia na Península Ibérica é articulado sobre um argumento principal: mais do que uma ideologização da arte, os romancistas do período que destaco como *corpus* de trabalho, sugerem uma poética do compromisso predicada justamente na superação da dualidade arte/política. É nela que radica uma ética da autoria, sempre suplementada por um influxo autobiográfico que, em momentos fulcrais, agoniza a tensão entre compromisso e cumplicidade. Cumplicidades geracionais mobilizadas por um alento revolucionário Moderno que, não obstante, acaba por sucumbir perante uma realidade social irredimível. Vemo-lo tanto no progressismo do círculo universitário de *Últimas tardes con Teresa* (1966), de Juan Marsé – utopismo alto-burguês barcelonês do pós-guerra – como no romance *Retrato dum Amigo Enquanto Falo* (1979), de Eduarda Dionísio, *tableaux* de (auto)revisão geracional que vai percorrendo o ímpeto utópico que, detonado na década de sessenta, acabará por entrar em regime de deflacção nesses anos imediatamente posteriores à Revolução, enquanto processo que rapidamente "domestica" as armas[68]. Textos e agentes textuais como os que vimos percorrendo, vão enfrentando a seguinte questão, gerindo de modo complexo os implicados dela: que significa 'ser moderno' em Portugal, como formulou Ernesto de Sousa, na posteridade daquele "Mesmo, sem contágio nem mudanza" do cronótopo salazarista[69]? Sentir-se do século XX sem se ser moderno, tinha dito, de Espanha, um Ortega y Gasset[70]? Enfim, que significa ser moderno na Península Ibérica no século XX? Fazer memória desta questão não esquecendo que o trabalho intelectual é vivido na seguinte aporia, aquela que agoniza o narrador psiquiatra de *Memória de Elefante*: "[a psiquiatria – diz-nos – é uma] arma real da burguesia a que por nascença pertenço e que se torna tão difícil renegar, hesitando como hesito entre o imobilismo cómodo e a revolta penosa, cujo preço se paga caro porque se não tiver pais quem virá querer, à Roda, perfilar-me".[71]

Carlos de Oliveira, Eduardo Blanco-Amor, Juan Goytisolo, Luís Martín Santos, Augusto Abelaira, Xosé Luís Méndez Ferrín ou Miguel Espinosa: romancistas, entre outros, cuja poética do empenhamento com a escrita e a sociedade é predicada justamente na superação da dualidade arte/política. De facto, considero que cada um destes romancistas incorpora uma ética da autoria subordinada a diferentes aporias, mas em última instância não fazendo qualquer concessão a uma prática auto-indulgente da escrita. Os romances em causa são disso exemplos cabais, tensados entre a negação radical de espaços sociais alienados e o bloqueio de visões de uma sociedade reconciliada. O *ethos* autoral destes romancistas, neste sentido, determina ficções que agonizam o legado da 'culpa', em sentido adorniano, anteriormente explicitado.

Enfim, é nos finais da década de 50, princípios da década de 60 que o romance espanhol entra na sua específica *ère du supçon*. Os casos averbados – Goytisolo, Castellet ou Benet – são emblemáticos. Em cada um deles o que se verifica é o *re-enactment* de uma conhecida razão moderna. Procuram, pela *modernização* do fundamentos estéticos, agenciar uma resistência ao social reificado e alienado. E fazem-no, precisamente, no momento em que a sociedade espanhola franquista, e em larga medida pela mão do franquismo, perfaz uma renovada entrada na *modernidade*, uma renovada entrada na História. Tanto é assim que, a resistência a partir desses idos terá de articular não apenas uma resistência ao franquismo, mas ainda a resistência a uma sociedade cuja deriva obedece já à lógica do capitalismo tardio.

Contudo, do meu ponto de vista – e este é o argumento que proponho para a ponderação deste cronótopo da cultura literária espanhola – teremos autores em claro ciclo tardo-modernista respondendo a uma sociedade e a uma cultura determinadas por uma inflacção pós-moderna. Assim, e como procurarei explicitar mais adiante, um romancista como Miguel Espinosa, romancista que refracta uma sociedade pós-moderna, perfila-se, do meu ponto de vista, como um autor tardo-modernista.

Pouco tempo depois do advento das Democracias no espaço peninsular, concretamente em 1976, Miguel Espinosa, referindo ao romance *Escuela de Mandarines*, assimila os fascismos peninsulares no que a longevidade diz respeito: "O livro [i.e., *Escuela de Mandarines*] poderia ser classificado, do meu ponto de vista, como utopia negativa do fascismo espanhol, como declaro no recorte de jornal que lhe envio; por utopia negativa entendo a exposição do que não deve ser. Também se poderia definir como tentativa de descrição *ontológica*, ou seja, na sua *real ultimidade*, do fascismo, tal e como floresceu em Espanha durante quarenta anos; a obra pretende pintar, pormenor a pormenor, uma sociedade fascista, na sua totalidade e em cada consequência. Como só em Espanha, se exceptuarmos Portugal, perdurou o fascismo quase meio século, creio que só aqui poderia escrever a obra que descreve o seu ser imoral"[72].

Nem Balzac, nem Dostoievski; um modelo assumidamente 'realista', mas sem pulsão mimética. O 'realismo' é *poético* ao ser, fundamentalmente, produção de auto-referencialidade que *transforma* o discurso social que constrói a 'realidade': "se o romancista não transforma a linguagem que ouve em linguagem literária, não recolhe nada do real, capta o silêncio da aparência"[73]. Enquanto, diríamos, *realismo poético*, o projecto estético de Miguel Espinosa produz uma textualidade que assenta na dialéctica de dois termos: por um lado, na objectivação absoluta do 'real' enquanto produto do uso socialmente consensuado da linguagem; por outro lado, no *estranhamento* desse 'real' por uma linguagem novelesca autoral que se sustenta na auto-referencialidade. Completa este quadro estético, a sua subsunção a uma distribuição moral totalmente objectivada: o fascismo é o mal absoluto, essa maldade absoluta é a absoluta realidade do fascismo; a utopia negativa é a dissolução desse absoluto pelo *estranhamento*. É especialmente notória, do meu ponto de vista, em *La fea burguesía*, ficção implacável na negação de um horizonte de reconciliação social.

Os termos da utopia negativa enquanto projecto de renovação do romance devolvem-nos uma explícita ética do estético que, do meu ponto de vista, tem notória matriz 'modernista'. É na produção de uma auto-referencialidade intrinsecamente negativa que Espinosa cumpre o desígnio de uma arte social contra a sociedade. Esta ética da forma – uma ética da forma que pode ser lida como pulsão neobarroca[74] que introduz o inactual num tempo realizado pós-moderno[75] –, do meu ponto de vista, tem um vínculo forte como as versões fortes do formalismo modernista. Neste sentido, proporia a obra ficcional de Miguel Espinosa como o caso *exemplar* de um tempo tardo-modernista da ficção contemporânea espanhola.

Talvez se possa ler o trabalho de linguagem levado a cabo por Miguel Espinosa em função de uma conhecida dilemática adorniana, que tem nessa década a sua recidiva e também a sua exautoração. Eis o lugar da *Teoria Estética* a que me refiro: "A aporia da arte, entre a regressão à magia literal ou a transparência do impulso mimético para racionalidade coisificante, prescreve-lhe a sua lei de movimento; tal aporia não se pode remover"[76]. Diríamos que é a impossibilidade de remoção deste movimento aporético que 'anacroniza' ou prescreve o carácter 'tardio' do Modernismo. Miguel Espinosa, tardo-modernista na medida em que a ficção é, ainda, centelha sacral da realidade. Uma realidade em que se não crê – sendo a fealdade absoluta – e que independe dessa incredulidade.

Miguel Espinosa como que retrai o foco narrativo a um lugar ascético, rasurando o *gestus* interpretativo, o olhar do *theoros*. Ao mesmo tempo, objectiva aquele objecto em princípio menos objectivável: a linguagem. Língua burguesa estática, intratável pela interpretação, daí a sua opacidade e dureza. Cristalizada no seu momento performativo, a língua burguesa envelhece no seu *hic et nunc* eternizado. Língua passada *presente*. A língua burguesa devém objecto estético, sendo que ela mesma é objecto estético, aliás de curso universal absoluto. O que Espinosa nos propõe é que um mundo social estetizado, e autonomizado como estética, independendo de um sentido. Não há sentido *latente* na língua burguesa. Ela significa aquilo que literalmente significa. Lembra, de algum modo, uma outra injunção adorniana, concretamente a de que o literal é a barbárie. Daí a importância do pacto narrativo da segunda metade da obra. Como escriba, o narrador transcreve 'ipsis verbis' a palavra estetizada burguesa. Godínez é bem o objecto correlativo do escritor que, mediador funcional interclassista – proletariado/burguesia – se cumpre também (e ainda) como sujeito autónomo. É, a sua, uma crítica indiscernível de uma auto-crítica à consciência burguesa. A língua burguesa é reconhecida como 'monumento', sim. Mas tal reconhecimento, diríamos, enfim, na esteira benjaminiana, pressupõe ainda algo como a antecipação da sua 'ruína'[77].

Mas, para concluir e avançar nas ramificações do argumento, vale a pena um final passo atrás. Um passo ainda aquém desses avatares absolutamente reificados da *domus aurea* burguesa que temos em *La fea burguesía*. Retrocedamos aos filmes que detonaram este ensaio. Por um lado, *El desencanto*, documentário em que a demanda de intimidade é objectivada no tropo – também oitocentista – do 'interior' habitado. A questão deste documentário – como de resto, a questão e o tema do breve *corpus* ficcional que elejo como objecto de análise neste ensaio – é oitocentista na medida em que é na narrativa burguesa heróica de oitocentos que se coagula o que chamaria 'problema da habitação'. Habitar o íntimo convoca a tropologia sedimentada pela afirmação histórica – mitificação e naturalização históricas – da burguesia. Contudo, esta habitação do íntimo e do interior ocorre num momento – o momento especular e auto-referencial do documentário – em que esta epopeia e esta etopeia burguesas claudicam, conhecem o seu desenlace. Por outro, *Fragmentos de um Filme-Esmola: a Sagrada Família*, onde também estes termos podem ser verdade: a verdade daquele pai de família, João Lucas, encavalitado na sala de estar de sua casa, recebendo os Sogros diante da Mulher e da Filha, mostrando o verdadeiro rosto daquele que padece, no contexto histórico de uma sociedade subjugada por uma ditadura, o papel de um *pater familias*. O verdadeiro rosto revelado pela máscara de um suíno.

REFERÊNCIAS BIBLIOGRÁFICAS

ABELAIRA, Augusto, *Quatro Paredes Nuas*, Lisboa, Livraria Bertrand, 1972.

ABELAIRA, Augusto, *Sem Tecto, Entre Ruínas*, 2ª ed., Lisboa, Sá da Costa, 1982. [1ª ed.: 1978].

ABELAIRA, Augusto, *Bolor*, 5ª ed., Lisboa, Edições "O Jornal", 1986. [1ª ed.: 1968].

ABELAIRA, Augusto, *A Cidade das Flores*, 8ª ed., Lisboa, Edições "O Jornal", 1990. [1ª ed.: 1959].

ADORNO, Theodor W., *Asthetische Theorie*, Frankfurt am Main, Surhkamp Verlag; ed. cit.: *Teoria Estética*, trad. Artur Morão, Lisboa, Edições 70, 1991.

ADORNO, Theodor W., "Engagement", *Notas de Literatura*, Rio de Janeiro, Biblioteca Tempo Universitário, 1973 [a].

ANTUNES, António Lobo, *Memória de Elefante*, Lisboa, Publicações Dom Quixote, 1987. [1ªed.: 1979].

ARÉAS, Vilma, "*Voi Che Sapete Che Cosa È l'Amore*", in Carlos Alberto Iannone, Márcia V. Zamboni Gobi e Renata Soares Junqueira, *Sobre as naus da iniciação*, São Paulo, Editora Unesp, 1997, pp. 167-175.

ARÉAS, Vilma, "Augusto Abelaira. A construção", in Jorge Fernandes da Silveira, org., *Escrever a Casa Portuguesa*, Editora UFMG, 1999, pp. 303-309.

BENJAMIN, Walter, *Libro de los pasajes*, ed. de Rolf Tiedman, trad. Luis Fernández Castañeda, Isidro Herrera e Fernando Guerrero, Madrid, Akal, 2005.

BLANC, Felicidad, *Espejo de sombras*, pról. de Natividad Massanés, Barcelona, Argos Vergara, 1977.

BLANC, Felicidad, Juan Luis Panero, Leopoldo Mª Panero e José Moisés Panero, *El desencanto*, prólogo de Jorge Semprún, Elías Querejeta Ediciones, 1976.

BLANCO-AMOR, Eduardo, *La parranda*, Gijón, Ediciones Trea, 2001. [Tít. orig.: *A Esmorga*, 1959].

BOURDIEU, Pierre, *Les règles de l' art. Genèse et structure du champ littéraire*, Paris, Éditions du Seuil, 1992; ed. ut.: *Las reglas del arte. Génesis y estructura del campo literario*, trad. Thomas Kauf, Barcelona, Editorial Anagrama, 1995.

CASTELLET, J. M., *La hora del lector*, Barcelona, Ediciones Península, 2001. [1ª ed.: 1957].

DIOGO, Américo António Lindeza, "Trabalhador Ilegal", in Pedro Serra, org., *Uma Abelha na Chuva. Uma Revisão*, Braga-Coimbra, Angelus Novus, 2003.

DIONISIO, Eduarda, *Retrato dum Amigo Enquanto Falo*, Lisboa, Armazém das Letras, 1979.

ESPINOSA, Miguel, *La fea burguesía*, Madrid, Alfaguara, 1990. Ed. ut.: 2ª ed., Madrid, Alfaguara, 2006. [Esta edição acrescenta um apêndice com duas 'novas' secções, tituladas "José López" e "Juan Eugenio"].

FERRERAS, Juan Ignacio, "Miguel Espinosa y su visión de la novela", in Victorino Polo García, ed., *Miguel Espinosa. Congreso*, Murcia, Consejería de Cultura y Educación-Dirección General de Cultura-Editora Regional de Murcia, 1992, pp. 147-158.

GIDDENS, Anthony, *The Transformation of Intimacy. Sexuality, Love & Eroticism*, 1992. Ed. ut.: *A Transformação da Intimidade. Sexualidade, Amor e Erotismo nas Sociedades Modernas*, trad. Magda Lopes, São Paulo, Unesp, 1992.

GOYTISOLO, Juan, *Señas de identidad*, Madrid, Alianza Editorial, 1999. [1ª ed. 1966].

GUBERN, Román, *La imagen pornográfica y otras perversiones ópticas*, Barcelona, Anagrama, 2005. [1ª ed.: 1988].

JORDÀ, Joaquim, *Veinte años no es nada*, Barcelona, Master de Documental de Creació de la Universidad Pompeu Fabra/TVE/Canal +/Televisió de Catalunya/ICC e ICAA, 2004.

KNICKERBOCKER, Dale F., "*Tiempo de silencio* and the narration of the abject", in *ALEC*, vol. 19, issues 1-2, 1994, pp. 11-31.

LUHMANN, Niklas, *Liebe als Passion*, Frankfurt am Main, Surhkamp Verlag, 1982; ed. cit.: *O Amor como Paixão. Para a Codificação da Intimidade*, tradução de Fernando Ribeiro, Lisboa, Difel, 1991.

MARTÍN GAITE, Carmen, *Usos amorosos del dieciocho en España*, Madrid, Editorial Anagrama, 1994. [1ª ed.: 1972].

MARTÍN-SANTOS, Luis, *Tiempo de silencio*, 27ª ed., Barcelona, Seix Barral, 1987. [1ª ed.: 1962].

MÉNDEZ FERRÍN, Xosé Luis, *O crepúsculo e as formigas*, 2ª ed., Vigo, Edicións Xerais, 1982. [1ª ed.: 1961].

MONTEIRO, João César, *Fragmentos de um Filme-Esmola. A Sagrada Família*, Centro Português do Cinema, 1972 [montagem final: 1977].

MONTEIRO, João César, *Que Farei Eu com Esta Espada?*, RTP-Oficina de Cinema-Margarida Gil, assistente de produção, 1975.

NEWMAN, Charles, *The Post-Modern Aura. The Act of Fiction in an Age of Inflation*, pref. de Gerald Graff, Evanston, Northwestern University Press, 1985.

OLIVEIRA, Carlos de, *Uma Abelha na Chuva*, 25ª ed., Lisboa, Sá da Costa, 2001. [1ª ed.: 1953; 4ª ver.: 1962].

ORTEGA Y GASSET, José, "Nada 'moderno' y 'muy siglo XX'" [1916, publicado en *El Espectador*]", *Obras Completas*, vol. II, Madrid, Editorial Revista de Occidente, 1963.

PÉREZ MILLÁN, Juan Antonio, *La memoria de los sentimientos. Basilio M. Patino y su obra audiovisual*, Valladolid, 47ª Semana Internacional de Cine, 2002.

PIRES, José Cardoso, *Cartilha do Marialva*, Lisboa, Ulisseia, 1966. [1ª ed.: 1960].

PITA, António Pedro, *Conflito e Unidade no Neo-Realismo Português. Arqueologia de uma Problemática*, Porto, Campo das Letras, 2002.

R. DE LA FLOR, Fernando, "Miguel Espinosa: de la narrativa posmoderna al discurso neobarroco", in Victorino Polo García, ed., *Miguel Espinosa. Congreso*, Murcia, Consejería de Cultura y Educación-Dirección General de Cultura-Editora Regional de Murcia, 1992, pp. 559-582.

RAGUÉ ARIAS, Maria José, *Proceso a la familia española*, Barcelona, Gedisa, 1979.

REIS, Carlos, *O Discurso Ideológico do Neo-Realismo Português*, Coimbra, Livraria Almedina.

ROBERT, Marthe, *Novela de los orígenes y orígenes de la novela*, Madrid, Taurus, 1973.

RODRÍGUEZ MONEGAL, Emir, "Entrevista con Juan Goytisolo", in AA. VV., *Juan Goytisolo*, Madrid, Ed. Fundamentos, 1975.

SAID, Edward, *Beginnings. Intentions and Method*, London, Granta Books, 1997 [1ª ed.: 1975].

SANTOS, João Camilo dos, *Carlos de Oliveira et le roman*, Paris, Fondation Calouste Gulbenkian-Centre Culturel Portugais, 1987.

SERRA, Pedro, *Nota Final: Carlos de Oliveira e o Fim na Filologia*, Salamanca, Ambos Mundos, 2004.

SILVESTRE, Osvaldo Manuel, *Slow Motion. Carlos de Oliveira e a Pós-Modernidade*, Braga/Coimbra, Angelus Novus Editora, 1994.

Sousa, Ernesto de, *Ser Moderno em Portugal*, Lisboa, Assírio & Alvim, 1998.

Vázquez Montalban, Manuel, *Autobiografía del general Franco*, Barcelona, Debolsillo, 2005. [1ª ed.: 1980].

Vilarós, Teresa M., "*La fea burguesía*, de Miguel Espinosa: el pre- y el post- del desencanto español", in Victorino Polo García, ed., *Miguel Espinosa. Congreso*, Murcia, Consejería de Cultura y Educación-Dirección General de Cultura-Editora Regional de Murcia, 1992, pp. 675-684.

Vilarós, Teresa M., *El mono del desencanto. Una crítica cultural de la transición española (1973-1993)*, Madrid, Taurus, 1998.

Villalba, María, "Par delicatesse j'ai perdu ma vie. *El desencanto*", 2004. <http://www.miradas.net/0204/cults/2004/0405_eldesencanto.html> [consulta: 15 de Novembro de 2006].

Notas

1. Abelaira 1990, 37.
2. Adorno 1973, 63.
3. Abelaira 1972, 140.
4. *Cfr. ibidem.*
5. *Cfr. ibidem*, 142.
6. Abelaira 1982, 17.
7. Blanc 1977, 245.
8. O final da autobiografia é o mar como imagem da morte, a ondulação, no seu vaia-e-vem, a espera que imobiliza: "Há algo na minha vida que é linear, inquebrantável, que nada pôde alterar. Nem as circunstâncias adversas, nem a guerra, nem o meu marido com uma personalidade tão absorvente, nem os meus filhos, puderam destruir o que fui, o que sou agora. O que procurei não o encontrei ou encontrei-o a meias, mas continuo a estar acompanhada pelos meus queridos fantasmas que são os mesmos de sempre. De vez em quando regresso a eles, limpo-lhes o pó e as teias-de-aranha e revivo de novo com eles os escassos momentos do passado" (*ibidem*, 245-246).
9. Ragué Arias 1979, 22.
10. *Cfr.* Giddens 1992.
11. *Cfr.* Pardo 1996.
12. Pires 1966.
13. Martín Gaite 1994, xv-xvi.
14. Méndez Ferrín 1982, 114.
15. *Ibidem*, 113.
16. *Ibidem*, 114.
17. *Ibidem.*
18. *Ibidem*, 83.
19. *Ibidem*, 85.
20. *Ibidem*, 17.
21. *Cfr.* Camilo dos Santos 1987.
22. Oliveira 2001, 2.
23. *Ibidem*, 46.

24. BLANCO-AMOR 2001, 103.

25. *Ibidem*.

26. ABELAIRA 1986, 69.

27. *Ibidem*, 165.

28. LUHMAN 1982, 21.

29. *Ibidem*, 38.

30. *Ibidem*, 45.

31. *Ibidem*, 52.

32. *Ibidem*, 40.

33. Esta questão foi tratada por Vilma Arêas num notável ensaio sobre Augusto Abelaira, onde lemos: "Aos leitores de Abelaira não é estranha a idéia de que a individualidade em crise no mundo contemporâneo encontre seu contramolde nos muros desguarnecidos. *Quatro Paredes Nuas*, como sabemos, é o título de seu livro de contos, empenhado em tematizar essa questão. Segundo ele, a subjetividade não parece encontrar mais apoio material (quadros, memória, em suma, o 'tempo comprimido' da história individual) para interagir e conseqüentemente *ex-sistir*" (ARÊAS 1999, 304-305). *Cfr.*, também sobre Augusto Abelaira, ARÊAS 1997.

34. VILARÓS 1992, 680.

35. VÁZQUEZ MONTALBÁN 2005 [1982], 570.

36. *Cfr.* JORDÁ 2004.

37. VILARÓS 1998, 49. A sugestão deste vínculo entre o documentário de Jaime Chávarri e os *reality shows* foi, entretanto, retomada por María Villalba nos seguintes termos: "Os lugares recônditos da sua psicologia são apresentados ao espectador em toda a sua complexidade, em jeito de ferida aberta pela qual no apenas se vislumbra o desencanto da Espanha do franquismo – que Chávarri pretendia reflectir Ð; a morte do pai dá azo a um exercício de crítica alheia e própria, com ferocidade pouco frequente, sem dúvida, para os espectadores no momento da estreia (e à que hoje nos habituou já a proliferação dos *reality shows*). Os filhos tratam de pôr no devido lugar a figura de um pai que, falecido tempo atrás, não pode defender-se; fazendo-o, é inevitável que se analisem uns aos outros, tentando definir as suas respectivas posições dentro da família. Mas a crueza das suas declarações (à diferença dos espectáculos a que nos tem acostumado a nossa actualidade) despe as suas almas e o enfrentamento dos membros do núcleo familiar dos Panero, em jeito de reunião de máscaras gregas, provocam a catarse do público, ao exibir as suas pequenas misérias, ínfimas, como cabeças de alfinete; nalguns momentos a máscara cai, mostrando, quase insensivelmente, a dor íntima Ð e, por que não, deleitosa Ð que encerram as suas vidas" (VILLALBA 2004, *inum.*). Poderá cair uma máscara? Isto é, pode ser pensada a expressividade de um 'deleite *cum* dor', seja ela oral ou escrita, que nos devolvesse um momento de absoluta 'liberdade'? Para a escrita, a leitura ou, já agora, a narração fílmica, como lugar de constrangimentos que sempre contrafazem essa naturalização expressiva, *cfr.*, *e.g.*, SAID 1997, 24.

38. Lemos na *Genealogia da moral*: "Jamais deixou de haver sangue, martírio e sacrifício, quando o homem sentiu a necessidade de criar em si uma memória; os mais horrendos sacrifícios e penhores (entre eles o sacrifício dos primogênitos), as mais repugnantes mutilações (as castrações, por exemplo), os mais cruéis rituais de todos os cultos religiosos (todas as religiões são, no seu nível mais profundo, sistemas de crueldades) Ð tudo isso tem origem naquele instinto que divisou na dor o mais poderoso auxiliar de mnemônica" (NIETZSCHE 2006, 51).

39. VILARÓS 1998, 48.

40. *Ibidem*.

41. *Ibidem*, 49-50. Eu sublinho.

42. O "herdeiro herdado pela herança" é "invariante estrutural" que, talvez possamos especular, pode "originar relações de identificação entre o leitor e a personagem" (BOURDIEU 1995, 34 n. 1).

43. Este modo é também o implicado no literário. É assim que entendo, se leio bem, a noção de Saíd de uma 'repetição excêntrica', isto é, de uma repetição que faz descaso da dualidade original/cópia. *Cfr.* Saíd 1997, 12.

44. GUBERN 2005, 88: "La *catalepsia convulsiva* de las imágenes barrocas, en donde residía gran parte de su potencial dramático y efectista, fue aniquilada por la imagen móvil del cine, que tendría que buscar, como decíamos, nuevas estrategias expresivas".

45. A rodagem da sequência foi levada a cabo no cemitério de Loeches, em Novembro de 1974. *Cfr.* BLANC *et alii* 1976, 139.

46. A referência regressará, 20 anos depois, nas *Recordações da Casa Amarela*, na sequência final do filme, em que a personagem João de Deus emerge do subsolo da cidade de Lisboa, clara alusão ao vampiro de Murnau.

47. Robert 1973, p. 31.

48. SENDER 1936, 37.

49. *Apud* PITA 2002, 62. *Cfr.* REIS 1983.

50. Num alinhamento de Gramsci e Caraça, António Pedro Pita formula: "De certo modo, ambos desenvolvem uma ontologia do presente: o presente constitui um desenlace de todo o passado; trata-se, todavia, de um desenlace peculiar, que leva o passado a uma espécie de obscuridade que o transforma em 'não existente' ou em 'o que ainda não é', de onde, para além de toda a lógica da previsibilidade, surgirá o futuro" (PITA 2002, 63).

51. In RODRÍGUEZ MONEGAL 1975, 113.

52. GOYTISOLO 1999, 167.

53. GOYTISOLO 1977, 154: "Tanto a *práxis* dos formalistas russos, como o desenvolvimento da linguística a partir da publicação póstuma dos cursos de Ferdinand Saussure, ensinaram-nos que as palavras não são os nomes dóceis das coisas, constituem, antes, uma entidade autónoma, regida pelas suas próprias leis".

54. *Théorie de la littérature*, Paris, Seuil, 1965.

55. BENET 1973 [1ª ed.: 1966], 135: "Daqueles romances naturalistas esfumou-se todo o seu valor documental e, paradoxalmente, morreram, e é justo que assim seja, porque não souberam dar à informação um valor permanente que mantivesse o interesse quando viesse a perder actualidade. E aqui roçamos um dos grandes temas do problema do estilo: o de que a coisa literária só pode ter interesse pelo estilo, nunca pelo assunto".

56. *Cfr.* CASTELLET 2001.

57. *Cfr.* NEWMAN 1985.

58. *Ibidem*, 7.

59. Esta fractura temporal D o tempo pré-histórico do mundo narrado, o tempo progressivo da narração D foi explicitada por DIOGO 2003.

60. *Cfr.* SERRA 2004.

61. MARTIN-SANTOS 1987, 217.

62. *Cfr.* KNICKERBOCKER 1994, 15.

63. *Cfr.* SILVESTRE 1994.

64. ABELAIRA 1986, 9.

65. *Cfr.* JAMBRINA 1998.

66. Espinosa 1990, 292.

67. *Cfr.*, para o caso de Carlos de Oliveira, Silvestre 1994.

68. Romance onde se lê a imagem de um "[afagar dos] tanques como grandes animais domésticos" (Dionísio 1979, 72).

69. *Cfr.* Sousa 1998. Ensaio publicado, pela primeira vez, na revista *Opção* a 26 de Julho de 1978.

70. *Cfr.* Ortega y Gasset 1963.

71. Antunes 1987, 48. *Memória de Elefante*: romance que, do meu ponto de vista, visa perfazer a 'abjecção' do Ditador. Dir-se-ia que num gesto equivalente àquele de um Basilio Martín Patino no documentário *Caudillo*. Diz-nos o cineasta: "Este tipo de películas [*Caudillo*] surge de una necesidad rara: de algo que te obsesiona y que es preciso echar fuera. En mi caso era el fenómeno del poder, que tomó la forma de un friso sobre el franquismo, pensado inicialmente como trilogía. Cuando murió Franco, aquello dejó de tener sentido y el equipo se disolvió" (*apud* Pérez Millán 2002, p. 187).

72. Numa carta enviada a Jean Tena, a 28 de Janeiro de 1976. Citado por Ferreras 1992, 149.

73. *Ibidem*, 153.

74. *Cfr.* R. de la Flor 1992.

75. *Cfr.* Vilarós 1992.

76. Adorno 1991: 69.

77. *Cfr.* Benjamin 2005, 49

Constructing Prestige and Visibility: The Case of Best-Seller José Saramago

Margarida Rendeiro
CEPESE and Lusíada University of Lisbon

1. Introduction

This paper establishes that the acceptance of José Saramago's *oeuvre* in Spain was determined by a combination of right timing of publication, the construction of the author's social trajectory and the importance of his Spanish publishers. This argument is supported on the understanding of theories of literary systems and draws on the contribution of Pierre Bourdieu's Theory of the Literary Field, in particular the concept of the Cultural Field developed by the agents of production towards the construction of the symbolic capital. First I will expand some of the concepts developed by Bourdieu, particularly the Cultural Field, symbolic capital and social trajectory. Afterwards, I will briefly examine the process of publication of Saramago's works in Spain up till 1998, with particular emphasis on those agents responsible for the publication and construction of his public persona in Spain in view of his public acceptance and legitimacy. Finally, I will draw conclusions within the framework of the concepts proposed.

2. Literary Theory

In his *Field of Cultural Production*, Bourdieu stands that the Literary Field is a social microcosm that has its own structure and laws; it is a space of objective relationships among positions and each position exists only in relation to the others. Political, social, economic and cultural circumstances exert pressure and have effect through transformations in the structure of the field. Pressure drives the relations of power among agents and their struggle for the preservation or transformation of the order. Studying these transformations enables us to understand both the relations among writers, critics, and publishers and the importance a specific genre acquires at a given period. The principle of legitimacy in the field of power is based on possession of economic or political capital. Bourdieu also stated that the cultural field possesses relative autonomy with respect to its political and economic determinations. Symbolic capital is a key concept for this theory and it points out the accumulated prestige and honour gained through the dialectical relations between knowledge recognition of the work of art and author. Symbolic capital leads to literary legitimacy. Bourdieu also distinguished the cultural capital and that involves a form of cultural knowledge that equips the agent with competence to appreciate cultural works and relations. He based struggling for the preservation or transformation of the established order on two important concepts: position and taking position. 'Position' is 'the one which corresponds to a genre such as the novel or, within this, to a sub-category such as 'the society novel' and is 'subjectively defined by the system of distinctive properties by which it can be situated relative to other positions'.[1] 'Taking position' (originally 'prise de position') in the literary field implies developing strategies to acquire legitimacy and can be defined as 'the structured set of the manifestations of the social agents involved in the field – literary or artistic works, of course, but also political acts'.[5] The perception of the space of possible positions depends on what Bourdieu called 'social trajectory', that is a constructed biography, considering that literary genres, styles and subjects have a specific value attached to them. Later, Jacques Dubois added that the establishment of writer's profile is determined by the stages of their career, a suggestion that is also endorsed in this paper. Within the framework of these concepts I will proceed to analyze the process of publication of Saramago's works and his social trajectory in Spain.

3. Saramago's Publication in Spain

Seix Barral published Saramago's novels between 1985 and 1994; Ronsel published Saramago's chronicles *Deste Mundo e do Outro* and *Bagagem do Viajante* and his play *In Nomine Dei*. Círculo del Lector published *Viagem a Portugal*. Tres i Quatre published Saramago's plays *In Nomine Dei* and *A Noite*. Libros del Oeste published Saramago's poems *O Ano de 1993* and Alfaguara has published Saramago's novels since 1994 and his diaries. Moreover, there have been editions of Saramago's works in Catalan by Ediciones 62 and Proa and other Castilian re-editions of Saramago's novels by Círculo del Lectores, Planeta, Arquetipo and RBA. Basilio Losada was the translator of Saramago's works until 1998, except for his short story, diaries, poetry and plays, and the editions in Catalan.

A no less relevant aspect is the fact that Alfaguara became Saramago's main publishing house in Spain after the author's reputation was well consolidated in that country. Alfaguara belongs to the publishing group Santillana Ediciones Generales and is devoted to publishing "fundamental authors of Spain and Latin America". It was set up originally by the brothers Camilo José and Jorge Cela in 1960.

When Seix Barral published *El Año de la Muerte de Ricardo Reis* in 1985,

Portuguese contemporary fiction was little published and read in Spain. José Cardoso Pires, Virgílio Ferreira and Agustina Bessa Luís, among very few others, were the Portuguese authors translated and published in Spain. One year before the publication of the first novel by Saramago in this country, he, together with Lídia Jorge, Augusto Abelaira, Bessa Luís and Cardoso Pires, participated in several conferences on Portuguese contemporary fiction, with the main objective to present the major Portuguese novelists to the Spanish educated elite.[2] Moreover, Spanish academic studies on Portuguese literature were mainly confined to the University of Salamanca where there was a chair of Portuguese studies, committed to the study of Fernando Pessoa and also to the writers mentioned above who possessed the common characteristic of belonging to the "Social-Neorealist literary trend that came out of the Estado Novo". Besides Salamanca, there were sections of Portuguese studies at the departments of Romance Languages at the Universities of Granada, Madrid, Barcelona, Cáceres and Santander. Therefore, the choice of *El Año de la Muerte de Ricardo Reis* was appropriate to present an unknown Portuguese writer to the Spanish public because the novel was centred on one of the few Portuguese writers known in Spain. In addition, it also had several references to Spanish politics in the 1930s. This strategy proved successful as it drew the attention of the Spanish media.[3] In 1986, Saramago attended a conference on Fernando Pessoa, organised by La Caixa, and mentioned his queries about Fernando Pessoa's work, framing them within those 'the average Portuguese' had about this writer. He also pointed out the success of Portuguese fiction in Portugal, attributing its success to a generation of writers aged around forty years old, whose fiction was original and had high quality. He concluded: 'Podemos ser optimistas en Portugal en cuanto a la próxima década en el campo de la ficción'.[4] Although he was one of the few Portuguese writers published in Spain, he spoke as an experienced writer on behalf of his generation.

At an interview with *El País*, after the publication of *Memorial del Convento*, Saramago emphasized that the output of the Portuguese writers had considerably increased since 1974 and that the world was at last interested in Portuguese literature.[5] This was an overstatement at that time in view of the fact that there had not been any increase in the number of Portuguese writers translated abroad; the United States and the United Kingdom (to mention just two of the most important book markets) had very few translations of Portuguese writers, not commercially successful and mainly circulated at Departments of Portuguese Studies. Nevertheless, the first translations of Saramago's novels into German, French and English were published in the following years and Saramago was one of the first contemporary Portuguese writers to be translated into those languages in a short period of time. At the time, his literary agent, Ray Güte-Mertin, taught at Frankfurt University and was specialized in Portuguese and Spanish literature.

Saramago echoed some of his ideas expressed in the articles (by him and about him) published in the Spanish press: the need to get closer to Spain and his contempt for the European Union. Furthermore, Saramago occasionally published texts in the Spanish press about his views. The first was published in 1988 on the complexity of the work by Fernando Pessoa.[6] After the publication of *La Balsa de Piedra*, Saramago did not speak about Fernando Pessoa and he focused on Iberianism.

Publication of Saramago's novels in Spain required a kind of introduction to the scene. As happened with *El Año de La Muerte de Ricardo Reis*, Saramago had referred to *La Balsa de Piedra* one year before its publication in Spain. In 1986, at the conference on Fernando Pessoa, he talked about this novel that had just been published in Portugal: "Es una gigantesca metáfora", explicó Saramago, que previno de que su nueva obra "es absolutamente una novela y no un ensayo sociológico".[7] *La Balsa de Piedra* was published in Spain in 1987, one year after its publication in Portugal and, thus, was used in the discussions around the advantages and disadvantages of joining the European Union that occurred both in Portugal and Spain.

The concept of Iberianism played an important role in Saramago's promotion in Spain. He referred to *La Balsa de Piedra* as "his most personal novel". He insisted in bringing Portugal and Spain together to the point of presenting himself as an Iberian and not so much as a Portuguese: "Mi patria chica es Portugal, pero mi patria mayor no es Europa, sino peninsula ibérica".[8] His marriage to Pilar del Río strengthened his closeness to Spain in the eyes of the Spanish press. It was reported in the press, including statements by the author giving an account of his joy in getting married to the young journalist of Seville.[9] *La Balsa de Piedra* naturally drew the attention of the Spaniards and the reviews were favourable to this novel.

Rafael Conte summarized what can be understood as the main Spanish views on the work by Saramago and on the author (Desde *la balsa de piedra* (1986) ya conocíamos el profundo Iberianismo de José Saramago, que combate como un nuevo Unamuno para estrechar los lazos culturales entre España y Portugal, tan próximas como separadas.); his proclaimed struggle for human rights and his interest in Spain.[10] Nevertheless, Conte used a comparison with Unamuno that became extremely important in the reviews and articles about Saramago up till 1998. Miguel de Unamuno participated in the opposition to Primo de Rivera and was forced to go to exile in Fuerteventura, in the Canary Islands. His ideas included the stance for the Iberian Peninsula as a cultural totality.

Iberianism was an issue that became a topic in conferences, as at the meeting that brought together Portuguese and Spanish writers and was organised by both the Centro das Letras Españolas and the Instituto Português do Livro e da Leitura in June 1989. Saramago, Eugénio de Andrade, José Bento, Francisco José Viegas and Luísa Costa Gomes participated at this meeting. This discussion was encouraged by the organisers' outspoken urge to have more Portuguese authors published such as Eduardo Lourenço, in Spain so that the Spaniards could have a better understanding of contemporary Portugal. It is worthy of mention that *El País* emphasised that the new generation of Portuguese writers – such as José Viegas and Costa Gomes – were not supporters of Iberianism in the sense of brotherhood and preferred to consider the Spanish friends of the Portuguese.[11] This shows that, although there was a young productive generation of writers in Portugal, in Saramago's words, their views were not altogether the same and that Saramago's Iberianism was not fully endorsed by his Portuguese colleagues. However, the Iberianism supported by Saramago resembled Unamuno's and gradually this stance helped the author to get from the Spanish press a feeling of membership: gradually, Saramago was understood more as an Iberian and almost as a Spanish writer. This was especially clear after the decision of Saramago to settle in Lanzarote, after the Portuguese government's decision to bar Saramago's *O Evangelho Segundo Jesus Cristo* from the Ariosto Prize competition.

In 1997, when publishing his diaries in Spain, Saramago told *El País*: "Soy un escritor ibérico antes que europeo y ahora me siento orgulloso de ser además un escritor de Lanzarote".[12] In 1998, some months before the announcement of the Nobel Prize, there was a reference in *El País* that Saramago had been mistaken for a Spanish writer.[13] Spain's recognition of Saramago was strengthened when Alfaguara became his main publisher in Spain. This publishing house has primarily been committed to publishing Spanish-speaking writers and Saramago being an exception (in Portuguese contemporary literature) implied a full acceptance of his literary value.

When the 1998 Nobel Prize was announced, *El País* reported that Saramago insisted that the prize was not only for him; it basically rewarded Portugal, Spain and Iberian America.[14] Furthermore, it also reported that Portugal resented the fact that Saramago celebrated the Nobel Prize in Spain before coming to Portugal.[15] Saramago pointed out that he was a Portuguese at heart but he had always been treated kindly in Spain, in a way that he hoped Portugal would do to a Spanish writer one day. Spain celebrated the prize given to an adopted author who dedicated it to the country which cherished him throughout his career. Saramago's legitimacy as part of the Iberian canon was so clear that he was used as an example in a dispute between the Partido Socialista Operario Español and the Nationalists on the quality of the Spanish high schools.[16]

A few years after having been published for the first time in Spain, Saramago was said to be the Portuguese writer most read in Spain.[17] In a way, this author may have been responsible for the interest of the Spanish publishers in Portuguese contemporary writers and vice-versa. In 1990, there was news that the Portuguese publishers Editorial Caminho, Teorema and D.Quixote published contemporary Spanish writers such as Manuel Vázquez Montalbán, Eduardo Mendoza and Gonzalo Ballester. Seix Barral published some Portuguese authors in Spain, such as Cardoso Pires and Saramago. As a way of overcoming the cultural gap between Portugal and Spain, the Cervantes Institute was set up in Lisbon in 1990, promoting fundamental works by Spanish authors who were not sufficiently well known in Portugal. Meanwhile, the number of Portuguese contemporary writers published in Spain was increasing, though not quickly enough to include writers such as António Lobo Antunes and Maria Velho da Costa, Portuguese literary prizewinners. In 1997, Spanish and Portuguese publishers, writers, translators and literary critics met in a conference to discuss ways to publish more in both countries and overcome the lack of publicity.[18]

Saramago could not resent the lack of publicity; in 1988, José Donoso, a Spanish author, praised *El año de la muerte de Ricardo Reis*, as an example of a modern novel.[19] The first reference to Saramago as a potential candidate for the Nobel Prize came up in 1990. The critic Rafael Conte suggested the Portuguese author as a good example of a literary career whose success could be crowned with a Nobel Prize given for the first time to the Portuguese language.[20] His books were usually in the bestsellers' list. In 1992, they were reported to have been in the top of the bestsellers during the Madrid Book Fair.[21] He was awarded with *Honoris Causa* at several Spanish universities in the early 1990s and at the end of that decade, there were international conferences on Saramago's works organised in Spain.[22] It took less than ten years to make him a writer with an undisputed reputation in Spain.

The question whether Saramago opened the way for a better learning about Portugal is also relevant in terms of what aspects of his country were privileged by him. As in Brazil, Saramago also emphasized that he sought the 'old' Portugal. When his travel book about Portugal was published in Spain, he maintained to the Spanish press that it could be understood as a legacy of the old Portugal because everything changed too quickly. He added that he believed that in Portugal only the working class of the rural areas and cities found their way because the Government did not know how to tackle problems.[23]

Being the best-known Portuguese writer in Spain, he published an article that was an elegy to Miguel Torga (also an Alfaguara's author) in 1995. Saramago authored the article, invested with a reputation that gave him legitimacy to write. This elegy establishes a nexus between Saramago and Torga, which transposes the fact that both were Portuguese authors published by the same publishing house. Saramago acknowledged his debt to Torga's literary heritage and this shows the coherence in the way Saramago promoted himself. Like Torga, Saramago supported Iberianism, although he reinvented it but promoted it at a time the topic was politically appropriate. In 1998, Miguel García-Posada, one of the literary critics who reviewed for *El País*, described Saramago in a way that sums up his position in Spain at the moment the Portuguese author received the Nobel Prize: La

Academia no ha concedido esta vez su premio de literatura a un escritor extranjero. Pepe Saramago es, en cierto sentido, uno de los nuestros, aunque sea, sobre todo, portugués.[21]

4. Conclusions

Bourdieu stated that the true producer of the value of the work is the publisher.[25] Choosing the right publisher is decisive for the writer to reach his position in the literary field. Despite contending against Bourdieu's premise that the publisher is basically a 'talent-spotter', publishers, as well as critics, determine the recognition of the value of the work of art and its positioning in the literary field. Being published by a small publishing house is not the same as being published by a large one and publishers are aware of that, in particular when it comes to promote their own writers abroad.[26] Nevertheless, the acceptance of the aesthetic and literary value is stronger if the work is published in the right timing. Publishers decide who and when will be published, opening gates of ideas that determine the position of the writer in the literary field.

The publishers' decision to introduce a particular novel as Saramago's first work in a new book market was motivated by Spain's political, social and cultural environment. Had any other novel by Saramago been published in Spain, the impact would not have been the same. Evidence of this is shown in the fact that different works were published in different countries, by different publishing houses, in different years.

Therefore, Saramago's social trajectory was constructed differently as the social value attached to them was a construct, quoting Bourdieu again, "in terms of the socially constituted categories of perception and appreciation they [the different classes of agents] applied to them".[27] The fact that Saramago was published by these publishing houses and not any others was decisive for his consecration process because the prestige of these publishers aroused interest and enabled the production of literary criticism on his oeuvre, enhancing his literary prestige. Smaller publishing houses also profited from this prestige when they published works of different genres, such as poetry, with less impact in the construction of the writer Saramago because it was essentially centered on his promotion as novelist. Nevertheless, these smaller publishing houses also contributed to the dissemination of his work and, thus, enhanced his literary prestige. It also benefited those who worked with him, such as his translators, because, translating a well-known writer contributed to the recognition of their literary expertise.

REFERENCES

1. 'Coloquio internacional sobre José Saramago', *El País*, 24 August 1996
2. 'Comienzan los debates sobre la literature portuguesa actual', *El País*, 6 June 1989
3. 'Enteramente vivo', *El País*, 14 October 1987
4. 'José Saramago', *El País*, 25 November 1991
5. 'La Feria del Libro de Madrid vende 40,000 libros más que en 1994', *El País*, 13 June 1995
6. 'Rubalcaba cre que los alumnus salen suficientemente formados de Secundaria', *El Mundo*, 28 October 1997
7. 'Ser comunista: un estado de espíritu', *El País*, 9 October 1998
8. Andrés Fernández Rubio, 'Saramago abre las puertas de Portugal', *El País*, 13 May 1995
9. Carlos G, Santa Cecília, "Viaje a Portugal', o recorrido hacia el interior del viajero', *El País*, 5 May 1995
10. Carlos G. Santa Cecília, 'José Saramago recrea la construcción de un convento y de un aerostato en el Portugal del siglo XVIII', *El País*, 20 February 1986
11. Cruz, Juan, 'La alegría de Camoens', *El País*, 10 October 1998
12. Cruz, Juan, 'Los editores portugueses empiezan a publicar a los autores españoles actuales', *El País*, 19 November 1990
13. EFE, 'Vargas califica la novela de Saramago de 'anacronismo', *El País*, 30 June 1992
14. Emma Rodríguez, 'Lo efímero de la vida en 'Ensayo sobre la ceguera', *El Mundo*, 16 June 1996
15. Fernando Samaniego, 'Le Feria del Libro llega al million de visitants', *El País*, 9 June 1992
16. G,M and / M. B., 'Saramago acusa a Vargas Llosa de 'mal imitador'', *El País*, 22 August 1990
17. Guillermo Altares, 'Saramago: 'No encuentro ningún motivo para dejar de ser comunista'', *El País*, 24 May 1993
18. J. A., 'Saramago: Nadie puede tener una relación pacífica con Pessoa', *El País*, 18 November 1986
19. J. M.,'La balsa del Sur', *El País*, 7 June 1989
20. Javier García, 'Receio en Portugal por el protagonismo español en el Nobel de Saramago', *El País*, 14 October 1998
21. José Donoso, 'Novelas sobre Novelas', *El País*, 12 May 1988
22. José Lera, 'Las editorials intentan reforzar los lazos entre España y Portugal', *El País*, 2 December 1997
23. José Méndez, 'Mejor amigos que hermanos', *El País*, 7 June 1989
24. José Saramago, 'Demasiado pronto, demasiado tarde', *El País*, 18 January 1995
25. José Saramago, 'El concierto del unicornio', *El País*, 16 April 1989
26. José Saramago, 'La herencia cultural del país', *El País*, 27 October 1998
27. José Saramago, 'No estamos en manos de Dios', *El País*, 8 February 1992
28. José Saramago,'Sobre la imposibilidad de este retrato', *El País*, 5 November 1988
29. Juan Cruz, 'Pepe y Camoens', *El País*, 11 November 1995

30. Juan Cruz, 'Todos somos unos pobres diablos', *El País*, 27 August 1994

31. M. del Mar Rosell, 'Novelistas portugueses hablan de su obra en Salamanca', *El País*, 10 March 1984

32. M.Á.V, 'Portugués ibérico y europeo?', *El País*, 4 February 1998

33. Maite Rico, 'Alfaguara reitera su vocación hispanista al celebrar su 30° aniversario', *El País*, 4 June 1994

34. Manuel Rivas, 'El autismo ibérico', *El País*, 10 January 1989

35. Miguel Garcia Posada, 'La ética como princípio creativo', *El País*, 9 October 1998

36. Nicole Guardiola, 'El Instituto Cervantes comenzará la en septiembre sus actividades en Lisboa', *El País*, 9 August 1990

37. Nicole Guardiola, 'La crítica de Lisboa elogia la última novela de Saramago', *El País*, 21 April 1989

38. Pierre Bourdieu, *The Field of Cultural Production: Essays on Art and Literature*, ed. and trans. by Randal Johnson, Cambridge: Polity Press, 1993

39. Pedro Sorela, 'La alegoría llega cuando describir la realidad ya no sirve', *El País*, 22 May 1996

40. Pedro Sorela, 'La novella en que españoles y portugueses navegan juntos', *El País*, 14 October 1987

41. Rafael Conte, 'En busca del siglo perdido', *El País*, 4 January 1990

42. Rafael Conte, 'Imágenes de Saramago', *El País*, 16 December 1989

43. Ricardo Moreno, 'Le lengua portuguesa, favorita al Nobel de Literatura', *El País*, 13 October 1994

NOTAS

1. Pierre Bourdieu, *The Field of Cultural Production: Essays on Art and Literature*, ed. and trans. by Randal Johnson (Cambridge: Polity Press, 1993), p. 30

2. 'representantes de una literatura ignorada en España y reconocida, sin embargo, *en* el resto de Europa'. Quoted from M.del Mar Rosell, 'Novelistas portugueses hablan de su obra en Salamanca', *El País*, 10 March 1984.

3. In 1997, during a conference that joined Portuguese and Spanish publishers, writers, translators and critics in Zamora, Professor Arnaldo Saraiva, of the University of Porto, pointed out that Pessoa had been the starting point in Spain to discover writers like Saramago and Eugénio de Andrade, among others. See José Lera, 'Las editorials intentan reforzar los lazos entre España y Portugal', *El País*, 2 December 1997.

4. J.A.,'Saramago: Nadie puede tener una relación pacífica con Pessoa', *El País*, 18 November 1986

5. Carlos G.Santa Cecilia, 'José Saramago recrea la construcción de un convento y de un aerostato en el Portugal del siglo XVIII', *El País*, 20 February 1986.

6. José Saramago, 'Sobre la impossibilidad de este retrato', *El País*, 5 November 1988.

7. J.A., 'Saramago: Nadie puede tener una relación pacífica con Pessoa', *El País*, 18 November 1986.

8. Pedro Sorela, 'La novella en que españoles y portuguese navegan juntos", *El País*, 14 October 1987.

9. 'Enteramente vivo', *El País*, 14 October, 1987.

10. His affiliation to the Communist Party was often referred to by the press, as for example Pedro Sorela. op.cit.; N.Guardiola, 'La crítica de Lisboa elogia la última novela

de Saramago', *El País*, 21 April 1989. in this article there is a brief reference to Saramago being in the list of the Portuguese Communist Party to the European Parliament; Guillermo Altares, 'Saramago: No encuentro ningúm motivo para dejar de ser comunista', *El País*, 24 May 1993. However, these references do not serve as the basis to characterize him as a writer, in the same way he was presented in the English-speaking countries and in Brazil.

11. José Méndez. 'Mejor amigos que hermanos', *El País*, 7 June 1989. *El País* also published a long article about the difficult relations between Spain and Portugal, starting with the question of what Portugal shared in common with Spain as far as culture is concerned. The conclusion was much was to be done and there were reasons for Spain to learn more about the Portuguese contemporary literature, in Manuel Rivas, 'El autismo ibérico', *El País*, 10 January 1989.

12. *El País*, 19 July 1997. On *El Mundo*, Fernando Sanchez Drago also referred to Saramago as 'português de Lanzarote' (8 December 1998).

13. M.A.V, 'Portugués ibérico y europeo?', *El País*, 4 February 1998. It is not clear who made this mistake but Saramago referred to it to the journalist.

14. Juan Cruz, 'La alegría de Camoens', *El País*, 10 October 1998.

15. Javier García, 'Receio en Portugal por el protagonismo español en el Nobel de Saramago', *El País*, 14 October 1998.

16. 'todos los niños saben hoy, cuando salen de la Secundaria, quién es Saramago'. Quoted from 'Rubalcaba cree que los alumnos salen suficientemente formados de Secundaria', *El Mundo*, 28 October 1997.

17. J.M., 'La balsa del Sur', *El País*, 7 June 1989.

18. José Lera, 'Las editorials intentan reforzar los lazos entre España y Portugal', *El País*, 2 December 1997.

19. José Donoso, 'Novelas sobre novellas', *El País*, 12 May 1988.

20. Rafael Conte, 'En busca del siglo perdido', *El País*, 4 January 1990. In 1994, on the eve of the announcement of the Nobel of Literature, Ricardo Moreno also informed that Lobo Antunes and Saramago were highly regarded: 'La lengua portuguesa, favorita al Nobel de Literatura', *El País*, 13 October 1994.

21. Fernando Samaniego, 'La Feria del Libro llega al milión de visitantes', *El País*, 9 June 1992.

22. 'Coloquio internacional sobre José Saramago', *El País*, 24 August 1996.

23. Andrés Fernandez Rubio, 'Saramago abre las puertas de Portugal', *El País*, 13 May 1995.

24. Miguel García-Posada, 'La ética como principio creativo', *El País*, 9 October 1998.

25. Bourdieu, p. 76.

26. The fact that José Luís Peixoto was included in the curriculum of Portuguese Literature at Santiago de Compostela University in 2003 is noteworthy of the raising of awareness of Portuguese contemporary literature from the 1980s.

27. Bourdieu, p. 65.

www.ingramcontent.com/pod-product-compliance
Lightning Source LLC
Chambersburg PA
CBHW021817300426
44114CB00009BA/204